suhrkamp taschenbuch
wissenschaft 365

In mehr als 600 empirischen Studien wurden in den letzten zwanzig Jahren auf der ganzen Welt Bestätigungen für die Gültigkeit von Jean Piagets Modell der stufenweisen Ausbildung menschlicher Vernunftfähigkeit gefunden. Damit schien der klassische Streit zwischen kulturellen Relativisten und Universalisten entschieden: Die tatsächliche Vielfalt von Vernunft in der Menschengattung schien kaum mehr als die Illustration ein und derselben Blaupause zu sein.

In den letzten Jahren wurden jedoch Zweifel an der Allgemeingültigkeit von Piagets These laut, Abstraktionsfähigkeit und hypothetisches Denken bildeten die Kerngestalt des letzten Gliedes in der Entwicklungskette vom vorsprachlichen Denken des Säuglings bis zur ausgebildeten Vernunft. Die Herausgeber stellen neuere und z. T. im deutschen Sprachraum nur wenig bekannte Studien aus verschiedenen sozialwissenschaftlichen Disziplinen vor, in denen die kulturelle Formung von Vernunft in verschiedenen Lebenswelten und Gesellschaften diskutiert wird. Je mehr Menschen unterschiedlicher sozialer und kultureller Herkunft mit- und voneinander lernen, desto dringlicher wird die Klärung von Allgemeingültigkeit oder kultureller Begrenztheit von Lernzielen wie »abstraktes Denken«.

Soziale Struktur und Vernunft

Jean Piagets Modell entwickelten Denkens
in der Diskussion kulturvergleichender Forschung

Herausgegeben von Traugott Schöfthaler
und Dietrich Goldschmidt

Suhrkamp

CIP-Kurztitelaufnahme der Deutschen Bibliothek
Soziale Struktur und Vernunft : Jean Piagets
Modell entwickelten Denkens in d. Diskussion
kulturvergleichender Forschung / hrsg. von
Traugott Schöfthaler u. Dietrich Goldschmidt.
– 1. Aufl. – Frankfurt am Main : Suhrkamp, 1984.
(Suhrkamp-Taschenbuch Wissenschaft ; 365)
ISBN 3-518-27965-3
NE: Schöfthaler, Traugott [Hrsg.]; GT

suhrkamp taschenbuch wissenschaft 365
Erste Auflage 1984
© Suhrkamp Verlag Frankfurt am Main 1984
Suhrkamp Taschenbuch Verlag
Satz: Buch- und Offsetdruckerei Wagner GmbH, Nördlingen
Druck: Nomos Verlagsgesellschaft, Baden-Baden
Printed in Germany
Umschlag nach Entwürfen von
Willy Fleckhaus und Rolf Staudt

1 2 3 4 5 6 – 89 88 87 86 85 84

Inhalt

3. Universalität und Relativität von Denkstrukturen: Sozialanthropologische Studien

4. PROBLEME DER VERNUNFTENTWICKLUNG
IN GESELLSCHAFTLICHEN MODERNISIERUNGSPROZESSEN

Vorwort

1970 hatte ich zusammen mit zwei Kollegen aus den Ingenieurwissenschaften den Auftrag übernommen, ein Gutachten zur Frage der Errichtung einer Ingenieurfakultät mit deutscher Hilfe an der Universität Dar-es-Salaam zu erstellen und bei der Verwirklichung des Plans als Berater tätig zu bleiben (Bieger/Goldschmidt/Kreuser 1970). Dies war meine erste Begegnung mit der Dritten Welt. Mir wurde sehr rasch klar, daß fast alle Projekte der Bildungshilfe sich im Transfer europäischer Institutionen, Lehrinhalte, Methoden erschöpften, dagegen dem schwierigsten Problem, der unerläßlichen Reflexion und dem Versuch der Überbrückung kultureller Diskrepanz und der Entwicklung angemessener Didaktik, aus dem Wege gingen. Bereits 1974 skizzierte ich daher das Programm einer Auswertung sozial-anthropologischer und soziologischer Studien zum Zweck der Entwicklung einer *Didaktik der kulturellen Transformation* (Goldschmidt 1974). Die deutsche Geschichte seit dem Ersten Weltkrieg hatte zudem ohnehin die Dritte Welt in größere Ferne von Deutschland als vergleichsweise von den sonstigen ehemaligen Kolonialmächten gerückt. 1981 gelang es, einen wesentlichen Schritt zur Erfüllung des wissenschaftlichen Programms von 1974 durch die Veröffentlichung des relativ umfangreichen Bandes *Die Dritte Welt als Gegenstand erziehungswissenschaftlicher Forschung* im Sinne einer Ermittlung des »State of the Art« zu tun (Goldschmidt/Melber 1981).

Im Anschluß an Lehrveranstaltungen über die seit Ende der sechziger Jahre sich rasch ausbreitende Sozialisationsforschung hielten mein Mitarbeiter Traugott Schöfthaler und ich Mitte der siebziger Jahre Seminare zu kulturvergleichender Sozialisationsforschung. Herausgefordert durch eine Debatte über die Forschungsstrategie des Max-Planck-Instituts für Bildungsforschung konkretisierten wir den Beitrag des Kulturvergleichs. Er bietet sich an zur Prüfung von Reichweite und Gültigkeit der jetzt erst als interdisziplinäres Paradigma anerkannten und breit rezipierten Entwicklungs- und Erkenntnistheorie Jean Piagets. Bis zur Stufe der anschauungsgebundenen, *konkreten* Operationen dürften Piagets Forschungsergebnisse über die individuelle Entwicklung des Erkennens – kulturell relativiert nur in der Alterszuordnung – universale Gültigkeit haben. Dagegen erheben sich hinsichtlich einer universalen Gültigkeit der von Piaget beschriebenen Stadien in der Entwicklung *formaler* Operationen Zweifel. Wie weit läßt sich logisch-abstraktes Denken ohne Berücksichtigung der jeweiligen, das Subjekt ansonsten deutlich formenden sozialen und kultuellen »Umwelt« beschreiben? Verbinden sich hiermit gegebenenfalls »kognitive Vereinseitigung« (J. Habermas) und kulturelle Verarmung? Unter dieser Fragestellung haben Schöfthaler und ich vorliegende, im wesentlichen empirische sozialanthropologische und entwicklungssoziologische Literatur gesichtet. Das Ergebnis der Suche wird hiermit vorgelegt. Die Beiträge sind kontrovers. Sie lassen erkennen, daß es eine einfache, universell gültige Antwort auf die aufgeworfenen Fragen nicht gibt. Dieser Ertrag läßt uns erwarten und hoffen, daß »westliches« Denken in der Begegnung mit anderen kulturellen Traditionen nicht unbeirrbar dem von Max Weber bis Jürgen Habermas beschriebenen und beklagten, universale Gültigkeit beanspruchenden Weg der Zweckrationalität zum »Fachmenschen ohne Geist« weiterhin folgt, sondern sich als lernfähig erweist.

Traugott Schöfthaler und ich danken aus dem Max-Planck-Institut für Bildungsforschung in Berlin besonders Wolfgang Edelstein für Kritik und Anregung. Friedhelm Herborth vom Suhrkamp-Verlag war von den ersten Überlegungen über die Lösung von Copyright-Problemen bis zu Fragen der Materialbegrenzung mit professionellem Rat und schier unendlicher Geduld an der Planung des Bandes beteiligt.

Die Mühe der Übersetzung sehr heterogener Texte haben Josef Ernst, Carola Goldstein, Martin Livingston, Gottfried Pfeffer, Annette Roellenbleck und Klaus Staudt sehr einfühlsam auf sich genommen. Lucie Mai und Jutta Reinke schulden wir Dank für große Sorgfalt bei der Erstellung der Gesamtbibliographie.

Mehrfache Änderungen in Auswahl und Umfang der Beiträge – Auslassungen bzw. redaktionelle Zusammenfassungen sind jeweils besonders vermerkt – haben die Erstellung endgültiger Manuskripte erheblich erschwert.

Wir sind Doris Gampig, Gisela Neumann und Waltraud Sánchez vom Max-Planck-Institut für Bildungsforschung für die damit verbundene große Mühe in der Anfertigung des druckfertigen Textes sehr verbunden.

Abschließend sei dankbar vermerkt, daß Traugott Schöfthaler den weit überwiegenden Teil der eigentlichen Herausgebertätigkeit und Redaktion geleistet hat.

Berlin, im Februar 1984   Dietrich Goldschmidt

I.
Einleitung

Traugott Schöfthaler
Wissen oder Weisheit?

Die kulturelle Relativierung von Piagets Modell formaler Denkoperationen als Problem der Bildungsforschung

1. Die These von der Universalität menschlichen Denkens bis Piaget

Seit Isaac Newton hat die in der Aufklärung sich vom »Aberglauben« und von religiösen Autoritäten emanzipierende Wissenschaft »Gesellschaft und ihre Geschichte auf universale Vernunft- und Moralprinzipien gegründet wie ihre Naturwissenschaft auf das universale Naturgesetz« (Wagner 1973, S. 206; Freudenthal 1982, S. 273 ff.). Damit wurde vom mittelalterlichen Universalienstreit um den Status von Abstrakt- und Allgemeinbegriffen ein dynamisches Moment abgespalten und herausgehoben: Die Berufung auf allgemeine Regeln menschlicher Vernunft, die den Wissenschaften vom Sozialen eine Plattform des von Macht unabhängigen Argumentierens und Planens geben sollte. Diese Universalienthese hat seither eine zwischen empirischer Behauptung und – wie Jürgen Habermas es nennt – »kontrafaktischer« Annahme oszillierende Bedeutung. In der Geschichte dieser These dominiert bis zur Mitte des 19. Jahrhunderts die Zukunft in Form der Erwartung, daß das, was der Menschheit zur vollen Orientierung an den Regeln universaler Vernunft noch fehle, in einem Prozeß sozialer Evolution oder Revolution erreicht werden könne. In diesem Sinne wurden Fortschrittsideen entworfen:

positivistische, die seit Condorcet die »Gleichstellung aller« über die wachsenden sozialtechnischen Möglichkeiten entwickelter Wissenschaft erwarten;

idealistische, die seit Herder aus der Erkenntnis der »inneren Natur« der Menschheit auf die Durchsetzung voller »Vernunft und Billigkeit« bauen; und

materialistische, die seit Marx annehmen, nach einer Übernahme »gemeinschaftlicher Kontrolle« über den menschlichen »Stoffwechsel mit der Natur« ließe sich dieser »rationell regeln«.[1]

Welche Beliebigkeitsspielräume Universalienthesen enthalten, wurde um so deutlicher, je mehr sie unter dem Legitimationsdruck der Kolonialisierung sich von Zukunftsvisionen entfernten und zum bevorzugten Thema der Völkerkunde bzw. Cultural Anthropology wurden, jener neuen Wissenschaften, die die angehäuften Informationen über die Vielfalt der Weltkulturen verarbeiteten. In der Annahme einer »psychischen Einheit der Menschheit« erhielten sie eine empirische Form, die auf unterschiedliche Weise von Evolutionisten und kulturellen Relativisten aufgelöst wurde. Entgegen einer vereinfachenden Geschichtsschreibung (Rudolph 1968, S. 15-28) war es nicht ein Gegensatz von Universalismus und Relativismus, der Evolutionisten wie Lewis H. Morgan und Relativisten wie Franz Boas voneinander schied, sondern vor allem eine unterschiedliche Anordnung des empirischen Materials (Ember/Ember 1977, S. 38). Morgans *Ancient Society* von 1877 nahm für die unterste Stufe der Kulturentwicklung, die »Wildheit«, universelle Keimformen menschlichen Denkens an, in denen er die Wurzeln aller Kulturentwicklung zu den verschiedenen Stadien von »Barbarei« und »Zivilisation« sah. Das führt ihn zu sehr widersprüchlichen Thesen wie der von der evolutionären Vergrößerung von Größe und Leistungsfähigkeit des menschlichen Gehirns parallel zu den hierarchisch geordneten Kulturstufen auf der einen Seite und der schon im Schlußsatz von Friedrich Engels' *Ursprung der Familie* von 1884 beifällig zitierten These von der »Freiheit, Gleichheit und Brüderlichkeit der alten Gentes«, die gegen die zerstörerischen Wirkungen der Schöpfungen des zivilisierten Geistes wiederbelebt werden müßten, auf der anderen.[2]

Boas gilt wegen seiner gegen rassistische Ressentiments gerichteten kultur-milieu-theoretischen Argumentation und seiner scharfen Zurückweisung universeller Evolutionsgesetze als Begründer des »kulturellen Relativismus« (Rudolph 1968, S. 24; Ember/Ember 1977, S. 38 f.). Die Differenz zu Morgan relativiert sich freilich, wenn man Boas' *Mind of Primitive Man* von 1911 studiert: Es geht ihm um die Feststellung, fremde Kulturen seien »nicht weniger wert als unsere«, zumal das empirische Material bis ins Detail viele Übereinstimmungen im Denken und Handeln sehr unterschiedlicher Völker zeige. Doch sei die kulturspezifische Prägung so stark, daß der Primitive und »wir« unterschiedliche Rationalitätsmaßstäbe entwickelt hätten. In die Erläuterung dieser »kultur-theoretischen« und »anti-rassistischen« These führt Boas die Annahme ein, der Verstand des »Primitiven« sei sehr stark von subjektiven und emotionalen Assoziationen gesteuert, während mit zunehmendem Wissen in der Zivilisation solche Interferenzen »eliminiert« seien.[3] Damit ist nichts wesentlich anderes behauptet als das, was Lucien Lévy-Bruhl 1910 (und später modifiziert) mit der Unterscheidung von »prälogischer Mentalität« und zivilisierter Logik vertreten hat – nur wurde Lévy-Bruhl rassistischer Neigungen bezichtigt, während Boas als Liberaler in die Geschichte einging. »Der Gedanke an ein ›Scheingefecht‹ mit dem Evolutionismus drängt sich auf«, meint Hildebrandt (1978, S. 137) in seiner Kritik des Kulturrelativismus. Zumindest für die erste Phase der Auseinandersetzung zwischen »Universalismus« und »kulturellem Relativismus« kann diese Deutung nur bestätigt werden.

In den folgenden Jahrzehnten bis gegen Ende der fünfziger Jahre erodierte die These von der Universalität menschlichen Denkens unter dem Druck weiterer empirischer Materialien, soweit sie nicht schon im Ansatz verschoben wurde.[4] Das führte jedoch eher zur Vergrößerung der argumentativen Beliebigkeit als zu Klärungen. Evolutionäre Annahmen wurden nicht in ihrem Inhalt, sondern vorwiegend in der Form ihrer Präsentation korrigiert und damit ein Stück weit der Diskussion entzogen.

Malinowskis ab 1920 veröffentlichten melanesischen Feldforschungen verschieben die Universalienthese auf eine (1941 systematisch formulierte) allgemeine Theorie der kulturellen Überbauung von Vitalbedürfnissen. Wie vor ihm Boas, wendet er sich gegen jede Abwertung des »primitiven« Denkens, indem er dessen Funktionsweise in der fremden Trobriand-Kultur zu verstehen sucht, gleichzeitig aber die Differenz zu »objektiver Wissenschaft« herausstreicht. Prinzipiell ähnlich lösen später der »Strukturfunktionalist« Radcliffe-Brown und der »Strukturalist« Lévi-Strauss das Universalienproblem situativ auf: Bei Radcliffe-Brown (1952) sind es die Stabilitätserfordernisse der in einer Kultur gegebenen sozialen Beziehungen, die allgemeine Kriterien für den Bestand kulturspezifischer Elemente darstellen: so seien das »irrationale« Kontaktverbot zwischen verheirateten Männern und ihren Schwiegermüttern bei den Navaho und der Gebrauch von Schwiegermutterwitzen in der zivilisierten amerikanischen Gesellschaft funktional gleiche Mittel zur Konfliktvermeidung.

Lévi-Strauss' These (seit 1949) von »derselben Logik«, die in mythischem Denken und in moderner Wissenschaft am Werke sei, erweist sich bei genauerem Hinsehen ebenfalls als eine Verschiebung der Universalienthese. »Daß die Situation in beiden Fällen genau die gleiche ist«, ist Lévi-Strauss' Argument zur Parallelisierung des Eingeborenen, der sein Verwandtschaftssystem in den Sand zeichnet, mit dem »Professor an der Technischen Hochschule …, der etwas an der schwarzen Tafel demonstriert« (Lévi-Strauss 1962/1968, S. 289). So ist die These von »derselben Logik« im Zusammenhang mit der in der Abhandlung zur »Struktur der Mythen« konzedierten Annahme kognitiver Folgen einer »Erweiterung des Aktionsraums des Menschen« (Lévi-Strauss 1958/1967, 154) zu sehen. Lévi-Strauss kommt es mehr darauf an, die Zusammengehörigkeit als die Identität kulturspezifischer Formen des Vernunftgebrauchs zu betonen, wie seine (polemisch gegen Lévy-Bruhl und Piaget gewendete) zustimmende Zitierung von Basovs Unterscheidung »niedrigerer« und »höherer Strukturen« des Denkens zeigt (Lévi-Strauss 1949/1981, S. 91).[5]

Typische Formen einer Erosion von Universalien waren ihre Reduzierung auf ein »universales Kulturmuster« (Wissler) oder auf »den kleinsten gemeinsamen Nenner« aller Kulturen (Murdock 1945). Vorwiegend phänomenologisch wurden in dieser Tradition kulturübergreifende »Konstanten« wie das Inzesttabu oder die allen Sprachen gemeinsamen Phoneme und Morpheme bestimmt (Übersicht: Kluckhohn 1962).

Derart verschobene oder anspruchslose Universalienthesen boten dem »kulturellen Relativismus« kaum Widerstand, der für mehrere Jahrzehnte die ethnologische Forschung bestimmte. So fanden Edward Sapirs und Benjamin Lee Whorfs Thesen von der Determination der Weltsicht durch die Spezifika der verschiedenen Sprachen bis Ende der fünfziger Jahre kaum Widerspruch, sondern wurden allenfalls entschärft durch Hinweise auf andere kulturelle Faktoren (Barnouw 1973, S. 80-84). Margaret Meads erstmals zwischen 1928 und 1933 veröffentlichten Berichte über Kindheit und Jugend in »primitiven« Südseegesellschaften sind deutliche Beispiele dafür, wie ungehindert »kulturrelativistische« Anthropologie das gesamte Argumentationsfeld beanspruchen konnte. Mead demonstriert die Variationsbreite von Erziehungspraktiken und Sozialisationsverläufen, um kulturelle Selbstverständlichkeiten der westlichen Welt wie das Festhalten an Geschlechtsrollenunterschieden oder die Repression kindlicher Sexualität zu erschüttern. Sie bezieht eine humanistische Position im Streit um die »neue Erziehung«, die eine Revision von Erziehungspraktiken fordert und gleichzeitig die Idee einer Gesellschaftsveränderung allein durch Erziehung mit dem Hinweis auf das Gewicht kultureller Prägung als Illusion brandmarkt. Doch entwertet Mead ihr Konzept weitgehend, indem sie einem nicht näher begründeten naturalistischen Begabungsbegriff folgt: Sie erwartet »Änderungen im Denken der Menschen ... mehr von besonders begabten, klugen Menschen ... als von großen Erziehungssystemen« (Mead 1970, Bd. 2, S. 205). Zu vieles bleibt offen: In Meads Berichten steht die Interpretation von Intelligenztests mit Mädchen auf Samoa, nach denen »die Variabilität innerhalb der Gruppe äußerst gering war«, neben der häufig wiederkehrenden These von interindividuell unterschiedlichen Intelligenz- und Begabungsniveaus und ihrer großen Bedeutung (Mead 1970, Bd. 2, S. 122, 184 f., 204; dazu Schöfthaler 1981, S. 317 f.).

Vorerst ohne größere Beachtung zu finden, hatte Jean Piaget seit 1924 Gedanken zur »neuen Erziehung« formuliert, die relativistische Argumente beiseite ließen und die dynamischen Elemente der aufklärerischen Universalienthese aufnahmen. Er entwarf anhand der Idee einer Befreiung menschlichen Denkens und zwischenmenschlicher Moralität vom Zwang sozialer Strukturen und kultureller Traditionen Theorien individueller Entwicklung. *Piagets Universalienthese* lautet nun: Es gibt in jedem Menschen »Tendenzen zur Kooperation« und »Selbsttätigkeit«, deren Entfaltung für die volle Entwicklung der Vernunft erforderlich ist. Diese kann daher durch soziale und kulturelle Repression behindert oder gar verhindert werden. Piaget nimmt die These der Evolutionisten auf, indem er »soziale Evolution« als Fortschritt beim Abbau solcher Zwänge begreift (Piaget 1932 b, S. 22-25). So verknüpft Piaget das humanistische Moment des kulturellen Relativismus mit alten universalistischen Traditionen des Evolutionismus. Bis zur Erkenntnis, daß damit die Beliebigkeitsspielräume beim Räsonieren über die Universalität menschlichen Denkens eingegrenzt wurden, vergingen noch einige Jahrzehnte. Noch 1949 konnte Lévi-Strauss Piaget einfach als geistigen Nachfolger Lévy-Bruhls abtun (1949/1981, S. 91). 1956 wurde Piaget erstmals zum Mittelpunkt einer interdisziplinären Diskussion um kindliche Entwicklung, die von der Weltgesundheitsorganisation veranstaltet wurde (Tanner/Inhelder 1963); bei ihr ließ sich der theoretische Dissens zwischen Margaret Mead und Piaget als einer zwischen Relativismus und Universalismus fassen. Und in den sechziger und siebziger Jahren waren es Hunderte kulturvergleichender Untersuchungen rund um die Welt, die – herausgefordert durch Piagets universalistische Theorie der Denkentwicklung – deren Reichweite und Gültigkeit zu bestimmen suchten.

Die Ergebnisse solcher Untersuchungen und die darin zutage tretenden empirischen und theoretischen Probleme sind im vorliegenden Band durch Beiträge von Piaget selbst und von Ashton, Ember und Greenfield wiedergegeben. Die größere Zahl der folgenden Texte geht jedoch über die Ebene einer empirischen Bestätigung oder Bestreitung von Piagets Konzept hinaus. Sie befassen sich mit kulturspezifischen Formen des Vernunftgebrauchs (Teil 3) und mit dem Wechselspiel universeller und dominanter Bedingungen von »Modernisierungsprozessen« in der Weltgesellschaft (Teil 4). Diese Ausweitung entspricht der im nächsten Abschnitt vorgestellten Breite von Piagets Universalienthese und der in ihr enthaltenen Annahmen über soziale und kulturelle Voraussetzungen einer Entfaltung menschlicher Vernunft.

2. Finaler Strukturalismus – oder warum nach Piaget der Primitive so ähnlich denkt wie das »zivilisierte Kind«

Piagets Äußerungen zu vergleichender Forschung und insbesondere zu Vergleichen zwischen Individuen aus »unterentwickelten« Ländern und solchen aus Industriestaaten wurden von Piagetianern kaum zur Kenntnis genommen. Sehr häufig werden die empirisch gefundenen Unterschiede als Differenzen lediglich im beobachtbaren Verhalten, in der »Performanz«, betrachtet, die Piagets Theorie der Entwicklung kognitiver Fähigkeiten (»Kompetenzen«) nicht berühre. So insistiert Dasen (1977, S. 11 ff.) darauf, die in der kulturvergleichenden Forschung erhobenen Unterschiede im Denken seien vornehmlich als methodenbedingte zu deuten; was übrig bleibe, sei sicherlich auf kulturelle Differenzen zurückzuführen, aber eben nur auf der Performanzebene. Dasen wendet sich nachdrücklich gegen jegliche wertende Interpretation von Piagets Stufentheorie, insbesondere gegen Coles und Scribners Kritik, Piaget habe die höheren Entwicklungsstufen, die von vielen Individuen in unterentwickelten Regionen nicht erreicht werden, als Norm gesetzt. Dasen resümiert: »Menschen aus verschiedenen Kulturen sind verschieden, aber gleichwertig... Die Unterschiede jenseits der grundlegenden Universalien reflektieren eine wertvolle kulturelle Pluralität« (Dasen 1977, S. 12). Dasen und viele andere Piagetianer folgern daraus jedoch nicht, die Stufentheorie der Denkentwicklung sei revisionsbedürftig – sie wird als Theorie der Kompetenzentwicklung der empirischen Kritik entzogen. Dieser Tendenz in der Piagetdebatte folgt sogar Patricia M. Greenfield, die ihre Herausarbeitung von drei Paradoxa in Piagets Theorie mit der Bemerkung abschließt, kulturvergleichende Forscher seien von Piaget in die Irre geführt worden, »weil die Forscher mehr seinen Verfahren als seiner Theorie gefolgt sind« (in diesem Band, S. 111).

Eine solche Abschottung von Piagets Theorie gegen kritische Folgerungen aus den Ergebnissen kulturvergleichender Forschung ist Resultat einer grundlegenden Ambivalenz von Piagets Methodologie: Testergebnisse sind nach Piaget und Inhelder (1947, S. 401) zu interpretieren als »Resultate geistiger Aktivitäten, die nicht die psychologischen Operationen selbst berühren«, Performanztests also. Andererseits sind sie zur Sicherung der Evidenz der Theorie unverzichtbar. So hat Piaget sich häufig gegen die Verwandlung seiner »klinischen« Aufgaben in Tests gewehrt (Kamara/Easley 1977, S. 33, 49) und doch selbst die Ergebnisse der so angelegten kulturvergleichenden Replikationsstudien als Bestätigung seiner Stufentheorie gedeutet: »Im allgemeinen wurden die Entwicklungsstufen, die in den Gesellschaften beobachtet wurden, in denen unsere Forschung ursprünglich betrieben wurde, in sehr unterschiedlichen Zivilisationen wieder beobachtet. Eine derartige Konvergenz ist sehr bedeutsam. Sie scheint anzuzeigen, daß die Gesetze der Psychogenese kognitiver Strukturen in ihrer Allgemeinheit mit biologischer Epigenesis vergleichbar sind.« (Piaget 1977, S. V f.).[6] Im gleichen Zusammenhang deutet Piaget die gefundenen Differenzen als »décalages«, als zeitliche Verschiebungen in der kognitiven Entwicklung in Abhängigkeit von den familiär und kulturell vorgeprägten Aktivitäten des Subjekts – eine Deutung, die er mit der *Fächer-These* seines im vorliegenden Band abgedruckten Aufsatzes über die

»intellektuelle Entwicklung im Jugend- und Erwachsenenalter«
ausgearbeitet hat: Danach wird die Universalität der Stufenent-
wicklung nicht dadurch berührt, daß entsprechend der Spezialisierung und beruflichen Forderung des einzelnen die Kompetenzen nur in sehr ausgewählten Tätigkeitsformen in beobachtbares
Handeln umgesetzt werden.

Damit ist jedoch noch nicht der eigentliche Stein des Anstoßes
aus dem Weg geräumt, den kulturvergleichende Piagetforschung
liefert: Das offensichtliche Nicht-Erreichen der formal-operationalen, der »höchsten« Entwicklungsstufe bei vielen Individuen
aus »unterentwickelten Ländern« kann nicht mehr als »décalage«
interpretiert werden. Piaget behilft sich hier mit einer Annahme
zur Evolution von Sozialstrukturen, die in frühen Schriften explizit formuliert ist und später meist unausgesprochen zur Stützung
seiner Thesen herangezogen wird.

Aus Thesen Blondels über die Entwicklung vom Gruppen-Ich
zur Individualitätsidee und Durkheims über die Entwicklung von
mechanischer zu organischer Solidarität im Prozeß der sozialen
Evolution (die Piaget als Entwicklung vom *Zwang zur Kooperation* deutet) folgert Piaget (1933), Vernunft sei ein Produkt der
Interaktion von Individuum und Gesellschaft; doch seien Individualität und Kooperation notwendige äußere Voraussetzungen zu
ihrer vollen Ausbildung, und deshalb sei in »primitiven« Gesellschaften ihre volle Entwicklung durch Gruppenorientierung und
sozialen Zwang behindert (Piaget 1933/1976, S. 118 f.). Piaget
bleibt bei dieser Generalthese trotz Blondels und (des Durkheim-
Schülers) Mauss' energischer Zurückweisungen von Piagets Versuch, gesellschaftliche Evolution und individuelle Entwicklung zu
parallelisieren. Blondel und Mauss konfrontieren Piaget schon
1933 mit der Kritik, die heute Cole und andere aus kulturvergleichenden Untersuchungen entnehmen: Es gebe keinerlei empirischen Beleg dafür, daß Individuen unter modernen Formen
sozialer Kooperation unter geringerem Zwang stünden als Menschen in »primitiven« Gesellschaften (Blondel); die Denkformen
der Reziprozität, die nach Piaget soziale Kooperation moderner
Art voraussetzen, seien auch Grundbestandteil »primitiven«
Denkens (Mauss). Piagets Antwort ist ebenso fest wie auswei-
chend: Der Satz des Pythagoras sei heute den Menschen besser
zugänglich als den Zeitgenossen seines Erfinders (vgl. Diskussion
in: Piaget 1933/1976, S. 120-123).

Piagets frühe Annahme einer Evolution sozialer Strukturen, deren in der modernen Gesellschaft erreichtes Stadium notwendige Voraussetzung für die volle Ausbildung logischer Denkstrukturen sei, wird seither von ihm mehrfach wiederholt. Im globalen Vergleich von »primitiven« und »zivilisierten« Gesellschaften kommt Piaget zu einer Behauptung, die kennzeichnend für seine Vorstellungen von Freiheit und Zwang ist: Kindheit in primitiven Gesellschaften sei eine Zeit nahezu uneingeschränkter Freiheit: »Die einzige Schule ist das lebendige Beispiel: Formaler Unterricht und körperliche Bestrafung sind unbekannt... Die Kinder sind von liebevoller Zuwendung umgeben und keinerlei größeren Beschränkungen unterworfen ...« Doch im Jugendalter beginne der Ernst des Lebens; mit der Initiation unterliege das Individuum sowohl intellektuellem als auch moralischem Konformitätsdruck: »Seine Gedanken werden ihm vorgefertigt, und es beugt sich den von Generation zu Generation tradierten kollektiven Anschauungen des Stammes ... Heilige Pflichten und rituelle Verbote (Tabus) lassen kaum eine Möglichkeit, etwas zu tun, was nicht durch Regeln bestimmt ist« (Piaget 1947, S. 2 f.). In »zivilisierten« Gesellschaften ist es nach Piaget gerade umgekehrt: Das Kind unterliegt dem Zwang von Eltern und Lehrern, die seine Freiheit beschränken; doch in der Adoleszenz revidiert der Jugendliche seine Meinungen über alles, was ihm eingeschärft wurde, und erwirbt eine eigene Meinung – »die oberste Pflicht des modernen Jugendlichen ist die Revolte gegen alle vorgegebene Wahrheit und die möglichst freie Bildung eigener intellektueller und moralischer Ideale« (Piaget 1947, S. 4).

Das ist die *soziologische Grundüberzeugung*, die hinter Piagets evolutionärer Einschränkung der Universalität der kognitiven Entwicklung steht. Ohne Genaueres über den Kontrast von primitiven und zivilisierten Gesellschaften anzugeben, folgert Piaget, daß im Unterschied zu »unseren Gesellschaftsformen ... die Logik der sogenannten Primitivgesellschaften ... solche (formalen, T. S.) Strukturen nicht zu kennen (scheint). Deren Geschichte ist somit ebensosehr mit der Entwicklung der Kultur und der kollektiven Vorstellungen wie mit einer ontogenetischen Entfaltung verbunden« (Piaget/Inhelder 1955/1977, S. 324). Die Übergänge zwischen dieser These vom völligen Fehlen formal-operationaler Intelligenz und der These von umweltbedingten zeitlichen Verschiebungen (*décalages*) der kognitiven Entwicklung sind bei Piaget fließend. Im eben zitierten Zusammenhang fährt Piaget fort, es sei angesichts der Tatsache, daß bei den alten Griechen mathematische Gesetze, wie sie heute schon elf- bis zwölfjährige Kinder beherrschen, erst von den großen Philosophen entwickelt werden mußten, wahrscheinlich, daß die kognitive Entwicklung von Kindern in der damaligen griechischen Gesellschaft (einer sicherlich nicht »primitiven«!) nach heutigen Maßstäben rückständig gewesen sei (Piaget/Inhelder 1955/1977, S. 324).

Es erscheint schwer, Piagets Soziologie und besonders seine Form der Verknüpfung von sozialer Evolution und Vernunftentwicklung mehr mit empirisch beobachtbaren Fakten als mit dem Selbstverständnis der westlichen Industriegesellschaft in Zusammenhang zu bringen (worauf besonders Müller 1977, S. 173-190 insistiert). Piagets Soziologie erscheint naiv – und doch prägt sie ein Argumentationsmuster, wie es in der evolutionären Begründung etwa von Jürgen Habermas' *Theorie des kommunikativen Handelns* (1981) ausgearbeitet wurde, einer Soziologie, der das Etikett »naiv« zuzuschreiben wohl niemand wagen würde.

Ein wesentlicher Grund dafür liegt in der Teleologie, die bei Piaget und bei Habermas Ergebnis der idealtypischen Entgegensetzung von primitiv und modern, Kind und Erwachsenem, Kompetenz und Performanz ist. Es ist das Denkmuster des »evolutionären Universalismus« (Berthoud 1976; Schöfthaler 1983 a), das – wie Toulmin (1978) gezeigt hat – idealistische und idealtypische Vorstellungen zu Endpunkten von Entwicklungslinien umdefiniert. Nach Toulmin ist Piaget ein »historisierter Kantianer«; während Kants Vorstellung der »reinen Vernunft« nur global »unvernünftige« oder »vernünftige« Denkformen unterschied, differenzierte Piaget Denkformen nach dem Grad ihrer Annäherung an entwickelte Denkstrukturen, die sich evolutionär durchsetzen. Toulmin beschreibt den Gegensatz so:

Wenn – für Kant – »die Tahitianer des 18. Jahrhunderts oder die Ureinwohner Pommerns diese Formen (d. h. die des Systems der »reinen Vernunft«, T. S.) nicht erkannten, so war das ihr Fehler. Für die Philosophie ergab sich daraus nichts Interessantes … Fragt man Piaget nach den Gedanken und dem Verhalten kleiner Kinder oder primitiver Gesellschaften, so findet er es … keineswegs gleichgültig. … Das Denken der Kinder und Wilden ist … nicht etwa völlig formlos und verworren, während das der Erwachsenen in fortgeschrittenen Gesellschaften völlig vernünftig und systematisch wäre – der Unterschied ist nur einer des Grades. Wir sind nicht berechtigt, die noch unentwickelten Vorgehensweisen des kindlichen oder naiven Denkens als unstimmig, unverständlich oder unvernünftig zu betrachten; wir können höchstens sagen, sie seien weniger stimmig, weniger verständlich oder weniger vernünftig als die reifen Formen, auf die sie sich hinentwickeln (oder hinzuentwickeln scheinen).« (Toulmin 1978, S. 490-492).

Toulmin verweist in diesem Zusammenhang auf die dazu alternative Lösung des Kantschen Problems der Unterscheidung »vernünftigen« und »unvernünftigen« Denkens in der englischen analytischen Sprachphilosophie etwa Strawsons: Die Frage der Erkenntnis der »ewigen, überzeitlichen Grenzen der systematischen Vernunft« wird zurückgeschraubt auf die Frage nach den Bedingungen für verständliches Sprechen und Denken im gegebenen sozialen Kontext (Toulmin 1978, S. 493 ff.). Die Theorie des kommunikativen Handelns von Habermas verbindet Piagets evolutionären Universalismus mit dem Ideal der Verständigung, wie es die analytische Sprachphilosophie ausgearbeitet hat: Es seien wohl nicht so sehr, wie Piaget annimmt, die logischen Kompetenzen, in denen sich primitive und moderne Gesellschaften unterschieden (diese Terminologie müsse auf die Entwicklungsschritte vom Kind zum Erwachsenen bezogen bleiben), sondern die sozial und kulturell, z. B. durch Weltbilder geprägten Verständigungsformen (Habermas 1981/1, S. 74 ff.). Piagets Argumentationsmuster wird dabei nicht verlassen: Es seien die modernen Vorstellungen vom »autonomen Individuum« und von der Abwesenheit jeglichen Zwangs in der Kommunikation, die das moderne Weltbild kennzeichneten und damit wissenschaftliche Anschauung ebenso wie »kommunikative Rationalität« erst *ermöglichten* (Habermas 1981/1, S. 92; 1981/2, S. 285 ff.; vgl. Schöfthaler 1983 c). Die Differenz zwischen Habermas und Piaget ist weniger groß, als es auf den ersten Blick scheint: Nach Habermas muß man den »Primitiven« zwar das Vorhandensein formal-operationaler Kompetenzen zuschreiben, doch sei deren Umsetzung in rationale Weltbeherrschung und Verständigung durch Mythos, Magie und rituellen Zwang verhindert (Habermas 1981/1, S. 81, 108). Piagets These fügt dem lediglich hinzu, daß die Grundelemente formal-operationalen Denkens wie volle Reversibilität und Abstraktionsfähigkeit erst unter sozialen Bedingungen ausgeprägt werden können, in denen Zwang und Unterordnung unter Traditionen und feststehende Wahrheiten nicht mehr das vorherrschende

Muster der Sozialisation in die Erwachsenengemeinschaft darstellen. Habermas' und Piagets parallele Modelle sozialer Evolution und individueller Entwicklung sind logische Deduktionen von vorher definierten Endpunkten aus, von denen nur jeweils eine empirisch belegt wird. Während Piaget seine ontogenetische These empirisch fundiert und dabei die phylogenetische zur Stützung der Universalitätsannahme nutzt, argumentiert Habermas empirisch auf der Ebene der Gesellschafts- und Kulturgeschichte, um von dort aus Thesen zur Ermöglichung individueller Rationalität zu formulieren. Die bei Habermas verschlüsselte, von Piaget explizit formulierte Analogie zwischen dem Denken »primitiver« Erwachsener und moderner Kinder stellt historische Vorbilder in einen neuen, metatheoretischen Zusammenhang. Er verlangt nach einer Diskussion beider Ebenen – ein für kulturrelativistische Anthropologie unlösbares Problem, das kulturvergleichende Forschung eines neuen Zuschnitts provoziert.

Piaget zieht diese Analogie einige Male in seiner Auseinandersetzung mit Lévi-Strauss und Lévy-Bruhl. Piaget wendet sich gegen Lévy-Bruhls Annahme, es gebe eine »primitive Mentalität«, die »prä-logisch« in dem Sinne sei, daß sie nicht logischen Gesetzen folge, wie Lévy-Bruhl meinte; sie sei »prälogisch« im Sinne einer Entwicklungsrichtung, eine Vorstufe wie in Piagets Stadienmodell das »sensomotorische Denken« und die »konkreten Operationen« von Kindern für die Stufe der »formalen Operationen« im Denken von Adoleszenten und Erwachsenen (Piaget 1970, S. 116, ähnlich im Schlußabschnitt des folgenden Kapitels 2.2). Man könne nicht die genetischen und historischen Unterschiede so einebnen, wie das Lévi-Strauss tue, für den die »natürliche Logik« der Primitiven nur eine Spielart formaler Logik sei. Lévi-Strauss behandle die Strukturen des Denkens wie einen Katalog gleichwertiger Elemente; die Geschichte der Intelligenzentwicklung sei dagegen ein Prozeß vieler Transformationen, die dann weitere kulturelle und symbolische Entwicklungsprozesse *ermöglicht* hätten (»antedating and giving rise«, Piaget 1970, S. 119).

Am Beispiel des vier- oder fünfjährigen Kindes, das nicht gedanklich und sprachlich zwischen dem Phänomen Schatten und den Objekten, die Schatten werfen, unterscheidet, zieht Piaget eine Parallele zwischen kindlicher und primitiver Prä-Logik: Beide hätten schon ein Gespür dafür, daß der Schatten nicht ein Ding sei, das man von einem Ort zum anderen »transportieren«

könne, und damit unterschieden sie ihn von dem Schatten werfenden Objekt, aber es fehle an der Fähigkeit, diesen Sachverhalt auszudrücken. Ursache dafür sei die Vorstellung der »Partizipation«, die das Kind und den Primitiven daran hindere, sich hinreichend von seiner natürlichen und sozialen Umwelt zu unterscheiden – das Denken zu »dezentrieren«, wie es Piaget meist formuliert. Kindliche »Egozentrik« und »magische« Orientierung sind für Piaget nahezu äquivalent; die Defizite in der Scheidung von Subjekt und Objekt, Wirkung und Ursache, die Unfähigkeit zur gedanklichen Umkehrung von Handlungen (»Reversibilität«) und allgemein die Bindung des Denkens an Handeln und Anschauung – nach all diesen Kriterien beurteilt Piaget primitives und kindliches Denken gleich.

Es mag befremden, daß hier Piagets Unterscheidung von »präoperatorischem« Denken des Kleinkindes, das sich in Handlungen manifestiert, und »konkret-operatorischem« Denken des bis zu zwölfjährigen Kindes, das schon logische Operationen enthält, die aber doch der Anschauung verhaftet sind, vernachlässigt wird. Das liegt an Piagets eigenen Zweifeln in der Beurteilung primitiven Denkens: In seiner Abhandlung »Logik und Gesellschaft« läßt er bewußt die Frage offen, ob das zweifellos »intelligente« Handeln der »Primitiven« schon auf dem Niveau der »konkreten Operationen« angesiedelt ist, dabei aber »durch eine koerzitive Ideologie zum Mißerfolg verurteilt«, oder nur »intuitiv und präoperativ« (Piaget, GW 10, 1950, S. 237-252: 237; ähnlich 1970, S. 106 ff.). An anderer Stelle relativiert Piaget solche Parallelen, da sie »funktionale Divergenzen« außer acht ließen, und verweist auf künftige Einsichten in die strukturelle Identität kindlichen Denkens und primitiven Bewußtseins »im Vergleich zum Denken des normalen und zivilisierten Erwachsenen«; in der empirischen Diskussion der Entwicklung kindlichen Denkens verwendet Piaget gleichwohl in nicht weiter erklärter Metaphorik die Begrifflichkeit, in der »primitive Denkprozesse« beschrieben werden (Piaget 1967/1972, S. 235, 250 f.).

Habermas folgt Piaget auch in dieser verbalen Unentschiedenheit: »Erwachsene Mitglieder primitiver Stammesgesellschaften (können) grundsätzlich dieselben formalen Operationen erwerben ... wie Angehörige moderner Gesellschaften, wenngleich die höherstufigen Kompetenzen dort weniger häufig auftreten und selektiver ... angewendet werden«; und: Konfundierung von Natur und Kultur, Egozentrik, der »Konkretismus eines anschauungsverhafteten Denkens« und mangelnde Differenzierung von Subjekt und Objekt seien die Grundzüge »magisch-animistischer Weltbilder« (Habermas 1981/1, S. 75-78, 104 ff.). Habermas verwendet Piagets Terminologie der Beschreibung von Entwicklungsprozessen des *Denkens* metaphorisch zur Deutung von Entwicklungsprozessen von *Weltbildern*; das ist ein besonders schwer durchschaubarer Sprachgebrauch, da Piaget eben diese Begriffe aus Beschreibungen primitiven Denkens vor allem durch Lévy-Bruhl entlehnt hatte.

Da Habermas nicht Piagets Anregung aufgenommen hat, die »funktionalen Divergenzen« von kindlichem und primitivem Denken herauszuarbeiten, steht weiterhin Piagets These zur Diskussion:

Die Konfundierung logisch trennbarer Objekte beim zivilisierten Kind und das Denken in Analogien beim »primitiven Erwachsenen« seien gleichermaßen als Vorstufen und vorbereitende Stadien für »explizite Logik« zu sehen (Piaget 1970, S. 116 f.). Damit bezieht Piaget »eine modifizierte Lévy-Bruhlsche Position, die er verteidigt gegen Lévi-Strauss' Überzeugung, zwischen der ›natürlichen Logik‹ des Wilden Denkens und der des heutigen Wissenschaftlers gebe es keine qualitativen Unterschiede« (Turner 1973, S. 372).

Müller-Schwefe (1978, S. 151-164) hat die wesentlichen Argumente zusammengestellt, die gegen Lévy-Bruhls These von der »Partizipation« des Menschen an seiner natürlichen Umwelt im prälogischen Denken und gegen Piagets Aufnahme dieser These in die Analogie zwischen Kind und Primitivem formuliert wurden. Diese Argumente lassen sich auf eine Alternativfrage reduzieren: Unterscheiden sich Individuen und kulturelle Weltbilder dadurch, daß die einen (Kinder und Primitive) Elemente miteinander »verschmelzen«, die nach universellen Erkenntnisregeln nicht zusammengehören, denen andere (zivilisierte Erwachsene) folgen oder folgen können? Oder ist diese Alternative eine zu sehr vergröbernde Vereinfachung einer verwickelten Vielfalt von Trennungen und Verschmelzungen natürlicher und kultureller, affektiver und kognitiver, evaluativer und logischer Elemente?

Die in Teil 3 zusammengestellten sozialanthropologischen Studien bezeichnen drei mögliche Ebenen, auf denen kulturvergleichende Forschung diese Fragen beantworten kann. *Sprachanalytisch* stellt sich das Problem sowohl einfacher als auch unabgeschlossener dar als auf der Grundlage der Sapir-Whorf-These. Lucien Sébag (1967, S. 150) hält fest: »Ich kann nur Elemente verschmelzen lassen, die mir vorher als mit semantischem Wert ausgestattet gegeben sind.« Wober (Kap. 3.6) verfolgt diesen Gedanken in ihrer Untersuchung der unterschiedlichen Konnotationen des Intelligenzbegriffs in Uganda und in den Vereinigten Staaten; Scribner (Kap. 3.10) differenziert die kulturspezifischen Eigenarten der Unterscheidung gesprochener und gedachter Argumentationen; Lee (Kap. 3.3) befragt die Begriffe der Trobriander auf ihre besondere Funktion in der Wirklichkeitskodierung. Die Ergebnisse dieser Studien verweisen auf die Notwendigkeit einer umfassenderen Klärung des kulturellen Umfelds von Sprachen. Evans-Pritchard (1967, S. 136) hat die Frage nach der Differenzierung von *Mythos und Alltagshandeln* gestellt: Läßt sich eine Verschmelzungsthese beispielsweise daraus ableiten, daß im religiösen System der Nuer Zwilling und Vogel Analoga sind, während sie im Alltag klar unterschieden werden? Müller-Schwefes (Kap. 3.7) »anthropologische Relativierung von Piagets Zeitbegriff« zeigt die Konsequenzen einer solchen Fragestellung, indem er für segmentäre Gesellschaften das Hineinwachsen von Jugendlichen in zwei unterschiedliche Zeitkonzeptionen (ökologische und genealogische) beschreibt, von denen keine als allein maßgeblich mit Piagets Konzept der Entwicklung des Zeitbegriffs verglichen werden kann. Nimmt man Lévi-Strauss' Konzept einer *gemeinsamen logischen Grundstruktur primitiver und moderner Gesellschaften* dazu, befindet man sich mitten im Prozeß einer kulturellen Relativierung des theoretisch so schroffen Gegensatzes von Logik und Nicht-Logik. Diese Relativierung muß nicht Beliebigkeitsspielräume vergrößern, sondern kann dazu beitragen, diesem Gegensatz einen lebensnäheren Sinn zu geben. Das zeigt beispielsweise Shweders (Kap. 3.5) Versuch, Funktionsweise und Geltungsbereiche magischen Denkens in Industriegesellschaften zu bestimmen und damit eine neue Ebene der Vergleichbarkeit von »primitiver« und »zivilisierter« Mentalität zu erschließen. Während Wolfram (Kap. 3.1) die Grundsatzfrage nach der empirischen Grundlage einer Unterscheidung wissenschaftlicher und unwissenschaftlicher Denkweisen stellt, zeigen Gladwin (Kap. 3.4) und Cole (Kap. 3.9) beispielhaft, welche sozialen und kulturellen Konstellationen Abstraktionen und logisches Schließen provozieren. Dabei verdient der Versuch, Heuristiken als Verbindungsmechanismen von Denken und Handeln gesondert zu untersuchen, besondere Beachtung.

Greenfield (1966/1971, S. 272) hat die These vertreten, kulturvergleichende Psychologen neigten in der Tradition Piagets zu einer »Gleichsetzung des ›primitiven‹ Erwachsenen mit dem ›zivilisierten‹ Kind«, weil sie nicht hinreichend interdisziplinär orientiert seien. Piagets »Eingeständnis ..., daß Einflüsse der Umwelt eine Rolle spielen«, sei weitgehend folgenlos für den interkulturellen Vergleich geblieben: »Qualitative Unterschiede zwischen westlichem Denken und demjenigen von traditionsgebundeneren Gesellschaften wurden selten untersucht. Psychologen, die diese Gesellschaften besuchten, haben ihre Untersuchungen meist so verstanden, als wenn sie mit vertrauten Phänomenen befaßt wären, die bloß in größerer oder geringerer Menge (meist in geringerer) vorhanden sind.« In ihrer Kritik des »Paradoxons des Endpunkts der Entwicklung« bemerkt Greenfield, daß generell »kulturvergleichend arbeitende Forschung Piagets eigenem Beweisgang nicht gefolgt ist, daß man nämlich, wenn man Entwicklung untersuchen will, zunächst den Endzustand verstehen muß, auf den sich der Entwicklungsprozeß hinbewegt« (in diesem Band, S. 100). Damit verbindet Greenfield die Forderung an kulturvergleichende Forschung, nach Äquivalenten zum Modell des westlichen Wissenschaftlers zu suchen, an dem Piagets Theorie der kognitiven Entwicklung orientiert ist. Besonders der Beitrag von Wober (Kap. 3.6) ist ein Versuch, diese Forderung einzulösen.

Greenfields Kritik geht jedoch nicht an den Kern von Piagets genetisch-strukturalistischer Theorie. Als »historisierter Kantianer« mußte Piaget an der Idee der Einheit der »reinen Vernunft« festhalten; das Problematische ist seine »Historisierung« dieser Idee im Rahmen von Evolutions- und Ontogenesetheorien. Piaget nimmt in der Auseinandersetzung mit Lévi-Strauss eine Position ein, die die in anderen Zusammenhängen (s. Kap. 2.1) von ihm vertretene Differenzierung von Kompetenzen und Performanzen vermissen läßt: Zwar seien Strukturen analogischen Denkens und der Kombinatorik in primitiven Verwandtschaftssystemen möglicherweise in mancher Beziehung auf einer höheren Ebene als westliches Denken; doch komme es entscheidend auf die individuelle Aktivität im Alltagsdenken des einzelnen an – und deren allgemeine Verbreitung kennzeichne eben die moderne Gesellschaft, während in primitiven Gesellschaften auch die kompliziertesten logischen Systeme schon fertig ausgearbeitet und vom einzelnen nicht mehr weiterzuentwickeln seien (Piaget 1970, S. 117 f.). Hier verläßt Piaget die strenge Gedankenführung einer hierarchisch aufgebauten Theorie der Stufenfolge logischer Struk-

turen und begründet seine Abwertung »natürlicher Logik« mit
der Hilfsthese von der Evolution moderner Individualität aus früher Gruppenorientierung, die er aus einer vereinfachten Durk-
heim-Adaptation übernimmt.

Gerade an der Stelle, an der sich unterschiedliche Wege zum
Erreichen der obersten Stufe der Vernunftentwicklung andeuten,
begibt sich Piaget in die Beweisnot dessen, der *ein* kulturelles
Muster dogmatisch verteidigen will. Die meisten der im vorliegenden Band abgedruckten sozialanthropologischen Studien setzen hier an: Sie bestreiten nicht – wie Habermas bei Untersuchungen dieser Art argwöhnt – die Idee der Einheit des Wahren, ohne
die in der Tat keine Verständigung über soziale und Kulturgrenzen hinweg möglich wäre (Habermas 1981/1, S. 93), sondern sie
gehen kulturell geprägten Formen der Welterkenntnis und Kommunikation in einer Weise nach, die westliche Individualitätsnor-
men kritischer als Piaget in seiner These vom sozialen Zwang in
»primitiven« und von der »Kooperation« in »modernen« Gesellschaften sieht.

Wenn im folgenden von »mehreren Wegen der Entwicklung«
die Rede ist, geht es nicht um die Suche nach einer »anderen
Logik«, sondern um die Suche nach mehr als einem Zugangsweg
zu ihr. Im Duktus von Piagets genetischem Denken formuliert:
Es steht zur Diskussion, ob das theoretische Modell der »Äqui-
finalität« in der Entwicklung der kognitiven Strukturen hinreichend allgemein ist, um die faktische »Multifinalität« in der Entwicklung des Vernunftgebrauchs quer durch alle Kulturen hinreichend erfassen zu können, oder ob es nur für einen begrenzten
Teil, nämlich die Entwicklung wissenschaftlichen Denkens nach
den Normen heutiger »moderner« Gesellschaften, gültig ist (Wilden 1972, S. 322 f.). Mit anderen Worten: Wie läßt sich sicherstellen, daß der Universalitätsanspruch einer Theorie der kognitiven
Entwicklung nicht unversehens zur Legitimation eines kulturell
erfolgreichen und dominierenden Modells des Vernunftgebrauchs
wird?[7]

Kulturvergleichende Kognitionsforschung ist daher auch auf die
Diskussion um Voraussetzungen und Folgen von gesellschaftlicher Modernisierung verwiesen, in der es um die Frage geht, wie
Bedingungen dafür zu schaffen sind, daß weltweit Hindernisse
auf dem Wege zu einer vollen Entfaltung individueller Potentiale
beseitigt werden (s. u., Kap. 4.1 bis 4.6). Der Kulturvergleich

erscheint selbst oft als Hindernis für den Fortschritt der Wissenschaft, weil er so viele Zweifel an der Universalität bereits gewonnener Erkenntnisse erzeugt. Die Förderung solcher Zweifel könnte jedoch weit eher zur Entwicklung der Fähigkeiten zur Dezentrierung und zum Perspektivenwechsel beitragen, wie sie für entwickelte kognitive Strukturen nach Piaget typisch sind, als die schematische Abwertung fremder Denkweisen, wie sie aus der Analogie von Kind und Primitivem folgen. Mit den Worten Roy Preiswerks (1976, S. 508): »Wenn die Amazonasindianer unsere Vorliebe für das universalistische Denken teilten und sich darum bemühten, unser Denken mit den Maßstäben ihrer Kosmologie zu prüfen, dann würden sie uns vielleicht als ›prä-amazonisch‹ bezeichnen. Das sagte nicht sehr viel über das, was wir sind, wäre aber umgekehrt sehr aufschlußreich für ihre Art zu denken«.

3. Vom Wissen des Subjekts zur Weisheit der Völker: Der Zusammenhang zwischen kulturvergleichender Piaget-Forschung und der Modernisierungsdebatte

Mit der erwähnten Diskussionsrunde von 1956 begann die breite Rezeption der genetischen Erkenntnistheorie Jean Piagets. Die damalige Debatte war der Beginn verbindlicheren Redens über die Universalität von Vernunft; sie hat weltweit kulturvergleichende Forschungen zur Gültigkeit und Reichweite von Piagets Konzept in Gang gesetzt. Nicht zufällig beginnt die Publikation der nach einer Zählung von 1976 weit über 500 kulturvergleichenden Tests von Piagets Theorie schon im Jahr 1959 mit einer Untersuchung der Fähigkeit von Kindern in Aden, Quantität und Volumen von Gegenständen zu erkennen und zu differenzieren (Hyde 1959; Übersicht: Modgil/Modgil 1976).

Noch 1956 redeten Jean Piaget und Margaret Mead streckenweise aneinander vorbei: Piaget betont die Universalität seines Konzepts, indem er die Bedeutung der in jedem Menschen angelegten Mechanismen zum Ausgleich von Umwelterfahrung und Wahrnehmungsschemata betont und diesen »Äquilibrationsfaktor« als Summe der allgemeinen Aspekte von Vererbung, Reifung und Interaktion bestimmt; diese von Piaget später (1966, hier: Kap. 2.2) als »synchronischer Kern« variabler Entwicklungsfaktoren bezeichneten Aspekte enthalten metatheoretisch umformuliert die frühen soziologischen Annahmen über Autonomie und Kooperation (Piaget in Tanner/Inhelder 1963, S. 3-27).

Margaret Mead reagiert, indem sie nur »für die außergewöhnlich begabten« Mitglieder von »Kulturen, die nicht unseren Typus wissenschaftlichen Denkens entwickelt haben«, die Übertragbarkeit von Piagets Konzept bestätigen möchte und für die übrigen auf kulturelle Variabilität plädiert (Mead in Tanner/Inhelder 1963, S. 52).

Piaget stellt daraufhin klar, die Dominanz des Äquilibrationsfaktors für seine allgemeine Theorie beruhe eben auf seiner Allgemeinheit; sie sei jedoch nicht als additiv im Sinne einer Unterscheidung von Begabungsniveaus zu verstehen (Tanner/Inhelder 1963, S. 82 f.). Mead versucht dagegen, Piagets Entwicklungsvorstellung als Kombination aus universellen Reifungsvorgängen und kulturspezifischen Erziehungs- und Begriffsbildungsprozessen zu bestimmen (Tanner/Inhelder 1963, S. 114 f.). Damit war es zur Aufgabe kulturvergleichender Forschung geworden, allgemeine und variable Aspekte der Vernunftentwicklung in unterschiedlichen Gesellschaften aufzuspüren, wobei Piagets Theorie nicht mehr vollständig abgelehnt oder bestätigt werden mußte, sondern auf ihre Reichweite und Erklärungskraft hin präzisiert werden konnte.

Leider dominierte in den kulturvergleichenden Tests bis vor wenigen Jahren die Tendenz, Daten zur Verifikation oder Falsifikation von Piagets Theorie als Ganzer oder im Detail überzustrapazieren. Dazu hat Piagets eigenes Verfahren der Deutung kulturvergleichender Studien als empirisches Fundament seines Konzepts (s. Kap. 2.2 und Piaget 1977) wesentlich beigetragen. Die weitaus meisten Forscher haben sich nicht dem Problem der Unterscheidung kulturspezifischer »Endpunkte« der kognitiven Entwicklung gestellt, sondern den einfacheren Weg gewählt, die interkulturelle Verbreitung der »Vorstufen« formal-operationalen Denkens zu untersuchen. Wie kaum anders zu erwarten, wurden bis auf Details von geringerer Bedeutung die Stadien der sensomotorischen und anschauungsgebundenen (konkret-operationalen) Intelligenz in unterschiedlichsten Kulturen gefunden (vgl. Ashton und Ember im vorliegenden Band). Doch was war damit gewonnen oder bestätigt, hatte nicht schon Piaget selbst (GW 10, 1950, S. 243) die alten Studien Lévy-Bruhls als Belege für die universelle Existenz dieser »Vorstufen« gewertet?

Das eigentliche Problem wird seit dem Auslaufen der Euphorie kulturvergleichender Piagetforschung Mitte der siebziger Jahre deutlicher gesehen: die Schwierigkeit, die Universalität des hypothesenprüfenden »formal-operationalen« Denkens, das sich von aktiver Manipulation von Gegenständen und der konkreten Anschauung lösen kann bzw. ihr vorausgeht (s. Kap. 2.1), empirisch zu prüfen.[8] Wie sollte das möglich sein in Gesellschaften, deren Lehr- und Lernstile die modernen Formen der Abstraktion nicht in isolierter oder isolierbarer Form kennen?

Eine erste Antwort darauf war die Wiederaufnahme von Piagets evolutionärer Relativierung der Universalitätsannahme: Wenn man trotz allen Bemühens um »kulturfreie« oder »kulturfaire« Gestaltung der Piaget-Tests in einer Kultur keine oder kaum Anzeichen für das Vorhandensein anschauungsfreien logischen Denkens finden könne, liege der Schluß auf eine evolutionäre Rückständigkeit der betreffenden Kultur oder Gesellschaft nahe (Dasen/Heron 1981, S. 332-335; Ghuman 1982).

Häufiger wurde jedoch in Form von Fundamentalkritiken geantwortet, die diese Folgerung umkehren in die These, Piagets Theorie sei ethnozentrisch. So bemüht Buck-Morss (1975/1978) Georg Lukacs' Kritik am »abstrakten Formalismus«, um Piaget als Ideologen der kapitalistischen Entfremdung zu charakterisieren. Um einiges moderater deuten Preiswerk (1976) und Berthoud (1976) Piagets Konzept formalen Denkens als Versuch, die Standards westlicher Wissenschaft kulturübergreifend zu legitimieren. Gegen solchen Fundamentalismus wurde mit Recht eingewandt, er könne leicht einer Neuauflage der kritisierten Ethnozentrik Vorschub leisten, da er Abstraktion und Wissenschaftlichkeit als westliche Spezifika betrachte (Dasen/Heron 1981, S. 334).

Einen anderen Weg schlug Klaus F. Riegel (1975/1978) ein, indem er das Statische an der Behauptung vom Vorhandensein oder Nichtvorhandensein der Fähigkeit zu formalen Denkoperationen kritisierte. Riegel (1978, S. 91 f.) schlägt vor, »dialektische Operationen« des Denkens als höchste Stufe der kognitiven Entwicklung zu begreifen und so die Qualifikationen zum Umgang mit Logik genauer zu bestimmen: »Der Umgang mit logischen Klassen ... bedarf keiner weiteren, über das Stadium der formalen Operationen hinausgehenden Entwicklung mehr; das Individuum muß nur begreifen, daß Gegenstände eine Vielzahl häufig widersprüchlicher Merkmale aufweisen. Sie sind zugleich klein und groß, stark und schwach, schwer und leicht« (Riegel 1978, S. 91 f.). Habermas (1981/2, S. 449, 489 ff.) spielt auf ein ähnliches Problem an, wenn er von der Gefahr der »kognitiven Vereinseitigung« in der modernen, differenzierten Gesellschaft spricht – sie könnte mit Riegel (1978, S. 93 f.) genauer als jene »Immobilität« bestimmt werden, die aus einer mechanischen Übertragung der Gesetze logischer Widerspruchsfreiheit auf die praktische Vernunft resultiert. Überlegungen dieser Art erscheinen geeignet, das dynamische Moment der Universalitätsannahme deutlicher als Piaget zu greifen und Piagets Annahme »höchster« Formen der Denkentwicklung »reversibel« umzuformulieren. Es gilt nicht mehr ausschließlich, die Formen des Vernunftgebrauchs nach dem Grad ihrer Annäherung an festgeschriebene »Kompetenzen« zu klassifizieren, wie das die empirische Piagetforschung lange getan hat, sondern zusätzlich aus der Vielfalt menschlicher Denkformen Kriterien zur Kritik an »kognitiven Vereinseitigungen« zu gewinnen. Ob es im Sinne Riegels gelingen kann, *post-formale Operationen* des Denkens als eigenes Stadium der Entwicklung zu bestimmen, ist unter Psychologen höchst umstritten. Edelstein und Noam (1982) sehen das Problem in »funktionalen Imperativen« des sozialen Kontexts und seinen Entscheidungskonflikten zwischen Aufrechterhaltung und Abbruch der Kommunikation: Solchen Anforderungen sei ein allein am idealisierten Modell theoretischer Diskurse ausgerichtetes Denken nicht gewachsen, so vollständig es auch Piagets formale Operationen beherrschen mag. Eine andere aktuelle Übersicht dieser Debatte läßt offen, wie weit »Entwicklung tatsächlich nicht-linear verlaufen kann und alternative Wege zu post-formalen Operationen möglich sind« (D. A. Kramer 1983, S. 91).

Einen Beitrag zur Klärung solcher Fragen können sozial-anthropologische Studien leisten, wie sie in Teil 3 des vorliegenden Bandes vorgestellt sind. Sie folgen allesamt nicht der (mit der Feststellung von Verifikationsproblemen vorläufig abgeschlossenen) Tradition kulturvergleichender Anwendung von Piaget-Tests, sondern konzentrieren sich auf kulturtypische Vorstellungen »entwickelter« Vernunft. »How well can *they* do *their* tricks?« formuliert Wober (1969) als Motto.

S. Wolfram (Kap. 3.1) nimmt die neuere englische Diskussion um die Unterscheidung von kulturspezifischen »Denkweisen« zum Anlaß, vor zu großer Leichtfertigkeit im Umgang mit der

These von kulturellen Unterschieden zu warnen. Sie plädiert dafür, nur bei gleichzeitiger Differenz von Denkweise und zugehöriger Handlungsregel grundlegende Unterschiede in der Denkstruktur verschiedener Kulturen anzunehmen. Damit ist eine Brücke geschlagen zwischen den psychologischen Überlegungen zu »post-formalen Operationen« des Denkens und ethnologischen Studien zum Zusammenhang von Vernunftgebrauch und Anforderungen der Lebenswelt.

D. Bloor (Kap. 3.2), D. Lee (3.3), Th. Gladwin (3.4) und R. A. Shweder (3.5) haben auf klassische anthropologische Studien zur Differenz »primitiven« und »modernen« Denkens zurückgegriffen; sie sind in ihren Neuinterpretationen und eigenen empirischen Untersuchungen der Unterscheidung von wissenschaftlichem und Alltagsdenken gefolgt und haben dabei einen Weg gezeigt, auf dem man mit der Deutung fremden Denkens größeren Aufschluß über die eigene Kultur gewinnen kann.

Bloors Essay über »Die Logik der Zande und die westliche Wissenschaft« steht in einer langen Reihe von Versuchen, Evans-Pritchards Forschungen zu magischem Denken bei den südsudanesischen Zande (1937) für eine kulturvergleichende Perspektive schlüssig zu interpretieren (vgl. Schöfthaler 1983 b, S. 200-206). Weniger allgemein als vor ihm Winch (1964) und Polanyi (1958) zeigt Bloor, wie in der Geschichte naturwissenschaftlicher Theoriebildung jene Resistenzen gegen neue Erfahrung, die angeblich magisches Bewußtsein charakterisieren, ähnlich wirksam waren wie im komplizierten Denksystem der Zande.

Das etwas geläufigere Argument in der Diskussion um Irrationalitäten in der Entwicklung wissenschaftlichen Denkens[9] vertritt Shweder: So wie in der Zande-Magie Begriffe aufgrund zugeschriebener Ähnlichkeiten in einen Zusammenhang gebracht werden, sei es auch in modernen Formen der Persönlichkeitsbeurteilung. Beide alltäglichen Formen des Umgangs mit »Wissen« seien dadurch gekennzeichnet, daß sie Zusammenhänge postulierten, deren Geltung sehr viel mehr in symbolischen Systemen als in empirisch überprüfbaren Korrelationen verankert sei. Eine Verknüpfung mit Bloors Wissenschaftskritik ist das weiterführende Argument Shweders, diese alltäglichen Vermischungen von Ähnlichkeit und Korrelation hätten auch Eingang in wissenschaftliche Theoriebildung gefunden.[10]

Die Diskussion um ein anderes anthropologisches Paradigma,

die funktionalistische Deutung der Kultur der melanesischen Trobriander durch Malinowski (ab 1922) (vgl. Schöfthaler 1983 b, S. 196-200) ist mit den Beiträgen von Lee und Gladwin repräsentiert. Lee findet im Trobriander-Material Anhaltspunkte für einen »linearen« Bias von Malinowskis Datenpräsentation: Gebunden an »zweckrationales« Denken habe Malinowski übersehen, wie gering und nur auf wenige Situationen beschränkt die Indizien für lineare und vor allem finale Wirklichkeitskonzeptualisierung bei den Trobriandern seien. Lee fordert dazu auf, sich mit Denkmustern auseinanderzusetzen, in denen Wirklichkeit vor allem einen Wert »in sich«, nicht» außer sich« habe. Ähnliche Kritik an westlichen Denktraditionen leistet Gladwins Untersuchung des Abstraktionsvermögens von Navigatoren des pazifischen Puluwat-Atolls. Er stellt – wenn auch ohne direkten Bezug zu Piaget – die Einheitlichkeit des Konzepts formaler Operationen in Frage. Er zeigt, daß bei Abwesenheit sozialen Innovationsdrucks deduktive Logik von der Fähigkeit zur Bildung neuer Hypothesen getrennt sein kann. Heuristik-Tests mit Innovatoren (Lehrern) aus der gleichen Gesellschaft stützen diese These. Der etwas hemdsärmelige Versuch Gladwins, Parallelen zwischen Puluwat und der Bronx herzustellen, hat wissenssoziologische Kritik provoziert (Keddie 1977); sie verweist auf das in der Modernisierungsdebatte zentrale Problem, die Ähnlichkeiten zwischen der Kultur der Armut und der Kultur der Dritten Welt sachgemäß ohne eine Neuauflage der Kind-Primitiv-Analogie zu diskutieren (vgl. Teil 4).

M. Wober (3.6) zeigt in ihrer Untersuchung der sprachlichen Konnotationen von »Intelligenz« in Uganda, wie beschränkt die Verallgemeinerbarkeit der westlichen Vorstellung einer individuellen, rationalen und schnellen Entscheidung ist. Wenn auch relativiert entsprechend dem Einfluß westlicher Bildung, zeigen die Ergebnisse aus Uganda doch eine mögliche Alternative: »Weisheit« als eher zögernde Orientierung am Wissen anderer, Erfahrenerer, hinter die die »Autonomie« aus guten Gründen zurückgestellt wird.

Müller-Schwefes »Versuch einer anthropologischen Relativierung von Piagets Zeitbegriff« (3.7) folgt dagegen einer Entwicklungsperspektive. Er stellt Piagets Theorie der Entwicklung eines physikalischen, »rationalen« Zeitbegriffs gegen die Realität der Entwicklung konkurrierender, »genealogischer« und »ökologischer« Zeitvorstellungen in segmentären Gesellschaften der Dritten Welt. Müller-Schwefe macht plausibel, daß eine Orientierung an Piagets Zeitbegriff auch eine Verlustbilanz hat: die Herausdrängung von Erfahrungs- und Erlebnisinhalten aus der Umweltwahrnehmung. Die Frage nach »post-formalen« Operationen stellt sich für die Zeitorientierung in ähnlicher Weise wie für die andere »klassische Universalie« – die räumliche Orientierung (vgl. die piagetkritische Sichtung anthropologischen Materials bei Pinxten 1976).

Neuere Ansätze kulturvergleichender Psychologie zur Erfassung differentieller und allgemeiner Elemente von Denkstrukturen sind durch die Beiträge von Paredes/Hepburn (3.8), M. Cole (3.9) und S. Scribner (3.10) repräsentiert.

Paredes und Hepburn stehen in der Tradition der seit einigen Jahren wiederaufgenommenen Debatte um die Bedeutung der Erkenntnisse über die Spezialisierung der beiden Hälften des menschlichen Gehirns (Popper/Eccles 1977/1982; Ornstein 1977). Die Autoren halten es für möglich, daß unterschiedliche Arrangements von sozialen Lernsituationen zu einer mentalen Dominanz der »abstrakten« linken oder der »konkreten« rechten Gehirnhälfte führen – dies könne die Kultur- und Kognitionsdebatte als Paradox erkennen und entsprechend lösen lassen. Die Diskussion[11] zeigt freilich, welch vorläufigen und unsicheren Status Erkenntnisse dieser Art besitzen.

Auf der Suche nach Fehlerquellen in kulturvergleichender Piagetforschung fanden Cole und Scribner andere Ergebnisse. Cole konnte durch Variationen in der Kommunikationssituation von Tests kultur- und situationsspezifische Bedingungen identifizieren, mit denen Fähigkeiten zum logischen Denken »herausgelockt« werden konnten. Coles Beitrag warnt nachdrücklich vor Verallgemeinerungen von Thesen zur Denkfähigkeit für eine ganze Kultur. Scribners Unterscheidung von »Denkweisen und Sprechweisen« verweist auf ein Problem, das traditionell unter dem Stichwort »Handlungslogik« diskutiert wurde (Jahoda 1976). Sie zeigt, daß eine ganze Reihe »falscher« Lösungen von Testaufgaben zum logischen Schließen darauf beruhen, daß die Testpersonen einem »empirischen Bias« folgen. Sie bringen in die gestellten Probleme Zusatzannahmen aus ihrer Erfahrung ein und weigern sich damit, die geforderte Abstraktionsebene zu betreten; »logisch« sind ihre Schlüsse, wenn man die von den Testpersonen dazugedachten Annahmen kennt; »unlogisch« sind sie, wenn man das eigene Abstraktionsniveau absolut setzen, dem Gesprächspartner aufdrängen will, was oft indirekt in der Form geschieht, daß man sich gar nicht um dessen andere Formen des Problemzugangs kümmert (vgl. Schöfthaler 1983 b, S. 215 ff., 233-235).

Die Soziologie ist bis jetzt noch nicht direkt an der Debatte um die Gültigkeit von Piagets Konzept der Denkentwicklung beteiligt, obwohl sie die evolutionären Thesen Piagets herausfordern müßten. Piaget sei »ein Soziologe, den Soziologen zum Trotz«, überschrieb Giovanni Busino (1976, S. 10) einen Essay über die geringe Aufmerksamkeit, die Soziologen Piagets »écrits sociologiques« von 1933 bis 1963 widmen.[12] Eine eingehende Würdigung – als Dokumente der Gesellschaftstheorie des »frühen Piaget« – haben sie nur bei Harten (1977 a, b) gefunden. Üblicherweise wird Piaget von der Soziologie als Psychologe, allenfalls als Erkenntnistheoretiker wahrgenommen – das gilt selbst für Habermas, der wie kein anderer sich darum bemüht hat, den »evolutionären Universalismus« Piagets in soziologische Theorie zu inkorporieren. Eine Sonderrolle in der soziologischen Literatur zu Piaget spielt der Versuch von Lidz und Lidz (1976/1981), Gemeinsamkeiten und Unterschiede von Parsons' Handlungstheorie und Piagets »Psychologie der Intelligenz« zu bestimmen. Parsons hat diese Arbeit zum Anlaß genommen, das von Piaget beschriebene System der Interaktionen zwischen Organismus und Umwelt als eigenständiges »Subsystem« von der generellen Handlungstheorie zu lösen (Parsons 1978, S. 353). Die hier interessantere Fragestellung ist jedoch Lidz' und Lidz' Versuch, Parsons' These von der Existenz »evolutionärer Universalien« (z. B. Markt und demokratische Assoziation) mit Piagets kognitiven Universalien zu verknüpfen: Rationalität im Sinne des bevorzugten Gebrauchs formal-operationaler Intelligenz gehöre zum Verhaltensrepertoire der Protagonisten »sozialen Wandels« zu einer gesellschaftlichen Modernisierung (Lidz/Lidz 1976/1981, S. 249 ff., 295).

Diese These ist bisher nicht weiter diskutiert worden, obwohl sie mit Ergebnissen kulturvergleichender Piaget-Tests zusammentrifft, nach denen Angehörige »westlich orientierter« Schichten in Ländern der Dritten Welt in Tests formaler Denkoperationen besser abschneiden als andere Bevölkerungsgruppen (Übersicht: Ghuman 1982). Wenn auch ohne direkten Bezug auf die Piaget-

Forschung, ist diese These Teil der Grundannahmen der soziologischen Theorie der »individuellen Modernisierung«, die Inkeles (Kap. 4.2) gegen die zahlreich vorgebrachten Einwände zu verteidigen und zu präzisieren sucht. Inkeles' alltagssprachliche Aufnahme von »kognitiver Flexibilität« und »individueller Autonomie« in die Beschreibung der Persönlichkeitsstruktur des »modernen Individuums« entspricht der Erfahrung von Experten aus den Industriestaaten bei der Suche nach geeigneten Kooperationspartnern für Modernisierungsprojekte in der Dritten Welt.[13] Der andere Teil dieser Erfahrung wird von Müller (4.1) und Bosse (4.3) beschrieben: Selbst gutwillige »Experten« wie Erich Wulff in Vietnam, dessen unter dem Pseudonym Georg W. Alsheimer veröffentlichten Berichte aus Vietnam Müller diskutiert, greifen unter dem Eindruck kultureller Gegensätze auf die Analogie Kind-Primitiver zurück. Daß die Beschreibung der Reaktionsweisen von Menschen in der Dritten Welt auf Modernisierung als »unlogisch« mehr über das kulturelle Selbstverständnis der Autoren aussagt als über das damit etikettierte Denken, verdeutlicht Bosse in seinem Versuch, die psychischen »Abwehrformationen« von Westafrikanern zu beschreiben.

In der Debatte um »post-formale Operationen« hat die Psychologie »Weisheit« bestimmt als »Vermittlung zwischen Affekt und Kognition« (Edelstein/Noam 1982, S. 411), zwischen den widersprüchlichen Anforderungen der Umwelt und den Strukturen widerspruchsfreien, »logischen« Umgangs mit Wissen. Piaget hatte Weisheit (»sagesse«) in seiner Fundamentalkritik existentialistischer Philosophie als »nicht-rationale Einsicht« definiert, die aus der Philosophie auszuschließen er nicht das Recht habe. Doch sei sie – wie bei Heidegger – Einbruchstelle für Irrationalität und könne nicht als »dritte autonome Quelle der Erkenntnis« neben logische Deduktion und Experiment gestellt werden (Piaget 1965/1974, S. 269, 272). Doch schon im von Piaget vorgegebenen Rahmen einer genetischen Erkenntnistheorie (zu der die ontogenetischen und phylogenetischen Annahmen über die »Entwicklung des Erkennens« gehören), ist diese Problemstellung Piagets unzureichend zur Klärung der Frage nach den Beziehungen zwischen sozialer Struktur und Vernunft. Für Untersuchung und Planung von gesellschaftlicher Modernisierung (d. h. der sozialen Bedingungen für eine volle Entfaltung des kognitiven Potentials) ist »Weisheit« eine unverzichtbare Ressource jeglicher Entscheidung. Inkeles hatte seinen Testpersonen die Frage vorgelegt, ob »harte Arbeit des Volkes«, »gute Planung der Regierung«, »Gottes Hilfe« oder »viel Glück« für die Zukunft des Landes am wichtigsten seien. Im Schlußsatz seines Beitrags (4.2) stellt er die rhetorische Frage, ob die Präferenz der »modernen« Individuen für die erste Antwortmöglichkeit »bloß Zeichen individualistischen Selbstinteresses (ist) oder ... Ausdruck einer fundamentalen kollektiven Weisheit«. Die kontrovers angelegten, weil eher universalistisch oder relativistisch fundierten Plädoyers Edelsteins (4.4) und Osterlohs (4.5) für eine bessere Anpassung formaler Bildung an die unterschiedlichen Lebenswelten der Lernenden lassen dies als falsche Alternative erscheinen. Die Steuerung der Wissensvermittlung durch »stellvertretende Erfahrung« (Edelstein), die in modernen Bildungsinstitutionen an die Stelle der Traditionen unmittelbarer Sinnerfahrung getreten ist, ist ein Problem auch in den »entwickelten« Gesellschaften; an den Krisenerscheinungen des formalen Bildungswesens in der Dritten Welt ist es besonders deutlich abzulesen. Die »kollektive Weisheit«, von der Inkeles spricht, findet sich mindestens ebenso in dem Beharrungsvermögen von Völkern gegen Modernisierungsprozesse wie in den Überlegungen der Protagonisten sozialen Wandels. Habermas baut auf die Traditionen der europäischen Vernunftkritik, in denen er eine Grundlage für die Abwehr jener »inneren Kolonialisierung« in differenzierten Gesellschaften sieht, die als Druck zu instrumentellem Denken, als »kognitive Vereinseitigung« auch für das »moderne Individuum« erfahrbar ist. Goldschmidt und Schöfthaler (Kap. 4.6) halten es für erforderlich, in diese Überlegungen auch die Erfahrungen jener Gesellschaften einzubeziehen, deren kulturelle Identität nicht nur durch innere, sondern auch durch äußere Kolonisierung in Frage gestellt wurde.

Piaget (1965/1974, S. 272) stellt die »Rechtsfrage«: »Verdient eine Wahrheit, die nicht allgemeine Zustimmung erlangt, noch den Namen ›Wahrheit‹?«. Die kulturelle Relativierung von Piagets Modell formaler Denkoperationen hat darauf keine bejahende Antwort gebracht. Aber sie hat zwei Überlegungen unausweichlich werden lassen:

Erstens ist das Ziel einer Ausschöpfung des evolutionär erworbenen Potentials kognitiver Fähigkeiten in Gefahr, wenn aus Piagets Entwicklungstheorie ein »Fahrplan« zunehmender Abstraktion von Handeln und Anschauung wird. Überall dort, wo Piaget selbst oder seine Schüler die Ebene metatheoretischer Überlegungen verlassen und Bewertungen »höherer« oder »niedrigerer« Formen der Vernunfttätigkeit vornehmen, ist die genetische Erkenntnistheorie an die Grenzen ihrer Erklärungskraft gelangt: Sie hat die Aufgabe vernachlässigt, die Vielfalt der empirischen Formen des menschlichen Denkens aufzuspüren, deren Wahrnehmung notwendige Voraussetzung für empirische Urteile dieser Art wäre. Da »die Psychologie keine Logik ist …, kann sie sich nicht damit begnügen, die Fakten durch eine abstrakte Struktur zu erklären« (Piaget/Inhelder 1955/1977, S. 319). Für Ethnologie und Soziologie gilt diese Mahnung in besonderem Maße. Die kulturvergleichende Piagetforschung hat zumindest plausibel gemacht, daß in der Konzeptualisierung von Piagets Theorie Universalien und Spezifika der Kultur moderner Industriegesellschaften noch nicht zureichend getrennt sind.

Zweitens hat die kulturelle Relativierung von Piagets Modell entwickelten Denkens über die Diskussion um »post-formale Operationen« hinaus den Umgang mit Wissen als Problem gestellt. So wie das Individuum seine widersprüchlichen Erfahrungen und Wahrnehmungen mit der Idee widerspruchsfreier Wahrheit in Einklang bringen muß, gilt das auch für kollektive Subjekte in Entscheidungsprozessen über sozialen und kulturellen Wandel. Wahrheit, die gewußt werden kann, ist ohne Orientierung für den Umgang mit solchem Wissen stets in Gefahr, nach dem Zugriffsprinzip okkupiert zu werden. Für viele Bereiche wissenschaftlichen Erkennens stellt sich die Alternative »Wissen oder Weisheit« zunächst nicht. Sie stellt sich aber dann, wenn es um die Verständigung in Situationen geht, in denen das Warten auf »allgemeine Zustimmung« zum existentialistischen Drama würde. In einer Welt, in der Vorschläge zu ihrer Umgestaltung nach universalen Kriterien nicht ohne Grund Horrorvisionen auslösen, sind solche Situationen alltäglich. Sie erfordern jene Weisheit, die nach universalen Wahrheiten und Orientierungen sucht und sich dabei ein waches Auge für den autoritativen Rückgriff auf »zivilisatorisches Wissen« bewahrt, der fast alle Thesen vom »einzigen« Weg zur Entwicklung von Sozialstruktur und Vernunft begleitet.[14]

Anmerkungen

1 Karl Marx, *Das Kapital*, Bd. 3, MEW 25, S. 828. Die Zitate von Condorcet und Herder sind aus Wagner 1973, S. 223, Anm. 20-22, entnommen. Zur besonderen Rolle von Condorcets Universalgeschichte vgl. Evans-Pritchard 1981, S. 35-40.

2 Diese Widersprüchlichkeit des Evolutionismus wird oft übersehen. So verwendet Rudolph (1968, S. 22 f.) Morgans erste These als Kronbeleg für die rassistischen Konsequenzen eines unilinearen Evolutionismus, während Diamond (1976, S. 73 f.) die zweite These als Beleg für Morgans Kritik an einer Abwertung des Primitiven deutet. Diese Widersprüche haben ihre biografische Entsprechung in der Geschichte des Anwalts Morgan, der zum Dank für die Verteidigung ihrer Landrechte von den Irokesen »adoptiert« wurde und so erst die anthropologischen Studien betreiben konnte, die in *Ancient Society* interpretiert sind (vgl. Ember/Ember 1977, S. 37).

3 Boas 1911, S. 208, 239, 380 u. ö., zitiert nach Rudolph (1968, S. 23 f.) und Kluckhohn (1962, S. 308). Ähnlich wie im Falle Morgans werden auch von Boas unterschiedliche Zitate herausgegriffen, um ihn als Universalisten oder Relativisten zu kennzeichnen. Zur Widersprüchlichkeit zwischen der ersten und der zweiten Auflage von *Mind of Primitive Man* vgl. J. Campbell 1960.

4 Insgesamt zur »Verschiebung« des Universalienproblems: Schöfthaler 1983 b, S. 191-206.

5 Hallpike (1979, S. 36-40) vermag angesichts solcher Anleihen bei der Entwicklungspsychologie in Lévi-Strauss' Piagetkritik keinerlei Substanz zu sehen. Hallpikes vernichtende Aufzählung von Belegen für Lévi-Strauss' Mißverständnis der Position Piagets geht jedoch völlig vorbei an der konzeptuellen Differenz zwischen dem Strukturalismus des ersteren (der Situationen untersucht) und dem genetischen Strukturalismus des letzteren (der vorwiegend an situationsübergreifenden Interaktionsmerkmalen interessiert ist). Vgl. unten Kap. 2.2; Diskussion bei Turner 1973, S. 351 ff., und Schöfthaler 1978, S. 402 und 418.

6 Vom Verfasser übersetzt, wie auch alle anderen fremdsprachigen Zitate.

7 Diese Feststellung steht hinter der Kritik am »kulturellen Bias« von Piagets Theorie (Buck-Morss 1975/1978) und auch hinter der Befürchtung, die normativen Konsequenzen von Piagets Strukturalismus könnten »law-and-order«-Charakter annehmen (Wilden 1972). Ansätze zu einer Austragung der Kontroverse finden sich in den Beiträgen und Repliken von Ghuman und Buck-Morss in Modgil/Modgil 1982.

8 Die klarste Darstellung von Entwicklung und Besonderheit der »formalen Strukturen« findet sich in Piaget/Inhelder 1955/1977, S. 233-338. Knappe Sekundärliteratur: Muuss 1980; Ginsburg/Opper 1975, S. 229-258.

9 Vgl. die allgemeine Diskussion um Irrationalitäten in der Entwicklung wissenschaftlichen Denkens in den Schriften Paul Feyerabends und T. S. Kuhns. Konkret zu »mystic modern science«: Schnelle/Baldamus 1978; Andreski 1974.

10 Zur Diskussion um Shweders Artikel vgl. die Beiträge in *Current Anthropology* 18, 1977, S. 648-658.

11 Zur Diskussion um Paredes/Hepburns Artikel vgl. die Beiträge in *Current Anthropology* 17, 1976, S. 318-326; 503-510; 738-742; 18, 1977, S. 344-350.

12 Piagets »écrits sociologiques« von 1933 bis 1963 sind zugänglich als unveränderter Nachdruck in: *Revue européenne des sciences sociales* XIV, 1976, No. 38/39, S. 44-197.

13 Unter entwicklungspolitischen Gesichtspunkten werden die Beiträge aus Teil 4 im Kapitel 4.6 (Goldschmidt/Schöfthaler) diskutiert; im vorliegenden Zusammenhang liegt der Schwerpunkt auf der Verknüpfung der Modernisierungsdebatte mit kulturvergleichender Piagetforschung und den in Teil 3 präsentierten sozialanthropologischen Studien.

14 Vgl. die Diskussion zu »Zivilisation und Fortschritt« in Diamond 1976, S. 6-54.

2.
Piagets Theorie im Kontext
kulturvergleichender Forschung

Jean Piaget
Die intellektuelle Entwicklung im Jugend- und im Erwachsenenalter[1]

Über die wichtigen Veränderungen in den kognitiven Funktionen und Strukturen im Jugendalter sind wir relativ gut informiert. Diese Veränderungen zeigen, wie sehr diese wichtige Phase in der ontogenetischen Entwicklung alle Aspekte der geistigen und psychophysiologischen Evolution betrifft, und nicht nur die »instinktiven«, emotionalen und sozialen Aspekte, auf die man die Betrachtungen oft einschränkt. Im Gegensatz dazu wissen wir jedoch bis jetzt sehr wenig über die Periode, die das Jugendalter vom Erwachsenenalter trennt.

In diesem Vortrag möchten wir zunächst die Hauptcharakteristika der intellektuellen Veränderungen vergegenwärtigen, die während der Altersperiode von 12 bis 15 Jahren stattfinden. Diese Charakteristika werden allzu häufig vergessen, da man dazu neigt, die Psychologie des Jugendalters auf die Psychologie der Pubertät zu reduzieren. Wir werden dann von den wichtigsten Problemen sprechen, die in Verbindung mit der nächsten Periode (15-20 Jahre) auftreten; zuerst von der Diversifikation der Fähigkeiten und anschließend von dem Grad der Allgemeinheit der kognitiven Strukturen, die zwischen 12 und 15 Jahren erworben werden, sowie von ihrer weiteren Entwicklung.

1. Die Strukturen des formalen Denkens

Intellektuelle Strukturen zwischen der Geburt und der Periode von 12 bis 15 Jahren wachsen Schritt für Schritt in Übereinstimmung mit Entwicklungsstufen. Man hat zeigen können, daß die Reihenfolge dieser Stufen äußerst regelmäßig und darin den Stufen einer biologischen Ontogenese vergleichbar ist. Die Geschwindigkeit der Entwicklung kann freilich von einem Individuum zum anderen und auch von einer sozialen Umwelt zur anderen variieren. Daher können sich Beschleunigungen oder Verzögerungen zeigen, aber das verändert die Reihenfolge der Stufen nicht. So durchlaufen alle normalen Kinder lange vor dem Auftreten der Sprache eine Reihe von Stufen bei der Bildung der senso-motorischen oder praktischen Intelligenz, die durch bestimmte »instrumentale« Verhaltensmuster charakterisiert sind. Solche Muster zeugen vom Vorhandensein einer Logik, die ja den Handlungskoordinationen selbst inhärent ist.

Mit dem Erwerb der Sprache und der Ausbildung des symbolischen Spiels, des geistigen Bildervorrats usw., das heißt mit der Ausbildung der Symbolfunktion (oder der Semiotik im allgemeinen), werden Handlungen verinnerlicht zu Repräsentationen; dies setzt wiederum eine Rekonstruktion und eine Reorganisation auf der neuen Ebene des repräsentationalen Denkens voraus. Die Logik dieser Periode bleibt jedoch bis zum Alter von 7 oder 8 Jahren unvollständig. Die verinnerlichten Handlungen sind noch »präoperatorisch«, wenn man unter »Operationen« vollständig umkehrbare Handlungen versteht (wie Addition und Subtraktion oder das Urteil, daß die Entfernung zwischen A und B dieselbe ist wie die Entfernung zwischen B und A, usw.). Aufgrund des Fehlens der Reversibilität mangelt es dem Kind auch an dem Verständnis der Transitivität ($A \leq C$, wenn $A \leq B$ und $B \leq C$) und der Erhaltung (ein Objekt, dessen Gestalt man verformt, ändert in der Wahrnehmung eines präoperatorischen Kindes gleichzeitig Menge und Gewicht).

Zwischen 7-8 und 11-12 Jahren bildet sich eine Logik der reversiblen Handlungen aus, die charakterisiert ist durch die Bildung einer bestimmten Anzahl von festen und kohärenten Strukturen, etwa eines Klassifikationssystems, eines Ordnungssystems, der Bildung von natürlichen Zahlen, des Maßes von Strecken und Oberflächen, von projektiven Relationen (Perspektiven), bestimmten Allgemeintypen der Kausalität (Übertragung von Bewegung durch Zwischenglieder), usw.

Verschiedene sehr allgemeine Charakteristika unterscheiden diese Logik von derjenigen, die sich während der Prä-Adoleszenz ausbildet (zwischen 12 und 15 Jahren). Erstens sind diese Operationen »konkret«, das heißt wenn das Kind sie verwendet, denkt es noch in der Gestalt von Objekten (Klassen, Relationen, Zahlen, usw.) und nicht in der Gestalt von Hypothesen, die ausgedacht werden können, bevor man weiß, ob sie richtig oder falsch sind. Zweitens verfahren diese Operationen, die das Sortieren und das Herstellen von Relationen zwischen Objekten sowie das Aufzählen von Objekten einschließen, nur schrittweise; sie können noch nicht irgendeinen Begriff mit irgendeinem anderen Begriff verknüpfen, wie das in einem kombinatorischen System der Fall wäre: Wenn ein Kind also, das konkret denken kann, eine Klassifikation vornimmt, assoziiert es einen Begriff mit dem Begriff, der dem ersten am meisten ähnelt, und es gibt keine »natürlichen« Klassen, die zwei sehr verschiedene Objekte im Detail zueinander in Beziehung setzen. Drittens besitzen diese Operationen zwei Typen der Reversibilität, die noch nicht miteinander verknüpft sind (in dem Sinne, daß der eine mit dem anderen verknüpft werden kann). Der erste Typ der Reversibilität geschieht durch Inversion und Negation, wobei das Ergebnis dieser Operation eine Aufhebung ist, wie zum Beispiel bei $+ A - A = 0$, oder $+ N - N = 0$. Der zweite Typ der Reversibilität geschieht als Reziprozität und kennzeichnet die Relations-Operationen; wie wenn zum Beispiel $A = B$ ist, dann ist $B = A$, oder wenn A links von B ist, dann ist B rechts von A, usw.

Dagegen markieren im Alter von 11-12 bis zu 14-15 Jahren eine ganze Reihe von Neuerungen das Auftreten einer vollständigen Logik, die schließlich ein Stadium des Gleichgewichts etwa mit 14-15 Jahren, also in der Adoleszenz, erreicht. Wir müssen deshalb diese neue Logik analysieren, um zu verstehen, was zwischen dieser Adoleszenz und dem Erwachsenenalter geschehen kann.

Die wichtigste Neuerung dieser Periode ist die Fähigkeit, in Form von verbal aufgestellten Hypothesen zu denken und nicht mehr nur in Form von konkreten Objekten und ihrer Manipulation. Das ist ein entscheidender Wendepunkt, denn hypothetisch zu denken und die Konsequenzen zu ziehen, die die Hypothesen notwendigerweise implizieren (unabhängig von der tatsächlichen Wahrheit oder Falschheit der Prämissen), ist ein formaler Denkprozeß. Infolgedessen wird der logischen Form der Deduktionen ein entscheidender Wert beigemessen, den sie vorher nicht hatte. Im Alter von 7-8 Jahren kann das Kind bestimmte logische Denkprozesse durchführen, aber nur in dem Maße, wie es besondere Operationen direkt auf Objekte anwendet: die operatorische Form ist daher noch dem konkreten Inhalt, der gegebenen Realität, untergeordnet. Dagegen ist hypothetisches Denken die Unterordnung des Realen unter den Bereich des Möglichen, und infolgedessen das Verbinden aller Möglichkeiten untereinander durch notwendige Verknüpfungen, die die Realität umfassen, aber gleichzeitig über sie hinausgehen.

Auch vom sozialen Standpunkt aus wird damit etwas Wichtiges

gewonnen. Einerseits verändert hypothetisches Denken die Natur der Diskussionen: Eine ergiebige und konstruktive Diskussion bedeutet, daß wir unter Verwendung von Hypothesen den Standpunkt des Gegners einnehmen (obgleich wir nicht notwendigerweise von ihm überzeugt sein müssen) und die logischen Konsequenzen ziehen können, die dieser Standpunkt mit sich bringt. Auf diese Weise können wir seinen Wert beurteilen, nachdem wir diese Konsequenzen verifiziert haben. Andererseits wird sich das Individuum, das hypothetisch zu denken gelernt hat, eben aufgrund dieser Tatsache für Probleme interessieren, die über sein unmittelbares Erfahrungsfeld hinausgehen. Von daher läßt sich die Fähigkeit des Jugendlichen erklären, Theorien zu verstehen und sogar zu konstruieren und an der Gesellschaft und den Ideologien der Erwachsenen teilzuhaben. Das wird natürlich oft von dem Wunsch begleitet, die Gesellschaft zu verändern und sie sogar, wenn notwendig, zu zerstören (in seiner Vorstellung), mit dem Ziel, an einer besseren zu arbeiten.

Auf dem Gebiet der Physik und insbesondere bei der Induktion bestimmter elementarer Gesetze (viele Experimente zu diesem besonderen Thema wurden unter der Leitung von B. Inhelder durchgeführt) ist der Unterschied in der Haltung von Zwölf- bis Fünfzehnjährigen, die schon formal denken können, und Kindern im Alter von 7 bis 10 Jahren, die noch auf der konkreten Stufe stehen, besonders bemerkenswert. Wenn letztere an Experimenten teilnehmen (Gesetze der Pendelschwingung, Faktoren der Biegsamkeit von Materialien, Beschleunigung von Objekten auf einer schiefen Ebene usw.), dann gehen sie direkt zur Aktion und lassen sich auf eine Serie von Versuchen ein, ohne die einzelnen Faktoren voneinander zu trennen. Sie versuchen einfach die Resultate zu klassifizieren und zu ordnen, indem sie die Ergebnisse der Kovariationen beobachten. Die Jugendlichen der formalen Stufe hören nach einigen ähnlichen Versuchen auf zu agieren, um einen Katalog der möglichen Hypothesen zusammenzustellen. Dann beschäftigen sie sich mit Verifikationen, indem sie Schritt für Schritt versuchen, die beteiligten Faktoren zu trennen und deren Wirkungen der Reihe nach zu untersuchen, »wobei alle anderen Bedingungen konstant bleiben«.

Dieser Typ des experimentellen Verhaltens, der von Hypothesen geleitet wird, die auf mehr oder weniger verfeinerten Kausalmodellen beruhen, impliziert die Ausarbeitung von zwei neuen

Strukturen, die wir konstant im formalen Denken vorfinden.

Die erste dieser Strukturen ist das kombinatorische System, wie es sich zum Beispiel darstellt in der »Gesamtheit aller Teile« (ensemble de parties) ($2n^2$ oder die Simplex-Struktur).[2] Wir haben in der Tat bereits erwähnt, daß der Denkprozeß des Kindes auf der konkreten Stufe (7 bis 10 Jahre) schrittweise vorgeht, ohne in der Lage zu sein, jedes beliebige Element mit irgendeinem beliebigen anderen in Beziehung zu setzen. Im Gegenteil, diese verallgemeinerte kombinatorische Fähigkeit wird erst wirksam, wenn das Subjekt einfache Hypothesen denken kann.[3] Tatsächlich zeigen psychologische Forschungen, daß der Präadoleszente und der Jugendliche zwischen 12 und 15 Jahren damit beginnen, Operationen auszuführen, die kombinatorische Analyse, Permutationssysteme usw. einschließen (unabhängig von jedem Schulunterricht). Sie können sich natürlich keine mathematischen Formeln ausdenken, aber sie können experimentell erschöpfende Methoden der Realisierung entdecken. Wenn man einer Testperson dieses Alters Experimente präsentiert, deren Verständnis Kombinationsgabe erfordert (zum Beispiel sind 5 Flaschen mit farb- und geruchlosen Flüssigkeiten gegeben, von denen sich drei zu einer farbigen Flüssigkeit verbinden, die vierte ist ein Entfärber, und die fünfte ist neutral), dann entdeckt sie leicht das Gesetz, nachdem sie sich auf alle Kombinationsmöglichkeiten eingelassen hat.

Dieses Kombinationssystem bildet aus logischer Sicht eine grundlegende Struktur. Die elementaren Klassifikations- und Ordnungssysteme, die im Alter von 7 bis 10 Jahren beobachtet werden können, bilden noch kein Kombinationssystem. Propositionale Logik dagegen, mit zwei Propositionen »p« und »q« und ihrer Negation, impliziert, daß wir nicht nur die vier grundlegenden Assoziationen (p und q, p und $\bar{q}$, $\bar{p}$ und q und $\bar{p}$ und $\bar{q}$) in Betracht ziehen, sondern auch die 16 Kombinationen, die man erhält, wenn man diese Grundassoziationen[4] miteinander verknüpft. Auf diese Art sieht man, daß Implikation, inklusive Disjunktion und Inkompatibilität, fundamentale propositionale Operationen sind, die aus der Kombination von dreien dieser Grundassoziationen resultieren.

Es ist äußerst interessant zu sehen, daß auf der Stufe der formalen Operationen dieses Kombinationssystem des Denkens nicht nur zur Verfügung steht und auf allen Experimentierfeldern wirksam ist, sondern daß das Subjekt auch fähig wird, Propositionen miteinander zu kombinieren: deshalb scheint die propositionale Logik eine der wesentlichen Errungenschaften des formalen Denkens zu sein. Wenn tatsächlich die Denkprozesse von 11/12- und 14/15jährigen im Detail untersucht werden, dann sind die sechzehn Operatoren oder binären Funktionen einer bivalenten Propositionslogik leicht zu finden.

Aber noch mehr: Wenn wir die Art und Weise untersuchen, in der Subjekte diese 16 Operatoren verwenden, können wir zahlreiche Fälle einer Vierergruppe erkennen, die mit der Kleinschen Gruppe isomorph sind und die in der folgenden Weise sichtbar werden: Nehmen wir zum Beispiel die Implikation $p \supset q$; wenn diese unverändert bleibt, können wir sagen, daß es die Identitätstransformation I kennzeichnet. Wenn diese Proposition in ihre Negation N verändert wird (Reversibilität durch Inversion), so erhalten wir $N = p$ und $\bar{q}$. Das Subjekt kann diese selbe Proposition reziprok verändern (Reversibilität durch Reziprozität), das heißt: $R = q \supset p$; und es ist auch möglich, diese Feststellung in ihr Korrelativ C zu verändern, nämlich $C = \bar{p}$ und q. Auf diese Weise erhalten wir eine kommutative Vierer-Gruppe derart, daß $CR = N$, $CN = R$, $RN = C$ und $CRN = I$. Diese Gruppe erlaubt es dem Subjekt, die Inversionen und die Reziprozitäten untereinander zu kombinieren, was auf der Stufe der konkreten Operationen nicht möglich war. Ein Beispiel dieser Transformationen, das häufig vorkommt, ist das Erfassen der Beziehungen zwischen Aktion (I und N) und Reaktion (R und C) als intervenierende Variablen in physikalischen Experimenten; oder wiederum das Erfassen der Relationen zwischen zwei Bezugssystemen, wie zum Beispiel: ein bewegliches Objekt kann vorwärts oder rückwärts gehen (I und N) auf einem Brett, das sich selbst gleichfalls vorwärts oder rückwärts bewegen kann (R und C), im Rahmen eines äußeren Bezugssystems. Allgemein gesagt, die Gruppenstruktur tritt auf, wenn das Subjekt den Unterschied versteht zwischen dem Rückgängigmachen einer Wirkung (N in Beziehung zu I) und der Kompensation dieser Wirkung durch eine andere Variante (R und ihre Negation C), die die Wirkung nicht aufhebt, aber neutralisiert.

Zum Abschluß dieses ersten Teils können wir sehen, daß die Logik des Jugendlichen ein komplexes, aber kohärentes System ist, das gegenüber der Logik des Kindes relativ neu ist und das den Kern der Logik des gebildeten Erwachsenen ausmacht und sogar die Grundlage für elementare Formen des wissenschaftlichen Denkens liefert.

2. Die Probleme des Übergangs vom jugendlichen zum erwachsenen Denken

Die Experimente, auf die sich die obenerwähnten Resultate stützen, wurden mit 10- bis 15jährigen aus den besseren Oberschulen in Genf durchgeführt. Neuere Untersuchungen haben jedoch gezeigt, daß Testpersonen von anderen Schulen oder aus anderem sozialen Milieu bisweilen Resultate bringen, die sich von den angegebenen Normen mehr oder weniger unterscheiden. Bei dem gleichen Experiment verhält es sich dann so, als ob diese Testpersonen auf dem konkret-operatorischen Denkniveau stehengeblieben wären. Andere Daten, die über Erwachsene in Nancy und Jugendliche verschiedener Stufen in New York gesammelt wurden, haben gleichfalls gezeigt, daß wir das Ergebnis unserer Forschung, die sich vielleicht auf einen etwas privilegierten Bevölkerungsteil stützte, nicht für alle möglichen Testpersonen generalisieren können. Das bedeutet nicht, daß unsere Beobachtungen nicht in vielen Fällen bestätigt worden wären; sie scheinen für bestimmte Populationen zu gelten, aber das Hauptproblem besteht darin, zu verstehen, welcher Art diese Ausnahmen sind und ob diese tatsächlich oder nur scheinbar bestehen.

Ein erstes Problem ist die Geschwindigkeit der Entwicklung, das heißt, die Unterschiede, die in der Schnelligkeit der zeitlichen Abfolge der Stufen beobachtet werden können. Wir haben vier große Perioden in der Entwicklung der kognitiven Funktionen unterschieden: die sensomotorische Periode vor dem Spracherwerb; die präoperatorische Periode, die in Genf im Durchschnitt von 1½-2 bis zu 6-7 Jahren reicht; die Periode der konkreten Operationen von 7-8 bis zu 11-12 Jahren (in Untersuchungen an Kindern in Genf und Paris), und die Periode der formalen Operationen von 11-12 bis zu 14-15 Jahren, wie sie in den in Genf untersuchten Schulen beobachtet wurden. Wenn es sich auch gezeigt hat, daß die Reihenfolge der Stufen konstant ist – jede Stufe ist notwendig für die Konstruktion der folgenden –, so kann das entsprechende Durchschnittsalter von einem sozialen Milieu zu einem anderen oder gar von einem Land oder von einer Region innerhalb eines Landes zu einer anderen beträchtlich variieren. So haben kanadische Psychologen auf Martinique systematische Verzögerungen in der Entwicklung beobachtet. Im Iran wurden beträchtliche Unterschiede zwischen Kindern aus der Stadt Teheran und jungen Analphabeten aus den Dörfern festgestellt. N. Peluffo hat gezeigt, daß es in Italien hochsignifikante zeitliche Verschiebungen (décalages) gibt zwischen Kindern aus Süd- und Norditalien. Er hat einige besonders interessante Untersuchungen durchgeführt, die zeigen, wie bei Kindern von Familien aus dem Süden, die nach Norden gezogen sind, diese Unterschiede zunehmend verschwinden. Ähnliche vergleichende Untersuchungen werden zur Zeit in Indianerreservaten in Nordamerika durchgeführt.

Allgemein gesprochen gibt es zunächst die Möglichkeit, sich einen Unterschied in der Geschwindigkeit der Entwicklung ohne irgendeine Modifikation in der Reihenfolge der Stufen vorzustellen. Diese unterschiedlichen Geschwindigkeiten würden von der Qualität und der Häufigkeit der intellektuellen Stimulation abhängen, die die Kinder von den Erwachsenen empfangen oder aus den Möglichkeiten erhalten, die ihnen für spontane Aktivitäten in ihrer Umgebung zur Verfügung stehen. Im Falle einer geringen Anregung und Aktivität ist es selbstverständlich, daß sich die Entwicklung der ersten drei der vier obenerwähnten Perioden verzögern wird. Was das formale Denken angeht, könnten wir annehmen, daß es sich mit noch größerer Verzögerung ausbildet (zum Beispiel zwischen 15 und 20 Jahren und nicht schon mit 11 bis 15 Jahren) oder daß vielleicht in äußerst nachteiligen Verhältnissen ein solcher Denktypus niemals wirklich Gestalt annehmen oder sich nur bei denjenigen Individuen entwickeln wird, die ihr Milieu wechseln, solange die Entwicklung noch möglich ist. Das heißt nicht, daß diese formalen Strukturen ausschließlich das Ergebnis eines Prozesses sozialer Vermittlung sind, denn es sind natürlich die Faktoren spontaner und endogener Konstruktion in Betracht zu ziehen, die jedem normalen Menschen eigen sind. Aber das bedeutet, daß der Erwerb der kognitiven Strukturen einen ganzen Prozeß sozialen Austauschs und wechselseitiger Anregung enthält. Die Bildung von Operationen verlangt immer eine für »Ko-Operation« günstige Umgebung, das heißt für Operationen, die gemeinschaftlich ausgeführt werden (zum Beispiel: Rolle der Diskussion, der gegenseitigen Kritik oder Kontrolle, von Problemen, die sich aus dem Informationsaustausch ergeben, der gesteigerten Neugierde als Folge der Kultur einer sozialen Gruppe). Kurzum: Diese erste Interpretation besagt, daß prinzipiell jedes normale Individuum die Stufe der formalen Strukturen erreichen kann, unter der Bedingung, daß das soziale Milieu und die erworbene Erfahrung ihm die kognitive Nahrung liefern und die intellektuelle Anregung geben, die für eine derartige Konstruktion notwendig sind.

Aber eine zweite Interpretation ist möglich, die die altersbedingte Unterschiedlichkeit der Fähigkeiten berücksichtigen und die besagen würde, daß sogar gewisse Kategorien von normalen Individuen selbst in günstiger Umgebung von der Möglichkeit ausgeschlossen wären, die formalen Denkstrukturen zu erreichen. Es ist eine allgemein bekannte Tatsache, daß sich die Fähigkeiten der Individuen mit dem Alter zunehmend differenzieren. Ein solches Modell intellektuellen Wachstums könnte man mit einem voll ausgebreiteten Fächer vergleichen, dessen vertikale Abschnitte die aufeinanderfolgenden Entwicklungsstufen darstellen würden, während die allmähliche horizontale Verbreiterung der wachsenden Differenzierung in den Fähigkeiten entspräche.

Wir würden so weit gehen zu sagen, daß bis zu einem bestimmten Niveau bestimmte Entwicklungslinien charakterisiert sind durch Stufen mit allgemeinen Merkmalen; von da an aufwärts jedoch werden individuelle Fähigkeiten wichtiger als diese allgemeinen Charakteristika und schaffen immer größere Unterschiede zwischen den Individuen gleichen Alters. Ein gutes Beispiel dafür ist die Entwicklung des Zeichnens. Bis zu der Stufe, auf der das Kind Perspektiven graphisch darstellen kann, beobachten wir einen sehr allgemeinen Fortschritt bis zu dem Grad, daß das Zeichnen eines Strichmännchens, um nur einen Fall zu nennen, als ein allgemeiner Test der geistigen Entwicklung verwendet werden kann. Andererseits beobachtet man erstaunlich große individuelle Unterschiede bei Zeichnungen von 13- und 14jährigen und noch größere bei 19-20jährigen (solche Vergleiche wurden manchmal bei Rekruten zu Beginn des Militärdienstes vorgenommen); die Qualität der Zeichnung hat jetzt nichts mehr mit der Intelligenzstufe zu tun. Hier haben wir ein gutes Beispiel für eine Anlage, die zunächst einer allgemeinen Entwicklung in Stufen untergeordnet ist (vgl. die von *Luquet* und anderen Autoren beschriebenen Stufen für Kinder von 2-3 bis ungefähr 8-9 Jahren) und die sich danach allmählich differenziert nach Kriterien individueller Fähigkeiten und nicht mehr einer generellen, allen Individuen gemeinsamen Entwicklung.

Ebenso verhält es sich in mehreren anderen Bereichen, einschließlich solcher, die ihrer Natur nach mehr kognitiv zu sein scheinen. Ein Beispiel dafür liefert uns die räumliche Vorstellung, die zunächst abhängig ist von operatorischen Faktoren mit den üblichen vier intellektuellen Perioden – sensomotorische (vgl. die praktische »Gruppe« der Verschiebungen), präoperatorische, konkrete Operationen (Messen, Perspektive, usw.) und formale Operationen. Aber diese Konstruktion des Raumes hängt auch von figurativen Faktoren ab (von der Wahrnehmung und dem geistigen Bildervorrat), die teilweise den operatorischen Faktoren untergeordnet sind und die sich dann mehr und mehr differenzieren als symbolische und repräsentative Mechanismen. Das Endresultat ist also, daß wir für den Raum im allgemeinen ebenso wie für die Zeichnung eine primäre Entwicklung unterscheiden können, die durch Stufen in der ganz allgemeinen Bedeutung des Begriffs gekennzeichnet ist, und sodann eine mit dem Alter zunehmende Diversifikation, die von den sich mehr und mehr differenzierenden Fähigkeiten im Hinblick auf bildliche Vorstellung und figurative Instrumente abhängig ist. Es ist bekannt, daß es selbst bei Mathematikern bemerkenswerte Unterschiede in bezug auf das gibt, was sie »geometrisches Gefühl« nennen. *Poincaré* unterschied in dieser Hinsicht zwei Typen von Mathematikern: die »Geometriker«, die stärker konkret denken, und die »Algebraiker« oder »Analytiker«, die stärker abstrakt denken.

Es gibt viele andere Bereiche, für die man gleichartige Überlegungen anstellen könnte. Ohne Zweifel ist zum Beispiel bei Jugendlichen eine Unterscheidung möglich zwischen einerseits denen, die mehr für Physik oder für kausales Denken begabt sind als für Logik oder Mathematik, und andererseits solchen, die die umgekehrte Begabungsstruktur zeigen. Das gleiche gilt für sprachliche und literarische Bereiche, usw.

Man könnte also die folgende Hypothese wagen: Wenn die oben beschriebenen formalen Strukturen sich nicht bei allen 14- bis 15jährigen finden und eine weniger allgemeine Verbreitung zeigen als die »konkreten« Strukturen im Alter von 7 bis 10/11 Jahren, so könnte das auf die mit dem Alter zunehmende Diversifikation der

Fähigkeiten zurückzuführen sein. Nach dieser Interpretation müßten wir allerdings einräumen, daß nur solche Individuen, die begabt sind für Logik, Mathematik und Physik, zur Ausbildung solcher formalen Strukturen gelangen könnten, während sprachlich-literarisch, künstlerisch und einfach praktisch begabte Individuen (Techniker usw.) dazu unfähig blieben.

In diesem Fall läge hier nicht ein Problem der Unterentwicklung gegenüber der normalen Entwicklung vor, sondern viel einfacher ein Problem zunehmender Diversifikation der Individuen, wobei die Auffächerung der Fähigkeiten bei den 12- bis 15jährigen und vor allem bei den 15- bis 20jährigen größer ist als auf dem Niveau der 7- bis 10jährigen. Mit anderen Worten: Unsere vierte Periode würde nicht mehr eine eigentliche Stufe kennzeichnen, sondern ein Ensemble bereits spezialisierter Entwicklungsschritte.

Aber es gibt noch eine dritte mögliche Hypothese, und nach dem gegenwärtigen Kenntnisstand scheint diese letzte Interpretation die am ehesten wahrscheinliche zu sein. Denn sie erlaubt es, den Gedanken der Stufen mit dem der sich zunehmend differenzierenden Fähigkeiten zu versöhnen. In einem Satz: Unsere dritte Hypothese läuft darauf hinaus zu sagen, daß alle normalen Individuen, wenn nicht zwischen 11-12 bis zu 14-15 Jahren, dann in jedem Fall zwischen 15 und 20 Jahren die Stufe der formalen Operationen und Strukturen erreichen. Sie erreichen jedoch diese Stufe auf unterschiedlichen Gebieten, gemäß ihren Fähigkeiten und ihrer beruflichen Spezialisierung (wissenschaftliches Studium oder berufliche Bildung in verschiedenen Metiers). Die Art und Weise, in der diese formalen Studien genutzt werden, ist jedoch nicht in allen Fällen genau dieselbe.

Zu unserer Untersuchung der formalen Strukturen verwendeten wir in der Tat eher spezifische Typen von Testaufgaben physikalischer und logisch-mathematischer Natur, weil sie von den Schülern in den von uns ausgewählten schulischen Milieus am besten verstanden zu werden schienen. Aber nichts beweist, daß diese Testaufgaben so allgemein wie möglich und deshalb in jedem schulischen oder beruflichen Milieu anwendbar sind. Nehmen wir das Beispiel von Zimmermanns-, Schlosser- oder Mechaniker-Lehrlingen mit einer begrenzten Allgemeinbildung, deren Fähigkeiten sich aber als hinreichend für eine erfolgreiche Ausbildung in den gewählten Berufen erwiesen haben. Es ist durchaus möglich, daß sie in ihrem speziellen Bereich hypothetisch zu denken vermögen, Faktoren trennen, Begriffe in kombinatorischer Weise aufeinander beziehen und sogar zu logischen Überlegungen gelangen können, die Negationen und Reziprozitäten herstellen. Sie wären also imstande, auf ihrem besonderen Gebiet formal zu denken, während sie ihre Unkenntnis oder das Vergessen von bestimmten Begriffen, die einer vergleichbaren Gruppe von Schülern oder Oberschülern vertraut sind, am formalen Denken hindern würden, sobald sie mit unseren Testaufgaben konfrontiert sind. Sie würden jetzt den Anschein erwecken, als wären sie auf dem konkret-operatorischen Niveau stehengeblieben. Genauso würde man beim Test mit jungen Jura-Studenten auf dem Gebiet der Rechtsbegriffe und der verbalen Argumentation eine weitaus höhere Logik finden als da, wo sie versuchen müßten, kleine physikalische Probleme zu lösen – sie hätten Begriffe vollkommen vergessen, die sie einmal gekannt haben.

Es ist völlig richtig, daß für uns eines der wesentlichen Kennzeichen des formalen Denkens die Unabhängigkeit von Form und Inhalt zu sein scheint. Auf dem konkret-operatorischen Niveau kann ein und dieselbe Struktur nicht verallgemeinert und auf verschiedene heterogene Inhalte übertragen werden, sondern sie bleibt gebunden an dieses oder jenes System von Gegenständen oder an Objekteigenschaften (so wird das Gewicht logisch erst nach der Entwicklung des Mengenbegriffs strukturiert und das physikalische Volumen nach dem Gewicht); eine formale Struktur scheint dagegen leichter generalisierbar zu sein, da sie auf bloße Hypothesen bezogen werden kann. Aber es ist eine Sache, sich vom Inhalt auf einem Gebiet zu lösen, das für das Individuum von Interesse ist und innerhalb dessen es seine Neugierde und seine Initiative zeigen kann, und es ist eine andere Sache, diese gleiche Spontaneität des Forschens und des Verständnisses verallgemeinernd auf ein Gebiet übertragen zu können, das dem Lebenslauf und den eigenen Interessen fremd ist. Einen zukünftigen Rechtsanwalt über die Relativitätstheorie oder einen Studenten der Physik über das Bürgerliche Gesetzbuch (Code des obligations) nachdenken zu lassen, ist etwas ganz anderes, als von einem Kind zu erwarten, das, was es bei der Erhaltung der Substanz entdeckt hat, zu verallgemeinern und auf eine Aufgabe zur Erhaltung des Gewichts zu übertragen. Das ist nicht nur Übergang von einem Inhalt zu einem anderen, aber vergleichbaren: es heißt für das Subjekt, einen Bereich seiner zentralen Aktivitäten zu verlassen und ein völlig neues Gebiet zu betreten, das seinen Interessen und Vorhaben fremd ist. Mit einem Satz: Man kann durchaus die Idee festhalten, daß formale Operationen sich befreien von den Bindungen an ihren konkreten Inhalt, aber nur unter der Voraussetzung, daß man sie modifiziert um den Zusatz »bei gleichen individuellen Fähigkeiten« oder »bei vergleichbaren lebenspraktischen Interessen«.

3. Schlußfolgerungen

Wenn wir einen allgemeinen Schluß aus diesen Betrachtungen ziehen wollen, so müssen wir zuerst sagen, daß in kognitiver Hinsicht der Übergang vom Jugendlichen zum Erwachsenen eine Reihe von ungelösten Fragen aufwirft, deren Beantwortung eine Reihe weiterer Untersuchungen erfordert.

Im Alter von 15-20 Jahren beginnt die berufliche Spezialisierung und infolgedessen auch der Aufbau von Lebensplänen, entsprechend den Fähigkeiten des Individuums. Die zentrale Frage, die wir uns gestellt haben, ist: Läßt sich zeigen, daß auf diesem Niveau der Entwicklung ebenso wie auf den vorhergehenden Stufen kognitive Strukturen existieren, die allen Individuen gemeinsam sind, die jedoch von jedem einzelnen funktional zu seinen spezifischen Tätigkeiten angewendet oder differenziert werden?

Die Frage ist wahrscheinlich zu bejahen, aber das muß mit Hilfe von bewährten experimentellen Methoden, wie sie die Psychologie und die Soziologie benutzen, noch belegt werden. Allein, auch wenn die Antwort positiv ist, bleibt die Aufgabe einer Analyse der Gesamtheit wahrscheinlicher Differenzierungsprozesse: dabei kann sich ergeben, daß ein und dieselben Strukturen für die Organisation ganz verschiedener Tätigkeitsbereiche ausreichen, aber mit Differenzierungen in der Art und Weise, wie sie angewendet werden; oder aber, daß neue und besondere Strukturen dazukommen, die noch zu entdecken und zu untersuchen sind.

Es ist der Institution *Foneme* zu verdanken, daß sie diese Probleme erkannt und ihre Wichtigkeit und Komplexität verstanden hat, während die Entwicklungspsychologie im allgemeinen geglaubt hat, daß ihre Arbeit mit der Untersuchung des Jugendalters getan wäre. Glücklicherweise haben heute einige Forscher diese Gegebenheiten erkannt, und wir können hoffen, in der nahen Zukunft mehr über dieses Thema zu wissen.

Unglücklicherweise ist die Untersuchung junger Erwachsener viel schwieriger als die Untersuchung des Kleinkinds, denn sie sind weniger kreativ und schon Teil einer organisierten Gesellschaft, die sie kanalisiert und bremst oder zur Revolte herausfordert. Aber was wir schon über das Kind und den Jugendlichen wissen, kann uns helfen, die anschließende Lebensphase zu verstehen. Und umgekehrt werden die neuen Forschungen rückwirkend Licht auf das werfen, was wir schon über frühere Stufen zu wissen glauben.

Editorische Anmerkungen

1 Die Übersetzung folgt weitgehend dem bei *Foneme*, 3rd. International Convention, Mailand 1970, vorgetragenen und in den Kongreßakten veröffentlichten Text. Wo es der inhaltlichen Klarheit diente, wurde entsprechend der teilweise paraphrasierenden Übertragung ins Englische durch Hans Furth und Joan Bliss (*Human Development* 15, 1972, S. 1-12) vom Originaltext abgewichen.

2 »Die ›Gesamtheit der Teile‹, die man aus einer Menge von 4 Elementen $p \cdot q, p \cdot \bar{q}, \bar{p} \cdot q$ und $\bar{p} \cdot \bar{q}$ ableiten kann, stellt ein System von $_2 2^2 = 16$ Kombinationen dar. Diese Kombinatorik steht am Ausgangspunkt der 16 binären Operationen (wie auch der $16 \times 16 = 256$ ternären Operationen usw.). Wir haben aber nie einen Prüfling der Stufe III oder einen Erwachsenen, Logiker ausgenommen, angetroffen, der diese 16 möglichen Kombinationen tatsächlich durchgerechnet hätte oder sich einer solchen Kombinatorik überhaupt bewußt gewesen wäre« (Piaget/Inhelder 1955/1977, S. 297).

3 Dazu ausführlicher: Piaget/Inhelder 1955/1977, S. 260 ff., 290 ff.

4 Vgl. die Tabelle in Ginsburg/Opper 1975, S. 244.

Jean Piaget
Notwendigkeit und Bedeutung der vergleichenden Forschung in der Entwicklungspsychologie

Man bezeichnet als Entwicklungspsychologie die Erforschung der Entwicklung der geistigen Funktionen, insofern diese Entwicklung Aufschluß oder zumindest weiterführende Informationen über ihre Funktionsweise im Endzustand gibt. Mit anderen Worten, die Entwicklungspsychologie besteht darin, die Kinderpsychologie in den Dienst der Bewältigung allgemeiner psychologischer Probleme zu stellen.

So gesehen ist die Kinderpsychologie ein unersetzliches Forschungsinstrument, eine Tatsache, der man sich heute in zunehmendem Maße bewußt wird. Doch hat man weit seltener erkannt, daß sie für die Soziologie einen ähnlichen Stellenwert haben könnte. Auguste Comte vertrat zu Recht die Auffassung, daß eines der wichtigsten Phänomene der menschlichen Gesellschaften der bildende Einfluß einer jeden Generation auf die jeweils folgende ist, woraus Durkheim den kollektiven Ursprung der moralischen Wertempfindungen, der juristischen Normen, ja, der Logik herleitet. Nun gibt es nur eine experimentelle Methode, um derartige Hypothesen zu verifizieren: das Studium der Sozialisierung des Individuums, d. h. die Analyse seiner Entwicklung entsprechend den besonderen oder allgemeinen sozialen Einflüssen, denen es im Laufe seines Wachstums ausgesetzt ist.

Jede vergleichende Untersuchung, die es mit verschiedenen Kulturkreisen und unterschiedlichen gesellschaftlichen Bedingungen zu tun hat, macht es notwendig, von Anbeginn an die Frage nach der Abgrenzung der durch die spontane interne Entwicklung des Individuums bedingten Faktoren von den spezifisch kollektiven oder kulturellen Faktoren der jeweiligen Gesellschaft zu stellen. Diese Abgrenzung ist nicht zu umgehen und fördert mitunter unerwartete Ergebnisse zutage. Auf dem Gebiet der Psychologie der Affekte z. B. lieferten die ersten Lehren Freuds ein Modell der endogenen Entwicklung des Individuums. Der endogene Charakter der Entwicklung wurde so sehr betont, daß die verschiedenen Stadien, insbesondere das der »ödipalen« Reaktionen, im wesentlichen als Ausdruck aufeinanderfolgender Manifestationen ein und desselben »Triebs«, d. h. innerer Strebungen dargestellt wurden, die von der Gesellschaft als solcher unabhängig sind. Wie bekannt, vertritt demgegenüber eine

Gruppe sogenannter »kulturalistischer« Psychoanalytiker (E. Fromm, K. Horney, Kardiner, Glover usf., denen sich Anthropologen wie R. Benedict und M. Mead angeschlossen haben) heute die Hypothese einer engen Abhängigkeit der verschiedenen Freudschen Komplexe, insbesondere der ödipalen Strebungen, von der gesellschaftlichen Umwelt.

1. Die Entwicklungsfaktoren

Im Bereich der kognitiven Funktionen, mit dem allein wir uns hier beschäftigen wollen, liegt der wesentliche Vorteil der vergleichenden Methode darin, daß sie die Trennung von individuell bedingten und kollektiven Entwicklungsfaktoren gewährleistet. Gleichwohl müssen zunächst einige notwendige Unterscheidungen hinsichtlich der relevanten Faktoren getroffen werden.

1.1 *Die biologischen Faktoren.* Da sind zunächst die biologischen Faktoren, die an das »epigenetische System« (Wechselwirkung zwischen dem Genom und der physischen Umwelt im Laufe des Wachstums) gebunden sind und insbesondere durch die Reifung des Nervensystems zum Ausdruck kommen. Diese Faktoren, die offenbar überhaupt nicht von den gesellschaftlichen Umständen beeinflußt werden, sind noch wenig erforscht, ihre Bedeutung für die Entwicklung der kognitiven Funktionen scheint nichtsdestoweniger entscheidend zu sein. Ihr Einfluß muß mithin als mögliche Variable im Auge behalten werden. So impliziert die Entwicklung eines »Epigenotyps« biologisch gesehen das Vorhandensein »sequenzartiger« Stadien (wobei das eine in einer konstanten Abfolge für das folgende notwendig ist), »Kreoden« (notwendige Verzweigungen in der Entwicklung eines jeden Sektors) sowie einer »Homöorhesis« (kinetisches Gleichgewicht, so daß eine Abweichung von den »Kreoden« mehr oder weniger ausgeglichen wird und tendenziell die Rückkehr in die normale Bahn erfolgt). Diese Merkmale glauben wir nun in der Entwicklung der logisch-mathematischen Operationen und Strukturen der Intelligenz wiedergefunden zu haben; sollte diese Hypothese zutreffen, so würde das freilich eine gewisse Konstanz oder Gleichförmigkeit der Entwicklung unabhängig von den gesellschaftlichen Bedingungen implizieren. Demgegenüber würden eine Verkehrung der Stadienfolge bzw. tiefgreifende Veränderungen ihrer Merkmale von einer Gesellschaft zur anderen beweisen, daß diese biologischen Grundfaktoren nicht in die kognitive Entwicklung des Individuums hineinspielen. Hier stellt sich somit eine erste grundlegende Frage, zu deren Lösung umfassende vergleichende Untersuchungen erforderlich sind.

1.2 *Der Faktor der Handlungsäquilibration*. Die Untersuchung der Entwicklung der geistigen Operationen in den kulturell hochentwickelten Ländern, in denen unsere Untersuchungen der Stadien wiederholt wurden, zeigt nun aber zweifelsfrei, daß die psychobiologischen Faktoren keineswegs allein am Werke sind. Hätten wir es nämlich nur mit einem fortlaufenden Einfluß der inneren Reifung auf Organismus und Nervensystem zu tun, so verliefe die Stadienfolge nicht nur in einer festen Abfolge, sondern wäre darüber hinaus chronologisch einigermaßen beständig, wie dies bei der Koordinierung von Sehen und Greifen mit 4-5 Monaten oder dem Einsetzen der Pubertät der Fall ist. Statt dessen findet man je nach Individuum und familiärem, schulischem und gesellschaftlichem Milieu im allgemeinen bei Kindern ein und derselben Stadt oft beachtliche zeitliche Verschiebungen, die der Reihenfolge der Stadien nicht zuwiderlaufen, die jedoch zeigen, daß zu den epigenetischen Mechanismen andere Faktoren hinzukommen.

Folglich muß eine zweite Gruppe von Faktoren in Betracht gezogen werden, deren mögliche Beziehungen zum gesellschaftlichen Leben zunächst dahingestellt bleiben müssen, denen jedoch grundsätzlich die allgemeinen sowohl psycho-biologisch als auch kollektiv bedingten Verhaltensweisen zugrundeliegen: Es sind dies die Äquilibrationsfaktoren, im Sinne von Selbstregulierungsmechanismen, die mithin der Homöostasie näherstehen als der Homöorhesie. Die Entwicklung des Individuums ist in der Tat durch eine Vielzahl von Tätigkeiten bedingt, wie sie in der Übung, der Erfahrung oder dem Einwirken auf die Umwelt usf. zum Ausdruck kommen. Diese Handlungen erfahren laufend spezifische oder zunehmend allgemeinere Koordinierungen. Sie setzen verschiedene Selbstregulierungs- oder Äquilibrationssysteme voraus, die gleichermaßen von den äußeren Umständen wie den epigenetischen Anlagen abhängen. Dabei können die intelligenten Operationen selbst als die höheren Formen derartiger Regulierungen aufgefaßt werden, was gleichzeitig für die Bedeutung des Äquilibrationsfaktors und seine relative Unabhängigkeit von den biologischen Vorbildungen spricht.

Zum anderen können die Äquilibrationsfaktoren als sehr allgemein und relativ unabhängig von der spezifischen sozialen Umwelt betrachtet werden, doch auch diese Hypothese bedarf der vergleichenden Verifikation. Diese Art der Äquilibration kann man u. a. bei der Bildung der Invarianzbegriffe beobachten, deren Stadien in unseren Gesellschaften nicht nur eine sequentiale Abfolge aufweisen, sondern darüber hinaus Ausgleichssysteme beinhalten, deren Merkmale für diese stufenweisen Regulierungen sehr typisch sind. Findet man die einzelnen Stadien nun überall? Wenn ja, so hätte man, wenn auch noch nicht die Verifikation der Hypothese, so zumindest einen recht einschlägigen Hinweis. Wenn nicht, so wäre der Einfluß spezifischer, veränderlicher kultureller und erzieherischer Umstände nachgewiesen.

1.3 *Die interindividuelle Koordination als gesellschaftlicher Faktor.* Was die gesellschaftlichen Faktoren anbelangt, so muß zunächst eine grundlegende Unterscheidung getroffen werden, die nicht weniger bedeutsam ist als die der epigenetischen Anlagen und der im Laufe des Handelns wirksam werdenden Regulierungen und Äquilibrationen: nämlich die Unterscheidung von gesellschaftlichen (oder interindividuellen) Interaktionen oder Koordinationen, die allen Gesellschaften gemein sind, und einzelnen kulturellen und erzieherischen Vermittlungen oder Bildungsprozessen, die von einer Gesellschaft zur anderen, von einem sozialen Milieu zum anderen verschieden sind.

Ob es sich um Kinder aus Genf oder Paris, New York oder Moskau, aus den Bergen des Iran, aus dem Herzen Afrikas oder von einer Pazifik-Insel handelt, man beobachtet allenthalben ein bestimmtes gesellschaftliches Austauschverhalten, sei es bei den Kindern untereinander oder zwischen Kindern und Erwachsenen, das durch seine Funktionsweise selbst, d. h. unabhängig vom Inhalt der erzieherischen Vermittlung wirksam wird. Welches gesellschaftliche Milieu man auch immer betrachtet, die Menschen tauschen Informationen aus, arbeiten zusammen, diskutieren, widersprechen einander usf., und dieser beständige interindividuelle Austausch begleitet die gesamte Entwicklung in Form eines Sozialisationsprozesses, der sowohl das gesellschaftliche Leben der Kinder untereinander als auch ihre Beziehungen zu Heranwachsenden oder Erwachsenen umfaßt. So wie Durkheim sich auf allgemeine gesellschaftliche Mechanismen berief, als er die These vertrat, daß »es unterhalb der Kulturen die Kultur gibt«, so ist es für die Erforschung der Beziehungen zwischen kognitiven Funktionen und gesellschaftlichen Faktoren unerläßlich, zunächst einmal die »allgemeinen Koordinationen« des kollektiven Handelns den spezifischen kulturellen Vermittlungen gegenüberzustellen, die sich in jeder Gesellschaft verschieden herauskristallisiert haben. Würde man nun unsere Stadien und Ergebnisse in allen untersuchten Gesellschaften wiederfinden, so würde dies durchaus noch nicht beweisen, daß die Entwicklung rein individueller Natur ist. Da das Kind offenbar überall vom zartesten Alter an gesellschaftlichen Kontakten ausgesetzt ist, würde es darüber hinaus zeigen, daß es gewisse gemeinsame Sozialisationsprozesse gibt, die die weiter oben betrachteten Äquilibrationsprozesse überlagern.

Ja, diese Überlagerungen sind sogar so wahrscheinlich und offensichtlich so eng, daß man von vornherein die Hypothese aufstellen kann – sie wäre von zukünftigen Vergleichsstudien zu erhärten oder zu entkräften –, daß zumindest im Bereich der kognitiven Funktionen die allgemeine Koordination der Handlungen, deren fortschreitende Äquilibration für die Bildung der logischen und logisch-mathematischen Operationen konstitutiv zu sein scheint, aller Wahrscheinlichkeit nach sowohl die kollektiven oder interindividuellen Handlungen als auch die individuellen Handlungen betrifft. Anders ausgedrückt, ob es sich um individuell vollzogene Handlungen oder um gemeinsam vollzogene mit Austausch, Zusammenarbeit, Widerspruch usf. handelt, stets findet man dieselben Koordinierungs- und Regulierungsgesetze wieder, die in dieselben operativen oder kooperativen (im Sinne von Ko-Operationen) Endstrukturen münden. Insofern könnte man die Logik, verstanden als Endform der Äquilibrationen, für gleichzeitig individuell und sozial ansehen; individuell, insofern sie allen Individuen gemeinsam ist, sozial, insofern sie allen Gesellschaften gemeinsam ist.

1.4 *Die Faktoren der erzieherischen und kulturellen Vermittlung.* Neben diesem funktionellen, zum Teil synchronischen Kern, der allerdings der Fortbildung und Fortentwicklung fähig ist und den interindividuellen Austausch charakterisiert, darf man freilich nicht den vorwiegend diachronischen Faktor außer acht lassen, wie er uns in den von einer Gesellschaft zur anderen verschiedenen kulturellen Traditionen und erzieherischen Vermittlungen gegenübertritt. Eben diese jeweils verschiedenen sozialen

Zwänge hat man im allgemeinen im Auge, wenn man von »gesell-schaftlichen Faktoren« spricht. An diese Gruppe von Faktoren, die sich von der vorhergehenden Kategorie unterscheiden, und vor allem an die verschiedenen Sprachen, die einen mehr oder weniger starken Einfluß, wenn nicht auf die Operationen selbst, so doch auf die einzelnen Begriffsinhalte (Inhalt der Klassen, Beziehungen usf.) ausüben, müssen wir freilich auch in unserem Fall denken, insofern nämlich, als die Erkenntnisvorgänge von einer Gesellschaft zur anderen verschieden sein können.

2. Die vergleichende Forschung auf dem Gebiet der Erkenntnisvorgänge

Nachdem nun diese Unterteilung in vier Kategorien von Fakto-ren, je nach den allgemeinen Typen von Beziehungen zwischen Individuum und gesellschaftlicher Umwelt feststeht, wollen wir in großen Zügen den Stellenwert der vergleichenden Untersu-chungen für unsere Kenntnis der kognitiven Vorgänge herausar-beiten. Das Hauptproblem ist dabei die Art der Denkoperationen, insbesondere der logisch-mathematischen Strukturen. Hier bieten sich eine Reihe von Hypothesen an, die sich u. a. mit den vier zuvor aufgezeichneten Faktoren decken, wobei eventuell weitere Unterscheidungen ins Auge zu fassen sind.

2.1 *Biologische Faktoren und Faktoren der Handlungskoordina-tion.* Einer ersten Auslegung zufolge können sie, wenn auch nicht als angeboren, so doch zumindest als von ausschließlich biologi-schen Faktoren epigenetischer Natur (Reifung etc.) bedingt ange-sehen werden. In diese Richtung zielen die Arbeiten von K. Lorenz, einem der Begründer der zeitgenössischen Ethologie, der das Vorhandensein apriorischer Kenntnisse postuliert, die er im Sinne von Instinkten deutet.

Aus der Sicht der Befunde bereits abgeschlossener oder noch ausstehender Vergleichsstudien sind zwei Fragen zu unterschei-den: a) Wird man immer dieselben Stadien antreffen, freilich unter dem Vorbehalt eventueller Korrekturen oder Verbesserungen der zur Zeit bekannten Schemata? b) Wird man sie immer im gleichen Durchschnittsalter vorfinden? Um diese zwei Fragen beantwor-ten zu können, ist es nützlich und notwendig, daß man über

Bezugsdaten verfügt. Wir erhalten sie durch den Vergleich der Entwicklung der Reaktionen auf die operativen Aufgaben (Erhaltung, Klassifizierung und Inklusion, zahlenmäßige Zuordnungen usf.) mit der altersmäßigen Entwicklung der Reaktionen auf einfache Denkaufgaben, wie man sie z. B. bei der Ermittlung der Intelligenzquotienten benutzt.

Die vergleichende Forschung steht hier jedoch erst in den Anfängen. In Anbetracht des erforderlichen Datenmaterials sowie der zahlreichen u. a. sprachlichen Schwierigkeiten, ganz zu schweigen von der zwangsläufig langwierigen Einarbeitung in die Untersuchungsmethoden, deren Anwendung auf operative Handlungsweisen besonders heikel ist, wäre es deshalb sehr unvorsichtig, bereits jetzt Schlüsse ziehen zu wollen. Doch haben die ersten Arbeiten bestimmte Ergebnisse erbracht, die, wenn sie sich als generalisierbar herausstellen sollten, eine gewisse Linie der Deutung erkennen lassen.

So hat Mohseni (1966) Schulkinder aus Teheran und junge Analphabeten vom Lande mit Hilfe von Erhaltungstests zum einen und Leistungstests (Porteus, graphische Tests usf.) zum anderen untersucht. Er gelangte bei 5- bis 6jährigen Kindern im wesentlichen zu folgenden Ergebnissen: a) Ob in der Stadt oder auf dem Land, im Iran oder in Genf, man findet in großen Zügen dieselben Stadien (hinsichtlich der Reihenfolge der drei Erhaltungsbegriffe) wieder. b) Bei den operativen Aufgaben beobachtet man eine systematische Verschiebung um zwei bis drei Jahre zwischen Land- und Stadtkindern, erhält hingegen in Teheran und Europa dieselben Alterswerte. c) Der Entwicklungsrückstand der Landkinder[1] ist bei den Leistungstests größer – er beträgt eher fünf als vier Jahre –, so daß die Dorfkinder ohne die operativen Tests als geistesschwach erscheinen würden.

Sollten diese Ergebnisse sich anderswo bestätigen, so würden sich folgende Hypothesen ergeben:

a) Eine umfassende Verifikation der Beständigkeit der Stadienreihenfolge würde auf ihren sequenzartigen Charakter, im oben genannten Sinne, verweisen. Bisher scheint sich diese Beständigkeit bestätigt zu haben – in Hongkong nach Goodnow (1962), in Aden nach Hyde (1959), auf Martinique nach Boisclair, in Südafrika nach Price-Williams (1961) –, doch ist selbstverständlich eine Reihe weiterer Daten erforderlich. Sollte man tatsächlich von einer geordneten Reihenfolge sprechen können, ergäbe sich eine

Analogie zur epigenetischen Entwicklung im Sinne Waddingtons, und folglich würde sich der erste Faktor, den wir weiter oben abgegrenzt haben, aller Wahrscheinlichkeit nach als relevant erweisen. Doch inwieweit? Um sich mit Sicherheit auf die biologischen Faktoren der Reifung berufen zu können, müßte man nicht nur die geordnete Reihenfolge der Stadien, sondern darüber hinaus bestimmte chronologisch feste Altersmittelwerte für das Einsetzen der Stadien nachweisen können. Dem stehen jedoch die Ergebnisse Mohsenis entgegen, die einen systematischen Rückstand der Landkinder gegenüber den Stadtkindern zeigen, was freilich darauf hinweist, daß andere Faktoren als die der Reifung im Spiel sind.

Hingegen ließe sich auf dem Gebiet der Vorstellung (des Denkens) allenthalben ein und dasselbe Datum wiederfinden, nämlich das des Einsetzens der semiotischen oder Symbolfunktion, das hierzulande zwischen ein und zwei Jahren angesetzt werden kann: Beginn des Phantasiespiels, der geistigen Bilder usf., insbesondere die Entwicklung des Sprachvermögens. Die semiotische Funktion wird offenbar durch die Verinnerlichung möglich: Sie stellt auf der sensomotorischen Ebene bereits eine Art handlungsmäßiger Vorstellung dar, insofern sie die motorische Abbildung einer Vorlage ist, so daß ihre Verlängerung zunächst in der verschobenen Nachahmung, sodann in der verinnerlichten Nachahmung die Entwicklung von bildhaften Vorstellungen usf. ermöglicht. Diese Vorgänge der verschobenen Reaktionen und später der Verinnerlichung setzen freilich bestimmte neurologische Bedingungen voraus, wie z. B. das vorzeitige Blokkieren bestimmter Handlungen in spezifischen Synapsen. Eine vergleichende Untersuchung der sensomotorischen Formen der Nachahmung wie der Zeitpunkte des Eintretens der semiotischen Funktion in der Folge der verschobenen Nachahmung könnte u. U. gewisse chronologische Übereinstimmungen nicht nur in der Reihenfolge der Stadien, sondern darüber hinaus auch hinsichtlich des Zeitpunkts, an dem die verschiedenen Stadien einsetzen, ergeben: In diesem Fall kämen wir den möglichen Reifungsfaktoren, die mit dem epigenetischen System im Zusammenhang stehen (Einfluß der zentralen Sprachfelder usf.) ein Stück näher.

b) Das zweite eindeutige Ergebnis der von Mohseni durchgeführten Untersuchungen ist der weitgehend systematische Rückstand der Landkinder gegenüber den Kindern aus Teheran, und dies sowohl im Fall der operativen (Erhaltungs-) als auch der Leistungstests. Diese zeitliche Verschiebung weist eindeutig auf den Einfluß anderer Faktoren als der der reinen biologischen Reifung hin.

Doch haben wir hier die Wahl zwischen den drei unter 1.2, 1.3 und 1.4 behandelten Faktorengruppen, nämlich den Faktoren des Handelns und der Äquilibration der Handlungen, den Faktoren der allgemeinen interindividuellen Interaktion und schließlich denen der spezifischen erzieherischen und kulturellen Vermittlung. Tatsächlich könnte jeder dieser Faktoren in Frage kommen. Was Faktor 2 anbelangt, so hat Mohseni einen erstaunlichen Mangel an Aktivität bei den Landkindern festgestellt, die im allgemeinen nicht nur ohne Schule auskommen müssen, sondern darüber hinaus keinerlei Spielzeug besitzen, sieht man von Steinchen und Holzstückchen ab, und die sich durchgehend passiv und apathisch verhalten. So findet man gleichzeitig schwach entwickelte individuelle (Faktor 2) und interindividuelle (Faktor 3) Handlungskoordinationen sowie eine geringe Entfaltung der erzieherischen Vermittlung, die auf Grund des Analphabetentums zwangsläufig begrenzt ist (Faktor 4). Wir haben es hier folglich mit dem Zusammenspiel dieser drei Faktorengruppen zu tun. Wie lassen sie sich nun aber voneinander abgrenzen?

c) Eben in dieser Frage ist das dritte von Mohseni erzielte Ergebnis aufschlußreich: Trotz ihrer bedauernswerten Lage schneiden die Landkinder bei den operativen Aufgaben besser ab als bei den Leistungstests. Während sie allein auf der Grundlage der Intelligenztests als schwachsinnig oder gar als Idioten betrachtet werden müßten, liegen sie bei den Erhaltungstests nur um 2-3 Jahre hinter den Teheraner Kindern zurück. Auch hier läßt sich freilich nicht verallgemeinern, solange wir nicht über umfangreiche Daten aus verschiedenen Schichten verfügen. Inwieweit diese Fragestellungen von wissenschaftlichem Interesse sind und wie vielfältig die noch offenen Probleme sind, zeigt jedoch die Untersuchung, die Boisclair in Zusammenarbeit mit Laurendeau und Pinard auf Martinique mit Schulkindern begonnen hat, die alles andere als Analphabeten sind; sie werden nach dem französischen Lehrplan für Volksschulen unterrichtet und weisen nichtsdestoweniger einen etwa 4jährigen Rückstand bei den wichtigsten operativen Aufgaben auf. In diesem Fall scheint der Rückstand offensichtlich eher auf die allgemeinen Merkmale der gesellschaftlichen Interaktionen (Faktor 3 in Verbindung mit 2) und nicht so sehr auf mangelnde erzieherische Vermittlung (Faktor 4) zurückzuführen zu sein.

Im Falle des Iran scheint der aufschlußreiche Vorsprung bei der erfolgreichen Bewältigung der Erhaltungsaufgaben – Zeichen operativen Vorgehens – gegenüber den sonstigen Leistungen auf einen qualitativen Dualismus zwischen den relativ allgemeinen, für intelligentes Handeln als solches notwendigen Koordinationen und dem spezifischeren, für besondere Aufgaben notwendigen Wissen zu verweisen. Dies könnte uns im Falle weiterer ähnlicher Ergebnisse veranlassen, Faktor 2 und 3 gemeinsam (allgemeine Koordinationen der Handlungen, ob individueller oder nicht-individueller Art) von Faktor 4 (Vermittlung und Erziehung) zu unterscheiden. Mit anderen Worten, bei operativen Aufgaben würden deshalb bessere Ergebnisse erzielt, weil sie auf die unerläßliche Bedingung jedweder Intelligenz gründen: unerläßlich, insofern sie das Ergebnis fortschreitender Äquilibration und nicht etwa biologische Vorbedingungen sind, wohingegen die übrigen Leistungen aufgrund spezifischer, und in diesem besonderen Fall besonders unzureichend entwickelter kultureller Faktoren, Rückstände aufweisen würden.

Dies sind in großen Zügen einige der möglichen Schlüsse, die wir aus vergleichenden Befunden, wie sie Mohseni zusammengetragen hat, ziehen könnten, unter der Voraussetzung allerdings, daß sie weiter ergänzt werden. Doch handelt es sich dabei wirklich nur um die großen Linien. Es ist nun an der Zeit, die Rolle der unter 3 und 4 fallenden gesellschaftlichen Faktoren im einzelnen zu betrachten.

2.2 *Erzieherische Vermittlung als gesellschaftlicher Faktor.* Lassen sich die operativen Strukturen in Übereinstimmung mit unserer Hypothese nun nicht durch allgemeine Gesetze der Handlungskoordinationen erklären, so sind begrenztere Faktoren ins Auge zu fassen, wie z. B. der erzieherische Einfluß der Erwachsenen, wie er bei der Bildung der moralischen Werte und der Sprache selbst wirksam wird (bei letzterer im Sinne einer Kristallisation von Syntax und Semantik, die strukturell gesehen bereits eine Logik beinhalten).

a) Die Hypothese eines erzieherischen Einflusses des Erwachsenen ist sicher teilweise zutreffend, denn selbst im Hinblick auf die allgemeinen materiellen oder operativ verinnerlichten Handlungs-koordinationen kann der Erwachsene dem Kind, dem er voraus ist, helfen und seine Entwicklung im Rahmen des familiären und schulischen Erziehungsvorgangs beschleunigen. Doch fragt es sich, ob allein dieser Faktor relevant ist. Diese Auffassung vertrat zumindest Durkheim, für den sich Logik, Moral und Recht aus der Gesamtstruktur der Gesellschaft herleiten und sich dem Individuum dank gesellschaftlicher und erzieherischer Zwänge aufdrängen. Sie wird teilweise auch von Bruner (1964) vertreten, der, allerdings im Blick auf wenig verschulte, den amerikanischen Lernmodellen verwandtere Erziehungspraktiken, postulierte, daß man in jedem Alter alles lernen könne, vorausgesetzt, man gehe dabei angemessen vor.

Was die Perspektive Durkheims anbelangt, nicht die von Bruner, die mehr auf eine experimentelle Überprüfung[2] als auf Vergleichsstudien hinausläuft, so scheinen etwa die Befunde, die von den kanadischen Psychologen für Martinique ermittelt wurden, darauf hinzuweisen, daß ein normaler Schulbesuch nach französischem Lehrplan – was hier den Vergleich erleichtert – nicht ausreicht, um eine normale Entwicklung der operativen Strukturen zu gewährleisten, denn wir beobachten hier einen 3- bis 4jährigen Rückstand gegenüber Kindern anderer Kulturkreise. Doch auch hier müssen wir uns vor voreiligen Schlüssen hüten: u. a. wären der familiäre und der schulische Einfluß voneinander zu unterscheiden. Wir können also nicht mehr sagen, als daß die vergleichende Methode in dieser wie in anderen Fragen dazu angetan ist, die gesuchten Lösungen zu liefern.

b) Was die schwierige Frage der Interaktion der Sprache mit der Entwicklung der Operationen anbelangt, so sehen wir dank der Untersuchungen von Sinclair über die Sprachentwicklung beim Kinde sowie der Arbeiten von Inhelder und Sinclair zur Rolle der Sprache in den Versuchen zur Erlernung der operativen Strukturen etwas klarer.

Wir wollen hier nicht näher auf die Methoden und Ergebnisse eingehen – sie werden an anderer Stelle beschrieben –, sondern uns darauf beschränken, die Perspektiven aufzuzeigen, die die Untersuchungen von Sinclair in komparativer Sicht eröffnen. Erinnern wir z. B. an das Experiment mit zwei Kindergruppen, von denen die ältere die Invarianzstrukturen (und die expliziten Argumente) eindeutig beherrscht, während die jüngere der Erhaltung ebenso eindeutig nicht fähig ist. Man bittet nun die Versuchspersonen dieser beiden Gruppen, eine Beschreibung zu geben, und zwar nicht etwa des Materials, mit Hilfe dessen die Vorabklärungen in bezug auf den Invarianzbegriff vorgenommen wurden, sondern von bestimmten Gegenständen, die Personen zugeordnet werden, die durch Puppen verkörpert sind (ein kurzer, dicker und ein langer, dünner Bleistift, mehrere kleine Kugeln, eine kleinere Anzahl größerer Kugeln usf.). Dabei beobachtet man, daß die benutzte Ausdrucksweise hinsichtlich der Formulierung des Vergleichs sich in den zwei Gruppen einhellig unterscheidet: während sich diejenigen, die noch nicht im Besitz des Invarianzbegriffs sind, vor allem mit Hilfe von »Skalaren« (vgl. Bull) (»groß«, »klein«, »viel«, »wenig« usf.) ausdrücken, verwenden diejenigen, die die operative Stufe erreicht haben, »Vektoren« (»mehr« und »weniger« usf.). Darüber hinaus unterscheidet sich die Ausdrucksstruktur, je nachdem, ob sie binär (»dieser ist länger und dünner«) oder quaternär ist (»hier ist der eine dick und der andere dünn«, »dort ist der eine lang und der andere kurz«). Folglich korrelieren operative Handlungsweise und Sprache stark; doch in welchem Sinn? Die lerntheoretischen Versuche, die für uns hier nicht unmittelbar relevant sind, ergeben, daß man, wenn man Versuchspersonen der nicht-operativen Stufe dazu bringt, die Ausdrücke ihrer älteren Kameraden zu verwenden, nur unbedeutende Fortschritte im Sinne operativen Handelns erhält (nämlich in einem von zehn Fällen). Dabei bleibt übrigens zu bestimmen, ob es sich um eine Auswirkung der Sprache als solcher oder vielmehr um den Einfluß der analytischen Übungen handelt, die das Lernen nach sich zieht, bzw. ob gewisse Fortschritte nicht auch ohne diesen Lernvorgang eingetreten wären, nämlich aufgrund einer allgemein handlungsbedingten Entwicklung der Schemata. Es sieht mithin so aus, als seien es die Operationen, die zur Strukturierung der Sprache führten, und zwar durch Selektion der vorhandenen sprachlichen Möglichkeiten und nicht umgekehrt.

Man erkennt auf Anhieb den Wert weiterer derartiger Versuche für verschiedene Sprachen. Sinclair gelangte für das Französische und Englische zu den gleichen Ergebnissen. Doch bleiben zahlreiche andere Sprachen zu untersuchen. Im Türkischen z. B. gibt es nur einen Vektor, der unserem »noch« entspricht. So sagt man anstatt »mehr« »noch viel« und »noch wenig« statt »weniger«.

Zweifellos wird man in anderen Sprachen zahlreiche andere Kombinationen finden. In diesem Fall wäre es ausgesprochen interessant, die zeitliche Entwicklung der operativen Strukturen für die verschiedenen Sprachen zu untersuchen und die Experimente von Sinclair mit Kindern verschiedener Entwicklungsstufen wiederaufzunehmen. Würde sich dabei herausstellen, daß die Denkstrukturen trotz der sprachlichen Unterschiede dieselben sind, so spräche dies für das Vorhandensein von Faktoren fortschreitender, unabhängiger Äquilibration. Ergäben sich hingegen je nach Sprachkreis Veränderungen der Operationen, so bliebe nach dem von Sinclair vorgeschlagenen experimentellen Modell zu klären, in welcher Richtung sich diese Interdependenz vollzieht.

3. Schlußbetrachtung

Die Psychologie, die wir in unserem gesellschaftlichen Kontext, d. h. im Rahmen einer bestimmten Kultur, einer Sprache usf. erarbeiten, ist weitgehend hypothetischer Natur, solange sie nicht durch die notwendigen komparativen Daten abgesichert ist. Um noch einmal auf die kognitiven Funktionen zurückzukommen, so sei darauf hingewiesen, daß die Vergleichsstudien, die wir uns wünschen, sich nicht auf die Kindheit beschränken, sondern auch die Entwicklung im allgemeinen einbeziehen sollen, auch die Endstadien des Erwachsenen.

Als Lévy-Bruhl die Frage der der »primitiven Mentalität« eigenen »Vorlogik« aufwarf, hat er zweifellos die Gegensätze überzeichnet, und umgekehrt überbewertet sein nachträglicher Widerruf wohl die Allgemeinheit der Strukturen. So bleibt eine Reihe von Fragen, die u. E. auch die wunderbaren Arbeiten von Lévi-Strauss noch nicht gelöst haben: z. B., auf welcher operativen Stufe stehen die Erwachsenen einer Stammesgesellschaft im Hinblick auf die technische Intelligenz, die von Lévy-Bruhl völlig außer acht gelassen wurde, die sprachliche Intelligenz, die Lösung elementarer logisch-mathematischer Probleme usf.? Denn selbstverständlich erhalten die entwicklungspsychologischen Befunde hinsichtlich der vorhergehenden Stufen erst dann ihr volles Gewicht, wenn man weiß, wie es in dieser Frage um den Erwachsenen bestellt ist. So wäre es durchaus möglich, und diesen Eindruck vermitteln die einschlägigen ethnographischen Arbeiten, daß das Denken des Erwachsenen in manch einer Gesellschaft nicht über die Stufe der »konkreten Operationen« hinausgelangt und mithin nicht die der aussagenlogischen Operationen erreicht, die sich in unserer Gesellschaft zwischen 12 und 15 Jahren herausbilden. Trifft dies zu, so wäre es wertvoll zu wissen, ob die voraufgehenden Stadien bei den Kindern dieser Gesellschaften langsamer verlaufen oder ob die Gleichgewichtsstufe wie bei uns mit 7-8 Jahren bzw. etwas später erreicht, im Anschluß daran aber nicht mehr überschritten wird.

Anmerkungen

1 Die Schulkinder aus Teheran haben einen ein- bis zweijährigen Rückstand gegenüber den europäischen und amerikanischen Kindern.
2 Sie wird zur Zeit von Inhelder und Bovet in Genf vorgenommen. Bisher wurden die Brunerschen Hypothesen alles andere als bestätigt.

Patricia Teague Ashton
Kulturvergleichende Piaget-Forschung:
Eine empirische Perspektive

Editorische Vorbemerkung

Ashtons Forschungsbericht wurde um Einleitung, Anfangs- und Schlußabschnitt gekürzt[1]. Darin nimmt die Autorin Bezug auf die im vorliegenden Band abgedruckten Äußerungen Piagets zur Bedeutung kulturvergleichender Forschung und formuliert die Leitfrage: Sind die divergierenden
Ergebnisse komparativer Untersuchungen zu Piagets Theorie der Entwicklung kognitiver Fähigkeiten zu deuten als Belege für mangelnde Universalität der Theorie oder für die Relevanz kultureller Unterschiede, oder
aber für Unzulänglichkeiten im Forschungsdesign? Ashton beantwortet
diese Frage, indem sie Sekundärinterpretationen einschlägiger Untersuchungen vornimmt und dabei die relative Bedeutung aller drei Faktoren-
bündel herausarbeitet. Im ersten Abschnitt faßt sie empirisch begründete
Zweifel an Piagets Grundannahmen zusammen: Weder für die These einer
invarianten Stufenfolge in der kognitiven Entwicklung noch für die
Annahme einer ganzheitlichen stufenspezifischen Tiefenstruktur gebe es
im Kulturvergleich hinreichende Evidenz. Jedoch litten sowohl die Versuche einer Verifikation bzw. Falsifikation von Piagets Konzept unter
erheblichen Verfahrensmängeln, deren wesentliche Ursache die Autorin
in der Unterlassung einer gründlichen Untersuchung der jeweiligen Kulturen sieht. Als Alternative schlägt sie im Schlußabschnitt unter anderem
die Einführung von Campbells und Fiskes (1959) multitrait-multimethod-
Verfahren in die vergleichende Piaget-Forschung vor. In dem hier abgedruckten Hauptteil ihres Aufsatzes gibt die Autorin eine Zusammenfassung der wichtigsten Studien zur Bedeutung sozialer und kultureller
Faktoren für die Entwicklung des Denkens. Insbesondere erörtert Ashton
die Relevanz moderner vs. vorindustrieller Gesellschaftsstrukturen, kulturell definierter Normen und Wirklichkeitskonzepte, von Stadt-Land-
Differenzen, peergroup-Einflüssen und – ausführlicher – von Schulerfah-
rungen. Das doppelte Ergebnis ist: Piaget hat diese Faktoren in seiner
Theorie zu wenig berücksichtigt; andererseits sind sie in den vorliegenden
Studien meist zu formal und daher oft mißverständlich untersucht worden. – Die Zwischentitel wurden der Bearbeitung angepaßt.

1. Gesellschaftsstruktur und kognitive Entwicklungsstufen

Vergleichende Untersuchungen zum Lebensalter, in dem logisches Denken in verschiedenen Kulturen erworben wird, könnten die Rolle der Reifung in der kognitiven Entwicklung belegen. Wenn die Altersstufen des Erwerbs und des Stufenübergangs in anderen Kulturen denen in der westlichen Gesellschaft entsprechen, so würde das heißen, daß die Reifung bei der Determination der geistigen Entwicklung ausschlaggebend ist. Wenn umgekehrt die Alterstrends nach Kulturen variieren, würde die Bedeutung der Umwelteinflüsse belegt. Die Aufgabe bestünde dann darin, die vorausgegangenen Umwelteinflüsse zu identifizieren, die für die Unterschiede in der kognitiven Entwicklung verantwortlich sind. Unglücklicherweise sind die Ergebnisse nicht eindeutig genug, um irgendwelche endgültigen Schlußfolgerungen zu stützen. Während Piagets Theorie vier Hauptstufen der kognitiven Entwicklung postuliert, haben sich die meisten kulturvergleichenden Untersuchungen mit dem Alter des Erwerbs der konkreten und der formalen Operationen beschäftigt. Aus diesem Grund wird der folgende Überblick nur Untersuchungen besprechen, die auf diese letzteren Stufen Bezug nehmen.

1.1 Konkret-operationale Stufe

Die konkret-operationale Stufe der kognitiven Entwicklung ist dadurch gekennzeichnet, daß das Kind versteht, daß die Operationen, die es an Gegenständen vornimmt, in Gedanken umgekehrt werden können. Als Hauptcharakteristikum dieser Periode ist die *Erhaltung* bezeichnet worden. Das Kind erkennt zum Beispiel, daß die Menge eines Lehmklumpens auch bei Veränderungen seiner Form dieselbe bleibt. Erhaltung impliziert ein inneres Regelsystem, das gedanklich äußere Veränderungen kompensieren kann (Furth 1969). Konkret-operationales Denken wird normalerweise durch Untersuchungen der Erhaltung von Zahl, Länge, Menge, Anteil, Gewicht und Volumen festgestellt. Kulturvergleichende Untersuchungen sind überwiegend zu der Feststellung gelangt, daß die meisten Erhaltungsfähigkeiten in nicht-westlichen Kulturen später erworben werden. Heron und Simonsson (1969) haben bei 105 europäischen und 200 Kindern aus Sambia den Erwerb der Gewichtserhaltung verglichen. Sie fanden heraus: Während der Anteil der europäischen Kinder, die die Gewichtserhaltung realisierten, während der Teenager-Jahre mit dem Alter linear zunahm, erreichte der Anteil der Kinder aus Sambia, die die Erhaltung erkannten, ein Limit von 55 bis 60 Prozent, und das ungefähr im Alter von elf Jahren. In einer anderen Untersuchung in Papua-Neuguinea stellten Heron und Dowel (1973) ein ähnliches Limit für städtische Sekundarschüler fest: Nur die Hälfte ihrer zehn- bis sechzehn Jahre alten Probanden konnten nach einem nicht-verbalen Test als Erhalter klassifiziert werden.

Za'rour (1971a) verglich eine ausgewählte Gruppe von 224 in Beirut lebenden Grundschulkindern mit den Angaben von Almys, Chittendens und Millers (1966) Untersuchung von Grundschulkindern aus den Vereinigten Staaten. Während von den fünf-, sechs- und siebenjährigen Kindern aus den Vereinigten Staaten jeweils 28, 56 beziehungsweise 76 Prozent im Zahlerhaltungstest erfolgreich waren, konnten dies von den libanesischen Kindern nur 0, 21 und 32 Prozent. Bei der Aufgabe zur Erhaltung der Flüssigkeit betrugen die Prozentsätze bei Kindern aus den Vereinigten Staaten 9, 32 und 48 im Vergleich zu 0, 4 und 22 Prozent bei libanesischen Kindern. Za'rour stellte die Hypothese auf, daß der bei den libanesischen Kindern beobachtete Entwicklungsrückstand auf Unterschiede in den Praktiken der Kindererziehung und in der Art und Weise der Eltern-Kind-Beziehung zurückzuführen ist. Er führte das Gewicht, das die libanesische Mutter auf Gehorsam und unbedingte Anpassung legt, als einen möglichen erklärenden Faktor an. Za'rour stellte auch fest, daß das libanesische Schulcurriculum auf mündliches Lernen und Auswendiglernen großen Wert legt und offensichtlich nicht zu selbständigem praktischen Erforschen anleitet. Poole (1968) verglich 150 Hausa-Schulkinder in Nigeria mit 40 Kindern einer großen Primarschule im Vorort einer südenglischen Stadt. Die englische Gruppe schnitt in Erhaltungstests wesentlich besser ab als die Hausa-Kinder.

Doch haben nicht alle kulturvergleichenden Untersuchungen solche Gegensätze des kognitiven Entwicklungsstandes aufgedeckt. Lloyds (1971) Ergebnisse lassen erkennen, daß in manchen Fällen wohl nur minimale Unterschiede zwischen zwei Kulturgruppen bestehen. Mit einer Modifikation der von Almy und Mitarbeitern benutzten Methode (1966) zur Beurteilung von Flüssigkeits- und Zahlerhaltung untersuchte Lloyd nigerianische Yoruba-Kinder im Alter von dreieinhalb bis zu acht Jahren. Ihre Yoruba-Testpersonen kamen teils aus der Eliteschicht, teils aus traditionell lebenden Familien. Sie stellte keine großen Unterschiede der Performanz zwischen den »Elite«-Kindern der Yoruba in Nigeria und den Testpersonen der Untersuchung von Almy und Mitarbeitern in den Vereinigten Staaten fest. Lloyds Ergebnisse zeigen auch, daß »traditionale« Yoruba-Testpersonen zwar die Aufgaben zur Erhaltung der Zahl deutlich schlechter als Kinder aus den Vereinigten Staaten lösten, aber bei den Aufgaben zur Erhaltung der Flüssigkeit deutlich bessere Ergebnisse erreichten.

In einer anderen Studie untersuchte Za'rour (1971b) Erhaltung bei 132 libanesischen Grundschulkindern. Er vermutete, daß die libanesischen Kinder die Aufgaben zur Erhaltung des Gewichts besser durchführen würden als Kinder aus den Vereinigten Staaten, weil sie in einer Kultur leben, in der die Waren großenteils nicht abgepackt verkauft werden, und sie folglich mehr Erfahrung im direkten Abwiegen haben. Seine Ergebnisse zeigen keine wesentlichen Unterschiede in der Durchführung der Erhaltungsaufgaben, vergleicht man sie mit den Angaben Uzgiris' (1964) zu Kindern aus den Vereinigten Staaten. In diesem Fall scheint das Alter einen wichtigeren Einfluß auf die kognitive Entwicklung zu haben als der kulturelle Unterschied.

Eine Reihe von kulturvergleichenden Piaget-Untersuchungen beschäftigen sich mit der Frage des frühen Abbrechens der kognitiven Entwicklung in traditionalen nicht-industrialisierten Kulturen. Diese Vorstellung ist lange vorherrschend gewesen. Zum Beispiel zog Werner (1948, S. 27) den Schluß, daß »Entwicklung bei Primitiven auf der einen Seite durch Frühreife und auf der anderen Seite durch ein relativ frühes Abbrechen des intellektuellen Wachstumsprozesses gekennzeichnet ist«.

Eine australische Untersuchung von de Lemos (1969) kam zu dem Ergebnis, daß nur 50 Prozent der erwachsenen Aborigines-Testpersonen die Menge erhielten und nur 75 Prozent die Länge. Da ihre Mischlingskinder im Vergleich zu reinen Aborigines die Erhaltung besser erkannten, erwog sie die Möglichkeit genetischer Unterschiede. In einer Erwiderung auf die genannte Untersuchung stellte Dasen (1972b) ebenfalls fest, daß ein großer Prozentsatz seiner erwachsenen Testpersonen Nicht-Erhalter waren; er fand dagegen keinen Hinweis auf Performanzunterschiede zwischen Aborigines und Mischlingen und sprach sich für die Rolle der Umwelt als ausschlaggebendem Faktor für das Maß des Erwerbs von Erhaltungsbegriffen aus. Ponzo (1966) beobachtete, daß die Erhaltung einer diskontinuierlichen Menge (Lehm) unter den Kohorosciwetari und den Tukano in Brasilien sogar für Erwachsene unklar zu sein schien. In Greenfields Untersuchung (1966) von Wolof-Kindern im Senegal waren nur 50 Prozent der unbeschulten Elf- bis Dreizehnjährigen »Erhalter«, das ist nur unbedeutend mehr als bei den Acht- und Neunjährigen. Das legt die Vermutung nahe, daß die so gemessene kognitive Entwicklung bei nicht-westlichen Individuen entweder abbricht oder doch beträchtlich verzögert wird. Eine Untersuchung zur Begriffsbildung unter analphabetischen Wolof zeigt ebenfalls keine Veränderungen in den Mustern der Begriffsbildung beim Vergleich von Acht- und Neunjährigen mit Erwachsenen (Greenfield/Reich/Olver 1966).

Es scheint manches darauf hinzuweisen, daß das frühe Abbrechen der kognitiven Entwicklung möglicherweise nicht irreversibel ist. Peluffo (1962) hat gezeigt, daß die Abwanderung von Süditalienern vom Land in das industrialisierte Genf mit bedeutenden Zunahmen ihrer Erhaltungsleistungen verbunden war; das stützte die Annahme, das erneuerte kognitive Wachstum könne aus dem Kontakt mit einer technologisch fortgeschrittenen Gesellschaft resultieren. In ähnlicher Weise schrieb Jahoda (1969) eine bedeutende Zunahme in der Kausalitätswahrnehmung bei Jungen aus Ghana im Vergleich zu einem ähnlichen Test von 1955 der Verbesserung in der Unterrichtsqualität und den technologischen Fortschritten in diesem Staat zu.

Zusammenfassend läßt sich sagen, daß kulturvergleichende Untersuchungen auf eine verzögerte Entwicklung bei dem Erwerb der Erhaltung in nicht-westlichen, nicht-industrialisierten Kulturen hindeuten. Dagegen ist nicht klar, ob diese Verzögerung auf einen Mangel der Feststellungsmethode zurückzuführen ist – das heißt, auf kulturell unangemessene Aufgabenmaterialien und einen entsprechenden Mangel an Motivation, oder ob sie realen kognitiven Unterschieden zwischen Kulturen zuzuschreiben ist. Ein späterer Abschnitt dieses Aufsatzes soll diese bedeutende Frage nach dem kulturellen Kontext erörtern.

Obgleich sich die meiste kulturvergleichende Arbeit mit der Erhaltung beschäftigt hat, hat eine Reihe interessanter Studien auch im Kulturvergleich die Entwicklung der klassifikatorischen Fähigkeiten untersucht, das heißt die Einteilung von Gegenständen in Klassen nach verschiedenen Eigenschaften. Eine sehr verbreitete Aufgabe dieser Art verlangt, daß man einem Kind eine Schachtel mit Holzperlen zeigt, von denen viele braun und wenige weiß sind, und dann das Kind fragt, ob da mehr hölzerne Perlen oder mehr braune Perlen sind. In seiner Studie führt de Lacey

(1970) eine Serie von vier solcher Klassifikationstests mit 86 Aborigines-Kindern durch, die wenig Kontakt mit westlicher Technologie gehabt hatten, und mit 79 Aborigines-Kindern mit viel Kontakt, sowie mit je einer Gruppe von Weißen mit niedrigem und hohem sozioökonomischem Status. Bei allen vier Tests schnitten die Weißen mit hohem sozioökonomischem Status am besten ab, gefolgt von denen mit niedrigem, dann die Aborigines mit viel vor denen mit geringem Kontakt. Bei den Aborigines war eine konsistente und starke direkte Verbindung zwischen Klassifikationsleistung und dem Grad des Kontakts mit Weißen und ihrer Technologie festzustellen. Daraus ergab sich die Hypothese, daß die schwierigen Umweltbedingungen, denen die schwache Testleistung der Aborigines mit geringem Kontakt zuzuschreiben ist, Fehlernährung (pränatal und im Säuglingsalter) einschließen. Der Autor hielt es auch für möglich, daß die parallele Entwicklung von verschiedenen klassifikatorischen Fähigkeiten nur unter optimalen Umweltbedingungen zustande kommen könne, und folgerte, daß seine Daten die Forderung nach einer Sozialpolitik der Integration von Aborigines in Wohnbezirke von Weißen stützen. Diese Interpretation ist natürlich ein deutliches Werturteil zugunsten der westlichen Verhaltensmuster. In einer späteren Wiederholung der vorhergehenden Untersuchung (de Lacey 1971a) wurde festgestellt, daß 40 städtische Aborigines-Kinder aus der Nordprovinz Australiens genauso gut abschnitten wie 80 weiße Kinder aus einer sozioökonomisch ähnlich schwachen städtischen Umgebung. Dieses Ergebnis wurde gedeutet als Beleg dafür, daß es eher Umwelt- als genetische Einflüsse sind, die die Fähigkeit zur Klassifikation bestimmen.

Price-Williams (1962) verglich die Leistungen von 80 alphabetischen und 60 analphabetischen Kindern des Tiv-Stamms in Nigeria im Alter von etwa sechs bis zu elf Jahren. In einer Klassifikationsaufgabe sollten die Kinder Modelle von lokal vertrauten Tieren und einige eben gesammelte Pflanzen sortieren. Es war kein Unterschied zwischen den beiden Gruppen von Kindern festzustellen. Price-Williams folgerte daraus, daß die Tiv-Kinder, ob alphabetisiert oder nicht, auf jeden Fall das konkret-operationale Denken erreicht hatten, obwohl ein kleiner Rückstand von einigen Jahren vorzuliegen schien, wenn man sie mit dem europäischen Entwicklungsstandard verglich.

Während die oben besprochenen Untersuchungen entschieden die Annahme begünstigen, daß Altersunterschiede beim Erwerb tatsächlich reale kognitive Strukturunterschiede zwischen Kulturen widerspiegeln können, ist es wichtig festzustellen, daß das von der Wirkung der Umgebung auf die Erkenntnis abhängen kann. Dasen (1974) hat eine Untersuchung durchgeführt, die in schlagender Weise die Wirkung der Lebensaktivitäten auf die Entwicklung des konkret-operationalen Denkens beleuchtet. Da die Sprache der Aborigines arm an Zahl- und Maßbegriffen ist, während ihr Lebensstil die Entwicklung räumlicher Fähigkeit verlangt, nahm Dasen an, daß Aborigines wohl besser bei Raum- als bei Messungsaufgaben abschneiden würden. Sein Sample bestand aus drei Gruppen von Schulkindern: aus einer Gruppe von Aborigines, die wenig Kontakt mit der europäischen Kultur hatten, aus einer Gruppe mit mittlerem Kontakt und aus einer Gruppe von australischen und europäischen Kindern der unteren Mittelklasse aus Canberra. Wie erwartet, stellte Dasen fest, daß die Aborigines-Gruppen die Raumaufgaben besser bewältigten als die Aufgaben zur Erhaltung von Quantität, Gewicht, Volumen und Länge. Im Gegensatz dazu führten die Kinder aus Canberra die Messungsaufgaben deutlich besser durch als die Raumaufgaben. In ähnlicher Art, wenn auch nicht eigentlich in Piagets Linie liegend, scheinen die Arbeiten von Cole, Gay, Glick und Sharp (1971) große Bedeutung für die Richtung der kulturvergleichenden Forschung zu besitzen. Nach ausgedehnten Forschungen zu Klassifikation, Lernen und Gedächtnis bei den Kpelle in Westafrika folgerten sie, daß »kulturelle Unterschiede in der Erkenntnis mehr auf den Situationen beruhen, auf die sich besondere kognitive Prozesse richten, als auf dem Vorhandensein eines Prozesses in einer kulturellen Gruppe und seinem Nichtvorhandensein in einer anderen« (S. 322).

Das Buch von Cole und seinen Mitarbeitern (1971) und Dasens Untersuchung (1974) stellen ausgezeichnete Beispiele dar für die Einsicht in die Kontextwirkungen, die zu erschließen sind, wenn die Untersuchung unter sorgfältiger Beachtung der Charakteristika der spezifischen Kultur entworfen wird und kulturell vertraute Materialien verwendet. Die kulturvergleichende Forschung könnte ihre Bemühungen mit Gewinn umstellen vom Verifizieren von Altersstufentrends auf den Versuch, für jede Kultur die Situationen zu identifizieren, in denen spezifische kognitive Prozesse zur Geltung kommen. Ergebnisse solcher Untersuchungen könnten eine bedeutende praktische Anwendung finden beim Entwerfen pädagogischer Experimente, die den in der betreffenden Kultur wichtigsten Funktionsweisen genau entsprechen.

Formale Operationen sind gekennzeichnet durch hypothetisch-deduktives Denken; sie umfassen sowohl die Fähigkeit, einer Hypothese bis in alle möglichen Schlußfolgerungen nachzugehen, als auch die Fähigkeit, in systematischer Weise alle möglichen Kombinationen zu berücksichtigen. Auf der Grundlage der begrenzten Forschung sieht es so aus, als ob das Erreichen dieser Stufe der Entwicklung nicht universal wäre. Tatsächlich mag sie sogar in der westlichen Kultur nicht so allgemein vorhanden sein, wie Piagets Theorie das ursprünglich angenommen hatte. Piaget ist der Meinung, daß eine Erfolgsrate von 75 Prozent das allgemeine Vorhandensein des betreffenden Denkprozesses anzeigt. Aber bei Untersuchungen an älteren Jugendlichen in westlichen Kulturen liegt der Prozentsatz der Testpersonen, die die formal-operationalen Aufgaben bewältigen, normalerweise zwischen 30 und 50 Prozent (Kohlberg und Gilligan 1971).

Auch einer Reihe kulturvergleichender Untersuchungen ist es nicht gelungen, den Beweis für die volle Entwicklung der formalen Operationen zu erbringen. Unter Verwendung von Aufgaben Piagets, die kombinatorisches Denken verlangen – die Fähigkeit, alle möglichen Hypothesen systematisch auszuschöpfen –, stellte Peluffo (1967) fest, daß nur 25 Prozent der elfjährigen Landkinder und 20 Prozent seiner erwachsenen analphabetischen Testpersonen aus Sardinien ähnliche Aufgaben zum kombinatorischen Denken mit Erfolg lösten. Dieses Ergebnis wird dann verglichen mit einer Erfolgsrate von 50 bis 60 Prozent bei seinen elfjährigen Testpersonen, die Arbeiterkinder aus Genf waren oder Kinder von Angestellten und Handwerkern aus Sardinien.

Bei einer Untersuchung von 1536 Kindern aus Papua-Neuguinea konnten Philp und Kelly (1974) formal-operationales Denken nicht nachweisen, während eine Gruppe aus New South Wales zu 50 Prozent über formale Operationen verfügte und eine Gruppe von zweisprachigen Zuwandererkindern aus Sydney eine zehnprozentige Erfolgsrate aufwies. Der dabei verwendete Test war Inhelders und Piagets klassische Pendelaufgabe (1958), die das Entdecken einer umgekehrt proportionalen Beziehung zwischen der Länge der Pendelschnur und dem Tempo der Schwingungen verlangt. Philp und Kelly führten das geringe Vorhandensein formaler Operationen bei Kindern aus Papua-Neuguinea auf ein mögliches Kommunikationsproblem oder auf kulturelle Unterschiede zurück.

Mehrere Untersuchungen haben auf Beispiele hingewiesen, bei denen Erwachsene nicht über konkrete Operationsweisen hinauskamen. Maistriaux (1955) stellte bei seiner Untersuchung von Afrikanern im Belgischen Kongo fest, daß die Testpersonen beim Abschätzen der Länge eines Stückes Holz durchgehend sofort die richtige Wahl trafen, und er schloß daraus, daß seine afrikanischen Testpersonen nur auf der konkreten Stufe operierten. Greenfield (1966) berichtete, daß ältere Wolof-Testpersonen ohne Schulbesuch stark von perzeptuellen Begründungen bei Erhaltungsexperimenten abhängig waren. Insgesamt scheint in einigen »primitiven« Gesellschaften eine Tendenz zur Anwendung von Denkweisen zu bestehen, die sich im Gegensatz zu der formalen Denkweise, die Piaget westlichen Erwachsenen zuschreibt, auf Handlung und Wahrnehmung gründen.

Solche kulturvergleichenden Schlußfolgerungen müssen jedoch mit Vorsicht behandelt werden, da die Phänomene, aus denen sie abgeleitet werden, in verschiedener, bisweilen gegensätzlicher Weise interpretiert werden können. Statt zu schließen, daß Maistriauxs und Greenfields Testpersonen nicht zu den formalen Operationen gelangt sind, könnten wir etwa die Gegenhypothese aufstellen, daß die kulturelle Perspektive bei den experimentellen Methoden dieser Forscher es gewesen ist, die das Erkennen der tatsächlich vorhandenen formalen Operationen unmöglich gemacht hat. Eine derartige Gegenhypothese gewinnt an Gewicht durch die Arbeit von Feldman u. a. (1974), die entdeckte, daß bei Aufgaben mit kulturell vertrauten Materialien Eskimo-Kinder formal-operationales Denken demonstrierten. Da ihre Testpersonen nur bei einer der beiden Aufgaben erfolgreich waren, die zur Messung des formalen Denkens entworfen waren, nahm Feldman an, daß dieses Ergebnis Inhelders und Piagets Postulat (1958) von zwei Unterstufen des formalen Denkens stützen könne. Sie stellte die Hypothese auf, daß das Scheitern der Eskimo-Kinder bei der zweiten Stufe der formalen Operationen abhängen könnte von Unvollkommenheiten in ihrer Repräsentationsfähigkeit. Dabei berief sie sich auf Bruner und seine Betonung der Bedeutung sprachlicher Kompetenz für das abstrakte Denken.

Diese These findet Unterstützung in einer Untersuchung von Kelly, Tenezakis und Huntsman (1973), in der eine enge Verbindung zwischen Sprache und Denken angenommen wird. Diese Forscher untersuchten 183 griechische Auswandererkinder, die englischsprachige Schulen in Sydney besuchten. Die Kinder wurden getestet zur Erhaltung von Zahl und Länge, und zwar sowohl in Griechisch als auch in Englisch. 25 Prozent, die einen Sprachentest bestanden hatten und auf Englisch keinen Erhaltungsbegriff zeigten, bestanden den Erhaltungstest auf Griechisch. Obwohl sich diese Untersuchung mehr mit Erhaltung als mit formalen Operationen befaßt, hat sie mit Sicherheit auch Bedeutung für die formale Periode.

Keine dieser Untersuchungen sollte als endgültig betrachtet werden, aber sie alle tragen dazu bei, auf die Schwierigkeiten bei der Durchführung kulturvergleichender Forschung aufmerksam zu machen. Wann immer eine für eine Kultur entwickelte Forschungstechnik auf eine andere Kultur angewendet wird, so müssen die Forscher sorgfältig darauf achten, Schlüsse auf kulturelle oder soziale Unterschiede und den kulturellen Bias auseinanderzuhalten, der in den Untersuchungstechniken mitgeschleppt wird.

2. Soziale Faktoren und logisches Denken

Soziale Einflüsse auf die kognitive Entwicklung haben weniger Beachtung gefunden als die Wirkungen des Schulbesuchs; doch gibt es einige wenige kulturvergleichende Untersuchungen, die zeigen, daß dies ein fruchtbares Gebiet für die weitere Forschung sein dürfte. Besonders wichtige Fragen sind dabei 1. die Auswirkungen sozialer Ziele auf die Entwicklung des Egozentrismus, 2. die unterschiedlichen Auswirkungen der sozialen Umgebung auf verschiedene kognitive Prozesse, 3. die Wirkung der Kultur auf die moralische Entwicklung, 4. die Wirkung des kulturellen Begriffs von Wirklichkeit auf die Erkenntnis und 5. peergroup-Wirkungen auf die kognitive Entwicklung.

Mehrere der in dem vorhergehenden Abschnitt erwähnten Untersuchungen sind auch für eine Diskussion der Einflüsse sozialer Faktoren auf die kognitive Entwicklung von Bedeutung. Diese Untersuchungen äußern sich zu Fragen der sozialen Einflüsse ebenso wie der Typik von Altersstufen, weil die Vermischung von Alter, sozialer Erfahrung und anderen kulturellen Variablen zu widersprüchlichen Interpretationen der kulturellen Unterschiede führt. Im konkreten Fall: Scheitern die Testpersonen aus Papua-Neuguinea an Piagets Pendeltest, weil ihnen passende kognitive Strukturen fehlen, weil ihre Erfahrungen andere sind als die der Jugendlichen aus Genf oder weil sich ihre Wirklichkeitsbegriffe von denen der Experimentatoren unterscheiden?

2.1 Soziale Ziele und Egozentrismus

Egozentrismus, nach Piaget kennzeichnend für die präoperationale Stufe, stellt die Unfähigkeit des Kindes dar, sich in die Rolle der anderen Person hineinzuversetzen. Nach Piaget sind die Kinder auf der präoperationalen Stufe unfähig, andere Gesichtspunkte als die ihren in Erwägung zu ziehen oder Widersprüche in ihrem eigenen Denken zu erkennen. Greenfield und Bruner (1966) haben dagegen beobachtet, daß Eskimo-Kinder keinen Egozentrismus zeigen, und schließen daraus, daß dieser nicht universal ist, sondern abhängt von kulturellen Bedingungen und Werten. Diese Autoren nehmen an, daß, während die Eskimo-Gesellschaft die Bedeutung der kollektiven und der Gruppenwerte betont, die Betonung des Individualismus in den industrialisierten Gesellschaften, wie etwa in den Vereinigten Staaten, die Entwicklung des Egozentrismus zum Ergebnis hat. Greenfield und Bruner (1966) haben gezeigt, daß analphabetische Wolof nicht fähig waren, Unterschiede in Handlungsperspektiven zu erkennen.

Diesen Mangel an Relativität schrieb man einem Mangel an Selbstwahrnehmung zu, wie er in dem Fehlen der Unterscheidung zwischen einem Objekt und dem Denken darüber sichtbar wird. So wurde die Frage: »Warum *denkst* du, daß dieses Glas mehr (oder gleich viel) Wasser enthält?«, mit einem Schweigen beantwortet, während die Testpersonen bereitwillig auf die Frage antworteten: »Warum *ist* in diesem Glas mehr (oder gleich viel) Wasser?«. Greenfield und Bruner schrieben dieses Fehlen von Selbstwahrnehmung den Erfahrungen fehlender Kontrolle der Wolof über ihre Umgebung zu.

2.2 Ländliche und städtische Umwelt

Die Auswirkung der ländlichen gegenüber der städtischen Umwelt auf die kognitive Entwicklung ist unklar. Die Daten scheinen auf einen unterschiedlichen Effekt auf spezifische kognitive Fertigkeiten hinzuweisen. Greenfield (1966, S. 253) kam zu dem Schluß, daß die Stadt-Land-Dimension beim Erwerb der Erhaltung relativ unwichtig ist: »... es liegt ein breiterer Graben zwischen Wolof-Kindern mit und ohne Schulbesuch aus demselben Dorf als zwischen Land- und Stadtschulkindern«. Dagegen zogen Maccoby und Modiano (1966, S. 263, 267) in einer Studie über Äquivalenzbeurteilung bei mexikanischen Stadt- und Landschulkindern den Schluß, daß der Kontakt mit der Stadtkultur eine bedeutende Variable darstelle:

»Es ist erstaunlich, wieviel näher Mexiko City Boston steht als einem Mestizen-Dorf ... Das wahrnehmungsgebundene, konkrete, für Unterschiede sensible, organisch orientierte Dorfkind steht im Alter von zwölf Jahren in starkem Kontrast zu dem mehr abstrakten, funktionalen, für die Gleichheit sensitiven, kosmopolitischen Stadtkind derselben Altersstufe.«

Die Gegensätzlichkeiten legen den Schluß nahe, daß die Stadt-Land-Dimension unterschiedliche Auswirkungen auf verschiedene kognitive Aufgaben haben wird. Greenfield, Reich und Olver (1966) stellen die Hypothese auf, daß der wesentliche Unterschied zwischen dem Stadt- und dem Landkind der Unterschied zwischen Abstraktheit und Konkretheit ist, und sie nehmen an, daß diese Ungleichheit das Ergebnis eines unterschiedlichen Zwangs zur Erfahrung mit kontextfreier Problemlösung und Kommunikation ist. Dieses Ergebnis kommt in ernste Schwierigkeiten wegen der Tatsache, daß die meisten Stadtkinder eine Schule besuchen, während ihre ländlichen Altersgenossen weniger Chancen zur Partizipation an einem formalen Bildungsprozeß haben. Maccoby und Modiano (1966, S. 269) warnen vor den nachteiligen Begleiterscheinungen der städtischen Abstraktionsfertigkeit:

»Was der industrialisierte Stadtmensch gewinnt an gesteigerter Fähigkeit zu formulieren, rational zu denken und die immer zahlreicheren Teilchen der komplexen Information, die er erwirbt, zu kodieren, kann er verlieren in abnehmender Sensibilität für Menschen und Ereignisse.«

Eine große Menge an Untersuchungen ist notwendig, um soziale Einflüsse zu erhellen. Es genügt nicht, einfach nur das vage Feld Stadt-Land zu untersuchen. Es bedarf vielmehr einer präzisen Spezifikation der kritischen Aspekte dieser Dimension.

Die Forschung hat sichtbar gemacht, daß verschiedene kulturelle Überzeugungen eine negative Wirkung auf die Entwicklung des konkret-operationalen Denkens haben können. Kohlberg (1968) stellte fest, daß unter den Atayal, einer aus Malaysia stammenden Volksgruppe in Taiwan, die Erhaltung der Substanz gewöhnlich im Alter von ungefähr sieben oder acht Jahren erworben wurde, dann aber im Alter zwischen elf und fünfzehn Jahren wieder verlorenging, was offensichtlich auf einen Konflikt mit dem Glauben der Erwachsenen an Magie zurückgeht.

Bei einer Abänderung ihrer ursprünglichen Aufgabe zur Flüssigkeitserhaltung entdeckte Greenfield (1966), daß die Erhaltungsfähigkeit deutlich anstieg, wenn man den Wolof-Kindern erlaubte, die Flüssigkeit selbst umzuschütten. Dieses Verfahren war erfolgreich bei den Kindern ohne Schulbesuch, die für die Nichterhaltung Erklärungen mit Begriffen aus dem Bereich der »Handlungs-Magie« gegeben hatten – die Menge war unterschiedlich, weil der Leiter des Experiments sie umgegossen hatte. So waren die Fälle von Nichterhaltung das Ergebnis von kulturellen Überzeugungen über die magischen Kräfte menschlicher Intervention. Diese Untersuchung illustriert gut die entscheidende Wirkung von scheinbar kleinen Abweichungen bei dem angewandten Verfahren. Sie spricht energisch für Vorsicht bei der Interpretation der Ergebnisse aus kulturvergleichenden Untersuchungen.

2.4 Kultur und Moralentwicklung

Kohlberg (1971) hat in seiner Arbeit der Frage der kulturellen Unterschiede beim moralischen Urteil große Aufmerksamkeit gewidmet. Anknüpfend an Piagets Analyse (1932a) des Moralerwerbs beschreibt er die moralische Entwicklung als eine Bewegung von hedonistischer Ausrichtung zu moralischem Denken, das auf der Beachtung der abstrakten Prinzipien von Gerechtigkeit und Gleichheit beruht. Kohlberg hat sich für die Universalität der moralischen Stufen ausgesprochen, die er aus Piagets Theorie ableitete. Zur Unterstützung dieser Annahme bringt er Belege in Form von Reaktionen auf moralische Dilemma-Geschichten. Auf der Grundlage begrenzter Vergleichsdaten aus zwölf Kulturen blieb Kohlberg (1971, S. 175) dabei, daß »alle Individuen in allen Kulturen dieselbe Ordnung oder Reihenfolge der wesentlichen Stufen der Entwicklung durchlaufen, obwohl sie sich im Tempo und im Endpunkt der Entwicklung unterscheiden«.

Simpson (1974) dagegen hat Kohlbergs Methode und seine Schlußfolgerungen heftig kritisiert, die sie als ethnozentrisch und kulturell voreingenommen verwarf. Sie ist der Meinung, daß Kohlbergs Behauptung einer Unumkehrbarkeit der moralischen Entwicklung in Widerspruch steht zu neuesten Ergebnissen, und zitiert Forschungsergebnisse, die Fälle von Kindern anführen, die infolge kultureller Einflüsse in ihrem moralischen Denken regredierten (Havighurst/Neugarten 1955; R. Kramer 1968).

Simpson wendet sich gegen das Analysieren einer Kultur mit Techniken, die Denkweisen verlangen, die innerhalb dieser Gruppe nicht zur Anwendung kommen, sondern eher in der Kultur des Forschers heimisch sind. Sie meint, daß Denken in moralischen Prinzipien einfach nur die Sozialisierung des Individuums in eine intellektuelle Elite durch die Entwicklung eines »hochgezüchteten Sprachgebrauchs« bedeuten kann. Simpson kritisiert Kohlberg auch wegen ungenauer Darstellung seiner kulturvergleichenden Untersuchungen: Die Zusammensetzung der Samples, die Methode und die Ergebnisse sind nicht detailliert genug mitgeteilt worden, um eine Nachprüfung zu erlauben. Wie Simpson betont, verlangt die kulturvergleichende Forschung auf dem Gebiet der moralischen Entwicklung eine besondere Sensibilität für die unterschiedlichen kulturspezifischen Werte und Denkmuster. Das Ausbleiben der erwarteten Reaktion auf ein moralisches Dilemma kann das Nichtvorhandensein des in der antizipierten Antwort involvierten Denktyps anzeigen, aber es könnte auch als ein Scheitern von seiten des Versuchsleiters gewertet werden, der nicht die passende Situation zu schaffen vermochte, um das gewünschte Verhalten hervorzulocken.

Um Hypothesen über Situationen bereitzustellen, die moralisches Denken ans Licht bringen würden, empfiehlt Simpson eine Kombination von ethnographischen und experimentellen Techniken, bei denen sich der Forscher auf eine sorgfältige Beobachtung der alltäglichen Aktivitäten der kulturellen Gruppe stützt. Mit dieser Analyse könnten Experimente eingeführt werden, die Informationen liefern über die Bedeutung und die Häufigkeit von Situationen, die die untersuchten Denkprozesse hervorrufen. Sie ist der Meinung, daß es von größerer sozialer Bedeutung sein könnte, genauer kulturelle Unterschiede im moralischen Denken zu entdecken, als lediglich dessen universelle Invarianz nachzuweisen.

West (1974) hat die Beziehung zwischen früher sozialer Erfahrung und Fähigkeit zur Rollenübernahme untersucht, das heißt der Fähigkeit, »in die Haut eines anderen zu schlüpfen«. Beim Vergleich von 108 israelischen Jungen aus Kibbuz-, Moshav- und Stadtmilieu stellte West keinen Unterschied in der Rollenübernahmefähigkeit fest, der sich aus der unterschiedlichen Intensität früher peergroup-Interaktion erklären ließe. Von diesem Ergebnis wird auch in Hollos' und Cowans Untersuchung (1973) über norwegische Kinder berichtet. Diese Entdeckungen scheinen nicht ohne weiteres vereinbar mit Selmans Bericht (1971), der bei 60 Kindern aus den Vereinigten Staaten im Alter von acht, neun und zehn Jahren eine Beziehung zwischen Rollenübernahmefähigkeit und moralischer Entwicklung fand. Weitere Forschung ist notwendig, um die spezifische Rolle der peergroup-Interaktion bei der Entwicklung kognitiver Fähigkeiten zu bestimmen.

Labovs Theorie zur unterschiedlichen Behandlung verschiedener kultureller Gruppen in der experimentellen Situation paßt hier genau hinein (Labov 1970; Cole und Bruner 1971). Er glaubt, Forscher würden nicht berücksichtigen, daß a) verschiedene Kulturen und Subkulturen von vornherein disponiert sind, Testaufgaben sehr unterschiedlich zu deuten; b) verschiedene Gruppen unterschiedliche Prioritäten unter den vielen Aspekten der Testaufgabe setzen; und daß deshalb c) die formale Gleichwertigkeit der Versuchssituation den Mitgliedern von verschiedenen kulturellen Gruppen nicht die gleiche experimentelle Behandlung sichert. Obwohl Labov insbesondere auf die schlechte Lage der schwarzen Kinder in »weißen« Schulsystemen abzielt, paßt seine Kritik auch auf große Teile der kulturvergleichenden Piaget-Forschung.

3. Auswirkungen der Schule auf das logische Denken

Die Frage nach Auswirkungen des Schulbesuchs auf die Entwicklung des logischen Denkens hat in der vergleichenden Forschung eine große Rolle gespielt. Es liegt beachtliches Material vor, das die Behauptung Goodnows (1969) stützt, es gebe beträchtliche Variation im Einfluß von unterschiedlichen Graden der Schulerfahrung auf die Lösung kognitiver Aufgaben.

Bei einem Vergleich von 60 Schwarzen ohne Schulbesuch im Alter von sechs und neun Jahren aus Prince Edward County, Virginia, mit 60 schwarzen Schülern aus einer mittelgroßen nördlichen Industriestadt stellten Mermelstein und Shulman (1967) keine wesentlichen Unterschiede zwischen den Gruppen in ihrem verbalen und nicht-verbalen Verhalten bei den Aufgaben der Quantitätserhaltung fest. Dagegen wurde ein verbaler Klassifikationstest von der Gruppe ohne Schulbesuch schlechter bewältigt, was zu der Schlußfolgerung führt, daß die Schule eine unterschiedliche Auswirkung auf die Entwicklung verschiedener Aspekte des logischen Denkens hat (Sigel und Mermelstein 1965). Diese These wird weiter gestützt von Goodnow und Bethon (1966), die eine Gruppe von 81 chinesischen Kindern in Hongkong ohne Schulerfahrung mit 32 Schülern aus den Vereinigten Staaten verglichen. Sie zogen den Schluß, daß das Fehlen des Schulbesuchs ihre Testpersonen bei der Durchführung der Erhaltungsaufgaben nicht beeinträchtigte, daß es dagegen die Performanz bei der formal-operationalen Aufgabe deutlich negativ beeinflußte. In ähnlicher Weise stellte Peluffo (1967) bei einem Vergleich von süditalienischen Zuwandererkindern mit gebürtigen Genfer Kindern fest, daß das Landmilieu ausreichend war für den Erwerb der Substanzerhaltung, daß aber der fehlende Schulbesuch und ein unterentwickeltes Milieu ein Scheitern beim Erwerb formal-operationalen Denkens zur Folge hatte.

Aus diesen Ergebnissen schloß Goodnow, daß die Erhaltung von Masse und Gewicht eine ziemlich robuste kognitive Fähigkeit ist, die weniger von einem Mangel an Schulbildung beeinträchtigt wird als Aufgaben, die Worte, Zeichnungen oder bildliches Vorstellungsvermögen benötigen. Diese Schlußfolgerung wurde durch die von Youniss und Dean durchgeführte Untersuchung an Kindern aus Korea und Costa Rica (1974) bestätigt, die Milieuunterschiede bei der visuellen Vorstellung von Problemen fanden, nicht aber bei typischen Erhaltungsurteilen. Goodnow (1969) stellte die Hypothese auf, daß die weniger anfälligen Aufgaben diejenigen seien, für die das Kind ein Handlungsmodell hat, und daß das entscheidende Element für stärker verallgemeinerte Fähigkeiten die Versiertheit im Umgang mit verschiedenen Informationsquellen und verschiedenen Modellen sei; das ist ein interessanter Gegenstand künftiger Forschung.

Die Wirkung des Schulbesuchs auf die Erhaltungsurteile hängt anscheinend mit der Qualität der besuchten Schule zusammen. Philp und Kelly (1974) berichteten, daß die Schule auf die Erhaltung von Quantität und Länge und auf das formale Denken eine positive Auswirkung hat, insbesondere, wenn das Kind in seiner

Muttersprache unterrichtet wird. Prince (1968) leitete eine Untersuchung von 2700 Schulkindern vom fünften Primarschul- bis zum dritten Sekundarschuljahrgang in drei verschiedenen Regionen von Papua-Neuguinea. Er stellte fest, daß das Schulalter die kognitive Entwicklung stärker determinierte als das tatsächliche Alter; deshalb sei formale Bildung dort ein sehr bedeutender Faktor. Im Gegensatz zu Philps und Kellys Ergebnissen berichtete Prince, daß englischsprachiger Unterricht effektiver zur Entwicklung physikalischer Begriffe beigetragen hat als muttersprachlicher. Greenfield (1966) hat gezeigt, daß im Prinzip alle Wolof-Schulkinder im Senegal in der achten Klasse Erhaltungsaufgaben lösen können, was nur 50 Prozent der unbeschulten Wolof jemals erreichen.

Es wurde jedoch festgestellt, daß in manchen Fällen die Schule der kognitiven Entwicklung abträglich ist. Goodnow und Bethon (1966) stellten einen Rückgang von 62 auf 40 Prozent im Alter zwischen zehn und dreizehn Jahren in einigen chinesischen Schulen bei Erhaltungstests fest; dieser Rückgang schien auf schlechte Lehrbücher, schlechte Lehrer und schlechte Methoden zurückzuführen zu sein. Goodnow untersuchte die Lage weiter und erörterte dabei die Tendenz einiger Schulen in Hongkong, die Schüler zu ermutigen, sich auf Bücher und Erwachsene zu verlassen, »als auf die alleinigen Schiedsrichter darüber, wie die Welt aussieht«, womit sie die Kinder »unfähig halten, ihre eigenen Erfahrungen bei einem als ›Buch‹-Aufgabe definierten Problem einzubringen« (Goodnow 1969, S. 457). Heron (1971) erhielt ähnliche Ergebnisse bei einer Untersuchung zur Gewichtserhaltung bei sambischen Kindern. 40 und 50 Prozent der Stadtkinder aus Sambia konnten die Aufgaben lösen, als sie im Alter von 15 Jahren die Schule verließen; unter jüngeren Sambiern konnten dies jedoch mehr. Kurzum, es scheint alles darauf hinzuweisen, daß die Erklärungsversuche zur Entwicklung von Erhaltungsfähigkeit einigermaßen nutzlos sind, wenn nicht zugleich die Art der schulischen Erfahrungen spezifiziert wird. Einige Unterrichtstypen scheinen den Erwerb der Erhaltung zu fördern (Greenfield 1966; Philp/Kelly 1974); andere scheinen ihn zu unterdrücken (Heron 1971; Goodnow 1962).

Es sind eine Reihe von Hypothesen über die Auswirkungen des Schulbesuchs auf die kognitive Entwicklung angeboten worden. Greenfield und Bruner (1966) haben das kognitive Wachstum hauptsächlich auf den Nachdruck zurückgeführt, den die Schule auf den Gebrauch der geschriebenen Sprache legt, was ein kontextfreies Lehren und Lernen verlangt. Hollos und Cowan (1973) liefern erste Angaben zu dieser Frage. Bei einem Vergleich dreier

Milieu-Typen im ländlichen Norwegen – einer Farmgemein-
schaft, eines Dorfes und einer Stadt – wurden 48 Jungen und
Mädchen im Alter von sieben, acht und neun Jahren auf ihre
Erhaltungsfähigkeit getestet. Die Forscher kommen zu dem
Schluß, daß ihre Ergebnisse Bruners Hypothese nicht stützen;
sprachliche Anregung und Schulunterricht scheinen keine Haupt-
rolle bei der Entwicklung der logischen Operationen zu spielen.
Goodnows Hongkong-Studie (1962) kommt zu dem Schluß, daß
die Abhängigkeit der Schule von der geschriebenen Sprache, dem
Buchwissen und dem kontextfreien Lernen zu einer Unterdrük-
kung der Erhaltung führt, wenn ein festes Fundament konkreter
Erfahrung fehlt.

Scribner und Cole (1973) formulieren die Hypothese, daß unter
nicht-westlichen Kulturen und in bestimmten westlichen Subkulturen die nachdrückliche Betonung von Sprache und kontext-
freiem Lernen im Widerspruch steht zum Lernen im Alltag. Die
Verfasser brachten den Aspekt der kontextfreien Schulsprache
mit der Tendenz der Schulkinder in Verbindung, Regeln und
Operationen quer durch die Aufgaben hindurch zu verallgemei-
nern und die Sprache zu benutzen, um die Aufgaben und ihre
Reaktionen zu beschreiben – Charakteristika, die die überlegene
Performanz von Schulkindern bei kognitiven Aufgaben erkläre.
Ernsthafte Lernprobleme können dagegen entstehen, wenn die
Schule als eine feindliche Institution verstanden wird:

»Die Wissensbasis der Schule, ihr Wertsystem und die vorherrschenden
Lernsituationen sowie die funktionalen Lernsysteme, die sie entstehen
lassen, stehen alle im Widerspruch zu denen der traditionalen Kultur des
Schülers ... Der Antagonismus, den die Schulen durch ihre Mißachtung
der einheimischen Kultur und die Unkenntnis ihrer Sitten erzeugen,
garantiert beinahe die Produktion von Lernversagern« (Scribner/Cole
1973, S. 558).

Scribner und Cole (1973) empfehlen, die nicht-verbalen Aspekte
des informellen Lernens durch Beobachtung im Hinblick auf
mögliche Vorteile zu untersuchen, die in das formale System integriert werden könnten. Ergänzend empfehlen sie die Untersuchung der Auswirkungen der Interaktion von formalen und informellen Systemen, die notwendigerweise in der Schule wirksam
sind. Nach ihrer Ansicht ist eine derartige Forschung Voraussetzung für die Bestimmung der kognitiven Konsequenzen formaler
Bildung.

Eine andere Hypothese zur Art der Auswirkungen von Schule auf das logische Denken ist eher vereinbar mit Piagets Theorie als Bruners Annahme zur Funktion von Sprache. In ihrer Diskussion der positiven Auswirkungen westlichen Unterrichts nannte de Lemos (1969) den Gebrauch von Cuisenaire-Stäbchen[2] und anderen konkreten Arbeitsmaterialien in der Schule. Daraus ließe sich schließen, daß die Gelegenheit zur Manipulation von Gegenständen für die Entwicklung der konkreten Operationen ausschlaggebend ist. Price-Williams' Untersuchung (1962) afrikanischer Tiv-Kinder bringt weitere Belege für die These von der Wichtigkeit manueller Aktivität bei der Entwicklung des logischen Denkens. Er beobachtete, daß junge Analphabeten, die Gelegenheit hatten, mit vertrautem Material zu arbeiten, die Erhaltung etwa im gleichen Alter erwarben wie Schulkinder. Die Rolle der aktiven manuellen Tätigkeit beim Erwerb des Erhaltungsbegriffs wird weiterhin in einer Studie von Price-Williams, Gordon und Ramirez (1969) belegt, die zeigen konnten, daß Töpferkinder ohne Schulbesuch den Erhaltungsbegriff im gleichen Alter erwarben wie Schulkinder.

Wenn man die Bedeutung der manuellen Tätigkeit für die Entwicklung des logischen Denkens in die Form einer Hypothese bringen will, sollte man beachten, daß die Art der manipulativen Tätigkeit zu der Stufe der kognitiven Entwicklung passen muß, auf der das Kind gerade operiert. Diese Notwendigkeit wird in einer Untersuchung von Prince (1968) beleuchtet, der den Erwerb des Erhaltungsbegriffs bei Kindern aus Papua-Neuguinea untersucht hat. Prince zeigte sich erstaunt darüber, daß die Arbeit mit dem Dienes-Material[3], das direkt mit dem Begriff der Erhaltung und dem logisch-mathematischen Denken verbunden zu sein schien, nicht zur Erhaltung führte, während Erfahrungen mit der Abschätzung von Massen dies erleichterten. Eine mögliche Erklärung könnte aus Lovells (1961) Warnung abgeleitet werden, daß das Dienes-Material die Fähigkeit verlangt, nur eine Variable auf einmal zu bearbeiten, während andere Variablen konstant gehalten werden müssen – eine formale Operation. So würde die Theorie Piagets, die ja auf der Annahme einer Entwicklungshierarchie basiert, das Scheitern mit dem Dienes-Material auf der konkreten Stufe geradezu vorhersagen.

Die Betonung der konkreten Erfahrung im Prozeß der Entwicklung des logischen Denkens impliziert nicht eine Minderung der Bedeutung von Erfahrungen mit symbolischer Vorstellung. Indes muß die Abhängigkeit des repräsentationalen Denkens von der konkreten Tätigkeit beachtet werden. Die Beziehung, wie sie Piaget postuliert, ist hierarchisch; deshalb sind formale Operationen von der Entwicklung der konkreten Operationen abhängig; repräsentationales Denken ist abhängig von Schemata, die aus der Teilnahme an senso-motorischen Aktivitäten entwickelt werden. Diese enge Beziehung von Manipulation und symbolischer Repräsentation bei der Entwicklung der Erhaltung ist von Sonstroem (1966) demonstriert worden. In dieser Untersuchung hing die Entwicklung des Erhaltungsbegriffs von einem Trainingsverfahren ab, das sowohl aktive Materialbearbeitung als auch Klassifikation verlangte; weder die eine noch die andere war allein wirksam. So könnte die vernünftigste Erklärung der Wirkung des Schulbesuchs eine Synthese der Positionen Piagets und Bruners erfordern.

Zusammenfassend wird klar, daß der Schulunterricht einen Einfluß auf die kognitive Entwicklung ausübt. Erziehung, die eine Gelegenheit zur Manipulation von Materialien anbietet, fördert die Entwicklung des logischen Denkens. Darüber hinaus stützen die Forschungsergebnisse den Gedanken, daß die Schulkinder in dem Maß, in dem sie gezwungen sind, über Dinge ohne Verwendung spezifischer Bezugsobjekte zu sprechen, lernen, bei der Beurteilung der Beziehungen zwischen Objekten mehr auf den Prozeß des Unterscheidens als auf den spezifischen Gegenstand zu achten. Indem sie ermutigt werden, von Ideen über Ideen zu sprechen (wobei es um abstrakte Beziehungen geht, weit entfernt von wahrnehmbaren Bezugspunkten), lernen sie, vorher induzierte Regeln zu verwenden, um neue logische Argumente zu entwickeln. Ihre Ziele werden damit weitreichender als solche, die sich auf die Lösung spezifischer, klar entworfener konkreter Aufgaben beziehen. Darüber hinaus scheinen Kinder in ihrer Schulerfahrung eine erhöhte Bewußtheit dessen zu erreichen, was es ist, das sie tatsächlich »wissen«. Da sie gezwungen sind, ihre Informationen in immer abstrakterem Maße zu kodieren und wieder zu kodieren, sind sich Kinder mit Schulerfahrung der Mechanismen stärker bewußt, mit deren Hilfe sie logische Probleme lösen. Kurzum, da die Kinder verallgemeinern müssen, um im Milieu der Klasse zu überleben, erwerben sie Gewandtheit im Lerntransfer von einer Aufgabe zur anderen (Wygotski 1934/1962). Die Schule scheint jedoch nicht entscheidend zu sein für die Entwicklung des Erhaltungsbegriffs, da es zweifelsfreie Belege für die Existenz von Erhaltungsbegriffen bei unbeschulten Kindern gibt.

Dagegen mag die Schule, weil sie besonderen Nachdruck auf symbolisches Denken legt, entscheidend sein für die Entwicklung der formalen Denkprozesse, zumindest soweit diese durch Testleistungen zum kombinatorischen Denken gemessen werden. Es scheint äußerst wichtig zu sein, daß die Tätigkeiten in der Schule mit der Entwicklungsstufe des Kindes in Beziehung gesetzt werden, wenn formale Bildung einen positiven Einfluß auf die kognitive Entwicklung haben soll.

Die aus der kulturvergleichenden Untersuchung formaler und informeller Bildungseffekte gewonnene Information könnte bedeutende Konsequenzen für die Bildungsplanung haben. Scribner und Cole (1973) zum Beispiel haben die beinahe ausschließliche Abhängigkeit der Schule von sprachlicher Kommunikation in Frage gestellt. Sie empfehlen, Elemente des informellen Lernsystems auch in der Schule zu nutzen.

Editorische Anmerkungen

1 Der vorliegende Text entspricht den Seiten 480-495 des Originals.
2 »Cuisenaire rods« ist ein Set von bunten Stäben mit einer Länge zwischen einem und zehn Zentimetern, die als »greifbare Ziffern« der Erleichterung des frühen Mathematikunterrichts dienen.
3 »Dienes apparatus« ist ein Set verschiedener manipulierbarer didaktischer Materialien zur Veranschaulichung elementarer mathematischer Begriffe.

Patricia M. Greenfield
Kulturvergleichende Forschung und Piagets Theorie: Paradox und Fortschritt

Als ich anfing, mich mit der Methodologie einer kulturvergleichenden Piaget-Forschung aus der Perspektive der Piagetschen Theorie zu beschäftigen, war ich überrascht von einer Reihe paradoxer Widersprüche zwischen dem reichen Potential der theoretischen Kerngedanken und ihrer Realisierung mit empirischen Methoden. Die drei Paradoxa, die mein Vortrag behandeln wird, sind das Paradox der klinischen Methode, das Paradox eines Endpunktes in der Entwicklung und das Paradox von Adaptation und Konstruktionismus. Bei meinen Beispielen will ich mich an Aufgaben aus der Periode der konkreten Operationen halten, denn dort ist das reichste und verschiedenartigste Untersuchungsmaterial zu finden.

1. Das Paradox der »klinischen Methode«

Die »klinische Methode« ist ein theoretisches Schlüsselelement in Piagets Methodologie. Sie ist anwendbar auf die gesamte Breite von Piagets experimentellen Techniken und besteht im Grunde aus einer individuellen Tiefenexploration der Performanz eines beliebigen Kindes, und zwar in der Weise, daß sie die zugrunde liegende Kompetenz im untersuchten Feld kognitiver Begriffe (*concepts*) aufdecken soll. Anstelle eines standardisierten Verfahrens stützen sich die späteren Stimuli bei einer experimentellen Sitzung auf die früheren Responsen des Kindes (Flavell 1963). Piagets frühe Anwendung der Methode stützte sich in großem Umfang auf verbalen Austausch; 1929 verglich Piaget die klinische Methode mit dem psychoanalytischen Gespräch. Das Paradox besteht darin, daß, während die ursprünglichen Verfahren nur unzureichend für die kulturvergleichende Forschung geeignet waren, die Theorie der klinischen Methode einige wertvolle Begriffe anzubieten hatte. Die Spannung dieses Paradoxes führte umgekehrt zu einer Verlagerung des Schwerpunkts innerhalb der klinischen Methode selbst.

Die ursprünglichen Verfahren waren für die kulturvergleichende Forschung deshalb unzureichend geeignet, weil sie oftmals eine verbale Erläuterung der eigenen Denkprozesse sowie hypothetische Überlegungen zu den gerade gegebenen konkreten Aufgaben einschlossen. Zum Beispiel wird bei einer Aufgabe zur Flüssigkeitserhaltung ein Kind zunächst gefragt, ob sich die Menge der Flüssigkeit ändert, wenn diese von einem Gefäß der einen Form in ein Gefäß einer anderen Form gegossen wird. Aber »wirkliche« Erhaltung, wie sie Piaget definiert hat, wurde als die Fähigkeit diagnostiziert, Gründe für das Quantitätsurteil anzugeben. Obgleich es möglich ist, die Verfahren so zu verändern, daß das Fragen nach den Gründen in einer nicht-westlichen Kultur (vgl. Greenfield 1966) besser verständlich wird, so ist nichtsdestoweniger die hier erforderliche Fähigkeit, die eigenen Gedankenprozesse in Worte zu fassen, von Kultur zu Kultur äußerst unterschiedlich; diese Fähigkeit scheint in traditionalen Kulturen vergleichsweise stärker zu fehlen, wo informelles Lernen die vorherrschende Erziehungsweise ist. Scribner und Cole (1973) fassen die Erkenntnisse in der Feststellung zusammen, daß informelles Lernen durch Beobachtung das verbale Formulieren auf seiten des Lernenden nur so weit fördert, wie es von seiten des Lehrers vorgemacht wird. Eine Diagnose über die Erhaltung oder andere Begriffe auf die Fähigkeit zu stützen, Gründe für das eigene Urteil anzugeben, heißt somit zuzulassen, daß ein allgemeines geistiges, von spezifischen Begriffen ganz unabhängiges Charakteristikum die eigene Beurteilung der Verfügbarkeit einzelner kognitiver Begriffe überdeckt.

Darüber hinaus, wenn die Testperson bei dem Erhaltungstest korrekt antwortet, daß sich die Menge nicht als Ergebnis ihrer sichtbaren Transformation verändert hat, wird oftmals ein ›Gegenvorschlag‹ gemacht, um die zugrundeliegende begriffliche Struktur zu überprüfen: »Letzte Woche hat mir ein kleiner Junge gesagt, daß doch nicht dieselbe Menge zu trinken da ist; es ist mehr, weil wir das Wasser in ein höheres Glas gegossen haben. Hat er recht?« Die Brauchbarkeit dieser hypothetischen Gegenprobe wird in vielen Kulturgebieten durch die Tatsache beeinträchtigt, daß die Fähigkeit, verbales Material in Abwesenheit eines korrekten Bezugskontexts zu verstehen, von Kultur zu Kultur verschieden ist und tatsächlich an das Vorhandensein einer geschriebenen Sprache gebunden sein könnte (Greenfield 1972) oder, allgemeiner, an eine reguläre Schulbildung. Experimentelle Untersuchungen innerhalb unserer eigenen Kultur zeigen, daß ein unterstützender nicht-verbaler Kontext besonders für die frühen Lernstufen wichtig ist (Greenfield 1971), wenn Begriffe noch unvertraut sind. So kann es gut sein, daß hypothetisches Denken, bei dem man sich sozusagen einen Kontext vorzustellen hat, besonders schwierig ist, wenn das Material unvertraut ist, wie Scribner und Cole (1973) annehmen. Ein Erhaltungsexperiment würde natürlich in vielen Kulturen einen unvertrauten und deswegen schwer vorstellbaren Kontext darstellen; von daher ist die Schwierigkeit der jeweiligen Versuchsperson zu sehen, unabhängig von ihrem Verständnis des Quantitätsbegriffs in angemessener Weise auf die hypothetische Probe des Piagetschen »Gegenvorschlags« zu reagieren.

So definiert, besteht die Ironie der kulturvergleichend angewandten klinischen Methode darin, daß, je »tiefer« der Versuchsleiter zu gehen versucht, um die geistigen Strukturen des fremden Kindes zu prüfen, das Niveau, das er erreichen kann, um so oberflächlicher sein wird.

Obgleich die Verfahren zu selbstbezogen und zu hypothetisch für eine bedeutungsvolle Übertragung über Kulturgrenzen hinweg sind, bleibt die Theorie der klinischen Methode auf einer abstrakteren Stufe doch eine wertvolle Richtlinie für die kulturvergleichende Forschung. In der Tat weist sie eine überraschende Übereinstimmung mit den von Michael Cole und seinen Kollegen vorgeschlagenen methodologischen Prinzipien auf (Cole/Gay/Glick/Sharp 1971; Cole/Bruner 1971). Diese Gruppe ist der Ansicht, daß, weil sich allgemeine menschliche kognitive Kompetenzen von Kultur zu Kultur in sehr verschiedenen Situationen zeigen können, dieselbe zugrundeliegende Kompetenz in einer großen Menge verschiedener konkreter Situationen oder experimenteller Aufgaben beurteilt werden sollte. Genau wie Piaget empfehlen sie Variationen zu einem Thema, um aus einer Vielfalt von Performanztypen ein Bild der Kompetenz zu gewinnen. In gewisser Hinsicht verwirklicht diese Konzeption die ›klinische Methode‹ als ein für verschiedene Kulturen taugliches Werkzeug, denn sie enthält den Entwurf einer ganzen Reihe von Kultur zu Kultur verschiedener Testsituationen, genau wie Piaget eine innerhalb derselben Kultur von Individuum zu Individuum unterschiedliche Testreihe präsentiert.

Dasen (1972) sagt, daß die ›klinische Methode‹ für die kulturvergleichende Forschung attraktiv ist, weil sie jeder kulturellen Situation angepaßt werden kann, aber er unterläßt es, auf die Probleme
hinzuweisen, die bestimmten Typen der verbalen Befragung
anhaften. In jüngerer Zeit haben Berry und Dasen (1974) jedoch
auf die Notwendigkeit nicht-verbaler Methoden hingewiesen,
aber die Arbeit von Heron und seinen Mitarbeitern mit rein nicht-
verbalen Erhaltungstests in Sambia und Papua zeigt (Heron/
Simonsson 1969; Heron/Dowel 1973), daß dies weder in der
Theorie noch in der Praxis die Lösung ist.

In Papua zeigte der direkte Vergleich zwischen der nicht-verbalen und der ›klinischen‹ Methode, daß ein maximales Eliminieren
des verbalen Diskurses die Chancen für eine korrekte Lösung des
Problems der Gewichterhaltung nicht vergrößert (Heron und
Dowel 1973). In der Sambia-Studie erwiesen sich ein ausgedehn-
tes Training in der nicht-verbalen Methode und die Verwendung
von minimalen verbalen Stichworten als notwendig (Heron und
Simonsson 1969). Die Eliminierung der verbalen Instruktionen
und Antworten scheint also weder die Handhabung noch die
Lösung der Erhaltungsprobleme erleichtert zu haben.

Das in Piagets klinischer Methode enthaltene Problem der kontextfreien Kommunikation kann jedoch gelöst werden, indem
man den notwendigen nicht-verbalen Bezugsrahmen in der experimentellen Situation selbst angibt. Eine Möglichkeit, dies zu tun,
ist es, verbale Instruktionen durch Demonstrationen zu ergänzen
(wie Greenfield und Childs 1974 in ihrer Studie zur Mustererkennung bei den Zinacantecos). Ein redundanter Kontext Wahrnehmung Handlung scheint ein wichtiger Bestandteil der frühesten
verbalen Interaktion im Spracherwerb zu sein; und diese Tatsache
sollte als eine nützliche Ergänzung zu der kulturvergleichenden
Methodologie angesehen werden, die die kommunikativsten
experimentellen Verfahren zu benennen vermag. Auf der anderen
Seite muß die vollständige Elimination der Sprache bei Symbol-
Bezugs-Aufgaben, für deren Handhabung die Sprache besonders
geeignet ist, eher Unklarheit als Klarheit mit sich bringen.

2. Das Paradox eines Endpunkts der Entwicklung

Ein Hauptkritikpunkt an Piagets Entwicklungstheorie in ihrer Anwendung auf die kulturvergleichende Forschung besteht darin, daß seine Vorstellung von Entwicklung eigentlich die von der Entwicklung eines westlichen Wissenschaftlers sei. Bei dem Vergleich zweier wichtiger Strukturalisten, Piaget und Lévi-Strauss, weist Gardner (1973) darauf hin, daß »westliches wissenschaftliches Denken, wie entscheidend auch immer es heute erscheinen mag, die in anderen Kulturen oder während anderer Perioden als gültig betrachteten Denkformen keineswegs mit Genauigkeit oder Verständnis wiedergibt« (S. 202). Während Piaget selbst (siehe Kap. 2.2) die Notwendigkeit von Untersuchungen erkannte, die die Endstufen der kognitiven Entwicklung beim Erwachsenen in anderen Kulturen beschreiben sollten, war sein Interesse auf die operationale Stufe dieser Gruppen, d. h. auf die Entwicklung westlichen wissenschaftlichen Denkens beschränkt. Das Paradox des Endpunkts der Entwicklung bestand darin, daß die kulturvergleichend arbeitende Forschung Piagets eigenem Beweisgang nicht gefolgt ist, daß man nämlich, wenn man Entwicklung untersuchen will, zunächst den Endzustand verstehen muß, auf den sich der Entwicklungsprozeß hinbewegt. Piagets Beispiel impliziert für kulturvergleichende Forschung, daß die Charakteristika eines Idealtyps in einer nicht-westlichen Kultur bestimmt werden. Im Idealfall sollte Entwicklung in nicht-westlichen Gesellschaften von Mitgliedern der Gesellschaft selbst untersucht werden. Auf diese Weise wäre der Idealtyp eher eine lebendige Realität als eine bloße theoretische Abstraktion, ebenso wie das Modell des westlichen Wissenschaftlers für Piaget eine lebendige Realität ist, die seine ganze Arbeit prägt. Dieses Ideal wird sich in dem Maß besser realisieren lassen, als in Ländern der Dritten Welt wissenschaftliches Training zunehmend verfügbar ist. Die zweitbeste Methode besteht für einen ausländischen Gesellschaftswissenschaftler in der Ermittlung des Idealtyps durch empirische Forschung, etwa durch Interviews und ähnliches. Wober (siehe Kap. 3.6) hat genau diese Art von Analyse des Begriffs der Intelligenz bei den Kiganda in Uganda erstellt. Nach den Grundsätzen einer solchen Untersuchung ist der Wissenschaftler in der Lage, die Entwicklungsstufen herauszufinden, auf denen ein Kind bis zu dem kulturell definierten Endstadium heranwächst: wie, um bei dem Beispiel der Intelligenz bei den Kiganda zu bleiben, sieht der Entwicklungsprozeß aus, durch den das Kind lernt, Dinge schrittweise, nicht übereilt anzugehen, was eines der Kennzeichen der Intelligenz bei den Kiganda darstellt? Dieses Prinzip der Definition eines Endzustands der Entwicklung, das in Piagets eigenem Werk verfolgt ist, würde paradoxerweise von Piagets Methoden wegführen.

Childs und ich verwendeten dieses methodologische Prinzip, als wir die kognitive Entwicklung bei den Zinacantecos, einer Maya-Gruppe in Südmexiko, untersuchten. Eine ethnographische Untersuchung zeigte, daß eines der Kennzeichen der reifen Zinacanteco-Frau ihre Webkunst ist. Wir gingen so vor, daß wir Videobänder des Webprozesses erstellten, wie er von jungen Erwachsenen ausgeführt wurde, die von den anderen Mitgliedern der Gesellschaft als geschickte Weberinnen anerkannt wurden. Zur gleichen Zeit machten wir Bänder von Mädchen auf verschiedenen, präzise beschreibbaren Stufen im Prozeß des Webenlernens, wobei wir mit Mädchen anfingen, die ihr allererstes Kleidungsstück webten. Wir beabsichtigten, diese Ergebnisse in der Weise zusammenzusetzen, daß sie ein Bild von den kognitiven Stufen ergeben, auf denen diese von den Zinacantecos hochbewertete Fertigkeit erreicht wird, sowie von der Art des Lehrprozesses, mit dessen Hilfe dieses erreicht wird.

Gays und Coles Arbeit (1967) über quantitative Begriffe bei den Kpelle liefert ein anderes interessantes Beispiel für dasselbe Prinzip. Sie untersuchten handwerkliche Fähigkeiten der Kpelle, indem sie die in der Kultur der Kpelle heimischen quantitativen Begriffe heranzogen – beispielsweise Reismaße. Obgleich diese Arbeit außerhalb der Piagetschen Entwicklungstradition durchgeführt worden ist, brachte sie für Kpelleland tatsächlich das zuwege, was Piaget mit der Durchführung seiner Erhaltungsexperimente für die Schweiz geleistet hatte: die Untersuchung der einheimischen Quantitätsbegriffe. In diesem Sinne kommen einige nicht-piagetsche kulturvergleichende Untersuchungen paradoxerweise dem Geist Piagets näher als manche Untersuchungen, die ganz offensichtlich von ihm ausgehen.

3. Das Paradox der Adaptation und des Konstruktionismus

Kein Begriff ist grundlegender für Piagets Theorie als der der Adaptation. Adaptation geschieht, sobald ein Zusammentreffen von Organismus und Umgebung den Organismus in der Weise verändert, daß ein weiterer Austausch, der für seine Erhaltung förderlich ist, begünstigt wird (Flavell 1963). Adaptation als psychologischer Begriff schließt sowohl ein, daß die Außenwelt mit Hilfe der präexistenten geistigen Organisation interpretiert wird (Assimilation), als auch, daß Veränderungen in dieser Organisation vorgenommen werden als Antwort auf besondere Eigenschaften der Welt (Akkomodation). Piaget glaubt darüber hinaus, daß die kognitive Entwicklung nicht ein gegebener, sondern eher ein Konstruktionsprozeß ist, der auf dem Weg fortlaufender Interaktion zwischen Organismus und Umgebung stattfindet und immer Komponenten sowohl der Assimilation als auch der Akkomodation einschließt (Piaget 1970). Es könnte scheinen, als machten die Begriffe von Adaptation und Konstruktionismus die kulturvergleichende Forschung für Piaget-Anhänger zur Selbstverständlichkeit. Die Untersuchung der Interaktionen zwischen Umgebung und Organismus unter unterschiedlichen Bedingungen und ihrer Auswirkungen auf den Konstruktionsprozeß könnte als eine einleuchtende Methode für das Studium der Adaptationsprozesse erscheinen, die in Piagets eigenem Schema so entscheidend für die kognitive Entwicklung sind. Das Paradox ist, daß dieser Ansatz in der kulturvergleichenden, an Piaget orientierten Forschung äußerst selten ist. Eine wegweisende Untersuchung in dieser Hinsicht ist die von Price-Williams, Gordon und Ramirez (1967), die gezeigt hat, daß die frühe Erhaltung von Ton eine Adaptation an den Herstellungsprozeß von Tonwaren ist. Die Forscher zeigen, daß ohne den Stimulus der kulturellen Umgebung zum Lernen des Töpferns die Erhaltung von Ton erst in einem viel späteren Alter auftritt. So regt der interaktive Prozeß mit dem Ton, durch den der Töpfer die Gestalt einer gleichbleibenden Menge verändert, zur Bildung des Erhaltungsbegriffs an.

Warum ist diese Art von Untersuchung erst so spät durchgeführt worden, wenn Adaptation und Interaktion von Organismus und Umgebung so zentrale Begriffe in Piagets Theorie sind? Der paradoxe Grund liegt darin, daß, obgleich die Rolle der Interaktion Organismus-Umgebung den Mittelpunkt seiner konstruktionistischen Theorie bildet, Piaget niemals die Natur dieses interaktiven Prozesses spezifiziert oder diese selbst zum Objekt empirischer Untersuchung gemacht hat (obwohl sogar alle seine Experimente in Wirklichkeit dynamische interaktive Situationen sind, wie die klinische Methode belegen kann). Die Untersuchung von Price-Williams und seinen Kollegen lieferte uns den ersten Hinweis auf ein natürliches Vorkommen von Interaktionen zwischen Organismus und Umgebung, durch die vom Kind Piagetsche Begriffe konstruiert werden. Aus diesem Grund stellt sie einen großen Beitrag zu Piagets Theorie sowie zu dem allgemeinen Gebiet der kulturvergleichenden Psychologie dar.

Vor kurzem hat Durojaye (1972) in sechs afrikanischen Kulturen einen Zusammenhang gezeigt zwischen anderen Typen natürlich auftretender Organismus-Umwelt-Interaktionen einerseits und von Reihenfolge und Geschwindigkeit des Erwerbs verschiedener konkret-operationaler Begriffe andererseits. Durojaye stellt zum Beispiel fest, daß das Aufreihen von Perlen die Entwicklung der Zahl-Erhaltung beschleunigt. Dasen (1972 b, 1974) hat die Untersuchung der Beziehung zwischen Piagetschen Begriffen und der Adaptation an die Umgebung auf Aborigines in Australien und Eskimos in Alaska ausgedehnt. Diese Untersuchungen stellen Piagetsche Aufgaben in den Rahmen eines ökologischen Funktionalismus, der zunächst von Berry (1966) entworfen wurde. Obgleich Piaget durchaus ein Konzept horizontaler Phasenverschiebung *(décalage)* hat, das die Zeitunterschiede beim Erwerb verschiedener Äußerungen des konkret-operationalen Denkens erklären könnte, hat er sich überhaupt nicht mit dem Problem beschäftigt, wie sich der Zeitunterschied oder die Phasenverschiebung als Funktion der Umgebung verändern. Kulturvergleichende Untersuchungen wie die hier zur Diskussion gestellten könnten in großem Maße zur Lösung dieses Problems innerhalb der Piagetschen Theorie beitragen.

Ein letzter Schritt bei der Aktualisierung von Piagets Begriff der konstruktiven Entwicklung durch Interaktion besteht darin, neben der Ermittlung ihrer Ergebnisse diese interaktiven Erfahrungen selbst zu analysieren. Einen wichtigen Schritt ist dabei Fitzgerald (1970) in ihrer Dissertation in Berkeley gegangen. Sie analysierte die Interaktionen von Lehren und Lernen zwischen

Müttern und ihren Kindern in drei Ga-Subkulturen in Ghana und setzte die interaktiven Muster der Performanz bei mehreren konkret-operationalen Aufgaben in Beziehung. Obgleich die Zugehörigkeit zu einer Subkultur mit Performanz bei Piagetschen Aufgaben in Beziehung gesetzt wurde, zeigte eine Reihe von Merkmalen des mütterlichen Lehrstils eine noch stärkere Beziehung zur Performanz. Fitzgerald schließt daraus, daß die Auswirkung der Subkultur auf die Testperformanz durch die Interaktionen von Mutter und Kind vermittelt wird. Die Ergebnisse dieser Studie sind ein wichtiger Schritt auf dem Weg der Zerlegung von bedeutenden Variablen in die interaktiven Komponenten, durch die sie ihre Wirkungen erzielen.

4. Die Auflösung des Paradoxes der klinischen Methode

Cole (1973) weist darauf hin, daß meine Untersuchung im Senegal zur Entwicklung der Erhaltung der Flüssigkeitsmenge ein frühes Beispiel für Situationsveränderung bei einer Piagetschen Aufgabe ist. Betrachtet man meine Untersuchung von diesem Gesichtspunkt her, so verändert man die Interpretation meiner Ergebnisse in eine Piagetsche Richtung. Unter den Wolof im Senegal erkannte nur ungefähr die Hälfte der Kinder zwischen elf und dreizehn Jahren, die keine Schule besucht hatten, die Erhaltung der Flüssigkeitsmenge in zwei Standard-Testsituationen: (a) in der der Versuchsleiter die Flüssigkeit aus einem Glas in ein höheres, schmaleres Glas goß, und (b), in der der Versuchsleiter die Flüssigkeit aus demselben ersten Glas in sechs kleinere Gläser goß. In meiner ursprünglichen Interpretation betonte ich die Tatsache, daß ein großer Teil der ältesten Wolof (11-13 Jahre), die keine Schule besucht hatten, in diesen beiden Situationen nicht zum Erhaltungsbegriff kam; damit hatte ich die Universalität von Piagets Theorie in Frage gestellt. Während das ein interessanter und wichtiger Punkt bleibt, ist die Tatsache ebenso interessant, daß viele ›nichterhaltende‹ Kinder eines bestimmten Alters jedoch einen Erhaltungsbegriff hatten: in den Situationen (a) oder (b), wenn sie das Wasser selbst umschütteten. Das könnte als ein Beispiel für Coles Situationsveränderung oder für Piagets klinische Methode angesehen werden. In jedem Fall würde meine Interpretation kultureller Unterschiede abgemildert in dem Sinn, daß das

Zugrundeliegen einer ähnlichen Kompetenz bei allen getesteten Gruppen hervorzuheben ist. Beide Aspekte der Ergebnisse – Ähnlichkeit und Unterschiedlichkeit – sind gleich wichtig für eine gültige und angemessene Interpretation, wie das Goodnow (1969) und Cole und Bruner (1971) in den letzten Jahren geäußert haben.

Aber Piagets eigener Begriff von der klinischen Methode war kein statischer. In seiner Besprechung des Buches (Bruner/Olver/Greenfield 1966), in dem meine Ergebnisse aus dem Senegal erschienen, hob Piaget (1967) zum erstenmal die Bedeutung des Testens kognitiver Begriffe in verschiedenartigen Handlungskontexten hervor, womit er implizit weniger Gewicht auf die vom Kind gezeigte verbale Analyse der eigenen Denkprozesse legte. Im Falle der Erhaltung der Flüssigkeit bestand eine der von Piaget vorgeschlagenen Handlungsvarianten darin, daß das Kind aufgefordert wurde, gleiche Flüssigkeitsmengen in zwei Behälter unterschiedlicher Form zu schütten. Würde das Kind versuchen, die Höhen einander anzugleichen (was auf ein Fehlen des Erhaltungsbegriffs hinweisen würde), oder würde es die geringere Breite eines Gefäßes dadurch kompensieren, daß es die Flüssigkeit bis zu einem höheren Punkt einschütten würde (und somit durch seine Handlung zumindest das Vorhandensein einer Komponente des Erhaltungsbegriffs anzeigen)? Die durch dieses Verfahren exemplifizierte Akzentverschiebung war von großer Bedeutung für Piagets eigene Theorie; denn Handlung, nicht Sprache, wird als die grundlegende Erkenntnisweise in Piagets System angesehen. Damit wechselte der Schwerpunkt der klinischen Methode von der Diagnose durch verbale Veränderung zu einer Diagnose durch Handlungsveränderung. Man beachte jedoch, daß Piaget, im Gegensatz zu Herons und Simonssons Vorgehen (1969), nicht den Versuch unternimmt, die Sprache zu eliminieren. Vielmehr bleibt die Sprache mit dem vorliegenden Handlungskontext eng verbunden, aber sie sucht nicht mehr, ihn hinter sich lassend, mit einer verbalen Erklärung des Denkens von ihm aus in die Tiefe vorzustoßen oder über ihn hinauszugehen und eine imaginäre Transformation der gegenwärtigen Situation zu schaffen.

Die Einbeziehung von Handlungsvarianten in einigen kulturvergleichenden Untersuchungen, die später von Bovet in Algerien (1968) vorgenommen wurden, einem Mitglied von Piagets eigenem Team, bestätigte meine Ergebnisse und führte zum ersten

Mal zur Erkenntnis einer kulturspezifischen Stufe in einer fremden Kultur durch einen Genfer Forscher. Das war die Stufe der »Pseudo-Erhaltung«. Fünf- und sechsjährige Algerier, die keine Schule besuchten, ähnelten der jüngsten Gruppe von Wolof ohne Schulbesuch sowohl im Fehlen von Erhaltungsurteilen als auch in der Beachtung, die sie der Umschütt-Handlung des Versuchsleiters entgegenbrachten, und die sich in ihren Überlegungen niederschlug. Sieben- und Achtjährige dagegen äußerten Erhaltungsurteile, als das Wasser von einem Gefäß in ein anderes von unterschiedlicher Form geschüttet wurde. Diese selben Kinder aber konnten nicht mit Handlungsvarianten wie der eben beschriebenen umgehen, in der das Kind versucht, die Mengen in zwei verschieden geformten Gläsern auszugleichen. Diese Kinder wurden »Pseudo-Erhalter« genannt.

Daß ich eine solche Stufe bei den Wolof nicht entdeckte, scheint eher auf einen Unterschied in der Methode als auf einen wirklichen Unterschied in den Ergebnissen zurückzuführen zu sein. Wie schon früher erwähnt, verwendete ich einen zweiten Piagetschen Test zur Erhaltung der Flüssigkeitsmenge, der in Bovets Untersuchung nicht vorkommt: Das Wasser wurde von einem einzelnen Glas in sechs niedrigere, engere Gläser geschüttet. Wie ich in meinem ersten Aufsatz erwähnte, war diese Aufgabe schwieriger als das Umgießen in ein einzelnes, engeres Glas, wahrscheinlich weil sie eine Ungleichheit im Bereich sowohl der Handlung als auch der Wahrnehmung bedeutete. Um in meiner Untersuchung ein »Erhalter« genannt zu werden, war es notwendig, die Mengen in beiden Teilen des Erhaltungstests als gleiche Mengen zu beurteilen. Tatsächlich gaben die meisten Mitglieder der mittleren (8 und 9) und ältesten Altersgruppen (11-13 Jahre), die als Nichterhalter klassifiziert worden waren, Erhaltungsurteile im ersten Teil des Verfahrens ab, in dem es nur eine einzelne Umschütt-Aktion gab; diese Kinder wären von Bovet als »Pseudo-Erhalter« klassifiziert worden. Während dieses Ergebnis also dem Bovets gleichkommt, so bleibt doch ein wichtiger Unterschied. Mit zunehmendem Alter weicht das Pseudo-Erhaltungs-Muster in Algerien zunächst Reaktionen der Nicht-Erhaltung und dann, mit elf Jahren, Reaktionen der Erhaltung; diese letzteren Stufen sind eine etwas verzögerte Version des zuerst in der Schweiz beobachteten vertrauten Musters (Piaget/Inhelder 1941). Unter den senegalesischen Kindern ohne Schulbesuch dagegen bleibt das »Pseudo-Erhaltungs«-Muster bei den Elf- bis hin zu den Dreizehnjährigen bestehen, bei einer Gruppe also, die sogar älter ist als Bovets algerische Erhalter.

Wenn meine Analyse korrekt ist, dann sind Bovets-Ergebnisse in Algerien und meine Ergebnisse im Senegal in höherem Maß vereinbar, wenn auch nicht vollständig. Die Übertreibung der Diskrepanz macht jedoch die Notwendigkeit des Variierens der Situation deutlich. Eine Situationsvariante mehr in Bovets Untersuchung, und die getrennte Darstellung der Daten für die beiden verschiedenen Erhaltungssituationen in meinem eigenen Aufsatz hätte die Verwirrung beseitigt und die Interpretation beider Untersuchungen akkurater werden lassen. Im Zusammenhang der Genfer Forschung und Theorie ist es interessant, daß ein Mitglied von Piagets eigenem Team die Notwendigkeit von Handlungsvariationen im kulturvergleichenden Kontext anerkannt hat; damit schließt sich der Kreis, und die klinische Methode wird mit Coles Prinzip der Situationsveränderung in Einklang gebracht. Die Lücken in jeder Untersuchung, in meiner eigenen und in der Bovets, wiesen hin auf die Notwendigkeit von noch mehr systematischer Situationsveränderung in der kulturvergleichenden Piagetschen Forschung (Cole 1973).

In einem neueren Artikel erkennt Bovet (1974) auch an, daß Piagets frühere Gewichtung der verbalen Beschreibung des eigenen Denkens unzuträglich für komparative Forschung ist; insofern zeigt ihre Untersuchung der Stärken und Schwächen der klinischen Methode, die völlig mit meiner eigenen in Einklang steht, daß sie ein nützliches Werkzeug für die Genfer Forscher sowohl in Übersee als auch zu Hause geworden ist.

5. Die Auflösung des Paradoxes des Entwicklungsendpunkts

Auch in Hinsicht auf den Entwicklungsendpunkt zeigt Piaget sich keineswegs statisch, sondern als sein eigener Hauptrevisionist, wie er es genannt hat (1970). In einem Aufsatz von 1970 (siehe Kap. 2.1) spricht Piaget über die Diversifikation der Entwicklung mit zunehmendem Alter.

Die Bedeutung einer solchen Diversifikation besteht darin, daß unterschiedliche Individuen unterschiedliche Endpunkte der kognitiven Entwicklung haben, gemäß den Unterschieden in Fähigkeit und Erfahrung, besonders im beruflichen Training. Der westliche Wissenschaftler ist in der Theorie nicht länger die einzige Möglichkeit. Piaget läßt die Frage offen, ob diese Entwicklungsdiversifikation bedeutet, daß formal-operationales Denken, die höchste Stufe in seiner Entwicklungstheorie, bei verschiedenen Menschen in verschiedenen Bereichen entsprechend ihrer beruflichen Rolle auftritt (so werden zum Beispiel Jurastudenten über Rechtsbegriffe auf der formalen Stufe urteilen, nicht aber über physikalische Begriffe), oder »ob neue und besondere Strukturen dazukommen, die noch zu entdecken und zu untersuchen sind«. Die letztere Alternative stützt, baut man sie weiter aus, die Position eines extremen kulturellen Relativismus, etwas ganz Neues in der Piagetschen Theorie. Piagets Frage hinsichtlich der Möglichkeit kognitiver Strukturen, die noch zu entdecken sind, stellt eine wichtige Herausforderung dar für die komparative Untersuchung sowohl innerhalb als auch zwischen den Kulturen.

Bovets neuer Aufsatz macht auch einen großen Schritt auf dem Weg zur Auflösung des zweiten Paradoxes (des Entwicklungsendpunktes) im Rahmen eines Piagetschen Kontexts, denn sie testet algerische Erwachsene aus demselben Milieu wie ihre jüngeren Testpersonen und bezieht ihre Performanz bei verschiedenen Aufgaben (Tests bezüglich Menge, Gewicht, Länge und Zeit) auf die Fertigkeiten, die in diesem besonderen soziokulturellen Milieu von männlichen und weiblichen Erwachsenen verlangt sind. Zum Beispiel erkannten erwachsene männliche Testpersonen sofort die Erhaltung der Länge, während weibliche Testpersonen die richtigen Reaktionen nur allmählich und in einem Prozeß von Versuch und Irrtum erreichten. (Um ein Beispiel zu geben, wie man die Erhaltung der Länge testet: eine Aufgabe verlangte, daß erkannt wurde, daß die Lageveränderung einer von zwei gleichen Linien ihre gleiche Länge nicht zerstört.) Dieser Geschlechtsunterschied entspricht einem Unterschied in den Rollen der Erwachsenen: Frauen sind sehr an ihr Haus gebunden, während Männer viel Zeit entfernt von ihrem Haus verbringen und häufig beträchtliche Entfernungen zurücklegen. Bei einem anderen Beispiel erscheint, als Reaktion auf den Test der Gewichtserhaltung, eine besondere Weise, Gewichte zu vergleichen, indem nämlich Quantitäten mit den beiden Händen einer Person abgewogen werden; eine Methode, die von algerischen Frauen im täglichen Leben verwendet wird. So wurde die Definition kultureller Unterschiede in dem Endstadium der Entwicklung und die Beziehung dieser Unterschiede zu kognitiven Fertigkeiten in Genf als ein Prinzip kulturvergleichender Forschung anerkannt, womit die Kluft überbrückt wurde zwischen Piagets Definition der Entwicklung im gedanklichen System des westlichen Wissenschaftlers und der unterschiedlichen Anwendung der Piagetschen Theorie auf andere Kulturen (oder Subkulturen), die verschiedene Idealtypen besitzen.

6. Die Auflösung des Paradoxes von Adaptation und Konstruktionismus

Schließlich erkennt Bovet (1974) ausdrücklich an, daß sowohl Piagets Prinzipien von Interaktion und Konstruktion als auch seine biologischen Neigungen (eng verbunden mit dem Begriff der Adaptation) »einen passenden Rahmen für kulturvergleichende Forschung liefern« (S. 313). Sie übernimmt Übungsverfahren als einen notwendigen Aspekt kulturvergleichender Forschung. Obgleich sie Übungsverfahren als Situationsvarianten anerkennt, die bei der Feststellung der Kompetenz von Menschen in sehr verschiedenen Kulturen halfen, mißt sie diesen Verfahren jedoch so gut wie gar keinen Wert bei als Instrumente, mit denen sich herausfinden ließe, welche Arten von Interaktion mit der Umwelt für die Konstruktion der operatorischen Piagetschen Begriffe im Laufe der Entwicklung nötig sind. Vielleicht ist das der Grund, warum sie den Beitrag meines Umschütt-Verfahrens zur Mengenerhaltung bei analphabetischen Wolof-Testpersonen nicht anerkennt. Wie schon früher erwähnt: Wenn diese Kinder das Umschütten selbst vornahmen – sowohl in einen einzelnen, höheren und engeren Becher als auch in sechs kleinere Becher –, dann realisierten sie typischerweise, daß die Mengen noch immer die gleichen waren; und ihre Begründungen bezogen sich zurück auf die ursprüngliche Operation des Ausgleichens. Bovet unterstellt, dies sei wahrscheinlich »Pseudo-Erhaltung« gewesen, weil die Operation des Ausgleichens, die ja schwierig ist, lediglich ihre Aufmerksamkeit gefesselt habe. Dies kann jedoch unsere Ergebnisse nicht erklären, weil die Vergleichsgruppe in dem Standardverfahren auch das Wasser in den zwei identischen Gläsern zu Beginn des Verfahrens ausglich, wogegen der Versuchsleiter dann die Flüssigkeit von einem Behälter in einen anderen umschüttete. Doch zeigte diese Gruppe in beiden Teilen des Tests keine Erhaltung.

Bovet gibt auch keinen Grund für die Tatsache an, daß ältere (acht- bis dreizehnjährige) Wolof-Testpersonen ohne Schulbildung, die Erfahrungen mit dem Umschütten der Flüssigkeit von einem Gefäß in ein anderes gemacht hatten, auch bei zwei späteren Nachtests Erhaltung zeigten, Tests, bei denen der Versuchsleiter noch einmal das Wasser selbst umschüttete. Das Phänomen scheint tatsächlich Bovets eigener Erklärung für die Gewichtserhaltung bei algerischen Erwachsenen sehr ähnlich zu sein, von denen Gewichtsbegriffe im täglichen Leben verwendet werden:

»Bei einigen der nicht erhaltenden Testpersonen bedurfte es zum Erfassen des Begriffs der Erhaltung lediglich, daß man die zwei Lehmstücke einmal auf einer Waage vor ihnen wog. Sie erläuterten dann ihre Urteile mit logischen Begründungen und, was noch wichtiger ist, verallgemeinerten ihre Erhaltungsreaktionen auf verschiedene Veränderungen der Form. Man hat festgestellt, daß im Falle von Kindern eine einzelne Demonstration nicht ausreicht, um ein fortgeschritteneres Urteil aus ihnen hervorzulocken (Smedslund 1961). Wir schließen deshalb daraus, daß bei diesen erwachsenen Testpersonen eine zugrundeliegende logische Art und Weise, das Problem zu erfassen, mit einem intuitiven Zugriff Hand in Hand geht« (Bovet 1974, S. 325).

Eine andere Interpretation ist vielleicht noch aufschlußreicher: Die Erfahrung des Wiegens ist die Organismus-Umwelt-Interaktion, die die Konstruktion des operationalen Begriffs aus intuitiver Erkenntnis heraus erlaubt, ebenso wie das Umschütt-Experiment die entscheidende Interaktion mit der Umwelt für die Wolof-Kinder darstellt. Die Menge ist wichtig im täglichen Leben der Wolof-Kinder, ebenso wie das Gewicht wichtig ist für die algerischen Erwachsenen. Bovets Ergebnisse legen nahe, daß eine solche praktische Vertrautheit ein wichtiger Faktor bei der erfolgreichen Wirkung einer einmaligen »Trainings«-Erfahrung ist. Meine ursprüngliche Interpretation des Trainingseffekts betonte den Wandel im Denken, der sich aus der Erfahrung zu ergeben schien. Ebenso wichtig für eine ausgewogene Interpretation ist eine andere Reihe von Fakten. Das erste Faktum ist das, daß der angenommene Wandel aus einer einzigen kurzen Erfahrung resultierte, was eine bereits vorher existierende Kompetenz auf seiten der Testpersonen anzeigt. Diese Kompetenz bestand teilweise in einer von der Reife abhängigen Bereitschaft, denn die Größe des Trainingseffekts war dem Alter proportional. Es könnte sich auch aus den alltäglichen Interaktionen über Mengenprobleme ergeben haben, denn Bovet erkannte, daß die kurzzeitige Erfahrung mit Begriffen, die für das tägliche Leben in Algerien irrelevant sind – wie zum Beispiel Geschwindigkeit und Zeit –, keine solche Auswirkung auf das operationale Denken hatten. So könnte Bovet zur Spezifikation der interaktiven Prozesse, in denen Begriffe konstruiert werden, dadurch beigetragen haben, daß sie diese Unterscheidung zwischen den Auswirkungen des operationalen Trainings bei Erwachsenen mit und ohne verwandte praktische Erfahrung getroffen hat. Bovets Untersuchung (1974) liefert damit einen bedeutenden Beitrag zur Analyse der Interaktion mit der Umwelt, die für die Konstruktion eines operationalen Konzepts nötig ist. Weil dieser interaktive Prozeß der Konstruktion zentral für Piagets Theorie ist, belegt Bovets algerische Untersuchung den enormen Wert kulturvergleichender Forschung für die Piagetsche Theorie.

Wenn schließlich Piaget in der Vergangenheit das Unternehmen des Kulturvergleichs in die Irre geführt hat, dann deswegen, weil die Forscher mehr seinen Verfahren als seiner Theorie gefolgt sind. Vergangene und gegenwärtige Abweichungen von den Verfahren haben auf der anderen Seite die Theorie gefördert, insbesondere, als sie einen Beitrag geleistet haben zum Begriff der Entwicklung als einem Konstruktionsprozeß, der sich durch Interaktion mit der Umgebung vollzieht. Obgleich Piagets Schriften die neuen Techniken, die für den weiteren Fortschritt erforderlich sind, selbst nicht anregen, ist jedoch kaum vorstellbar, daß sich künftige kulturvergleichende Forschung nicht in Übereinstimmung befinden könnte mit Piagets Grundbegriff von der Entwicklung als einem konstruktiven Prozeß, der die adaptive Interaktion eines biologischen Organismus mit seiner Umwelt einschließt; vielmehr wird sie ihn immer weiter aktualisieren.

Carol R. Ember
Kulturvergleichende Kognitionsforschung

Wenn man eine Übersicht der kulturvergleichenden Kognitionsforschung
geben möchte, fragt man sich natürlich zunächst, was die Anthropologie
auf diesem Gebiet geleistet hat. Das ist leider nur wenig, auch wenn das
Interesse daran bei Anthropologen in den letzten Jahren gewachsen ist.
Wir konnten die Felder der *kognitiven* und *strukturalen Anthropologie*
entstehen sehen, doch hat die Forschung in diesem Bereich im großen und
ganzen auf systematische Kulturvergleiche verzichtet. Andererseits betra-
ten Psychologen dieses Feld in wachsender Zahl, um explizit und bewußt
kulturvergleichend vorzugehen (in dem Minimalsinn eines Vergleiches
zweier oder mehrerer Kulturen). Die gewachsene Bedeutung kulturvergleichender Psychologie wird durch zwei Zeitschriften belegt, das *Journal
of Cross-Cultural Psychology* und das *International Journal of Psychology*,
und ein erheblicher Teil der kulturvergleichenden Psychologie ist kognitiven Untersuchungen gewidmet. Daher stellt diese Übersicht notwendigerweise zum größten Teil eine Auswertung der psychologischen Forschung dar.

Aber bevor wir uns diesem Material zuwenden, möchte ich mich zu
einigen wesentlichen Unterschieden von anthropologischen und psychologischen Ansätzen der Kognitionsforschung äußern, das Für und Wider
der beiden Strategien ansprechen und aufzeigen, was die beiden Disziplinen voneinander lernen können. Ich werde einige Zeit auf dieses Thema
verwenden, weil ich es für bedauerlich halte, daß die beiden Felder mit der
Ausnahme weniger Personen und einiger weniger Kooperationsbemü-
hungen meilenweit voneinander entfernt sind. Anschließend werde ich
einige wesentliche Bereiche der Kognition, die kulturvergleichend untersucht worden sind, kritisch beleuchten. Schließlich möchte ich einige Vorschläge zur Verbesserung der Forschung auf diesem Gebiet vorlegen.

1. Ein Vergleich kognitiver Ansätze in Anthropologie und Psychologie

... Einen der wichtigsten Anstöße zur Entwicklung der »neuen
Ethnographie« oder »Ethnowissenschaft« lieferte die Überzeugung, daß die traditionelle Ethnographie an der Beschreibung der

Art und Weise, in der Menschen ihre Welt kognitiv wahrnehmen, scheiterte. Daher verwarf die »neue Ethnologie« das »etische«[1] Vorgehen und betonte die Notwendigkeit, die »emische« Sichtweise einer Gruppe von Menschen zu beschreiben. Diese Betonung der Deskription verhinderte meines Erachtens tendenziell den Vergleich. Die einen waren wahrscheinlich zu sehr mit Deskriptionen beschäftigt, bei anderen scheint eine nichtkomparative Sicht der Dinge mit der Überzeugung verbunden zu sein, daß Kulturen erst miteinander verglichen werden sollten, wenn Kulturbeschreibungen »replizierbar und genau« sind (Sturtevant 1964) oder wenn die zu vergleichenden Dinge als »wirklich vergleichbar« erwiesen sind (Tyler 1969). Der historische Partikularismus eines Boas war von praktisch derselben Sichtweise gekennzeichnet. Auch wenn wir formale Beschreibungen von Verwandtschaftsterminologien, Folk-Taxonomien[2] usw. im selben Geist aufeinandertürmen, in dem Boas' Studenten Bände voller ethnographischer Details niederschrieben, scheint mit all diesen Daten nicht viel zu geschehen. Ich behaupte, daß die Datensammler nichts mit ihren Daten anzufangen wissen, weil sie sich keinen über die reine Beschreibung hinausgehenden Sinn vorstellen können.

Im Gegensatz dazu laufen die beiden Hauptziele der komparativen Psychologen explizit auf Vergleiche hinaus (Berry/Dasen 1974). Das eine Ziel ist, festzustellen, ob und warum unterschiedliche Völker Informationen unterschiedlich verarbeiten. Gibt es Differenzen in der Wahrnehmung, Vorstellung, Erinnerung, im Problemlöseverhalten, Lernen, Klassifizieren und so fort? Das zweite Ziel ist, zu entdecken, ob die in der westlichen Welt »demonstrierten« Beziehungen oder Prinzipien auch in anderen Teilen der Erde gültig sind: Lassen sich beispielsweise Piagets Stufen der kognitiven Entwicklung in einem anderen kulturellen Kontext feststellen? Während diese Ziele offensichtlich das Sammeln deskriptiven Materials voraussetzen, ist der Vergleichsrahmen explizit. Dieser war immer »etisch«, oder besser »emisch westlich«, was nicht überraschen kann, da Psychologen typischerweise einmal entwickelte Meßverfahren und Ergebnisse von »hier« nach »dort« bringen.

In meiner Sicht liegt der Vorteil des psychologischen gegenüber dem anthropologischen Ansatz im wesentlichen in seinem vergleichenden und quantitativen Vorgehen. Als solcher, so behaupte ich, führt er mit größerer Wahrscheinlichkeit zu Erklärungsansätzen. Der anthropologische Ansatz andererseits hat den Vorteil, sich mit natürlichen Kategorien, dem kulturellen Kontext und der Gültigkeit verschiedener Lebensstile zu befassen. Als solchen halte ich ihn für geeigneter, zu humanistischem Verständnis zu führen. Ich brauche nicht darauf hinzuweisen, daß es schön wäre, wenn die beiden Ansätze öfter zusammengebracht werden könnten.

Auch wenn ich der Ansicht bin, daß die Psychologen aufgrund ihres vergleichenden Vorgehens im Vorteil sind, halte ich dennoch ihre Vergleiche oft für latent, wenn nicht explizit ethnozentrisch. Ungeachtet der (als nicht-tendenziös unterstellten) Absicht des einzelnen Psychologen verwenden die meisten Vergleiche zwischen »uns« und »denen« Maße und Tests, die hier entwickelt worden sind. Es kann daher nicht überraschen, daß »wir« fast immer »besser« sind, das heißt, höhere Werte erzielen als »die«. Wenn Psychologen glauben (was sie meiner Meinung nach oft tun), daß ihre Maße Fähigkeiten valide einschätzen können, dann werden ihre Vergleiche ärgerlich. Wenn man beispielsweise glaubt, daß die Klassifizierung von Objekten der Form statt der Farbe nach »abstraktes« Denken anzeigt, scheinen afrikanische Erwachsene weniger abstrakt zu denken als amerikanische Kinder! Bei solchen Vergleichen zucken die meisten Anthropologen meines Erachtens zu Recht zusammen; denn fast jeder Anthropologe ist in der Lage, (bei einem bestimmten Volk) eine beliebige Zahl von Vergleichen aufzuzeigen, in denen »sie« »besser« sind als »wir«.

Tatsächlich erging es den Amerikanern in den wenigen Fällen, in denen Psychologen »dort« ein Meßinstrument entwickelten und es »hier« anwandten (Cole u. a. 1971; Irwin u. a. 1974) weniger gut. Amerikaner neigen beispielsweise eher dazu, Blätter oder Reis »konkret« und nicht »abstrakt« zu klassifizieren. Bei dieser Art von Vergleichen ist nicht der Vergleich selbst, sondern dessen Interpretation falsch. Campbell (1964) wies darauf hin, daß ein Unterschied in den Meßwerten für sich nicht interpretierbar ist. Abgesehen von möglichen Unterschieden in der Fähigkeit, gibt es drei weitere, mindestens ebenso wahrscheinliche Erklärungsmöglichkeiten. 1. Das Meßinstrument mißt an zwei Orten nicht die gleiche Fähigkeit; 2. eine Gruppe könnte nicht verstanden haben, was von ihr verlangt wurde; und 3. eine Gruppe ist weniger motiviert, dem Forscher etwas »vorzuführen«. Wegen dieser Schwierigkeiten haben einige kulturvergleichende Psychologen (Cole/Scribner 1974) verlangt, Vergleiche des

»Fähigkeits«grades zu vermeiden. Der Forscher solle vielmehr zu verstehen suchen, warum eine bestimmte »Fähigkeit« in verschiedenen Situationen verschieden verwendet wird.

Trotz des unbeabsichtigten Ethnozentrismus, der einen Teil der Forschung im Bereich der kulturvergleichenden Psychologie zu kennzeichnen scheint, halte ich das vergleichende Vorgehen deshalb für ergebnisträchtiger als den für weite Bereiche der kognitiven Anthropologie typischen nichtvergleichenden Ansatz. Denn die Feststellung von Unterschieden wirkt gedankenanregend und führt selbst dann zu weiteren Fragen und Untersuchungen, *wenn die Interpretationen solcher Unterschiede falsch sind.* Man bedenke beispielsweise die Feststellung, daß Afrikaner eher nach Farbe als nach Form klassifizieren und die wahrscheinlich tendenziöse Interpretation, daß sie weniger abstrakt denken! Myriaden Fragen erheben sich: Könnte der Unterschied darauf zurückzuführen sein, daß wir in unseren Schulen mehr über geometrische Formen lernen? Klassifizieren andere Gruppen in anderen Bereichen »abstrakter« als wir? Wenn sich die Klassifikation bei verschiedenen Kulturen je nach Gegenstandsbereich unterscheidet, warum unterscheidet sie sich? Klassifizieren Menschen »abstrakter«, wenn sie mit einem Bereich vertrauter sind, oder wenn dieser Bereich wichtiger für sie ist? Wird der Klassifikationstyp des einen Bereichs auf andere Bereiche übertragen? Wenn ja, auf welche? Man könnte hier fortfahren; der Punkt ist, daß – wenn die Fragen erst einmal formuliert sind – bessere Vergleiche geplant werden können.

Die meisten kognitiven Anthropologen haben sich – freilich mit einigen Ausnahmen (beispielsweise Berlin 1972; Berlin/Kay 1969; Witkowski 1977) – entschlossen, nicht komparativ vorzugehen und sind damit zufrieden, eine formale (nicht quantitative) Analyse der Art und Weise zu liefern, in der ein bestimmtes Volk einen bestimmten semantischen Bereich vermutlich organisiert hat. Aber warum ist man so wenig neugierig darauf, warum die eine Gesellschaft bestimmte Komponenten zur Klassifikation verwendet, die andere aber nicht? Vielleicht liegt das an der Meinung der kognitiven Anthropologen, Vergleiche seien voreilig. Ich bin allerdings davon überzeugt, daß dieser Glaube auf einer fehlerhaften Vorstellung vom Vergleich beruht (Ember 1970). Um Dinge zu vergleichen, müssen sie nicht vollständig beschrieben sein. Tatsächlich gleicht kein Ding in dieser Welt genau einem anderen, und nichts kann jemals vollständig beschrieben werden. Vergleichen heißt nur, daß man einige Unterschiede zwischen Dingen irgendwie qualitativ oder quantitativ beschreiben kann. Wenn ein Ethnograph behauptet, daß ein bestimmtes Volk die Komponenten x, y und z zur Klassifikation von Verwandten verwendet, liegt bereits die Grundlage für einen Vergleich vor. Wir können feststellen, daß ein anderes Volk nur x, aber nicht y und z verwendet. Um zu vergleichen, müssen wir nun fragen, ob und warum zwei oder mehr Fälle gleich sind oder verschieden. Ich behaupte, daß man immer vergleichen kann, wenn man vergleichen will ... Die kognitive Anthropologie kann keinen Beitrag zu einer Erklärung kultureller Variationen der Kognition leisten, solange sie ihre Antipathie kulturvergleichendem und quantitativem Vorgehen gegenüber nicht abgelegt hat.

Die Psychologen haben natürlich auch ihre Fehler, und das wird – so hoffe ich – deutlicher werden, wenn ich einige wesentliche Forschungsfelder der siebziger Jahre unter die Lupe nehme. Der schwerwiegendste Fehler der Psychologen ist, daß sie im allgemeinen nicht merken, daß die Testsituation und ihre Meßinstrumente kulturelle Phänomene sind, die in einem anderen kulturellen Kontext nicht so verständlich oder angemessen sein können. (Viele Psychologen halten sicherlich dagegen, daß ihre »Tests« noch nicht einmal allen unseren subkulturellen Kontexten angemessen sind!) Vergleichsweise haben Anthropologen mit all ihren Fehlern noch einen Vorteil gegenüber Psychologen. Wir lernen in der anthropologischen Ausbildung, uns die Dinge aus dem Blickwinkel der anderen Kultur bewußt zu machen; daher sind Anthropologen schöpferischer, wenn es darum geht, sich Gründe für die von Psychologen gemessenen kognitiven Unterschiede einfallen zu lassen. Vor allen Dingen wären Anthropologen vorsichtiger mit Defizitannahmen. Vielleicht ist diese Vorsicht der Grund für die Abneigung der Anthropologen gegen jeden Vergleich. Aber ein Vergleich bedeutet keine Entscheidung für »besser« oder »schlechter«, es sei denn, man will so interpretieren.

Ich wende mich nun den verschiedenen kulturvergleichenden Kognitionsstudien zu, die in den siebziger Jahren durchgeführt wurden. Im großen und ganzen werde ich Untersuchungen berücksichtigen, die seit der Übersicht von Triandis, Malpass und Davidson (1972) unternommen wurden; frühere Arbeiten erwähne ich nur, wenn sie besonders einflußreich oder ungewöhnlich waren. Ich werde mich auf zwei Untersuchungstypen konzentrieren. Der erste Typ sind Studien, die Unterschiede von »Fähigkeiten« oder »Fertigkeiten« benennen, was nahezu immer auf die Feststellung von Defiziten bei Nicht-Westlern hinausläuft. Der zweite Typ besteht aus Untersuchungen, die auf die Überprüfung von Theorien angelegt sind.[3]

2. Vergleiche von »Fähigkeit« und »Fertigkeit«

Es gibt heutzutage nur wenige Sozialwissenschaftler, die sich nicht der »Kulturabhängigkeit« *(cultural bias)* der verschiedenen Intelligenztests bewußt sind. Es wurde in der Tat immer offensichtlicher, daß alle anderen Gruppen schlechter abschneiden als die, an denen die Tests zunächst standardisiert wurden (Smith 1974). Auch aus diesen Gründen vergleichen die meisten Forscher nicht mehr die »Intelligenz« der verschiedenen kulturellen Gruppen. Die gleichen Probleme stehen aber auch bei anderen Tests »kognitiver Fähigkeiten« an. Eine Diskussion dieser Problematik erschien vielleicht nur deshalb nicht so dringlich, weil solche Vergleiche nicht so ärgerlich wirkten. Doch ohne den Nachweis, daß die hier entwickelten Meßinstrumente dieselben Fähigkeiten auch anderswo valide erfassen, müssen wir skeptisch bleiben, wenn Nicht-Westler im Vergleich mit »uns« mehr oder weniger durchgängig »Defizite« aufweisen. Diese »Defizite« dürften darüber hinaus, wie ich weiter unten ausführe, auf die Tatsache zurückzuführen sein, daß die Meßinstrumente der kulturvergleichenden Psychologen oft einen Bias gegen Nicht-Westler enthalten. Ich behaupte nicht, die gemessenen Unterschiede seien nichtssagend, aber sie könnten darauf hinweisen, daß etwas anderes als »defizitäre« kognitive Fähigkeit gemessen wird.

2.1 Bildliche Wahrnehmung

Seit Hudsons Untersuchungen in Afrika während der sechziger Jahre tendierte die Forschung zur Bestätigung der Annahme, daß Nicht-Westler auf Bildern keine Tiefe sehen oder die Perspektive eines Bildes schlecht identifizieren können. (Für eine Besprechung der Studien Hudsons und anderer vor 1973 siehe Miller 1973; für spätere Untersuchungen siehe McGurk/Jahoda 1975;

Waldron/Gallimore 1973). Deregowski (1968) versuchte zu zeigen, daß nicht-westliche Untersuchungspersonen mehr Vorstellung von Dreidimensionalität zeigen, wenn sie Bildmodelle bauen, als wenn sie sich verbal äußern. Aber sie schneiden immer noch schlechter ab als Westler. Die einzige »Überlegenheit« im Bereich der bildlichen Wahrnehmung, die man bisher meines Wissens bei nicht-westlichen Gruppen feststellen konnte, bestand bei Sambianern, die eine mehrdeutige »Dreizack«-Figur eben deshalb besser nachzeichnen konnten, weil sie sie flach und nicht dreidimensional wahrnahmen (Deregowski 1972)! Als Korrelat der differentiellen »Fähigkeit« zur Tiefen- und Perspektivenwahrnehmung an Bildern wurde am überzeugendsten nachgewiesen, daß formale Bildung im allgemeinen positiv mit Testleistungen zusammenhängt (Miller 1973).

2.2 Gedächtnis

Anekdotische Angaben von Anthropologen und anderen bildeten die Grundlage der traditionellen Behauptung, daß die Mitglieder analphabetischer Völker ein hervorragendes Gedächtnis haben (Cole u. a. 1971; Cole/Scribner 1974). Allerdings bestätigten die wenigen systematischen Untersuchungen weder allgemein diese Annahme noch die Behauptung, daß Mitglieder analphabetischer Völker dazu neigen, Dinge auswendig zu lernen (Cole u. a. 1968, 1971; Kagan u. a. 1973; Meacham 1975; Shepherd u. a. 1974). Von den möglichen Gedächtnisfaktoren scheinen Bildung und Urbanität einen merklichen Einfluß auf Gedächtnisleistungen der Kpelle (Cole u. a. 1971) zu haben. Entgegen der traditionellen Erwartung scheinen gebildete Kpelle bei Gedächtnisaufgaben den analphabetischen Kpelle »überlegen« zu sein. Einige Studien konnten zeigen, daß unterschiedliche Stimuli in verschiedenen Kulturen relativ besser erinnert wurden (Meacham 1975; Shepherd u. a. 1974), was den Einfluß kulturspezifischer Relevanz der Stimuli auf das Gedächtnis nahelegt. Ich werde später auf diesen Punkt zurückkommen.

Eine beträchtliche Zahl interkulturell vergleichender Untersuchungen wurde zur Prüfung der Frage durchgeführt, ob postulierte Stufen der kognitiven Entwicklung auch in anderen Gesellschaften auftreten und ob die Kinder sie im ähnlichen Alter durchlaufen oder nicht. Im wesentlichen befaßt sich diese Forschung mit Piagets Stufen der kognitiven Entwicklung (neuere Übersichten: Dasen 1972a; Ashton 1975, in diesem Band S. 75 ff.; Dasen/Heron 1981). Im großen und ganzen konzentrierten sich die Forscher auf eine Betrachtung von Piagets Stufe der konkreten Operationen und innerhalb dieser Stufe auf die kindlichen Erhaltungsvorstellungen. Ich werde mich zunächst mit den Ergebnissen zur Entwicklungsgeschwindigkeit beschäftigen, soweit diese zur Herstellung von »Fähigkeits«unterschieden herangezogen werden. Später werde ich auf Ergebnisse aus der Überprüfung von Theorien über angenommene Entwicklungssequenzen zurückkommen.

2.3.1 Erhaltung[4]

Der Erwerb des Erhaltungskonzepts, der Vorstellung, daß bestimmte Eigenschaften (Menge, Zahl, Länge) angesichts bestimmter Transformationen konstant bleiben, ist nach Piaget eine wesentliche Komponente des konkret-operationalen Denkens. Es bedeutet, daß das Kind in der Lage ist, geistige Operationen umzukehren.

Im großen und ganzen stellen die Untersuchungen fest, daß bei nicht-westlichen Gruppen die Erhaltungsfunktion später erreicht wird, wenn auch bei einigen Erhaltungstests und einigen Untergruppen Ausnahmen vorkommen. Einigen Untersuchungen zufolge scheint Schulbesuch die Testleistung positiv zu beeinflussen, in anderen Fällen überhaupt nicht, und in wieder anderen Fällen negativ (Ashton 1975; Furby 1971).

2.3.2 Kausalität

Piagets Theorie postuliert eine Zunahme kausalen Denkens in der Entwicklung. Auch wenn auf diesem Gebiet wenig geforscht wurde, gibt es einige Hinweise auf ein »Nachhinken« in der Entwicklung kausalen Denkens in Indien (Walker u. a. 1971), Mexiko und West-Samoa (Langgulung/Torrence 1972) im Vergleich mit US-Kindern. Sowohl in Mexiko wie auch in den Vereinigten Staaten zeigen »begünstigte« Schulkinder mehr kausales Denken als »unbegünstigte« (Langgulung/Torrence 1972).

2.3.3 Raumvorstellungen

Piaget und Inhelder postulierten, daß sich die topologischen Raumvorstellungen (Beziehungen innerhalb einer Darstellung erkennen können) vor den projektiven (Figuren perspektivisch in Beziehung zueinander setzen) und euklidischen Konzepten (Dinge in Bezug zu einem Koordinatensystem lokalisieren) entwickeln. Beim Vergleich von Zulu- und weißen Kindern in Südafrika bestätigte eine Untersuchung (de Lemos 1974) diese Sequenz, aber die Zulukinder lagen in ihrer Entwicklung zurück. Nur bei zwei Aufgaben (von vielen) erreichten die Zulukinder die Stufe der »konkreten Operationen«. Eine andere Studie (Jahoda u. a. 1974) stellte fest, daß euklidische Antworten sehr viel eher in industrialisierten Ländern gegeben wurden. Und eine begrenzte Untersuchung, die sich nur mit Perspektivenbeurteilung beschäftigte, fand einen Rückstand ländlicher Afrikaner gegenüber Europäern (Mottram/Faulds 1973).

2.3.4 Moral

Wie bei Kausal- und Raumkonzepten wurden auch auf dem Gebiet der Moralentwicklung verhältnismäßig wenig vergleichende Untersuchungen durchgeführt, die meisten stammen aus Kohlbergs Labor. Kohlberg behauptet, in fünf verschiedenen Ländern – USA, Großbritannien, Taiwan, Mexiko, Türkei – konstante Entwicklungssequenzen (analog zu Piagets Konzept) festgestellt zu haben (Kohlberg 1968). Allerdings erreichten 16jährige Jungen außerhalb der USA und Großbritanniens nicht die Stufen 5 oder 6 (die »höchsten« Stufen): Jungen in Taiwan und Mexiko erreichten nicht mehr als Stufe 3-4, in abgelegenen Dörfern der Türkei und auf Yucatan blieben sie im allgemeinen auf den Stufen 1-2. White (1975) stellte fest, daß 14jährige Kinder auf den Bahamas nicht über die Stufen 1-3 hinauskommen.

2.3.5 Klassifikationsfähigkeit

Bei der Untersuchung der Klassifikationsfähigkeit legten die Forscher entweder Bruners oder Piagets Entwicklungsrahmen ihren Testverfahren zugrunde. Bruner behauptet, daß im Verlauf der kindlichen Reifung ein

Wechsel von einer perzeptiven (Größe, Farbe) Klassifikationsbasis zu einer funktionalen stattfindet (Cole/Scribner 1974). Viele Forscher sprechen von einer Verschiebung von »konkreten« auf »abstrakte« Gruppierungsprinzipien in der Entwicklung. Sie forderten die Testpersonen gewöhnlich auf, vorbestimmte Objekte oder Bilder zu sortieren, die auf zwei oder drei Dimensionen, zum Beispiel Farbe, Form oder Funktion variieren. Auch Piaget beschäftigte sich mit Klassifikationsfähigkeiten und deren Entwicklung. In der Phase der konkreten Operationen beruhen Ordnungsleistungen auf der Fähigkeit, neu zu klassifizieren oder multiple Ordnungskriterien zu verwenden.

Bei den vergleichenden Untersuchungen der sechziger Jahre erwies sich die Entwicklung von Klassifikationsleistungen bei Nicht-Westlern durchweg als rückständig. Auch einige spätere Untersuchungen, die auf westlichen Meßinstrumenten basieren, stellten fest, daß Menschen aus nicht-westlichen Kulturen mehr nach Farbe sortieren (Deregowski/Serpell 1971) und bei den »operationalen« Klassifikationsfähigkeiten etwas zurückliegen (de Lacey 1970, 1971b): Aber die Unterschiede werden geringer oder verschwinden gar bei ähnlichem sozioökonomischen Hintergrund oder häufigem Kontakt mit Europäern (de Lacey 1971a), oder wenn das Stimulusmaterial verschiedenartiger gestaltet wird (Davidoff 1972) oder vertrauter ist (Irwin u. a. 1974; Okonji 1971). Bildung scheint die Fähigkeit zu erhöhen, Karten nach Form und Funktion und nicht nach Farbe zu klassifizieren (Cole u. a. 1971; Evans 1975; Greenfield u. a. 1966; Serpell 1969) sowie die Verbalisierung von Ordnungskriterien zu vergrößern (Irwin/McLaughlin 1970; Irwin u. a. 1974).

3. Probleme bei der Untersuchung von »Fähigkeit« und »Fertigkeit«

Die eben besprochenen Forschungsarbeiten hatten unter anderem zum Ziel, Kognitions- oder Reifungsdifferenzen herauszufinden. Was dabei herauskam, war im wesentlichen die Feststellung von »Defiziten« bei nicht-westlichen Gruppen. Zweifellos wurden Unterschiede beobachtet, aber es ist die Frage, wie sie zu interpretieren sind. Nach der Sachlage läßt sich die Bedeutung der beobachteten Unterschiede nicht einschätzen. Möglicherweise spiegeln sie einen »Fähigkeits«unterschied wider. Aber ich halte es bei den meisten Befunden für sehr viel wahrscheinlicher, daß die Meßinstrumente nicht kulturübergreifend die gleiche Fähigkeit, sondern eher Erfahrungs- oder Wissensunterschiede erfassen, die nicht mit »Fähigkeits«- oder »Fertigkeits«-Differenzen gleichgesetzt werden sollten.

Wenn ein Meßinstrument unterschiedliche – und häufig kulturspezifische – Erfahrung mißt, dann muß seine Validität in Zweifel
gezogen werden, wie auch häufig die Brauchbarkeit der üblichen
Intelligenztests für interkulturelle Vergleiche bezweifelt wird.
Der Einwand, daß die Instrumente die Mitglieder der Kultur, in
der sie entwickelt worden sind, begünstigen, kann nicht ohne weiteres abgetan werden. Ich behaupte, daß dies wahrscheinlich weitgehend für die oben zitierten Untersuchungen zutrifft, weil die
Unterschiede größtenteils in einer Richtung liegen (»sie« schneiden gewöhnlich schlechter ab) und weil bei den seltenen Gelegenheiten, wo die Forscher lokal bedeutsame Untersuchungsmateria-
lien verwenden, die Unterschiede fast vollständig verschwinden.
Ein weiteres Beweisstück ist die Rolle von Faktoren wie der Bildung. In den meisten Entwicklungsländern folgt formale Bildung
europäisch-amerikanischen Modellen. Wenn formal gebildete
Individuen in anderen Ländern besser abschneiden als ihre nicht
gebildeten Zeitgenossen, dann liegt die Vermutung nahe, daß
(implizit oder explizit) etwas in der Schule Gelerntes gemessen
wird. Die Möglichkeit, daß Forscher einfach unfair Meßinstrumente mit einem kulturellen Bias verwendet haben, ist bei bildli-
cher Wahrnehmung, Klassifikation und Moralentwicklung am
größten. Für die bildliche Wahrnehmung vermutet Miller (1973),
daß nicht-westliche Untersuchungspersonen weniger Tiefen-
oder Perspektivenwahrnehmung zu haben scheinen, weil sie nicht
die *Konventionen* oder *Techniken* gelernt haben, die wir bei der
Interpretation solcher Darstellungen anwenden. Dawsons (1967)
Feststellung, daß Unterricht (vor allem im Zeichnen) die dreidimensionale Wahrnehmung einer experimentellen Gruppe der
Temne signifikant verbesserte, unterstützt Millers Vermutung.
Auch die Tatsache, daß Bildung gewöhnlich die bildliche Wahrnehmung verbessert, verleiht dieser Behauptung Gewicht.

Die Meßinstrumente der Klassifikationsfähigkeit könnten aus zwei Gründen kulturell geprägt sein. Erstens werden in den meisten Untersuchungen
die Stimuli in Kartenform vorgelegt, auf denen Bilder oder Zeichnungen
von Dingen zu sehen sind. Zweitens sind die abgebildeten Objekte sehr
häufig Dreiecke, Kreise, Quadrate oder andere geometrische Figuren.
Ähnlich wie geringe Vertrautheit mit Zeichnungen oder Bildern generell
Probleme bereiten kann, könnte die mangelnde Erfahrung mit geometrischen Figuren den Klassifikationsvorgang behindern. Wenn die Leichtig-

keit, mit der geordnet und neu klassifiziert werden kann, von der Vertrautheit mit den zu klassifizierenden Objekten abhängt, dann haben Menschen, die zur Schule gegangen sind, die gelernt haben, wie man Bilder zeichnet, und die von Dreiecken, Kreisen und Quadraten gehört haben, möglicherweise einen Vorteil. Wie kann jemand »abstrakt« ordnen, wenn er nicht versteht oder erkennt, was vor ihm liegt? Price-Williams' (1962) frühe und bahnbrechende Untersuchung, in der Kinder der Tiv einheimische Tiere und Pflanzen klassifizierten, läßt stark vermuten, daß die »Klassifikationsfähigkeit« von Vertrautheit abhängt. In der Tat stellten die wenigen nachfolgenden Untersuchungen, die mit vertrautem Material arbeiteten, eine »Klassifikationsfähigkeit« fest, die der der Europäer vergleichbar, wenn nicht überlegen ist (Cole u. a. 1971; Irwin u. a. 1974; Okonji 1971). Die Studien zu Raumbegriffen könnten an denselben Problemen kranken, da sie Aufgaben mit Bildern oder geometrischen Figuren einsetzen, deren Interpretation wohl einige Vertrautheit voraussetzt.

Die Arbeiten zur Moralentwicklung kranken an einem anderen, noch mehr mit einem kulturellen Bias behafteten Problem. Simpson (1974) weist auf den inhärenten Ethnozentrismus der Kohlbergschen Stufen der »Moralentwicklung« hin: So könne ein Mensch erst dann (nach Kohlbergs Handbuch) in die 5. Stufe eingeordnet werden, wenn er aus einer parlamentarischen Demokratie komme. Ähnlich bemerkt Simpson, »Stufe 6« könne nur jemandem zugeschrieben werden, der leicht mit analytischen und theoretischen Begriffen wie »Gerechtigkeit« und »Gleichheit« umgehen kann, eine Gewandtheit, die wohl vorwiegend auf der Hochschule erworben wird.

Die Gefahr eines systematischen Meßfehlers bei Aufgaben zur Erhaltung, zum Gedächtnis und zum Kausalitätsdenken liegt meines Erachtens weniger auf der Hand. Trotzdem kann diese Möglichkeit nicht ausgeschlossen werden. Erstens können die verwendeten Instrumente oder Objekte fremd sein (zum Beispiel Meßbecher und Glaszylinder mit Wasser). Zweitens könnte die Testsituation selbst oder die Fremdheit der Testleiter und der Experimente jemand einschüchtern, der mit ihnen nicht vertraut ist. Beispielsweise berichtet Greenfield (1966), daß einige Wolof-Kinder glaubten, der Versuchsleiter habe die Wassermenge in einem Erhaltungsexperiment irgendwie verändert; sie glaubten das aber nicht, wenn sie selbst das Wasser umfüllten.

Auch Price-Williams (1961) behauptet, daß Vertrautheit mit dem Material Erhaltungsleistungen beeinflußt. Er konnte keinen Unterschied zwischen Tiv- und europäischen Kindern beim Verständnis der Erhaltung von Erde, Nüssen und Zahlen feststellen. Und Price-Williams, Gordon und Ramirez (1969) stellten (unter Verwendung von Tonmaterial) fest, daß Kinder aus Töpferfamilien signifikant bessere »Erhalter« waren als Kinder aus anderen Familien. Natürlich könnten Kinder, die mit der Töpferei vertraut sind, den »Erhaltungs«-Begriff früher entwickeln als andere, es ist aber auch möglich, daß sie nur deshalb besser abschneiden, weil sie mit dem Testmaterial vertraut sind. Leider ist die Frage nicht zu entscheiden, da spätere Untersuchungen selten kulturell vertrautes Material verwendeten.

Bei Untersuchungen der Gedächtnisleistung haben einige Forscher versucht, Objekte zu verwenden, die den Untersuchungspersonen bekannt waren (Cole u. a. 1971). Aber das schließt nicht automatisch eine Meßtendenz aus. Denn möglicherweise sind andere Völker Objekten gegenüber nicht so aufmerksam wie Amerikaner. Eine Studentin aus Kenia fragte mich eines Tages, als wir hier ein Museum besuchten: »Warum verehren die Amerikaner Objekte so sehr, daß sie sie an bewachten Orten in Glaskästen stellen müssen?« Ihre Bemerkung sagt viel über eine amerikanische Wertvorstellung aus. Warum fühlen sich Amerikaner an einem Ort erst dann zu Hause, wenn sie Bilder aufhängen oder dekorative Objekte aufstellen? Falls die Forscher Gedächtnisfunktionen mit Hilfe von Dingen oder Konzepten messen würden, die in einer anderen Kultur bedeutsam sind (nicht aber in Amerika), ergäbe sich ein Vergleich, möglicherweise eine bessere Leistung der Menschen aus der anderen Kultur. Ich halte es für sehr bedenkenswert, daß Ghanaer mündliche Prosa besser erinnern als Amerikaner (Ross/Millsom 1970) und daß guatemaltekische Schulkinder sich besser an Orte als an Objekte erinnern, während das bei amerikanischen Schulkindern umgekehrt ist (Meacham 1975).

Zusätzlich zum Problem eines möglichen kulturellen Bias in den Meßinstrumenten weisen die Studien zum Vergleich von »Fähigkeiten« oder »Fertigkeiten« eine weitere ernste Unzulänglichkeit auf. Sie äußern sich im allgemeinen nicht zu der Frage nach den Ursachen der beobachteten Unterschiede. Wenn eines der Ziele kulturvergleichender Psychologie ist, zu verstehen, wie unterschiedliche kulturelle oder Umweltfaktoren kognitive Prozesse beeinflussen, dann sollte die Feststellung von Unterschieden der Ausgangspunkt und nicht der Schluß der Untersuchung sein (Eckensberger 1973; Lloyd 1972; Price-Williams 1975; Triandis u. a. 1972).

4. Theoretische Untersuchungen

Wir wenden uns nun den Forschungsarbeiten zu, die sich expliziter auf die Überprüfung von Theorien beziehen. Es gibt zwei Typen: die Prüfung universalistischer Theorien und die Prüfung theoretischer Erklärungen von Unterschieden. Da diese beiden Formen der theorietestenden Forschung nicht mit ganz denselben Problemen konfrontiert sind, bespreche ich sie getrennt.

4.1 Untersuchungen zu vermuteten universalen Prinzipien

Ein Ziel der Sozialwissenschaften ist eine Aussage darüber, ob Prinzipien, die in der einen kulturellen Umgebung gelten, auch in anderen funktionieren. Wenn wir von einer Wissenschaft des *menschlichen* (nicht spezifisch westlichen) Verhaltens sprechen wollen, ist dies ein offensichtlich notwendiges Ziel. Allerdings ergeben sich Interpretationsschwierigkeiten, wenn die Prinzipien an anderen Orten nicht genauso funktionieren. Wenn es Unterschiede gibt, fällt deren Interpretation schwer – sie könnten sich auf Meßprobleme, Probleme des Forschungsdesigns oder der möglicherweise nicht vorhandenen Universalität der Prinzipien zurückführen lassen. Ich will diese Interpretationsschwierigkeiten anhand der kulturvergleichenden Tests von Piagets Stufentheorie erläutern.

Abgesehen vom Vergleich des Entwicklungstempos wollten die meisten der oben erwähnten Untersuchungen zur kognitiven Entwicklung die Universalität der von Piaget postulierten Stufensequenz prüfen. Allerdings könnten die oben erörterten Meßprobleme diesen Zweck besonders stark gefährden, da die meisten Studien sich auf nur einen oder wenige Tests für eine Entwicklungsstufe beschränken und diese Tests darüber hinaus in Genf entwickelt wurden.

Wenn ein bestimmter Test für die untersuchte Kultur nicht angemessen ist und die gesuchte Fähigkeit nicht richtig mißt, kann man sich der Bedeutung der Ergebnisse nicht sicher sein. Wie können wir die kulturelle Angemessenheit eines Tests feststellen? Die eine Strategie besteht in der Verwendung einer Itembatterie, zum Beispiel der von Super (1972) in Sambia entwickelten. Beim Vergleich verschiedenaltriger Kinder zeigten viele Tests, wie theoretisch vorausgesagt, signifikante Veränderungen im Alter von fünf bis sieben Jahren. Zwar stellten nicht alle Tests dies fest, aber es schälte sich ein allgemeines Muster heraus. Eine andere Strategie besteht in einer Kombination der Tests mit ausführlichen Interviews in der eher klinischen Tradition Piagets, wie sie Bovet (1974) in Algerien durchführte. Der Forscher hat dabei die Möglichkeit herauszufinden, wie das Kind auf einen »Test« reagiert (oder nicht reagiert). Aber eine der nützlichsten

Strategien könnte darin bestehen, mit Teiltests auf der Grundlage vertrauter Materialien nach Entwicklungsverschiebungen zu forschen. In dieser Beziehung bahnbrechend ist die Studie von LeVine und Price-Williams (1974) zum Nachweis von Veränderungen in der kognitiven Entwicklung anhand des Umgangs von Kindern mit ihrem Verwandtschaftssystem. Beispielsweise können Kinder schon früh angeben, wie jemand mit ihnen selbst verwandt ist, aber erst in einem späteren Alter Angaben zum Verwandtschaftsverhältnis zweier anderer Personen machen. Der routinemäßige Aufbau dieser Untersuchungen bildete ein weiteres Problem. Da meist nur eine Stufe (gewöhnlich »konkrete Operationen«) der vermuteten Entwicklungssequenz ausgewählt wird, können die meisten Untersuchungen die postulierte Sequenz tatsächlich weder bestätigen noch falsifizieren. Das wäre nur mit Meßverfahren möglich, die Werte für verschiedene Stufen erheben. Aber selbst dann hätten wir immer noch keinen Beweis dafür, daß einzelne Kinder sich tatsächlich, wie theoretisch gefordert, kognitiv so entwickeln. Es bedarf entweder Längsschnittuntersuchungen oder der Art von Altersvergleichen, die Feldman u. a. (1974) verwendeten. Sie arbeiteten mit »hierarchischen« Tests, in denen die Operationen auf dem theoretisch »höheren« Niveau die Fähigkeiten des vermutlich »niedrigeren« Niveaus enthielten. Wenn die Kinder dann das von der Theorie vorausgesagte Fähigkeitenprofil zeigen, können wir uns eher sicher sein, daß sie sich in der von Piaget postulierten Art entwickelt haben.

Was lassen die vergleichenden Untersuchungen zu Piagets Theorie vermuten? Im allgemeinen waren die festgestellten Alterstrends, besonders im Zusammenhang mit dem Erreichen der Stufe der »konkreten Operationen«, nicht inkonsistent mit Piagets Theorie – ältere Kinder erreichten diese Stufe mit höherer Wahrscheinlichkeit als jüngere Kinder. Aber ich habe bereits darauf hingewiesen, daß die vielen Meß- und Forschungsdesignprobleme die sequentielle Interpretation in Frage stellen. Piaget entwickelte auch eine Theorie der Sequenz der kognitiven Entwicklung innerhalb der Hauptstufen. Zumindest zur Sequenz der Erhaltungskonzepte innerhalb der »konkreten Operationen« widersprechen einige Daten seiner Theorie (Bovet 1974; Dasen 1972b; de Lemos 1969).

Studien zu »Universalien« müssen versuchen, ihre Meßinstrumente kulturell anzupassen. Solange das nicht geschieht, bleiben die Ergebnisse zum größten Teil ebenso wie ein Vergleich von »Fähigkeiten« und »Fertigkeiten« für sich genommen uninterpretierbar.

Auch wenn Meß- und Designprobleme offensichtlich bei der Prüfung von Theorien nicht verschwinden, die kognitive Unterschiede erklären wollen, ergeben sich dabei meines Erachtens weniger ernste und zahlreiche Probleme als bei den oben besprochenen Untersuchungen. Erstens kann man sich der Validität des Meßinstruments sicherer sein, wenn ein Forscher die theoretisch vorausgesagten Unterschiede feststellt. Zweitens werden kognitive Differenzen bei dem Versuch, sie als Folge unterschiedlicher Lebensweisen, Erfahrungen, Anpassungserfordernisse oder physiologischer Eigenarten zu erklären, gewöhnlich nicht bewertet (auch wenn ein Teil des Wertungsproblems bestehen bleibt, wie wir sehen werden). Drittens – und das ist vielleicht am wichtigsten – scheint ein Erklärungsversuch, selbst wenn er sich als falsch herausstellen sollte, alternative Erklärungen und weitere Untersuchungen zu provozieren. Zur Klärung der Frage, warum Menschen in verschiedenen Gesellschaften ihre Welt unterschiedlich wahrnehmen oder kognitiv deuten, zogen die meisten theorieorientiert vergleichenden Untersuchungen Variationen der Umweltfaktoren heran. Kürzlich aber äußerten einige Forscher die Vermutung, daß psychophysiologische Unterschiede zwischen den Populationen zum Teil für Wahrnehmungs- und Kognitionsdifferenzen verantwortlich sein könnten.

4.2.1 Gesellschaftliche Komplexität

In den wenigen von Anthropologen vorgenommenen semantischen Vergleichen ist die wichtigste unabhängige Variable zur Erklärung der Unterschiede die kulturelle oder gesellschaftliche Komplexität. Berlin und Kay (1969) behaupteten, daß die Zunahme gesellschaftlicher Komplexität mit dem Erwerb zusätzlicher Farbbegriffe in einer mehr oder weniger starren Sequenz einhergeht. Berlin (1972) behauptet auch, daß bei Pflanzentaxonomien verschiedene Klassifikationsniveaus in einer evolutionären – mit gesellschaftlicher Entwicklung korrelierenden – Sequenz hinzugefügt werden. Und Witkowski (1977) zeigte, daß auf dem Gebiet der Verwandtschaftsbeziehungen gesellschaftliche Komplexität mit einer gewissen Vermehrung semantischer Unterscheidungen verbunden ist.

Die von Berlin und Kay (1969) entwickelte Theorie zur Kodierung von Farben in verschiedenen Gesellschaften liefert ein beeindruckendes Beispiel dafür, wie fruchtbar die Formulierung einer Theorie, gestützt von einigen Daten, sein kann. Sie rief nicht nur Kritik hervor, sondern gab auch den Anstoß für weitere Überprüfungen (Harkness 1973; Hays u. a. 1972; Heider 1972; Naroll 1970), Spekulationen über die Art, in der gesellschaftliche Komplexität einen Einfluß ausüben könnte (Harkness 1973; Witkowski/Brown 1977), und eine alternative psychophysiologische Hypothese (die später besprochen wird). Auch wenn die Beziehung zwischen gesellschaftlicher Komplexität und Pflanzentaxonomien noch keinem formalen Test unterzogen worden ist, gab Berlins (1972) Arbeit Anlaß zu zahlreichen Kommentaren, wie man aus der Tatsache schließen kann, daß in einer neueren Ausgabe des *American Ethnologist*, die der biologischen Ethnographie gewidmet war, nahezu alle Artikel dieses Werk erwähnten. Andere begannen, zusätzliche Typen von Folk-Klassifikationen zu generalisieren (Brown 1976; Brown u. a. 1976). Die neuere Forschung stützte Berlins und Kays (1969) theoretische Spekulationen über fundamentale Farbbegriffe. Berlin und Kay postulierten als erste, daß unabhängig von begrifflichen Varianten die Trennung von Grundfarben interkulturell gelte. Grundlage ihrer Daten waren Farben, die zweisprachige Studenten in den USA als »beste Farben« für ihre Muttersprachen ausgesucht hatten. Auch wenn man einwenden kann, daß solche Studenten von US-amerikanischen Farbvorstellungen beeinflußt sein könnten, unterstützen zwei an anderen Orten durchgeführte Studien das Grundfarbenkonzept. Heider (1972) stellte fest, daß die Dani (ein Stamm in Neuguinea, der nur zwei fundamentale Farbbegriffe kennt) die vermutlich universellen Grundfarben signifikant besser erinnerten als andere Farben, und Harkness (1973) stellte fest, daß trotz unterschiedlicher Farbskalen Spanisch oder Mam (eine Mayasprache) sprechende Testpersonen in den »Beste Farben«-Beispielen übereinstimmten . . .

Eine wesentliche Frage für künftige Forschung ist, welcher Umstand der gesellschaftlichen Komplexität Größe und Struktur der semantischen Bereiche beeinflußt. Weitere Fragen sind (vgl. Witkowski 1977): Nehmen einige Bereiche der Kognition an Komplexität zu, andere dagegen ab? Gelten diese vermuteten Effekte für die Gesamtbevölkerung oder nur für einige Spezialisten? Wie und warum verändern sich kognitive Kodes? Mit welchen anderen Aspekten einer Kultur könnten Kode-Differenzen verknüpft sein? Unterscheiden sich beispielsweise Gesellschaften, die mehr von Pflanzen als von Tieren abhängig sind, in Umfang und Komplexität ihrer Pflanzen- vs. Tiertaxonomien?

4.2.2 Visuelle Umgebung

Segall, Campbell und Herskovits (1966) stellten die Hypothese
auf, daß die »visuelle Umgebung« eines Volkes die Empfänglichkeit für verschiedene optische Täuschungen beeinflußt. Im einzelnen postulierten sie, daß Menschen aus einer bebauten Umwelt
eher für die Müller-Lyer- oder Sander-Parallelogramm-Täu-
schung empfänglich seien, während Menschen, die in der freien
Natur leben, eher horizontal-vertikalen Täuschungen erlägen.[5]
Diese Hypothesen geben Anlaß zu ausführlicher Diskussion und
weiterer Forschung. Obwohl die Folgestudien diese Interpretationen qualifiziert unterstützten (Berry 1971b; Bolton u. a. 1975;
Dawson 1973; Jahoda/Stacey 1970; Stewart 1973), wurden zwei
Alternativhypothesen aufgestellt. Die eine, die Segall u. a. (1966)
selbst erörtern, besagt, daß die Empfänglichkeit für einige opti-
sche Täuschungen (insbesondere Müller-Lyer) von vorheriger
Erfahrung mit Bildern und den Konventionen abhängen könnte,
zweidimensionale Bilder dreidimensional zu interpretieren (vgl.
Leibowitz/Pick 1972). Die zweite Alternativhypothese, die ich
später besprechen werde, behauptet, daß psychophysiologische
Unterschiede für die Ergebnisse verantwortlich sind . . .

4.2.3 Sozialisation und Anpassung

Eine theoretische Orientierung mit beträchtlichem Erklärungspo-
tential ist meines Erachtens der ökologische Ansatz. Berry hat
dieses theoretische Modell befürwortet, weil es zum Verständnis
der Variationen in Wahrnehmungs- und Kognitionsprozessen
beitragen kann (Berry 1976). Er behauptet, daß je nach gesellschaftlichen Anpassungserfordernissen unterschiedliche perzep-
tive und kognitive Prozesse ausgewählt und geübt werden können. Berrys Modell weist offensichtliche Parallelen zum Modell
von Whiting und Child (1953) auf, das erklärt, wie die Umwelt
durch Sozialisation die Modalpersönlichkeit beeinflußt.

Dieser Ansatz wurde bisher vor allem zur Unterscheidung von
»Feldunabhängigkeit« und »Feldabhängigkeit« angewendet. Witkin und seinen Mitarbeitern zufolge (1975) beziehen sich »Feldunabhängigkeit« und »Feldabhängigkeit« theoretisch auf Wahr-
nehmungs»stile«, die als allgemeine Reaktionstendenzen auf eine

Vielzahl perzeptiver Erfahrungen aufgefaßt werden. Feldunabhängigkeit bezieht sich auf die »Tendenz, Teile des Feldes als vom Feld als Ganzem unterschieden zu erfahren«, wogegen bei der Feldabhängigkeit Teile »mit dem Feld verschmolzen sind oder als global erfahren werden«.

Berry (1966, 1971a) führte aus, daß Unterschiede im Wahrnehmungsstil von verschiedenen ökologischen Erfordernissen abhängig sein könnten. Er behauptet beispielsweise, daß eine Jägergesellschaft Feldunabhängigkeit fordert: Jäger müssen die Fähigkeit entwickeln, Tiere visuell vom Hintergrund zu isolieren, und sie müssen lernen, sich selbst in genauer Beziehung zu ihrer Umgebung zu sehen, um Tiere aufspüren und dann nach Hause finden zu können. Bei einer Ausdehnung seines Vergleichs zweier Temne- und Eskimo-Samples aus dem Jahr 1966 auf acht Samples aus Subsistenzmilieus (je eine traditionale und eine transitionale Gruppe in vier Gesellschaften), konnte Berry (1971a) seine Voraussage bestätigen, daß Abhängigkeit von der Jagd mit Feldunabhängigkeit korreliert.
   Auch Sozialisationsunterschiede wurden zur Erklärung der Variation in Feldabhängigkeit und -unabhängigkeit herangezogen. Dawson erweiterte die intrakulturellen Feststellungen Witkins zur These, Menschen in Gesellschaften mit »strengerer« Kindererziehung seien feldabhängiger. Dawsons (1967) und Berrys (1966, 1971a) Untersuchungen stützten diese Annahme auf der Grundlage intra- und interkultureller Vergleiche. Allerdings bildet die Sozialisationshypothese keineswegs eine Alternative zur ökologischen Erklärung. Nach Barry, Child und Bacon (1959) können unterschiedliche Sozialisationspraktiken Teil verschiedener gesellschaftlicher Anpassungsprozesse sein. Sie führen aus, daß besonders Jäger und Sammler ihre Kinder zu durchsetzungsfähigen Individualisten erziehen, während Ackerbauern und Viehzüchter (vermutlich durch »strengere« Erziehung) ihre Kinder zu fügsamen und gehorsamen Individuen erziehen. Berry (1971a) hält sowohl Kindererziehung als auch Subsistenzbedingungen für gleichermaßen wirksam – Jäger sollten feldunabhängiger sein, weil ihre Lebensweise diesen »Stil« erfordert und weil sie nicht so streng erzogen worden sind. Für warenproduzierende Gesellschaften wurde angenommen, daß die Erfordernisse der ökonomischen Entwicklung größere Feldunabhängigkeit verlangen. In der Tat konnten Gruenfeld und MacEachron (1975) in einer vergleichenden Untersuchung von Managern und Technikern aus 22 nicht-westlichen Ländern eine derartige Korrelation feststellen – je »entwickelter« eine Nation war, desto feldunabhängiger war die entsprechende Stichprobe.

Auch wenn ich davon ausgegangen bin, daß theoretische Untersuchungen (da sie Unterschiede zu erklären versuchen) gewöhnlich keine vergleichende Bewertung vornehmen, trifft das leider nicht für die Feldabhängigkeitsstudien zu. Witkin hält Feldunabhängigkeit insofern für »entwickelter« als Feldabhängigkeit, als er annimmt, daß die psychologische Entwicklung von geringerer zu stärkerer Differenzierung fortschreitet. Man beobachtete beispielsweise hier in den USA, daß Kinder um so feldunabhängiger werden, je älter sie sind. Dieser Trend könnte aber nach Cohen (1969) genau deshalb auftreten, weil unser Schulsystem den »analytischen« oder »unabhängigen« Stil in seinen Lehrplänen und Prüfungen fordert. Wenn die verschiedenen Stile der Anpassung an verschiedene Umweltbedingungen dienen, sollte weder der eine noch der andere mit der Konnotation »besser« versehen werden. Feldabhängigkeit könnte den Anforderungen solcher Gesellschaften entsprechen, in denen in erster Linie der soziale Kontext und sanfte Beziehungen wichtig sind (Munroe/Munroe 1975; Triandis 1972) . . .

Die meisten eben erörterten Untersuchungen zur Feldabhängigkeit vergleichen mehr als zwei Gesellschaften. Aber es sind untypische Beispiele – meist werden nur zwei Kulturen verglichen (zur Übersicht vgl. Witkin/Berry 1975). Aber ein Vergleich von nur zwei Kulturen kann nicht überzeugend nachweisen, daß der beobachtete Unterschied von der angenommenen Ursache bewirkt wurde, weil ein Zweikulturenvergleich die theoretische Voraussage rein zufällig häufiger bestätigt als ein Mehrkulturenvergleich. Selbstverständlich kann ein Vergleich zweier Kulturen (zum Beispiel mit Hilfe des t-Tests) einen signifikanten Unterschied zeigen, aber damit ist noch keineswegs nachgewiesen, daß die angenommene unabhängige Variable für den Unterschied verantwortlich ist, weil sie nicht experimentell manipuliert wurde. Wenn wir eine größere Anzahl Kulturen vergleichen, können wir selbst ohne experimentelle Manipulation die statistische Signifikanz der Beziehung zwischen vermuteter Ursache und angenommener Wirkung testen (Eckensberger 1973; LeVine 1970). Bessere Forschungsdesigns sollten entweder die intrakulturelle Varianz für die Überprüfung solcher Verknüpfungen ausnutzen (Berry 1966; Dawson 1967) und/oder eine Reihe von Kulturen vergleichen (Berry 1971a). In einer größeren Zahl von Kulturen zu forschen, kostet offensichtlich Zeit und Geld, aber vielleicht könnten einige Untersucher die von anderen gesammelten Daten verwenden, wie das die kulturvergleichenden Anthropologen seit Jahren tun.

4.2.4 Psychophysiologische Faktoren

Berlin und Kay (1969) und Segall, Campbell und Herskovits (1966) unterstellten, es gäbe keine physischen Faktoren der Fähigkeit zur Farb- oder Längenwahrnehmung. Bornstein (1973) und Pollack (1970) stellten diese Annahme in Frage. Variationen der Augenpigmentierung und der Pupillengröße könnten beide Fähigkeiten beeinflussen.

Es gibt einige Hinweise (Bornstein 1973), daß stärker pigmentierte Völker (mit ihren stärker pigmentierten Augen) auf dem kurzwelligen (dem blauen) Ende des Farbenspektrums weniger empfindlich sind. Diese Unterschiede könnten einen Einfluß auf die Farbnomenklatur haben. Bornstein zeigte, daß sich in den näher am Äquator befindlichen Gesellschaften überdurchschnittlich viele semantische Gleichsetzungen von Blau und Grün sowie Blau, Grün und Schwarz finden. Bei einer Auswertung statistischer Vergleichsdaten stellt Ember (1978) fest, daß näher am Äquator lebende Völker tatsächlich signifikant weniger Grundbegriffe für Farben haben. Bornsteins Hypothese ist nicht notwendig eine Alternative zu Berlin und Kay, da komplexere Kulturen eher weiter weg vom Äquator existieren. Biologische und kulturelle Faktoren scheinen allerdings zu interagieren. Ember (1978) stellte bei einer Kontrollanalyse fest, daß kulturelle Komplexität die Anzahl der Grundbegriffe für Farben nur in höheren Breiten voraussagt. Also könnte kulturelle Komplexität die Anzahl der Farbbegriffe nur dann beeinflussen, wenn ein Volk Unterschiede im »blauen« Spektrumsbereich leicht erfassen kann.

Stärkere Augenpigmentierung könnte gleichzeitig die Farbempfindlichkeit beeinträchtigen und die Fähigkeit steigern, beim Müller-Lyer-Experiment die Linienlängen abzuschätzen, weil Farbabweichungen reduziert sind und aufgrund der verringerten Pupillengröße der gerichtete Lichteinfall zunimmt. Stark pigmentierte Völker sollten dann weniger anfällig für die M-L-Täuschung sein. Erklärt die »Netzhautpigmentierungshypothese« interkulturelle Unterschiede besser als die Hypothese der »bebauten Umwelt« von Segall, Campbell und Herskovits? Berrys (1971b) Studie konnte geringe Empfänglichkeit für M-L-Täuschungen besser anhand des Pigmentierungsfaktors als des Faktors »bebaute Umwelt« vorhersagen. Es gibt weitere Indizien dafür: Die Farbe der M-L-Zeichnung beeinflußt die Empfänglichkeit für diese Täuschung, die sich dann mit wachsendem Alter verringert (Jahoda 1971; Pollack 1970). Diese beiden Befunde lassen sich nicht mit der Hypothese der visuellen Umwelterfahrung vereinbaren. Allerdings widersprechen die Ergebnisse zweier intrakultureller Vergleiche der Pigmentierungshypothese. Stewart (1973) verglich weiße und farbige Amerikaner und konnte keinen signifikanten Unterschied bei der Täuschungsempfänglichkeit feststellen. Und die Daten bei Bolton u. a.

(1975), die zwei Dörfer aus dem peruanischen Hoch- und Tiefland verglichen, standen mehr in Einklang mit der Auffassung von Segall, Campbell und Herskovits als mit der Pigmentierungshypothese. Es bedarf zweifellos weiterer vergleichender Untersuchungen dieser beiden Hypothesen.

Die Vorstellung eines möglichen Einflusses der biologischen Konstitution auf die Erstellung von Farbskalen und auf die Empfänglichkeit für optische Täuschungen ist sicherlich provozierend. Könnte die Augenpigmentierung auch einen Einfluß auf in solchen Papier- und Bleistifttests erfaßte Fähigkeiten haben, die mit Konturen arbeiten oder in verschiedenen Farben gehalten sind? Jahodas (1971) Befund, daß Studenten aus Malawi geographische Umrisse besser einschätzten, wenn diese in Rot und nicht in Blau gehalten waren (während schottische Studenten keinen Unterschied zeigten), deutet darauf hin, daß die Farbe des Testmaterials die Ergebnisse vieler anderer Studien beeinflußt haben könnte. Der mögliche Effekt physischer Unterschiede ist keineswegs auf die Augenpigmentierung beschränkt. Vor kurzem wurde behauptet, daß der Lateralisationsgrad des Gehirns ebenfalls den kognitiven Stil beeinflußt (Dawson 1972, 1973; Paredes/Hepburn 1976; in diesem Band, S. 274 ff.). Eine solche Behauptung hat derzeit höchstens vorläufigen Charakter, aber dennoch müssen solche Forschungsrichtungen verfolgt werden.

5. Zusammenfassung und Schlußfolgerungen

Kognitive Anthropologen vermieden im großen und ganzen Vergleiche und Quantifizierungen und betonten die Notwendigkeit einer Verwendung »emischer« Kategorien und Klassifikationen. Dagegen arbeiteten kulturvergleichende Psychologen explizit komparativ, wobei sie meistens Meßinstrumente verwendeten, die in ihrer Heimat entwickelt worden waren. Daher war ihr Vergleichsrahmen fast immer »etisch« oder, besser gesagt, »emisch westlich«.

Diese Divergenz im Ansatz steckt wohl hinter einigen Grundproblemen der kulturvergleichenden Kognitionsforschung. Auf der anthropologischen Seite begeht man hauptsächlich Unterlassungssünden. Nachdem sich die kognitiven Anthropologen (vielleicht aus Scheu vor Bewertung) anscheinend entschlossen hatten, *nicht zu vergleichen*, ließen sie sich gewöhnlich nicht mehr auf den Versuch ein, kognitive Differenzen und Ähnlichkeiten zu erklären oder auch nur den Psychologen bei der Entwicklung angemesseneren Testmaterials zu helfen. Die Kernprobleme der Psychologen (denen man eher tatsächlich begangene Sünden ankreiden kann) scheinen aus dem Mangel an Aufgeschlossenheit und Verständnis für die andere Kultur herzurühren. Besonders gravierend ist die geringe Sensibilität für den kulturellen Bias von Meßinstrumenten, der sie für den Kulturvergleich untauglich macht. Psychologen würden gut daran tun, diesen kulturellen Bias als Hypothese zu prüfen. Dazu sollten sie eine Vielzahl von Meßinstrumenten einsetzen, darunter mindestens einige ganz oder teilweise kulturspezifische, wie von Berry (1969) und Price-Williams (1975) vorgeschlagen. Es ließen sich auch Maße verwenden, die auf Verhaltensbeobachtungen beruhen (Nerlove u. a. 1974). Und wenn sich Forscher zum Vergleich von »Fähigkeiten« verpflichtet fühlen, stünde es ihnen gut an, »dort« Maßstäbe zu entwickeln und sie »hierher« zurückzubringen – um festzustellen, ob die »Fähigkeiten« sich immer noch zugunsten des Westens unterscheiden.

Einerseits waren die Psychologen zu sehr auf Vergleiche aus, andererseits nicht genug. Überzogen wurden Vergleiche von »Fähigkeiten« oder »Fertigkeiten« zwischen »denen« und »uns«. Wie ich zu zeigen versuchte, sind solche Vergleiche höchst problematisch und lassen sich allzu leicht für eine voreilige Feststellung von »Defiziten« der anderen mißbrauchen. Fruchtbarer (und ethischer) scheint eine Forschungsstrategie zu sein, die den *Ursachen* von Differenzen nachgeht, etwa mit der Hypothese, daß nur fehlende Vertrautheit für die Unterschiede verantwortlich ist, oder der, daß der Test etwas mißt, das wir in unseren Schulsystemen lernen. Leider sind Theorien oder einfache Hypothesen nicht besonders häufig explizit überprüft worden. Ich denke, meine Übersicht zeigt, daß die wenigen relativ stark theorietestend ausgerichteten Untersuchungen in hohem Maße alternative Erklärungen und weitere Forschung stimulierten. Und wenn eine Theorie eine Erklärung dafür liefert, warum Unterschiede der Lebensbedingungen zu unterschiedlichen Ergebnissen bei kognitiven Aufgaben führen, wird darüber hinaus die Möglichkeit negativer oder ethnozentrischer Wertungen minimiert.

Nicht vergleichend genug gingen die Psychologen insofern vor, als sie sich im großen und ganzen auf Vergleiche nur zweier Kulturen (gewöhnlich »wir« gegen eine andere Kultur) beschränkten. Selbst wenn der Psychologe eine Theorie darüber hat, welches Element der anderen Kultur für den Unterschied verantwortlich sein könnte, bringt der Vergleich nicht viel ein, denn jeder Aspekt der anderen Kultur könnte für den Unterschied verantwortlich sein. Selbst wenn der Forscher weder Mittel noch Zeit zu Feldstudien in weiteren Kulturen hat, könnte die theoretische Voraussage direkt über einen intrakulturellen Vergleich getestet werden; es ist zu prüfen, ob sich Individuen oder Gruppen, die sich in der angenommenen unabhängigen Variablen unterscheiden, auch in den abhängigen Variablen im Sinne der theoretischen Erwartung unterscheiden (de Lemos 1974; LeVine 1970). Ich vermute, daß intrakulturelle Tests aus ähnlichen Gründen nicht so häufig durchgeführt wurden, aus denen auch die Samples nicht befriedigten: Sowohl die Untersuchung intrakultureller Varianz als auch die Auswahl repräsentativer Stichproben im Feld verlangen in erster Linie für die erforderliche Bestimmung von Hintergrundmerkmalen einen hohen Zeitaufwand. Natürlich ist es die beste Strategie einer Prüfung von Theorien über interkulturelle Variationen, sich mehr als zwei Kulturen anzuschauen und dort noch intrakulturelle Vergleiche anzustellen.

Trotz der hier erörterten Probleme haben vergleichende Untersuchungen (selbst die problematischsten) eine Vielzahl interessanter Fragen provoziert. Viele dieser Fragen beziehen sich auf eng umschriebene Forschungsgebiete, aber es lassen sich eine Reihe allgemeiner Themen herausstellen. Eines der potentiell interessantesten ist der Effekt westlicher Schulbildung auf die Kognition. Wir wissen wirklich nicht viel darüber, wie Schulbildung in unserer Gesellschaft das »Denken« beeinflußt, da Schule überall mit dem Lebensalter korreliert. Wo wir nun wissen, daß sich die Art des Schulbesuchs in vielen Teilen der Welt unterscheidet und daß Bildung häufig in irgendeiner Weise mit den »Fähigkeiten« verknüpft ist, die untersucht worden sind, sollten wir jetzt beginnen, die Effekte der Schulbildung direkt zu untersuchen. Der Einfluß unterschiedlicher Augenpigmentierung, vielleicht nicht nur auf Farbbegriffe und Täuschungsempfänglichkeit, sondern auch auf Unterschiede in der Reaktion auf Testmaterial, weist darauf hin, daß biologische Unterschiede nicht übersehen werden dürfen. Möglicherweise werden viele kognitive Unterschiede durch eine Interaktion kultureller und biologischer Faktoren hervorgerufen.

Kulturvergleichende Psychologen machten uns auf viele kognitive Unterschiede aufmerksam, die einer Erklärung harren. Kognitive Anthropologen sammelten umfangreiche Daten zu semantischen Besonderheiten. Auch wenn die Anthropologen im allgemeinen keine vergleichenden Untersuchungen durchführten oder Unterschiede zu erklären versuchten, stehen ihre Daten für einen Vergleich zur Verfügung. Wir brauchen jetzt mehr Untersuchungen zur Überprüfung von Erklärungen. Wenn sich die Zahl solcher Untersuchungen vergrößert, könnte das Gebiet interkultureller Kognitionsforschung sehr aufregend werden. Neugier kennt keine Grenzen.

Editorische Anmerkungen

1 Die Begriffe »etic« und »emic« sind Abbreviationen von »phonetic« (linguistische Klassifikation von Lauten nach einem universellen Alphabet) und »phonemic« (Ordnung von Lauten in bezug auf ein spezifisches Laut- und Sprachsystem). Sie werden seit Beginn der fünfziger Jahre als Kurzbezeichnungen für universalistische vs. relativistische Konzeptionen kulturvergleichender Forschung verwendet (Eckensberger 1970, S. 27 f.).

2 »Folk taxonomies« sind ethnographische Klassifikationen von Begriffen nach ihrer kulturspezifischen Relevanz. Sie ordnen nach Kontrast- und Inklusionsbeziehungen (Tyler 1969, S. 26 und 49 f.).

3 Im Originaltext (S. 41-43) bespricht die Autorin noch »atheoretische Studien zu semantischen Unterschieden und Universalien« als dritten Forschungstyp. Dieser Abschnitt wurde in der vorliegenden Fassung weggelassen.

4 Gekürzt um Abschnitte, die Ashtons Zusammenfassung wiederholen.

5 Klassische optische Täuschungen, die in vergleichenden Studien verwendet wurden:

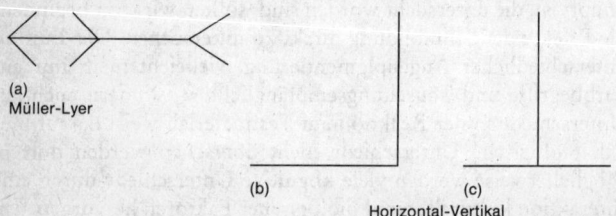

(a)
Müller-Lyer

(b)   (c)
Horizontal-Vertikal

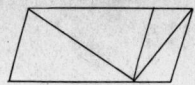

(d)
Sander Parallelogramm

(Abb. aus: Lloyd 1972, S. 68).

3.
Universalität und Relativität
von Denkstrukturen:
Sozialanthropologische Studien

Sybil Wolfram
Grundlegende Unterschiede des Denkens

Dieser Aufsatz verhandelt ein weites Thema in begrenzter Absicht. Ich beschäftige mich mit nur einer Frage, nämlich der, welche Art von Unterschied im Denken oder den Denkweisen von Gesellschaften als »grundlegend« gelten kann . . .[1] Ich will versuchen festzustellen, welche verschiedenen Arten von Thesen unter dem Schirm der Annahme eines »grundlegenden Unterschieds in der Denkweise von Gesellschaften« Platz finden oder, mit anderen Worten, eine Art Kritik der Klassifikationen von Gesellschaften und ihrem Denken aus dieser Perspektive vornehmen. Aber ich habe auch noch einen anderen Punkt im Sinn. Sozialanthropologen sprechen nicht selten von zwei Hauptklassen von Gesellschaften, so von primitiven und zivilisierten oder von traditionalen und modernen, aber meistens tun sie das beiläufig, wenn sie spezielle Themen diskutieren oder eine andere Gesellschaft der »unsrigen« gegenüberstellen. Wenige, wenn überhaupt, würden sich wahrscheinlich ernsthaft zu solchen umfassenden Einteilungen von Gesellschaften und Denkweisen bekennen, wie ich sie jetzt fast ausnahmslos verwerfen werde; und viele, insbesondere Evans-Pritchard, würden zweifellos den Versuch, solche Einteilungen überhaupt vorzunehmen, als bestenfalls verfrüht und schlimmstenfalls als falsch gedacht und komisch ansehen. Das Verdienst von Schlußfolgerungen in der Frage, die ich diskutieren will, ist teilweise negativ: gewisse, vielleicht verlockende Verallgemeinerungen aus der Welt zu schaffen, die nur durch die Begriffe suggeriert werden, mit denen Vergleiche gezogen werden. Sein positiver Aspekt ist unbestimmter und wahrscheinlich darauf beschränkt, ein oder zwei Untersuchungskanäle zu eröffnen.

1. Unterschiede von Denken, Denkweisen und Gedankengängen

. . . Wenn gefragt wird, ob es einen grundlegenden Unterschied gibt in der Denkweise der primitiven und der zivilisierten Gesellschaften oder der westlichen und der nicht-westlichen Gesellschaften, dann ist die Frage nicht, ob das Denken die Grundlage der Einteilung ist . . . Es scheint eher darum zu gehen, ob es eine Differenzierung des Denkens gibt, die helfen kann, Gesellschaften zu unterscheiden, die schon in irgendeiner anderen Weise gruppiert worden sind. Diese Frage ist offensichtlich sehr umfangreich. Wir sind weder an eine spezifische Einteilung des Denkens noch an eine einzige Einteilung von Gesellschaften gebunden. Wir scheinen auch nicht notwendigerweise auf schon vorhandene Einteilungen beider beschränkt zu sein. Was, zumindest zunächst, zur Diskussion steht, scheint die Frage zu sein, ob irgendeine Einteilung des Denkens gefunden werden kann, die ein Prinzip zur Unterscheidung von Gesellschaften liefert. Aber diese Formulierung der Frage ist zweideutig und übrigens unvollständig. Sie könnte bedeuten: »Gibt es einen Weg, das Denken oder die Denkweisen so zu klassifizieren, daß alles Denken oder alle diejenigen Denkweisen, die Gesellschaften zugeschrieben werden können, in zwei oder mehr sich wechselseitig ausschließende, erschöpfende Kategorien fallen und daß Gesellschaften danach unterschieden werden können, welche von ihnen sie besitzen?« Oder sie könnte nur bedeuten: »Können wir eine Einteilung von Gesellschaften in zwei oder mehr Klassen nach einem Unterschied in ihrem Denken vornehmen?« Die Unvollständigkeit dieser Frage oder dieser Fragen liegt an der Tatsache, daß keine Trennung von grundlegenden und nicht grundlegenden Unterschieden vorgenommen wurde.

Das ist besonders deutlich bei der zweiten, die verdächtig einfach bejahend zu beantworten ist. Alles, was wir tun müssen, ist, ein Denken auszuwählen, das Gesellschaften zugeschrieben werden kann und Gesellschaften unterteilen kann in solche, die es besitzen, und solche, die es nicht besitzen. Es ist mit Wahrscheinlichkeit anzunehmen, daß »unsere« oder die »westliche« Gesellschaft ein bestimmtes Denken, bestimmte Gedanken hat, die von keiner anderen bekannten Gesellschaft geteilt werden, und daß, einerlei wie genau die Gesellschaften abgegrenzt worden sind, dasselbe für jede von ihnen gilt. Wir müßten wahrscheinlich auch sehr ungeschickt sein, wenn wir nicht irgendeinen Gedanken ausmachen könnten, den die Mitglieder einer Gruppe bekannter Gesellschaften besitzen, aber keines der Mitglieder einer anderen Gruppe, einerlei, wie die Zugehörigkeit zu den Gruppen bestimmt worden war; dann wären wir genauso ungeschickt, wie wenn wir für einen Paarvergleich zwischen bestimmten Personengruppen kein Unterscheidungsmerkmal finden würden. Wenn sich das Denken allerdings auf den neuesten Popstar oder die Wirksamkeit von Zahnpasta bezöge, wäre die ganze Sache von geringem Interesse. Daß eine Gesellschaft oder eine Gruppe von Gesellschaften mit ihrem Glauben an Zahnpasta allein steht, kann sie von anderen Gesellschaften unterscheiden; aber so, wie die Dinge liegen, könnte dieser Unterschied kaum als grundlegender Unterschied zwischen ihnen gelten. Wenn natürlich eine Gesellschaft, die an Zahnpasta glaubt, eine »Quetsch-Gesellschaft« genannt würde und eine, die nicht daran glaubt, eine »Quatsch-Gesellschaft«, dann müßte man korrekterweise sagen, daß der grundlegende Unterschied zwischen Quetsch- und Quatsch-Gesellschaften darin besteht, daß die eine an die Wirksamkeit von Zahnpasta glaubt, die andere aber nicht.

Aber wo wir Klassifikationen erfinden und manchmal sogar, wenn wir es nicht tun, verlangt die Frage: »Gibt es einen grundlegenden Unterschied zwischen …?« oder: »Ist dies und jenes ein grundlegender Unterschied zwischen …?« nach einer anderen Interpretation. Wenn man uns sagt, daß der wesentliche Unterschied zwischen einem Pferd und einem Pony darin liegt, daß das eine mehr, das andere weniger als 142 cm Schulterhöhe mißt, werden wir uns weiter fragen, ob hier wirklich eine grundsätzliche Differenz zwischen beiden liegt. Die Frage ist dann nicht die nach der Grundlage für eine Unterscheidung zwischen zwei Begriffen, sondern danach, ob diese Unterscheidung weitere nach sich zieht.

Der Ausdruck »nach sich ziehen« muß hier ernst genommen werden. Worum es hier geht, ist nicht einfach eine Sache der Korrelation von der Art, daß, wenn sich herausstellte, daß Gesellschaften, die an Zahnpasta glauben, sich Haustiere halten und Schuhe tragen, und Nicht-Zahnpasta-Gesellschaften das nicht tun, Glauben oder Nichtglauben an Zahnpasta automatisch ein fundamentaler Unterschied wird. Damit es einer würde, müßte entdeckt werden, daß da ein Unterschied vorliegt, der noch andere hervorbringt oder, mit anderen Worten, daß wir Grund zu der Annahme haben, daß, wenn eine Gesellschaft dahin kommt, an Zahnpasta zu glauben, noch weitere Veränderungen daraus folgen werden. Diese müssen wohl auch von einer bestimmten Art sein, wenn der Begriff »grundlegend« angewandt werden soll. Wenn ein Sozialanthropologe nach grundlegenden Unterschieden im Denken von Gesellschaften sucht, richtet sich seine Suche auf eine Möglichkeit, gewisse Züge ihres Verhaltens zu erklären oder zu klassifizieren, und nur Unterschiede im Denken, die die Grundlage für Verhaltensunterschiede bilden, werden normalerweise in seinen Augen als grundlegend gelten können.

Nach diesem Kriterium gibt es eine große Menge diverser Unterschiede im Denken, die Anspruch auf die Qualifikation »grundlegend« haben. Der Glaube, daß das, was wir Zufall oder Glückssache nennen, durch Handlungsmacht von Personen verursacht ist, ist in diesem Sinn ein grundlegender Denkunterschied zwischen den Zande und uns. Dasselbe wäre von uns und bestimmten anderen Gesellschaften auszusagen, beispielsweise im Blick auf die unterschiedliche Grundlage, nach der verwandtschaftliche Beziehungen nach Abstammung und Zuheirat geschieden werden. Auch das bringt Verhaltensunterschiede einer Art hervor, die für den Anthropologen interessant ist. Jedes beliebige dieser Kennzeichen könnte natürlich für eine Zweiteilung der Gesellschaftsformen verwendet werden, nähme man als einziges Hilfsmittel die Unterscheidung von Gesellschaften danach, ob sie diese oder jene Anschauung besitzen oder nicht, ob sie glauben oder nicht glauben, daß alles verursacht ist, ob sie die Ehe als ein Band zwischen unilinearen Abstammungsreihen betrachten oder nicht. Ob das ein sinnvolles Verfahren wäre, ist eine andere Frage. Wenn Gesellschaften, die nicht daran glauben, daß alles verursacht ist, oder die die Ehe nicht als ein Band zwischen unilinearen Abstammungsreihen betrachten, sich deutlich darin unterscheiden, was sie bezüglich der Verursachung von Ereignissen oder über die Natur ehelicher Bindung denken, dann scheint uns das nicht sonderlich beeindruckend. Es wird viel interessanter, wenn sich eine gewisse Einheitlichkeit in Glauben und Verhalten innerhalb der negativen Kategorie feststellen läßt, oder wenn vielleicht Verwandtschaftsstrukturen oder Ansichten von der Kausalität in eine größere Anzahl von Kategorien entlang einer einzigen Trennungslinie geschieden werden können, wobei dann jede von ihnen ein unterscheidbares Verhalten zur Folge hätte. Im späteren Verlauf werde ich zu zeigen versuchen, wie der Begriff der grundlegenden Differenz dementsprechend schärfer gefaßt werden kann.

Derartige Klassifikationen müssen scharf von solchen geschieden werden, die eine befriedigende, bejahende Antwort auf die erste erwähnte Frage geben könnten, nämlich: »Gibt es eine Möglichkeit, Denkweisen in der Art zu unterscheiden, daß alle, die Gesellschaften irgendwie zugeschrieben werden können, unter einander ausschließende, erschöpfende Kategorien fallen, und daß Gesellschaften danach unterschieden werden können, welche von ihnen sie besitzen, und daß Verhaltensweisen entsprechenden Denkkategorien zugeordnet werden können?« Eine Art, den Unterschied auszudrücken, ist die, daß man sagt, daß die ersteren die Gesellschaften danach klassifizieren, welche einzelnen Gedankengänge sie haben, und nicht, wie es zur Beantwortung unserer Frage nötig wäre, danach, welche *Art* von Denken oder Denkweise sie haben. Dies läuft sicherlich nicht auf dasselbe hinaus, und es kann offenbar nicht als selbstverständlich angesehen werden, daß die Gesellschaften, weil sie in einzelnen Gedankengängen differieren, sich deswegen auch in der Art ihres Denkens unterscheiden oder in der Natur der Denkweise, die zu ihnen führt. Es gibt keinen Grund *a priori* für die Annahme, daß alle einzelnen Gedankengänge irgendeiner Gesellschaft einen gemeinsamen Zug tragen, der sie von allen aus einer anderen unterscheiden würde, oder daß sie alle von einer einzigen spezifizierbaren Denkweise abzuleiten wären.

Das Gesagte soll in keiner Weise eine Klassifikation nach einzelnen Gedankengängen schlechtmachen. Eher umgekehrt. Die Entdeckung, daß Gesellschaften nach Denkweisen unterscheidbar sind, würde eine unvergleichlich bedeutendere Entdeckung darstellen, gleichrangig vielleicht mit der, daß verschiedene Arten von Lebewesen nach jeweils anderen Chromosomensätzen unterschieden werden können oder verschiedene Arten von Substanzen nach ihrer atomaren Struktur. Und daß es so sein kann, kann von vornherein oder nach unserem gegenwärtigen Kenntnisstand keinesfalls ausgeschlossen werden. Andererseits spricht wenig dafür, daß es sich so verhält. Natürlich gibt es Methoden, das Denken mehr oder weniger befriedigend nach Arten zu klassifizieren, und es gibt Klassifikationen der Denkweisen, die diesem Modell wenigstens nahekommen. Jedoch sind, wie ich zeigen möchte, die Aussichten nicht eben rosig, damit eine Klassifikation der Gesellschaften und ihrer Handlungsweisen zu fundieren, wahrscheinlich viel weniger als über den Vergleich einzelner Gedankengänge.

2. Wissenschaftliche und unwissenschaftliche Denkweise: Ein unbrauchbares Klassifikationsinstrument

… Wenn wir das wissenschaftliche gegenüber anderem Denken, dem künstlerischen oder dem praktischen etwa, kennzeichnen wollen, so tun wir das zunächst oft nach seinem Gegenstand, das heißt Wahrheit zu entdecken und zu beweisen. Innerhalb dieser Kategorie sollten wir es wahrscheinlich auch noch nach der Natur der gesuchten wahren Aussagen unterscheiden, danach, daß sie – anders als die des Historikers – von allgemeiner und nicht besonderer Art sind und ungleich denen, mit denen sich die Mathematik befaßt, kontingent und nicht notwendig sind; daß es für ihre Entdeckung daher der Beobachtung bedarf, nicht nur der Deduktion. Es leuchtet ein, daß das nicht eben vielversprechende Kategorien für die Unterscheidung von Gesellschaften sind. Und wenn man das wissenschaftliche Denken unserer Gesellschaft dem Denken in anderen Gesellschaften gegenüberstellt, statt anderen Denkweisen innerhalb unserer eigenen, dann ist der am häufigsten aufgesuchte Kontrast der mit solchen Denkformen wie der magischen oder der religiösen. So wird der Vergleich vorgenommen zwischen dem Teil in unserem Denken, der es mit Verallgemeinerung zu tun hat, und einem entsprechenden Teil in anderen Gesellschaften.

In unserer Gesellschaft wäre Beobachtung der Welt als die einzig gute Grundlage für eine allgemeine Anschauung von ihr angesehen und der Besitz von gut begründeten allgemeinen Anschauungen wiederum als die einzige solide Basis für Anschauungen von einzelnen Dingen, die wir nicht direkt beobachten können, wie das zum Beispiel bei Ereignissen der Fall ist, die noch nicht eingetreten sind. Anschauungen der Art, daß Ereignisse des Typs X solche des Typs Y verursachen, könnten nur durch den Beweis begründet werden, daß, wann immer Ereignisse des X-Typs geschehen, solche des Y-Typs folgen. Desgleichen muß, will man begründen, daß man X tut, um Y damit zu bewirken, gut bewiesen sein, daß Y regelmäßig X folgt. Das Fehlen wissenschaftlichen Denkens in einer Gesellschaft besteht nach dieser Annahme darin, daß Anschauungen allgemeiner Art oder solche über noch nicht eingetretene Ereignisse nicht auf der Grundlage von beobachteten Regelmäßigkeiten gebildet werden, das heißt, daß Anschauungen nicht auf dieser Grundlage gebildet oder nicht auf sie gestützt werden. Die Einteilung von Gesellschaften in solche, die wissenschaftlich denken, und solche, die das nicht tun, beruht also nicht auf einer Unterscheidung der Denkweise im allgemeinen, sondern nur auf der eines ihrer Teile. Dementsprechend ist nicht zu erwarten, daß sich auf diese Weise eine Einteilung aller Gedankengänge, die Gesellschaften irgend zugeschrieben werden können, treffen läßt, sondern bestenfalls jenes Teils, der sich mit Klassen von Einzelphänomenen und mit solchen beschäftigt, die gegenwärtig nicht zu beobachten sind.

Die Annahme ist in sich äußerst unwahrscheinlich, daß es Gesellschaften geben sollte, bei denen überhaupt keine Anschauungen über alle diese Fragen bestehen, oder jedenfalls keine, die sich auf die Beobachtung von Regelmäßigkeiten gründen. Das Überleben wäre in einem solchen Fall so unwahrscheinlich, daß der Gedanke keiner Erwägung wert zu sein scheint; man könnte aber immerhin den begrenzteren, doch immer noch höchst anspruchsvollen Satz vertreten, daß in gewissen Gesellschaften und Epochen, wie etwa unserer eigenen, Anschauungen stets oder normalerweise auf beobachteten Regelmäßigkeiten basieren, während sie in anderen häufig oder vorwiegend eine andere Quelle haben.

Sie mögen sich auf die Tradition stützen, auf das Wort Gottes oder auf das Wort Marx' anstatt auf Tatsachen oder was immer sonst als Wahrheitskriterium gesetzt werden kann. Eine Differenzierung des Denkens in dieser Richtung könnte, würde sie funktionieren, Unterschiede sowohl in der wissenschaftlichen wie in der technologischen Entwicklung von Gesellschaften und ihrem sozialen Handeln erklären. Die Anschauungen auf Beobachtung zu gründen, ist offensichtlich eine Vorbedingung für Naturwissenschaft und Technologie, und man kann auch annehmen, daß es zu anderen Anschauungen und sozialen Handlungsweisen führt als jede andere Methode. So ansprechend oder gar plausibel das im ersten Moment scheinen mag, ist es ziemlich klar, daß es nicht funktioniert, ja, daß das nicht einmal zu erwarten ist. Hierfür gibt es vor allem zwei Gründe.

Der erste ist, daß die Einteilung von Gesellschaften in solche, die wissenschaftlich denken, und in solche, die das nicht tun, überhaupt nicht evident ist. Von einer Gesellschaft oder Epoche, in der eine Aussage unabhängig von Beobachtungen für wahr gehalten worden ist, nur weil sie immer geglaubt worden ist oder in der Bibel steht, könnte man sicher sagen, daß sie unwissenschaftlich und in der Tat in einer Weise denkt, die für uns uneinsichtig ist. So ist es ein glücklicher Umstand für unsere Gutgläubigkeit, wenn auch nicht für die Aussichten einer Einteilung der Gesellschaft auf solcher Grundlage, daß die Tatsache, daß man solche Quellen anführt oder sich sogar auf sie verläßt, in Wahrheit gar nicht zu einer so radikalen Verschiedenheit in der Behandlung von Fakten führt. Das ist leicht an dem uns vertrautesten Fall zu sehen, der protestantischen Behandlung von Gottes Wort, aber dasselbe gilt *mutatis mutandis* sicherlich auch von den übrigen Fällen.

Es ist zunächst eine offensichtliche und wichtige Unterscheidung zu machen zwischen einer anerkannten Weise, Anschauungen zu begründen, und ihrer tatsächlichen Grundlage. Daß jemand seine Anschauung zu begründen versucht, daß X = Y ist, und zum Beweis dafür E anführt, bedeutet nicht, daß seine Anschauung auf E beruht, das heißt, daß er sie sich wegen E gebildet hat oder sie aufgeben würde, sollte sich E als falsch herausstellen. Und es kann nicht für selbstverständlich genommen werden, daß das, was immer die gesellschaftlich akzeptable Form von Evidenz ist, die Grundlage für alle oder auch nur die meisten der allgemein oder individuell vertretenen Anschauungen bildet. Was ich sagen will, ist nicht so sehr, daß Mitglieder einer Gesellschaft normalerweise Gottes Wort zur Stützung einer Anschauung, die sie vertreten, anführen und gleichzeitig andere Anschauungen vertreten mögen, die ihnen direkt zuwider laufen, sondern eher, daß ihre Anschauungen nicht immer in direkter Abhängigkeit zu dem stehen werden, was die Bibel sagt. In manchen Fällen ist das in der Tat unmöglich. Es wird immer eine Menge von Fragen geben, zu denen jede schriftliche Quelle schweigt, und wenige Aussagen oder Gebote, die so klar sind, daß über ihren Sinn kein Zweifel bestehen kann. Die biblische Behandlung der Frage, welche Verwandten einander nicht heiraten sollen, ist ein amüsantes und typisches Beispiel für die wohlbekannten Möglichkeiten der Interpretation. Leviticus 18² enthält eine genaue Liste dieser Verwandten. Dennoch fanden im England des 18. und 19. Jahrhunderts zum Beispiel nicht weniger als vier Ansichten darüber Beifall, was Gott nun gemeint habe. Einige meinten, Er habe die Liste wörtlich so gemeint. Die Juristen verfolgten die Linie, daß die genannten Verwandten nur Beispiele und alle »wie sie« natürlich als eingeschlossen zu betrachten seien; andere wiederum brachten die Ansicht vor, Er habe ein auf die antike jüdische Gesellschaft zugeschnittenes Ehegesetz niedergelegt; schließlich hielt ein kleinerer Kreis daran fest, daß das als »heiraten« übersetzte Wort falsch übersetzt sei und das Kapitel die Frage verbotener Ehen überhaupt nicht berühre. Ebenso wie man sich einerseits direkt auf die Textevidenz berief, so andererseits auch auf die Vorstellung der Konsistenz und Vernünftigkeit von Gottes Willen, und das bedeutete in der Praxis, daß sich die Kontroverse über die Eherechtsfrage darum drehte, was konsistent oder vernünftig zu tun wäre (Wolfram 1961). Obwohl also Gottes Wort ständig und in gutem Glauben angeführt wurde, kann man kaum sagen, es sei die Grundlage für die vertretenen Anschauungen gewesen. Die Form des Arguments lief so, daß Gott P gemeint haben mußte, weil P wahr ist, und nicht, daß P wahr ist, weil Gott es gesagt hatte; eine Anschauung, die vielleicht ihren schönsten Ausdruck in Berkeleys Theorie gefunden hat, daß die Naturgesetze Gottes Zeichensprache seien (Berkeley 1733, Abschnitt 38 ff.).

Es ist ebenso leicht zu sehen, wie sich ein Volk auf Gottes Wort nicht nur berufen, sondern auch verlassen kann, zumindest für einige seiner Anschauungen, ohne eine andere Denkweise als die der Wissenschaftler zu besitzen. Es mag beispielsweise geglaubt werden, daß das Studium von Gottes Wort ein besserer Weg ist, in schwierigen Fällen die Wahrheit zu finden, als sich auf solche Belege zu verlassen, wie wir sie zusammenzutragen vermögen. Eine solche Ansicht läßt sich eher induktiv als deduktiv begründen. Wenn Bischof Butler beispielsweise den Versuch, das Glück aufs höchste zu steigern, anstatt zu tun, wozu Gott uns durch unser Gewissen anleitet, als »den schlimmsten Fehler, den man sich vorstellen kann« verdammt, dann nicht, weil er das Objekt für falsch gewählt hielte, sondern weil er denkt, daß die Beobachtung den Schluß nahelegt, daß die Mittel seltener von Erfolg gekrönt werden (Butler 1739, 10/2). Wäre das so, dann wäre es in der Tat »unwissenschaftlich«, Gottes Wort (oder jedenfalls unserer inneren Stimme) in unserem Bemühen, das Richtige zu tun, nicht zu folgen. Das Vertrauen auf unsere Kompetenz, die Auswirkungen unserer Handlungen auf das Glück richtig einzuschätzen, oder die Weigerung, uns auf unser Gewissen zu verlassen, weil wir es für geprägt von unserer Erziehung halten, mag dem, was wir jetzt zu wissen glauben, weniger widerstreiten als das Beharren darauf, daß uns unser Gewissen richtig leitet, weil es uns von einem allguten und allwissenden Wesen gegeben ist; aber es ist ganz offensichtlich an sich nicht wissenschaftlicher.

Ob wir Vertrauen auf Gottes Wort als Beleg für unwissenschaftliches Denken ansehen oder nur als das Ergebnis einer verfehlten Theorie von vielleicht besonders verheerender, weil ganz besonders umfassender Natur, hängt davon ab, ob die Tatsachen, die nach unserer Ansicht ihren Irrtum beweisen, den Anhängern dieser Theorie bekannt waren. In jedem Fall läßt sich kaum bestreiten, daß sehr ähnliches Denken auch gegenwärtig in unserer Gesellschaft vorkommt. Anschauungen werden jetzt natürlich normalerweise durch Verweis auf Fakten oder auf die Entdeckungen der Wissenschaft begründet, und viele von ihnen sind zweifellos besser begründet als viele Anschauungen in Gesellschaften, die der modernen Wissenschaft oder Technologie nicht ausgesetzt sind. Aber daraus folgt offensichtlich nicht, daß sie sämtlich auf Fakten gestützt wären, oder auch nur, daß keine Anschauungen mehr vertreten würden, die im scharfen Gegensatz zu bekannten Tatsachen stehen. Auf der Suche nach Beispielen müssen wir wirklich nicht weiter blicken als in die Sozialanthropologie selbst.

Die verschiedenen Theorien, die um die Erklärung sogenannter Inzestverbote wetteifern, um nur einen Komplex herauszugreifen, sind bestimmten Schriften der vorwissenschaftlichen Zeit ganz offenbar weit mehr verpflichtet als der Beobachtung und entfalten ein Geschick im Ausweichen vor widersprechendem Material, das es mit jeder theologischen Lehre aufnehmen kann (vgl. Wolfram 1956, Kap. 4-6). Da solche Theorien nicht zum gesellschaftlichen Allgemeingut wurden und so auch keine Wirkung auf die Gesetzgeber hatten, ist es unwahrscheinlich, daß sie viel Einfluß auf die gesellschaftliche Praxis gewinnen konnten; aber sie belegen, wenn es dessen noch bedarf, daß überprüfbare Anschauungen in unserer Gesellschaft und in unserer Zeit genausowenig generell auf Fakten gegründet werden, wie in anderen durchweg das Gegenteil zutrifft.

Aber auch wenn die Einteilung des Denkens in wissenschaftliches und unwissenschaftliches uns eine brauchbare Unterscheidung der Gesellschaften ermöglichte, dann gibt es doch noch einen anderen und meines Erachtens gewichtigeren Grund, aus dem sie kaum ein Trennungskriterium für gesellschaftliche Praktiken abwirft. Dieser Grund ist der, daß es einen bedeutenden Sektor gesellschaftlicher Praxis gibt, der nicht als abhängig davon angesehen werden kann, auf welche wahren und falschen Anschauungen sich eine Gesellschaft stützt; und dieser Sektor umfaßt einen recht beträchtlichen Anteil an Praktiken (wenn nicht alle), an denen sich die Sozialanthropologie besonders interessiert gezeigt hat.

Was eine Gesellschaft zu tun unternimmt oder verlangt, um ein bestimmtes Ziel zu erreichen, hängt mit Sicherheit von den Mitteln ab, die man, aus guten oder schlechten Gründen, für geeignet hält. Und natürlich gibt es Verhaltensregeln dieser Art in unserer wie auch in anderen Gesellschaften. Verkehrsregeln beispielsweise werden gewöhnlich in der Meinung gewählt, daß sie gut oder jedenfalls die besten Mittel sind, um spezifische Dinge wie Geschwindigkeit und Sicherheit zu garantieren, und die Anschauungen, auf denen sie beruhen, stützen sich wahrscheinlich auf Beobachtung und können abgeändert werden, wenn sich neue Umstände einstellen oder neue Tatsachen bekannt werden. Auf der anderen Seite kann es wohl der Fall sein, daß viele herrschende Ansichten darüber, was moralisch (im Gegensatz zu gesellschaftlich) richtig oder falsch ist, sich von Anschauungen, seien sie nun richtig oder nicht, über den geraden Weg zum Glück in unserer Gesellschaft herleiten. Aber ebenso kann kein Zweifel daran bestehen, daß viele formalisierte und informelle Verhaltensregeln in unserer Gesellschaft wie in anderen nicht von dieser Art sind und nicht von Anschauungen abhängen, die sich in dieser Weise auf Evidenz stützen könnten. Bisweilen gibt es eine gesellschaftlich akzeptierte Begründung, die es so aussehen läßt, als ob die fraglichen Regeln so zweckmäßig wären wie die Straßenverkehrsregeln, beispielsweise, wenn unsere Eheverbote zwischen nahen Verwandten auf die schlimmen Effekte von Inzucht zurückgeführt werden. Diese Anschauung ist wohl durch die bekannten Fakten nur schwach gestützt, wenn sie ihr nicht geradezu widersprechen, so daß sie, wäre dies die Basis des Verbots, ein Ergebnis nicht von wissenschaftlichem, sondern von unwissenschaftlichem Denken wäre. Und was noch wichtiger ist, unsere Praxis entspricht ihm nicht. Weder verhindern wir konsequent Ehen, die genetisch schlechte Resultate haben müßten, noch beschränken wir uns auf das Verbot der Eheschließung unter Verwandten, die nach unserer Auffassung solche Resultate haben könnten. In England sind Eheverbote zwischen Angeheirateten immer ein integraler Bestandteil des Gesetzes über verbotene Ehen gewesen und sind es, wenn auch in stark beschnittener Form, noch heute (vgl. Wolfram 1961). In anderen Fällen gibt es keine gleichermaßen allgemein akzeptierte Begründung. Auf Befragen könnten wir wohl einige hygienische Gründe dafür vorbringen, Tiere, die wir als Haustiere halten, nicht zu essen, oder wir könnten den Brauch, ihnen Namen zu geben, mit seiner Zweckmäßigkeit erklären. Aber wir kämen in die größte Verlegenheit, sollten wir eine Begründung für die (noch 1969 in England übliche) Besteuerung von Ehemann und Ehefrau als eine Person geben, heute, wo die biblische Begründung für ihre Einheit nicht mehr akzeptabel sein dürfte, gar nicht zu reden von Praktiken wie denen, daß die Männer in der Kirche ihren Hut abnehmen oder daß man Kranken Blumen und andere Geschenke mitbringt. In Fällen, in denen wir zur Begründung unserer Verhaltensregeln entweder keine Anschauung haben, die vorgibt, sie könnte auf Beobachtung gestützt werden, oder keine, von der das ernsthaft angenommen werden kann, neigen wir dazu, uns auf eine mehr allgemeine, gesellschaftlich akzeptierte Anschauung zurückzuziehen: Diese Regeln entsprächen Prinzipien des Utilitarismus oder seien Relikte davon.

Die erwähnten Fälle – die Liste ließe sich beliebig verlängern – legen nahe, daß wir, wollen wir an dieser Theorie festhalten, einige bemerkenswert schlecht begründete Anschauungen und ein gutes Teil unwissenschaftlichen Denkens uns selbst zuzuschreiben haben aufgrund der schlecht gewählten Mittel, die wir für unsere Zwecke benutzen. Es scheint im ganzen eher wahrscheinlich, daß die Theorie falsch ist und daß es eher belegbar ist, die gesellschaftlichen Praktiken, von denen die Rede war, nicht als Mittel zu Zwecken anzusehen, sondern vielmehr als Weisen, gesellschaftliche Anpassungs- und Unterscheidungsprozesse zu markieren (vgl. Lévi-Strauss 1962/1968). Wenn wir von oder gegenüber Menschen, die auf die eine oder die andere Weise ausgezeichnet sind, ein bestimmtes Verhalten verlangen, oder wenn wir bestimmte Anlässe durch ein ihnen angemessenes Verhalten hervorheben oder denen, die in dieser oder jener besonderen Weise miteinander verbunden sind, dieses oder jenes vorschreiben, dann ist die Richtigkeit oder Falschheit dessen, was wir tun, nicht überprüfbar. Wenn es nicht der Zweck dieser Regeln ist, bestimmte Ergebnisse hervorzubringen, dann kann man sie einleuchtenderweise auch nicht als das Ergebnis wissenschaftlichen oder unwissenschaftlichen Denkens in Ansehung ihrer Effektivität als Mittel klassifizieren. Wiederum ist es nicht denkbar, daß das Vorhandensein von so zweckfreien Verhaltensregeln in einer Gesellschaft an sich ein Zeichen für eine unwissenschaftliche Denkweise ist. Die Zuordnungen von Verhaltensweisen zu bestimmten Klassen von Personen, Gelegenheiten oder Beziehungen können der Form nach mit wissenschaftlichen Theorien verglichen werden, aber auch entgegengesetzt, weil sie, ungleich ihnen, einer Beurteilung nach wahr und falsch nicht unterworfen sind. Wenn wir das wollen, können wir sie sicherlich als »unwissenschaftlich« etikettieren und auf diese Weise gesellschaftliche Praktiken, die aus unwissenschaftlichem Denken stammen, von solchen unterscheiden, die wie solche, die bestimmte Ergebnisse garantieren sollen, für ihr Gelingen des wissenschaftlichen Denkens bedürfen. Das mag eine Unterscheidung ermöglichen zwischen gesellschaftlichen Praktiken wie denen, Kranken Blumen zu schicken, und solchen wie der, ihnen Ruhe zu gönnen. Aber es scheint nicht den leisesten Grund für die Annahme zu geben, daß dies eine Unterscheidung ist, die auch eine Unterscheidung zwischen Gesellschaften erlaubt. Die Zuordnungen, auf denen Praktiken wie die ersteren beruhen, stellen keine kuriose und wirkungslose Spielart von Naturgesetzen dar, ebensowenig wie die Naturgesetze eine kuriose und wirkungslose Art der Kommunikation darstellen, deren Gott sich in Ermangelung von Besserem bedient hätte. Wir dürfen natürlich erwarten, daß gute Wissenschaft die schlechte verdrängt oder daß eine Gesellschaft, die richtige Theorien entdeckt hat, fehlerhafte ausscheidet; aber es scheint nicht mehr Grund für die Annahme zu geben, daß eine Gesellschaft, die sich der Wissenschaft verschreibt, Praktiken von der beschriebenen Art abstoßen wird, als dafür, daß einer, der eine Zimmermannslehre beginnt, deshalb aufhört, Klavier zu spielen.

3. Vom Nutzen der Rede vom »grundlegenden Unterschied«

Nichts von alledem beweist natürlich, daß es keine Einteilung von Gedanken oder Denkweisen in Kategorien geben kann, die zur Unterscheidung von Gesellschaften und ihren Praktiken im ganzen dienen könnte. Nichtsdestoweniger scheint es der Mühe wert, auf eine Einteilung zurückzugreifen und sie kurz zu bedenken, die die Gesellschaften auf der Grundlage einzelner Gedankengänge unterscheidet, besonders von unüberprüfbaren, die viele der gesellschaftlichen Praktiken, wie sie die Anthropologen interessieren, hervorzubringen scheinen. In dieser Richtung läßt sich der Begriff von »grundlegenden Unterschieden des Denkens« vorteilhaft gebrauchen, unabhängig von der Realisierbarkeit eines einzigen Klassifikationskriteriums für Gesellschaften.

Die Praktiken von Gesellschaften auf der Grundlage einzelner Gedankengänge zu gruppieren, aus denen sie hervorgehen, heißt offenbar, etwas zu tun, das sich beispielsweise gerade von einer Klassifikation nach Zweckbestimmungen unterscheidet. Und Aussagen von der Art, daß diese oder jene Praktiken zu einer ganzen Reihe gehören, die aus diesem oder jenem Einzelgedanken resultieren, sind genauso offensichtlich Aussagen von Substanz. Zieht man das ungebräuchliche Verhalten, Haustiere zu essen, mit dem Brauch, ihnen Namen zu geben, zu einer Gruppe von Praktiken zusammen, die dem Gedanken entstammt, daß Haustiere wie Menschen sind, oder die Behandlung von Ehemann und Ehefrau durch den Steuerbeamten mit Praktiken wie denen, ihnen dieselbe Wohnung zuzuschreiben oder von ihnen zu verlangen, die Verwandtschaft jeweils des anderen zu übernehmen, als resultierend aus dem Gedanken, daß ein Ehepaar mehr als eine einzige Person anzusehen ist denn als zwei, dann schafft das eine gewisse Ordnung der gesellschaftlichen Praktiken, selbst wenn viele solcher Gedanken und Praktiken jeder Gesellschaft zukommen mögen. Daher läßt sich die Annahme eines »grundsätzlichen Denkunterschieds« begründen, sobald der Unterschied in den Praktiken zweier Gesellschaften das Vorhandensein eines Gedankengangs in der einen und sein Fehlen in der anderen voraussetzt.

Indes ist oftmals, wenn ein grundlegender Unterschied im Denken von zwei oder mehr Gesellschaften oder Gruppen von Gesellschaften gegeben sein soll, mehr als das gemeint, da man etwas noch Wesentlicheres im Blick hat. Ich will nur zwei solcher zusätzlichen Erfordernisse erwähnen. Bei dem ersten, das ich zuvor schon berührt habe, geht es um die Unterscheidung zwischen dem Vorhandensein einer Verhaltensregel und ihrem Fehlen. Eine Verhaltensregel muß die folgende Form haben: »Tue X, tue Y nicht«; und man kann sagen, daß sie eine Klasse von Gegenständen nur dann betrifft, wenn sie auf alle von ihnen anwendbar ist. »Nicht-Blutsverwandte dürfen einander heiraten« ist keine Verhaltensregel, und: »Einige von denen, die nicht miteinander blutsverwandt sind, dürfen einander nicht heiraten« betrifft nicht die Klasse aller derer, die nicht blutsverwandt sind. Es wird vorzuziehen sein, den Gebrauch der Wendung »ein grundlegender Unterschied im Denken« auf die Fälle zu beschränken, in denen zwei Gesellschaften nicht nur miteinander unvereinbare Gedanken haben, sondern bei denen jeder von diesen auch Verhaltensregeln begründet ...

Aber die Anforderungen können noch höher geschraubt werden. Man könnte behaupten, daß, wenn eine Gesellschaft alle Verwandtschaftsbande über die Abkunft von der männlichen Linie entstehen läßt und eine andere alle durch Abkunft von der weiblichen Linie, das keinen grundsätzlichen Gedankenunterschied zwischen ihnen darstellt. Der Grund dafür ist, daß sie in diesem Falle auch gemeinsame Ansichten besitzen müssen: daß alle Verwandtschaftsbande durch Abkunft über ein einziges Geschlecht entstehen, daß »mit jemandem verwandt sein« eine transitive Beziehung ist; sie weisen also eine grundsätzliche Ähnlichkeit des Denkens auf. Es besteht ein möglicherweise vielversprechender Gegensatz zwischen Unterschieden mit einem gemeinsamen Nenner, wie hier, und Unterschieden, bei denen das nicht zutrifft. Wenn die Gesellschaft A denkt, daß alle Verwandtschaftsverhältnisse durch Abkunft über nur ein Geschlecht entstehen, und wenn im Denken von Gesellschaft B Abkunft von einem der beiden Geschlechter oder über beide gleichermaßen keinen Unterschied macht, dann müssen sie auch gemeinsame Gedankengänge haben, zum Beispiel, daß einige Verwandtschaftsbande durch Abkunft über nur ein Geschlecht entstehen, daß diese jedoch nicht derart sind, daß sie zu Verhaltensforderungen führten, die eine Reihe von Punkten von einer anderen unterscheiden. Und während A aus »verwandt sein« eine transitive Beziehung macht, macht B sie zu einer nicht-transitiven. Mit anderen Worten, wenn X mit Y verwandt ist, und Y mit Z, dann muß in Gesellschaft A X mit Z verwandt sein, während er es in B sein oder auch nicht sein kann. Das bedeutet wiederum, daß Verhaltensregeln, die Verwandtschaftsverhältnisse kennzeichnen, in Gesellschaft A eine Form annehmen können, die sie in Gesellschaft B nicht annehmen können: mit jemandem verwandt zu sein, kann in B nicht, wie in A, dadurch gekennzeichnet werden, daß es die Konsequenz nach sich zieht, man habe sich zu verhalten oder in gewisser Weise zu sein wie er, oder dadurch, daß man zu demselben Clan wie er gehört; denn das sind transitive Beziehungen, und nur solche nicht-transitiven Beziehungen wie »sich jemandem gegenüber in der und der Weise verhalten« können eine bestimmte Reihe von Personen auf der Basis nicht-transitiver Relationen aussondern. In unserer Gesellschaft könnte »(nah) verwandt mit jemandem sein« durch die Forderung gekennzeichnet werden, Trauer um ihn zu tragen oder ihn nicht heiraten zu dürfen, nicht aber, wie in einigen Gesellschaften, durch die Forderung, mit ihm am gleichen Ort zu wohnen oder besondere Gebräuche einzuhalten. Wenn ein derart »grundlegender« Unterschied im Denken vorliegt, dann dürfen wir annehmen, daß die Verhaltensregeln, die zur Markierung gesellschaftlicher Anpassungs- und Unterscheidungsprozesse dienen, nicht einfach nur verschiedene Personengruppen betreffen, sondern auch eine etwas andere Form annehmen.

Daß einige Fälle übrigbleiben werden, in denen alle Gesellschaften entweder grundsätzlich ähnliche oder grundsätzlich verschiedene Denkweisen dieser Art haben, ist wahrscheinlich. Zumindest ist anzunehmen, daß man Klassen von Gegenständen finden könnte, über die sämtliche Gesellschaften sich Gedanken machen, und daß man Gesellschaften danach in Gruppen einteilen können müßte, ob ihre Anschauungen zu diesen Themen spezifisch sind oder nicht. Wieviele grundsätzlich verschiedene Gedanken über irgendeine solche Klasse von Themen es geben kann, wird natürlich unmöglich im voraus zu sagen sein. In welchem Maß die Einteilung von Gesellschaften nach ihrem Denken über eine einzelne derartige Themenklasse mit anderen Klassifikationen dieser Art korreliert oder ob die gesamte Gruppe der Gedanken einer Gesellschaft, die in Verhaltensregeln der besprochenen Art resultieren, jemals oder immer auf einen einzelnen Gedankengang von großer Allgemeinheit zurückgeführt werden kann, wie etwa »alle Beziehungen zwischen Personen (oder besser: Dingen) sind asymmetrisch und transitiv (und infolgedessen hierarchisch)«, das scheinen gleichfalls Fragen zu sein, die sich nur durch genaue weitere Untersuchung entscheiden lassen. Die Unterscheidung von Gesellschaften nach einzelnen Gedankengängen, die zu gesellschaftlichen Praktiken der fraglichen Art führen, könnte vielleicht ein Trennungskriterium abgeben, selbst wenn es dazu keine Unterscheidungen nach der Denkart gibt; dabei wäre sogar eine Einteilung in nur zwei Klassen möglich. Man könnte räumliche und zeitliche Nähe oder Reichtum oder wissenschaftliche Großtaten als Nährboden der Ähnlichkeit bei dergleichen Gedankengängen ansehen und aus diesem oder anderen Gründen vermuten, daß die Gesellschaften, die die westliche Welt ausmachen, alle auf dieselbe Seite einer so gezogenen Grenze gehören würden. Daß sie dort aber allein stehen würden und alle anderen Gesellschaften, vergangene und gegenwärtige, Hand in Hand auf der anderen Seite, darauf würde ich jedenfalls mein Geld nicht wetten wollen.

Editorische Anmerkungen

1 Der Aufsatz ist leicht gekürzt. Untertitel wurden eingefügt. Die Anmerkungen der Autorin wurden auf Literaturhinweise reduziert.
2 In deutscher Terminologie: Das dritte Buch Mose, Kap. 18.

David Bloor
Die Logik der Zande
und die westliche Wissenschaft

Evans-Pritchards Buch (1937) über die Zande beschreibt eine Gesellschaft, die sich grundlegend von der unsrigen unterscheidet. Ihr auffallendstes Kennzeichen ist, daß kein Zande jemals etwas von Bedeutung unternehmen wird, ohne ein Orakel um Rat zu fragen. Einem Huhn wird ein kleines Quantum Gift verabreicht, und dem Orakel wird eine Frage in der Weise gestellt, daß sie mit ›ja‹ oder ›nein‹ beantwortet werden kann. Der Tod oder das Überleben des Vogels beinhaltet die Antwort des Orakels. Jedes menschliche Unglück scheint für den Zande auf Hexerei zurückzuführen zu sein. Hexer[1] sind Menschen, deren Wille zu schaden und deren böse Kräfte der Grund für das Unheil sind. Die hauptsächliche Weise ihrer Entlarvung ist natürlich das Orakel.

Hexer zu sein, ist nicht nur eine Sache der Anlage. Es ist ein geerbtes körperliches Merkmal, das aus einer Substanz im Bauch besteht, die Hexerei-Substanz genannt wird. Ein Hexer wird allen seinen Söhnen und eine Hexe allen ihren Töchtern Hexerei-Substanz übertragen. Diese Substanz kann durch Untersuchungen nach dem Tode entdeckt werden, und solche Untersuchungen werden manchmal vorgenommen, um die Anklage auf Hexerei zu stützen oder zu widerlegen.

Ein klarer logischer Schluß wäre, daß es nur eines einzigen entscheidenden und unbestreitbaren Falls von Hexerei bedarf, um zu beweisen, daß eine ganze Reihe von Menschen Hexer gewesen sind oder sein werden. Ebenso müßte die Entscheidung, daß ein Mann kein Hexer ist, alle seine Verwandten entlasten. Die Zande dagegen handeln nicht in Übereinstimmung mit diesen Schlüssen. Wie Evans-Pritchard (1937) sagt:

»Da der Zande-Clan aus einer Gruppe von Personen besteht, die in männlicher Linie biologisch miteinander verwandt sind, wäre es für uns folgerichtig, daß, wenn von jemandem feststeht, daß er ein Hexer ist, alle, die zu seinem Clan gehören, ipso facto Hexer sind. Die Zande verstehen den Sinn dieses Einwands, erkennen die Schlußfolgerungen daraus jedoch nicht an. Sollten sie es tun, würde das die gesamte Vorstellung von Hexerei in Widersprüche verwickeln« (zit. nach der deutschen Übersetzung 1978, S. 41).

Theoretisch müßte der ganze Stamm eines Hexers aus Hexern bestehen. In der Praxis aber werden nur nahe väterliche Verwandte eines bekannten Hexers gleichfalls als Hexer angesehen. Wie ist das zu erklären?

Evans-Pritchards Bericht ist klar und eindeutig. Er erklärt, was hier geschieht, indem er in Betracht zieht, in welchem Maß die Zande spezifischen und konkreten Fällen von Hexerei den Vorzug geben vor allgemeinen und abstrakten Prinzipien. Er illustriert ihren lokalen Interessenbrennpunkt, indem er herausarbeitet, daß der Zande einem Orakel niemals die allgemeine Frage stellt, ob diese oder jene Person ein Hexer ist. Sie fragen vielmehr, ob die oder der hier und jetzt jemanden behext.

»Die Zande werden des Widerspruchs nicht in der Weise gewahr wie wir, weil sie kein theoretisches Interesse an dem Gegenstand haben und weil die Situationen, in denen sie ihren Glauben an Hexerei zum Ausdruck bringen, ihnen das Problem nicht aufnötigen« (1978, S. 42 f.).

Diese Analyse enthält offensichtlich zwei zentrale Gedanken. Erstens besteht tatsächlich ein Widerspruch in den Ansichten der Zande, ob die Zande ihn nun sehen oder nicht. Die Zande haben einen logischen Fehler institutionalisiert oder zumindest ein gewisses Maß an logischer Blindheit. Zweitens, wenn die Zande den Irrtum erkennen würden, dann würde eine ihrer wichtigsten sozialen Institutionen unhaltbar. Sie wäre davon bedroht, als widersprüchlich oder logisch mangelhaft erkannt zu werden, und damit wäre ihr Überleben in Gefahr. Mit anderen Worten: Es ist lebensnotwendig, daß die Zande ihren logischen Irrtum aufrechterhalten, wenn sie nicht Aufruhr in der Gesellschaft und die Notwendigkeit radikaler Veränderung ihrer Lebensform riskieren wollen. Der erste Gedanke bedeutet den Glauben an die Unteilbarkeit der Logik; der zweite den Glauben an die Macht der Logik. Die Logik ist mächtig, weil logische Verwirrung gesellschaftliche Verwirrung bewirken kann.

Man könnte Wittgensteins Ideen heranziehen, um diese Analyse in Frage zu stellen. Wittgenstein setzte bisweilen das Ziehen eines logischen Schlusses mit dem Gedanken gleich, daß etwas nicht anders sein kann[2]. Logische Schritte sind solche, die wir einfach für selbstverständlich nehmen. Nun halten es die Zande offensichtlich für selbstverständlich, daß nicht der Stamm eines Hexers in seiner Gesamtheit aus Hexern bestehen kann. Für sie kann das nicht anders sein. Aus dieser Sicht ist es deshalb logisch, den genannten Schluß nicht zu ziehen. Aber da für uns dieser Schluß der logische ist, muß es mehr als eine Logik geben: eine Logik der Zande und eine westliche Logik. Die Prämisse der Unteilbarkeit, wie sie von Evans-Pritchard verwendet wird, ist damit verworfen.

Dieser Ansatz wurde 1964 von Peter Winch in einem Vortrag mit dem Titel »Understanding Primitive Society« entwickelt. Er argumentiert mit einem Zitat aus Wittgenstein. Wir sollen an ein Spiel denken:

»Nehmen wir aber an, das Spiel sei so, daß, wer anfängt, immer durch einen bestimmten einfachen Trick gewinnen kann. Darauf aber sei man nicht gekommen – es ist also ein Spiel. Nun macht uns jemand darauf aufmerksam – und es hört auf, ein Spiel zu sein« (*Bemerkungen über die Grundlagen der Mathematik*, III § 77, S. 203; vgl. Winch 1978, S. 92 f.).

Zu beachten ist, daß es aufhört, ein Spiel zu sein, nicht, daß es niemals ein Spiel war. Wir sollen das Spiel, den Wissensstand der Spieler und ihre daraus folgenden Verhaltensweisen ansehen als etwas, das zusammen ein Ganzes bildet. Das Spiel mit dem hinzutretenden Wissen um den Trick bildet ein anderes Ganzes. Es bildet ein anderes Spiel. Genauso sollten wir die Glaubensanschauungen der Zande mit ihren besonderen Grenzen, Anwendungen und Zusammenhängen ansehen als etwas, das ein einzigartiges, sich selbst genügendes Ganzes bildet. Sie bilden ein besonderes Spiel, das gespielt werden kann. Unsere Wahrnehmung von diesem Ganzen wird verfälscht, wenn wir es nur als bloßes Bruchstück eines größeren (oder eines anderen) Spiels sehen.

Um den sich selbst genügenden Charakter des Vorgehens der Zande zu betonen, lenkt Winch dann unsere Aufmerksamkeit auf einige Unterschiede zwischen der Spielanalogie und dem zur Erörterung stehenden Fall. Das alte Spiel wird durch die neue Information tatsächlich obsolet. Wenn der Trick einmal bekannt ist, bricht das alte Spiel natürlich unter dem Gewicht des Wissens zusammen. Das zeigt, daß es nicht unabhängig für sich besteht, sondern in Wirklichkeit den kontingenten Teil eines größeren Systems bildet. Aber die Zande geben die Hexerei nicht einfach auf, wenn sie auf das, was wir für die Gesamtheit ihrer logischen Implikationen halten, aufmerksam gemacht werden. Sie werden nicht in Verwirrung gestürzt. Daraus, so nimmt Winch an, wird deutlich, daß die Hexerei der Zande und deren Logik nicht mit der westlichen Perspektive vergleichbar sind. Sie beziehen sich nicht aufeinander wie ein Teil auf ein Ganzes. Ihr Spiel ist ein ganz anderes, das keine natürliche Erstreckung in unser Spiel hinein hat.

Bei diesen Einwänden zu Evans-Pritchards Analyse ist es wichtig festzuhalten, daß einer und nur einer ihrer zwei zentralen Gedanken bestritten worden ist. Winchs Fall geht aus von der Unteilbarkeit der Logik; ihre Macht bestreitet er nicht. Diesen Glauben scheint er in der Tat zu teilen. Die Kritik räumt offensichtlich ein, daß, wenn es einen logischen Widerspruch in den Glaubensformen der Zande gegeben hätte, die Institution der Hexerei tatsächlich bedroht worden wäre. Sie erklärt, warum sie nicht bedroht ist, indem sie annimmt, daß es eine andersgeartete Logik geben muß.

Wenn Mill recht hat, dann ist die Logik genau das Gegenteil von mächtig. Die Anwendung logischer Schemata ist bloß ein Weg, unsere nachträglichen Gedanken zu ordnen, und sie ist immer ein Verhandlungsgegenstand. Sehen wir, wie der Zande-Fall analysiert werden kann, wenn man diese Annahme von der Mächtigkeit der Logik, wie sie den beiden vorangegangenen Berichten gemeinsam ist, einmal fallen läßt.

Lord Mansfield wäre auf die Zande stolz gewesen. Sie setzen seinen Rat in die Tat um, indem sie kühn ihre Entscheidungen treffen und dabei auf eine genau durchdachte Struktur der Rechtfertigung verzichten. Sie folgen den Aussagen ihres Orakels darüber, wer etwas mit Hexerei zu tun hat, und mit der gleichen Selbstverständlichkeit wissen sie, daß nicht jeder aus dem Stamm des Übeltäters ein Hexer ist. Diese beiden Glaubensinhalte sind unveränderlich und stehen im Mittelpunkt ihres Lebens. Was wird dann aber aus dem logischen Schluß, der den ganzen Stamm bedroht? Die Antwort ist, daß er überhaupt keine Bedrohung bildet. Es besteht gar nicht die Gefahr, daß ihre festen Glaubensinhalte in Frage gestellt werden. Wenn der logische Schluß jemals zum Streitpunkt würde, würde man die Bedrohung geschickt wegdiskutieren, und das für sich genommen wäre nicht schwierig. Um das zu erreichen, müßten nur ein paar schlaue Unterscheidungen gemacht werden. Zum Beispiel könnte angenommen werden, daß tatsächlich jeder in dem Stamm Hexerei-Substanz geerbt hat, man könnte aber mit allem Nachdruck darauf verweisen, daß das nicht bedeutet, daß sie alle Hexer sind. Tatsächlich könnte man behaupten, jedermann in jedem Stamm besitze das Potential, Hexer zu sein, dieses Potential sei aber nur in einigen Menschen aktualisiert, und diese wären die einzigen im eigentlichen Sinne so genannten Hexer. Es ist evident, daß die Zande manchmal solche Maßnahmen ergreifen. Eine Person, die einmal angeklagt wurde, Hexer zu sein, wird nicht immer als solcher behandelt werden. Die Zande sagen, daß das so ist, weil ihre Hexerei-Substanz ›kalt‹ ist. Sie ist in keiner Hinsicht mehr Hexer. Die Logik ist keine Bedrohung für die Institution Hexerei, denn ein Teil der Logik kann immer durch einen anderen ersetzt werden. Sogar das ist nicht notwendig, wenn nicht irgend jemand den Inferenzschluß verwendet, um eine Drohung vorzubringen; und wenn einer es tut, dann ist derjenige, der den Schluß zieht, und nicht die Logik die Bedrohung.

Die Situation kann in Form der folgenden Abbildung dargestellt werden.

Das zeigt, daß die wirklich gewichtigen Faktoren die beiden

Abb. 1: Die Ohnmacht der Logik

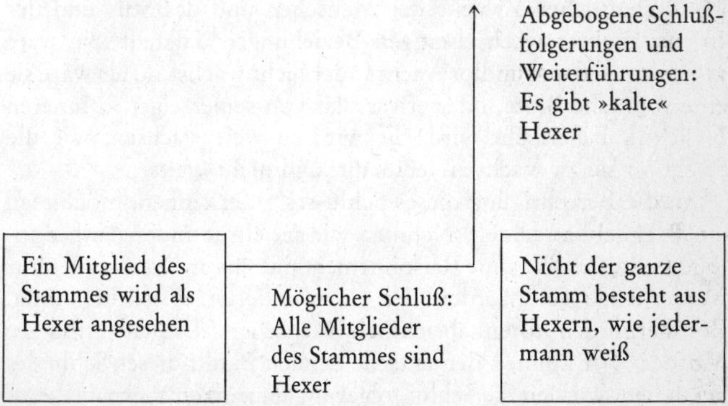

| Ein Mitglied des Stammes wird als Hexer angesehen | Möglicher Schluß: Alle Mitglieder des Stammes sind Hexer | Abgebogene Schlußfolgerungen und Weiterführungen: Es gibt »kalte« Hexer |
| Nicht der ganze Stamm besteht aus Hexern, wie jedermann weiß |

gesellschaftlich für selbstverständlich gehaltenen Elemente in dieser Situation sind: der Gebrauch des Orakels und die allgemeine Unschuld des Stammes als Ganzem. Sie sind von der Tradition sanktioniert und sind von zentraler Bedeutung für die Lebensform der Zande. Keine bloß logische Extrapolation aus dem einen Element stört das andere. Wenn irgendeine Rechtfertigung für die Koexistenz dieser beiden Charakteristika der Gesellschaft notwendig ist, dann kann eine angemessene Struktur aus nachträglichen Überlegungen erzeugt werden. Wenn eine Struktur der Rechtfertigung scheitert, kann immer eine andere produziert werden.

Die Tatsache, daß für uns vorstellbar ist, die Anklage der Hexerei könnte auf den ganzen Stamm ausgedehnt werden, kommt einfach daher, daß wir nicht wirklich den Widerstand gegen diese Schlußfolgerung fühlen. Wir können unsere Gedanken unverantwortlich und unbehindert sich entfalten lassen. Würden wir den Druck ihrer offensichtlichen Absurdität fühlen und zur gleichen Zeit das Bedürfnis spüren, Gründe anzugeben, könnten wir das leicht tun.

Die gesellschaftlichen Hauptvariablen in diesem Bild unterteilen sich offensichtlich in zwei Klassen. Da sind die Institutionen, die für selbstverständlich gehalten werden, und da ist das Maß an Durcharbeitung und Entwicklung der Ideen, das diese Institutionen miteinander verbindet. Im Fall der Zande ist die Verarbeitung geringfügig. In anderen Kulturen könnte sie hoch entwickelt sein. Von Ausdehnung und Richtung dieser Ausarbeitung kann mit guten Gründen angenommen werden, daß sie eine Funktion der gesellschaftlichen Zwecke der Menschen und des Stils und der Intensität ihrer wechselseitigen Beziehungen darstellt. Sie wäre nicht etwas, das grundlos wächst oder nicht wächst, so als wäre sie eine spontane Blüte, oder etwas, das von seiner eigenen inneren Dialektik beherrscht wird. Sie wird so weit wachsen, wie die Situation sie zu wachsen veranlaßt, und nicht weiter.

Um die Berechtigung dieses Schlusses zu erkennen, möge man ein Beispiel betrachten. Nehmen wir an, ein fremder Anthropologe stellte das folgende Raisonnement mit uns an: In einer Kultur ist derjenige ein Mörder, der einen anderen absichtlich tötet. Bomberpiloten töten absichtlich Menschen. Deshalb sind sie Mörder. Wir können den entscheidenden Punkt dieses Schlusses verstehen, würden die Schlußfolgerung im ganzen aber zweifellos ablehnen. Wir würden das damit begründen, daß der ausländische Beobachter nicht wirklich verstanden habe, was ein Mörder ist. Er könne nicht den Unterschied zwischen den beiden Fällen sehen, die er verschmolzen hatte. Vielleicht würden wir antworten: Mord ist eine Handlung des individuellen Wollens. Bomberpiloten üben eine Pflicht aus, und diese Pflicht ist eigens von Regierungen sanktioniert. Wir grenzen für das Militär besondere Rollen ab. Wenn der Anthropologe sein Notizbuch zu Hilfe nimmt, würde er uns dann vielleicht erzählen, daß er Männer gesehen habe, die ihre Fäuste gegen angreifende Flugzeuge gereckt und ihnen ›Mörder‹ nachgeschrien hätten. Unsere Antwort könnte dann sein, daß es tatsächlich eine Analogie gibt zwischen Mord und Töten im Krieg, und zweifellos waren mehr die Ähnlichkeiten als die Unterschiede vorherrschend in dem Denken der Opfer, die er beobachtet hatte. Wir könnten hinzufügen, daß kaum zu erwarten ist, daß sich Menschen bei einer solchen Herausforderung vollständig logisch verhalten, und daß das, was beobachtet worden ist, ein verständliches Abweichen von den Richtlinien eines strikt rationalen Verhaltens war. Der Anthropologe könnte uns dann mit Fragen über Autofahrer attackieren, die Menschen töten. Zweifellos würde er fasziniert sein von der komplizierten Art und Weise, in der sich die Begriffe von Unfall, Totschlag, Zufall, Verantwortlichkeit, Irrtum und Absicht in unserer Kultur weiterentwickelt haben. Der Anthropologe könnte sogar den Schluß ziehen, daß wir den Kernpunkt seiner Argumente wohl verstehen, daß wir jedoch versuchen, ihrer logischen Kraft auszuweichen mit Hilfe eines ad hoc entwickelten und kaum entwirrbaren Knäuels metaphysischer Unterscheidungen. In dieser Kultur, würde er vielleicht sagen, haben sie kein praktisches Interesse an logischen Schlußfolgerungen. Sie ziehen ihren Dschungel der Metaphysik vor, weil andernfalls ihre ganze Institution der Bestrafung bedroht wäre.

Der skeptische Anthropologe läge damit falsch. Wir urteilen nicht so, um unsere Institutionen vor dem Zusammenbruch unter dem Druck logischer Kritik zu schützen. Vielmehr deshalb, weil wir gewohnheitsmäßig die Tätigkeiten von Bomberpiloten und Autofahrern akzeptieren, stellen wir unser Denken darauf ein. Die Institutionen sind stabil, und unser informelles Denken nimmt die notwendigen Anpassungen vor. Soweit wir von der Kraft der logischen Schlüsse des Anthropologen beeindruckt sind, soweit stehen wir den Institutionen bereits kritisch gegenüber. Kritisch sein bedeutet: von der Analogie zwischen Mord und den anderen Tätigkeiten gepackt sein. Die informelle induktive Angleichung der Fälle geht den formalen Stufen voraus, auf denen wir unsere Verdammung logisch darlegen könnten.

Dieser Elaborationsprozeß ist ein allgemeines Charakteristikum unserer Kultur und durchdringt unsere Wissenschaft ebensosehr wie unseren gesunden Menschenverstand. Ein interessantes Beispiel dafür, wiederum aus der Geschichte der Wissenschaft, betrifft die viel geschmähte Phlogistontheorie der Verbrennung.

Bei dieser Theorie wurde, wie man sich erinnern wird, zunächst das, was wir jetzt ein Oxyd nennen, als eine einfache Substanz angesehen, die man Calx nannte. Die Theorie ging von der Annahme aus, daß Metall = Calx + Phlogiston. Wenn ein Metall verbrannt wurde und sich in Calx verwandelte, dann entwich aus ihm das Phlogiston. Man wußte jedoch, daß das Calx schwerer war als das Metall. Das Entweichen oder Herausziehen des Phlogiston hatte eine Zunahme des Gewichts zur Folge. Wie kann etwas weggenommen werden und dennoch eine Zunahme verursachen? Man ist versucht, hier an die Subtraktion einer negativen Zahl zu denken, denn das ist mit einer Addition äquivalent, also: $- (-a) = +a$. Man sieht leicht, daß die aus dem experimentellen Ergebnis zu ziehende logische Schlußfolgerung also die ist, daß Phlogiston ein »negatives Gewicht« haben muß. Historiker sagen manchmal, die Phlogistontheorie ›impliziere‹, daß Phlogiston ein negatives Gewicht hat (zum Beispiel Conant 1966). Offensichtlich ist negatives Gewicht eine eher wunderliche Eigenschaft; und so soll diese Implikation zeigen, daß die Theorie wunderlich ist oder nicht überzeugend oder zum Scheitern verurteilt. In Wirklichkeit fühlten sich die meisten, die dieser Theorie anhingen, nicht veranlaßt, diese Schlußfolgerung zu ziehen. Sie sahen sich eher als gute Anhänger Newtons veranlaßt, den Begriff des negativen Gewichts nicht weiter zu verwenden.

Was sie statt dessen sagten, war sehr einfach. Wenn Phlogiston aus einem Metall entweicht, tritt eine andere Substanz hinzu und übernimmt seinen Platz. Das Herausziehen von Phlogiston hinterläßt nicht reinen »Metallkalk«, sondern eine Mischung von Calx und etwas anderem. Wasser war der erwählte Kandidat, weil es an einer Reihe von Reaktionen, in denen Phlogiston eine Rolle spielte, beteiligt zu sein schien, und weil seine genaue Rolle zu dieser Zeit eher undeutlich war. Diese Theorie war ein Schritt in der Richtung, diese Rolle deutlicher zu machen. Wenn man also annimmt, daß Phlogiston ein echtes und positives Gewicht hat, kann sein Entweichen dennoch von einer Gewichtszunahme begleitet werden. Alles was nötig ist, ist, daß das Wasser, das an seine Stelle tritt, ein größeres

Gewicht hat. Der logische Zwang, der sich aus einem Modell der einfachen Subtraktion ergibt, wird umgangen durch ein Modell der Ersetzung.

Für diejenigen, die in dieser ehrwürdigen alten Theorie unbedingt das Schlimmste sehen wollen, scheint eine solche Weiterentwicklung nichts anderes zu sein als die Entfaltung einer perversen Naivität. Sie wird mit Verärgerung aufgenommen werden, so als wäre sie ein bloßer Versuch, der wahren, aber vernichtenden logischen Schlußfolgerung auszuweichen, daß Phlogiston negatives Gewicht hat. In Wirklichkeit ist sie ein ganz normaler Schritt in der Entwicklung einer wissenschaftlichen Theorie. Sie war mit einem Schritt identisch, den man einige Jahre später unternahm, um der Atomtheorie der Chemie aus einer schwierigen Situation herauszuhelfen (Nash 1966).

Gay-Lussac entdeckte eine genaue empirische Regelmäßigkeit in der Art und Weise, wie sich Gase miteinander verbinden. Nehmen wir an, zwei Gase A und B verbinden sich miteinander, um ein Gas C zu bilden. Er erkannte, daß sich eine Raummenge des Gases A mit 1, 2, 3 oder irgendeiner kleinen ganzen Zahl von Raummengen des Gases B verband, vorausgesetzt, daß die Mengen unter denselben Bedingungen von Temperatur und Druck gemessen werden. Daltons Atomtheorie hatte die Naturwissenschaftler die Bedeutung der Vorstellung gelehrt, daß chemische Verbindungen durch direkte Verbindungen von Atomen stattfinden. Gay-Lussacs Ergebnisse legten also nahe, daß, wenn sich eine Raummenge von A beispielsweise mit einer Raummenge von B verband, das den Grund haben mußte, daß gleiche Raummengen von Gasen dieselbe Anzahl von Atomen enthielten.

Die einzige Schwierigkeit dieses einfachen und sehr nützlichen Gedankens bestand darin, daß sich manchmal eine Raummenge von A mit einer Raummenge von B verband, um ein Gas C entstehen zu lassen, das bei derselben Temperatur und unter demselben Druck zwei Raummengen einnahm. Das war der Fall bei Stickstoff und Sauerstoff. Der Gedanke, daß Raummengen dieselbe Anzahl von Atomen enthielten, konnte jetzt nur aufrechterhalten werden, wenn sich die Atome in Hälften spalteten. Ohne das enthielte die doppelte Raummenge nur halb so viele Atome pro Raummenge. Dalton widersetzte sich dieser Schlußfolgerung und war bereit, das saubere experimentelle Ergebnis und die nützliche und einfache Idee, die sich daraus ergab, preiszugeben. Mit Sicherheit waren Atome unteilbar; hatte Gay-Lussac seine experimentellen Befunde vielleicht zu sehr vereinfacht?

Die Schlußfolgerung, daß Atome sich spalten müssen, um die einfache Idee aufrechtzuerhalten, daß dieselbe Anzahl in der gleichen Raummenge vorhanden ist, ist jedoch leicht zu vermeiden. Es muß nur angenommen werden, daß jedes Gaspartikel tatsächlich aus zwei Atomen besteht. Wenn sich A und B verbinden, dann geschieht folgendes: Eine Verbindung wird hergestellt, indem je ein Atom von B durch ein Atom von A ersetzt wird. Die Verbindung findet nicht auf dem Wege einer einfachen Addition, sondern noch einmal durch Ersetzung statt. Das war Avogadros Hypothese. Ihre physikalische und chemische Plausibilität war schwierig zu erweisen, aber ihre logische Basis ist sehr einfach. Als eine Weiterentwicklung der Grundsätze der Atomtheorie steht sie derjenigen nahe, durch die die Phlogistontheorie weiterentwickelt wurde.

Alles dieses legt den Schluß nahe, daß die Zande doch sehr in der Weise denken, wie wir es tun. Die Abneigung, die ›logische‹ Schlußfolgerung aus ihren Glaubensinhalten zu ziehen, ähnelt sehr unserer Abneigung, unsere Glaubensinhalte des gesunden Menschenverstandes und unsere fruchtbaren wissenschaftlichen Theorien aufzugeben. Tatsächlich hat ihre offenbare Weigerung, sich logisch zu verhalten, genau dieselbe Grundlage wie unsere Entwicklung verfeinerter und hochentwickelter theoretischer Strukturen. Ihre Formen des Hexenglaubens scheinen denselben Kräften zu entsprechen wie unsere Glaubensformen, obgleich natürlich die Kräfte in verschiedenem Grade und in verschiedene Richtungen wirken. Unsere Schlußfolgerungen sind öfter in eine Reihe rechtfertigender Unterscheidungen eingebettet. Wir führen besser ausgearbeitete Verzeichnisse und Protokolle über unsere komplizierteren Kompromisse, und unsere Memoranden halten verschiedene Dinge fest. Nichtsdestoweniger machen es die Ähnlichkeiten einleuchtend, daß man sich um eine erklärende Theorie der intellektuellen Weiterentwicklung bemüht, die sowohl für die Zande als auch für den Atomwissenschaftler gültig ist.

Wo stehen wir mit der Frage, ob die Zande eine andere Logik haben als wir? Das Bild, das sich abgezeichnet hat, ist, daß die Zande über dieselbe Psychologie verfügen wie wir, aber über radikal verschiedene Institutionen. Wenn wir die Logik zu der Psychologie des Denkens in Beziehung setzen, werden wir geneigt sein zu behaupten, daß sie dieselbe Logik haben; wenn wir die Logik enger mit dem institutionellen Rahmensystem des Denkens in Verbindung bringen, werden wir zu der Ansicht neigen, daß die beiden Kulturen verschiedene Logiken haben. Weit wichtiger als derartige Definitionsfragen ist jedoch die grundlegende Einsicht, daß sowohl psychologische als auch institutionelle Faktoren beim Denken beteiligt sind. Unsere natürlichen Neigungen, Schlußfolgerungen zu ziehen, ebenso wie unsere natürlichen Neigungen in alle anderen Richtungen, bilden in sich selbst kein geordnetes und stabiles System. Irgendeine unpersönliche Struktur ist notwendig, um Grenzen zu ziehen und jede Tendenz einer Sphäre zuzuordnen, die für sie als geeignet erachtet wird. Da es keinen natürlichen Gleichgewichtszustand gibt, wird eine Schlußkette so sicher mit einer anderen in Konflikt geraten wie ein Begehren oder Verlangen mit einem anderen. Einer Tendenz freien Lauf oder ihren natürlichen Ausdruck zu geben, bedeutet nur, daß andere um so mehr beschnitten werden. Von daher wird das Problem der Zuordnung, und damit die Notwendigkeit für Kompromisse, unvermeidbar.

Hier noch eine mathematische Illustration dieses Punktes. Man erinnere sich, daß der Beweis, daß die Quadratwurzel von 2 keine rationale Zahl ist, Schritte enthielt, denen man freien Lauf lassen konnte, die aber in der zeitgenössischen Mathematik sicherlich nicht ihren »natürlichen« Ausdruck finden können. Die Routine, mit der eine Zahl zunächst als ungerade und dann als gerade erwiesen wird, kann immer und immer wiederholt werden. Was tatsächlich geschieht, ist, daß diese Schlußfolgerung in Konflikt gerät mit der Annahme, daß eine Zahl nicht beides, nämlich gerade und ungerade, sein kann. Das Ergebnis ist weder statische Konfrontation noch die Verwerfung der einen oder der anderen Seite des Gegensatzes. Statt dessen wird eine Unterscheidung vorgenommen. Für die Griechen war es die Unterscheidung zwischen Zahlen und Größen; für uns ist es die Unterscheidung zwischen rationalen und irrationalen Zahlen.

Kompromisse schaffen Bedeutungen. Die Schlußfolgerung, daß die Quadratwurzel von 2 eine irrationale Zahl ist, kann nicht innerhalb irgendeines der Begriffe entdeckt werden, die an dem Kompromiß beteiligt sind. Sie wird eingeführt, um in der Situation ein Problem zu lösen, und als solche entspricht sie den verschiedenen Kräften im Gefüge der Situation. Deshalb brachten die Griechen eine andere Antwort hervor als wir. Grenzen und Gehalt unserer Begriffe werden ebensowenig entdeckt wie die Grenzen unserer Länder oder der Gehalt unserer Institutionen. Sie werden geschaffen.

Editorische Anmerkungen

1 Entsprechend der deutschen Übersetzung (1978) von Evans-Pritchard (1937), ist »witch/witches« mit der Gattungsbezeichnung »Hexer« wiedergegeben. Nur wo es ausdrücklich um Frauen geht, wird »Hexe(n)« eingesetzt. Die restliche Terminologie folgt ebenfalls dieser Übersetzung.

2 Der Verfasser zitiert am Ende des vorhergehenden Kapitels Wittgenstein, *Bemerkungen über die Grundlagen der Mathematik*, I § 156, S. 96: »Ist es nicht so: Solange man denkt, es kann nicht anders sein, zieht man logische Schlüsse.«

Dorothy Lee
Lineare und nicht-lineare
Wirklichkeits-Kodierungen

Die Bewohner der Trobriand-Inseln[1] kodieren und begreifen wahrscheinlich Wirklichkeit nicht-linear, im Gegensatz zu unserer eigenen linearen Ausdrucksform. Grundlegend für meine Untersuchung der Kodierung von Wirklichkeit in diesen zwei Gesellschaften ist die Annahme, daß ein Mitglied einer gegebenen Gesellschaft nicht nur erfahrene Wirklichkeit über Sprache und andere Verhaltensmuster seiner Kultur kodiert, sondern daß es Wirklichkeit nur so erfaßt, wie sie ihm in diesem Kode dargeboten wird. Das heißt nicht, daß Wirklichkeit selbst relativ ist; vielmehr, daß sie unterschiedlich akzentuiert und kategorisiert wird, oder daß verschiedene Aspekte an ihr von den Angehörigen verschiedener Kulturen wahrgenommen oder ihnen dargeboten werden. Wenn Wirklichkeit selbst nicht absolut wäre, dann wäre wahre Kommunikation natürlich unmöglich. Meine eigene Position ist die, daß es eine absolute Wirklichkeit gibt und daß Kommunikation möglich ist. Wenn dann das, worauf sich die verschiedenen Kodes beziehen, letztendlich dasselbe ist, dann müßte uns eine sorgfältige Untersuchung und Analyse eines anderen Kodes und der Kultur, zu dem er gehört, zu Begriffen führen, die letzten Endes verständlich sind, wenn sie in unseren eigenen Kode übersetzt werden. Das könnte uns sogar zu Aspekten der Wirklichkeit führen, von denen uns unser eigener Kode ausschließt. Aus dieser Annahme folgt natürlich, daß die spezifische Gestaltung von Wirklichkeit durch eine intensive und detaillierte Analyse eines jeden Aspekts dieser Kultur entdeckt werden kann. Meine eigene Untersuchung hat mit einer Analyse der sprachlichen Formulierung begonnen, nur weil ich zufällig über Sprache den besten Zugang habe.

Um zu zeigen, wie Schlüsselwörter entdeckt werden und als Leitfaden für die Erfassung von Wirklichkeit gebraucht werden können, und auch um zu zeigen, was ich unter Kodierung verstehe, werde ich zunächst konkretes Material aus dem Gebiet der Sprache vorlegen. Daß ein Wort nicht die Realität, nicht das Ding ist, das es vertritt, ist seit langem ein Gemeinplatz für uns alle. Das Ding, das ich in der Hand halte, wenn ich schreibe, *ist* nicht ein Bleistift; ich *nenne* es einen Bleistift. Und es bleibt dasselbe, ob ich es nun *pencil, molyvi, Bleistift* oder *siwiqoq* nenne. Diese Wörter sind verschiedene Klangkomplexe, die auf dieselbe Wirklichkeit angewendet werden; aber ist der Unterschied nur ein Unterschied des Klangkomplexes? Beziehen sie sich auf dieselbe *wahrgenommene* Wirklichkeit? *Pencil* bedeutete ursprünglich kleiner Schwanz; es umgrenzte und benannte Wirklichkeit nach der Form. *Molyvi* bedeutet Blei und bezieht sich auf das Schreibelement. *Bleistift* bezieht sich sowohl auf die Form als auch auf das Schreibelement. *Siwiqoq* bedeutet Mal-Stab und bezieht sich auf die beobachtete Funktion und Form. Jede Kultur hat die Wirklichkeit unterschiedlich ausgedrückt. Zu sagen, daß sich *pencil* ursprünglich auf die Form bezieht, ist keine müßige etymologische Feststellung. Wenn wir dieses Wort metaphorisch verwenden, beziehen wir uns weder auf das Schreibelement noch auf die Funktion, sondern allein auf die Form; wir sprechen von einem *pencil of light* oder von einem *styptic pencil* (Alaunstift).

Als ich die vier Wörter für das Objekt verwendete, wußten wir alle, auf welche Wirklichkeit Bezug genommen wurde; wir kannten die Bedeutung des Wortes. Wir konnten uns das Objekt in meiner Hand vorstellen, und die Wörter grenzten es alle in derselben Weise ab; zum Beispiel sah keines von ihnen darin eine Fortsetzung meiner Faust. Aber der Ethnograph hat es oft mit Wörtern zu tun, die Wirklichkeit in Formen ausdrücken, die ihm nicht vertraut sind. Nehmen wir zum Beispiel die Wörter für »Bruder« und »Schwester«. Wir fahren zu den Ontong-Java-Inseln, um das Verwandtschaftssystem zu untersuchen. Wir fragen unseren Informanten, wie er seine Schwester nennt, und er sagt *ave*; seinen Bruder nennt er *kainga*. Daraufhin setzen wir *ave* mit »Schwester« und *kainga* mit »Bruder« gleich. Um unsere Information zu überprüfen, fragen wir die Schwester, wie sie ihren Bruder nennt; es stellt sich heraus, daß für sie *ave* »Bruder« und nicht »Schwester« ist, wie wir eigentlich erwarten dürfen, und daß sie ihre Schwester *kainga* nennt.

Dieselbe Wirklichkeit, dieselbe tatsächliche Verwandtschaft gibt es dort wie bei uns; aber wir haben einen anderen Benennungsaspekt gewählt. Wir sind darauf vorbereitet, Gründe dafür anzugeben; wir sagen, daß beide Kulturen in ihren Begriffen dem folgen, was wir als einen bestimmten Typ von Blutsverwandtschaft bezeichnen würden; aber während wir uns auf das absolute Geschlecht beziehen, beziehen sie sich auf das relative Geschlecht. Weitere Befragung zeigt jedoch, daß wir auch damit falsch liegen. Weil wir in unserer eigenen Kultur Verwandte nach der formalen Definition und biologischen Verwandtschaft benannten, haben wir gemeint, daß diese Formulierung die Wirklichkeit darstellt; und wir haben versucht, die Verwandtschaftsbegriffe der Ontong-Javaner nach diesen

Unterscheidungen, die, wie wir annehmen, naturgegeben sind, zu verstehen. Aber der Ontong-Javaner klassifiziert Verwandte entsprechend einem anderen Wirklichkeitsaspekt, der anders akzentuiert ist. Und deshalb verwendet er *kainga* sowohl für die Schwester der Ehefrau als auch für den Bruder des Ehemannes, für die Frau des Bruders eines Mannes und den Mann der Schwester einer Frau sowie für eine Reihe anderer Individuen.

Weder Geschlecht noch Blutsverwandtschaft können also die Grundlage für diese Bezeichnung bilden. Die Ontong-Javaner bilden Bezeichnungen nach ihrem Verhalten und ihrer Erfahrung im Alltag, nicht nach einer formalen Definition. Ein Mann teilt zu einem großen Teil des Jahres die Dinge des täglichen Lebens mit seinen Brüdern und ihren Frauen, er schläft in demselben großen Raum, er ißt und scherzt mit ihnen und erledigt mit ihnen die Arbeit im Haus. Den Rest des Jahres verbringt er mit den Schwestern seiner Frau und ihren Männern in derselben einfachen Gemeinschaft. Alle diese Individuen sind für einander *kainga. Ave* andererseits bezeichnet ein Verhalten großer Anspannung und Schicklichkeit, es basiert ursprünglich auf dem relativen Geschlecht der Geschwister, aber es bezeichnet das biologische Faktum nicht allein. Es bezeichnet eine soziale Beziehung, ein Verhalten, einen emotionalen Ton. *Ave* können niemals ihr Erwachsenenleben zusammen verbringen, es sei denn bei seltenen und vorübergehenden Gelegenheiten. Sie können niemals allein unter demselben Dach zusammensein, sie können nicht zwanglos miteinander plaudern, sie können in der Gegenwart des anderen nicht einmal entfernt von Sexuellem sprechen, nicht einmal zu ihren eigenen Geliebten oder Ehepartnern; ja noch mehr, auch jeder andere muß vorsichtig sein, wenn der *ave* von irgend jemandem aus der Gruppe anwesend ist. Die *ave*-Beziehung bringt auch spezielle Verpflichtungen gegenüber einer weiblichen *ave* und ihren Kindern mit sich. *Kainga* bedeutet eine bequeme Beziehung, die erfüllt ist vom Zusammenleben, von Formlosigkeit und Fröhlichkeit; *ave* bezeichnet eine Beziehung von Förmlichkeit, Verbot und Anspannung.

Diese beiden Kulturen, die ihre und unsere eigene, haben gesellschaftliche Wirklichkeit in völlig verschiedener Weise gestaltet und formuliert, und sie haben ihrem sprachlichen Ausdruck verschiedene Namen gegeben. Das Wort ist bloß der Name dieser spezifischen kulturellen Gestaltung. Von diesem einen Beispiel ausgehend, können wir die – sehr vorläufige – Hypothese aufstellen, daß unter den Ontong-Javanern Bezeichnungen gefühlsmäßige Erfahrungen beschreiben, nicht beobachtete Formen oder Funktionen. Aber wir können das nicht als Faktum akzeptieren, bevor es nicht in weiteren Untersuchungen in den übrigen Verhaltensmustern der Ontong-Javaner, in ihrem Vokabular und in der Morphologie ihrer Sprache, in ihrer rituellen und ihrer übrigen organisierten Tätigkeit aufgespürt ist ...[2]

Ich habe die Verschiedenheit in der Kodierung der Wirklichkeit ausführlich diskutiert, weil sie die Grundlage der speziellen Studie bildet, die ich hier vorlege. Ich werde von der Formulierung erfahrener Wirklichkeit bei den Bewohnern der Trobriand-Inseln sprechen, im Vergleich mit unserer eigenen; ich werde von der Natur der Erwartung, der Motivation und der Befriedigung sprechen, die auf einer Wirklichkeit basiert, die in zwei verschiedenen Gesellschaften unterschiedlich erfaßt und erfahren wird; das heißt, daß sie für jede tatsächlich eine andere Wirklichkeit ist. Die Bewohner der Trobriand-Inseln sind von Bronislaw Malinowski untersucht worden, der uns das reiche und detaillierte Material über sie geliefert hat, das uns diese Untersuchung ermöglichte ...

Ein Trobriand-Wort bezieht sich auf einen in sich geschlossenen Begriff. Was wir als ein Attribut eines Prädikats ansehen, ist für den Trobriander ein Bestandteil. Wo ich zum Beispiel sagen würde: »Ein tüchtiger Gärtner« oder »Der Gärtner ist tüchtig«, würde das Trobriand-Wort beides einschließen, »Gärtner« und »Tüchtigkeit«; wenn der Gärtner nicht mehr tüchtig ist, hat er einen definierenden Bestandteil verloren, ist er etwas anderes, und er wird durch ein völlig anderes Wort bezeichnet. Ein *taytu* (eine Sorte von Yamwurzel) beinhaltet einen bestimmten Grad von Reife, Größe, Rundung usw. Ohne einen dieser definierenden Bestandteile ist es etwas anderes, vielleicht ein *bwanawa* oder ein *yowana*. Es gibt keine Adjektive in der Sprache. Die wenigen Wörter, die von Qualitäten handeln, sind substantiviert. Das Verb *sein* kommt nicht vor. Es wird weder attributiv noch existentiell verwendet, da die Existenz selbst Inhalt ist; sie ist ein Bestandteil von *Seiendem*.

Ereignisse und Objekte sind auch in anderer Hinsicht in sich abgeschlossene Punkte. Es gibt eine Reihe von Wesen, aber kein Werden. Es gibt keine zeitliche Verbindung zwischen Objekten. Das *taytu* bleibt immer es selbst; es *wird* nicht überreif, Überreife ist Bestandteil eines anderen, unterschiedlichen Dings. Irgendwann *verwandelt sich* das *taytu* in ein *yowana*, welches Überreife einschließt. Und das *yowana*, überreif wie es ist, treibt keine Keime, es *wird nicht* keimendes *yowana*. Wenn Keime sprießen, hört es auf zu sein, an seiner Stelle erscheint ein *silasata*. Zwischen den Ereignissen wird weder eine zeitliche Verbindung hergestellt noch – gemäß unseren eigenen Prämissen – wahrgenommen; Zeitlichkeit ist in der Tat bedeutungslos. Es gibt keine grammatikalischen Zeiten, keine sprachliche Unterscheidung von Vergangenheit und Gegenwart. Es gibt keine Einteilung der Tätigkeiten oder Ereignisse in Mittel und Zwecke, keine kausalen oder teleologischen Beziehungen. Was wir in einer Folge von zusammenhängenden Ereignissen als eine kausale Beziehung ansehen, ist für den Trobriander Bestandteil eines Gesamtmusters. Er nennt diesen Bestandteil *u'ula*.

Es gibt keine automatische Beziehung irgendwelcher Art in der Sprache. Außer den selten verwendeten Unterschieds- oder Identitätsbezeichnungen gibt es keinerlei Ausdrücke des Vergleichs. Und bei einer Untersuchung des Verhaltens stellen wir fest, daß die Norm für Verhalten und Bewertung eine nicht-vergleichende ist.

Diese Implikationen des sprachlichen Materials belegen meiner Ansicht nach die Abwesenheit einer axiomatisch-linearen Verbindung zwischen Ereignissen oder Objekten beim Erfassen der Wirklichkeit durch die Bewohner der Trobriand-Inseln, und diese Implikation wird, wie ich zu zeigen versuche, in ihrer Definition von Tätigkeit noch verstärkt. In unserer eigenen Kultur ist diese Linie so grundlegend, daß wir sie für selbstverständlich, als in der Realität gegeben ansehen. Wir sehen sie in der sichtbaren Natur, zwischen materiellen Punkten, und wir sehen sie zwischen metaphorischen Punkten wie Tagen oder Handlungen. Sie liegt nicht nur unserem Denken zugrunde, sondern auch unserem ästhetischen Erfassen des Gegebenen; sie ist grundlegend für die emotionale Klimax, die für uns einen solchen Wert darstellt, und letztlich für die Bedeutung des Lebens selbst. In unserem Denken über Persönlichkeit und Charakter bewegen wir uns selbstverständlich auf dieser Linie.

In unserer akademischen Tätigkeit arbeiten wir ständig mit Kategorien einer implizierten Linie. Wenn wir zum Beispiel von der *An*wendung eines *At*tributs sprechen, so bilden wir den Prozeß als einen linearen ab, der von außen kommt. Wenn ich ein Bild eines Apfels auf dem Küchenregal mache und zeigen will, daß die eine Seite grün und die andere rot ist, verbinde ich diese Attribute und den gemalten Apfel ganz selbstverständlich mit Hilfe von Linien; wie sollte ich es sonst machen? Wenn ich meine Unterlagen ordne, *ziehe* ich Schlußfolgerungen *aus* ihnen. Ich *gehe* einer Verbindung zwischen meinen Fakten *nach*. Ich beschreibe ein Muster als ein *Netz* von Verbindungen. Man betrachte einen Vortragsredner, der Gesten verwendet: Er macht fortwährend lineare Verbindungen in der

Luft. Und ein Lehrer mit Kreide in der Hand wird auf der Tafel Linien ziehen, ob er nun Psychologe, Historiker oder Paläontologe ist.

Sich mit gesellschaftlichen Fakten als mit nur in sich geschlossenen Fakten zu beschäftigen, ist bloßes Sammeln von Antiquitäten. Auf meinem Gebiet wäre ein Forscher dieser Sorte ein Amateur oder ein Dilettant, aber kein Anthropologe. Will er ein Anthropologe sein, so kann er seine Fakten in einer Linie schräg nach oben, in einem *unilinearen* oder *multilinearen Verlauf* der Entwicklung oder in *parallelen* oder *konvergierenden Linien* anordnen. Oder er kann sie geographisch anordnen mit Verbreitungs*linien,* die sie miteinander verbinden, oder schematisch, indem er *konzentrische Kreise* verwendet. Oder er muß zumindest angeben, wohin seine Untersuchung *führt,* welche neuen Erkenntnisse wir *aus ihr ziehen* können. Um akzeptiert zu werden, muß er sich grundsätzlich an die Leitlinie halten.

Die Linie ist im größten Teil unserer wissenschaftlichen Arbeit zu finden oder vorausgesetzt. Sie ist da bei der *Induktion* und der *Deduktion* von Naturwissenschaft und Logik. Sie ist da, wenn der Philosoph Mittel und Zwecke als linear verbunden beschreibt. Unsere statistischen Fakten werden linear als *Graph* dargestellt oder auf eine Normal-*Kurve* reduziert. Und ohne unsere *Diagramme,* nehme ich an, wären wir alle verloren. Wir *spüren* eine historische Entwicklung *auf,* wir *verfolgen den Lauf der* Geschichte und Evolution *hinab* zur Gegenwart und *aufwärts* vom Affen; und es ist interessant, nebenbei festzustellen, daß, obwohl sowohl Evolution als auch Geschichte linear sind, die erstere auf der Tafel nach oben verläuft, die zweite nach unten.

Unsere Psychologen stellen Motivation als etwas Äußeres dar, das mit der Handlung durch eine Linie verbunden ist oder, in jüngerer Zeit, durch einen linearen Kanal in den Organismus eintritt und transformiert, wiederum linear, als Reaktion heraustritt. Ich habe lineare Bilder von Nervenimpulsen und von Herzschlägen gesehen, und damit habe ich eine linear gezeichnete Sekunde gesehen. Das waren Photographien, könnte man sagen, eines gegebenen Faktums, von Wirklichkeit: ein Beweis, daß die Linie in der Wirklichkeit vorkommt. Aber ich bin nicht überzeugt, vielleicht dank meiner Unkenntnis der Mechanik, daß wir unsere Aufzeichnungsinstrumente nicht in der Weise hergestellt haben, daß sie Zeit und Bewegung, Licht und Ton, Herzschläge und Nervenimpulse linear wiedergeben sollen, wobei die Linie axiomatisch gesetzt ist. Die Linie ist überall vorhanden und unausweichlich, und so sind wir unfähig, die Realität ihres Vorhandenseins in Frage zu stellen.

Wenn wir eine *Linie* von Bäumen oder einen *Kreis* von Steinen sehen, nehmen wir das Vorhandensein einer verbindenden Linie an, die nicht tatsächlich sichtbar ist. Und wir nehmen sie in metaphorischer Weise an, wenn wir einer *Gedankenlinie,* dem *Verlauf* einer Handlung oder der *Richtung* eines Arguments folgen; wenn wir einen Bruch in der Unterhaltung *überbrücken*, wenn wir von der Lebens*spanne* oder von dem Erteilen eines *Kurses* sprechen oder wenn wir unsere *unterbrochene Karriere* beklagen. Unter dieser Voraussetzung entwerfen wir Stickkarten und Puzzle-Spiele für Kinder. Unsere Leistungstests und sogar unsere Gesundheitstests setzen oft voraus, daß die Linie in der Natur vorkommt und höchstens noch entdeckt oder zu sichtbarer Existenz gebracht werden muß.

Aber gibt es die Linie in der Wirklichkeit? Malinowski, der für Mitglieder unserer Kultur schreibt und ein Idiom verwendet, das für sie verständlich sein würde, beschrieb das Trobriand-Dorf wie folgt: »Konzentrisch zu der kreisförmigen Reihe von Yam-Häusern verläuft ein Ring von Wohnhütten.« (Vgl. Malinowski 1935/1981, S. 43)[3] Er sah oder zumindest stellte er das Dorf dar als zwei Kreise. Aber in den Texten, die er aufzeichnete, entdecken wir, daß die Trobriander niemals Kreise oder Ringe oder Reihen erwähnen, wenn sie von ihren Dörfern sprechen. Jedes Wort, das sie verwenden, um sich auf ein Dorf zu beziehen, etwa wie *ein* oder *dieses,* hat das substantivische Element *kway* als Präfix, was *Höcker* oder *Haufen von Höckern* bedeutet. Das ist das Element, das sie verwenden, wenn sie sich auf einen Pickel oder einen dikken Ausschlag beziehen; oder wenn sie von mit Yamwurzeln beladenen Kanus sprechen. In ihren Wörtern ist ein Dorf ein Haufen von Höckern. Sehen sie die Kreise nicht? Oder schuf Malinowski selbst die Kreise aus seinem kulturellen Axiom heraus?

Für uns wie auch in Malinowskis Beschreibung der Trobriander, die notwendigerweise in für uns sinnvollen Begriffen geschrieben worden ist, ist jede wirkungsvolle Tätigkeit sicherlich nicht ein zufälliges Bündel von Handlungen, sondern eine linear geplante Reihe von Handlungen, die zu einem im Geiste vorgestellten Ziel führen. Ihr Gartenbau mit allen seinen spezialisierten, sowohl technischen als auch magischen Tätigkeiten, der zu einer reichen Ernte führt; ihr *kula*[4], das das Fällen der Bäume, das gemeinschaftliche Ziehen des Baumes zum Strand, das Reparieren oder Bauen großer seetüchtiger Kanus, die Ausrüstung mit Vorräten, die dazugehörigen magischen und zeremoniellen Tätigkeiten umfaßt – alles das kann sicherlich nur durchgeführt werden, wenn es linear begriffen worden ist.

Aber die Trobriander beschreiben ihre Aktivität nicht linear, sie stellen keine dynamische Beziehung der Handlungen untereinander her, sie verwenden auch nicht so harmlose Bindewörter wie *und*. Hier zum Beispiel der Teil einer Beschreibung des Kokosnußpflanzens:

»Du-herkommen-hierher Kokosnuß du-bring-hierher-wir-pflanzen-Kokosnuß du-geh du-pflanze unsere Kokosnuß. Das-hier es-sprießt Keim. Wir-schieben-weg dies wir-schieben-weg auch-diese Kokosnuß-Schale-Bast zusammen Keim es-sitzt zusammen Wurzel.«

Wir, die wir gewohnt sind, lineare Kontinuität zu suchen, können nicht umhin, sie beim Lesen zu ergänzen, aber die Kontinuität ist in dem Trobriand-Text nicht gegeben; und die gesamte Sprache der Trobriander ist nach Malinowski »sprunghaft«, punktförmig, verläuft nicht in verbindenden Linien. Das einzige Bindewort, das ich in Trobriand kenne, ist das *pela*, das ich oben erwähnte, eine Art Präposition, die auch »springen« bedeutet.

Ich behaupte hier nicht, daß die Trobriander keine Kontinuität sehen können, sondern eher, daß sie die lineare Verbindung nicht selbstverständlich, automatisch herstellen. Auf Malinowskis beharrliche Fragen zum Beispiel versuchten sie, ihre Aktivitäten mit Ausdrücken des Grundes oder der Motivation zu erklären, indem sie mögliche »Folgen« einer unkooperativen Handlung feststellten. Aber Malinowski fand ihre Antworten konfus, in sich widersprüchlich und inkonsistent. Ihre bevorzugte Antwort war: »Es war von alters her festgelegt« – womit auf einen Wertbestandteil der Handlung hingewiesen wird, anstatt daß eine auf linearer Verbindung beruhende Erklärung gegeben würde.

   Und wenn die Trobriander nicht versuchten, Antworten auf Suggestivfragen zu finden, stellten sie keine derartige Verbindung in ihrer Rede her. Sie nahmen zum Beispiel an, daß die Wirksamkeit eines Zauberspruchs nicht in seinen Ergebnissen, nicht im Gültigkeitsbeweis liege, sondern in seinem bloßen Vorhandensein, in der Angemessenheit seiner Tradition, in seinem Platz innerhalb der vorgeschriebenen Handlung, darin, daß er von der passenden Person durchgeführt wird, in der Realisierung seiner mythischen Grundlage. Die Gültigkeit im Beweis zu suchen, war ihrem Denken fremd; dennoch versuchten sie es auf Verlangen des Ethnographen. Ich muß hier hinzufügen, daß ihre Bezeichnungen für die Sternbilder implizieren, daß sie hier lineare Figuren sehen; indes kann ich die Bedeutung dieser Feststellung nicht untersuchen, da ich kein Kontextmaterial besitze. Auf jeden Fall möchte ich darauf hinweisen, daß selbst wenn der Trobriander gelegentlich Verbindungslinien zwischen Punkten zieht, sich seine Wahrnehmung und Erfahrung nicht automatisch in einem linearen Rahmen bewegen.

Die Tatsache bleibt bestehen, daß die Trobriander Unternehmungen starten, die für uns mit Sicherheit als Ketten von Handlungen erscheinen, welche Planung und Zweckdienlichkeit »voraussetzen müssen«. Sie vollziehen Handlungen des Beschenkens und Geschenkeempfangens, die wir sicherlich, wenn wir wollen, als einen Austausch von Geschenken ansehen können. Wenn wir ihre Reisen aufzeichnen, sehen wir, daß sie von Punkt zu Punkt gehen, daß sie einen Kurs segeln, ob sie das nun sagen oder nicht. Verzichten sie also nur darauf, einer Sache sprachlichen Ausdruck zu verleihen, die sie faktisch in der Natur erkennen? Auf der nicht-sprachlichen Ebene: Handeln sie aufgrund der Voraussetzung einer Linearität, die in ihrer Sprache keinen Platz hat?

Ich glaube, daß da, wo es um werthaltige Handlungen geht, die Trobriander auf keiner Ebene aufgrund vorausgesetzter Linearität handeln. Organisation oder besser Kohärenz ist in ihren Handlungen zu finden, weil die Handlung des Trobrianders einem Verhaltensmuster folgt. Eine Aktion innerhalb dieses Handlungsmusters aktualisiert ein vorher festgelegtes Bündel von Handlungen.

Vielleicht läßt sich eine Parallele in unserer Kultur im Anfertigen eines Pullovers finden. Wenn ich damit beginne, einen zu stricken, *bewirkt* das Stricken der Rippen am unteren Teil nicht das Stricken der Halspartie, noch das der Ärmel oder der Schulterpartien; und es ist nicht Teil einer linearen Reihe von Handlungen. Eher ist es ein unentbehrlicher Teil einer festgelegten Tätigkeit, die alle diese anderen Handlungen einschließt. Das heißt also, wenn ich einen Schnitt wähle, sind mir die mit der Herstellung des Kleidungsstücks verbundenen Handlungen bereits gegenwärtig. Sie sind fest in das Muster, das ich ausgewählt habe, eingebettet. In derselben Weise, glaube ich, kann das Beharren der Trobriander verstanden werden, daß der Geschlechtsverkehr, obwohl notwendige Voraussetzung der Schwangerschaft, nicht die Ursache der Empfängnis ist. Das Verhaltensmuster Fortpflanzung umfaßt eine ganze Reihe von Handlungen; eine ist der Geschlechtsverkehr, eine andere das Eintreten des Geistes eines toten Trobrianders in den Mutterleib. Doch gibt es hier noch einen weiteren Gesichtspunkt. Wenn den Trobriandern von den Ethnographen stark zugesetzt wurde oder sie von ihren Nachbarn, den Dobuanern, gehänselt wurden, schienen sie in großer Verlegenheit und machten den Eindruck, als versuchten sie, bedingungslos eine Position festzuhalten, an die sie glauben mußten; und zwar deshalb, glaube ich, weil das Handlungsmuster für sie Wahrheit und Wert darstellt, und in der Tat leiten Handlungen und Sein ihren Wert aus dem sie einschließenden Muster ab.

So bleibt die Frage nach der Wahrnehmung einer Linie bestehen. Weil die Trobriander das Handlungsmuster als Wert ansehen, handeln sie nach einem nicht-linearen Muster, und nicht deshalb, weil sie Linearität nicht wahrnehmen können.

Aber nicht jede Tätigkeit der Trobriander enthält einen positiven Wert, und wenn sie es nicht tut, nimmt sie Linearität an und wird äußerst verachtenswert. Zum Beispiel schließt das Handlungsmuster des Geschlechtsverkehrs ein, daß der Junge dem Mädchen ein Geschenk gibt; wenn aber der Junge ein Geschenk macht, um die Gunst des Mädchens zu gewinnen, wird er verachtet. Das Kula-Muster wiederum schließt die Möglichkeit ein, daß man ein Geschenk von dessen ursprünglichem Empfänger bekommt; das Muster sieht so aus, daß es die Handlungen physisch und zeitlich völlig voneinander getrennt hält. Trotzdem werden jedoch manche Männer angeklagt, ihren Kula-Partnern Geschenke zu machen, um sie anzureizen, ihnen ein besonders schönes Kula-Geschenk zu machen. Solche Männer werden mit dem häßlichen Etikett belegt: Er treibt Tauschhandel. Das bedeutet, daß, wenn auch nicht geschätzt, ja verachtet, lineares Verhalten doch existiert. Tatsächlich gibt es im Innern Dörfer, deren Bewohner hauptsächlich davon leben, daß sie handwerkliche Arbeiten gegen Yamwurzeln tauschen. Die Bewohner von Omarakana, mit denen sich Malinowskis Arbeit und diese Untersuchung im wesentlichen beschäftigen, betreiben Tauschhandel mit ihnen, betrachten sie aber als Parias.

Das bedeutet: Wahrscheinlich erfahren die Trobriander Wirklichkeit nach einem nicht-linearen Denkmuster, soweit es werthaltige Wirklichkeit ist; sie können sie aber auch linear erfahren, sobald kein positiver Wert vorhanden oder dieser zerstört ist. Man kann jedoch nicht sagen, daß das an sich schon bedeutet, daß Linearität gegeben und in der Natur vorhanden ist, das Muster aber nicht. Unser eigenes Beharren auf der Linie, wie zum Beispiel bei der linearen Kausalität, basiert auch oft auf einem unbestrittenen Glauben oder Wert. Um zum Thema der Zeugung zurückzukehren: Der Ehemann in unserer Kultur, der lange gehofft und vergeblich versucht hatte, Kinder zu zeugen, wird nichtsdestoweniger daran festhalten, daß Geschlechtsverkehr Schwangerschaft verursacht. Vielleicht tut er es mit derselben Dickköpfigkeit und Verlegenheit wie die Trobriander, wenn sie das Gegenteil behaupten.

Die Linie in unserer Kultur verbindet nicht nur, sie bewegt sich auch. Und wie wir von einer Linie denken, daß sie sich von Punkt zu Punkt bewegt und dabei den einen mit dem anderen verbindet, so fassen wir Straßen in der Weise auf, daß sie von Ort zu Ort *laufen*. Ein Trobriander sagt nicht von Straßen, daß sie entweder zwei Punkte miteinander verbinden oder *von* Punkt *zu* Punkt *laufen*. Seine Wege sind in sich geschlossen, werden als unabhängige Einheiten benannt; sie sind nicht *nach* oder *von*, sie sind *da*. Und er selbst ist *da*, er hat kein Äquivalent für unser *nach* oder *von*. Es gibt zum Beispiel den Mythos von Tudava, der – in unserer Sicht – von Dorf zu Dorf und von Insel zu Insel geht und Yamwurzeln pflanzt und anbietet. In dem Trobriand-Text heißt das folgendermaßen:

»Kitava es-leuchten Dorf schon er-ist-vorbei. ›Ich-sagte ich-gebe Iwa‹; Iwa er-ankern er-gehen Ufer ... Er-segeln Digumanu ... Sie-treiben (ihn fort) ... Er-gehen Kwaywata.« (Vgl. Malinowski 1935/1981, S. 90)

Punkt für Punkt ist aufgezählt, aber sein Segeln von – nach wird als ein abgetrenntes Ereignis wiedergegeben. In unserer Sicht folgt er mehr oder weniger südöstlichem Kurs; aber das wird nicht als Kurs oder Strecke wiedergegeben, und Richtungen sind nicht einmal erwähnt. Tatsächlich tauchen in den verschiedenen Texten, die sich auf Fahrten im Archipel beziehen, keine Wörter für die Hauptrichtungen auf. Beim Segeln werden die einzelnen Winde danach bezeichnet, *wo* sie sind, wo sie auf das Kanu auftreffen, wie »Wind-auftreffend-auf-Ausleger-Balken«, und nicht danach, wo sie *herkommen*. Ansonsten finden wir Namen für den Südwestwind *(youyo)* und den Nordwestwind *(bombatu)*, aber das sind nur substantivische Bezeichnungen, die nichts mit der Richtung zu tun haben. Es sind Bezeichnungen für Windarten.

Wenn ein Mitglied unserer Gesellschaft eine Person emotionslos beschreibt, folgt es einer imaginären Linie, gewöhnlich abwärts von Kopf bis Fuß, vom Haar zum Kinn. Die Navaho tun das Gegenteil, sie folgen einer aufsteigenden Linie. Die Trobriander folgen keiner Linie, zumindest keiner, die ich zu sehen vermag. »Mein Kopf kocht«, sagt ein Kula-Zauberspruch, und er fährt fort, die Teile des Kopfes aufzuzählen wie folgt: Nase, Hinterkopf, Zunge, Kehlkopf, Rede, Mund. Ein anderer Zauberspruch, der einen schützenden Nebel ausbreitet, lautet folgendermaßen: »Ich benebele die Hand, ich benebele den Fuß, ich benebele den Kopf, ich benebele die Schultern ...« Es gibt eine magische Formel, bei der wir eine Linie erkennen, eine Linie, die Malinowski seinerzeit allerdings nicht wörtlich aufzeichnete, sondern die er später nach dem Gedächtnis niederschrieb, und es ist nicht unwahrscheinlich, daß sein Gedächtnis die Formel entsprechend der Linearität seiner Kultur wiedergab.

Wenn der Trobriander die Teile eines Kanus aufzählt, folgt er keiner erkennbaren linearen Ordnung: »Dunst ... mich umgeben mein Mast ... die Nase meines Kanus ... mein Segel ... mein Steuerruder ... mein Kanu-Dollbord ... mein Kanu-Boden ... mein Bug ... meine Rippe ... mein Fadenmast ... mein Bugbord ... mein Quermast ... meine Kanu-Seite.«

Malinowski schematisiert das Gartenland als ein viereckiges Stück Land, das in Quadrate unterteilt ist. Die Trobriander belegen es mit denselben Wörtern, mit denen sie auch das Dorf bezeichnen – ein höckriger Gegenstand oder eine Ansammlung von Buckeln. Wenn die Parzellen in dem Gartengelände an die Gärtner verteilt werden, werden die bereits benannten Parzellen namentlich zugeteilt, die anderen nach ihrer Lage neben der Seite des Gartens. Danach werden die inneren Parzellen, der »Bauch« des Gartens, verteilt. Einem physikalischen Rand zu folgen, ist ein Verfahren, das wir auch an anderer Stelle finden. In einem Zauberspruch, der Dörfer auf der Hauptinsel nennt, kommt eine lange Liste von Dörfern vor, die entlang der Küste nordwärts, dann um die Insel herum westwärts, dann südwärts liegen. Für uns ist das natürlich eine lineare Ordnung. Aber wir haben keinen Hinweis dafür, daß die Trobriander etwas anderes sehen als eine geographische Ortsbestimmung, Punkt für Punkt, in dem Maß, wie sie sich über ein räumlich zusammenhängendes Gebiet bewegen. Die Linie als Leitfaden für das Verfahren ist hier nicht notwendig impliziert. Hier werden keine Begriffe verwendet, die als Implikation der Kontinuität verstanden werden können, kein »entlang der Küste« oder »um ... herum« oder »nordwärts«.

Wenn wir uns in unserer Kultur mit Ereignissen oder Erfahrungen des eigenen Selbst beschäftigen, verwenden wir die Linie als Orientierung; zwei Gründe dafür will ich aufgreifen. *Erstens:* Wir haben das Gefühl, wir müßten Ereignisse chronologisch in eine lineare Ordnung bringen; wie könnten sonst unsere Historiker die Ursachen des Krieges, einer Revolution oder einer Niederlage aufdecken? Für die Trobriander ist das, was unserer Geschichte entspricht, eine Ansammlung von Anekdoten, das heißt von unverbundenen Punkten, die ohne Berücksichtigung der chronologischen Sequenz, der Entwicklung oder der Kausalbeziehung erzählt werden. Dabei werden die Wörter, die sich auf vergangene, gegenwärtige oder erwartete Ereignisse beziehen, grammatikalisch nicht unterschieden. Auch wenn sie eine Anekdote erzählen, achten sie nicht auf eine zeitliche Reihenfolge. Zum Beispiel sagen sie zu Malinowski: »Sie-essen-Taro, sie-spucken-aus-Taro, sie-ekelten-sich-vor-Taro.« Aber wenn die Zeit, wie wir glauben, eine Bewegungslinie ist, dann kam der Widerwille zeitlich gesehen zuerst, und das Erbrechen war das Ergebnis, das sich danach ereignete. Noch ein Beispiel: »Das-hier … reift … fällt-ab wirklich bringt-hervor … sitzt Samen in Bauch-seinem«; aber sicherlich ist der Samen zuerst da, und die Geburt liegt zeitlich später, wenn die Zeit linear ist.

Zweitens: Wir ordnen Ereignisse und Gegenstände oft in einer Steigerungssequenz nach Größe und Intensität, emotionaler Bedeutung oder hinsichtlich irgendeines anderen Prinzips. Wir ordnen oft Ereignisse von früher nach später, nicht weil wir an der historischen Ursächlichkeit interessiert sind, sondern weil die Gegenwart Klimax unserer Geschichte ist. Aber wenn der Trobriander Ereignisse wiedergibt, dann gibt es kein Entwicklungsarrangement, kein Ansteigen des Gefühlstons. Seine Geschichten haben keinen Plan, keine lineare Entwicklung, keine Steigerung. Und wenn er seinen Gartenzauber wiederholt, bildet seine Liste weder eine Klimax noch eine Antiklimax; sie klingt für uns bloß ungeordnet:

Der Bauch meines Gartens hebt sich.
Der Bauch meines Gartens geht hoch.
Der Bauch meines Gartens senkt sich.
Der Bauch meines Gartens ist ein sich erhebendes Buschhühnernest.
Der Bauch meines Gartens ist ein Ameisenhaufen.
Der Bauch meines Gartens hebt – dreht sich.
Der Bauch meines Gartens ist ein aufsteigender Eisenholzbaum.
Der Bauch meines Gartens liegt (brach) da.
Der Bauch meines Gartens sprießt. (Vgl. Malinowski 1935/1981, S. 121)

Wenn sich die Trobriander auf den Weg zu ihrer großen Zeremonie, der Kula-Expedition, machen, folgen sie einer vorher festgelegten Ordnung. Zuerst kommt das Kanu der Tolap-Truppe, eines obskuren Unter-Clans. Dann kommen die Kanus der großen Häuptlinge. Aber das ist keine Steigerung; denn nach den großen Häuptlingen kommen die einfachen Leute. Die Ordnung leitet ihre Bedeutung nicht aus einer linearen Reihenfolge ab, sondern aus der Übereinstimmung mit einem vorliegenden, aus der Erfahrung gewonnenen, bedeutungshaltigen Muster, das die Neuschöpfung oder Realisierung des mythischen Musters ist, das von alters her festgelegt wurde und für immer gilt. Seine Bedeutung liegt nicht in einer genauen Punkt-für-Punkt-Entsprechung, sondern in seiner Tauglichkeit, in der Wiederholung einer festgesetzten Einheit.

Eine Ordnung dieser Art beschert Mitgliedern unserer Gesellschaft eine Art ästhetischen Mißbehagens, es sei denn, wir lernten durch gezieltes Training, über unsere kulturelle Erwartung hinauszugehen, oder aber, daß wir noch zu jung sind, um die Ausdrucksformen unserer Gesellschaft übernommen zu haben. Wenn wir Gegenstände naiv manipulieren, ordnen wir sie nach irgendeinem linearen Steigerungsprinzip. Man denke nur an eine akademische Abschlußfeier, bei der sich die Dozenten nach ihrem Rang, ihrem Dienstalter oder nach einem anderen wichtigen Gesichtspunkt aufgestellt haben, und bei der die Studenten nach ihrer Körperlänge, vom Kleinsten zum Größten, aufgereiht sind, also nach dem einzigen für den Erfolg ihrer Universitätsstudien, der ja den Anlaß zu der Feier darstellt, absolut irrelevanten Prinzip. Selbst wenn die intellektuell Anspruchsvolleren dieses Prinzip vermeiden, sind sie sich seiner bewußt: Sie vermeiden absichtlich etwas, das gegeben ist.

Auch unsere Anordnung von Geschichte, an der wir persönlich beteiligt sind, verläuft im wesentlichen klimaktisch. Meine Urgroßmutter nähte bei Kerzenlicht, meine Großmutter verwendete eine Petroleumlampe, meine Mutter lernte bei Gaslicht, ich arbeitete unter einer nackten Glühbirne, und meine Kinder haben indirekte Edelgasbeleuchtung. Das ist Fortschritt; das ist die bedeutsame Sequenz. Für den Trobriander ist Steigerung in der Geschichte widerwärtig, sie ist eine Verneinung alles Guten, denn sie schloß nicht nur die Gegenwart von Wandel ein, sondern auch die Vorstellung, daß Veränderung das Gute steigert. Für ihn liegt der Wert dagegen in der Gleichheit, in der Wiederholung des *pattern*, im Zusammenziehen aller Zeit in demselben Punkt. Was im Leben gut ist, ist Identität mit der gesamten voraufgegangenen Trobriand-Erfahrung und mit aller mythischen Erfahrung.

Es gibt keine Grenze zwischen der vergangenen und der gegenwärtigen Trobriand-Existenz. Der Trobriander kann anzeigen, daß eine Handlung abgeschlossen ist, aber das bedeutet nicht, daß die Handlung vergangen ist. Sie kann abgeschlossen und gegenwärtig oder zeitlos sein. Wo wir sagen würden »Vor vielen Jahren« und das Tempus der Vergangenheit verwenden würden, wird der Trobriander sagen »In der Kindheit meines Vaters« und nichtzeitliche Verben verwenden. Er ordnet das Ereignis situativ, nicht temporal. Vergangenheit, Gegenwart und Zukunft werden sprachlich als dasselbe dargestellt, sie sind in seiner Existenz gegenwärtig; und Gleichheit mit dem, was wir Vergangenheit nennen, und mit dem Mythos ist ein Wert für den Trobriander. Wo wir eine Entwicklungslinie sehen, sieht der Trobriander einen Punkt, höchstens ein leichtes Zunehmen an Wert. Wo wir Vergnügen und Befriedigung in der Bewegung weg von dem Punkt, in der Veränderung als Abwechslung oder Fortschritt finden, findet sie der Trobriander in der Wiederholung des Bekannten, in der Aufrechterhaltung des Punktes, das heißt in dem, was wir Monotonie nennen.

Ästhetische Gültigkeit, Würde und Wert entstehen für den Trobriander nicht durch Anordnung in einer klimaktischen Linie, sondern vielmehr in der ungestörten Eingliederung der Ereignisse in ihre ursprüngliche, nicht-lineare Ordnung. Die einzige Geschichte, die Bedeutung für ihn hat, ist die, die den Wert des Punktes heraushebt, oder die, die in der Wiederholung den Wert des Punktes mehrt. Zum Beispiel wird jedes Geschehen, an dem ein Kula-Gegenstand teilhat, ein Bestandteil seines Wesens und vermehrt seinen Wert. Alle diese Geschehnisse werden mit großer Befriedigung aufgezählt, aber der lineare Lauf des wandernden Kula-Gegenstandes ist nicht wichtig.[5]

So wie wir unsere Geschichte als Klimax sehen, planen wir auch unsere zukünftigen Erfahrungen als Klimax künftiger Befriedigung oder Bedeutung. Wer, außer einem sehr kleinen Kind, käme auf den Gedanken, eine Mahlzeit mit Erdbeerkuchen anzufangen und mit Spinat zu beenden? Wir haben uns daran gewöhnt, das Ende der Mahlzeit mit dem Höhepunkt der Befriedigung zu identifizieren, und wir identifizieren die Wörter »Nachtisch« und »Belohnung« semantisch nur aufgrund ihrer ähnlichen Position in einer klimaktischen Linie. Die Mahlzeit der Trobriander kennt keinen Nachtisch, keine Linie, keinen Höhepunkt. Das Besondere, das Beste wird *mit* der Hauptmahlzeit gegessen. Es ist nicht etwas, auf das man *wartet*, während man eine bedeutungslose Hauptmahlzeit verzehrt.

Keine der Trobriand-Tätigkeiten fügt sich in eine klimaktische Linie. Es gibt keinen Job, keine Arbeit, keine Plackerei, die ihre Belohnung außerhalb der Tätigkeit selber findet. Jede Arbeit enthält ihre eigene Befriedigung. Wir können hier nicht von Stimulus und Reaktion sprechen, da jede Handlung ihren eigenen, immanenten »Stimulus« enthält. Das Gegenwärtige ist nicht ein Mittel künftiger Befriedigung, sondern gut in sich selbst, wie auch das Künftige gut in sich selbst ist. Keines ist besser oder schlechter, ihr Verhältnis ist weder als Klimax noch als Antiklimax gesehen; tatsächlich sind sie weder linear miteinander verbunden noch voneinander getrennt.

Daraus folgt, daß die Gegenwart nicht nach ihrem Platz innerhalb eines Handlungsablaufs bewertet wird, der sich aufwärts bewegt hin zu einem werthaltigen Ende. In unserer Kultur können wir das Gegenwärtige nur selten aus sich selbst bewerten.

Ich erzähle Ihnen, daß Sally bei Woolworth Kurzwaren verkauft; aber das bedeutet in sich selbst nichts. Es bekommt eine gewisse Bedeutung, wenn ich hinzufüge, daß sie kürzlich Examen in Vassar gemacht hat. Ich erzähle jedoch weiter, daß sie Mitherausgeberin von *Vogue*, dann Kindermädchen, Putzfrau und Lehrerin war. Aber das ist nur Durcheinander, es gibt keinen Sinn und hat keine Bedeutung, weil die Reihe nirgends hinführt. Man kann die eine Tätigkeit mit der anderen nicht in Verbindung bringen, und man kann sie nicht einfach für sich, abgetrennt als Teil ihrer Existenz sehen. Dann füge ich aber hinzu, daß sie Material für ein Buch über berufstätige Mütter sammelt; und jetzt paßt auf einmal alles zusammen, ist in Karrierebegriffen sinnvoll. Jetzt ist ihre Tätigkeit gut und macht sie glücklich, weil sie Teil einer geplanten, klimaktischen Linie ist, die zu einer höheren Bezahlung, zu größerem Ansehen und zu einem höheren Rang führt. Eine Zeitschrift brachte eine Geschichte über das Collegemädchen, das sich in einem Sommer in den Milchmann verliebte. Der Leser war gespannt, bis er entdeckte, daß die Arbeit des Milchmannes nur ein Sommerjob war, das heißt, nur ein Mittel, das dem jungen Mann die Fortsetzung seines Jurastudiums ermöglichte. Unsere Einschätzung von Glück und Unglück ist abhängig von dieser Bewegung entlang eines linearen Entwurfs hin zu einem Wunschziel. In der Vollendung dieses Wegs oder dieser Karriere – nicht in der Vollendung des eigenen Selbst als Punkt – sehen wir den Wert. Unsere Auffassung von Freiheit beruht auf dem Prinzip der Vermeidung von Interferenzen mit dieser linearen Bewegung, das heißt in der Vermeidung von Unterbrechungen des angestrebten Handlungsablaufs.

Es ist schwierig zu sagen, ob die Klimax überhaupt in Erfahrung gegeben ist oder ob sie dem Gegebenen immer aufgedrückt wird. In einer Zeit, als angenommen wurde, daß Fortschritt und Evolution naturgegeben seien, schrieben unsere Musiker und Schriftsteller Werke, die in der Form einer Klimax aufgebaut waren. Heute stellt der reflektierende Teil unserer Kunst die Erfahrung nicht klimaktisch dar. Ist denn Emotion selbst klimaktisch? Klimax bedeutet für uns »Spannung« oder »Dramatik«. Aber es gibt

Kulturen, wie auf Tikopia[6], in denen das Leben unserer Auffassung nach auf einer gleichmäßigen Gefühlsebene ohne Spannung oder Klimax gelebt wird. Erfahrungen, »von denen wir wissen«, daß sie klimaktisch verlaufen, werden von ihnen ohne Klimax beschrieben. Zum Beispiel beschrieben sie, ebenso wie die Trobriander, den Geschlechtsverkehr als eine Summe angenehmer Erfahrungen. Malinowski ist davon jedoch verwirrt. Er kann den erotischen Kuß nicht in die Erfahrung der Trobriander einordnen, da er keine klimaktische Funktion hat.

In unserer Kultur ist das Kindergebären eine Klimax. Die Schwangerschaft wird von einem Geburtshelfer normalerweise als ein unbequemer Weg zu einem dramatischen Ende dargestellt. Für die meisten Frauen heute ist die ganze Intensität der natürlichen körperlichen Erfahrung von der tatsächlichen Geburt selbst getrennt, aber das Herannahen der Geburt ist nichtsdestoweniger eine Periode steigender Spannung, und die Dramatik wird geliefert durch die besondere gesellschaftliche Anerkennung des Ereignisses, durch die dramatische Häufung von Geschenken, Blumen und Telegrammen. Eine Schwangerschaft wird nicht formell angezeigt, da sie, wenn sie nicht in einer Geburt endet, ihr Ziel verfehlt hat; das Nichterreichen des Höhepunkts bedeutet eine Blamage. In ihren späteren Stadien kann sie durch ein Fest ausgezeichnet werden, aber das Fest *(shower party)* bezieht sich auf die Geburt und feiert nicht die Schwangerschaft selbst. Bei den Trobriandern hat die Schwangerschaft ihre Bedeutung in sich selbst als ein existentieller Zustand. Bei der ersten Schwangerschaft gibt es ein langes Zeremoniell, das die »vorbereitende« Arbeit von seiten vieler Leute umfaßt und bloß die Schwangerschaft feiert. Es dient nicht der sozialen Verankerung des Babys, sein *Ziel ist nicht* eine bequemere Zeit während der Schwangerschaft, es *führt nicht zu* einer leichteren Geburt oder einem gesunden Baby. Dabei wird die Haut der Frau weiß gefärbt und sie besonders schön gemacht; dennoch führt dies zu nichts, da sie damit nicht ihre Anziehungskraft auf Männer, nicht einmal auf ihren eigenen Mann, beweisen muß.

Ist es dann richtig, wenn wir das Vorhandensein einer Linie in der Wirklichkeit so ohne weiteres annehmen? Sind wir in der Lage, mit Sicherheit sagen zu können, daß die Trobriander falsch und wir richtig liegen? Ein Großteil unseres heutigen Denkens und ein Großteil unserer Wertmaßstäbe basieren auf der Prämisse der Linie und auf der Linie als etwas Gutem. Schülern wurde die Aufnahme ins College verweigert, weil der ihre Bewerbung begleitende Lebenslauf keine Linie aufwies; ihnen schienen Zielstrebigkeit und Planungsfähigkeit zu fehlen. Sie erschienen sowohl charakterlich als auch intellektuell ungeeignet. Unsere Auffassung von Persönlichkeitsbildung, unsere Betonung der Bedeutung von Erfolg und Mißerfolg und von Frustration im allgemeinen basiert auf der axiomatisch postulierten Linie. Jedoch, kann überhaupt etwas blockiert werden ohne eine im voraus angenommene lineare Bewegung oder Anstrengung? Wenn ich einen Weg entlanggehe, weil ich die Gegend liebe, oder wenn es nicht wichtig ist, zu einer bestimmten Zeit an einen bestimmten Punkt zu gelangen, dann ist die unüberwindliche Pfütze von dem morgendlichen Regenguß nicht weiter frustrierend; ich werfe Steine hinein und betrachte die Kreise auf dem Wasser und suche mir einen anderen Weg. Wenn das Unternehmen für mich selbst von Wert ist, ein in sich selbst wertvoller Moment, und nicht nur deswegen wertvoll, weil er zu etwas führt, dann hat das Scheitern keine symbolische Bedeutung. Es führt nur dazu, daß es keinen Kuchen zum Abendbrot gibt oder weniger Geld im Familienbudget ist; es ist nicht persönlich verheerend. Aber das Scheitern ist in unserer Kultur verheerend, weil es nicht das Scheitern des Unternehmens allein ist; vielmehr ist es das sich bewegende, werdende, linear begriffene Selbst, das gescheitert ist.

Ethnographen haben gelegentlich bemerkt, daß die Leute, die sie beobachteten, keinerlei Verärgerung zeigten, wenn sie unterbrochen wurden. Ist das ein Anzeichen gemäßigten Temperaments, oder könnte es der Fall sein, daß sie überhaupt nicht unterbrochen wurden, da keine Erwartung einer linearen Kontinuität gegeben war? Solche Fragen sind neu in der Anthropologie, und die meisten Ethnographen haben deshalb niemals daran gedacht, Material aufzuzeichnen, das sie beantworten würde. Doch haben wir genug Material, um die Linie als Grundlage jeglicher Erfahrung in Frage zu stellen; ob sie nun tatsächlich in der gegebenen Wirklichkeit vorhanden ist oder nicht, sie ist jedenfalls nicht immer in der erfahrenen Wirklichkeit vorhanden. Wir können nicht einmal selbstverständlich annehmen, daß sie unter jenen Mitgliedern unserer Gesellschaft immer da ist, die nicht naiv oder vollständig von unserer Kultur durchdrungen sind, wie zum Beispiel viele unserer Künstler. Bei der Untersuchung anderer Kulturen sollten wir jedenfalls darauf achten, nicht ungeprüft der Annahme zu folgen, daß dort Handlungen auf den Gedanken einer linearen Wirklichkeit gegründet sind.

Editorische Anmerkungen

1 Melanesische Inselgruppe nordöstlich Neuguineas; berühmt geworden durch die Feldforschung Malinowskis (1920, 1922, 1929, 1935).

2 Gekürzt um weitere Beispiele aus indianischen Sprachen.

3 Die Autorin zitiert die ausführliche englische Version von Malinowski (1935), allerdings ohne Fundstellenangabe. Wo sich die Zitate identifizieren ließen, wird im folgenden auf die entsprechenden Passagen in der (gekürzten) deutschen Ausgabe von 1981 verwiesen. Da diese Übersetzung jedoch einige Linearität in den Text hineininterpretiert, wird sie nicht übernommen.

4 Kula-»Ringtausch«: nach Malinowski (1920) Tauschzeremonien in Melanesien, bei denen rote Muschelketten (bei Expeditionen im Uhrzeigersinn des Archipels) und weiße Muschelarmbänder (in der Gegenrichtung) symbolisch getauscht wurden. Solche Zeremonien sicherten den friedlichen Zusammenhalt und bildeten den offiziellen Rahmen für den »Tausch« nützlicher Geschenke.

5 Die Autorin berücksichtigt nicht die »Linearität«, die in der Assoziation von Muschelgeschenken und Uhrzeigersinn (s. Anm. 4) liegt.

6 Diese Einschätzung bezieht sich auf Raymond Firths (1929) ersten Forschungsbericht aus Tikopia, Teil der Solomin-Inseln im südlichen Pazifik. Damals setzte die Geringschätzung westlicher Güter und exklusive Orientierung an eigenen Werten auf Tikopia einige Anthropologen in Erstaunen. Im Lauf des 2. Weltkriegs, nach Verstärkung der westlichen Präsenz, änderte sich die Situation: Wie Firth nach einem neuen Besuch 1952 feststellte, hatte sich Geldwirtschaft durchgesetzt, Großfamilien waren zerbrochen, viele Männer hatten Tikopia verlassen auf der Suche nach Arbeit, Geld und westlichen Gütern (Firth 1959).

Thomas Gladwin
Logik auf Puluwat und in der Bronx[1]

Wenn wir die Puluwat-Navigation als eine Denkweise zu einem Bereich unserer eigenen Kultur in Beziehung setzen, so geschieht das nicht deswegen, weil wir in beiden Komplexen eine ähnliche Pathologie zu beobachten glauben. Wir tun es viel eher deshalb, weil wir einen vergleichbaren Prozeß, wie die Persönlichkeitsentwicklung, beobachten können, der beiden gemeinsam ist, aber wahrscheinlich verschieden genug, um erhellende Gegensätze zu liefern. Dieser Prozeß ist der Gebrauch der Intelligenz bei der Lösung wichtiger Probleme. (Ich will im folgenden die Logik der Puluwat-Navigatoren mit der Logik der Armen in den Vereinigten Staaten vergleichen und dabei zeigen, wie man ihnen besser als mit den üblichen Mittelschicht-Maßstäben gerecht werden kann.)

Die Puluwat-Navigation ist zweifellos intelligentes Verhalten, aber die Bewohner des Puluwat-Atolls[2] denken deswegen nicht unbedingt in dieser Weise über sie. Es ist offensichtlich ein intellektuelles Kunststück, weit über den Ozean zu reisen und auf einer winzigen Insel anzukommen, ohne etwas anderes zu gebrauchen als den Verstand und die Sinnesorgane. Wir in der westlichen Welt bewerten die Intelligenz hoch. Aus diesem Grund achten wir den Puluwat-Seefahrer. Die Bewohner des Puluwat-Atolls achten ihre Seefahrer auch, aber nicht zuallererst deswegen, weil sie intelligent sind. Sie achten sie, weil sie navigieren können, weil sie ein Kanu sicher von einer Insel zur anderen steuern können. Es gibt zwar ein Puluwat-Wort, das man mit »intelligent« übersetzen kann, und in diesem Begriff werden Navigatoren als intelligent angesehen, aber etymologisch gesehen bedeutet es nur, daß man ein gutes Gedächtnis hat. Es gibt neben der Speicherung von technischen Informationen viele nützliche Wege, den Verstand zu gebrauchen. Ein Puluwater, der Menschen benennen soll, die gut denken oder ihren Verstand wirksam gebrauchen können, wird wahrscheinlich jene auswählen, deren Entscheidungen weise sind, die sich in der Diskussion gemäßigt und staatsmännisch geben, nicht aber die Techniker. Das heißt nun nicht, daß der Staatsmann wichtiger ist als der Seefahrer. Auf dem Puluwat-Atoll ist nichts wichtiger als die Schiffahrt. Es besagt nur, daß, während *wir* die Navigation als eine vorwiegend intellektuelle Tätigkeit anerkennen und achten, dieses für den Puluwater nicht ihre hervorstechende Eigenschaft ist. Weil Navigation nach unseren Begriffen intellektuell ist, kann sie nützliche Einsichten zur Intelligenz in unserer Kultur liefern. Wenn wir so über Navigation denken, dürfen wir uns indessen nicht zu der Annahme verleiten lassen, daß die Puluwater ihre Navigatoren als besonders intelligent ansehen. Eben das tun sie nicht. Sie betrachten sie als Seefahrer.

Bei der Beschreibung der Navigation[3] sind zwei Qualitäten aufgetaucht, die sie logisch oder kognitiv über ihre technologischen Dimensionen hinaus charakterisieren können. Sie umfaßt einerseits Systeme einer expliziten Theorie und arbeitet andererseits mit einer begrenzten Menge vorher festgelegter Alternativen von akzeptablem Input und Output. Etwas näher, von einigen unserer traditionellen Perspektiven über Intelligenz aus betrachtet, könnten diese Qualitäten als widersprüchlich angesehen werden.

Zunächst kann man von der Puluwat-Navigation und von den Prinzipien ihres Kanubaus sagen, daß sie in einer theoretischen Sprache ausgedrückt werden, weil sie ausdrücklich als eine Sammlung von Prinzipien über Beziehungen zwischen Phänomenen konzeptualisiert und gelehrt werden. Die Phänomene werden manchmal direkt beobachtet, zu anderen Zeiten jedoch nur erschlossen, wie zum Beispiel im Falle der Standortbestimmungen nach dem Sternkompaß, wenn sich der Stern, nach dem sich der Kurs richtet, nicht in direkt zu beobachtender Position befindet. Diese Beziehungen und diese Inferenzen stellen zweifellos Abstraktionen dar. Einige, zum Beispiel *etak*, sind ziemlich starke Abstraktionen. Das *etak*-Konzept für eine bestimmte, aber unsichtbare Insel, die sich oft unter unsichtbaren Navigationssternen bewegt, ist nicht nur eine Abstraktion. Es ist auch ein zweckorientiert entworfenes logisches Konstrukt zur Verarbeitung von Dateninputs (Geschwindigkeit und Zeit), um einen nützlichen Output zu liefern, und zwar die bereits zurückgelegte Strecke der Fahrt. Abstraktes Denken ist deshalb ein durchgängiges Charakteristikum der Puluwat-Navigation.

Das zweite Charakteristikum, daß nämlich alle Informations-Inputs und Entscheidungs-Outputs sozusagen vorgepackt oder vordeterminiert sind, bedeutet, daß innerhalb des Navigationssystems wenig Platz oder Bedarf für Innovation besteht. Die Navigation verlangt nicht die Lösung noch nicht dagewesener Probleme. Der Seefahrer muß eine gute Beurteilungs- und Auffassungsgabe besitzen, aber es wird niemals von ihm verlangt, daß er neue Ideen hat, Dinge auf neue Art verbindet.

Der Widerspruch, wenn es denn einen gibt, leitet sich ab aus der Gewohnheit unserer amerikanischen Psychologie, diese beiden Qualitäten, abstraktes Denken und innovative Problemlösung, mit einer dritten, der höheren Intelligenz, zu verknüpfen. Genauer gesagt werden alle diese drei Qualitäten oft der Intelligenz der Mittelschicht zugeschrieben, und man behauptet, daß sie im »konkreten« Denkstil der Unterschicht mit geringer Schulbildung fehlen. Sicher, Feststellungen dieser Art sind gewöhnlich eher deskriptiv als analytisch und behaupten deswegen zum Beispiel keine kausale oder unausweichliche Relation derart, innovatives Denken müsse immer abstrakt sein oder umgekehrt. Eine Assoziation zwischen den drei Qualitäten wird jedoch so allgemein festgestellt, daß man geneigt ist anzunehmen, daß sie regelmäßig zusammen auftreten. Obgleich die Puluwat-Navigation hinsichtlich der kognitiven Stile in den Vereinigten Staaten nichts »beweisen« kann, können wir zumindest im Hinblick auf eine dieser Assoziationen sagen, daß Abstraktion auf Puluwat als vorherrschende Denkweise existiert, ohne daß neue Probleme oder alte Probleme in neuer Weise gelöst werden müßten.

Obgleich die Aussage nicht buchstäblich widersprüchlich sein mag, daß das Denken auf Puluwat, wie es sich in der Navigation widerspiegelt, zugleich intelligent, abstrakt und nicht innovativ ist, scheint das der konventionellen Weisheit hinsichtlich der schichtspezifischen Denkstile in den Vereinigten Staaten doch zu widersprechen. Wir müssen deshalb diese Beziehungen genauer untersuchen. Die Assoziationen sind hier: Mittelschicht = hoher IQ, Abstraktion, Innovation; Unterschicht = niedriger IQ, konkretes Denken, wenig Innovation. Vielleicht entsprechen diese Assoziationen den Tatsachen. Es ist jedoch ebensogut möglich, daß sie sich aus einem Mangel an Präzision bei unserer Definition der verwendeten Begriffe ergeben. Ich will mich im wesentlichen der letzteren Frage zuwenden. Welches sind die wichtigen Dimensionen von Intelligenz, Innovation oder Abstraktion, an die wir uns halten sollten, wenn wir Vergleiche über Kulturgrenzen hinweg entweder zwischen sozialen Klassen oder zwischen den Vereinigten Staaten und Puluwat ziehen?

Betrachten wir zunächst das Abstrakt-Konkret-Kontinuum. Abstraktes Denken, wie es gewöhnlich von den Psychologen in den Vereinigten Staaten verstanden wird, befaßt sich mit Eigenschaften von Dingen, die gewöhnlich nicht offensichtlich sind.

Oft muß eine Qualität erschlossen oder ihre Bedeutung dadurch gesucht werden, daß man sie als Element anderer Dinge, die man sonst nicht miteinander in Verbindung bringen würde, bestimmt. Im Extrem können Abstraktionen aus einfachen Qualitäten wie Farbe oder Größe bestehen, die Objekte miteinander zu Klassen verknüpfen. Von da aus ordnen sie sich ein in weit kompliziertere logische Konstrukte, die Phänomene mehrerer unterschiedlicher Ebenen in komplizierteren Relationen umfassen. Etak mit seiner beweglichen Insel ist ein gutes Beispiel aus Puluwat. Ebenso ein Kanubauer, der Feststellungen über das ja nicht zu beobachtende Fließen des Wassers um den unteren Teil eines Schiffsrumpfes trifft. Er beschäftigt sich mit Abstraktionen über Kräfte und Bewegungen des Wassers, die er nur aus Oberflächenwellen, Geräuschen und dem Vergleich der Leistung verschiedener Schiffsrümpfe erschließen kann. Im Gegensatz zu solchen Abstraktionen befaßt sich konkretes Denken ausschließlich mit den unmittelbar wahrgenommenen Qualitäten eines Objekts oder einer Situation. Sobald etwas beobachtet und seine wichtigen Eigenschaften festgestellt worden sind, führt dies ohne weitere intellektuelle Manipulation zu einer einzigen oder zu einer sehr begrenzten Anzahl möglicher Antworten.

Da wir schon gezeigt haben, daß man sich in der Puluwat-Navigation auf Abstraktionen stützt, müssen wir jetzt das konkrete Denken im selben Zusammenhang untersuchen. Jede Beobachtung, die ein Navigator über Wellen, Sterne oder Vögel macht, hat ohne irgendeine logische Umordnung oder Interpretation einen direkten Bezug zu einer Schlußfolgerung hinsichtlich Position, Richtung oder Wetter. Jede derartige Schlußfolgerung wiederum läßt nur eine oder höchstens zwei oder drei klar definierte alternative Antworten zu. Einige der Beobachtungen basieren auf Wahrnehmungen, die wir (aber nicht die Puluwater) als außergewöhnlich scharfsichtig ansehen würden, und einige der Antworten sind komplex, aber sobald einmal die erste Beobachtung gemacht worden ist, sind die darauffolgenden Schritte unzweideutig. Ist das konkretes Denken? Nur wenige Psychologen würden es anders sehen. Es ist nicht nur konkret, sondern direkte Pfade dieser Art zwischen Beobachtung und Reaktion umfassen im Prinzip die operationale Seite des gesamten Navigationssystems. Mit anderen Worten: Die Puluwat-Navigation ist ein System, das gleichzeitig recht hohe Abstraktionsgrade einsetzt und dennoch von konkretem Denken durchdrungen ist.

Wenn diese beiden Arten kognitiver Operationen, abstrakte und konkrete, so eng im Denken eines Puluwat-Navigators zusammen bestehen können, wie können dann dieselben Qualitäten des Denkens in den Vereinigten Staaten eine Grundlage für Gegensatz und Vergleich zwischen sozialen Klassen bilden?

In den Vereinigten Staaten sind die Unterscheidungen abstrakt-konkret und Mittelschicht-Unterschicht in den prominenten Passagen des Kontexts von Fördermaßnahmen im Bildungswesen für arme Kinder zu besonderer Bedeutung gelangt (Gordon/Wilkerson 1966, S. 14-16). Doch ist es nicht ohne Ironie, wenn man entdeckt, daß die Autoren, die diesen Gegensatz ursprünglich definierten, niemals der Meinung waren, daß diese Qualitäten überhaupt dazu verwendet werden sollten, um zwischen Menschen, insbesondere normalen Menschen, Unterscheidungen zu treffen. Goldstein und Scheerer (1941) betonen auf der ersten Seite ihrer klassischen Monographie zu diesem Thema, bevor sie die beiden Begriffe überhaupt definieren, daß abstrakte und konkrete »Einstellungen« (wie sie sie nennen) innerhalb jeder Gesamtpersönlichkeit wechselseitig voneinander abhängig sind. Sie sind Stufen einer intellektuellen Operation, die von jeder Person für verschiedene Aufgaben in unterschiedlicher Weise nutzbar gemacht werden, die aber nicht notwendig in unterschiedlicher Weise von verschiedenen Menschen verwendet werden. Auch empfahlen sie diese Begriffe nicht in einem Zusammenhang mit schichtenspezifischen Verhaltensweisen. Ihr Anliegen war, das Denken von Menschen besser zu verstehen, die gehirngeschädigt oder psychotisch waren. Obgleich sie sehr nachdrücklich darlegen, daß abstraktes und konkretes Denken als Haupt-Modalitäten in den kognitiven Prozessen aller Menschen vorkommen, ist zu bezweifeln, daß sie gerade diese besondere Unterscheidung gewählt haben würden, würde sie nicht in besonderem Maße zu ihren Interessen an Psychopathologie passen. Wie dem auch sei, sie taten es. Aber nicht nur das, sie ersannen auch eine Reihe von Tests und Aufgaben zur Erfassung und Einordnung dieser Denkstile. Mit der Zeit wurden diese Tests dann an Populationen ausprobiert, für die sie ursprünglich nicht entworfen waren, und auf andersartige Probleme angewandt. Dann, wie es so oft in der Psychologie geschieht – die Intelligenztests sind der klassische Fall dafür –, standen die Testergebnisse für das, was sie ursprünglich messen sollten. Infolgedessen wurden alle Arten von Unterscheidungen möglich, einschließlich der Unterscheidung zwischen einem Mittelschicht- und einem Unterschichtdenken.

Aber anstelle von Testergebnissen sollten wir lieber ein Beispiel für eine andere Art von Problemlösung untersuchen, ein Beispiel aus dem wirklichen Leben, das klare Vergleichsmöglichkeiten mit der Puluwat-Navigation anbietet. In den Vereinigten Staaten gibt es eine Beschäftigung, die der Navigation nicht unähnlich ist, die aber häufig von Leuten ausgeführt wird, die arm sind, die die Schule ohne Abschluß verlassen haben und die wahrscheinlich nichts mit der Art zu denken anfangen können, die gewöhnlich in Intelligenztests verlangt wird. Das ist Autofahren, insbesondere das Fahren von Taxis oder Lieferwagen in einer Großstadt. Nicht alle Taxifahrer oder Lieferwagenfahrer sind Schulversager oder gar arm, aber doch so viele, daß man sagen kann, diese Fahrertätigkeiten sprengen nicht den Rahmen der Fähigkeiten von Menschen mit geringer Schulbildung. Darüber hinaus ist in vielen (aber nicht in allen) Städten das Fahren eine ziemlich offene Beschäftigung, die mit einem Minimum an Fertigkeiten, Ausbildung oder Startkapital begonnen werden kann. Wo das zutrifft, bietet es vielen, die nicht viel mehr besitzen als Initiative und Beharrungsvermögen, einen Ausweg aus der Armut. Um ein erfolgreicher Fahrer zu werden, der bessere Fahrten, bessere Arbeitszeiten und mehr Einkommen erhält, muß man jedoch neue Fähigkeiten erlernen. Diese Art von Fähigkeiten ist es, die hier für uns von Interesse ist.

Was tut der Fahrer? In mancher Beziehung antwortet er in unmittelbarer und konkreter Weise auf die Geschehnisse während seiner Fahrt durch den Verkehr. Er beurteilt konkret, aber genau Zeitplan und Geschwindigkeit (seine eigene und die der anderen), zieht etwas weniger konkrete Schlüsse über solche Dinge wie die Griffigkeit der Straßendecken oder den Zustand der Bremsen an einem alten Auto neben ihm, und er trifft genaue Unterscheidungen, indem er zum Beispiel die Lichter der Verkehrsampeln aus einem Gewirr roter und grüner Neonreklamen herausfiltert. Darüber hinaus plant er auch eine Route durch das Labyrinth der Citystraßen, die nicht nur so kurz wie möglich ist, sondern die auch berücksichtigt, welche Straßen Einbahnstraßen sind, wo Staus zu erwarten sind, wann und wo sich die höchste Dichte des Berufsverkehrs bilden wird, und die auch alle zeitweiligen Hindernisse in Betracht zieht, wie zum Beispiel Straßenbauarbeiten. Um das zu leisten, muß er einen Plan der Stadt im Kopf haben, der nicht nur detailliert und vollständig ist, sondern der auch die von der Tageszeit und dem Wochentag abhängige Verkehrsdichte miteinbezieht. Er muß schließlich sich selbst in diese dynamische Karte einbringen, um seine Route von Anfang bis Ende auf ihr zu entwerfen. Kann man dieses Stadtbild, mit dem der Fahrer arbeiten muß, anders bezeichnen als »Abstraktion«? Oder wie steht es mit den Schlußfolgerungen über andere Wagen, deren Innenleben er überhaupt nicht sehen kann, oder womit sich der Polizist im Streifenwagen als nächstes beschäftigen wird? All die

Besonderheiten des Tuns des Autofahrers unterscheiden sich von der Arbeit des Navigators, der noch dazu, weil er eine Mannschaft an Bord hat und nicht an einem Telefonhäuschen halten kann, wenn er sich verirrt hat, eine weit ehrfurchtgebietendere Verantwortlichkeit trägt. Dennoch denken beide in vieler Hinsicht gleich: konkret, dennoch abstrakt und scharfsinnig. Beide haben in ihrer Lehrzeit eine Menge geleistet, aber jetzt können beide ihre Arbeit tun und ihre Entscheidungen mit einem Minimum an bewußter Überlegung treffen. Bei beiden ist jedoch offensichtlich, daß sie es ständig mit komplexen Abstraktionen zu tun haben, mit Abstraktionen, die für ihre Aufgaben so wesentlich sind, daß sie sich ohne sie buchstäblich fast nicht bewegen könnten, während sie gleichzeitig konkret und unmittelbar auf die meisten der relevanten Beobachtungen, die sie machen, reagieren.

Wenn sowohl der Fahrer als auch der Navigator das, was sie zu tun haben, in Übereinstimmung mit derartigen kognitiven Strategien tun, ist es dann möglich, daß es auch bestimmte Dinge gibt, die keiner von beiden tut? Genauer formuliert: Gibt es Denkarten, die weder für die Routineaufgaben des Navigators noch für die des Fahrers erforderlich sind? Wie oben dargelegt, gibt es zwei kognitive Eigenheiten des Puluwat-Navigationssystems. Wir haben die expliziten theoretischen Konstrukte in ihm Abstraktionen genannt. Das zweite Charakteristikum des Systems ist die mangelnde Notwendigkeit, Innovationen innerhalb des Systems zu machen. Das führt zu konkretem Denken, aber seine Bedeutung geht über bloße Konkretheit hinaus.

Innovation bedeutet hier Nachdenken über neue Dinge und Finden neuer Lösungen zu neuen Problemen. Ich habe gesagt, daß der Navigator das nicht tut, weil er es nicht tun muß. Das ist etwas anderes, als wenn ich sage, er sei der Innovation unfähig. Es bedeutet jedoch, daß er sehr wenig Praxis darin hat. Vom Navigationssystem, gleich welcher Art sein Ursprung einmal war, meint man jetzt, daß es Techniken für die Bewältigung aller möglichen Ereignisse enthält. Wenn ein Schiff auf See ist und sich die Umstände verändern, hat der Navigator nicht das Gefühl, daß er sich eine Lösung für die veränderte Situation ausdenken muß. Er muß nur die neuen Umstände identifizieren und sie mit den Techniken in Verbindung bringen, die er für den Umgang mit derartigen Situationen gelernt hat, und dann handeln. Der erfahrene Autofahrer tut etwas sehr Ähnliches, wenn er zum Beispiel von einem Verkehrsstau oder von einer Umleitung auf der geplanten Route erfährt: Er hat sogleich eine Reihe von alternativen Routen im Kopf.

Wir sagen, daß der Navigator ein Schema zur Hand hat, das ihm die Lösung jedes Problems, das auftauchen könnte, ermöglicht. Da er nicht mit unvertrauten Problemen konfrontiert wird, braucht er nicht neue Lösungen zu entwerfen. Da er keine derartigen Schemata der Problemlösung braucht, hat er wenig Erfahrung oder Geschick darin, sie anzuwenden, ganz zu schweigen davon, sie sich zunächst einmal auszudenken. Die kognitive Psychologie besitzt ein Wort für diese Schemata der Problemlösung, die zu entwickeln der Navigator niemals Gelegenheit hat. Das Wort, das zwar alt ist, aber in der Computerterminologie eine spezielle Bedeutung erhalten hat, ist *Heuristik*. Newell, Shaw und Simon (1960), die diesen Ausdruck in die Psychologie eingeführt haben, haben Heuristik als ein experimentelles Schema beschrieben. Sie ist keine Regel, die, einmal ausgewählt und angewendet, ein Ergebnis garantiert – wie es die Regeln der Puluwat-Navigation tun –, sondern sie ist eher etwas, von dem man erst sieht, ob es funktioniert, wenn man es ausprobiert hat. Es kann auch nicht anders sein, da ja Heuristik nur verwendet wird, um neue Probleme zu lösen. Im Gegensatz dazu sind bewährte Lösungen nur für alte Probleme verfügbar. Infolgedessen, da der Navigator nur mit alten Problemen umgeht, braucht er gewöhnlich keine Heuristik. Darüber hinaus macht ihn sein Mangel an Erfahrung im Entwickeln und Anwenden von Heuristik wahrscheinlich ungeschickt und unfähig, Probleme in dieser Weise anzugehen, obwohl es nicht auszuschließen ist, daß er sie anwendet.

Der Begriff der Heuristik ist keinesfalls neu. Ein Beispiel unter vielen: Der bedeutende britische Psychologe Sir Frederic Bartlett hat der experimentellen Untersuchung der Heuristik viele Jahre Arbeit gewidmet. Seine verschiedenen Studien zu diesem Thema hat er in einem Buch mit dem einfachen Titel *Thinking* (1958) zusammengefaßt. Der Titel ist an sich schon bezeichnend. Obgleich das ganze Buch mit der Untersuchung der Entwicklung geistiger Schemata für die Lösung neuer Probleme befaßt ist, wird keine bestimmte einzelne Bezeichnung für derartige Schemata verwendet oder vorgeschlagen. Was wir jetzt Heuristik nennen könnten, wird von Bartlett unterschiedlich bezeichnet, als »Regeln«, die entdeckt werden müssen, als »Lücken« in einer Argumentationskette, die geschlossen werden müssen, oder als »experimentelles Denken«. Das bedeutet nicht, daß Sir Frederic mißtrauisch gegenüber der Prägung neuer *Ausdrücke* gewesen wäre; mit Sicherheit war er das nicht. Es zeigt vielmehr, daß für ihn und für viele Psychologen bis heute »reales Denken«, intelligentes Denken, begriffsgleich und synonym ist mit dem, was Newell,

Shaw und Simon Heuristik nennen, was infolgedessen auch keiner neuen oder besonderen Etikettierung bedarf. Also: »Denken kann knapp definiert werden als die Ausweitung des belegten Wissensbestandes (evidence) im Einklang mit diesem Wissensbestand mit dem Zweck, Lücken in der Beweiskette zu schließen; und das geschieht, indem eine Reihe von untereinander verbundenen Stufen durchlaufen wird«. (Bartlett 1958, S. 75)

Unter den vielen experimentellen Problemen, die ursprünglich von Bartlett beschrieben worden sind, ist eines seither besonders oft zitiert worden. Es kann hier als ein repräsentatives Beispiel für heuristisches Denken dienen:

$$
\begin{array}{l}
\text{D O N A L D} \\
\underline{\text{G E R A L D}} \\
\text{R O B E R T}
\end{array}
$$

»Dieses Beispiel muß als eine einfache Additionsübung behandelt werden: Folgendes ist nur bekannt: (1) D = 5; (2) jede Zahl von 1-10 hat ihren entsprechenden Buchstaben; (3) jedem Buchstaben muß eine Zahl zugeteilt werden, die noch keinem anderen Buchstaben zugeteilt wurde. Die verlangte Operation besteht darin, für jeden Buchstaben eine Zahl zu finden, wobei die Stufen des Vorgangs und ihre Reihenfolge angegeben werden sollen« (1958, S. 51).

Bartlett beschreibt dann eine Reihe verschiedener heuristischer Sequenzen, die von Teilnehmern an seinen Experimenten ausgedacht wurden. Einige waren erfolgreicher als andere, aber für unsere Zwecke ist es nur wesentlich, festzustellen, daß alle Testpersonen, deren Leistungen er wiedergab, sofort damit begannen, sich nach Heuristiken umzusehen, die ihnen hilfreich sein könnten. Es genügt, ein einziges Beispiel für eine erfolgreiche Lösung mitzuteilen. Ich habe es der Klarheit halber leicht verändert (1958, S. 51-52).

1. Gegeben: D = 5; ferner: 5 + 5 = T. *Deshalb: T = 0*
2. O + E = 0. Deshalb muß E entweder Null sein, was unmöglich ist, da T bereits Null ist; oder aber 9, wenn N + R größer sind als 10, um eine 1 zu bekommen, die übertragen werden muß. *E = 9*
3. L + L + 1 (übertragen) = R. Deshalb ist R eine ungerade Zahl; aber auch D (5) + G = R; also ist R 7 oder 9; aber E ist bereits 9.
   Deshalb: R = 7
4. D (5) + G + 1 (übertragen) = R, und R ist 7. *Deshalb: G = 1*
5. A + A = E, und E ist 9. Deshalb A = 4, und L + L ist größer als 10.
   A = 4
6. L + L + 1 (übertragen) = R, und R ist 7. *Deshalb: L = 8*
7. N + 7 ist größer als 10, und da nur noch 2, 3 und 6 verfügbar sind,
   sind *deshalb: N = 6,*
8. *B = 3*
9. und *O = 2.*

Bartlett trifft dazu noch eine Reihe von Unterscheidungen innerhalb des Denkprozesses, die nur eben erwähnt werden müssen. Denken geschieht innerhalb geschlossener Systeme durch Interpolation und Extrapolation, wie in dem Beispiel oben, und in offenen Systemen. Das letztere nennt er »Abenteurer«-Denken, wobei er sich auf das bezieht, was wir jetzt Kreativität nennen. Neben denen Bartletts gibt es noch viele zeitgenössische Beispiele für Denken in geschlossenen Systemen in den Reihen, Analogien und anderen typischen Untertests der Standardintelligenztests. Alle erfordern Heuristik, und alle sind, obgleich sie sich nicht bis in die Bereiche der »Abenteuerlust« oder Kreativität ausdehnen, insofern innovativ, als sie verlangen, daß neue Wege gefunden werden, um Probleme zu lösen, für die keine vertrauten, bewährten zur Verfügung stehen.

Damit ist jetzt klar, daß die Puluwater und viele andere Nichteuropäer genau deshalb Schwierigkeiten mit Intelligenztests haben, selbst wenn diese Tests begrifflich, sprachlich und in den Erkenntnisvoraussetzungen ihrer Kultur angemessen sind, weil sie wenig oder gar keine Praxis in der innovativen Lösung von Problemen und dem Erfinden einer Heuristik gehabt haben.

Das ließ sich anhand einer Aufgabe gut illustrieren, die ich einer Reihe von Leuten auf der Insel gestellt habe. Es handelt sich um eine durch Goodnow (1962) nach Piaget entwickelte und von ihr Kindern in Hongkong und später Kindern aus den Slums in den Vereinigten Staaten gestellte Aufgabe. Einer Testperson werden Haufen von farbigen Pokerchips vorgelegt, und nach zwei Lernversuchen, zuerst mit drei und dann mit vier Farben, muß sie schließlich Chips, die ihr dieses Mal in sechs Haufen von jeweils unterschiedlicher Farbe vorgelegt werden, in so viele verschiedene Farbkontrastpaare wie möglich sortieren. Die meisten Puluwat-Testpersonen arrangierten die Paare nebeneinander in einer Reihe; jedes Arrangement war erlaubt. Während der Lernversuche werden Fehler durch Vorschläge des Testleiters korrigiert, und während des letzten Versuchs kann die Testperson von sich aus so viele Korrekturen anbringen, wie sie will. Bevor sie mit diesem letzten Versuch beginnt, wird sie aufgefordert, einen Moment über die Strategie nachzudenken, die sie anwenden will, um ihre Arbeit geordnet, effizient und genau ausfallen zu lassen. Wenn sie erklärt, daß sie fertig ist, wird sie gefragt, welche Strategie sie angewendet hat, falls das nicht schon von selbst klar ist. Für Puluwat zielte die Aufgabe ursprünglich darauf, ein Beispiel für planendes Verhalten zu liefern. Es wurde sorgfältig darauf geachtet, daß jede der sechs Farben einen eigenen Namen trug, unter Berücksichtigung der unterschiedlichen englischen und Puluwat-Farbbezeichnungen. Die Haufen wurden der Testperson einheitlich von links nach rechts wie folgt hingelegt: rot, blau, weiß, schwarz, gelb und silbern. Trotz des Gebrauchs vertrauter Farben erwies es sich jedoch für die meisten Puluwater als unmöglich, irgend etwas Planähnliches zu entwickeln. Vielleicht lag das daran, daß ihnen über die von der Aufgabe verlangte neue Art der Problemlösung hinaus auch der Prozeß des Erkundens von Kombinationen und Permutationen unvertraut war.

Nichtsdestoweniger entwickelten die Puluwater etwas, was wir Heuristiken nennen müßten, auch wenn es einfache waren. Das beweist unter anderem, daß das nicht bedeutet, daß sie nicht innovativ denken können, nur weil sie es gewöhnlich nicht tun. Sie können es bloß nicht auf Anhieb. In den meisten Fällen verwendeten die Testpersonen nur die *Position*, was die einfachste und nächstliegende Heuristik ist. Die sechs Haufen von Chips unterschiedlicher Farbe lagen vor ihnen, rot neben blau, weiß neben schwarz, und so weiter. Es war einfach, zu sehen, daß verschiedene Farben nebeneinander lagen, und daraufhin aus jedem Haufenpaar Chips wegzunehmen und sie dann zusammen hinzulegen. Dann gab es kompliziertere Heuristiken, die gleichfalls noch auf der Position basierten, zum Beispiel die *Paarung* des ersten und des dritten Haufens von links, des zweiten und des vierten, und so weiter.

Interessanter war jedoch, daß einige Leute Arten von Heuristik anwendeten, die nicht auf der Position beruhten. Ich gab die Aufgabe neben vielen anderen auch an die fünf Meisternavigatoren, mit denen ich mich unterhalten hatte, als ich einen passenden Informanten suchte. Zwei der fünf berichteten (als sie am Ende gefragt wurden), daß sie zu Beginn beschlossen hätten, daß am Ende der Aufgabe drei von jeder Chipfarbe in den Paaren enthalten sein sollten. Wie sie zu dieser Heuristik kamen, kann ich mir nicht vorstellen, da sie keine Parallelen in der traditionalen Kultur zu haben scheint. Mein Forschungsassistent Feruo dachte auch an dieselbe Heuristik, verwendete aber die – richtige – Zahl fünf. Mein Informant Hipour, dessen hoher Intelligenz ich kein weiteres Zeugnis ausstellen muß, war einer von den beiden, die drei von jeder Farbe verwendeten. Nicht nur die Anzahl war unkorrekt, weil sie zu weniger als der gesamten Anzahl möglicher Paare führte, sondern Hipour konnte die Aufgabe auch nicht einmal zu der Teillösung bringen, die ihm die Heuristik erlauben würde. Er war offensichtlich die ganze Zeit zögernd, manchmal auch ängstlich. Mit anderen Worten, obgleich er sich, wenn er der Notwendigkeit gegenüberstand, eine Heuristik ausdenken konnte, fehlte ihm dennoch die Bereitschaft, sie mutig und mit Selbstvertrauen bei der Suche nach der Lösung anzuwenden. Ich meine, dies rührte aus einem Mangel an Praxis darin, Probleme in einer neuen Weise mit einer eigenen Heuristik zu lösen. Das muß jedoch Spekulation bleiben.

Unterdessen dachten sich zwei Männer eine äußerst effektive Heuristik aus und wandten sie auch geradewegs an. Interessanterweise verwendet sie die gängigste »gute« Strategie, die auch bei uns für diese Aufgabe verwendet wird. Chips von jeder Farbe werden nacheinander in Reihen auf den Tisch gelegt, in passender Anzahl, um mit jeder von den übrigen Farben Paare zu bilden, und dann wird von jedem Haufen ein Chip weggenommen, um mit ihnen Paare zu bilden. Es ergibt sich also (man erinnere sich an die Folge der oben genannten Farben R, B, W, Sch, G, S):

RB	BW	WSch	SchG	GS
RW	BSch	WG	SchS	
RSch	BG	WS		
RG	BS			
RS				

Die beiden Männer, die diese heuristische Strategie anwendeten, waren auch die beiden einzigen auf Puluwat (aus der weit größeren Anzahl derer, die es versucht hatten und gescheitert waren), die die Highschool auf Truk mit Erfolg absolviert hatten. Das sagt etwas aus über die beiden Männer, die die Highschool durchlaufen und die Aufgabe gut bewältigt hatten, ferner etwas über die Navigatoren, die beides nicht erreicht hatten, und letztendlich erlaubt es uns, Schlüsse über solche Menschen in den Vereinigten Staaten zu ziehen, die die Schule vorzeitig verlassen und den Rest ihres Lebens damit verbringen, in einer Stadt herumzufahren. Die beiden Puluwat-Männer, die die höhere Schule durchlaufen hatten (und jetzt Lehrer sind), hatten gelernt, Heuristiken zu entwickeln und zu verwenden. Man kann nur Vermutungen über die Verknüpfungen von Begabung, Gelegenheit und Anreiz anstellen, die sie in der Schule hielten, aber in jedem Fall waren sie am Schluß dafür vorbereitet, eine Situation zu erkennen, die nach

Heuristik verlangte, und sich eine solche passend auszudenken. So scheint es, daß sogar auf Puluwat Heuristiken einen Bezug zur Schule haben. Die Navigatoren hatten wenig oder keine Schulbildung und verwendeten Heuristiken nicht effektiv. Dies hat jedoch noch eine ganz andere Dimension. Auf Puluwat ist ein Navigator ein noch viel bedeutenderer Mann als ein Schullehrer. Sein Mangel an heuristischen Fertigkeiten und der daran hängende Mangel an Erfahrung und Innovation ist kein Handicap.

In den Vereinigten Staaten ist das anders. Ohne Diplom oder akademischen Grad wird der Fahrer immer ein Fahrer bleiben, und das ist kein besonders guter Beruf. Trotzdem ist seine Tätigkeit nützlich und unentbehrlich, und es ist auch eine Tätigkeit, die Denkformen verlangt, die denen des vielbewunderten Navigators sehr ähnlich sind. Wenn man darüber hinaus andere Tätigkeiten und andere Berufe in den Vereinigten Staaten betrachtet, manche Berufe der Mittelschicht eingeschlossen (abgesehen von den akademischen und wenigen anderen Bereichen), dann ist es wahrscheinlich, daß viele von ihnen auch mit denselben Denkweisen ausgeübt werden können, ohne Innovation und ohne Heuristiken. Wieviele Tätigkeiten sind tatsächlich innovativ? Sehr wenige. Sie werden erlernt, und dann werden sie vorhersagbar, routinemäßig ausgeführt. Dennoch verlangen die meisten ein Highschool-Diplom und zunehmend auch den B. A.-Grad. Um diese Grade zu erlangen, muß man zur Schule gehen, und dafür muß man Heuristiken anwenden. Versucht man Probleme der neuen Mathematik zu lösen – oder auch der alten –, ohne Heuristik ist man schnell in Schwierigkeiten. Versucht man Intelligenz- oder Leistungstests, wie sie heute zunehmend in der Schule gegeben werden, ohne Heuristiken zu bewältigen, wird man kein zufriedenstellendes Ergebnis bringen. »Ein Hahn verhält sich zur Henne wie ein Bulle zu einer …?« verlangt nach einer Heuristik, der Suche nach etwas, das einen Hahn und eine Henne in einer Weise in Beziehung bringt, die uns etwas über Bullen und Leerstellen aussagt. Was das sein mag, ist keinesfalls für denjenigen klar, der nicht in dieser Weise zu denken gewohnt ist.

… Blickt man von Puluwat aus zurück auf die Vereinigten Staaten, so scheint die Heuristik sich noch gewichtiger darzustellen als vorher. Daß Heuristik in der Schule gebraucht wird, ist nicht an sich schlecht. Wäre es nicht so, würde wohl niemals der Grundstein gelegt für die Kreativität und die Erfindungsgabe, die Markenzeichen und Stolz Amerikas sind. Die Tragödie ist, daß manche Menschen niemals lernen, mit der Art von Heuristik umzugehen, die in der Schule gebraucht wird, und dadurch oft unnötig fürs Leben benachteiligt sind. Da ihnen ein Diplom fehlt, sind sie für immer auf niedrige Tätigkeiten angewiesen. Dennoch sind sie durchaus eines Denkstils fähig, der, obgleich er nicht heuristisch ist, für viel komplexere Aufgaben geeignet ist – eine Tatsache, die sich mit zunehmender Häufigkeit bei Berufsbildungsprogrammen speziell für vorzeitige Schulabgänger zeigt, das erfolgreiche Training für so geheimnisvolle Dinge wie Computerprogrammierung eingeschlossen.

Heuristiken werden nicht so leicht in einer geplagten, armen Familie erlernt. Heuristiken zu verwenden bedeutet, daß man sie zunächst als notwendig erkennen muß. Die Notwendigkeit für eine Heuristik zu sehen bedeutet, daß man ein Problem wahrnehmen muß. Ein Problem zu sehen bedeutet, daß man zunächst einmal eine Frage stellen muß, wörtlich oder in der Vorstellung, und arme Kinder stellen nicht leicht Fragen. Auch werden sie, im Gegensatz zu Mittelschichtkindern, dazu nicht ermutigt. Fragen der Kinder sind für eine ohnehin überlastete Mutter einfach störend. Die Unterschicht ist tatsächlich kein fruchtbarer Nährboden für heuristisches Denken, wie wir es kennen. Wenn das stimmt, so ist das ein sehr folgenreiches Faktum für Fördermaßnahmen im Unterricht. Heuristiken stehen in der Schule an erster Stelle, denn sie bilden die intellektuellen Bausteine der Erziehung. Diesen Denkstil zu lehren, wenn er nötig ist, sollte deshalb ein Ziel in sich selbst sein, nicht eine Beigabe zum Lehren der Mathematik oder eines anderen Faches. Wenn ein Kind Mathematik und heuristisches Denken zu ein und derselben Zeit erlernen soll, so kann es leicht keines von beiden lernen.

Wie sieht es nun mit der Abstraktion aus? Sind darüber nicht dieselben Dinge gesagt worden? So ist es, aber wenn man erkennt, daß viele Menschen, die keine Schule durchlaufen haben, dennoch Abstraktionen verwenden, so verfehlt die gezielte Förderung von abstraktem Denken ihr Ziel. Viel gravierender ist meiner Ansicht nach die Tatsache, daß die Lösung vieler Testfragen, auf denen Urteile über die Fähigkeit zum abstrakten Denken basieren, tatsächlich in großem Umfang von Heuristiken abhängt. Die oben erwähnten Hahn, Henne und Bulle sind miteinander durch eine Abstraktion, in diesem Fall das Geschlecht, verbunden, aber um die Abstraktion zu entdecken, bedarf man einer Heuristik. Was geschehen ist, ist, daß Testleiter aus der Mittelschicht, ohne einen Blick von der anderen Seite der kulturellen Mauer her zu haben, Heuristik bei dieser Art von Aufgaben für so selbstverständlich halten, daß sie annehmen, die Testperson müsse zwangsläufig darauf stoßen, wenn sie imstande wäre, mit der Abstraktion umzugehen, die sich bei der Problemlösung ergeben würde. In Wahrheit ist gerade das Umgekehrte gewöhnlich richtig. Warum abstraktes Denken als schwieriger angesehen werden sollte als heuristisches, ist bei weitem nicht klar, aber genau dies scheint gegenwärtig in der Psychologie der Fall zu sein. Vielleicht ist es einfach deshalb so, weil Heuristiken nicht genug Aufmerksamkeit gewidmet wurde.

Ein paar abschließende Worte müssen noch über Planung gesagt werden. Diese Untersuchung sollte ursprünglich in der Planung eine prinzipielle Basis für die Unterscheidung zwischen den Denkprozessen der Puluwat-Navigatoren und der westlichen Navigatoren und dem westlichen Denken im allgemeinen entdecken (Gladwin 1964). Es galt als wahrscheinlich, daß die Pläne der westlichen Navigatoren im voraus entworfen würden, während auf Puluwat Pläne fortwährend entworfen und wieder verändert würden, sobald die Person, die sie verwendete, einmal unterwegs war. Das scheint jetzt keine gültige Unterscheidung mehr zu sein. Der Puluwat-Navigator hat gleichfalls im voraus Pläne für die gesamte Reise gemacht. Das sind die Fahrtrichtungen, die er gelernt hat, und die genauso vollständig sind wie die Richtungsangaben jedes westlichen Kapitäns. Der Unterschied liegt eher darin, daß der Puluwat-Navigator über seine Pläne verfügt, noch bevor die Reise überhaupt vorbereitet wird. Er besaß sie immer schon, seitdem er die Navigation erlernt hat. Der westliche Navigator macht dagegen jeweils einen neuen Plan für jede Reise. Damit kommen wir wieder zurück zu einem Problem der Innovation. Dennoch, sobald beide, der westliche und der Puluwat-Navigator, zur Abreise fertig sind, gleichen sich ihre Pläne in bemerkenswerter Weise. Sie basieren auf etwas unterschiedlichen Karten, kognitiven und papierenen, und der Prozeß als ganzer scheint oberflächlich gesehen sehr verschieden zu sein, aber sie enthalten dieselben Dinge aus denselben Gründen. Wahrscheinlich ginge es gar nicht anders. Wie unterschiedlich auch immer die intellektuellen Traditionen des Navigators sein mögen, die See ist ein fordernder Gebieter. Kein Denkstil wird überleben, der nicht ein brauchbares Produkt hervorbringen kann, wenn das Überleben auf dem Spiele steht.

Editorische Anmerkungen

1 Der Titel des Kapitels, aus dem der Beitrag entnommen ist, lautet: »Perspectives on Thinking«. – Der Klammersatz am Ende des ersten Abschnitts enthält sinngemäß die vom Autor in längeren einleitenden Passagen formulierte Zielsetzung. In diesen gestrichenen Passagen (S. 214-219 des Originals) kritisiert Gladwin ausführlich die wissenschaftsgeschichtliche und politische Problematik der gängigen MS/US-Differenzierung und den kulturellen Bias der Kognitionspsychologie. *Bronx* steht hier – parallel zu Puluwat – als Synonym für die Kultur der Armen in den Vereinigten Staaten.

2 Puluwat und Truk gehören zur Inselgruppe der mikronesischen Karolinen nördlich von Neuguinea.

3 Vgl. Kapitel 5 von Gladwin, *East Is a Big Bird*. Der hier abgedruckte Essay bildet den Schluß einer Monographie über Navigation und Schiffbau auf Puluwat, in der ausführlich die Komplexität der Prozeduren und der einheimischen Technologie dargestellt ist.

Richard A. Shweder
Ähnlichkeit und Korrelation im Alltagsdenken: Magisches Denken in Persönlichkeitsbeurteilungen[1]

Diese Arbeit ist dem kleinen Jungen gewidmet, der beweisen wollte, daß Spinnen mit ihren Beinen hören. Er schnitt einer Spinne die Beine ab und schrie: »Spring!« Die Spinne sprang nicht. Der kleine Junge sagte: »Also habe ich recht gehabt. Spinnen hören mit ihren Beinen.«

1. Magisches Denken – eine universelle Praxis

Wie sollen wir das Denken anderer Völker verstehen, und wie sollen wir ihr Denken mit dem unsrigen vergleichen? Jedes Nachdenken über diese zentrale Frage in der »Anthropologie des Denkens« führt zu einer zweiten, höchst verwirrenden Frage: Was sollen wir vom offenbar falschen Wissen einer anderen Kultur denken? Wie soll zum Beispiel der Kulturforscher die Versuche der Zande verstehen, Epilepsie zu heilen, indem sie den verbrannten Schädel eines roten Buschaffen essen, oder Hühnerkot gegen Krätze[2] anzuwenden (Evans-Pritchard 1937; Tambiah 1978)? Eine ganze Forschungsrichtung von Newcomb (1929), D'Andrade (1965, 1973, 1974), Chapman (1967), Chapman und Chapman (1967, 1969), Tversky und Kahneman (1971, 1973, 1974) bis zu Shweder (1972a, 1972b, 1975a, 1975b, 1977a, 1977b) bietet eine Antwort: Die Unterscheidung zwischen Ähnlichkeit und Korrelation ist im täglichen Denken zusammengebrochen. Ein Forscher hat es so formuliert: »Normalen Erwachsenen, die in Statistik nicht geübt sind«, wird ein Begriff der Korrelation fehlen (Smedslund 1963).

Das Fehlen einer Unterscheidung zwischen Ähnlichkeit und Korrelation ist der anthropologischen Feldforschung vertraut. Es ist für magische Denksysteme charakteristisch. So hält Evans-Pritchard fest:

»In der Regel besteht die Logik therapeutischen Handelns in der Auswahl der hervorstechendsten äußeren Symptome, in der Benennung der Krankheit nach irgendeinem Gegenstand in der Natur, dem sie ähnelt (zum Beispiel ähneln epileptische Anfälle den Körperbewegungen von Affen; Krätze ähnelt Hühnerkot), und in der Verwendung dieses Gegenstandes als Hauptbestandteil der Arznei, die zur Heilung der Krankheit verabreicht wird. Der Kreis kann sogar noch durch den Glauben vervollständigt werden, daß der Gegenstand nicht nur eine Behandlung der ihm ähnlichen äußeren Symptome ermöglicht, sondern auch deren Ursache ist« (1937, S. 487).[3]

Die Realität magischen Denkens hat der anthropologischen Theorie ein schwieriges Interpretationsproblem gestellt. Einige (zum Beispiel Lévi-Strauss 1962/1968) haben Magie als relativ wirksame Verfahrensweise des Wissenserwerbs und der Kontrolle über die Umwelt gesehen, vergleichbar mit wissenschaftlichen Untersuchungsmethoden. Andere (zum Beispiel Malinowski 1954) sahen Magie analog zum Wunschdenken als irrationalen symbolischen Versuch, unkontrollierbare Ereignisse zu beeinflussen. Wieder andere (zum Beispiel Tambiah 1978) haben magisches Denken als Form einer Überredungstechnik gesehen, die eher an Gefühle adressiert ist, als daß sie Aussagen über empirische Zusammenhänge macht. Dieser Aufsatz entwickelt eine alternative Perspektive. Er behauptet, daß magisches Denken der Ausdruck einer *universellen Abneigung* normaler Erwachsener gegen die Bestimmung von Korrelationen in ihrer Erfahrung ist, gekoppelt mit einer *universellen Neigung* dazu, symbolische und sinnhafte Verbindungen (Ähnlichkeiten) zwischen Gegenständen und Ereignissen zu suchen. Magisches Denken kennzeichnet unsere weltlichen intellektuellen Tätigkeiten genauso wie die Heilpraktiken der Zande.

   Korrelation und Kontingenz sind relativ komplexe Begriffe, die dem menschlichen Denken nicht spontan zur Verfügung stehen (Smedslund 1963; Jenkins/Ward 1965; Ward/Jenkins 1965). Für den menschlichen Verstand ist es schwierig, relevante Information in eine Form zu bringen, die sich zu einer korrelativen Manipulation eignet, und Denken in Korrelationen wird normalerweise von den meisten Erwachsenen vermieden, wenn sie über Zusammenhänge in ihrer Erfahrung urteilen. In *Piagets* Terminologie könnten wir die Hypothese aufstellen, daß die meisten Erwachsenen in allen Kulturen nicht formal-operationale Denker sind. Korrelation und Kontingenz sind nach Inhelder und Piaget (1958) formal-operationale Begriffe. Statt dessen machen die meisten Erwachsenen das, was die Zande tun. Sie verlassen sich auf Ähnlichkeit, um die Korrelation zu beurteilen.

Diese Studie untersucht magisches Denken in dieser kognitiven Perspektive anhand alltäglicher Persönlichkeitsbeurteilungen. Sie wird zeigen, daß die Unterscheidung zwischen Ähnlichkeit und Korrelation in alltäglichen Urteilen über individuelle Verhaltensunterschiede ignoriert wird. Wenn normale Erwachsene Persönlichkeit beurteilen, so sagen sie üblicherweise von Verhaltensweisen, die einander *ähneln* (zum Beispiel: lächelt leicht, ist kontaktfreudig, liebt Parties), sie gehörten zusammen, und das *trotz gegenteiliger Erfahrung und Information* (D'Andrade 1974). Magisches Denken scheint nicht nur ein Merkmal des Glaubens der Zande zu sein, daß Krätze und Hühnerkot zusammenhängen, sondern auch ein Merkmal unseres eigenen Glaubens, daß Selbstbewußtsein und Führungskraft zusammen auftreten. Es ist ein universeller Aspekt von Alltagsurteilen über empirische Zusammenhänge. Die vorliegende Untersuchung vertritt die These, daß die Anthropologen einen Unterschied im Inhalt des Denkens als Unterschied der Denkweise mißverstanden haben könnten. Magisches Denken ist *als Praxis* nicht eine Denkweise, die eine Kultur von einer anderen unterscheidet. Ähnlichkeit, nicht Korrelation, ist ein fundamentales Konzept des (»wilden«?) Denkens im Alltag. Die meisten von uns haben überwiegend eine »wilde« Denkweise.

2. Intuitive und nicht-intuitive Begriffe

Nützlich für die Denkforschung ist die Unterscheidung von intuitiven und nicht-intuitiven Begriffen. Begriffe können geordnet werden in einem Kontinuum der relativen Leichtigkeit ihres Erwerbs. Intuitive (sogenannte »spontane«) Begriffe werden selbst unter äußerst ungünstigen Lernbedingungen erworben, zum Beispiel ohne ausdrückliche Unterweisung, ohne große Praxis, unabhängig vom Lernwillen und von Verstärkungen (Seligman/Hager 1972). Intuitive Begriffe scheinen ohne bewußte Anstrengung oder Reflexion verfügbar zu sein. Nicht-intuitive Begriffe werden nur unter besonderen Lernbedingungen erworben, zum Beispiel einem starken Input an Instruktionen, einer geordneten und expliziten Organisation der Lernversuche, hoher Motivation usw. Diese Lernbedingungen sind schwieriger herzustellen. Infolgedessen sind nicht-intuitive Begriffe weniger weit verbreitet (sowohl innerhalb einzelner als auch quer durch alle Populationen) als intuitive Begriffe; sie scheinen mit überlegten, reflexiven intellektuellen Tätigkeiten verbunden zu sein. Einige Begriffe sind so intuitiv, daß sie selbst unter ungünstigsten Lernbedingungen und unabhängig von *Variationen* der physischen, sozialen oder kulturellen Umwelt erworben werden. Entwicklungspsychologen wie Price-Williams (1961/1969) haben uns darauf aufmerksam gemacht, wie einfach Kinder in allen Kulturen zu solchen Begriffen wie »Objektkonstanz« und »Reversibilität« kommen (siehe Piaget 1953, 1967). Es läßt sich wohl mit Sicherheit daraus schließen, daß normale Erwachsene in allen Kulturen implizit in der Vorstellung einer unabhängigen Existenz der Außenwelt handeln. Normale Erwachsene in allen Kulturen haben den Begriff der Objektkonstanz; sie machen Pläne, treffen Vereinbarungen, sagen Ereignisse voraus usw. Ebenso gesichert scheint der Schluß zu sein, daß normale Erwachsene in allen Kulturen implizit in der Vorstellung handeln, daß es für jedes Ereignis eine intellektuelle Operation gibt, die es kompensiert, aufhebt oder ungeschehen macht. Normale Erwachsene in allen Kulturen haben den Begriff der Reversibilität, zum Beispiel folgen auf Verstöße gegen eine soziale Erwartung Entschuldigungen, verbale Strategien, die den durch das falsche Verhalten verursachten Kummer zurücknehmen und ungeschehen machen sollen. Normale Erwachsene in allen Kulturen meistern *leicht* die intuitiven intellektuellen Manipulationen, die für das *konkret-operationale* Denken charakteristisch sind (Piaget 1967; Mehler/Bever 1967, anders jedoch Dasen 1972a).

Die anthropologische Literatur zu kulturspezifischen »Beziehungen« (zum Beispiel Casagrande/Hale 1967; Tyler 1969) liefert uns andere Beispiele für relativ intuitive Begriffe. Es scheint, daß »Beziehungsbegriffe« wie Klasse, Funktion, Antinomie, Synonymie, Beispiel, Teil–Ganzes, Zeitlichkeit usw. relativ leicht erworben und universell bewältigt werden mit oder ohne Verstärkung, gezieltes Training usw., und unabhängig von kulturellen Unterschieden (Shweder/LeVine 1975). Man ist sich uneinig darüber, ob Begriffe wie Objektkonstanz, Reversibilität, Klasse oder Synonymie durch Erfahrung nur ans Licht gebracht werden (Chomsky), ob sie aus ihr heraus konstruiert werden (Piaget) oder ob sie durch sie entstehen (Lerntheorie) (Chomsky 1968/1973; Piaget 1970; Putnam 1975b). Solche Begriffe lassen sich jedenfalls leicht erwerben; die Tatsache, daß sie universell erworben werden, ist eine Art Beweis dafür.

Viele nicht-intuitive Begriffe dagegen sind relativ schwer zu erlernen und kommen im Denken der meisten Erwachsenen nicht vor.

Zum Beispiel sind viele statistische Begriffe des »Zufalls« und der »Wahrscheinlichkeit« nicht-intuitiv. Man bedenke den folgenden Fall: Wenn ich mit Ihnen wette, daß in einem Zufalls-Sample von 25 Menschen 2 von ihnen am selben Tag des Jahres geboren sind, stehen die Chancen leicht *zu meinen Gunsten* (Kemeny/Snell/Thompson 1966, S. 134-141). Dennoch würden sehr wenige normale Erwachsene meine Forderung nach Erhöhung des Wetteinsatzes zurückweisen. Bei einer Zufallsgruppe von 40 Menschen könnte ich eine hohe Wette eingehen, genau genommen 8 zu 1, wenn Sie dumm genug sind zu wetten, daß es keine zwei Menschen in der Gruppe gibt, die an demselben Tag im Jahr geboren sind. Das intuitive Denken wird verunsichert. Hier noch ein zweites Beispiel für ein nicht-intuitives Schätzproblem: Ein Stück Papier wird einmal und dann immer wieder in der Mitte gefaltet. Wie dick ist es nach 100 Faltungen? Die meisten Leser werden eine Dicke von einigen Zoll, vielleicht von einem Fuß annehmen und werden höchst erstaunt sein, wenn sie beim Nachdenken feststellen, daß die Dicke noch größer ist als die Entfernung zwischen Erde und Mond.

3. Der Begriff der Korrelation

Korrelation ist ein nicht-intuitiver Begriff. Wie viele statistische Begriffe, kommt er im allgemeinen im Denken der meisten normalen Erwachsenen nicht vor, die Sozialwissenschaftler eingeschlossen (Smedslund 1963). Korrelation ist ein relativ schwieriger Begriff. Er ist ein Bezugsbegriff zweiter Ordnung, der die Relation zweier Relationen ausdrückt. Der Korrelationsbegriff läßt sich beschreiben als Vergleich zwischen zwei bedingten Wahrscheinlichkeiten (Ward/Jenkins 1965). Das läßt sich zum Beispiel zeigen an Tabelle 1, einer Vierfeldertafel, die die hypothetische Information über die Korrelation zwischen einem Symptom (S) und einer Krankheit (K) anzeigt. Man kann die Korrelation zwischen Symptom und Krankheit schätzen, indem man beurteilt, wie sich die Wahrscheinlichkeit, daß ein Patient die Krankheit und das Symptom hat, von der Wahrscheinlichkeit *unterscheidet*, daß der Patient die Krankheit hat, aber *nicht* das Symptom. Die Aussage läuft auf die Schätzung hinaus von a/a+b − c/c+d oder alternativ ad−bc/(a+b) (c+d). In Tabelle 1 liegt die Korrelation zwischen dem Symptom und der Krankheit nahe Null.

Tabelle 1: Die Beziehung zwischen einem Symptom S und einer Krankheit K in 100 hypothetischen Krankenblättern

	Krankheit (K)		
	vorhanden	nicht vorhanden	
vorhanden	a 37	b 33	70
Symptom (S) nicht vorhanden	c 17	d 13	30
	54	46	

Smedslund (1963) präsentierte die Information von Tabelle 1 einer Gruppe von schwedischen Krankenschwestern. Er legte ihnen ein Paket von 100 Karten vor, die angeblich »Auszüge aus 100 Krankenblättern« darstellten. Jede Karte informierte (entsprechend der Verteilung von Tab. 1) über Vorhandensein oder Nichtvorhandensein des Symptoms und der Krankheit. Die Krankenschwestern sollten herausfinden, »ob es eine Beziehung (Zusammenhang) gibt« zwischen dem Symptom und der Krankheit. Sie wurden instruiert, sie könnten die Karten untersuchen und beliebig ordnen, *und sie könnten sich Notizen machen.* 85 Prozent der Schwestern behaupteten, daß eine Beziehung zwischen dem Symptom und der Krankheit bestehe. Die meisten begründeten ihre Behauptung damit, daß die Anzahl der Karten, auf denen sowohl das Symptom als auch die Krankheit als vorhanden angegeben waren (37), »am höchsten« oder »hoch« war. Beinahe alle Schwestern fanden die Aufgabe schwierig.

Es gibt viele Möglichkeiten, eine korrelationsrelevante Information in einer nicht-korrelativen Weise zu manipulieren. Die Aufmerksamkeit von Smedslunds Krankenschwestern richtete sich auf das gemeinsame Auftreten von Symptom und Krankheit. Von einem ähnlich falschen Umgang mit korrelationsrelevanter Information berichten Ward und Jenkins (1965).

College-Studenten wurden Daten über das Zusammentreffen von Versuchen künstlicher Regenbildung *(cloud seeding)* und anschließendem Regenfall vorgelegt. Eine Reihe von Studenten konzentrierte sich auf die *bestätigenden Fälle* (die Zahl der *cloud seeding*-Regentage plus die der Tage ohne *cloud seeding* und Regen), um den Erfolg der *cloud seeding*-Programme abzuschätzen. Sie hatten die Tendenz, die Information über die Anzahl der Tage ohne *cloud seeding*, aber mit Regen und der Tage mit *cloud seeding*, aber ohne Regen zu ignorieren. Eine andere Gruppe von Studenten versäumte es, bedingte Wahrscheinlichkeiten zu *vergleichen*. Sie beurteilte die Effektivität des *cloud seeding* nach der Wahrscheinlichkeit von Regen an den Tagen, an denen Wolken angezapft worden waren, ohne diese bedingte Wahrscheinlichkeit mit der Wahrscheinlichkeit von Regen ohne vorheriges *cloud seeding* zu vergleichen.

Die Behauptung, daß Korrelation ein intuitiv nicht zugänglicher Begriff ist, verlangt einige Klärung. Im einzelnen muß man unterscheiden zwischen der *Abneigung* und der *Unfähigkeit*, korrelativ zu denken. Es ist *möglich*, amerikanische College-Studenten zum korrelativen Denken zu bringen. Doch sind die Bedingungen, die man dazu herstellen muß, eher speziell und kommen im täglichen Leben kaum vor. Ward und Jenkins (1965) stellten zum Beispiel fest, daß, wenn die Information seriell gegeben wird, Ereignis für Ereignis wie im normalen Weltgeschehen, nur 17 Prozent ihrer Studenten korrelatives Denken zeigen, wenn sie die Effektivität des cloud seeding beurteilen sollen. So hat die explizite summarische Information in Form von Vierfeldertafeln »wenig Einfluß auf die Urteile«, wenn sie *nach* einer seriellen Datenpräsentation vorgelegt wurde. Die einzige Bedingung, unter der eine Majorität von Studenten korrelatives Denken zeigt, ist summarische Information *vor* der Präsentation von Einzeldaten. Die meisten normalen Erwachsenen können korrelativ denken, wenden jedoch dieses Konzept in ihren alltäglichen Urteilen nicht an. Da Korrelation ein intuitiv nicht zugänglicher Begriff ist, werden ihn normale Erwachsene wahrscheinlich nicht ohne ausdrückliche Anweisung beherrschen. Wenn alle Begriffe intuitiv wären, wären formale

Bildung und explizites Training nicht notwendig.

Sobald Ereignisse *sinnvoll miteinander verknüpft* werden können, tritt magisches Denken auf. Normale Erwachsene ersetzen den nicht-intuitiven Korrelationsbegriff durch den leicht verfügbaren intuitiven Begriff der Ähnlichkeit. Magisches Denken ist nicht mit nicht-korrelativem Denken *äquivalent*, sondern eine Art davon. (Andere Arten nicht-korrelativen Denkens sind kognitive Strategien wie die Konzentration auf bestätigende Fälle usw.) Magisches Denken scheint dann aufzutreten, wenn Erwachsene den Grad der *empirischen* Beziehung zwischen Gegenständen oder Ereignissen abschätzen, die in ihrer Vorstellung auch *begrifflich* verwandt oder einander ausschließend sind. So ist D'Andrades (1965) Bezeichnung »wissenschaftliches Hasardspiel« eine passende Definition für magisches Denken. *Magisches Denken kann definiert werden als eine Verwechslung von »Sätzen über die Welt« mit »Sätzen über Sprache«.*

Nach neueren Untersuchungen von Persönlichkeitspsychologen könnte diese Verwechslung für alltägliche Persönlichkeitsbeurteilungen charakteristisch sein. Es wurde immer deutlicher, daß die Verhaltensmerkmale, die eine so große Rolle in unseren alltäglichen Persönlichkeitsbeschreibungen spielen, nicht »da draußen« auf ihre Entdeckung warten, sondern Schöpfungen des magischen Denkens sind. Es hat sich immer mehr gezeigt, daß das Verhalten nicht der Ort ist, um nach alltäglichen Persönlichkeitsmerkmalen zu suchen. Persönlichkeitspsychologen haben es versucht; zum größten Teil sind ihre Bemühungen jedoch nicht belohnt worden (vgl. Newcomb 1929; Mischel 1968; Fiske 1974) ... Es fällt schwer, diese Vorstellung zu akzeptieren, so wie es für die Zande schwierig ist einzusehen, daß Hühnerkot nicht Krätze heilt. Unsere gemeinsame Resistenz offenbart, wie verbreitet magisches Denken ist und wie stark es unsere Wahrnehmung beeinflußt. Alltägliche Persönlichkeitsmerkmale wie »abhängig«, »aggressiv«, »freundlich« sind nicht korrelative Verhaltensmuster, sondern Deutungsmuster, die durch Verhalten hervorgerufen werden. Persönlichkeitsmerkmale sind Symbole oder Interpretationskategorien zur Verknüpfung von Verhaltensweisen; sie sind miteinander durch *begriffliche* Beziehungen verknüpft, die nur wenig mit Häufigkeit und Korrelation zu tun haben. Doch steuern diese – nach Ähnlichkeitskategorien miteinander verbundenen – Begriffe unser Verständnis empirischer Zusammenhänge. Wie wir sehen werden, ist Ähnlichkeit, nicht Korrelation, Primärbegriff im Alltagsdenken . . .[4]

4. Die Kreationen des magischen Denkens

Wie wenden normale Erwachsene ihre Interpretationskategorien an? Eine Reihe kognitiver Experimente Shweders (1972b, 1975a, 1977b) stützen die These einer Universalität des magischen Denkens und der Nicht-Universalität des Korrelationsbegriffs bei normalen Erwachsenen. Die Experimente betreffen alltägliche Urteile über Zusammenhänge quer durch individuelle Verhaltensunterschiede. Alltägliche Persönlichkeitsmerkmale lassen sich im allgemeinen im Verhalten nicht so einfach finden; dennoch scheint das magische Denken sie ständig zu »entdecken«.

Experiment I: Ähnlichkeit und Urteile über gemeinsame Auftrittswahrscheinlichkeit

Ähnlichkeit von Objekt- oder Ereignispaaren ist kein gutes Voraussagekriterium für die Wahrscheinlichkeit ihres gemeinsamen Auftretens. Ihre begrifflichen Verknüpfungen (zum Beispiel rot und rosa, Krätze und Hühnerkot, zugige Räume und tropfende Nasen, anale Retention und Geiz, Selbstbewußtsein und Führungskraft) treten normalerweise in unserer Erfahrung nicht gemeinsam auf. Die erste nicht-experimentelle Untersuchung, um die Struktur der Erfahrung »Was tritt mit was zusammen auf« mit (1) der Struktur von Beobachtungsreports über Erfahrung *und* (2) mit der semantischen Struktur der Kategorien des Beobachters zu vergleichen, wurde von D'Andrade (1974) durchgeführt. Er stellte fest, daß die tatsächlichen Korrelationen zwischen den Verhaltenselementen, auf die sich die Kategorien zur Kodierung von Kleingruppenverhalten bezogen, relativ unstabil waren und den semantischen Ähnlichkeiten zwischen den Bezeichnungen der Kategorien nicht entsprachen. Die semantische Ähnlichkeit war jedoch entscheidend für die Urteile der Beobachter über Zusammenhänge in ihrer Erfahrung. D'Andrades Untersuchung ist der Prototyp der folgenden Analyse.

Die Tatsache, daß Ähnlichkeit und Korrelation nicht zusammenpassen, ist günstig für unser Forschungsvorhaben. Sie ermöglicht es *uns*, die beiden Begriffe voneinander zu trennen. Wir können fragen: Lassen normale Erwachsene die Unterscheidung fallen, wenn sie darüber berichten, was in ihrer Erfahrung mit was einhergeht? Welches ist das wichtigere intellektuelle Werkzeug im Alltagsdenken: »Korrelation« oder »Ähnlichkeit«? Um diese Fragen zu beantworten, wurde Newcombs (1929) Untersuchung extra- und introvertierten Sozialverhaltens von Jungen in einem Sommerlager reanalysiert. Die Studie wurde ausgewählt, weil sie sowohl aus Tagesberichten als auch aus Beobachter-Einschätzungen nach denselben 26 Verhaltensmerkmalen besteht. Damit ist es möglich, die *Berichte* der Beobachter über das, »was mit was einhergeht«, mit den tatsächlichen *Daten* (die von den Beobachtern selbst systematisch gesammelt wurden) über solche Zusammenhänge zu vergleichen.

In Newcombs Daten finden wir Tagesberichte über jeden einzelnen Jungen (N = 24), die von einem Betreuer erstellt wurden, der das Auftreten einzelner Verhaltensweisen laufend notierte. Eine Verläßlichkeitsprüfung (durch Vergleich der an geraden und ungeraden Tagen angefertigten Berichte) ergab eine mittlere Reliabilität von 0.78. Am Ende des Camps, nach 24 Tagen, beurteilten sechs Beobachter, der Betreuer eingeschlossen, die Jungen auf einer Fünf-Punkte-Skala nach jedem der 26 Merkmale. Ihre Einschätzungen wurden zusammengefaßt. Die 26 Verhaltensweisen umfaßten Merkmale wie »redet selbstbewußt über seine Fähigkeiten«, »übernimmt die Initiative bei der Organisation von Spielen«, »verbringt mehr als eine Stunde am Tag allein«. Newcombs Daten bestehen aus 110 Paarkorrelationen aus den 26 Verhaltensweisen, die für die Tagesberichte und für die Beobachter-Einschätzungen getrennt berechnet wurden. Den Prozentsatz der Tage, an denen ein Merkmal im Verhalten eines Jungen auftauchte, hat Newcomb verwendet, um die Interkorrelationen in den Tagesberichten zu berechnen.

Zehn Studenten der Universität Chicago aus einem der Seminare des Verfassers wurden gebeten, anhand einer Sieben-Punkte-Skala die begriffliche Ähnlichkeit zwischen Paaren der 26 Interpretationskategorien zu beurteilen. Die Reanalyse von Newcombs Daten wurde von der folgenden Frage geleitet: Wenn die tatsächliche Korrelation zwischen einem Paar von Verhaltenskategorien in *keiner Verbindung steht* zu dem Glauben der Beobachter an ihre Ähnlichkeit, was berichten die Beobachter dann? Geben sie tatsächlich erfahrene Zusammenhänge wieder oder berichten sie von Ähnlichkeiten in ihrem Begriffssystem? Zum Beispiel glauben Beobachter, daß »er drückt Freude oder Mißfallen laut und spontan aus« und: »er redet bei Tisch mehr, als ihm zusteht« ähnliche Begriffe seien. Die tatsächliche Korrelation zwischen den beiden Merkmalen beträgt jedoch nur 0.08 in den Tagesberichten. Doch in den Beobachter-Einschätzungen ist die Korrelation 0.92. Trotz gegenteiliger Erfahrung scheinen sich die Verhaltensbeobachter in diesem Fall auf »Ähnlichkeit« zu verlassen, wenn sie schätzen, was in ihrer Erfahrung mit was zusammen auftritt. Wie allgemein ist diese Tendenz?

Um diese Frage zu beantworten, wurden 33 Merkmalspaare ausgewählt, bei denen entweder die begriffliche Ähnlichkeit für die studentischen Beurteiler *über* dem Durchschnitt aller Paare lag (4.1 auf einer Sieben-Punkte-Skala) *und* die tatsächliche Verhaltenskorrelation (in den Tagesberichten) *unter* dem Durchschnitt aller Paare (0.10), oder umgekehrt. Die Reanalyse bestand aus einem Vergleich (a) der Einschätzungen der Beobachter, (b) der tatsächlichen Korrelationen zwischen den Verhaltenspaaren und (c) ihrer begrifflichen Ähnlichkeit. Die Ergebnisse sind in Tabelle 2 aufgeführt. Da die tatsächlichen Korrelationen in keiner Verbindung stehen zu dem präexistenten Glauben an Ähnlichkeiten ($r_s = -0.36$), geben die Einschätzungen der Beobachter von Zusammenhängen eher den Glauben an Ähnlichkeit wieder ($r_s = 0.84$) als die tatsäch-

Tabelle 2: Die Beziehungen zwischen den tatsächlichen Korrelationen von je zwei Verhaltensweisen, den Einschätzungen der Beobachter und den begrifflichen Ähnlichkeiten zwischen den Verhaltensweisen (Spearman-Rang-Korrelationen)

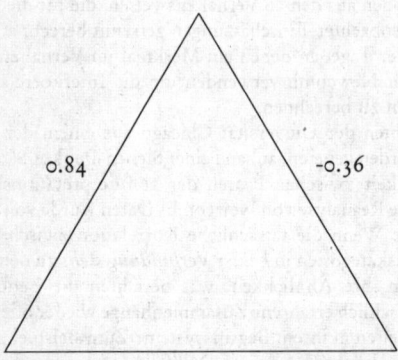

Glauben über Ähnlichkeiten zwischen
Verhaltensweisen

0.84   -0.36

Verhaltenseinschätzungen -0.27 Tatsächliche Korrelation

lichen Korrelationen ($r_s = -0.27$). Normale Erwachsene sind magische Denker; sie verwechseln Sätze über Ähnlichkeit mit Sätzen über Korrelation.

Spiegeln diese Ergebnisse eine allgemeine Abneigung normaler Erwachsener wider, ihre Erfahrung korrelativ zu sehen? Auf der Grundlage dieser Ergebnisse allein kann man das nicht sagen. Es ist möglich, daß die Ergebnisse die Tendenz des menschlichen Gedächtnisses widerspiegeln, in Richtung vorhandener begrifflicher Schemata »abzudriften« (D'Andrade 1974). Die beiden nächsten Experimente jedoch stützen die Hypothese, daß bei normalen Erwachsenen der Korrelationsbegriff fehlt.

Experiment II: Die Vernachlässigung korrelationsrelevanter Informationen

Normale Erwachsene haben Vorstellungen von der Häufigkeit, mit der verschiedene Persönlichkeitsmerkmale auftreten. Sollten sie diese Vorstellungen anwenden und sie in der richtigen Weise organisieren wollen, so hätten sie die Information zur Verfügung, die sie brauchen, um bedingte Wahrscheinlichkeiten zu vergleichen und zu einer Einschätzung der Korrelation zwischen Merkmalspaaren zu gelangen.

Als Beispiel wird in Tabelle 3 ein charakteristisches Muster der Häufigkeitsvorstellungen amerikanischer College-Studenten über die Verteilung von Selbstbewußtsein und Führungsposition »bei 100 Leuten aus der allgemeinen Bevölkerung« gezeigt. 20 von 100 Menschen wird eine Führungsposition zugeschrieben, 65 von 100 Selbstbewußtsein. Von den 20 Menschen in Führungspositionen wird bei 15 Selbstbewußtsein angenommen.

Nach Tabelle 3 ist die bedingte Wahrscheinlichkeit, eine Führungsposition und Selbstbewußtsein zu besitzen (15/65 oder 0.23), nicht viel größer als die einer Kombination von Führungsposition und mangelndem Selbstbewußtsein (5/35 oder 0.14). Die Korrelation zwischen Selbstbewußtsein und Führungsposition beträgt also nur 0.09. Berücksichtigen normale Erwachsene diese Information, wenn sie den empirischen Zusammenhang von Selbstbewußtsein und Führungsposition beurteilen? Die meisten amerikanischen College-Studenten behaupten, daß das Wissen davon, ob jemand Selbstbewußtsein hat oder nicht, ihnen die Vorhersage von Führungsposition ermöglicht. Diese Behauptung wird trotz der gegenteiligen Information aufrechterhalten. Wie typisch ist dieser Fehler?

Tabelle 3: Ein repräsentatives Muster der Vorstellungen von der Verteilung von Selbstbewußtsein und Führungspositionen in der Bevölkerung

Selbstbewußtsein

		Ja	Nein	
Ja	a	15	b	5	20
Führungs-position				
	c	50	d	30	80
Nein				
		65	35	

Eine neuere Untersuchung des Verfassers illustriert die Schwierigkeit, aus verfügbaren Häufigkeitsdaten auf Korrelationen zu schließen. Fünf weibliche Beobachter nahmen an der Untersuchung teil. Alle fünf waren Studentinnen der Universität Chicago mit Erfahrung im Beobachten und Kodieren von Mutter-Kind-Interaktionen. Beurteilt werden sollte die Korrelation von 20 Merkmalspaaren, von denen viele in der persönlichkeitspsychologischen Literatur auftauchen (zum Beispiel Norman 1963; Smith 1967). Es gab dabei Unterschiede in dem Ausmaß, in dem die Beobachter von einem Merkmal auf ein anderes schließen wollten. Zum Beispiel glaubten sie, aus »Zwanghaftigkeit« auf »Anpassungsfähigkeit«, jedoch *nicht*, von »ängstlich« auf »ruhig« schließen zu können. Sie beurteilten dies anhand einer Skala von 0 (»erlaubt mir überhaupt keine Vorhersage«) bis 100 (»erlaubt mir eine genaue Vorhersage«) in Zehner-Intervallen. Bei einer zweiten Aufgabe sollten die Studentinnen Randsummen der Vierfeldertafeln zu jedem Merkmalspaar schätzen. Sie wurden zum Beispiel gefragt: »Wieviele von 100 Menschen sind tolerant?« Bei einer dritten Aufgabe mußten sie einzelne bedingte Wahrscheinlichkeiten für jedes Merkmalspaar schätzen. Zum Beispiel wurden sie aufgefordert, »an alle Menschen zu denken, die freundlich sind. Wieviel Prozent der freundlichen Leute sind auch gutmütig?« Anhand dieser Häufigkeitsschätzungen wurden für jeden Beobachter Vierfeldertafeln (wie Tab. 3) zu jedem Merkmalspaar erstellt. Für jede Tabelle wurde die Korrelation der beiden Merkmale (mit dem oben diskutierten Kontingenzmaß) berechnet. Zur Reliabilitätsbestimmung wurden alle fünf Beurteilerinnen innerhalb von drei bis sieben Tagen noch einmal getestet. Damit haben wir für jedes der zwanzig Merkmalspaare, für jede der fünf Studentinnen und für jede der beiden Testsitzungen (1) eine Punktzahl (zwischen 1 und 100) zur Vorstellung der Beurteilerin über den Zusammenhang zweier Merkmale, und (2) ein Korrelationsmaß für die beiden Merkmale anhand der Häufigkeitsinformationen der Studentinnen. Die Daten wurden in zwei Rangskalen gebracht: (1) nach dem Grad, in dem ein Zusammenhang der Merkmale existieren soll, und (2) nach ihrer Korrelation (entsprechend den Beurteilerinformationen). So ergaben sich bei zwei Testsitzungen vier Rangskalen von zwanzig Merkmalspaaren für jede Studentin. Für jede von ihnen wurden Spearman-Rangkorrelationen (r_s) errechnet.

Die Ergebnisse der Rangskalenanalyse sind in zweierlei Hinsicht bemerkenswert. Der erste Punkt ist, daß die vorgängigen Vorstellungen über Zusammenhänge stabiler sind als die Schätzungen der korrelationsrelevanten Häufigkeiten. Bei allen fünf Studentinnen waren fast ein Drittel (32 Prozent) solcher Schätzungen in einer oder in beiden Sitzungen *inkonsistent*. Betrachten wir zum Beispiel das Merkmalspaar »angespannt« und »tolerant«. Eine Studentin schätzte, daß von 100 Personen 70 angespannt und 75 tolerant sind. Das bedeutet natürlich, daß 30 nicht angespannt und 25 nicht tolerant sind. Sie schätzte dann, daß *von den Personen, die angespannt sind*, 10 Prozent (oder 7) tolerant sind. Aber das ist ein schreiender Widerspruch. Die Beurteilerin behauptet erst, daß nur 30 Personen von 100 *nicht angespannt* sind. Dann schätzt sie eine bedingte Wahrscheinlichkeit, nach der tatsächlich mindestens 68 Menschen (von 100) *nicht angespannt* sein müssen.[5]

Der zweite bemerkenswerte Zug an der Rangskalenanalyse betrifft die Entsprechung der vorgängigen Vorstellungen über Zusammenhänge und den Korrelationskoeffizienten, die sich aus den Häufigkeitsschätzungen ergeben. Wenn man inkonsistente Paare ausscheidet, können direkte Vergleiche (innerhalb beider Tests und insgesamt) gezogen werden. Dabei ergibt sich eine durchschnittliche Rangkorrelation (r_s) von 0.39.

Nach diesen Ergebnissen wird die Häufigkeitsinformation weder konsistent benutzt noch korrelativ interpretiert. Normale Erwachsene scheinen nicht gern korrelativ zu denken, wenn sie Aussagen über empirische Zusammenhänge machen. Es scheint ihnen ein Korrelationsbegriff zu fehlen. Es ist schwer, über korrelationsrelevante Information nachzudenken. Der Korrelationsbegriff ist dem Alltagsdenken nicht intuitiv verfügbar.

Experiment III: Die Schwierigkeit korrelativen Denkens

Der Korrelationsbegriff kann als ein Vergleich zweier bedingter Wahrscheinlichkeiten angesehen werden. Erwachsene besitzen all die Information, die gebraucht wird, um solche Vergleiche zu ziehen. Wie leicht können normale Erwachsene ihre eigene korrelationsrelevante Information zusammenstellen und in eine Form bringen, die es ihnen leicht macht, bedingte Wahrscheinlichkeiten zu vergleichen? Oder anders gefragt: Ist jede relevante Information über bedingte Wahrscheinlichkeiten gleichermaßen einer korrelativen Interpretation zugänglich, wenn Erwachsene behaupten, daß zwei Merkmale nach ihrer Erfahrung zusammengehören?

Ein Experiment dazu erhob zunächst die Häufigkeitsannahmen von 20 Studenten der Universität Chicago über Selbstbewußtsein und Führungsposition, die oben als Tabelle 3 präsentiert wurden. Dann wurde geprüft, wie diese Informationen genutzt wurden. Tabelle 3 enthält die Häufigkeitsinformation für vier bedingte Behauptungen: 1. Im allgemeinen haben Menschen in Führungspositionen Selbstbewußtsein (Felder a, b). 2. Im allgemeinen haben Menschen, die nicht in Führungspositionen sind, Selbstbewußtsein (c, d). 3. Im allgemeinen sind Menschen ohne Selbstbewußtsein nicht in Führungspositionen (b, d). 4. Im allgemeinen sind Menschen mit Selbstbewußtsein nicht in Führungspositionen (a, c).

Jede dieser vier Behauptungen sowie vier Gegenbehauptungen wurden auf Karten geschrieben und den Studenten vorgelegt. Es wurde gesagt, man werde ihnen Behauptungen über die allgemeine Beziehung zwischen Selbstbewußtsein und Führungsposition vorlegen. Sie wurden aufgefordert, jede Aussage zu lesen und dann zu sagen, ob sie falsch oder richtig sei. Außerdem sollten sie so schnell und so genau wie möglich antworten.

Tabelle 4 zeigt die *unterschiedliche* Leichtigkeit und Genauigkeit, mit der die Testpersonen über jede der vier bedingten Behauptungen und Gegenbehauptungen nachdenken können. Die Verarbeitung der Behauptungen 1 und 1a schien am einfachsten. Die durchschnittlichen Antwortzeiten sind relativ kurz, und die Urteile über Richtigkeit und Falschheit sind immer korrekt, gemessen an der von den Studenten selbst gegebenen Häufigkeitsinformation (Tab. 3, Felder a, b). Die Testpersonen sind außergewöhnlich ungenau (wenn auch relativ schnell) bei ihrer Antwort auf die Behauptung 4a. Sie neigen zur Antwort »wahr« gegen ihre eigenen Häufigkeitsschätzungen (Tab. 3, Felder a, c). Sie sind langsam und nicht sehr genau bei ihren Antworten auf die Behauptung 2.

Im allgemeinen lassen die Daten in Tabelle 4 vermuten, daß die für den Vergleich bedingter Wahrscheinlichkeiten erforderliche Information *in unterschiedlichem Maß* zugänglich ist. Über einige bedingte Behauptungen läßt es sich überhaupt schwer nachdenken. Unter diesen Umständen ist es wohl nicht überraschend, daß sich Beurteiler nicht konsequent auf ihre eigene relevante Häufig-

Tabelle 4: Leichtigkeit und Genauigkeit der Urteile von 20 Studenten über vier bedingte Behauptungen und Gegenbehauptungen.

	Wahrheitswert vgl. Tab. 3	Prozent richtig	Antwortzeit (in Sekunden)
1) Im allgemeinen haben Menschen in Führungspositionen Selbstbewußtsein.	wahr	100	3.98
1a) Im allgemeinen haben Menschen in Führungspositionen kein Selbstbewußtsein.	falsch	100	4.78
2) Im allgemeinen haben Menschen, die nicht in Führungspositionen sind, Selbstbewußtsein.	wahr	55	9.33
2a) Im allgemeinen haben Menschen, die nicht in Führungspositionen sind, kein Selbstbewußtsein.	falsch	75	9.24
3) Im allgemeinen sind Menschen, die kein Selbstbewußtsein haben, nicht in Führungspositionen.	wahr	75	8.53
3a) Im allgemeinen sind Menschen, die kein Selbstbewußtsein haben, in Führungspositionen.	falsch	100	6.26
4) Im allgemeinen sind Menschen mit Selbstbewußtsein nicht in Führungspositionen.	wahr	60	6.88
4a) Im allgemeinen sind Menschen mit Selbstbewußtsein in Führungspositionen.	falsch	20	5.30

keitsinformation beziehen, wenn sie behaupten, daß zwei Merkmale zusammengehören (oder einander ausschließen). *Der Korrelationsbegriff ist kein intuitiver Begriff des Alltagsdenkens.*

5. Begriffliche Schematisierung

»Zusammengehörigkeit« ist die allgemeinste Form der begrifflichen Assoziation von Gegenständen und Ereignissen. Sie spiegelt die Tatsache, daß im Alltagswissen Gegenstände und Ereignisse sortiert werden in miteinander verbundene symbolische Komplexe (Kategorien, Gruppierungen, Familien, Arten usw.) . . . [6] Casagrande und Hale (1967) machen uns auf eine Reihe von Begriffen aufmerksam (zum Beispiel Funktion, Synonymie, Provenienz, Klasse, Ähnlichkeit usw.), die dafür intuitiv zur Verfügung stehen. Alle Völker denken mit diesen Verhältnisbegriffen, und jeder dieser intuitiven Begriffe *kann* für den nicht-intuitiven Begriff der Korrelation stehen, wenn normale Erwachsene darüber urteilen, was in ihrer Erfahrung wozu gehört. Mit dem Ähnlichkeitsbegriff habe ich in diesem Aufsatz pars pro toto die gesamte Kollektion dieser intuitiven Beziehungen bezeichnet.

Doch scheint im Persönlichkeitsbereich ein Typ des intuitiven Verhältnisbegriffs eine privilegierte Stellung zu haben. Verhaltensweisen werden oft als zusammengehörend bezeichnet, weil sie miteinander das Bild eines symbolischen Verhaltenstyps hervorrufen.

Ein Beispiel: Im Jahr 1969 verbanden sich die folgenden Verhaltensmerkmale im Denken amerikanischer College-Studenten begrifflich miteinander: »Er denkt, daß sich andere im allgemeinen zu sehr den konventionellen sozialen Erwartungen anpassen«, »er verlangt Vergnügen und Befriedigung«, »er hält seine Unabhängigkeit für sehr wichtig«. Die Merkmale verbanden sich in dieser Weise, weil sie alle zusammen das Bild eines »Hippie« hervorriefen. Die Merkmale konnten miteinander verbunden werden als konstituierende Teile eines symbolischen Ganzen. Sie gehörten zum »Image« eines Hippies. Ohne das Bild eines »Hippies« hätten »er verlangt Vergnügen und Befriedigung« und »er hält seine Unabhängigkeit für sehr wichtig« überhaupt nicht miteinander verknüpft werden können.

Intuitiv zugängliche Teil-Teil- und Teil-Ganzes-Beziehungen dieses Typs ersetzen oft den nicht-intuitiven Korrelationsbegriff, wenn normale Erwachsene über den Zusammenhang von zwei Verhaltensmerkmalen urteilen. Wenn amerikanische Studenten gefragt werden: »Inwieweit gehören Freundlichkeit und Gutmütigkeit beim Menschen zusammen?«, dann ruft die Frage in ihnen Bilder hervor, wie »Hirtenknaben badeten im Sonnenlicht«, »St. Nikolaus«, »Bardamen« und »alte Leute«. Dieser Prozeß, Verhaltensmerkmale mittels Bildern von Verhaltenstypen zu organisieren, scheint in allen Kulturen weit verbreitet zu sein. Er vollzieht sich mit Sicherheit in Indien ebenso wie in den Vereinigten Staaten (Shweder 1972b). Die Menschen scheinen das Ausmaß, in dem Verhaltensmerkmale zusammengehören, danach zu bemessen, wie leicht sie sich ein symbolisches Verhaltensschema denken können, in dem die Merkmale als Teile des imaginären Ganzen gut zusammenpassen (Tversky/Kahneman 1973, 1974). Sie scheinen einen Beziehungstyp durch einen anderen zu ersetzen. Auf diese Weise gehen Ähnlichkeit und Korrelation im Alltagsdenken ineinander über.

6. Zusammenfassung

6.1 Dieser Aufsatz hat sich primär mit Begriffen befaßt, die die Menschen verwenden, um Information unabhängig von ihrem Inhalt *zu organisieren und zu manipulieren*. Der Nachweis einer universellen Abneigung des Alltagsdenkens gegen den Gebrauch des Korrelationsbegriffs ist völlig kompatibel mit dem Nachweis kultureller Unterschiede im Inhalt der Kategorien, in die Gegenstände und Ereignisse einsortiert werden. Hühnerkot und Krätze gehören für die Zande zusammen, nicht aber für Amerikaner.

6.2 Der Nachweis einer Abneigung normaler Erwachsener gegen die Verwendung des Korrelationsbegriffs hat Folgen für unser Verständnis von *Piagets Theorie* der intellektuellen Entwicklung. Obgleich es *unter besonderen Umständen* möglich ist, normale Erwachsene zu korrelativem Denken zu bringen, läßt die Tatsache, daß man solche Umstände erst herstellen muß, vermuten, daß der Übergang zu formal-operationalem Denken kein spontanes Geschehen ist und daß der Übergang zu formal-operationalem Denken (wenn er erfolgt) theoretisch anders erklärt werden muß als der Übergang zu konkret-operationalem Denken[7].

6.3 Es wäre nicht erstaunlich, wenn diese Untersuchung einige

Leser an Darstellungen des primitiven Denkens aus dem späten 19. Jahrhundert erinnern würde. J. G. Frazer zum Beispiel teilte das magische Denken in zwei Klassen ein, in das homöopathische und das schädliche. Diese beiden Klassen wurden definiert als Konfusion von Begriffen wie Ähnlichkeit und Nähe mit dem der Verursachung. Das Ergebnis dieser Untersuchung belegt die kognitiven Verarbeitungsprozesse, die dem zugrunde liegen, und spricht für die Universalität der magischen Denkweise.

6.4 Diese Untersuchung ist aber in einem noch tieferen Sinn neo-frazerianisch oder neo-tylorianisch (vgl. Horton 1967, 1968). Sie teilt die beiden folgenden Annahmen (und nur sie) mit diesen Evolutionisten des 19. Jahrhunderts: (a) Normale Erwachsene in allen Kulturen streben danach, die empirischen Beziehungen zwischen Gegenständen und Ereignissen in ihrer Erfahrung zu verstehen, zu erklären und zu generalisieren. *Das ist wahr, unabhängig davon, ob es in ihrer Gesellschaft explizite Richtlinien wissenschaftlicher Objektivität und Verifikation gibt* (trotz Tambiah 1978). (b) Einige der Begriffe, die von normalen Erwachsenen für Verallgemeinerungen entwickelt werden, sind dafür weniger geeignet als einige Begriffe westlicher Wissenschaftler (Lévi-Strauss 1962/1968 scheint zuzustimmen, legt sich aber nicht fest). Ähnlichkeit ist einer dieser inadäquaten Begriffe. Er ist ein relativ schlechter Indikator für kontingente und korrelative empirische Beziehungen (trotz Lévi-Strauss' gegenteiliger Meinung); dennoch verlassen sich normale Erwachsene darauf, wenn sie beurteilen, was in ihrem Leben zusammengehört. Ein Neo-Tylorianer würde es so formulieren: Magisches Denken ist intentional induktiv, in seinen Schlußfolgerungen aber falsch. Unglücklicherweise werden diese beiden neo-tylorianischen oder neo-frazerianischen Behauptungen leicht mißverstanden. Ich möchte sie deshalb erläutern.

Erstens ist die Behauptung, daß alle Menschen angewandte Wissenschaft betreiben (und das ziemlich schlecht), nicht dasselbe wie die Behauptung, daß Menschen nur dieses täten. Ich habe nichts auszusetzen an der Warnung, daß Kognitionsforscher nicht Dichtung mit Wissenschaft, Überzeugung mit Induktion, Wertfragen mit Sachfragen oder handlungsorientierte mit propositionalen Äußerungen verwechseln sollten. Ich meine auch, daß es nur zu Mißverständnissen führen kann, wenn man alle diese kognitiven Tätigkeiten an derselben Elle mißt. Wahr und falsch, Irrtum und

Unwissenheit sind nicht die einzigen Kriterien zur Bewertung kognitiver Handlungen. Ein Beispiel: Wenn es das *Ziel* mythologischen Denkens ist, mit Aussagen über die Welt »Aussagen über Sprache« zu formulieren (wie Lévi-Strauss 1958/1967 zu vermuten scheint), wäre es ungerechtfertigt, mythologische Formulierungen als Konfusionen zu interpretieren. Aber es wäre ähnlich irreführend, falsche Schlußfolgerungen, wie sie in diesem Aufsatz diskutiert worden sind, als *intentional* symbolisch zu interpretieren.

Zweitens können kognitive Handlungen nicht immer an *einer einzigen* Elle gemessen werden. Es wäre zu einfach und vielleicht ethnozentrisch, wollte man das annehmen. Gellner (1973) weist darauf hin, daß ein Merkmal des »wilden« (alltäglichen?) Denkens »die Verschmelzung der beschreibenden, bewertenden, identifizierenden, Status zuschreibenden und anderer Rollen der Sprache« ist. Magisches Denken als eine Denkform zu behandeln, in der »Aussagen über Sprache« mit »Aussagen über die Welt« konfundiert werden (das heißt, es als irrige Wissenschaft zu behandeln), heißt nicht, die Möglichkeit leugnen, daß es auch andere Funktionen hat.

Schließlich ist es wichtig, noch einmal die Unterscheidung von intuitivem und nicht-intuitivem Denken aufzunehmen, die in anthropologischen Untersuchungen selten berücksichtigt wird. Die expliziten Gesetze der westlichen Wissenschaft bestehen auf einer scharfen Trennung zwischen Ähnlichkeit und Korrelation. Manche würden sogar behaupten, daß diese formale Anerkennung des Unterschieds zwischen augenscheinlicher Gültigkeit und allen anderen Arten der Validität das entscheidende Kennzeichen westlicher Wissenschaft ist. Doch sollte nicht vergessen werden, daß intuitives Denken von der nicht-intuitiven Reflexion gewöhnlich unberührt bleibt. (Zum Beispiel hat Humes epistemologischer Dualismus keinen Einfluß auf die Alltags-Intuition gehabt, die Welt könne *direkt* wahrgenommen werden.) Trotz unserer wissenschaftlichen Ideale sind wir in der alltäglichen Praxis so magisch wie jeder andere.

Und umgekehrt: Das Fehlen einer expliziten kulturellen Anerkennung eines Begriffs (zum Beispiel in Theorien, Ideologien, Moral) ist kein Beweis dafür, daß der Begriff auf der intuitiven Ebene nicht vorhanden ist ...[8] Parsons (1968, S. 19) schreibt: »Die entscheidende Tatsache ist fraglos, daß menschliches Handeln in gewisser Hinsicht, zu einem bestimmten Grad und unter bestimmten Bedingungen stets rational ist.« ... Ähnlich habe ich behauptet, daß normale Erwachsene in allen Kulturen empirisches Wissen erwerben wollen über Ursachen-, Einfluß- und andere Zusammenhänge in ihrer Umwelt. Solche Alltags-Wissenschaft braucht weder die vorherige Explikation der Regeln induktiver Logik noch die kulturelle Überhöhung der Rolle des Wissenschaftlers. Alle Menschen betreiben angewandte Wissenschaft. Nur wenige sind Wissenschafts-Theoretiker oder -Ideologen.

Editorische Anmerkungen

1 Die Übersetzung folgt überwiegend der vom Autor bearbeiteten und etwas gekürzten Fassung in Johnson-Laird/Wason 1977, S. 446–467; wo es für das Verständnis hilfreich schien, wurde jedoch auf die ursprüngliche Fassung zurückgegriffen. Im Anschluß an sie (*Current Anthropology* 18, 1977, S. 648–658) finden sich einige Diskussionsbeiträge zu Shweders Thesen. – Das Sprachspiel des englischen Titels »likeness and likelihood« ist in der Übersetzung nicht nachvollziehbar. In den beiden Textvorlagen wird das Begriffspaar wechselnd und austauschbar bezeichnet als »likeness, resemblance«/»(cooccurrence) likelihood, contingency, correlation«. Der Klarheit wegen wurde stets »Ähnlichkeit« und »(statistische) Korrelation« übersetzt.

2 Im englischen Text: »ringworm« = Trichophytie, »Scherpilzflechte«. Da es hier nicht auf eine bestimmte Hauterkrankung ankommt, wird der im Deutschen oft generalisierte Begriff »Krätze« verwendet.

3 Das Zitat ist in der – gekürzten – deutschen Übersetzung von Evans-Pritchards Zande-Buch (1978) nicht enthalten. Ähnlichkeit von Medizinen und ihren Zwecken wird dort (S. 247) als häufige, aber nicht notwendige Beziehung diskutiert.

4 Einige Passagen des Orginals (S. 639–641) unter den Zwischentiteln »Die Suche nach dem fehlenden Merkmal« und »Wie erzeugt Verhalten Bedeutungen?« wurden gestrichen. Dort verhandelt Shweder allgemein Probleme des psychologischen Eigenschaftskonzepts und sozialpsychologische Grundlagen alltäglich-induktiver Situationsinterpretationen (vor allem nach Schachter/Singer 1962; Geertz 1973/1983; Goffman 1974).

5 Zum besseren Nachvollzug dieses Arguments empfiehlt der Autor (S. 643, Anm. 5) dem Leser, mit den angegebenen Daten eine Vierfeldertafel zu »angespannt« und »tolerant« zu konstruieren. Dabei stehen die Randsummen fest: $a + b = 75$, $c + d = 25$, $a + c = 70$, $b + d = 30$,

und Feld a enthält 7 Fälle. Der Widerspruch wird klar, wenn man ohne Verletzung der Randsummen die anderen Felder füllen möchte.

6 Der Autor diskutiert in einer längeren Passage (S. 644-646) Probleme des sogenannten »essentialistischen« Denkens, das Ähnlichkeiten überwiegend anhand gemeinsamer Attribute feststellen will. Er findet dieses Denken generell in der Wissenschaftssprache mit ihrem universalistischen Anspruch und kritisiert vor allem die taxonomische Arbeit der Ethnographie. Damit könne man den symbolischen Kommunikationsanforderungen der Alltagswelt (das heißt des Untersuchungsgegenstands) nicht gerecht werden. Shweder plädiert dafür, mit Wygotski (1962) und Wittgenstein (1968/1977) Alltagskategorien als Kontinuum ineinander übergehender Bedeutungen zu sehen und mit einem solchen »polythetischen« Ansatz vergleichende Forschung ohne künstliche »Universalien« zu betreiben.

7 Die Piaget-Kritik Shweders wird im Kommentar von Cole, Scribner u. a. (*Current Anthropology* 18, 1977, S. 650-652) verworfen. Haupteinwand ist, der Spontaneitätsbegriff sei im Rahmen einer Theorie kognitiver Prozesse nicht diskutierbar. Als Gegenposition wird auf das eigene Konzept umweltspezifischer Denkstrukturen verwiesen. Shweder reagiert darauf (*Current Anthropology* 18, 1977, S. 655-656), indem er seine These wiederholt, alle normalen Erwachsenen seien zu korrelativem Denken in der Lage. Doch sei die Problematik von Intuition und Spontaneität nicht durch Coles und Scribners Umweltthese beseitigt, vielmehr seien zwei Fragen vordringlich: erstens die nach der Künstlichkeit von Umwelten, die korrelatives (und damit formal-operationales) Denken fordern; und zweitens die nach den Ursachen für die beobachtete Vermeidung korrelativen Denkens selbst dort, wo es der Umweltanpassung dienlich wäre.

8 Gekürzt um eine Auseinandersetzung mit Sahlins' These vom Zusammenhang zwischen Kapitalismus und utilitaristischem Wissenschaftsverständnis.

Mallory Wober
Zum Verständnis des
Kiganda-Intelligenzbegriffs

1. Einführung

Westliche Psychologen haben viel Energie darauf verwendet, das zu messen, was wir Intelligenz nennen; und bisweilen gibt man zu, daß sich das Ziel dieser Jagd verschoben hat (obgleich viel seltener realisiert wird, daß die Verfahren der Psychologen oft, nach unseren eigenen Maßstäben, nicht intelligent gewesen sind). Vernon (1969) schreibt, daß »sich die psychologischen Theorien der Intelligenz seit den zwanziger Jahren drastisch verändert haben ...«; er unterscheidet drei verschiedene Bedeutungen von Intelligenz. Erstens ist sie eine »angeborene Fähigkeit, etwas, das ein Kind erbt, ... und das das Wachstum seiner geistigen Fähigkeit determiniert«. Zweitens bezieht sie sich auf »das Kind oder den Erwachsenen, der clever, schnell in der Aufnahme, gut im Verstehen und Denken, geistig effizient ist«. Drittens kann sie »geistiges Alter oder IQ oder Leistung bei einem der gebräuchlichen Intelligenztests sein«.

Zumindest seit 1917 haben Psychologen (zum Beispiel Loram) versucht, die Fähigkeiten von Afrikanern zu messen. Westliche Tests zu Vernons dritter Art der Intelligenz wurden wiederholt verwendet, und es wurde sogar angenommen, daß diese Tests auch den ersten »Typ«, ein allgemeines generatives Potential, bei Afrikanern messen könnten (siehe Nissen/Machover/Kinder 1935; Fisk 1939). Man realisierte jedoch gelegentlich (Biesheuvel 1943), daß westliche Tests damals nicht geeignet waren, latente Fähigkeiten bei den meisten Afrikanern zu messen.

Während der letzten zehn Jahre wurde allgemein erkannt (zum Beispiel Berry 1966), daß afrikanische Kulturen von westlichen so verschieden sind, daß sogar kulturell »faire« Tests nicht wirklich dazu geeignet sind, diese grundlegende Fähigkeit bei Afrikanern zu messen (ausgenommen bei denjenigen, die in starkem Maße verwestlicht sind). Berry schreibt, daß, »da Menschen mit unterschiedlichen Kulturen und Ökologien dazu neigen, unterschiedliche Fertigkeiten zu entwickeln und beizubehalten, der Begriff der Intelligenz oder sein Äquivalent in jeder Gesellschaft etwas anders definiert werden muß«.

Nach Wober (1969) müßte ein wirklicher kultur*vergleichender* Forschungsansatz versuchen, diejenigen Fertigkeiten zu entdekken, die in einer Kultur entwickelt werden, um dann zu versuchen zu bestimmen, welche Leistungen Individuen in den kulturspezifischen Fertigkeiten (nicht in exotischen) bringen. Dagegen dreht sich ein kulturzentrierter Ansatz um die Kultur des Forschers, der seine eigenen Aufgaben und Leistungskriterien mitbringt, um die Mitglieder einer anderen Kultur zu beurteilen. So schrieb auch Irvine (1969c), daß »kognitive Tests noch nicht einmal begonnen haben, Denkformen zu erschließen, die das Produkt afrikanischer Sprachen und Sozialbeziehungen sind«. Er fragt (Irvine 1969b): »Kann unsere Vorstellung von Intelligenz die *Arten* von Fertigkeiten einschließen, die in Afrika erworben werden, und die Relevanz von früh erlerntem Wissen erkennen, das mündlich weitergegeben wurde? ... Was meinen wir dann mit dem Wort intelligent?«

Es gibt zwei Ansätze zur Untersuchung kultureller Einflüsse auf die geistige Entwicklung. Man kann entweder westliche Tests nehmen und versuchen, aus den Ergebnissen – welche Abschnitte leichter fallen oder welche mehr Schwierigkeiten bereiten –, darauf zu schließen, wie eine Kultur einige Fertigkeiten betont und andere vernachlässigt. Oder man kann die innerhalb einer Kultur gesteckten Ziele geistiger Entwicklung untersuchen und sehen, wie weit diese westlichen Bestimmungen von Intelligenz ähneln.

Vernon (1969) verfolgte die erste, kulturzentrierte Strategie. Er testete 1966 fünfzig Jungen aus zwei Grundschulen in Kampala. Die Jungen waren gut, wenn flüssiger mündlicher Ausdruck oder Sorgfalt im Schriftlichen verlangt wurden, aber sie waren sehr schlecht im Wortschatztest, und nur bei 4 von 21 Tests erreichten die Leistungen englische Standards. Vernon beurteilte also einige Baganda nach fremden Maßstäben, aber er versuchte nicht, etwas über den Intelligenzbegriff in Kiganda oder über sein Verhältnis zum westlichen Konzept herauszufinden.

Die zweite oben erwähnte Strategie versucht, diese Fragen zu stellen; sie wird hier verfolgt. Im Rahmen dieser Strategie können drei Schritte unternommen werden. Man kann vorhandene Literatur zum Problem durchsehen; man kann kulturelles Material wie Sprichworte, Märchen und Sagen sammeln und analysieren; und man kann systematisch Fragebogen oder andere »psychologische« Methoden anwenden, um die Ansichten der Menschen zum Thema zu sammeln. Das Material beschäftigt sich mit einer Kultur im modernen Uganda, nämlich der des Ganda-Volkes. Ihrer Verwendung von Präfixen zur Unterscheidung verschiedener Aspekte ihrer Identität soll hier gefolgt werden. So bezieht sich *Baganda* auf die

Leute im Plural; *Muganda* bezieht sich auf ein Individuum; *Buganda* ist das Land, *Luganda* die Sprache und *Kiganda* das Adjektiv für die Kultur.

2. Literatur zum Kiganda-Intelligenzbegriff

Obgleich es nicht einfach ist, Material zu finden, das sich direkt mit der lokalen Bedeutung eines Intelligenzbegriffs beschäftigt, gibt es Untersuchungen, aus denen man etwas darüber erschließen kann. Paul Kibuuka (1966), selbst ein Muganda, hat das System traditionaler Erziehung und seine Ziele beschrieben.

Mädchen wurden auf die Heirat hin erzogen; »die Qualitäten, die die Baganda von einem Mädchen erwarteten, waren Arbeitseifer, Gehorsam gegenüber Vorgesetzten und Eltern, eine genaue Vorstellung von Ackerbau und die Fähigkeit zu kochen«. Begabte Mädchen konnten »in Haushalte von Häuptlingen geschickt werden, wo sie anspruchsvoller und besser erzogen wurden«, und ein Mädchen konnte sogar bis zum Palast gelangen, was eine große Ehre war, besonders insofern, als das Mädchen die Mutter eines zukünftigen Kabaka oder Königs werden konnte.

»Die Jungen wurden darin unterwiesen, gute Führer im Land zu werden...« Sie erlernten Sprache, Geschichte (»die verschiedenen Kriege und die Lebensgeschichten tapferer Männer..., die Namen verschiedener Könige, der verschiedenen Oberhäupter der Clans und ihrer Kinder wurden gelehrt«); es gab auch Geschichten, Lieder, Besuche von Zeremonien und Ausflüge zu interessanten Plätzen. Die Väter »führten ihre Söhne bei verschiedenen Leuten ihres Clans ein. Es war eine Zeit intensiven Studiums... der Vater stellte immer Fragen..., um das Wissen des Kindes über seine Verwandten zu prüfen.« Die Jungen lernten Gehorsam und Höflichkeit: »Da Gehorsam jemanden zu hohem Stand führen kann, mußte er von Anfang an gelehrt werden.« Eine Versetzung in die Haushalte von Häuptlingen wurde der gut ausgewählten »Elite cleverer Jungen« ermöglicht, »die früher oder später die Verantwortung dafür tragen sollten, Recht, Religion, Sitten und Gebräuche zu bewahren«.

Das zeigt, daß sich die Gesellschaft um individuelle Leistung bemühte; Leistung wird ausdrücklich definiert als erfolgreicher Dienst an bestehenden Normen und Werten. Kibuuka sagt, daß Rätsel gelehrt wurden, »die halfen, das Denken zu üben«; es sieht jedoch so aus, als ob viele dieser Rätsel standardisiert und gut bekannt waren. So würden diese nur beim ersten Mal dazu beitragen, einen westlichen Intelligenztypus zu produzieren, das heißt: einen, der geeignet ist, neue Probleme zu stellen und anzugehen. Es wurden auch Rätsel zusammen mit Sprichworten und Geschichten gelehrt, von denen die meisten die Kinder dazu anregten, die bestehenden Werte zu respektieren. Das System, das Kibuuka beschreibt, betont die Stabilität; geistige Fähigkeiten können eingestuft und entsprechend bewertet werden. Die höheren Fähigkeiten sind jene, welche dazu neigen, die wesentliche Struktur des Systems eher aufrechtzuerhalten als in Frage zu stellen oder gar anzugreifen. Diese Untersuchung legt nahe, daß Intelligenz hier korrekterweise eher vektoriell als skalar gesehen werden sollte; das letztere Konzept hat sich deswegen gehalten, weil die meiste Intelligenzforschung in Afrika und anderswo im wesentlichen kulturell auf westliche Gesellschaften zentriert gewesen ist.

3. Die Fragebogen-Untersuchung

Eine Version von Osgoods *Semantischem Differential* (1952) wurde dazu verwendet, etwas von dem Netz der Konnotationen zu einem Begriff aufzuzeichnen, der vielleicht das Kiganda-Äquivalent für »Intelligenz« darstellt.

Das ganze Verfahren wurde in Luganda durchgeführt. Luganda-Wörterbücher geben *amagezi* für Intelligenz an, ein Wort, das mit dem Verb *okugera* verwandt ist, das »messen, abschätzen« bedeutet, und die Wurzel *-ger* ist das, was als *-gez-* in *amagezi* erscheint. Ein verwandtes Wort ist *kutegeera*, »verstehen«. Luganda hat auch die Wörter *obukalabakalaba* und *obukujukuju*, aber diese beziehen sich offensichtlich mehr auf »Schlauheit« oder »Klugheit«, sie sind von geringerer Breite als *amagezi*. Die Wortform, die tatsächlich verwendet wurde, war *obugezi*, wobei das Präfix *ama* durch *obu* ersetzt wurde – womit nach Meinung des Übersetzers eher der abstrakte Begriff gemeint ist als die bei einer Person tatsächlich vorhandene Eigenschaft.

Ein Sample erwachsener Dorfbewohner wurde interviewt, da man der Erwartung war, sie würden am ehesten traditionelle Kiganda-Begriffe und -Verhaltensweisen hegen und weniger von westlichen Ideen beeinflußt sein. Ein zweites Sample von Dorfschullehrern wurde ebenfalls interviewt. Diese Leute würden voraussichtlich eine Mischung von Kiganda- und westlichen Ideen aufweisen, wobei sie die letzteren während ihrer Reisen und ihrer akademischen Ausbildung gewonnen haben mußten. Die beiden

Dorf-Samples wurden an Orten zehn und mehr Meilen außerhalb von Kampala zusammengestellt. Zwei weitere Samples kamen aus Kampala, und zwar einmal eine »Elite«-Mischung von Erwachsenen, hauptsächlich Lehrer sowie ein Universitätsprofessor; die andere Gruppe bestand aus Studenten im zweiten Jahr der medizinischen Ausbildung. Die ersten drei Gruppen waren sämtlich Baganda, die von einer jungen weiblichen Muganda interviewt wurden oder von ihr den Fragebogen zum Ausfüllen bekamen, alles dies in Luganda. Die letzte Gruppe der Medizinstudenten aus dem Gebiet von Kampala umfaßte auch asiatische Ugander und solche aus anderen als Baganda-Volksgruppen; ihnen wurde der Fragenkatalog von der Autorin in Englisch vorgelegt.

Neben Interviews in und um Kampala herum wurde eine Gruppe von Personen in der Nähe von Fort Portal, 250 Meilen entfernt im westlichen Uganda, interviewt. Die Menschen dort sind Batoro und sprechen Lutoro; sie wurden von einem Mutoro-Assistenten interviewt, der in die Methode durch vorbereitende Interviews mit Batoros, die in Kampala leben, eingeführt worden war.

Die verwendete semantische Neun-Punkte-Differentialskala war für die meisten der Interviewten fremdartig. Sie mußte jedes Mal vom Interviewer im Detail erklärt werden, und es läßt sich nicht sagen, inwieweit die volle Bedeutung der Skala verstanden worden ist. Die ganze Phase der Feldarbeit wurde jedoch von einem erfahrenen Muganda-Forschungsassistenten überwacht, und das sicherte die bestmögliche Validität der Operation mit den gebotenen Einschränkungen, die beim Gebrauch einer unvertrauten Technik gegeben sind.

Es gab 25 Skalen, von denen jede aus Paaren von Adjektiven mit gegensätzlicher Bedeutung in Luganda bestand. Für jedes war eine ungefähre englische Übersetzung gegeben, so daß sie hier beschrieben werden können, aber sie waren so genau wie möglich in Lutoro übersetzt worden. Die Lutoro-Wörter wurden ebenfalls englisch rückübersetzt, um möglichst geringe Abweichungen der Bedeutungen zu erhalten. Schließlich wurde die Luganda-Lutoro-Übersetzung noch einmal von zwei Erwachsenen mit Universitätsausbildung überprüft, und man stellte fest, daß nur ein Glied eines der Wortpaare ›sehr ähnlich‹ anstatt ›identisch‹ in Luganda und in Lutoro war.

Aus Tabelle 1 läßt sich entnehmen, daß (das Beispiel mit nicht ganz äquivalenter Übersetzung eingeschlossen) sich bei nur 4 von 22 Adjektivskalen die Batoro-Ergebnisse von denen der Baganda signifikant unterscheiden. Die Baganda-Gruppe, von einigen Abweichlern abgesehen, neigt dazu, Intelligenz mit geistiger Ordnung in Verbindung zu bringen, während einige mehr aus der Batoro-Gruppe für die Idee offen sind, daß Intelligenz manchmal mit geistigem Aufruhr zusammen auftritt; das erinnert uns an die westliche Vorstellung von geistiger Hyperaktivität beim Genie.

Die Batoro-Gruppe ist auch weniger deutlich als die Baganda-Gruppe der Meinung, daß Intelligenz selten ist. Aber auf einer Adjektivskala sind die Ansichten der beiden Dorfgruppen völlig verschieden. Die Baganda brachten *obugezi* mit *aba mukakany-avu* (beharrlich, hart, halsstarrig) in Verbindung, während die Batoro es eher mit *aba mugonvu* (sanft, gehorsam, nachgiebig – mehr auf Menschen als auf Unbelebtes bezogen) gleichsetzten. Ein Übersetzer hat gemeint, daß die Baganda-Gruppe das Wort *aba mukakanyavu* als das Wort *mukkakanya* mißverstanden haben könnte, was »Schiedsrichter« bedeutet, einen, der intelligent und entschlossen sein muß. Hätte man ein solches Mißverständnis ausgeräumt, hätten sie möglicherweise eher wie die Batoro geantwortet.

Abgesehen von zwei Unterschieden zwischen den Gruppen, die auf Mißverständnissen beruhen können, bleiben zwei wirkliche Unterschiede aus 22 Skalen; als Zufallswert bei 22 Vergleichen würde man *einen* Unterschied (auf dem Signifikanzniveau von $p < 0.05$) erwarten. So bleibt der Eindruck einer beachtlichen Ähnlichkeit zwischen den zwei Ergebnisreihen. Da die interviewten Gruppen ein ähnliches Bildungsniveau aufweisen (zum größten Teil nur teilweise Primarschulbildung), kann diese Ähnlichkeit der Assoziationen mit *obugezi* in dem Fragebogenverfahren als einigermaßen gültiger Beleg angesehen werden. Da die Interviewer in Buganda und in Fort Portal nicht dieselben waren, kann die Ähnlichkeit der Resultate nicht auf irgendeinem systematischen Interviewereinfluß beruhen.

Zusammenfassend: Die Beantworter bieten also offensichtlich Assoziationen mit einem traditionalen Intelligenzbegriff an (7. Skala); sie denken bei Intelligenz an langsam, vorsichtig, aktiv

Tabelle 1: Assoziationen von Baganda- und Batoro-Dorfbewohnern zu *obugezi*

Adjektiv (Punktzahl: 1)	Baganda	Chi²$_{(a)}$	Batoro	Adjektiv (Punktzahl: 9)
durch Medikamente bewirkt (*buyinza okufunibwa olw' eddagala*)	8.37	0.31	8.67	kommt von allein (*buja bwokka*)
gefährlich (*bwakabi*)	8.42	0.05	7.92	sicher (*sibwakabi*)
stark (*bwamanyi*)	1.71	0.05	2.00	schwach (*sibwamanyi*)
unehrenhaft (*sibwakitibwa*)	8.50	0.04	8.43	ehrenhaft (*bwakitibwa*)
ansteckend (*bukwata*)	7.17	1.44	5.75	nicht ansteckend (*tebukwata*)
fröhlich (*bwasanyu*)	1.83	<u>6.60</u>(b)	1.00	traurig (*bwannaku*)
modern (*bwamulembe guno*)	8.79	0.76	7.92	traditional (*bwaffe bwadda*)
unnötig (*sibwetagibwa*)	8.87	1.54	9.00	notwendig (*bwetagibwa*)
spirituell (*guba mwoyo*)	1.21	0.04	1.46	körperlich (*guba mubiri*)
ererbt (*buba bwalulyo*)	6.66	2.81	4.94	erworben (*bukwata bukwasi*)
privat (*buba bwakyama*)	7.58	2.14	8.62	öffentlich (*buba bwalwattu*)
geistig normal (*aba muterevu wamutwe*)	3.17	<u>4.25</u>	4.25	verrückt (*aba mutabufu wamutwe*)
selten (*bwabbula*)	2.37	<u>8.81</u>	4.92	verbreitet (*bwajenjero*)
beständig (*aba mwetegefu*)	1.96	3.32	1.54	unbeständig (*tabeera mwetegefu*)
nachgiebig (*aba mugonvu*)	7.12	<u>26.80</u>	1.94	halsstarrig (*aba mukakanyavu*)
kalt (*munyogovu*)	7.83	0.70	7.13	heiß (*wabbugumu*)
eilig (*bwanguwa*)	7.79	3.41	5.57	verzögert (*bulwawo*)
aktiv (*akola nnyo*)	2.00	1.32	0.18	entspannt (*aba waddembe*)
vorsichtig (*aba mwegendereza*)	1.13	3.16	1.00	hastig (*aba mumagufu*)
schwankend (*aba mutabufu tabufu*)	8.58	0.56	8.46	entschlossen (*aba muterevu*)
freundlich (*baba bamukwano*)	1.21	0.95	1.11	unfreundlich (*tebaba bamukwano*)
krank (*bulwadde*)	8.33	3.77	8.89	gesund (*bulaamu*)
N (männl./weibl.)	24(10/14)	2.97	37(18/19)	
Durchschnittsalter	35.9	3.20	45.1	

(a) Einfache Unterstreichung bezieht sich auf einen Chi²-Wert, wo $p < 0.05$; doppelte Unterstreichung bedeutet $p < 0.01$.

(b) Das Lutoro-Wort für traurig (*tibulibwokusemererwa*) wurde von zwei unbeteiligten zweisprachigen Universitätsabsolventen als nicht völlig äquivalent mit dem Luganda-Wort *bwannaku* beurteilt. Da es die zwei Gruppen von Dorfbewohnern mit verschiedenen Fragen zu tun hatten, ist es also nicht verwunderlich, daß ihre Antworten signifikant unterschiedlich ausgefallen sind.

(das ist nicht notwendigerweise ein Widerspruch, vgl. »stille Wasser gründen tief«), entschlossen, geistig normal; sie meinen nicht, daß Intelligenz auf magischem Weg oder durch Medikamente *(eddagala)* eingeimpft werden kann, obgleich sie annehmen, daß sie zur Seele eher als zum Körper gehört (»eher Geist als Materie«). Das Wort *myoyo* (Seele) wird in der Tat metaphorisch verwendet, um Intelligenz zu bezeichnen, wie in *Yenna ng'olaba a weddemu omwoyo* (»in einem leeren, seiner Intelligenz beraubten Blick«).

Diese Dorfbewohner halten Intelligenz für notwendig, glücklich, gesund, stark, beständig und sicher. Sie sehen sie auch verbunden mit »freundlich«, »heiß« und »öffentlich« (gegenüber »unfreundlich«, »kalt« und »privat«). So entsteht der Eindruck, daß Intelligenz nicht als Charakteristikum von Innerlichkeit oder Introvertiertheit verstanden wird, sondern als eines von Extravertiertheit, wenn auch ohne jede Konnotation von Labilität oder Unbeständigkeit, die »extravertiert« im westlichen Denken haben mag. Man mag hier vielleicht nach Ähnlichkeiten suchen mit mediterranen Vorstellungen von »zivil« und *gravitas*, von einer Öffentlichkeitsbezogenheit des Denkens. Der mediterrane Gegensatz zur Verknüpfung von Öffentlichkeit mit geistiger Fruchtbarkeit läßt sich in dem Wort ›Idiot‹ finden – das von dem griechischen Wort »Privatmann« abgeleitet ist.

Als nächstes können wir die Begriffe der Baganda-Dorfbewohner mit denen der Dorfschullehrer, der Baganda-»Elite« und der Medizinstudenten vergleichen. Der letzteren Gruppe waren die Fragen in Englisch gestellt worden. Die Dorfschullehrer haben zumindest (nur ein Fall) acht Jahre Primarschule absolviert, die meisten haben ein Lehrerausbildungsseminar besucht oder haben das School Certificate (entspricht dem *O-level*). Das *erste*, was aus Tabelle 2 klar ersichtlich wird, ist die Tatsache, daß sich die Baganda-Landbevölkerung in neun Skalen deutlich von den Lehrern unterscheidet. Das bedeutet, daß sich der Intelligenzbegriff stärker zwischen Gruppen mit unterschiedlichem Bildungsniveau aus derselben Kultur unterscheidet als zwischen Gruppen mit ähnlichem Bildungsniveau in unterschiedlichen (wenn auch verwandten) Kulturen.

Zweitens ist in den neun Skalen, in denen signifikante Unterschiede zwischen Lehrern und Dorfbewohnern auftreten, die Elite den Lehrern in ihren Punktergebnissen wesentlich näher als

Adjektivskala (b)	Baganda-Elite	Baganda-Lehrer	Chi²(a)	Baganda-Dorfbew.	Chi²(a)	Medizinstudenten verschied. Herkunft
durch Medikamente bewirkt	8.80	7.91	0.29	8.37	–	–
gefährlich	7.85	8.04	0.75	8.42	–	–
stark	2.30	2.14	0.75	1.71	–	2.05
unehrenhaft	7.65	8.27	0.34	8.50	–	8.09
ansteckend	5.50	6.14	2.09	7.17	–	–
fröhlich	2.70	2.54	1.36	1.83	3.74	2.67
modern	8.55	8.82	–	8.79	<u>34.70</u>	4.83
unnötig	8.55	8.82	–	8.87	<u>9.50</u>	7.91
spirituell	3.60	1.95	1.91	1.21	–	–
ererbt	5.35	4.81	3.13	6.66	–	–
privat	7.30	7.50	0.26	7.58	–	–
geistig normal	3.50	2.59	0.87	3.17	–	3.38
selten	3.60	2.68	1.36	2.37	<u>7.25</u>	5.67
beständig	3.15	3.18	<u>4.18</u>	1.96	–	–
nachgiebig	5.00	5.27	<u>13.82</u>	7.12	<u>17.58</u>	5.47
kalt	6.40	6.45	<u>6.97</u>	7.83	<u>4.47</u>	6.41
eilig	5.45	4.91	<u>12.82</u>	7.79	<u>29.06</u>	2.84
aktiv	4.55	3.91	<u>10.45</u>	2.00	<u>4.65</u>	3.24
vorsichtig	3.75	3.00	<u>11.57</u>	1.13	<u>11.11</u>	2.72
schwankend	6.70	6.91	<u>8.88</u>	8.58	–	–
freundlich	4.05	3.63	<u>15.47</u>	1.21	<u>4.05</u>	2.65
krank	6.10	5.82	<u>16.99</u>	8.33	<u>5.07</u>	7.71
N (männl./weibl.)	20(12/8)	22(14/8)		24(10/14)		25(12/13)
Durchschnittsalter	36.6	35.3 (t=0.21)		35.9		22

(a) Einfache Unterstreichung zeigt an, daß der Wert von $p < 0.05$; zweifache Unterstreichung bedeutet $p < 0.01$; dreifache Unterstreichung bedeutet $p < 0.001$.

(b) Eine vollständige Identifikation mit jedem der unten genannten Adjektive wird mit einer Punktzahl von 1.00 ausgedrückt; eine vollständige Identifikation mit dem Gegenteil mit einer Punktzahl von 9.00.

den Dorfbewohnern; ferner steht bei sechs dieser neun Beispiele die Position der Elite »auf der anderen Seite« – der der Lehrer, von den Dorfbewohnern aus gesehen. Zum Beispiel assoziieren bei der Reihe »vorsichtig-hastig« die Dorfbewohner beinahe einstimmig Intelligenz deutlich mit »vorsichtig«; die Lehrer sind bei

ihrer Wahl weniger eindeutig, und die Elite ist noch weniger eindeutig; man könnte ihre durchschnittliche Position tatsächlich als
»nicht engagiert«, mit höchstens einer leichten Neigung zu »vorsichtig« interpretieren. Doch wird in keiner dieser Gruppen Intelligenz als etwas gesehen, das viel Verbindung mit irgendeiner
Vorstellung von Hast oder geistiger Impulsivität oder Geschwindigkeit besitzt.

Es ist jetzt zu bedenken, ob das Muster in den Gruppenunter-
schieden bloß eines der »Reaktionstendenz« ist. Assoziieren die
Dorfbewohner den Begriff Intelligenz mit demselben Vorstel-
lungsmuster wie es die Lehrer tun, fassen aber diese Assoziationen lediglich in schärfere Begriffe? Oder läßt sich ein mehr struktureller Unterschied in den Assoziationsmustern zwischen den
zwei Gruppen finden? Die Antwort darauf ist, daß diese Art von
Fragebogen dazu führt, daß eine Präferenz für extreme Beurtei-
lungen an sich schon einen Meinungsaspekt darstellt; wenn Dorfbewohner extremere Positionen als Lehrer wählen, dann ist das
ein Weg, auf dem wir die besondere Struktur ihrer Meinung
bestimmen können. Es ist verführerisch, die Situation im Licht
von Witkins (1967) Begriff der »psychologischen Differenzierung« zu sehen. Nach diesem kann eine vermehrte Bildung in
zunehmendem Maß kognitive Strukturen differenzieren. Und

Tabelle 3: Unterschiedliche Verwendung der Antwortskala
durch verschiedene Gruppen[a]

	Dorfbe- wohner	Lehrer	Elite	Medizinstu- denten
Extreme Punkt- zahlen (9:1)	453 (18.9)	288 (13.1)	295 (14.7)	497 (9.0)
Mittlere Punkt- werte (außer 5)	30 (1.2)	42 (1.9)	82 (4.1)	212 (3.8)
Genaue Mittel- punkt-Punktwerte (5)	45 (1.7)	154 (7.0)	63 (3.2)	61 (1.2)
N Personen	24	22	20	55
N Skalen	22 (21.8)	22 (22.0)	22 (22.0)	14 (14.0)

(a) Die Klammerzahl gibt die durchschnittliche Skalenzahl pro Person
an.

Differenzierung bedeutet Fähigkeit und Präferenz für Unterscheidungen. Es ist weniger kompliziert zu sagen, »X ist wie a«, als zu sagen, »X ist wie a, aber nicht allzu sehr, obgleich mehr als nur ein bißchen«. Ungeachtet der »Qualität« der entfalteten Assoziation ist also diese Entdeckung von quantitativen Unterschieden in Assoziationsmustern, die einen Begriff charakterisieren, möglicherweise ein wichtiges Ergebnis der Untersuchung.

Die unterschiedlichen Weisen, in denen verschiedene Gruppen eindeutige oder eher unentschiedene Antworten verwenden, sind in Tabelle 3 gezeigt. Es ist hier der Anteil an Entscheidungen für die mittlere Punktzahl 5 zu beachten, da dies entweder eine genau ausgewogene Assoziation zwischen zwei entgegengesetzten Alternativen bedeuten kann oder aber eine gelangweilte Zurückweisung der Entscheidung.

Tabelle 3 zeigt deutlich, daß die Elitegruppe, die das höchste Bildungsniveau hat, ihre Bewertungen am vorsichtigsten (und am komplexesten, da sie sich weniger dezidiert äußert) vornimmt. Die Lehrer sind viel eher als die Dorfbewohner geneigt, die mittlere, unverbindliche Wertung 5 zu verwenden. Es wäre schwierig zu behaupten, daß die Lehrer so gehandelt haben, weil sie das Verfahren weniger gut verstehen als die Dorfbewohner. Die Dorfbewohner haben deutlich und mit einem beachtlichen Maß an Übereinstimmung zwischen den Individuen geantwortet (das geht nicht aus Tabelle 2 hervor; aber die Punktzahlen der Dorfbewohner bei den meisten Skalen lagen eng beieinander, was ein Grund dafür war, daß der Chi^2- und nicht der t-Test verwendet wurde).

Wir müssen den Schluß ziehen, daß die so häufige Einstufung »5« durch die Lehrer von einem Maß an echter Unentschiedenheit herrühren muß, weil sie sich des Vorhandenseins mehrerer Assoziationsmöglichkeiten bewußt sind; aber es kann auch ein gewisses Maß an Überdruß am Verfahren hinzukommen. Selbst wenn man jedoch diese Präferenz für die »5« beiseite läßt, haben die Lehrer mehr Mittelwerte pro Person verwendet als die Dorfbewohner. Die Medizinstudenten, die als Gruppe viel qualifizierter sein werden als die Elitegruppe hier als Ganzes, sind wiederum komplexer und weniger entschieden als die anderen Gruppen.

Beim Vergleich der Dorfbevölkerung mit den Lehrern sieht man, daß sie übereinstimmend die Intelligenz, an die sie denken, für etwas Traditionales halten. Die Lehrer sind aber weniger deutlich bei der Frage, ob Intelligenz etwas Beständiges oder mit Hartnäckigkeit Verbundenes sei. Die Lehrer verbinden Intelligenz nicht so sehr mit »langsam« oder »stabil«, »gesund«, »vorsichtig«, »aktiv« oder »heiß«, wie es die Dorfbewohner tun; auch assoziieren sie Intelligenz nicht so eng mit der Idee »freundlich«. Sie sind aber immer noch geneigt, Intelligenz mit allen diesen Dingen zu assoziieren (außer »langsam«); die Unterschiede sind eher Grad- als Qualitätsunterschiede. Die Unterschiede sind aber deutlicher sichtbar, wenn man die Vorstellungen der Dorfbewohner mit denen der Medizinstudenten vergleicht. Bei drei von vierzehn verwendeten Skalen assoziieren Medizinstudenten zu Intelligenz Adjektive, die den von den Dorfbewohnern gewählten entgegengesetzt sind. Während Dorfbewohner Intelligenz als etwas Traditionales ansehen, neigen Studenten teilweise dazu, sie als modern zu betrachten. (Das kann sehr wohl daran liegen, daß die Dorfbewohner es mit *obugezi* zu tun hatten, die Studenten aber in Englisch mit *intelligence* arbeiteten.) Während die Dorfbewohner meinen, ihr Konstrukt von Intelligenz sei etwas Seltenes, geben die Studenten (nicht überraschend in ihrer äußerst selektiven Umgebung) an, ihre Version sei allgemein geläufig. Und was am auffälligsten ist: Während die Dorfbewohner Intelligenz als eine Sache des Innehaltens, der Verzögerung ansehen, halten die Studenten sie für eilig oder schnell. Diese letztere Unterscheidung ist nicht eine graduelle, sondern eine des qualitativen Gegensatzes.

4. Diskussion

Wir wissen nun einiges darüber, wie Baganda auf verschiedenen Bildungsniveaus über Intelligenz denken. Wie paßt das zu dem, was man über entsprechende Begriffe in anderen afrikanischen Kulturen weiß? Nach der einschlägigen Literatur unterscheiden sich die Vorstellungen von Intelligenz oder menschlichen Fähigkeiten in Ost- und Süd-Zentralafrika von westlichen Modellen.

Barbara Levine (1963) sagt über die Gusii in Kenia: »Das gute Kind ist das gehorsame Kind ... Gewandtheit und geistige Glanzleistungen sind für sich keine besonders geschätzten Charakteristika, und der Intelligenzbegriff in Nyansongo enthält Respekt vor den Älteren und Achtung der Eltern als lebensnotwendige Bestandteile.«

Margaret Read (1959) zeichnete ein ähnliches Bild von den Ngoni aus

Malawi. Sie schreibt: »Ngoni-Erwachsene … faßten die Ziele ihrer Kindererziehung in dem einen Wort ›Respekt‹ zusammen.« Sie wollten auch Weisheit vermitteln, was als Gegensatz zu »Schlauheit« gilt; Weisheit schloß Wissen und gute Urteilsfähigkeit ein, die Fähigkeit, Menschen zu leiten und in Frieden zu halten, sowie Redegewandtheit. Nicht viel anders hatte Audrey Richards schon früher (1956) geschrieben: »Bemba-Frauen … sagen mit großer Bestimmtheit und charakteristischer Wiederholung: ›Wir lehren und lehren und lehren die Mädchen‹, und manchmal fügen sie hinzu, ›wir machen sie schlau‹, wobei sie die kausative Form des Verbs ›intelligent und gesellschaftsfähig sein und die Etikette kennen‹ *(ukuba-cenjela)* verwenden.« Irvine (1969b) bemerkt in ähnlicher Weise, »daß das Shona-Wort *ngware,* das Vorsicht, Klugheit und Weisheit bedeutet, mit *Intelligenz* übersetzt werden muß, ist nicht ohne Bedeutung«.

Kürzlich hat Klingelhofer (1971) sein im Jahre 1966 in Tansania gesammeltes Belegmaterial vorgelegt (das heißt vor dem Einsetzen einer größeren nationalen Kampagne zur Veränderung der verbreiteten Ansichten über Erziehungsziele); er meint, in Tansania seien ähnliche Vorstellungen wie die der Ngoni, Bemba und Shona zu finden. Über 3000 Sekundarschüler (ohne Spezifikation ihrer ethnischen und geographischen Verteilung) wurden gefragt: »Welche zwei Dinge möchtest du deinen Kindern beibringen?« 9 Prozent der afrikanischen Jungen (also keine Asiaten) erwähnten zuerst akademische Fähigkeiten (»Lesen«, »fleißiges Lernen in der Schule«, usw.), während 59 Prozent zunächst an Gehorsam dachten (»Verhalten«, *heshima* = Respekt, Disziplin, Gehorsam gegenüber Älteren usw.).

Orley (persönliche Mitteilung 1971) bringt Ergebnisse von Interviews mit Baganda-Dorfbewohnern ein, die für die vorliegende Arbeit relevanter sind. Seine Fragen betrafen Begriffe psychischer Gesundheit, aber Weisheit/Dummheit war als eine Antwortskala eingegriffen, so daß deren Korrelation mit anderen Skalen betrachtet werden kann. Seine Ergebnisse zeigen, daß Weisheit Bezug hat zu den Vorstellungen »glücklich«, »sicher«, »gesund«, »ehrlich«, »fleißig«, »freundlich« und »warm«. Orley entdeckte auch kleine (statistisch nicht erhebliche) Korrelationen zwischen »Weisheit« und »weich« und »schnell«. Es ist verlockend, die Verbindung zu »weich« hier mit der Gehorsamsvorstellung, von der oben berichtet worden ist, zu vergleichen. Dies widerspricht jedoch der vorliegenden Erkenntnis, daß die Dorfbewohner *obugezi* eher direkt mit Hartnäckigkeit oder Entschlossenheit als mit Gehorsam assoziieren. Das Paradox könnte vielleicht gelöst werden, wenn bei den Antworten auf den vorliegenden Fragebogen an *obugezi* bei älteren Personen gedacht war, die entschlossen

sein und Respekt, Gehorsam und Fügsamkeit anderer komman-
dieren sollten, währen Orleys und andere Untersuchungen eher
auf jüngere Personen ausgerichtet waren, von denen man Weich-
heit, Nachgiebigkeit und Gehorsam verlangte. Diese Frage muß
anhand weiterer Untersuchungen gelöst werden.

Wenn es richtig ist, daß traditionale afrikanische Kulturen ein
Intelligenzmodell entwickelt haben, das sich von der gängigen
westlichen Konzeption unterscheidet, wie paßte das in ihr Weltbild? Irvine (1969a) vermutet, daß, »da in vielen afrikanischen
Gesellschaften ein Bild vom Universum gegeben ist, das auf dem
Einfluß der Ahnengeister und auf starkem Glauben an nicht-
westliche Verursachungstheorien basiert, sehr wahrscheinlich die
Fertigkeiten und Lernprozesse gefördert und verstärkt werden,
mit denen diese Aspekte des Netzwerks traditionaler Wertsy-
steme erhalten werden können«. Das heißt: In solchen Kulturen
wird ein »konservatives« Intelligenzmodell gepflegt.

Solche Intelligenzmodelle können sehr treffend als radikal
bezeichnet werden, insofern sie versuchen, die Wurzelstrukturen
einer Kultur zu respektieren und zu bewahren. Westliche Kulturen
bezeichnen jedoch normalerweise solche Phänomene als radikal,
die an die Wurzeln einer Struktur gehen, um diese zu verändern.
So müssen wir zwischen veränderungs- und bewahrungsradikalen Intelligenzmodellen unterscheiden. Paradoxerweise enthalten die Normen westlicher Kultur eine unterminierende Komponente der Innovation, eines veränderungsradikalen Intelligenz-
ideals. Diese veränderungsradikale Intelligenz hat Ökologie als
eine Variable im Umgang des Menschen mit seiner Umwelt
behandelt, dessen Destruktivität immer häufiger erkannt wird.
Eine größere Achtung vor der Ökologie könnte mit einem
bewahrungsradikalen Intelligenzmodell parallel laufen. Wenn
sich solche Vorstellungen in afrikanischen Kulturen finden, ver-
dienen sie unsere besondere Aufmerksamkeit.

Vernon (1969) unterstützt Irvines These und zitiert Jomo Ke-
nyattas Worte: »Für die Europäer ist Individualität das Lebens-
ideal; für die Afrikaner liegt das Ideal in dem richtigen Verhältnis
und dem richtigen Verhalten zu anderen Menschen.« Vernon
fährt fort: »Das westliche Denken zerlegt und analysiert die Welt,
in der es lebt, das afrikanische Denken versucht, Harmonie mit
den sichtbaren und unsichtbaren Welten herzustellen.« Ferner:
»Die Hauptunterschiede zwischen afrikanischer und westlicher

Intelligenz kommen wohl vorwiegend aus der Betonung von Konformität und sozialer Integration gegenüber individueller Verantwortlichkeit und interner Kontrolle und aus dem Akzeptieren eines magischen Glaubens, der analytische Wahrnehmung und rationales Denken hemmt.«

Diese letzte Behauptung ist unglücklicherweise wohl selbst irrational und stammt aus einer stereotypen Vorstellung, an der das westliche Denken lange festgehalten hat, nämlich daß Afrikaner abergläubisch seien (aber die westlichen Menschen sind es ebenso); eine neue Arbeit von Jahoda (1970) widerlegt dieses »in der Vergangenheit häufig formulierte Stereotyp, Afrikaner seien abergläubisch und fühlten sich fortwährend in der Gewalt von böswilligen äußeren Kräften«. Jahoda stellte eine leichte Tendenz fest, daß junge Studenten, die mehrere Jahre an der Universität verbracht hatten und aus einem gebildeten Elternhaus kamen, besonders stark an übernatürliche Kräfte glaubten. Die Frage hier ist, ob, wie Vernon zu folgern scheint, afrikanische Intelligenzmodelle oberflächlich sind (in dem Sinn, daß sie zugänglich sind für soziale Zwänge), irrational und von daher nicht in einem tiefgreifend personalen Verstehen von Kultur begründet sind; oder ob sie radikal sind in dem Sinn, in dem die Afrikaner die Wurzeln und das Funktionieren ihrer eigenen Kulturen verstehen. Das ließe sich empirisch beantworten, wenn man bei der Definition und Messung von Intelligenz deren kulturellen Kontext beachtete ...[1]

5. Zusammenfassung

Wir können jetzt die Ansichten der Baganda zu Intelligenz zusammenfassen. Aus dem einleitend zitierten Beitrag Kibuukas über Mittel und Ziele traditionaler Erziehung, aus den vorliegenden Antworten von Dorfbewohnern ebenso wie aus dem Wörterbuch und den Äußerungen der meisten Informanten geht klar hervor, daß *obugezi* eine Bedeutung hat, die das englische *wisdom* ebenso wie *intelligence* einschließt. Und wo es Unterschiede zwischen den beiden englischen Begriffen gibt, wie im Verhältnis zu Geschwindigkeit oder sozialer Konformität, da ähnelt *obugezi* eher der Weisheit als der Intelligenz.

Wie aus Kibuukas Darstellung hervorzugehen scheint, wird

Intelligenz eher als eine erworbene denn als eine einfach vererbte Eigenschaft verstanden – womit sie sich von den Betrachtungsweisen des Tonga-Plateaus (Colson 1962) sowie von Jensen (1969) unterscheidet. Ein Luganda-Sprichwort heißt: *Amagezi muliro, bwe guzikira oguggya ewa munno* (»Intelligenz ist wie Feuer; wenn es ausgeht, kannst du es vom Nachbarn bekommen«). Ein anderes Sprichwort besagt: *Amagezi ntakke, ekula y'ebuuka* (»Intelligenz wächst mit ihrem Gebrauch«). Um diesen Punkt noch zu unterstreichen: *Ndi mugezi Nga mubuulire* (»Der Weise ist derjenige, dem es gesagt worden ist«). Wenn solche Gedanken in der Volkskultur auftauchen, ist es nicht überraschend, daß keine der befragten Gruppen wirklich glaubte, daß Intelligenz vererbt wäre (die Antworten gingen jedoch auch nicht eindeutig in Richtung »erworbene Intelligenz«). Sie glaubten auch nicht, daß sie sehr leicht erworben werden könne: Alle drei Gruppen waren der Ansicht, man könne sie nicht »durch Medizin erwerben«.

Vielleicht haben die Befragten Beobachtungen gemacht, daß – wie man manchmal hört – Menschen in Afrika zu Medikamenten greifen, die ihnen helfen sollen, ein Examen zu bestehen. So lautet ein Werbetext für ein Medikament »Sanatogen« im Novemberheft 1971 von *Drum*: »Unterstütze deine Denkkraft ..., manche Menschen denken leicht und ohne Anstrengung, während andere abgelenkt und unruhig werden. Sie werden müde ... das sind die Nerven ...«. Dieser Werbespruch würde dem nicht widersprechen, was hier festgestellt wurde: Zumindest bei den Baganda glauben die Leute nicht, daß Medizin ihren inneren Wert berührt; doch das heißt nicht, daß sie nicht für eine Werbung offen sind, die behauptet, daß ein bestimmtes Medikament ihnen helfen könnte, ihre Leistungen zu verbessern, nach dem Prinzip, man solle das Beste aus seinen Fähigkeiten machen ...[2]

Die Baganda-Dorfbewohner assoziieren Intelligenz eher mit »heiß« als mit »kalt«, während dies bei der Elite und den Lehrern wesentlich weniger deutlich ist. Bei 120 College-Studenten aus Boston fanden Bruner, Shapiro und Tagiuri (1958) hohe Werte für die Assoziationen »intelligente Leute sind ...« »effizient«, »entschlossen«, »intellektuell«; für »Wärme« fanden sich nur schwächere Assoziationen. So scheint der stärker traditionale Kiganda-Begriff mehr dem affiliativen und sozialen Intelligenzmodell zu gleichen, das man in anderen afrikanischen Kulturen findet und mit dem das traditionelle islamische Modell anscheinend übereinstimmt (Bisilliat u. a. 1967). Tatsächlich assoziieren die Dorfbewohner Intelligenz stark mit »freundlich«, und zwar viel deutlicher als die Lehrer oder die Elite. Bei Bruner u. a. (1958) befindet sich dieses Adjektiv in einer schwach positiven Beziehung zu Intelligenz. So scheinen die mehr vom Westen beeinflußten Gruppen »intelligent« in derselben Weise zu betrachten wie Bruners amerikanische Testpersonen. Die Baganda ähneln den Amerikanern auch darin, daß die ersteren Intelligenz mit »beständig« assoziieren, während die letzteren es mit »verläßlich« und »entschlossen« verknüpfen. Beide Nationalitäten fühlen sich bei Intelligenz an »aktiv« erinnert; der große Unterschied zwischen den Kulturen erscheint jedoch bei der Geschwindigkeit, die man mit der Operation der Intelligenz assoziiert.

Die Baganda-Dorfbewohner verbinden »Intelligenz« in starkem Maße mit einer Vorstellung von Verzögerung oder stufenweisem Fortschreiten. Ganz anders die Lehrer und die Elite: Ihre Standpunkte sind unverbindlich im Hinblick auf Eile oder Verzögerung und deren Beziehung zur Intelligenz. Die Frage der Geschwindigkeit tritt nicht deutlich in der Reihe der von Bruner verwendeten Wörter heraus. Das ist merkwürdig, da der hier gebildete Kontext vermuten läßt, daß Geschwindigkeit ein ganz wesentliches Charakteristikum westlicher Intelligenzmodelle ist. Bei den Amerikanern wurde »energisch« stark mit intelligent assoziiert, »träge« stark davon getrennt. Daraus kann man wohl schließen, daß das Bild der Ernsthaftigkeit im traditionalen Kiganda-Begriff durch ein Bild der Lebhaftigkeit verdrängt wird. Das Wort *bwanguwa*, das für »eilig« oder »schnell« verwendet wird, besitzt offensichtlich nicht die negative Konnotation von Sorglosigkeit, die es im Englischen haben kann; das wird auch daraus klar, daß alle Baganda-Gruppen ihre Intelligenzvorstellung mit »vorsichtig« verknüpfen.

Was die Möglichkeit betrifft, daß der Luganda-Begriff von *obugezi* im wesentlichen korrektes Verhalten, soziale Angemessenheit oder Aufrichtigkeit meint, so gibt es mit Sicherheit eine deutliche Assoziation mit »ehrenhaft«, »glücklich« oder »öffentlich« (das heißt sozial); und das gilt für alle drei Gruppen, ungeachtet ihres Bildungsniveaus. Diese Position weist einige Ähnlichkeiten mit Bruners amerikanischer Gruppe auf, die »verantwortlich« eng, »sympathisch« und »gesellig« etwas lockerer mit Intelligenz verbindet. Doch wird die amerikanische Position dadurch etwas modifiziert, daß auch »aggressiv« und »reizbar« ähnlich lose mit Intelligenz verknüpft werden.

Es gibt ein Luganda-Sprichwort, das die Möglichkeit eröffnet, daß das positive Bild von *obugezi* nicht als ausschließlich zu sehen ist. Es heißt: *Omugezigezi, akuguza ekibira* (»Ein schlauer Bursche verkauft dir einen Wald« – da der Wald eine Plage darstellt für eine vorwiegend agrarische Bevölkerung, die ihn roden muß, um das Land nutzen zu können, wäre das wie »den Eskimos Eisschränke zu verkaufen«). Die Interpretation der Situation hängt hier davon ab, ob sich das Sprichwort auf einen *mugezi* bezieht (auf einen, der erfüllt ist von *obugezi*); wenn es so ist, dann würde es darauf hinweisen, daß der Begriff viel umfangreicher ist als das islamische Modell der Redlichkeit, die derjenige besitzen soll, der Verstand besitzt (= *al'aql*, nach Nasr 1966). Es scheint jedoch, daß die Form *mugezigezi* eine Bedeutungsmutation von *amagezi* darstellt, daß es eher »trickreich« oder »schlau« bedeutet als »intelligent«. In diesem Fall bezieht sich das Sprichwort auf einen Begriff von engerer Relevanz, auf den schlauen Menschen, und das Modell von *obugezi*, Intelligenz/Weisheit, stimmt mit dem islamischen und anderen beschriebenen afrikanischen Modellen überein.

Schließlich kann darauf hingewiesen werden, daß das Vorhandensein von zwei sich überschneidenden, wenn auch unterschiedlichen Auffassungen von Intelligenz wichtige Auswirkungen auf die Erziehungspraxis haben kann. In den Buganda-Grundschulen sind die Kinder zu Hause traditionalen Ideen und Erwartungen, in der Schule dagegen mehr westlichen Ideen ausgesetzt. Es ist seit langem bekannt, daß vielfältige Einstellungsdifferenzen die häusliche von der schulischen Umwelt unterscheiden und daß das Kinder in Konflikt bringen kann; aber es ist nicht ebenso weitgehend realisiert oder zum Ausdruck gebracht worden, daß verschiedene Denkweisen über Intelligenz ihrerseits unterschiedliche und möglicherweise konfliktträchtige Einflüsse auf Kinder ausüben können.

Im großen und ganzen dieselbe strukturelle Aussage gilt für Situationen, in denen Ideen aus einer herrschenden Subkultur (zum Beispiel der weißen Mittelschicht) in der Erziehung von Kindern aus der Arbeiterklasse, von Immigranten oder anderen Subkulturen verwendet werden. Ein Weg zur Bewältigung solcher Situationen wäre, daß man sowohl die Erzieher als auch die betroffene Schülergemeinschaft mit den Grundzügen und Konsequenzen der Erziehungsphilosophie, der man folgen will, samt dem darin enthaltenen Intelligenzkonzept konfrontiert. Fortschritt bei derartigen erzieherischen Unternehmungen wird wahrscheinlich am unproblematischsten dann zu erzielen sein, wenn ihre Grundlagen allgemein verstanden und akzeptiert sind.

In Uganda wie in anderen Entwicklungsländern müssen die örtlichen Erziehungsfachleute entscheiden, ob die neuen Konzepte gefördert werden sollen und wenn ja, welches die besten Schritte sind, um dieses Ziel zu erreichen. Wenn ein westliches Modell übernommen werden soll, wären gründlichere Untersuchungen notwendig, die umfangreichere Samples, Forscher aus Uganda selbst, bessere Fragen und eine ausgedehnte kulturelle Analyse umfassen müßten, um als Grundlage für bessere bildungspolitische Beratung zu dienen. In der Zwischenzeit wäre jedoch ein vorläufiger Vorschlag in dieser Richtung, daß man spezifische Übungen und Methoden (zum Beispiel Geschichten, die derartige Qualitäten loben; mehr geschwindigkeitsabhängige schulische Aktivitäten) ersinnen und dazu benutzen sollte, ein Gefühl für Reaktionstempo, Schnelligkeit und Dringlichkeit beim Tun wie beim Denken zu fördern. Wenn ein traditionaler Begriff gefördert wird, dann muß man verstehen, akzeptieren und sich auch darüber freuen, daß das Leben mehr von ruhigem Abwägen als von Dringlichkeit, mehr von Tradition als von Veränderung bestimmt wird.

Editorische Anmerkungen

1 In den nun folgenden Passagen verhandelt der Autor anhand von Wörterbüchern und Sekundärliteratur arabische und westliche Intelligenzvorstellungen, die – wie sie annimmt – das gegenwärtige Kiganda-Intelligenzkonzept beeinflußt haben (S. 273-277 im Originaltext). Sie wurden hier weggelassen, da die wesentlichen Aussagen in der Zusammenfassung wiederholt und erst dort mit den empirischen Befunden verknüpft werden.
2 Ein Abschnitt, in dem nochmals die – vermutlich mißverstandene – Skala »nachgiebig/halsstarrig« diskutiert wird, ist weggelassen.

Rudolf Müller-Schwefe
Versuch einer anthropologischen Relativierung von Piagets Zeitbegriff

1. Die Entwicklung des Zeitbegriffs nach Piaget

Der Piagetsche Zeitbegriff scheint auf den ersten Blick der Newtonschen Physik entlehnt zu sein: Zeit als Koordination von Bewegungen mit Geschwindigkeiten. Die wesentlichen Stadien der Entwicklung des Zeitbegriffs sind als universelle Entwicklungssequenz zu verstehen.

Die *sensomotorische* Zeit erlaubt in ihrer Vollendung eine praktische, unbewußte Koordinierung von eigenen Handlungen mit fremden wahrgenommenen Bewegungen, die unmittelbare Bedeutung für die eigenen Handlungen haben. Das zeitliche Vorher/Nachher und die Dauer zwischen Ereignissen wird nur als Funktion eigener Handlungen möglich und bleibt räumlich auf den Nahbereich beschränkt. Diese Zeit ist eine, die auch der Intelligenz der höheren Primaten zugänglich sein dürfte. Die Endstufe sensomotorischer Zeit hat sich aus der völligen Zentrierung zeitlicher Wahrnehmung und Koordination auf eigene Handlungen gelöst, indem sie allmählich andere Handlungszentren als unabhängig vom Subjekt anerkennt, soweit sie noch als relevant für dessen Situation aufgefaßt werden.

Das *anschauliche Denken* faßt in einer ersten Phase Zeit als »lokale«, als räumliches Ergebnis von Handlungen/Bewegungen auf. Wenn hier zeitliche Vergleiche verlangt werden, sind sie nur dann korrekt, wenn sie objektiv mit den räumlichen zusammenfallen. Das Kind kann aber nicht nur einzelne Bewegungen räumlich ordnen (z. B. nach Größe: a < b < c < d etc.), sondern versteht eine einzelne Folge von Ereignissen auch zeitlich anzuordnen. Piaget schenkt diesem Punkt kaum Beachtung, weil er sich entweder auf die visuelle Wahrnehmung bezieht oder, wenn er auditive Versuche durchführt, auf den Vergleich von zeitlichen Folgen (Piaget 1974 b, S. 355 f.). Das Kind kann natürlich Metronomschläge klar nach dem Kriterium vorher/nachher anordnen, ohne daß sich dies mit räumlichen Anschauung erklären ließe. Dies widerspricht nicht den Prinzipien der anschaulichen Zeit, da im Konfliktfall das Kriterium Vorher/Nachher sich noch nicht gegen die räumliche Anschauung durchsetzen kann. Aber es bleibt zu fragen, ob nicht schon in dieser »ursprünglichen Zeit« eine latente Differenzierung von Raum und Zeit vorhanden ist, wie auch die einer inneren Zeit, die unter bestimmten Bedingungen zeitliche Sukzessionen bestimmen kann, und einer äußeren, die durch phänomenistische Anschauung determiniert ist. Denn während Piaget diesem ursprünglichen sukzessiven Ordnungsvermögen wenig Beachtung schenkt, knüpfen andere Autoren gerade hier an (Zwart 1976; Kramer 1977 b). Dies muß nicht grundsätzlich Piagets Konzept der anschaulichen Zeit widersprechen, weil auch die so verstandene ursprüngliche Zeit beim Vergleich z. B. von schnelleren und langsameren Tonfolgen diese nach »äußeren« Ergebnissen (mehr Töne = länger) einteilt (Piaget 1974 b, S. 335 f.). Dennoch läßt sich das Verständnis einer Tonfolge nicht auf räumliche Verhältnisse reduzieren, sondern enthält ein unter bestimmten Bedingungen zum Vorschein kommendes Verständnis von einer Sukzession und vermutlich auch Dauer.

In der zweiten Phase der anschaulichen Zeit differenziert sich die *psychologische* von der *physikalischen Zeit*, so daß nun die Umkehrung von Geschwindigkeit und Dauer oder die Erfassung von Gleichzeitigkeit oder die Gleichsetzung synchroner Zeitstrecken gelingt. Dies ist als Übergang zur *operativen Zeit* zu begreifen. Da die Beurteilung der Zeit nach äußeren Ergebnissen nur teilweise aufgehoben ist, wird ein Vergleich verschiedener Bewegungen nur partiell, in einem der drei Punkte, gelingen; und das gilt für die innere wie äußere Zeit, die sich nur insofern differenzieren, als sie als verschieden bewußt werden. Im übrigen bleiben Sukzession und Dauer ohne Einfluß aufeinander: so kann die Folge der Ereignisse richtig angeordnet werden, ohne daß damit die entsprechenden Intervalle korrekt eingeschachtelt werden und umgekehrt. Im zweiten Teilstadium dieser Phase können beide auf empirischem Wege gewonnen werden.

Auf der Stufe *konkreter Operationen* bildet sich schließlich die homogene, kontinuierliche und einförmige Zeit, in der zunächst Zeitabstände, -strecken und Folgen qualitativ angeordnet und eingeschachtelt werden. Sie geht über in die metrische Zeit, welche an Hand von iterativen Einheiten gemessen werden kann. Die Prozesse zunehmender Dezentrierung von der sensomotorischen bis zur operativen Zeit sind geistige, vorstellungsmäßige und wahrnehmungsmäßige Antizipationen und Rekonstitutionen, die immer vollständiger werden, bis sie in die vollständige Reversibilität des rationalen Zeitbegriffs münden.

Wenn dieses Schema als invariante Entwicklungssequenz universell gültig sein soll, dann läßt sich daraus *eine erste Hypothese* ableiten: Nicht nur der Zeitbegriff von Kindern, sondern auch der von Erwachsenen in jeder zugänglichen menschlichen Gesellschaft muß sich innerhalb dieser Entwicklungssequenz auffinden lassen. Wenn wir davon ausgehen, daß die Stufe der formalen

Operationen, innerhalb derer erst der metrische Zeitbegriff erworben wird, eine Norm darstellt, die unter bestimmten Bedingungen erreicht wird, ist zu erwarten, daß der Zeitbegriff von Menschen in primitiven Gesellschaften unterhalb dieser Stufe einzuordnen sein wird. Dies ist allerdings nur die Folge aus der empirischen Interpretation der Universalienthese. Wenn wir uns dagegen an eine normative Interpretation halten, dann ist zu fragen, ob die eventuell gefundenen Abweichungen nicht die »Kosten« einer normierten Entwicklung darstellen und ob unter einem solchen Aspekt die Normativität der postulierten optimalen Entwicklung unverändert aufrechterhalten werden kann.

Man kann feststellen, daß bei Piaget die Einheit der Zeit, die sich lediglich von einer undifferenzierten zu einer differenzierten entwickelt, nie aufgegeben wird. Während also ursprüngliche Zeit keine Dissoziation von innen und außen kennt, beginnt eine solche Differenzierung in dem Moment, wo das Gefühl oder die Erinnerung einer vergangenen Zeitstrecke aktualisiert und mit einer anderen Zeitstrecke verglichen werden kann. Aber die Differenzierung beinhaltet gleichzeitig, daß physikalische und psychologische Zeit sich aufeinander stützen, wie Erinnerung nicht ohne äußere Objekte auskommt und die äußere Zeit ohne die Introspektion völlig auf den Raum reduziert bleiben müßte. Es scheint mir wichtig festzuhalten, daß sich beide Aspekte der Zeit parallel, aufeinander stützend entwickeln und die gleichen Operationen herausbilden bis hin zur Behauptung, daß Versmaß und Rhythmus so etwas wie eine innere Metrik darstellen. So werden das Wachstum und die Wachstumsgeschwindigkeit von Menschen und Tieren oder Bäumen und die Dauer, Geschwindigkeit und Abfolge von Handlungen oder Objektbewegungen alle nach der gleichen Logik systematisiert, die ich darzulegen versucht habe.

Daraus läßt sich nun die *zweite Hypothese* ableiten: Eine so verstandene Differenzierung und Entwicklung von äußerer und innerer Zeit müßte auch in anderen als in dem von Piaget benutzten Zeitbegriff aufzufinden sein.

2. Aspekte der Zeitauffassung

Da die einschlägige Literatur für die Erfahrung und Konzeptualisierung von Zeit zwar viele verschiedene Begriffe benutzt, ohne
sich jedoch auf allgemeingültige definitorische Abgrenzungen
stützen zu können, möchte ich hier drei Aspekte von Zeit abgrenzen, die zusammen das ausmachen, was ich »Zeitauffassung«
nenne.

Zunächst verstehe ich unter Zeit*wahrnehmung* die grundlegende, wenn
auch nicht notwendig bewußte Erfahrung von Zeit als Sequenz (vor-
her/nachher), alternierendem Wechsel oder Dauer (vgl. Leach 1966; 1973;
Michon 1972; Fraser u. a. 1972, S. 479-502; Meerloo 1970). Die Wahrnehmung hat je nach beteiligtem Organ eine Grenze, jenseits derer nicht mehr
ein Vorher/Nachher unterschieden werden kann, und eine andere, hinter
welcher diese Unterscheidung nicht mehr bewußt werden kann (Fraser
1975, S. 436 f.). Daß wir nun von Wahrnehmung sprechen, jedoch der
Zeitwahrnehmung kein einzelner Sinn zugeordnet werden kann, sie vielmehr als ein Bestandteil der anderen Sinne erscheint, hat zu verschiedenen
Erklärungsansätzen geführt: Die Theorie der »biologischen Uhr« und die
Theorie eines kognitiven Mechanismus, der sich an kybernetischen
Modellen orientiert (Meerloo; Michon).

Eine hier nicht weiter verfolgte These würde die Theorie der biologischen Uhr dem assoziieren, was Piaget unter Wahrnehmung versteht,
während die Theorie des kognitiven Mechanismus der Wahrnehmungstä-
tigkeit entspräche, die Verzerrungen der Wahrnehmung reguliert und teilweise kompensiert (Piaget 1947/1954, S. 161; GW 5 1945/1975, S. 100)
und so am Aufbau des Zeitbegriffes mitwirkt.

Der Zeit*begriff* meint das Bewußtsein der Erfahrungen der Zeitwahrnehmung, die in einer je kulturell und sozial determinierten Weise konzeptualisiert und angeordnet werden. Im Vordergrund steht dabei der
formale Aspekt zeitlicher Konzeptualisierungen, also die Art der logischen Verknüpfungen. Allerdings steuert diese Art der symbolischen
Transformation der Zeitwahrnehmung diese so weit, daß es mit der Entwicklung des Zeitbegriffs immer schwieriger wird, nicht bloß analytisch
von »reiner Zeitwahrnehmung« zu sprechen. Dies wird deutlich bei
äußerlich induzierten Auflösungserscheinungen (Anonymous 1969) oder
Restrukturierungen des Bewußtseins (Castaneda), die häufig eine völlig
veränderte Zeitwahrnehmung zur Folge haben. Denn die konzeptuelle
Organisierung der Zeiterfahrung enthält u. a. sozial relevante Einheiten,
die durch die verinnerlichte Zeitperspektive einer Gruppe festgelegt werden. Der Zeitbegriff strukturiert *auch* die soziale Vermittlung von Zeitwahrnehmung.

Die Zeit*perspektive* bezeichnet die zeitliche Ausdehnung des Lebensraumes, das heißt Zeit als antizipatorische und erinnernde Verhaltensfunktion des Ich, welche durch Zukunftserwartungen, Vergangenheitsorientierung, den Grad der Aufschiebbarkeit von Bedürfnissen und die Kohärenz der Handlungs- und Zielanordnung das Verhalten steuert. Die Zeitperspektive entwickelt sich in Abhängigkeit vom kulturellen und subkulturellen Milieu (vgl. Kasakos 1971).

Diese drei Aspekte möchte ich unter dem Begriff *Zeitauffassung* zusammenfassen. Die hier zum Vergleich herangezogenen Studien thematisieren meist Momente der Zeitperspektive und/oder des Zeitbegriffs. Der Zusammenhang dieser beiden Aspekte erlaubt es meines Erachtens, vorsichtig von dem einen auf den anderen zu schließen, ohne daß aber der Zeitbegriff allein Ausdruck der Zeitperspektive wäre oder umgekehrt; denn gerade in Gesellschaften des Übergangs zur industriellen Produktion kann ja der Zeitbegriff zum Beispiel durch formales Training eine Stufe erreichen, der die Zeitperspektive nicht voll entspricht.

3. Afrikanische Zeitauffassungen

Über afrikanische Zeitauffassungen informieren einige allgemeinere Abhandlungen (Mbiti 1967; 1974; Ray 1976) sowie einige spezielle Untersuchungen (Kagu 1962; Gay/Cole 1967). Für die Piaget-Diskussion wichtig ist unter anderem die von Gay und Cole für die westafrikanischen Kpelle herausgearbeitete Problematik: Einerseits fehlt die Koordinierung von verschiedenen Maßen wie auch Zeit-Zyklen; andererseits aber sind zum Beispiel Reismaße aufeinander bezogen, was als Folge der besonderen Bedeutung von Reis interpretiert wird (Gay/Cole 1967, S. 75). Diese Tatsache stellt die Frage nach dem Verhältnis von Kompetenz und Performanz, wie sie unter anderem von Cole und Bruner (1971) formuliert wurde, die eine funktionale Definition von Kompetenzen fordern, ohne daß sie dabei aber auf die von Piaget herausgearbeiteten formalen Strukturen verzichten wollten. Denn birgt eine »reine« Universalientheorie die Gefahr der Ontologisierung von Strukturen und »Wegformalisierung« von Unterschieden in den zugrunde liegenden Erfahrungen in sich, so endet ein konsequenter Funktionalismus in einer positivistischen Beschreibung der Wirklichkeit, wenn die Funktionen nicht mehr auf universelle Kompetenzen bezogen werden. Für eine kritische kulturvergleichende Forschung bedarf es einer Methode wie der »klinischen« Piagets, die nicht Leistungen abfragt, sondern auf die dahinterliegende Struktur und ihre Transformationsmöglichkeiten zielt. Diesem Anspruch wird die einzige kulturvergleichende Untersuchung zu Piagets Zeitbegriff (Dempsey 1971) nicht gerecht: Sie benutzt die von Piaget für mitteleuropäische Kinder formulierten Testfragen, um mit diesem Maßstab über Vorhandensein oder Nichtvorhandensein eines Zeitbegriffs bei außereuropäischen Kindern zu urteilen.

So ist nun bei anthropologischen Untersuchungen, die induktiv, »verstehend« vorzugehen versuchen, die Frage nach dem Standort einer afrikanischen Zeitauffassung zu erweitern: Es ist zu prüfen, ob die afrikanische Zeitperspektive einen operativen Zeitbegriff insgesamt verhindert oder ob einige Zeitoperationen funktional auch ohne Einbettung in einen solchen Begriff hergestellt werden.

4. Zeit in segmentären Gesellschaften: Nuer und Tiv

Die Nuer und Tiv sind Stämme, deren soziale und politische Organisation sie unter den Begriff der »segmentären Gesellschaft« subsumierbar macht. Die Definition segmentärer Gesellschaften, auf die ich mich stütze, meint »eine akephale (das heißt, politisch nicht durch eine Zentralinstanz organisierte) Gesellschaft, deren politische Organisation durch politisch gleichrangige und gleichartig unterteilte mehr- oder vielstatutige Gruppen vermittelt ist« (Sigrist 1967, S. 30).

Segmente sind ineinander verschachtelte Gruppen, deren soziale Beziehungen durch die agnatischen »Unilineal Descent Groups« (UDGs) bestimmt werden, welche sich entweder mit den Segmenten vollständig (wie bei den Tiv in Nigeria) oder bis zu einer bestimmten Ebene decken oder wenigstens dominant in einem Segment sind (wie bei den Nuer im Sudan). Ein solches »Inklusionsmodell« der Einschachtelung umfaßt ca. 10 verschiedene Ebenen, von der häuslichen Einheit bis zur Ethnie. Die größeren Einheiten, deren kleinere Segmente sich durchaus, wenn auch innerhalb gewisser Grenzen, bekriegen, werden durch Solidaritätspflichten definiert, die aber nur aktualisiert werden (und damit die übergeordnete Gruppe in ihrer Existenz), wenn ein kleineres Segment in einen ernsthaften Konflikt mit einem entsprechenden Segment einer anderen übergeordneten Gruppe gerät: So können zum Beispiel bei einem Konflikt zweier lokaler Gruppen (Dorf) aus verschiedenen Stämmen diese Stämme selbst mobilisiert werden. »Der dynamische Wechsel von Opposition und Integration gruppiert die Parteien bei Fehden und Kriegen, durch die die Rechtsordnung durchgesetzt wird«, was im Begriff der »komplementären Opposition« zur Geltung kommt (Kramer 1977 b, S. 6). Ökonomisch ist das Vorkommen segmentärer Gesellschaften einerseits an ein zumindest teilweises Seßhaftwerden gebunden, da durch die UDGs Eigentum vererbt wird, andererseits betreiben diese oft halbnomadischen Gruppen im wesentlichen Subsistenzwirtschaft, was allerdings zur Erklärung der Akephalie nicht ausreicht (Sigrist 1967, S. 180). Die ökonomische Gleichheit wird durch Teilzwang, Gleichheit im Erbgang und ähnliche Mechanismen aufrechterhalten.

Die wohl ausführlichste Schilderung der Zeitauffassung in afrikanischen Gesellschaften, die über die gängige Konstatierung der Abwesenheit eines Zeit-Druckes hinausgeht, findet sich in Evans-Pritchards (1940) Monographie über die Nuer. Dadurch angeregt, hat Bohannon (1967) versucht, eine ausführliche Darstellung der Zeitauffassung bei den Tiv zu geben. Als Ausgangspunkt konstatiert Evans-Pritchard grundsätzliche begriffliche Schwierigkeiten, »denn die Nuer haben eine andere Zeitauffassung als wir« (Evans-Pritchard 1939, S. 189). Er trägt die Zeit als Kategorie überhaupt erst durch seine Analyse an die Nuer heran, da sie kein Wort für die Zeit haben, die, wie auch Bohannon (1967, S. 328) für die Tiv bestätigt, »implizit im Denken und Sprechen« ist, aber keiner einheitlichen Kategorie unterliegt.

So ist zunächst die Unterscheidung zweier Arten von Zeit als analytische aufzufassen und nicht als eine, die bewußten und sprachlichen Konzeptualisierungen der Nuer entspringt: »Bei der Beschreibung von Zeitvorstellungen der Nuer können wir unterscheiden zwischen jenen, die vorwiegend ihre Umweltbeziehungen reflektieren – wir nennen sie *ökologische Zeit* – und jenen, die ihre sozialstrukturellen Beziehungen reflektieren – wir nennen sie *strukturelle Zeit*. Beide sind bezogen auf Ereignisfolgen, die von hinreichendem Interesse für die Gemeinschaft sind, um beachtet und konzeptuell aufeinander bezogen zu werden« (Evans-Pritchard 1940, S. 94).

Während die ökologische Zeit als größte Einheit das Jahr kennt, werden in der strukturellen oder *genealogischen* Zeit längere Zeitstrecken konzeptualisiert. Die ökologische Zeit meint ein im wesentlichen zyklisches Zeitverständnis, bei dem die Aktivitäten der Menschen dem natürlichen Zyklus angepaßt sind. Doch dominiert in der Konzeptualisierung der ökologischen Zeit die soziale und wirtschaftliche Tätigkeit: So meinen die Tiv, der erste Regen falle in die Zeit, in der sie ihre Felder bereiten, und nicht umgekehrt. Es wird nur äußerst reduziert gezählt, um Voraussagen zu machen: Die Anordnung und Koordinierung von Zeitstrecken und Ereignissen ist immer an ein konkret vorliegendes Interesse gebunden. Auch wird die Dauer von Ereignissen weniger an beobachtbaren Naturphänomenen gemessen (zum Beispiel Mond- oder Sonnenzyklus) als vielmehr an der besonderen, sozial bestimmten Erlebnisqualität. Dagegen meint genealogische Zeit prinzipiell ein lineares Zeitverständnis, welches vergangene Zeit als Abstand zwischen den jeweils ad hoc gebildeten Verbänden konzeptualisiert. Dabei gibt die Genealogie weniger die reale biologische Abstammungslinie wieder, sondern eher ein logisches Modell der verwandtschaftlichen Organisation, das der jeweiligen Realität sozialer Beziehungen angepaßt wird.

5. Rationale, ökologische und genealogische Zeit

Ich beschränke mich nun darauf, den Piagetschen Zeitbegriff in Beziehung zu setzen zu den genannten Formen der Zeitauffassung bei den Nuer und Tiv.

Der Piagetsche Zeitbegriff besteht aus Operationen, die sich auf Folgen oder asymmetrische Relationen beziehen, nämlich die Addition und Einschachtelung (1), die Konstruktion der Gleichzeitigkeit (2) und die Doppelreihenbildung (3); des weiteren aus Operationen, die sich auf die Dauer beziehen, nämlich die Addition von Intervallen (4), die Konstruktion gleicher Dauer bei verschieden weiten und schnellen Bewegungen (5) und die Einschachtelung dieser Dauern (6); und schließlich aus dem Zählen von eingeschachtelten Dauern und Folgen (7) und dem Isochronismus (8), welche die Metrik herstellen. Ich will die Zeitauffassung der Nuer und Tiv einer an diesen Operationen orientierten Prüfung unterziehen, und zwar zunächst die ökologische und dann die genealogische Zeit, bevor das Verhältnis beider zueinander erörtert werden soll.

(1) Zunächst läßt sich vermuten, daß ein korrektes System der Zeitberechnung die Beherrschung der Addition und Einschachtelung asymmetrischer Zeitrelationen voraussetzt. Daß das System der Zeitberechnung der Nuer und Tiv als in unserem Sinne korrekt angesehen werden muß, legt die »richtige« Hintereinanderordnung von Ereignissen bis zu einigen Jahren nahe. Allein, wie der kindliche Sprachgebrauch sich ein in sich logisches System gesellschaftlicher Zeichen zunächst vorlogisch aneignet, müssen wir auch hier nach dem Gebrauch jenes Systems fragen. Dabei fällt auf, daß dieser Gebrauch gewissen Grenzen unterliegt. So werden zwar Ereignisse des Tages hintereinandergeordnet, so daß innerhalb dieser Ordnung etwa Verabredungen getroffen werden können, das heißt, sie werden nach dem Muster $A_1 \rightarrow B_1 \rightarrow C_1 \rightarrow$ etc. angeordnet, und Tätigkeiten können in der Weise addiert werden, daß zum Beispiel die Nacht aus »Zusammensitzen« und »die Mitte der Nacht« und »Zeit des ersten Schlafs« und »Zeit des zweiten Schlafs« besteht (Bohannon 1967, S. 317). Dabei ist es nicht wichtig, daß alle Zeitangaben für unseren metrischen Verstand äußerst ungenau sind, denn es geht hier um qualitative Operationen. Aber die Einschachtelungen werden nicht auf alle innerhalb des Zeitberechnungssystems bestehenden Möglichkeiten angewandt.

Daß Monate in Form von ökonomischen Tätigkeiten nicht zu einem Jahr addiert werden und daß dies nicht an dem mangelhaft ausgeprägten Zahlensystem liegt (das dafür ja auch nicht unbedingt benötigt würde), zeigen andere Beispiele, wo auch weniger als 12 Teile nicht zu einem Ganzen addiert werden.

So gibt es bei den Tiv drei verschiedene »harmattans«, staubige Stürme, welche unterschieden, aber nicht zu einem die Summe ergebenden Jahresteil addiert werden, obwohl eine solche Addition genau der Periode der Trockenzeit gleichkäme (vgl. Bohannon 1967, S. 319). Natürlich addieren wir auch nicht jede nur mögliche Folgerelation oder schachteln sie ein, aber im rationalen Zeitbegriff sind diese Operationen doch so generalisiert, daß *ad hoc* alles addiert oder eingeschachtelt werden kann und wird.

Zudem muß darauf hingewiesen werden, daß der zyklische Charakter tendenziell einer operationalen Zeit entgegensteht. Wenn wir einmal die einfachste und strengste Art zyklischer Zeit annehmen, so besteht sie aus zwei alternierenden Ereignissen A/B, die sich wiederholen. Es ist klar, daß bei einer solchen Kreisbewegung die Ereignisse A und B oder zum Beispiel Tag und Nacht nicht mehrmals hintereinandergeordnet werden können, wenn sie sich als identische Einheiten wiederholen sollten. Während diese Art zyklischer Zeitbewegung über längere Zeitperioden bei einigen Völkern die historisch-traditionale Zeit ausmacht, ist aus den ethnologischen Beschreibungen zu schließen, daß Nuer und Tiv die historischgenealogische Zeit linear konzipieren. Auch in der ökologischen Zeit können sie Tage und Jahre etc. durch bestimmte Ereignisse erinnern, was dem Charakter »reiner« Zyklen widerspricht, die ja auch nur durch ideologische Umdeutung der Zeit als solche konzipiert werden, da die existentielle Erfahrung der Kreisbewegung nur in Ausnahmesituationen unbeeinflußt durch die Erfahrung der Irreversibilität vorkommt. Dennoch scheint mir die These zulässig, daß die immer gleiche Abfolge der Tätigkeiten zu einer vorwiegend zyklischen Zeitauffassung in der ökologischen Zeit führt, gewissermaßen durch »Routine-Zyklen«, die in den ökologischen ihre Begründung haben, dabei aber einem partiell linearen Bewußtsein zugänglich bleiben. Dies wird gestützt durch Berichte von Evans-Pritchard und Bohannon, die zeigen, wie ein Informant ein bestimmtes Jahr erinnert, aber die dazwischenliegenden Jahre nicht mitdenkt. Das legt den Schluß nahe, daß keine Jahresreihe erinnert wird; es scheint, daß die besonderen Qualitäten, die einige Zeiteinheiten von anderen unterscheiden, in der zyklischen Erfahrung »versinken«, wenn sie nicht mehr für eine praktische Bedeutung erinnert werden müssen. Wenn aber so die zyklische Zeitauffassung dominiert, sind Addition und Einschachtelung nicht beliebig generalisierbar.

(2) Von der Konstruktion der Gleichzeitigkeit von Ereignissen müssen wir annehmen, daß sie in den Fällen, wo Tätigkeiten untereinander oder mit dem Sonnenstand koordiniert werden, gelingt. Und dies nicht nur aus der Beobachtung unmittelbar anschaulicher Geschehnisse, sondern auch – im Rahmen der ökologischen Zyklen – in der Antizipation, die zum Beispiel Verabredungen zuläßt, indem zwei verschieden schnelle Ereignisfolgen (zum Beispiel Tätigkeitsfolge der Männer und Frauen im Sommerlager der Nuer) an einem gemeinsamen Punkt gedanklich angehalten werden können. Aber auch hier gilt die Einschränkung, daß die Konstruktion der Gleichzeitigkeit nur für die tatsächlich vorgenommenen Koordinationen gilt.

(3) Das Resultat dieser beiden Operationen, die Doppelreihenbildung, macht im wesentlichen den Gebrauch des Systems der Zeitberechnung aus; aber während Piaget diese Operation graphisch darstellte, indem beide Reihen offen blieben (in Richtung der Ereignisfolge $A_1 B_1 C_1 \ldots$ und in Richtung der Gleichzeitigkeiten $A_1 A_2 A_3 \ldots$), müssen wir uns bei segmentären Gesellschaften eine Begrenzung der Folge und Gleichzeitigkeiten vorstellen, da nicht beliebige Folgen koordiniert werden.

(4) Was den Vergleich von sukzessiven Zeitintervallen angeht, so müssen wir auch hier die Fähigkeit zu ihrer Addition und Einschachtelung annehmen, da zum Beispiel zwei nach der ökonomischen Tätigkeit unterschiedene Jahreshälften offenbar als gleich lang angesehen werden. Das verlangt eine vorstellungsmäßig reversible Rekonstruktion irreversibler Abläufe, wozu nach Piaget (1974b, S. 376) die noch der ursprünglichen Zeit verhafteten Kinder nicht in der Lage sind. Entsprechend einer These von Pocock (1967) konzipieren »primitive« Gesellschaften Zeit nur an Hand

von Ereignissen, nicht aber mittels Zeiteinheiten (Intervallen) oder Dauern. Dagegen ist festzuhalten, daß Einheiten in Intervallform sehr wohl definiert und gebraucht werden: zum Beispiel Sonnenaufgang bis Sonnenuntergang. Andererseits hat Pocock recht, insofern die Ereignisfolge dominantes Instrument der Zeitrechnung zu sein scheint (so werden etwa »Schlafs« für Tage, die die Dauer bezeichnen würden, gezählt).

(5) Es ist schwierig, die Konstruktion der gleichen Dauer aus Bewegungen mit verschiedenen Geschwindigkeiten und Weiten nachzuweisen, es sei denn, man denkt an die Koordination täglicher, jahreszeitlich variierender Tätigkeiten mit dem Sonnenstand, der einen Tag oder eine Tageshälfte angibt. Dies läßt sich aber nur schwer rekonstruieren, da weder Evans-Pritchard noch Bohannon eine klare Unterscheidung von Dauer und Intervall machen. So ist nicht klar, ob die Sonne auch in ihrer Bewegung konzeptualisiert wird, was zu einer abstrahierten Vorstellung von Dauer führen würde. Aber die Tatsache, daß Monate nicht mit Mondbewegungen koordiniert werden und so eine äußerst ungenaue Ausdehnung haben, deutet auf eine geringe Ausprägung der Dauer hin. Ebenso unterstelle ich für die ökologische Zeit die These der Ungleichmäßigkeit des Ablaufs der Zeit in afrikanischen Gesellschaften, die auch gestützt wird durch die erheblichen Frustrationen der Ethnologen ob der Unpünktlichkeit ihrer Informanten und zum Beispiel auch durch die Aussage der Tiv, die Schwangerschaft bei männlichen Embryos währe neun, bei weiblichen aber 8 Monate (Bohannon 1967, S. 318 f.), das heißt, daß die Dauer weniger durch »objektive« äußere oder auch anschauliche Abläufe bestimmt wird als vielmehr durch soziale Bedeutung.

(6) Daß diese qualitativ durch die Ausdehnung einer Tätigkeit oder die Bewegung der Gestirne definierten Dauern eingeschachtelt werden können zu größeren Einheiten, läßt sich zeigen, aber ebenso, daß diese Einschachtelung nicht generalisiert wird.

(7) In ebenso beschränktem Umfang werden diese Dauern gezählt, generell kaum über drei Zeitstrecken, aber zuweilen doch, und zwar offenbar am ehesten bei den isochronen Bewegungen der Gestirne.

(8) Schließlich muß auch die Fähigkeit zur Erhaltung der Dauer bei gleichbleibender Arbeit und Leistung angenommen werden, da ja Tages- und Jahreszyklen durch etwa gleiche Tätigkeiten konstituiert werden, die hintereinandergeordnet sind. Das heißt, durch die gleiche Tagesarbeit und -leistung stellt sich eine gleiche, zählbare Bewegung her, was ebenso auf die Sonnenbewegung bezogen werden kann. Daß Afrikaner unter Umständen eine Dauer vorstellungsmäßig sogar besser rekonstruieren können als Angehörige der Industriezivilisation, zeigen Gay und Cole (1967) für die Kpelle. Auf der anderen Seite können wir ebenso sehen, daß die »Geschwindigkeit« der Tage jahreszeitlich variiert wird, was den Schluß zuläßt, daß die Konstruktion (im Gegensatz zur Beobachtung oder dem Erleben) der Isochronie relativ wenig ausgeprägt ist.

Insgesamt läßt sich bei einem Vergleich der den rationalen Zeit-begriff konstituierenden Operationen mit der ökologischen Zeit in segmentären Gesellschaften eine Ambivalenz herausschälen: Einerseits lassen sich die Operationen in unterschiedlichem Ausmaß belegen, andererseits läßt sich aber auch ihre Beschränkung – eine fehlende Generalisierung – zeigen, so daß die Frage zu stellen ist, ob sie nicht den empirischen, nicht generalisierbaren Elaborationen gleichen, die Piaget für die »anschauliche« Zeit im Übergang zur operatorischen beobachtete. So gibt es in gewissem Umfang die lokale Zeit, indem viele Ereignisketten nicht koordiniert werden und indem sich die jeweilige Gruppe auf den Standpunkt der Eigenzeit stellt, die nur mühsam mit der anderer Gruppen koordiniert werden kann; wir finden diskontinuierliche Zeit, indem zunächst ein Jahr ohne die Lokalisierung in einer bewußten Jahreskette erinnert wird; und schließlich stoßen wir auf ungleichförmige Zeit, indem die soziale Bedeutung und unterschiedliche Qualität von Tätigkeiten die »Geschwindigkeit« zu beeinflussen scheint. Nun wird aber die empirische Elaboration bei Piaget dadurch gekennzeichnet, daß die Operationen nicht »spontan« gelingen, sondern daß sie empirisch erarbeitet werden durch Versuch und Irrtum. Dagegen steht der spontane Gebrauch von Operationen bei den Nuer und Tiv, wenn auch in einer begrenzten Anzahl von Fällen. Es läßt sich dabei kaum argumentieren, sie hätten diesen Gebrauch quasi auswendig gelernt, da ja die Ethnologen Antworten auf Fragen erhalten haben, die sich die Tiv und Nuer vermutlich selbst überhaupt nicht vorlegen.

Daraus läßt sich der vorläufige Schluß ziehen, daß die Operationen des rationalen Zeitbegriffs bereits erscheinen, aber durch die qualitative Zeitauffassung nach sozialer Bedeutung bestimmt werden. Einerseits werden die zeitlichen Operationen für die Koordinierung sozialer und ökonomischer Tätigkeiten offenbar nötig, beziehungsweise ergeben sich aus solchen Notwendigkeiten; andererseits bleiben sie an sozial festgelegte Bezugspunkte, Intervalle und Dauern gebunden, die teilweise dem operativen Gebrauch widersprechen und eine Generalisierung verhindern, da sie nicht das nötige Interesse zu mobilisieren scheinen. Der Mechanismus des Interesses läßt sich daran demonstrieren, daß die einzelnen Gruppenzeiten üblicherweise nicht koordiniert werden, dies aber möglich ist, wenn es verlangt wird; oder daran, daß sich die Tiv in ihrem komplizierten, lokal ausdifferenzierten

System der Folge von Märkten, wenn sie reisen, jeweils den lokalen Märkte-Namen anpassen und damit rechnen können, obwohl zum Beispiel häufig der Name für einen Markt A in der eigenen Gegend mit dem Namen eines zu einer anderen Zeit stattfindenden Marktes in einer fremden Gegend übereinstimmt. Ebenfalls läßt sich zeigen, daß nicht die Bewegung der Himmelskörper *per se* oder der Wechsel der Jahreszeiten, also nicht die unmittelbare Beobachtung und Auseinandersetzung mit der natürlichen Umwelt die Zeitberechnung bestimmt, sondern daß aus der Natur angepaßten sozialen und ökonomischen Tätigkeiten der Begriff der ökologischen Zeit entspringt.

5.2 Die genealogische Zeit

(1) Wir müssen uns Altersstufen (*age-sets*), in denen mehrere Jahrgänge zusammengefaßt werden, als Folge von eher Ereignissen denn Zeitstrecken vorstellen, da ja eine Altersstufe durch das rituelle Geschehnis der Initiation definiert ist und ins Leben gerufen wird. Ebenso werden UDG-Generationen zunächst kaum als Zeitstrecken von Lebenszeiten konzeptualisiert, sondern als in der Vergangenheit liegende Ereignisketten. Dieses System erlaubt die Einschachtelung und Addition sogar in einem erweiterbaren Rahmen, wie die nach Bedarf mögliche Hinzufügung von Generationen bei den Tiv zeigt. Die relative Beschränkung der Generationenfolge läßt sich leicht durch die begrenzte – und in Abwesenheit von Schrift und (ausgeprägtem) Zahlsystem notwendig begrenzte – Anzahl an erinnerten Informationen erklären, welche der soziale Kontext zur Verfügung stellt. Jedenfalls können Generationen so addiert und eingeschachtelt werden, daß jedes Mal eine neue, größere Einheit entsteht: Gruppe oder Abstammungslinie A addiert mit Gruppe oder Abstammungslinie B ergibt Gruppe/Abstammungslinie C, die beide Gruppen umfassende übergeordnete Einheit.

(2) Ebenso konstruiert dieses Modell Gleichzeitigkeiten, die real sogar gar nicht vorhanden gewesen sein mögen, so daß etwa zwei Brüder je gleichzeitig eine Abstammungslinie begründen, obwohl sie sich real um eine Generation unterschieden haben mögen. Aber gerade diese Strukturierung von einer gar nicht in ihrer Totalität erinnerbaren Faktenmenge unterstreicht den Konstruktionscharakter dieser Gleichzeitigkeit, die intensiv geschlossen wird, wie das auch bei uns in der Erinnerung häufig geschieht. Fast noch deutlicher wird diese konstruierte Gleichzeitigkeit bei den Altersstufen, die in das gleiche Geburtsjahr verlegt werden, obwohl die Mitglieder altersmäßig um einige Jahre differieren.

(3) So kann daraus gefolgert werden, daß eine Doppelreihenbildung gelingt und tatsächlich wesentlich die genealogische Rekonstruktion ausmacht, wobei sich deren Pyramidenform aus den abnehmenden Informationen oder Bezugspunkten erklären läßt. Denn andere als genealogische oder mit diesen eng verknüpfte Fakten werden nicht erinnert.

(4) Segmentäre Gesellschaften bestimmen auch Intervalle, besonders in der Aufteilung des Lebensintervalls (Geburt–Tod); so etwa die Periode von der Geburt bis zur Initiation oder auch von der Geburt bis zum Erscheinen der Sprache etc. Freilich scheinen sich diese Intervalle, je weiter die Erinnerung in die – besonders nicht selbst erlebte – Vergangenheit fortschreitet, zu verlieren, wo Generationen nur noch Bezugspunkte darstellen. Aber die Lebensintervalle können sehr wohl zu einem Leben addiert werden.

(5) Die Abstraktion einer gleichen Dauer bei verschiedenen Geschwindigkeiten läßt sich kaum nachweisen, da die Lebens- und Generationszeit kaum mit der ökologischen koordiniert wird; und in den wenigen Fällen, wo dies bei den Nuern einmal vorkommt, werden lediglich Ereignisse aus den beiden Bereichen assoziiert (z. B. »das Jahr, in dem die Altersstufe x initiiert wurde«). Im übrigen besteht ja das gesamte System der genealogischen Zeit aus sukzessiven, synchronisierten und isochronen Schritten.

(6) Ebensowenig können wir also von der Einschachtelung dieser Dauern sprechen, und wieweit überhaupt Zeitstrecken in der Genealogie als Dauern bestimmt werden, darüber ließe sich meines Erachtens nur spekulieren.

(7) Das Zählen von Generationen wird zwar kaum praktiziert, aber es ist wohl eher auf das »Desinteresse« am Zählen zurückzuführen, da an sich Generationen immer in der Folge erinnert oder rekonstruiert werden (ungleich den Jahren in der ökologischen Zeit).

(8) Da die Generationskette als das Modell einer synchronen und isochronen Folge erscheint, werden auch die Zeitstrecken, soweit es sie gibt, in jeder Generation als gleiche gesehen. Im Unterschied zur ökologischen Zeit besteht die genealogische ausschließlich aus festgelegten, synchronisch und isochron koordinierten Einheiten, und innerhalb des einmal festgelegten Bereichs, nämlich der Folge von Generationen und Lebenszyklen, werden die verschiedenen Reihen lückenlos in einem System sowohl horizontal wie vertikal tendenziell unbeschränkt koordiniert. Allerdings erscheint dieses System durch den Syn- und Isochronismus im Piagetschen Sinne als *eine* Bewegung, die nicht mit verschieden schnellen anderen koordiniert wird. Das Modell der UDG-Stammbäume läßt sich mit einem Experiment vergleichen, in dem von einem Gefäß A Wasser in ein Gefäß B fließt, welches aber die gleiche Form wie A hat, so daß der Wasserstand in B in gleichem Maße steigt, wie er in A fällt. So begegnen wir in der genealogischen Zeit einem System von Operationen, die weder,

wie bei der ökologischen Zeit, horizontal noch vertikal einer einge-
schränkten Koordinierung unterliegen, sondern tendenziell generalisierbar scheinen – mit der entscheidenden Einschränkung, daß eben nur syn-
chronisierte Generationsfolgen und mit Generationen assoziierte Traditionen erfaßt werden.

5.3 Ökologische und genealogische Zeit

Wir haben gesehen, daß die ökologische Zeit verschieden schnell
ablaufende Bewegungen (Ereignisfolgen) punktuell koordiniert,
wenn auch diese Koordinationen nicht generalisiert werden.
Auch wird nur eine beschränkte Folge erfaßt, da sich eine zyklische Zeitauffassung durchsetzt, wenn kein gegenteiliges soziales
oder ökonomisches Interesse vorliegt – dieses Interesse liegt aber
wegen der den zyklischen ökologischen Veränderungen angepaßten Wirtschaftsweise, die kaum über ein Jahr hinausplanen muß,
nur in einer erweiterten Gegenwart vor. Das drückt sich in dem
beschränkten Gebrauch von gleichbleibenden Einheiten aus.
Demgegenüber stellt das Modell der genealogischen Zeit tendenziell unbeschränkte horizontale und vertikale Koordinationen
her, beliebige Einschachtelungen und immer gleichbleibende Einheiten, ohne aber verschieden schnell ablaufende Folgen oder
Bewegungen zu koordinieren.

Es ist deshalb meine These, daß ökologische und genealogische
Zeit verschiedene Momente, das heißt Operationen, des rationalen Zeitbegriffs betonen, der erst durch eine Verschmelzung der
beiden Zeit-Konzepte hergestellt würde. Es läge nahe, die ökologische Zeit mit der physikalischen und die genealogische mit der
psychologischen Zeit bei Piaget zu assoziieren, da ja die ökologische Zeit beobachtbare Phänomene und Tätigkeiten koordiniert,
während die genealogische Zeit die Erinnerung der persönlichen
und gesellschaftlichen Geschichte ausdrückt. Allein, dieser Asso-
ziierung stehen entgegen: die handlungsmäßige »innere« Teilnahme des Individuums an der Auseinandersetzung der Gruppe
mit den ökologischen Bedingungen sowie der Anteil überlieferter,
das heißt nicht erlebter Generationsfolgen in der genealogischen
Zeit. So erscheinen beide, psychologische und physikalische Zeit,
in ihrer sozialen Vermittlung, und die Konzeptualisierungen von
Zeit lassen sich weniger nach »außen« und »innen« als vielmehr

nach der Logik dieser sozialen Vermittlung selbst aufteilen. Denn wir können zwar in der ökologischen Zeit die Faktoren der »individuellen Koordination«, das heißt die Handlungsäquilibration bei der Auseinandersetzung mit der natürlichen Umwelt erkennen, aber es wurde deutlich, daß diese Auseinandersetzung in ihrem zeitlichen Ausdruck sozial vermittelt ist. Obwohl sich vermuten ließe, daß von den kognitiven Möglichkeiten der Nuer und Tiv ein genauer, integrierter Kalender möglich wäre, macht ihn doch die soziale und ökonomische Organisation nicht erforderlich. So drückt das »Innen« und »Außen«, genealogische und ökologische Zeit, den inneren und äußeren Aspekt nicht des Individuums, sondern der sozialen Kooperation aus: der äußere Aspekt, der die Umweltbewältigung zum Inhalt hat, und der innere Aspekt, der die Organisation des Zusammenlebens, die soziale Identität der Individuen und Gruppen ausdrückt.

6. Zeit und Gesellschaftsstruktur

Der Zeitbegriff entsteht nicht aus einer isolierbaren Auseinandersetzung eines abstrakten Individuums mit einer allgemeinen Umwelt, sondern stellt ein kognitives Mittel dar, das sich historisch mit der Entwicklung der Produktionsweise und sozialen Organisation, der Entwicklung der Bearbeitung und Aneignung der Natur und der inneren Organisation der Gesellschaft ändert. Dabei muß der Zeitbegriff in engem Zusammenhang mit der Zeitperspektive gesehen werden, welche die zeitliche Dimension konkreten ökonomischen und sozialen Handelns und der entsprechenden, verinnerlichten Vorstellungen und Haltungen ausdrückt. Die kognitive Struktur dieses zeitlichen Handelns und Bewußtseins bilden die Operationen des Zeitbegriffs. Ich versuche dieses Verhältnis zu entwickeln, indem ich als Bezugsrahmen eine Gegenüberstellung der Industriegesellschaft einerseits und der segmentären Gesellschaft andererseits heranziehe. Denn erst, wenn so die Zeitperspektive und der Zeitbegriff der jeweiligen Gesellschaft, in die das Kind hineinwächst, näher bestimmt sind, wird es möglich sein, Vermutungen über die Entwicklung des Zeitbegriffs anzustellen und zu einer Beantwortung der Frage nach Universalität, Normativität und den gesellschaftlichen Entstehungsbedingungen des Zeitbegriffs zu kommen.

R. Rezsöházy (1973) hat ein Modell von fünf Aspekten der »social notion of time« (in meiner Terminologie: Zeitperspektive) entwickelt, das es erlauben soll, die Unterschiede zwischen industriellen und nicht-industriellen Gesellschaften zu bestimmen.

1. Die Präzision der zeitlichen Koordination von Aktivitäten, das heißt die Genauigkeit, mit der kollektive Arbeitsprozesse oder soziale Interaktionen begonnen und beendet oder hintereinandergeordnet werden.

2. Die rationelle zeitliche Organisation kollektiver (besonders: ökonomischer) Aktivitäten, das heißt der Grad an Minimierung des Zeitaufwandes bei gegebener Aufgabenstellung.

3. Zukunftsplanung, das heißt, inwieweit gegenwärtige Aktionen aus einem zukünftigen Ziel bestimmt werden und inwieweit und wie differenziert ein solches Ziel entwickelt wird.

4. Fortschrittsglaube, das heißt, inwieweit Zukunft als abgekoppelt von Wiederholungszwängen und in dieser Offenheit als fortschreitend »besser« erlebt und aufgefaßt wird.

5. Zeit als eigener Wert: inwieweit Zeit also »wertvoll«, mit anderen Werten in Beziehung gesetzt wird und gespart oder auch – im Austausch gegen bevorzugte, wertvolle Güter oder Aktivitäten (Freizeit) – »ausgegeben« werden kann (Rezsöházy 1973, S. 450 f.).

Es ist evident, daß industrielle Gesellschaften ein – immer noch unterschiedlich – hohes Maß einer solchen Zeitperspektive auszeichnet, während nicht-industrielle und also auch segmentäre Gesellschaften durch einen niedrigen Ausprägungsgrad oder sogar das völlige Fehlen dieser Aspekte gekennzeichnet werden können. Evolutionär wird die warenproduzierende Gesellschaft zunehmend *unabhängig von den engeren Umweltbedingungen:* Handwerk und Industrie haben sich nicht an ökologische Zyklen zu halten, und selbst die Landwirtschaft hat sich durch neue Anbaumethoden, internationalen Tausch etc. bis zu einem gewissen Grade von der Umwelt befreien können; lokal nicht vorhandene Rohstoffe werden durch die Einbeziehung in den Warenverkehr zugänglich. Durch diese Abkoppelung der Produktion von den Umweltbedingungen tritt die Zukunft aus dem Muster der Vergangenheit heraus und erscheint als offene, gestaltbare. Der ökologisch nicht oder immer weniger behinderte Fortschritt der Produktion und Kapitalakkumulation, der diese Offenheit ausmacht, findet aber seine Kehrseite darin, daß die Produktion auch offen wird für ökonomische Krisen und die damit gegebene Unsicherheit gesellschaftlicher und individueller Zukunft. Primitive Gesellschaften bleiben prinzipiell eingebunden in die ökologischen Abläufe und die ökologische Qualität ihrer Umwelt und sind auch deren Katastrophen ausgeliefert, aber insgesamt wird man sagen können, daß die Zukunft in funktionierenden Subsistenzökonomien sicherer scheint als in Industriegesellschaften. Weiter zeichnet sich die warenproduzierende Gesellschaft dadurch aus, daß sich der *Tauschwert* vom *Gebrauchswert* der Waren differenziert und als primärer Produktionszweck erscheint. Den Tauschwert bestimmt aber, nach Marx, die gesellschaftlich notwendige Arbeitszeit. Motive zur Maximierung des Mehrwerts in der warenproduzierenden Gesellschaft führen zu einer Art Zwang zur Minimierung der Arbeitszeit für die Herstellung einer Ware. Auf dieser – zugegebenermaßen sehr verallgemeinerten – Ebene orientiert sich die Produktion von Gütern und Dienstleistungen in primitiven, segmentären Gesellschaften am Gebrauchswert. Die benötigte Arbeitszeit ist nicht von ausschlaggebender Bedeutung, und die entsprechende »Arbeitseinstellung« hat sich ja immer wieder als hinderlich für die Mehrwertproduktion kapitalistischen Musters erwiesen.

Schließlich kommt dazu noch die Universalität des Tauschs in den warenproduzierenden Gesellschaften: Prinzipiell können alle Güter und Dienstleistungen, in der kapitalistischen Gesellschaft sogar die zur Ware gewordene Arbeitskraft getauscht werden. Da in der entwickelten Industriegesellschaft tendenziell alles zur Ware und durch Einheiten eines gemeinsamen Maßstabes ausdrückbar, tauschbar wird, und da also der Wert von immer mehr Gütern, Dienstleistungen und sogar zwischenmenschlichen Beziehungen an der »investierten Zeit« gemessen werden kann und durch diese Zeit koordiniert wird, ist für uns ein anderer Zustand kaum mehr vorstellbar. In primitiven Gesellschaften aber wird meist nur *innerhalb* der folgenden Bereiche getauscht: Nahrungsmittel und Rohstoffe, Werkzeuge und Gebrauchsgegenstände, persönliche Schätze; in der ersten Kategorie wird immer getauscht, in den anderen manchmal (vgl. Steiner 1954). So können also hier Güter und Dienstleistungen nicht nach der benötigten Arbeitszeit beurteilt werden, so daß auch keine Notwendigkeit besteht, Handlungen oder Gegenstände, die zu Erfahrungen aus verschiedenen gesellschaftlichen Bereichen gehören, in zeitliche Relationen zueinander zu bringen.

Um diese Überlegungen zu verfolgen, scheint mir eine Differenzierung und Erweiterung jener fünf Aspekte der Zeitperspektive von Rezsöházy angebracht. Denn während wir die Zukunftsplanung, Rationalität der Tätigkeitsorganisation und Präzision auf einer Ebene ansiedeln können, nämlich derjenigen der Handlungen, die geplant und rationell und präzise organisiert werden, gehören »Fortschrittsglaube« und »Zeit als Wert« eher einer (ideologischen) Vorstellungsebene an, indem sie angeben, wie Zeit konzeptualisiert wird. Darüber hinaus scheint es mir notwendig, noch einen Aspekt hinzuzufügen. Zeit wird nämlich nicht nur als Wert überhaupt aufgefaßt, sondern sie wird auch gemessen: Zeit als Maßstab. Jetzt können wir diese beiden Ebenen auch mit jenen drei genannten zeitlichen Aspekten der Ökonomie verbinden. So entspricht der offenen Zukunft in der warenproduzierenden Gesellschaft etwa auf der ideologischen Ebene die Fortschrittsidee und auf der Handlungsebene die Zukunftsplanung, während die Zeitperspektive der ökologisch »geschlossenen« segmentären Gesellschaften sich in zyklisch-ökologischer und linear-genealogischer Zeit ideologisch und in angepaßter Planung sowie soziale Beziehungen interpretierend und definierend auf der Handlungsebene ausdrückt.

Bei dieser Betrachtungsweise fällt auf, daß in der industriellen Gesellschaft die Zeitperspektive jeweils übergreifend, das heißt dem sozialen und politischen Bereich einerseits und dem ökonomischen der Auseinandersetzung mit der Natur andererseits *gemeinsam* erscheinen, während in der segmentären Gesellschaft diese Bereiche durch ein unterschiedliches Verständnis gekennzeichnet sind. Dies läßt sich mit der These erklären, daß in der warenproduzierenden Industriegesellschaft die ökonomische Basis zum bestimmenden Faktor geworden ist und soziale, politische und zwischenmenschliche Verhältnisse entscheidend prägt, während man in primitiven, hier: segmentären Gesellschaften von dieser Dominanz nicht sprechen kann (vgl. Ottomeyer 1977).

Den Aspekten der Zeitperspektive entsprechen nun ebensolche auf der Ebene des Zeitbegriffs. Dabei meine ich, daß die von Piaget herausgearbeiteten »drei Grundmerkmale der rationalen Zeit« (Piaget 1974 b, S. 387) nicht nur analytisch aufzufassen sind, sondern auch als konzeptuelle, tatsächliche Vorstellungen, die je verschiedene Operationen ausdrücken und den kognitiven Gehalt der ideologischen Vorstellungen der Zeitperspektive ausmachen: hinter der generalisierten operativen Addition von Folgen und Dauern steht die Vorstellung einer kontinuierlichen Zeit. Und hinter der Einschachtelung und Synchronisierung verschiedener Zeitstrecken und -folgen steht die Vorstellung einer homogenen Zeit, die verschiedene Bereiche koordinieren kann und so einen Wert bekommt. Schließlich manifestiert sich im Zählen isochroner Zeitstrecken die Vorstellung eines gleichförmigen Zeitflusses.

Es scheint mir nun möglich, die Entwicklung formaler Operationen, für die der rationale Zeitbegriff ein Beispiel ist, gesellschaftlich an die Universalisierung des Warentauschs zu binden. Denn bei der Behandlung des Zeitbegriffs in segmentären Gesellschaften bin ich zu der These gekommen, daß eine Verschmelzung ökologischer und genealogischer Zeit den rationalen Zeitbegriff herstellen würde: dieser Verschmelzung entspricht in der industriellen Gesellschaft die Universalisierung des Warentauschs, deren Logik die sozialen Beziehungen bestimmt. Allerdings kommt dies nicht einfach einer historischen Abfolge gleich, da ja die Ökonomisierung der Zeit zunächst in agrarischen Klassengesellschaften die ökologisch und sozial zyklische Zeitperspektive hervorbringt; und erst wenn die ökonomische Entwicklung in der Kapitalakkumulation durch ökologische Unabhängigkeit, universellen Tausch und Bestimmung des Tauschwerts durch die Herstellungszeit einen linearen und universellen Charakter erhält, stellt sich eine Zeit her, die im ökonomischen Handeln das lineare und gleichförmige Moment der genealogischen und das Tätigkeiten koordinierende Moment der ökologischen Zeit aufnimmt. Dabei können wir aber nun die Vorstellungsdimension der Zeitperspektive nicht als bloßen Reflex ökonomischen Handelns auffassen: Entspricht in segmentären Gesellschaften die genealogische Zeit noch der tatsächlichen sozialen und politischen Organisation und die ökologische Zeit den Koordinationen der Tätigkeiten, in welchen Aspekten sich alle Gruppenmitglieder wiederfinden (so hat jeder zum Beispiel seine eigene Genealogie, die erst in Gesellschaften mit Zentralinstanz zugunsten *einer* herrschenden Genealogie aufgelöst wird), so erscheint in Klassengesellschaften andererseits diese Vorstellungsebene gebrochen durch die Etablierung eines an die Interessen der Herrschenden gebundenen Bewußtseins. Denn der Idee eines kontinuierlichen Fortschritts entspricht nicht unbedingt ein realer Fortschritt, weder der Produktion noch der Lebensverhältnisse; und daß diese Idee immer auch brüchig war und ist, zeigen Zeitvorstellungen in unterdrückten Minoritäten und Subkulturen (J. Horton 1972) wie auch die gerade zunehmende apokalyptisch-utopische Literatur.

So wächst das Kind in segmentären und industriellen Gesellschaften in jeweils völlig verschiedene zeitliche Umwelten hinein, sowohl was die tatsächlichen Handlungen betrifft als auch die Vorstellungen. Während in primitiven Gesellschaften Kinder generell bis zum 5. oder 6. Lebensjahr fast ohne Beschränkungen und Reglementierungen entweder der eigenen »Kindergesellschaft« überlassen werden und/oder sich selbstverständlich an Tätigkeiten der Erwachsenen, zunächst zuschauend, dann mitarbeitend, orientieren und ihren Nahrungs- und sozialen Bedürfnissen praktisch ohne zeitliche Einschränkung entsprochen wird (vgl. Fortes 1970, S. 200 ff.), erleben Kinder in industriellen Gesellschaften von Beginn an die zeitliche Strukturierung und Reglementierung eigener Bedürfnisse wie der Handlungen der Erwachsenen. Das beginnt mit »erzwungen« regelmäßiger Fütterung und der Dosierung von Körperkontakt und Beschäftigung mit dem Kind und setzt sich fort in den Institutionen der sekundären Sozialisation (Kasakos 1971).

Es liegt auf der Hand, daß diese in primitiven Gesellschaften viel weniger ausgeprägte Handlungsstruktur dem Kind ständig zeitliche Operationen (hier z. B. Einschachtelung) abverlangt, wenn es sich die Handlungsstruktur bewußtseinsmäßig aneignen will. Tendenziell unterliegen alle Tätigkeiten und Bedürfnisse einem Zeitplan, in dessen Strukturierung sich jene drei Bedingungen der Zeitperspektive erkennen lassen: *Zeit als Wert*, indem ihre »sinnlose« Vergeudung durch Beschränkungen verhindert und die rationelle Organisierung besonders in der Schule (in gegebener Zeit die Leistung zu maximieren) belohnt wird; *Zeit als Maßstab*, indem auf Präzision, das heißt etwa Pünktlichkeit, bestanden wird; *Zeit als Fortschritt*, indem das Kind einen detaillierten Entwicklungsfahrplan durchläuft, währenddem es immer *mehr* lernt und »darf«. Innerhalb dieses pädagogischen Planes muß es lernen, gegenwärtige Bedürfnisse kurz- wie langfristig aufzuschieben und gegenwärtige Tätigkeiten von einem zukünftigen Ziel aus zu bestimmen. Die ständige Verdeutlichung der Zukunft, die durch die Zeitmaßstäbe und ihre »sinnvolle«, das heißt rationelle Ausfüllung ausdifferenziert wird, zwingt immer mehr zu hypothetischem Denken, verstärkt dadurch, daß die individuelle Zukunft nicht mehr in einem früher gegebenen Maß als »gesichert« erscheint. Die sich entwickelnden Operationen des Zeitbegriffs müssen also ständig in die Zukunft generalisiert werden.

Wenn sich nun die Operationen des rationalen Zeitbegriffs als kognitive Struktur der gesellschaftlichen Zeitperspektive erweisen und wenn diese Zeitperspektive über die Identifikation mit den Eltern und deren Rollenerwartungen verinnerlicht und durch die Institutionen sekundärer Sozialisation wesentlich differenziert wird, dann ist die Entwicklung der zeitlichen Operationen die kognitive Seite dieses Prozesses.

In primitiven Gesellschaften erscheint der Entwicklungsfahrplan des Kindes wesentlich weniger differenziert: Der gleichzeitig spielerischen und mitarbeitenden Teilnahme des Kindes an den Tätigkeiten der Erwachsenen folgt mit der Initiation ein formaler Schritt in die Erwachsenenwelt, mit der Heirat ein zweiter. Die meist relativ strikte zeitliche Planung der Initiation selber (oft mehrere Wochen lang) symbolisiert aber weniger eine zeitliche Strukturierung des Erwachsenenlebens als vielmehr die Begrenzung einer Entwicklungsstufe. Dabei wird gerade die Kontinuierlichkeit und die Gleichförmigkeit des zeitlichen »im Leben Fortschreitens« durch den symbolischen Tod und die »Wiedergeburt« geleugnet und die Qualität verschiedener Lebensabschnitte hervorgehoben. Diese unterschiedliche Qualität von Lebensabschnitten wird in der industriellen Gesellschaft immer mehr durch den kontinuierlichen quantifizierenden (das Alter in Jahren wird wichtig) Entwicklungsfahrplan ersetzt.

Auch das Erwachsenenleben ist nun in primitiven Gesellschaften nur in lose definierte Zeitabschnitte unterteilt, und während es in archaischen Klassengesellschaften zum Teil detaillierte und genau festgelegte Zeitpunkte und -abschnitte gibt (vgl. Geertz 1973), beruht die Koordination ökonomischer, aber auch ritueller Handlungen auf einem erst herzustellenden Konsensus, wenn auch die rituellen Feiern als solche feststehen (vgl. Stewart 1975; Turnbull 1962).

In segmentären Gesellschaften wächst das Kind, besonders durch die während der Initiation vorgenommene Unterrichtung über die Genealogie, die Traditionen und Mythen, in jene Trennung der Zeitkonzeptualisierungen hinein, die ich versucht habe zu beschreiben (es wäre sicher interessant zu wissen, ob diese Trennung bei Kindern auch schon zu beobachten ist). Der Heranwachsende erlebt die Zeit nicht als Wert, als quasi auszufüllenden Raum, sondern lediglich als Aspekt sowohl der Sozialbeziehungen wie auch der konkreten Tätigkeiten. Dadurch gewinnt die Qualität der Tätigkeiten oder Sozialbeziehungen eine Bedeutung, die durch das ständige Bewußtsein der zeitlichen Begrenzung und des Wertes der Zeit (was Evans-Pritchard mit »fighting against the time« gemeint haben dürfte) in der industriellen Gesellschaft tendenziell entwertet wird.

Zu einer angst- und streßfreieren, intensiveren Erlebnisqualität trägt die Trennung von ökologischer und genealogischer Zeit bei: die soziale Identität der Individuen wird weniger durch die ökonomischen »Leistungen« als vielmehr durch die Genealogie hergestellt. Erst wenn diese auf eine planbare Akkumulierung von Gütern reduziert wird, beginnt der »Kampf gegen die Zeit«. Da dennoch Tätigkeiten koordiniert werden müssen und die genealogische Zeit reale soziale Verhältnisse ausdrückt, indem sie die Koordination, die Zusammen-Ordnung der Individuen leistet, finden wir Operationen vor, die ebenso wie die Zeit selbst an diese Tätigkeiten und Sozialbeziehungen gebunden bleiben.

Das Fehlen der generalisierten zeitlichen Operationen beinhaltet aber eine andere Erlebnisqualität der Zeitperspektive, vor allem auch dadurch, daß eine Zeitwahrnehmung möglich wird, die weniger von operativen Dezentrierungen interpretiert wird: die experimentelle Auflösung operativen Bewußtseins führt zu einer Ausdehnung der Gegenwart, die intensiver, das heißt ohne sofortige Einordnung in zeitliche Schemata erlebt wird. Denn erst das (besonders: operative) Nachvollziehen der Ereignisfolge oder ihre Antizipation führt zum Erleben des Zeitablaufs (Anonymous 1969, S. 342; vgl. Krippner 1969). Ähnlich, meine ich, müssen wir uns die Erlebnisqualität in primitiven Gesellschaften vorstellen.

Mir kam es bisher darauf an, in einer polarisierenden Darstellung die Unterschiede der Zeitauffassung in primitiven (segmentären) und industriellen Gesellschaften herauszuarbeiten. Nun ist klar, daß sich eine solche Darstellung zunächst an antithetischen Modellen orientieren mußte, die der Komplexität und Widersprüchlichkeit sozialer Wirklichkeit nicht gerecht werden können. Real läßt sich weder die Zeitauffassung in segmentären Gesellschaften auf bloß qualitatives Erleben oder auch qualitative Operationen reduzieren noch in industriellen Gesellschaften auf Quantifizierung oder metrische Operationen. Die herausgearbeiteten Momente der Zeitauffassung in segmentären Gesellschaften konstituieren ein Potential an qualitativer Erfahrung, die durch Unterdrückung erst als Bedürfnis bewußt wird. Und natürlich schafft die Operationalisierung und Quantifizierung der Zeit die Möglichkeit, die nicht bewußt werdende Einbindung in natürliche und gesellschaftliche Zusammenhänge zu überschreiten und die spontanen Erlebnisqualitäten aus ihrer »naturwüchsigen« Beschränkung zu lösen, in einer an den formalen Regeln der »kognitiven Gesellschaft« orientierten herrschaftsfreien Kommunikation aufzuheben und so die entfremdende Verdinglichung quantifizierter Zeit zu überwinden. Diese Extrapolierung von historischen Möglichkeiten müßte die Beschreibung eines »dialektischen Zeitbegriffs« (Riegel 1977) leisten, die hier nicht weiter verfolgt werden kann. Absicht dieser Arbeit ist es, durch eine Polarisierung der Zeit in segmentären und industriellen Gesellschaften auf die »Verluste« bei der Entwicklung des rationalen Zeitbegriffs aufmerksam zu machen.

7. Die Reichweite von Piagets Konzept

Wenn der Aufbau des rationalen Zeitbegriffs als eine universelle Kompetenz des Menschen aufgefaßt wird, die einen wesentlichen Aspekt der Konzeptualisierung der Welt darstellt, müssen wir uns zunächst fragen, wie sich der Versuch der Rekonstruktion des Zeitbegriffs in segmentären Gesellschaften zu dem von Piaget vorgegebenen Modell verhält.

Ich möchte an die wesentlichen Ergebnisse erinnern:

1. Ich habe versucht zu zeigen, daß sich die Operationen des rationalen Zeitbegriffs auch in segmentären Gesellschaften auffinden lassen. Allerdings unterscheiden sie sich wesentlich von denen des rationalen Zeitbegriffs bei Piaget, indem sie nur innerhalb eines fest umrissenen Rahmens benutzt werden, indem sie also weder horizontal (in der Koordination von verschiedenen Bewegungen oder Ereignisketten) noch vertikal (in der Koordination aufeinanderfolgender Ereignisse) generalisiert werden.

2. Der Zeitbegriff in segmentären Gesellschaften fällt in die ökologische und genealogische Zeit auseinander. Die Aufteilung entspricht einem inneren und äußeren Aspekt sozialer Kooperation, von denen keiner dominant erscheint.

3. Der Geltungsbereich der Operationen ist an ein soziales Interesse

gebunden: so werden in der ökologischen Zeit nur Ereignisse koordiniert, die von alltäglichem, ökonomischem oder sozialem Belang sind, und die genealogische Zeit stellt einen einzelnen Geltungsbereich dar, der andere Operationen betont als die ökologische Zeit.

Daraus ergeben sich einige hypothetische Überlegungen zur Entwicklungssequenz: Mir scheint zum einen, daß die zeitlichen Operationen noch nicht *per se* den Begriff einer homogenen, kontinuierlichen und gleichförmigen Zeit hervorbringen. Piaget hat vielleicht vorschnell geschlossen, daß die homogene, kontinuierliche und gleichförmige Zeit, die aus zwei Bewegungsabläufen im Experiment abstrahiert wird, schon einer generalisierten, rationalen Zeit entspricht. Nicht nur der Zeitbegriff in segmentären Gesellschaften, sondern auch die Schwierigkeiten, die selbst High-School-Jugendliche noch mit dem Konzept von Geschichte haben (vgl. Michaelis 1956, S. 74), deuten darauf hin, daß zunächst zeitliche Koordinationen, obwohl operativ, noch nicht beliebig generalisiert werden können. Piaget behauptet: »Nun, diese Gesamtlösung des Zeitproblems liegt in einer einzigen Formel: die operative Zeit ist gebildet, wenn sich die Reihenfolge aus der Einschachtelung der Zeitstrecken ableiten läßt und umgekehrt.« (Piaget 1974b, S. 369) Genau dies scheint nicht der Fall zu sein, da die Zeitoperationen zum Beispiel der ökologischen Zeit diese Ableitung möglich machen; aber die Gesamtlösung impliziert ja eine einheitliche, homogene Zeit. Das würde vielleicht dafür sprechen, vor die Stufe der rationalen Zeit eine Stufe einzuschieben, in der die zeitlichen Operationen schon gebildet werden, sich aber erst auf bestimmte Bereiche sozialen und individuellen Interesses beziehen. Es mag nun sein, daß diese Stufe in industriellen Gesellschaften kaum in Erscheinung tritt, da das soziale Interesse und die tatsächliche Strukturierung der Handlungen – wie ich versucht habe zu zeigen – eine vergegenständlichte homogene Zeit nahelegen. Die beschriebene Form der Operationalisierung ist durchaus zu vereinbaren mit der Ebene der konkreten Operationen, auf der operatives Denken innerhalb *vertrauter* Erfahrungen möglich ist, aber endet, sowie dieser vertraute Umgang mit Dingen oder Symbolen aufgelöst wird. Vermutlich ist die Vernachlässigung der zunächst konkreten Einbindung der zeitlichen Operationen bei Piaget in seinem vorherrschenden Interesse an der Formalisierung der Zeit zu suchen. Und dies stellt genau eine Gefahr der Piaget-Interpretationen dar, daß dieses Interesse verabsolutiert wird und damit die Momente von nicht-formalisierter und auch nicht zu formalisierender Zeit ausgeblendet werden, die gleichwohl entscheidend sind für das reale Zeitbewußtsein. So können wir die nicht-formalisierte Zeit nicht nur als »Vorstufe« begreifen, sondern als integralen Bestandteil und als Konfliktpotential von Zeitbewußtsein. Grundlage für einen »dialektischen Zeitbegriff« müßte also die bewußte Einbeziehung dieser Momente sein. Die soziale Einbindung der zeitlichen Operationen und das Auseinanderfallen von ökologischer und genealogischer Zeit macht aber noch auf etwas anderes aufmerksam. Piaget hatte die Differenzierung und parallele wie interdependente Entwicklung von physikalischer und psychologischer Zeit behauptet. Wir sehen aber nun in segmentären Gesellschaften, daß sich jede der Zeiten in verschiedenen Kontexten verschieden entwickelt: in der genealogischen Zeit nimmt sie eine lineare und gleichförmige Gestalt an, ohne aber verschiedene Geschwindigkeiten zu koordinieren; in der ökologischen Zeit erscheint sie zyklisch ambivalent gleichförmig/ungleichförmig, koordiniert aber verschiedene Geschwindigkeiten. Daraus läßt sich der Schluß ziehen, daß Piaget ein Entwicklungsmodell konstruiert, welches in segmentären Gesellschaften »verzerrt« aufzufinden ist. Diese »Verzerrung« wird bestimmt durch die Logik gesellschaftlicher Kooperation: physikalische und psychologische Zeit erscheinen sozial vermittelt, und diese soziale Vermittlung bestimmt die Bezugspunkte der Operationen und ihren Geltungsbereich. So entwickelt sich der rationale Zeitbegriff in industriellen Gesellschaften vermutlich »geradlinig«, während in segmentären Gesellschaften sich die Entwicklung aus einer anderen Kooperationsform ergibt. Doch ist zu fragen, ob Piaget nicht die psychologische Zeit – seinem Interesse gemäß – allzusehr auf Operationalisierung reduziert hat, denn tatsächlich scheint diese nur ein Aspekt dieser inneren Zeit zu sein. Der andere aber – diskontinuierliches Erleben – führt jenen Konflikt ein, der bei Piaget in der parallelen Formalisierung »verschwindet«.

Ich habe behauptet, daß eine Verschmelzung von genealogischer und ökologischer Zeit dem rationalen Zeitbegriff entsprechen würde. Es stellt sich nun die Frage, ob dies einen entsprechenden Kompetenzaufbau impliziert, dessen Transformation in Performanzen anders verläuft als in industriellen Gesellschaften. Im Sinne Piagets ist die Kompetenz zum rationalen Zeitbegriff erst

bei prinzipieller Generalisierung der zeitlichen Operationen gegeben; andererseits haben wir gesehen, daß eben diese Generalisierung von den funktionalen Anforderungen abhängt. Ich meine, es
ist möglich, eine sich andeutende Kompetenz zum rationalen
Zeitbegriff in segmentären Gesellschaften anzunehmen, die
bereichsspezifisch aufgespalten wird, weil der Handlungskontext
eine volle Realisierung des Begriffs nicht erfordert.

8. Rationale und dialektische Zeitauffassung

Durch die Analyse des Zusammenhangs von Zeitbegriff und Zeitperspektive habe ich versucht zu zeigen, wie die Entstehung des
rationalen Zeitbegriffs an die Universalisierung ökonomischen
Handelns in der industriellen Warengesellschaft gebunden ist, die
die Tätigkeiten der Menschen tendenziell auf die »verbrauchte«
Zeit reduziert und die in der Maschinerie ein Modell dieser Reduzierung entwickelt.

Damit einher geht ein Verlust an Erlebnisqualität der Tätigkeiten und an spontaner Ausdrucksfähigkeit existentieller Erfahrungen und ihrer gesellschaftlichen Vermittlung sowie ein instrumen-
talisiertes Verhältnis zur Natur. Die Dominanz der operativen
Aktivitäten des Bewußtseins kann oft nur noch experimentell
durchbrochen werden. Die Reduzierung der menschlichen Tätigkeiten auf eine vergegenständlichte Zeit geht aber auf ein soziales
und ökonomisches Interesse zurück: die Dominanz des Arbeits-
inhaltes über die zeitliche Bewertung würde den *status quo* der
industriellen Gesellschaft gefährden, in der die Masse der Arbeitenden weder Einfluß auf den Inhalt ihrer Arbeit (und zunehmend auch der Freizeit) noch auf ihre zeitliche Strukturierung
und Ausdehnung hat. Der strukturellen Standardisierung entspricht eine inhaltliche. Insofern ist auch der rationale Zeitbegriff
noch nicht völlig dezentriert: das wird er erst sein, wenn er noch
weiter relativiert wird, vielleicht in einem dialektischen Zeitbegriff, den Riegel (1977, S. 39) entwirft.

Von daher scheint es mir möglich, den rationalen Zeitbegriff als
kognitive Erarbeitung einer historisch-gesellschaftlichen Zeitperspektive zu verstehen, die gesellschaftlich unerwünschte Bedürfnisinhalte ausblendet. Diese Bedürfnisinhalte, die sich dann
immer noch in entstellter Form äußern, werden zwar durch die

spezifisch historische Gesellschaft geformt, gehen aber zurück auf anthropologisch zu rekonstruierende Dispositionen und Kompetenzen, die nicht beliebig verformbar erscheinen. Dies ließe sich zum Beispiel aus der Marxschen Anthropologie, besonders die Arbeit betreffend, herausarbeiten. Eine dialektische Zeitauffassung, die die operative Strukturierung der Zeit nicht mehr an die vergegenständlichte Normierung von Arbeitsprozessen und Freizeit knüpft, müßte die »existentielle Spannung« von Gesetzmäßigkeit und diskontinuierlichem Wandel auch in ihren extremen Erfahrungen in einen Lebensprozeß integrieren, der so die individuellen und inhaltlichen Erlebnisqualitäten wieder zur Geltung bringt, ohne die Koordinierung der gesellschaftlichen Bereiche und der Individuen untereinander aufzugeben.

Man kann die geschilderte empirische Relativierung des universellen Kompetenzaufbaus für weniger relevant halten, wenn die »Universalität, die Piaget für die Entwicklung der Erkenntnislogik postuliert, ... nur normativ (gilt), nicht aber faktisch«. Denn die Normen allgemeiner »Virtualisierungs- und Kritikfähigkeit« sind zwar »faktisch durch die Geschichte hervorgebracht worden und daher auch empirisch aufweisbar, sie herrschen jedoch noch nicht über die Wirklichkeit, sondern sind erst kontrafaktisch gegen sie geltend zu machen«. Der Aufbau von stufenspezifischen Strukturen, die ein Möglichkeitsfeld abstecken, »besteht in der Erweiterung des Möglichkeitsfeldes oder – so können wir auch sagen – in der allmählichen Transformation der Struktur, die die Handlungsmöglichkeiten festlegt, in die Virtualität, also in das Vermögen, Festlegungen schlechthin zu überschreiten« (Harten 1977b, S. 185 f.).

Es wäre zu fordern, daß die Normativität der Vollendung der Entwicklungssequenzen gerade aus dem Zusammenhang mit der Unterdrückung anderer Entwicklungsmöglichkeiten diskutiert wird. Es ist dies die Frage nach den »Kosten«. Ich habe für die Zeit versucht zu zeigen, daß in industriellen Gesellschaften eine Logik der Handlungen dominiert, die operatorisches Denken »herausfordert« und Erlebnisinhalte tendenziell zurückdrängt.

Eine vielleicht gewagte Behauptung könnte Piagets These, in primitiven Gesellschaften werde das operative Denken durch Zwang behindert, umkehren: In der gegenwärtigen Industriegesellschaft behindert der Zwang zur formal-operatorischen Strukturierung den figuralen und emotionalen Aspekt des Bewußtseins und deren Entwicklung. So würde ich etwa das »Die-Welt-Anhalten« bei Castaneda als Versuch verstehen, das operatorische Bewußtsein abzuschalten, um sich voll dem figurativen Aspekt zu überlassen (vgl. Furth 1977). Die Konstruktion einer ›kognitiven Gesellschaft‹ gerät zum Alptraum, wenn die operative Dezentrierung des Bewußtseins, das nur noch nach den Regeln der Aussagenlogik verfahren kann, nicht prinzipiell suspendierbar und rückbeziehbar auf das praktische, sinnliche Subjekt wird. Denn genau wie Hotopf (1977) gegenüber Piaget die *Funktion* der Wahrnehmungszentrierungen (Information) festhält, so könnte auch den Bewußtseinszentrierungen eine *expressive* Funktion zukommen, die sich nicht nur aus ihrer Potentialität bestimmt. Den Individuen einer »kognitiven Gesellschaft« müßten solche alternativen Kompetenzen also wieder zugänglich werden. Dazu ist ein Abbau wissenschaftlicher Ethnozentrik ebenso nötig wie eine Rückbeziehung der formalen Gleichgewichtsregeln auf das »praktische Subjekt«. »Ein Subjekt, das sich von der Gemeinschaft löst und sich als das Ganz Andere fühlt, gewinnt Zugang zu operational mächtigen Wissensformen und verliert die Fähigkeit zu vitaler Partizipation. Indem es Ziele für seine transformierenden Operationen setzt, muß es auf seine eigenen Ressourcen zurückfallen, die es nicht gibt ...« (Sebba 1972, S. 467).

So reicht es nicht aus, den rationalen Zeitbegriff als höchste Stufe zu postulieren, weil das hieße, die Vergegenständlichung der Zeit zu verewigen. Denn erst die Rückbeziehung des Zeitbegriffs auf das praktische Subjekt kann die Formalität und damit die Benutzbarkeit in Frage stellen. Wenn die Erkenntnis aus dem Handeln entsteht, muß sie wieder zu ihm zurückfinden. Das Stehenbleiben auf der Ebene formaler Strukturen, die einen formalen Fortschritt signalisieren, läßt sich auch auf das praktische Subjekt zurückbeziehen: entfremdet von den Inhalten seiner Arbeit und Natur, entwickelt es deren formale Kategorien.

Fremdsprachige Zitate wurden vom Herausgeber übersetzt. (T. S.)

J. Anthony Paredes und Marcus J. Hepburn
Die *split brain*-Forschung und das Kultur-Kognitions-Paradox[1]

Eine der bedeutendsten intellektuellen Leistungen der Kulturanthropologie ist die Erhellung der Rolle kultureller Musterbildung bei der menschlichen Kognition und Problemlösung. Diese anthropologische Einsicht drückt sich in dem knappen Grundsatz aus: »Was in einer Kultur rational ist, ist in einer anderen nicht notwendig auch rational.« In Verbindung mit der Vorstellung, daß menschliche Denkprozesse in hohem Maße kulturell determiniert sind, hat diese Einsicht die Anthropologen zu entschiedenen Kritikern an der Kulturgebundenheit von Intelligenztests werden lassen (Beals/Hoijer 1971, S. 94). Gleichzeitig hat die Anthropologie aber darauf beharrt, daß das »durchschnittliche« menschliche Gehirn ohne Rücksicht auf kulturelle Differenzen gleich funktioniert, und sie hat Ansichten wie denen von Lévy-Bruhl widersprochen, die grundsätzliche Unterschiede zwischen dem geistigen Funktionieren der Primitiven und unserem eigenen annehmen (Cole/Gay 1972, S. 1066-68). Desgleichen sehen es die Anthropologen in der Regel als erwiesen an, daß menschliche Gehirne von denselben neurologischen Prinzipien beherrscht werden, ohne Rücksicht auf Zeit oder Ort, wenn sie auch die extremen Konsequenzen des Begriffs der »psychischen Einheit«, wie ihn die Kulturanthropologie des 19. Jahrhunderts vertreten hat, verwerfen. Indes diskutieren viele Anthropologen in der Praxis doch Unterschiede zwischen einem »Eingeborenen-Denken« und dem ihrer eigenen Gesellschaft – es scheint in der Tat ein hoher wissenschaftlicher Prestigewert daran zu hängen, wenn man zu zeigen imstande ist, wie weit entfernt doch »das Denken der XYZ« von unseren eigenen normalen Denkweisen ist.

Es scheint eine ernste Inkonsistenz darin zu liegen, wenn gleichzeitig behauptet wird, daß der menschliche Geist überall gleich funktioniert und daß grundlegende Operationen des Gehirns je nach dem kulturellen Hintergrund radikal differieren. Eine solche Position scheint im großen und ganzen dem Gedankengang analog zu sein, daß der menschliche Verdauungskanal bei allen Individuen gleich funktioniert, daß sich die wichtigsten Verdauungsprozesse jedoch je nach der Art der verzehrten Pflanzen und Tiere verändern. Wir werden diese gegensätzlichen, aber gleichzeitig vertretenen Ansichten zu den geistigen Funktionen des Menschen als das »Kultur-Kognitions-Paradox« bezeichnen. Cole und seine Mitarbeiter (1971) haben verschiedene Methoden besprochen, dieses Paradox aufzulösen, und sie haben auf der Grundlage ihrer empirischen Studien der Kpelle eine Lösung vorgeschlagen: »Kulturelle Verschiedenheiten der Kognition liegen mehr in den Situationen, auf die verschiedene kognitive Prozesse angewendet werden, als in einem Prozeß, der in einer kulturellen Gruppe vorhanden ist und in einer anderen fehlt« (S. 233). So werden viele Probleme der kulturvergleichenden Kognitionsforschung neu formuliert, die Suche nach »kulturfreien« Intelligenztests von der Suche nach dem besonderen Kontext abgelöst, in dem man einen logischen Prozeß hervorrufen und ein Verständnis von der Art und Weise gewinnen kann, in der ein Wandel äußerer Umstände Verschiebungen in der Auswahl der kognitiven Prozesse aus dem umfassenden cerebralen Repertoire an Problemlösungsmöglichkeiten bewirkt.

Die experimentelle Anthropologie von Cole u. a. scheint einen großen Beitrag zur Schließung der von Gladwin (1964, S. 176) vermerkten Lücke geleistet zu haben:

»Die Anthropologen verteidigen entschlossen die Gleichheit aller Menschen und besonders ihres intellektuellen Potentials, versuchen aber nicht, die Natur von Ähnlichkeiten und Verschiedenheiten im Denken zu analysieren oder zu belegen. Auf diesem entscheidenden Gebiet nehmen wir keine Vergleiche über die Kulturgrenzen hinweg vor, und wir besitzen auch kein theoretisches Gerüst dafür.«

Trotz ihrer bedeutenden Beiträge berücksichtigt die Theorie Coles u. a. nicht die organischen Grundlagen der Vielfalt an kognitiven Prozessen. Ohne wenigstens ein Modell zur physiologischen Lokalisierung der verschiedenen kognitiven Prozesse bleibt das Paradox von Kultur und Kognition bestehen: Der menschliche Geist funktioniert überall gleich, aber die Art und Weise, wie er sich in Reaktion auf einen Stimulus »verhält«, ist kulturell determiniert.

Angesichts der gegenwärtigen Kontroverse über das Wiederaufleben genetischer Theorien von Intelligenzunterschieden ist Vorsicht geboten: Wir wollen von vornherein klarstellen, daß unsere Suche nach einer möglichen physiologischen Grundlage für kognitive Differenzen nicht zum Ziel hat, solche Theorien zu stützen. Im Gegenteil, was wir ausführen werden, ist ein kräftiges Argument gegen sie, denn unser Thema sind die physiologischen Differenzierungen *in jedem* menschlichen Gehirn, nicht die Unterschiede *zwischen* verschiedenen Gehirnen.

Ganz abgesehen von dem Fehlen eines Operationsmodells für die biologischen Grundlagen multipler kognitiver Prozesse wird das Paradigma von Cole u. a. durch die offensichtliche Annahme geschwächt, alle kognitiven Prozesse seien gleichermaßen der Sprache zugänglich. Obgleich die Forscher ihre Untersuchungen in der lokalen Sprache durchführen und viele der experimentellen Aufgaben wenig oder keinen sprachlichen Output der Testperson verlangen, spielt die Sprache doch eine entscheidende Rolle bei allen Testprozeduren, sei es auch nur durch einleitende Instruktionen. Es scheint, als wären solche Verfahren unvermeidbar. Es liegen jedoch zwingende neurologische Belege dafür vor, daß einige kognitive Prozesse eine engere Verbindung mit sprachlicher Produktion und Interpretation haben als andere. Weiterhin scheinen einige kognitive Prozesse mit der Zeitbezogenheit prädikativer Sprachstrukturen kongruent zu sein, andere nicht. So war es linguistische Analyse, die einige der frühesten Aufschlüsse zur Existenz qualitativ verschiedener Denkweisen gab.[2]

Lee wies 1950 auf die mögliche Ethnozentrik des wissenschaftlichen Intelligenzmodells mit seinen sequentiellen Operationsreihen zur Problemlösung hin. In ihrer Reanalyse von Malinowskis Trobriand-Daten gebrauchte sie sprachliche Belege zur Formulierung eines fundamentalen Gegensatzes zwischen »linearen und nicht-linearen Kodierungen der Wirklichkeit«.[3]

Gladwin (1964) ist vielleicht mehr als jeder andere über die offensichtlichen kulturellen Unterschiede in den begrifflichen Inhalten (zum Beispiel Glauben an das »Naturgesetz« gegen Mana-Glauben) hinaus vorgestoßen zur Erforschung der Unterschiede in den »kognitiven Strategien« und den logischen Prozessen. In seiner Diskussion der Truk-Navigation stellte er die spekulative These eines grundlegenden Kontrastes zwischen dem »abstrakten« westlichen Denken und dem »sehr konkreten« Denken der Truk-Insulaner auf ... Doch reflektiere die Truk-Navigation »ein hohes Niveau intellektueller Tätigkeit«, obwohl sie »nicht verbalisiert (wird) und keiner geschlossenen Sequenz logischer Schritte folgt« (S. 174).[4]

Ähnlich berichten Cole u. a. (1971, S. 220 f.):

»Bei den Kpelle ist das Adjektiv *clever* nicht auf technologische Operationen wie Reisanbau, Hausbau oder Wagenreparatur anwendbar. Ein Bauer kann als faul oder harter Arbeiter betrachtet werden, der Begriff *clever* jedoch ist dem gesellschaftlichen Bereich vorbehalten. Damit hängt die Tatsache zusammen, daß dieselbe Art von Leuten, die Schwierigkeiten hatten, die Prinzipien guten Häuserbaus zu erklären, es leicht fanden, uns zu sagen,wie ihre Kinder aufgezogen werden sollten.«

Aus einer ganz anderen Perspektive ist Lévi-Strauss zu Ansichten von den Operationen des menschlichen Geistes gelangt, die denen Gladwins ganz nahe stehen. Lévi-Strauss (1962/1968, S. 27) stellt die These auf, daß es zwei verschiedene Weisen »wissenschaftlichen« Denkens gibt, »die beide Funktion nicht etwa ungleicher Stadien der Entwicklung des menschlichen Geistes, sondern zweier strategischer Ebenen sind, auf denen die Natur mittels wissenschaftlicher Erkenntnis angegangen werden kann, wobei die eine, grob gesagt, der Sphäre der Wahrnehmung und der Einbildungskraft angepaßt, die andere von ihr losgelöst wäre«.

Abgesehen von möglichen Differenzen bei den intellektuellen Prozessen in verschiedenen Gesellschaften gibt es Belege für charakteristische Unterschiede in den Wegen zu intelligenter Problemlösung zwischen Mitgliedern verschiedener Mikrokulturen innerhalb derselben Gesellschaft. Cohen (1969) hat zwingende Belege für intrakulturelle Variationen in der Kognition beigebracht. Auf der Grundlage der Ergebnisse von sogenannten nichtverbalen Intelligenztests mit Schulkindern in Pittsburgh führt sie eine Distinktion zweier kognitiver Stile ein, zweier verschiedener Methoden der Datenauswahl und -organisation. Die beiden Stile sind der »analytische« und der »relationale«. Einige der vielen bedeutsamen Gegensätze zwischen diesen Stilen sind in Tabelle 1 aufgeführt.

Cohen macht die Beobachtung, daß das Bildungssystem der Vereinigten Staaten den analytischen Stil viel mehr als den relationalen lehrt, fördert und belohnt. Sie leitet diese zwei Stile nicht aus »Deprivation und ungenügendem Einkommen« ab (S. 843, Anm. 29), sondern aus Unterschieden in den Primärgruppen Familie und peergroup, zu denen man gehört. Gruppen, in denen entscheidende Aufgaben auf der Basis von Status und Rolle vergeben werden (»formale Stile der Gruppenorganisation«), sind eher mit analytischen Stilen verbunden; Gruppen, in denen wichtige Funktionen von jedermann hin und wieder ausgeübt werden

Tabelle 1: Kennzeichen kognitiver Stile (Cohen 1969)

Analytisch	Relational
Aufnahmebereitschaft für dunkle, abstrakte, nicht-offensichtliche Merkmale	Aufnahmebereitschaft für offensichtliche, wahrgenommene Merkmale
Bezeichnet die Teile von Figuren ebenso wie das Ganze mit Worten	Bezeichnet nur die wesentlichen Ganzheiten mit Worten
Vertrauen auf Prozesse und Naturgesetze	Spezifische Verursachung muß nicht auf Naturgesetzen beruhen
Objektiv	Subjektiv
Reflektiert	Impulsiv
Die Worte haben eine formale Bedeutung	Die Worte haben ihre Bedeutung nur in einem bestimmten Kontext; sie sind konkret; Gebrauch vieler visueller und taktiler Symbole
Elaborierter sprachlicher Kode, grammatikalisch komplex	Restringierter sprachlicher Kode, grammatikalisch einfach
Verbal explizit	Nicht verbal explizit

und nicht starr einem bestimmten Status zugeordnet sind (»Primärgruppen mit ›Funktions-sharing‹«), sind eher mit relationalen Stilen verbunden (S. 831). Überdies bringt Cohen Belege dafür, daß jemand, je intelligenter er im relationalen Stil ist, desto weniger gut bei bestimmten Aspekten der nicht-verbalen Intelligenztests abschneidet (S. 840-841).

... Diese Spekulationen und Studien von Lee, Gladwin, Lévi-Strauss, Cohen und anderen kommen der These verführerisch (oder gefährlich, würden manche sagen) nahe, daß es qualitativ verschiedene Denkweisen von Gesellschaft zu Gesellschaft, von Klasse zu Klasse, von Individuum zu Individuum gibt. Wenn diese Autoren recht haben, wie sind ihre Entdeckungen zu vereinbaren mit dem anthropologischen Beharren auf der psychischen Einheit der Menschheit? Cole u. a. scheinen einen Weg aus dem Dilemma anzubieten mit ihrer These, jedes menschliche Gehirn sei zu mehr als einer Art von logischen Prozessen fähig, die Kulturen unterschieden sich jedoch danach, welche Prozesse mit dem einzelnen Problemtyp verbunden werden. Obgleich wir im wesentlichen mit dieser Position übereinstimmen, ist das theoretische Gerüst unvollständig, da es keine Lösung für das fundamentale Problem vorsieht, wie eine einzige Struktur, die Großhirnrinde, je nach der Situation so radikal verschieden fungieren kann. Die Antwort ist einfach: Qualitativ verschiedene logische Prozesse sind nicht Funktion einer einzigen, sondern wenigstens zweier verschiedener organischer Strukturen.

Neuere Forschung zum menschlichen Gehirn zeigt die Möglichkeit genau solch einer physiologischen Lösung für das Paradox von Kultur und Kognition auf. Einige psychobiologische Untersuchungen stellen die Hypothese auf, daß die Gehirnhälften nicht funktionale Duplikate seien und daß die eine Hälfte nicht lediglich die unzureichende Version der anderen sei, sondern daß die beiden Hemisphären vielmehr zwei verschiedene Systeme der Informationsverarbeitung bedeuteten. Gazzaniga (1972) war kühn genug, einen neueren Aufsatz »One Brain – Two Minds?« zu betiteln. Trotz ihrer revolutionären Implikationen haben diese erstaunlichen Entdeckungen bisher wenig Resonanz in der Anthropologie gefunden. Washburn (1973) hat Gazzanigas Arbeit immerhin mit der Bemerkung zitiert, sie habe möglicherweise bedeutende Konsequenzen für das Verständnis der Beziehungen zwischen der menschlichen Intelligenz und der der anderen Primaten, und Ornstein (1972) hat die *split brain*-Forschung als allgemeinen Rahmen zum Verständnis eines wesentlich anthropologischen Problems herangezogen, des Problems der grundsätzlichen Unterschiede zwischen westlichen und östlichen Philosophien.

Kürzlich hat Tunnell (1973) die Belege für hemisphärische Differenzierung kognitiver Funktionen geprüft und auf die mögliche anthropologische Bedeutung einer neuen Einschätzung der bisher vernachlässigten »synthetischen, räumlichen, ... primär nicht-verbalen, bildhaften Komponenten des Denkens« hingewiesen (S. 27), wie sie in der rechten Gehirnhälfte lokalisiert sind. Er hat sogar gewagt, ein Modell für die differenzierten, aber komplementären Rollen der Funktionen der rechten und linken Gehirnhälfte bei der Entwicklung der Werkzeugherstellung der Hominiden zu entwerfen. Trotzdem bleibt das volle Potential der Fakten hemisphärischer Spezialisierung für die Interpretation der Belege für qualitative Unterschiede von Denkweisen erst noch auszuschöpfen.

Obgleich die hemisphärische Differenzierung des menschlichen Gehirns schon einige Zeit bekannt war (von Bonin 1962), ist ihr Ausmaß erst von Bogen (1969; Bogen/Gazzaniga 1965), Gazzaniga (1967, 1970, 1972) und Sperry (1968; Gazzaniga/Sperry 1967) höchst dramatisch demonstriert worden. Viele ihrer Arbeiten beruhen auf Versuchen mit epileptischen Patienten, bei denen das *corpus callosum* durchtrennt worden war (die die Gehirnhälften verbindenden Nervenfasern). Durch die Ausschaltung des *corpus callosum* wird es möglich, visuelle Reize jedesmal nur einer der beiden Gehirnhälften zu präsentieren. Des weiteren können die Experimentatoren wegen der Seitenbezogenheit der motorischen Kontrolle (die linke Gehirnhälfte kontrolliert die rechte Hand, usw.) Verfahren entwerfen, die Reaktionen jeder der beiden Gehirnhälften allein, ohne Eingreifen der anderen, zu beobachten. Die Ergebnisse dieser *split brain*-Studien stützen ältere Erkenntnisse zur Lokalisierung der Sprachproduktion in der linken Gehirnhälfte, obgleich auch die rechte gewisse rudimentäre Fähigkeiten sprachlicher Interpretation besitzt. Wenn also zum Beispiel ein Wort oder das Bild eines Gegenstands der linken Gehirnhälfte übermittelt wird, kann die Versuchsperson durch Berühren mit der rechten Hand das passende Objekt aus einer Reihe von Gegenständen, die vor ihr auf einem Tisch liegen und für ihre Augen verdeckt sind, auswählen und den Namen des Gegenstandes nennen; wird derselbe Reiz der rechten Gehirnhälfte übermittelt, kann die Person durch Berührung mit der linken Hand den richtigen Gegenstand auswählen, aber *sie kann nicht sagen, was das ist,* das ihre verdeckte Hand gefunden hat.

Wenn diese rechtshändigen Testpersonen jedoch dreidimensionale Gegenstände (*block designs*) reproduzieren sollen, dann vollführt die linke Hand (rechte Gehirnhälfte) die Aufgabe mit Leichtigkeit, aber die rechte Hand (linke Gehirnhälfte) vermag das nicht zu tun. Weiter stellt Gazzaniga (1972, S. 316) als Interpretation der Ergebnisse von einfachen visuellen Versuchsaufgaben bei Personen mit *intaktem corpus callosum* fest, »Information, die der räumlichen Analyse bedarf und der linken Gehirnhälfte (allein) mitgeteilt worden ist, wird zuerst an die rechte Seite zur Dekodierung weitergegeben und dann auf die linke für die verbale Reaktion zurückgesendet«. Diese und andere Entdeckungen zeigen, daß die rechte Gehirnhälfte ihre eigenen besonderen Funktionen hat, die die der linken ergänzen.

Baken (1971) hat in einem für ein weiteres Publikum bestimmten Aufsatz versucht, die verschiedenen kognitiven Funktionen der Gehirnhälften in Adjektivlisten zusammenzufassen (Tabelle 2).

Tabelle 2: Unterschiedliche kognitive Funktionen der Gehirnhälften (Baken 1971)

Links	Rechts
verbal	präverbal
analytisch	synthetisch
abstrakt	konkret
rational	emotional
zeitlich	räumlich
digital	analog
aktiv	passiv
gespannt	entspannt
euphorisch	depressiv
sympathisch	parasympathisch
propositional	appositional

Diese kontrastiven Listen von Charakteristika der Gehirnhälften sind den Äußerungen Gladwins und anderer, mit denen sie die kognitiven Prozesse verschiedener Kulturen und Subkulturen einander gegenüberstellen, sehr ähnlich, zum Teil sind sie sogar identisch (obgleich die rechte Liste die Tendenz zu Begriffen mit pejorativer Konnotation hat). Es könnte also scheinen, daß die Anthropologen, die von qualitativen, kulturellen Differenzen bei den kognitiven Strategien, Stilen usw. gesprochen haben, tatsächlich auf grundlegend verschiedene cerebrale Prozesse mit *physiologischer Basis* gestoßen sind.

Man sollte allerdings nicht annehmen, daß die »konkrete, analoge, synthetische, räumliche usw.« Funktion der rechten Gehirnhälfte der »abstrakten, digitalen, analytischen, zeitlichen usw.« Funktion der linken unterlegen sei. Vielmehr ergänzen die beiden Prozesse einander wahrscheinlich. Bower (1970) zum Beispiel hat experimentell festgestellt, daß die Erinnerungsrate bei Wortlisten sich verbessert, wenn die Testpersonen gebeten werden, ebenso geistige Bilder (zum Beispiel Visualisierung von Gegenständen im »geistigen Auge«) wie mechanisches Auswendiglernen zu verwenden. Bower schließt daraus, daß ein strikt wort-kodierendes Gedächtnis- und Lernmodell unvollständig ist. Statt dessen schlägt er vor, von »doppelten Verarbeitungsprozessen« zu reden, die aus nicht-verbalen, bildhaften Prozessen (rechte Gehirnhälfte) und verbalen symbolischen Prozessen (linke Hälfte) bestehen, und er zitiert Arbeiten von Gazzaniga (1967) und von Gazzaniga und Sperry (1967) als neurologische Stützen seiner These. Bower führt aus, daß die Visualisierungsprozesse am besten für konkrete und räumliche Informationen geeignet sind, während verbale Prozesse abstrakte und sequentielle Information am besten handhaben. Schließlich könnten, obwohl die westliche Intellektualität »verbal, abstrakt, rational«, also linksseitig *par excellence* zu sein scheint, »präverbale, konkrete« rechtsseitige Funktionen bei aller wissenschaftlichen Kreativität eine entscheidende Rolle gespielt haben, trotz der gegenteiligen Behauptungen ganzer Generationen von Lehrern. So bemerkte Einstein (zitiert von Rosen 1972, S. 684):

»Ich denke überhaupt selten in Worten. Ein Gedanke kommt, und ich kann später versuchen, ihn in Worten auszudrücken ... Die Wörter oder die Sprache, wie sie geschrieben oder gesprochen werden, scheinen in meinem Denkmechanismus keine Rolle zu spielen ... Die Elemente sind in meinem Fall visuelle, einige auch wie Muskeln ... Konventionelle Wörter oder andere Zeichen müssen erst in der zweiten Phase mühsam gesucht werden, wenn das erwähnte Spiel der Assoziationen läuft und nach Belieben reproduziert werden kann.«

Die *split brain*-Forschung liefert eine Erklärung für kognitive Differenzen, die das anthropologische Insistieren auf intellektuelle Gleichheit und die Einheit der Spezies unangetastet läßt und das Problem von Kultur und Kognition in einen komplexeren *biokulturellen* Theorierahmen stellt.

Obgleich bei normalen Menschen die beiden informationsverarbeitenden Systeme über das corpus callosum komplex miteinander verbunden sind und miteinander kommunizieren, kann in jedem Einzelproblem, das sich dem Organismus stellt, eine Gehirnhälfte die andere »beherrschen«. Wir möchten also die These aufstellen, daß die Unterschiede in den logischen Prozessen, wie sie Gladwin, Lee, Cohen und andere darstellen, *nicht* auf umweltbedingte Transformationen in den Nervenfunktionen der Großhirnrinde zurückgehen, sondern vielmehr einfach auf die Gewohnheit, sich mehr auf einen der beiden präexistierenden, hemisphärisch lokalisierten kognitiven Modi zu verlassen. Kurz gesagt ist die navigatorische Strategie der Truk-Insulaner »dominant rechtsseitig«, die des europäischen Navigators »dominant linksseitig«. In manchen Situationen unserer Kultur jedoch sind die Fähigkeiten der rechten Gehirnhälfte dominant, so daß ein Basketball-Spieler beispielsweise eine kognitive Strategie à la »Truk-Navigation« benutzt, um Körbe zu werfen, und nicht eine westliche Navigationsstrategie, die ja zu der höchst komischen Szene führen müßte, daß ein Spieler vor dem Wurf einen Wegeplan aufstellen, eine Karte des Spielfelds konsultieren und sorgfältige Flugbahnberechnungen anstellen würde.

Bis hierhin ist unsere Lösung für das Paradox von Kultur und Kognition praktisch dieselbe wie die von Cole u. a. – universelles Vorhandensein einer Mehrzahl von kognitiven Prozessen, aber unterschiedliche Anpassung der spezifischen Prozesse an die kultur- und möglicherweise auch klassen- und personspezifischen Probleme. Sie unterscheidet sich jedoch darin, daß sie die neurologischen Grundlagen für das Vorhandensein einer Mehrzahl von kognitiven Prozessen bestimmt und die Notwendigkeit eliminiert, die radikale Veränderung der Funktionsweise des Gehirns von einer Situation zur anderen durch die Umwelt zu erklären. Außer daß er die nötigen biologischen Grundlagen für die These Coles und seiner Mitarbeiter beibringt, hat der biokulturelle Ansatz für die Untersuchung menschlichen Denkens noch weitere Implikationen, die einer Überlegung wert sind.

Erstens sind, obwohl verschiedene Weisen menschlichen Denkens hemisphärisch lokalisiert zu sein scheinen, die Gehirnhälften normalerweise miteinander verbunden und stehen miteinander ja schließlich in wechselseitiger Kommunikation. Infolgedessen verlangt die Lösung für irgendein spezielles Problem, das einem menschlichen Organismus gestellt ist, keine Entweder-Oder-Bindung an einen Typ des kognitiven Prozesses. Es verhält sich vielmehr so, daß die *kognitiven Strategien, die der Organismus zur Verfügung hat, sich aus verschiedenen Kombinationen geistiger Prozesse zusammensetzen,* die ihrerseits theoretisch dargestellt werden können als *eine unbestimmte Zahl von Ergebnissen zerebraler Interaktion oder von Oszillationen zwischen den Gehirnhälften, die aus verschiedenen »Mischungen« von rechts- und linkshälftigen Funktionen bestehen.* So wird weitere neurologische Forschung zum genauen Ablauf des Zusammenspiels der beiden Gehirnhälften und der spezifischen Beiträge der rechts-

und linkshälftigen Denkweisen zur Problemlösung von entscheidender Bedeutung für die Untersuchung von Kultur und Kognition sein.

Zweitens – und hier unterscheiden wir uns am schärfsten von der Position Coles und seiner Mitautoren – kann es individuelle und gesellschaftliche Differenzen in der allgemeinen *Sensibilisierung* der rechtshälftigen Funktionen gegenüber den linkshälftigen geben. Solche Unterschiede müssen nicht das Ergebnis genetischer Differenzen sein, sondern sie können durchaus die Konsequenz von »Lernprozessen« sein, welchen Überlebenswert kognitive Strategien haben, die eine Gehirnhälfte relativ stärker beanspruchen als die andere. Die eine Gehirnhälfte erwirbt also mehr »Praxis« als die andere. Obgleich wir annehmen sollten, daß es keine signifikanten Unterschiede in den bei einzelnen Populationen genetisch kodierten Fähigkeiten der rechten und der linken Gehirnhälfte gibt, sollte der Möglichkeit individueller genetischer Differenzen in der relativen Sensibilisierung der rechten und der linken Gehirnhälfte als einer Quelle dessen, was in der Gesellschaft als »Begabung« anerkannt wird, doch Aufmerksamkeit geschenkt werden. (In diesem Zusammenhang fällt dem Älteren von uns ein Erlebnis aus seiner Kindheit ein, als er sich damit abplagte, etwas an seinem Seifenkistenrenner zu reparieren, und sein »dusseliger« Spezi nur bemerkte: »Anthony, du kannst ja gut in der Schule sein, aber einen praktischen Verstand hast du wirklich nicht«, um dann schnell und geschickt die Sache selber in Ordnung zu bringen.) Indes, da man ja von der einfachen Tatsache ausgehen muß, daß es in allen Gesellschaften »Fertigprodukt«-Sprachen (linkshälftige Funktion) ebenso gibt wie die Notwendigkeit, subtile Unterscheidungen visueller Gegebenheiten vorzunehmen (rechtshälftige Funktion), ist es unmöglich für die Mitglieder einer beliebigen Gesellschaft, vollkommen rechts- oder linkshälftig dominant zu sein.

Es bleibt zu prüfen, ob es signifikante Unterschiede zwischen Individuen und Populationen in der relativen Sensibilisierung der Gehirnhälften gibt. Auch sind natürlich sowohl rechts- als auch linkshälftige Funktionen wichtig für das Überleben aller Individuen in allen Gesellschaften. Trotzdem gibt es immer noch die Möglichkeit, daß, entsprechend dem relativen Überlebenswert von kognitiven Strategien, die mehr auf rechts- oder auf linkshälftige Fähigkeiten zurückgreifen, die einzelnen Individuen sich an entweder rechtshälftig oder linkshälftig dominante oder an ausgewogene kognitive Prozesse *gewöhnen* können, um sie als Allzweck-Strategien in einer neuen Situation heranzuziehen. So bemerken Cole u. a. (1971, S. 226):

»Die Tendenz, Dinge nach einem allgemeinen Schema zu lernen, ist beim amerikanischen Schulkind sehr, sehr stark. Tatsächlich wirkte sich in manchen Fällen die Annahme der Testperson, daß sie irgendeiner unausgesprochenen Regel folgen müsse, hinderlich auf ihre Performanz aus. Zum Beispiel benutzten die amerikanischen Kinder sehr viel häufiger als unbeschulte Kpelle-Kinder taxonomische Kategorien zur Bestimmung der gesuchten Ähnlichkeiten ... So stark war diese Tendenz, daß da, wo die Bedingungen des Problems taxonomische Klassifikation schwierig oder gar unmöglich machten, ... die amerikanischen Kinder sogar gegen die Instruktionen verstießen, nur um an der taxonomischen Klassifikation festhalten zu können ... Die Kpelle-Testpersonen, auch die, die eine höhere Schule besucht hatten und taxonomische Klassifikation vielfach anwandten, verstießen nicht in dieser Weise gegen die Bedingungen des Problems.«

Mit anderen Worten waren die amerikanischen Testpersonen an linkshälftig-dominante Strategien derart gewöhnt, daß sie nicht auf rechtshälftig-dominante Strategien umschalten konnten, wenn sie das tun sollten. In gleichem Sinne berichtete Pertti Pelto (mündliche Mitteilung) von seiner frustrierenden Erfahrung bei dem Versuch, sich beim Rentier-Hüten bei den Skolt-Lappen immer seinen Standort gegenwärtig zu halten; er sah immer nur an seinen Gastgebern, daß er sich in seiner (linkshälftig-dominanten) Analyse des rechten Heimwegs vollkommen geirrt hatte. Auf der anderen Seite hat Nash (1967, S. 35-37) eine Lernstrategie für Maya-Fabrikarbeiter in Cantel beschrieben, die rechtshälftig-dominant zu sein scheint:

»Neue Arbeiter in der Fabrik werden von anderen Canteleños in einer Weise eingearbeitet, die den Lernsituationen zu Hause und überhaupt in der Kindheit ähnlich ist. Ein Mann oder eine Frau werden als Helfer an einer Maschine eingestellt ... Fünf oder sechs Wochen lang führt der neu eingestellte Arbeiter einfache Tätigkeiten aus, wie Material zur Maschine zu bringen oder fertige Stücke von ihr abzunehmen; die meiste Zeit jedoch vergeht mit der Beobachtung der Person, die die Maschine bedient. Ich habe Stunden damit verbracht, zuzusehen, wie ein Arbeiter eine Tätigkeit lernt. In einem Fall war es ein Mädchen, das lernte, mit einem Webstuhl zu arbeiten. Sie stellte sich morgens neben den Webstuhl und brachte die Rollen mit gefärbter Baumwolle. Sie stand neben der Maschine und beobachtete, wie die Arbeiterin die einzelnen Bewegungen des Webens ausführte. Weder stellte sie Fragen, noch wurden ihr Erklärungen gegeben. Wenn das Gerät an einem Hindernis stockte oder anhielt, beobachtete sie sorgfältig, was die Arbeiterin unternahm, um es wieder in Bewegung zu bringen. Wenn ein Tischtuch fertig gewoben war, nahm sie es vom Webstuhl ab. Das war etwa sechs Wochen lang ihre tägliche Routine, und am Ende dieser Zeit teilte sie mit, sie könne nun selbst mit der Maschine arbeiten. Ihre Vorarbeiterin sagte mir, daß sie während ihrer Anlernzeit in keinem Moment ein Gerät angefaßt oder seine Bedienung geübt hätte. Als sie sagte, daß sie so weit sei, wurde ihr die Maschine, die sie sechs Wochen lang beobachtet hatte, übergeben, und sie arbeitete damit, nicht ganz so schnell wie das Mädchen, das die Maschine gerade verlassen hatte, aber mit Geschick und Sicherheit. Was ist in dieser ›Trainings‹-periode geschehen? Der Anlernling wandte die Lernmethode an, die sie in Cantel gelernt hatte. Sie beobachtet die Arbeitsvorgänge und probt sie innerlich, bis sie sich imstande fühlt, sie auszuführen. Sie versucht sich nicht daran, bis sie sich kompetent fühlt, denn zu stümpern und Fehler zu machen ist ein Grund für *vergüenza* – öffentliche Schande. Sie stellt keine Fragen, weil das die Person, die sie anlernt, stören würde und weil man auch glauben könnte, sie sei dumm. Nach hinreichend langer Beobachtung kommt der Anlernling an den Punkt, an dem er fühlt, daß er die notwendigen körperlichen Operationen ausführen kann. Ich habe diese Lernmethode bei den Heimweberinnen mit ihren jungen Anlernlingen beobachtet, bei Jungen, die Autofahren lernen, und sogar in dem Fall eines Mannes, der singen lernte, aber nie eine Note sang, bis er fünf oder sechs Stunden lang einfach nur zugehört hatte. In dieser Art wird der Neuling in seine Tätigkeit und in deren neuartige Erfordernisse mit Leichtigkeit und entsprechend den üblichen Trainingsmustern eingeführt.

Diese Lernmethode hat ohne Zweifel enge Grenzen und wird nicht funktionieren, wenn es um symbolisches Lernen oder um das Lernen rein geistiger Operationen geht, aber es funktioniert bei der Unterweisung in den einfachen Aufgaben des Arbeitens mit einer Baumwollwebmaschine. Nach Aussagen des Managements sind etwa sechs Wochen die obere Grenze der Anlernzeit an einem Webstuhl oder einer Spinnmaschine. Man sagte mir, daß die Arbeit an der komplizierteren Jacquard-Maschine mehr Zeit erfordere, und daß die Fabrik sich nach den *listos* umsehe, den besten unter ihren Arbeitskräften, um sie dafür auszubilden. Für die anderen Tätigkeiten aber werden analphabetische Bauern oder Hausfrauen, denen Maschinen ganz fremd sind, auf diese Art in sechs Wochen zu recht brauchbaren Fabrikarbeitern.

Der Lernprozeß wird leicht modifiziert, wenn ein Canteleño Vorarbeiter werden soll, Arbeiter in der Maschinen-Werkstatt oder Helfer in der Elektrik-Werkstatt. Hier gibt das technische Personal mündliche Anweisungen und erklärt die Prinzipien und Operationen der Maschine oder des

Werkzeugs. Das technische Personal klagt darüber, daß die Canteleños nicht üben und oft kostspielige Fehler machen, wenn sie denken, daß sie mit einer der komplizierteren Maschinen schon umgehen können. Es wird geklagt, daß die Canteleños oft ›gleichgültig und lustlos‹ seien, während sie anspruchsvollere Fertigkeiten lernten. Diese Klage des fremden technischen Personals läßt auf den Wunsch der Canteleños schließen, gelassen und würdevoll auch dann zu erscheinen, wenn man als Neuling begierig ist, neue Fertigkeiten zu lernen.

Das Lernen in der Fabrik, wo Erfolge rasch erzielt werden, steht im Gegensatz zu der Übungssituation in der Schule. Die Lehrer sagen, es sei schwer, gute Leistungen zu erhalten, und die Canteleños sagen, zuviel Schularbeit oder Denken mache den Kopf *caliente*, heiß, und führe zu leichteren Krankheiten.«

Man darf indes nicht annehmen, daß die Gewöhnung an rechts- oder linkshälftige kognitive Strategien die Übernahme anderer Modi ausschließt. Cohens Arbeit vertritt die Ansicht (1969, S. 831), daß Veränderungen in der Familien- und der peergroup-Situation entsprechende Verschiebungen vom relationalen (rechtshälftig dominanten?) zum analytischen (linkshälftig dominanten?) kognitiven Stil bewirken können. Ebenso haben Cole u. a. herausgefunden, daß der Umfang an formaler Bildung Performanzunterschiede von Kpelle bei einigen Tests bewirkt. Ebenso hat Doob (1964, S. 360) herausgefunden, daß die eidetischen Abbildungsfähigkeiten (vermutlich eine Funktion vor allem der rechten Gehirnhälfte) bei städtischen Ibo-Erwachsenen entschieden geringer sind als die von ländlichen Ibos, die ihrerseits »dramatisch höher liegen, als man das gewöhnlich im Westen findet«.

In diesem Zusammenhang vermuten wir sehr, daß, da die Menschen in steigendem Maße abhängig werden von künstlichen Aufzeichnungsvorrichtungen (zum Beispiel Schreiben, Landkarten, Einkaufslisten), von standardisierten Meßinstrumenten (zum Beispiel Zollstöcken, Meßlöffeln, Waagen, Echoloten, Kilometerzählern) und von Kontrollgerät mit genauer Maßeinteilung (zum Beispiel Uhren, Kalendern, Geschwindigkeitsmessern, Kompassen, Wasserwaagen, Thermometern), sie sich immer weniger auf rechtshälftige Funktionen verlassen müssen und daß das zu einer Desensibilisierung dieser Funktionen führen kann (vgl. Bower 1970, S. 510). Umgekehrt, je weniger das Individuum von der persönlichen Lösung physischer Überlebensprobleme abhängig ist und je größer die soziale Segmentierung der Arbeit wird, desto höher ist erstens die gesellschaftliche Anerkennung für die Förderung einiger Individuen, die wenigstens einen Teil ihres Denkens auf die Elaboration linkshälftiger Funktionen verwenden, und desto größer ist zweitens der allgemeine Nutzen von linkshälftig-dominanten kognitiven Prozessen für die soziale Anpassung.

Mag es wahr sein oder nicht, daß unterschiedliche Kulturen (und das schließt Klassen- und Berufs-»Kulturen« ein) rechts- beziehungsweise linkshälftig-dominante kognitive Prozesse in unterschiedlichem Maße verstärken, es scheint ziemlich klar zu sein, daß die beiden Arten von Prozessen in verschiedenen Gesellschaften in verschiedener Weise bewertet werden. Vielleicht das beste Beispiel ist die Tendenz des westlichen Menschen, nur das als »wirkliche« Intelligenz anzusehen, was Manifestation der linkshälftigen Funktionen zu sein scheint. Es gibt allerdings auch eine Gegenströmung zu westlichen Werten, in der der Intellektuelle, der mit konkreten Problemen der Alltagswelt konfrontiert ist, als hilfloser Stümper karikiert wird. Mißfallensäußerungen heutiger amerikanischer Indianer über die anthropologischen Analysen amerikanischer Indianerkulturen als allzu abstrakt mögen teilweise von einer verschiedenen Wertvorstellung darüber abhängen, welche kognitiven »Routen« zu »wirklichem« Verstehen führen. Das erinnert an die alte Geschichte von dem kanadisch-indianischen Guide, der sich über die Lagerkünste seiner Kunden ausläßt: »Weißer Mann dumm. Er macht großes Feuer und sitzt weit weg. Indianer klug. Er macht kleines Feuer und sitzt nahe dran.« Es muß eigentlich nicht mehr gesagt werden, daß die Gedanken, die wir hier formuliert haben, sehr spekulativ sind. Nichtsdestoweniger liefern Untersuchungen zur Lateralität des Gehirns ein gewaltiges Wissenspotential für die Entwicklung eines adäquaten wissenschaftlichen Paradigmas zur kulturvergleichenden Kognitionsforschung. Ohne die biologische Grundlegung durch so etwas wie die *split brain*-Forschung wäre der Schlüssel zur Lösung des Kultur-Kognitions-Paradoxons für immer in dem Morast logischer Konstrukte »des Geistes« verloren.

Die bisherigen Ergebnisse der *split brain*-Forschung reichen zumindest aus, um das Vorhandensein von besonderen Denkweisen als möglich erscheinen zu lassen, die höchstens indirekte und schwache Verbindungen zur Sprache besitzen. Ferner gibt es gewisse Indizien dafür, daß rechtshälftige Funktionen relativ zeit-unabhängig und nicht sequentiell sind. Daraus ergibt sich für die Praxis, daß wir versuchen müssen, ein Vokabular für die Diskussion der visuellen, »nicht-verbalen« Denkweisen der rechten Gehirnhälfte zu entwickeln, wie schwierig und paradox dieses Bemühen auch erscheinen mag. Außerdem müssen wir empirische Testverfahren für kognitive Funktionen entwickeln, seien sie »kulturfrei« oder an die örtlichen Kulturen angepaßt, die erstens keinerlei Gebrauch von Sprache machen, auch nicht in den einführenden Instruktionen, und die zweitens keine Struktur sequentieller Operationen eingebaut haben, wie unbequem das für den Experimentator auch sein mag. Als Ergänzung zu Washburns Aufforderung (1973, S. 181), Premacks Tests des symbolischen Verhaltens von Schimpansen auf die »nichtsprachliche Seite eines menschlichen Wesens« anzuwenden, würden wir meinen, es müßten einige menschliche Analogsituationen zu Labyrinthversuchen oder zum Bündel Bananen, das über dem Kopf eines im Käfig eingesperrten Schimpansen hängt, entwickelt werden. So wenig ethisch das klingen mag, wirklicher Fortschritt in der Untersuchung der menschlichen Kognition wird nicht zu erzielen sein, bis man Techniken entwickelt, die den Testpersonen wirkliche und wichtige Problemlösungen abfordern, zum Beispiel, wie man an Nahrung kommt. Mit solchen Verfahren könnte es möglich sein, die rechts- oder linkshälftige Dominanz in den kognitiven Allzweckstrategien zu testen, die verschiedene Individuen anwenden. Im Idealfall könnte man auch weniger drastische Versuche entwerfen: Die Arbeiten von Marsh (1971) und Bogen u. a. (1971) enthalten einige wichtige Vorstöße in diese Richtung.

Wir hoffen, daß wir dadurch, daß wir die Aufmerksamkeit auf die *split brain*-Forschung lenken, der anthropologischen Interpretation der menschlichen Kognition Stoff zum Nachdenken geben. In jedem Fall sind wir zuversichtlich, daß die Entdeckungen der Gehirnphysiologie eine tragfähige biologische Grundlage zur Legitimation von Forschung zu *qualitativen,* nicht quantitativen Intelligenzunterschieden liefern können, und zwar ohne implizierte Werturteile – und ohne die Furcht, des Rassismus oder des Mystizismus geziehen zu werden.

1 *Split brain:* Dieser seiner prägnanten Kürze wegen hier beibehaltene
  Begriff bezeichnet, wie im Aufsatz selbst ausgeführt, die relative Unabhängigkeit beziehungsweise Besonderheit der beiden Gehirnhälften in
  ihren Denkfunktionen. Wie die Autoren in einer längeren Anmerkung
  erläutern, stand ihnen bei der Abfassung des Manuskripts das Buch von
  TenHouten/Kaplan (1973) nicht zur Verfügung. Sie interpretieren ihren
  Ansatz als Versuch, mehr als jene Autoren Kontinuität und Zusammengehörigkeit von Denktypen herauszuarbeiten. In einer Vorbemerkung
  betonen Paredes und Hepburn, aus welchen Gründen sie als theoretische Anthropologen sich auf das fremde Gebiet der neurophysiologi-
  schen und experimentellen Forschung begeben haben. Der Kern dieser
  Begründung wird im Text und in der Schlußbemerkung wiederholt,
  und so wurden die Einleitung ebenso wie längere referierende Passagen
  zu den im vorliegenden Band abgedruckten Arbeiten von Lee und
  Gladwin sowie die Anmerkungen 1 und 3 der Kürze wegen ausgelassen.
  Der Aufsatz hat eine größere Kontroverse ausgelöst beziehungsweise
  öffentlich werden lassen, wie aus den in *Current Anthropology* 17, 1976,
  S. 318-326, 503-511, 738-742; 18, 1977, S. 344-350 veröffentlichten Diskussionsbeiträgen hervorgeht.

2 Jakobson und Halle (1956/1960) beschreiben zwei Pole oder Achsen
  der Sprache: »In der Aphasie ist der eine oder der andere dieser zwei
  Prozesse eingeschränkt oder vollkommen blockiert - ein Effekt, der das
  Studium der Aphasie für den Linguisten besonders aufschlußreich
  macht. Im normalen sprachlichen Verhalten sind beide Prozesse ständig
  am Werk, aber sorgfältige Beobachtung wird zeigen, daß unter dem
  Einfluß eines kulturellen Verhaltens-, Persönlichkeits- und Sprachmu-
  sters einem der beiden Prozesse der Vorzug vor dem anderen gegeben
  wird.« Sie bezeichnen diese beiden Pole als den »metaphorischen«
  beziehungsweise den »metonymischen«. De Saussure (1916/1967) hatte
  diese Begriffe schon früher eingeführt, sie aber als »syntagmatische
  Relationen« beziehungsweise »assoziative Relationen« bezeichnet. Aus
  dessen Sicht schreibt Barthes (1965/1976): »Für Saussure kann sich
  die Beziehung zwischen sprachlichen Begriffen auf zwei Ebenen vollziehen, von denen jede ihre eigenen Werte hervorbringt; diese beiden
  Ebenen entsprechen zwei Formen der geistigen Tätigkeit.«
  (J. A. P./M. J. H.)

3 Vgl. in diesem Band, S. 169 ff.

4 Da Gladwin in dem hier abgedruckten Beitrag von 1970 den Gegensatz
  von abstrakt/konkret wesentlich differenziert hat, wurde die ausführliche Zitierung und Referierung seiner früheren Arbeiten durch Pare-
  des/Hepburn weggelassen.

Michael Cole
Eine ethnographische Psychologie der Kognition

1. Zur Problemgeschichte

Wie bei vielen Psychologen, die kulturvergleichende Forschung betreiben, war mein Einstieg in dieses Gebiet der Psychologie ein Ergebnis von Zufällen. Als mathematischer Psychologe ausgebildet und im Besitz eines gültigen Passes, stand ich auf Abruf bereit für ein Projekt zur Verbesserung des Mathematikunterrichts für Kinder in Liberia. Als ich aufbrach, hatte ich nur eine recht ungenaue Vorstellung von der geographischen Lage Liberias. Ebenso vage war die Vorstellung meiner Geldgeber von meiner Mission und ihrer Durchführung.

In der Tradition der amerikanischen Lernpsychologie ausgebildet und eben graduiert, kam ich in Liberia an mit einem unsichtbaren Gepäck von Annahmen über die menschliche Natur und über menschliches Lernen. Natürlich wußte ich eine Menge über empirische Methoden. Ich konnte eine große Anzahl von Experimenten regelrecht entwerfen und durchführen, die Daten in sauberen Tabellen sammeln und diese Zahlentabellen mit Hilfe vieler statistischer Techniken analysieren. Wie die meisten meiner Kollegen glaubte ich an die Umwelt-These: Ich war gewillt, individuelle Unterschiede bei allen Arten menschlicher Eigenschaften anzunehmen, »Intelligenz« eingeschlossen, aber ich hielt es für unwahrscheinlich, daß eine Rasse mehr davon besäße als eine andere. Was noch wichtiger war, ich war davon überzeugt, daß die Entwicklung psychologischer Prozesse weitgehend eine Funktion frühkindlicher Erfahrungen darstellt. Fehlen bestimmte Erfahrungen, so ist das Auftreten vieler psychologischer Prozesse unwahrscheinlich, oder sie entwickeln sich zumindest nicht vollständig. Schließlich wußte ich, daß psychologische Tests und Experimente wesentliche Mittel zum Verständnis psychologischer Prozesse sind. Um etwas über den Stand der Konzeptentwicklung von Kindern zu erfahren, konnte ich Piagetsche Erhaltungsaufgaben verwenden, die mir Auskunft darüber geben würden, ob das Kind die konkret-operationale Stufe erreicht hat. Die Erhaltungsperformanz würde auch anzeigen, ob das Kind Schemata wie »Reversibilität« entwickelt hatte. Ich konnte die Entwicklung indirekter Lernprozesse beurteilen, indem ich einen von mehreren Tests zum Unterscheidungs-Transfer verwendete. Fähigkeiten zur

Klassifikation und zum abstrakten Denken konnten über vielfältige Klassifikationsaufgaben gemessen werden, und die thematische Zusammenstellung bei Gedächtnistests würde mir darüber Auskunft geben, ob Erinnerungen nach Kategorien organisiert worden waren. Die Zahl der empirischen Hilfsmittel, die ich verwenden konnte, und die Zahl der hypothetischen Prozesse, die ich untersuchen konnte, waren Legion. Der einzige Generalnenner war die Annahme, daß jede Testaufgabe zur Diagnose eines spezifischen kognitiven Prozesses dient.

In Liberia verbrachte ich zuerst einen großen Teil der Zeit damit, im Land herumzureisen und die Menschen nach den Ursachen ihrer Schwierigkeiten mit Mathematik zu befragen, die der Grund für meine Reise gewesen waren. Die Antworten, die ich von Leuten bekam, die sich mit Kindern beschäftigten (Lehrern, Ärzten, amerikanischen Müttern, die afrikanische Kinder beim Spiel mit ihren Kindern beobachtet hatten), entsprachen meinen Erwartungen.

Die Liste der Dinge, die die afrikanischen Kinder nicht oder nur schlecht konnten, war in der Tat sehr umfangreich. Sie konnten nicht den Unterschied zwischen einem Dreieck und einem Kreis erklären, weil sie ernste Wahrnehmungsprobleme hatten. Das machte die Aufgabe für das einheimische Kind beinahe hoffnungslos, wenn es darum ging, mit so etwas wie einem Puzzlespiel umzugehen, und das erklärt auch, warum »die Afrikaner keine Puzzles legen können«. Ich hörte eine Menge darüber, daß »Afrikaner nicht klassifizieren können«, und natürlich wurde der bekannte Hang afrikanischer Schulkinder häufig diskutiert, rein mechanisch zu lernen.

Und die Ursache für diese Schwierigkeiten? Ein Physikdozent an einem College schlug vor, daß AID (die amerikanische Agentur für Entwicklungshilfe) für jedes Kind in Liberia billiges Lernspielzeug kaufen sollte. Beinahe jeder hatte ein Lieblingsdefizit an kindlicher Erfahrung zu nennen, dessen Beseitigung von großem Nutzen für die Bildungsleistungen liberianischer Schulen sein würde.

Sowohl die Kollektion der Annahmen, die ich als Ergebnis meines Studiums nach Liberia mitbrachte, als auch die Diagnosen meiner Gastgeber zu den Lernschwierigkeiten der liberianischen Schüler waren großenteils Produkt der Zeit. Es war die Ära, in der in Amerika das benachteiligte Kind »entdeckte«. In Wendungen, die den Äußerungen über die Kpelle-Kinder in Liberia sehr ähnlich waren, boten amerikanische Gelehrte und Erzieher Erklärungen für die Schulschwierigkeiten amerikanischer Minderheitengruppen und der Armen an (Riesman 1962; Deutsch u. a. 1967).

John Gay und ich suchten nach den Ursachen der Schulschwierigkeiten auch in den häuslichen Verhältnissen des Kindes. Rückblickend stellte sich jedoch heraus, daß wir dieses Problem mit Zusatzannahmen angingen, die in Wahrheit nicht Teil meiner psychologischen Ausbildung waren und von den Erziehern und Psychologen, mit denen wir sprachen, nicht geteilt (oder zumindest nicht bedacht) wurden. Zunächst nahmen wir an, daß, obgleich Kpelle-Kindern einige Erfahrungen fehlen, die Kinder normalerweise machen, es ihnen jedoch keinesfalls an Erfahrung mangelt. So begannen wir mit der These, daß »wir über die einheimische Mathematik mehr wissen müssen, um tragfähige Brücken zur neuen Mathematik bauen zu können, die wir einzuführen versuchen« (Gay/Cole 1967). Diese Annahme führte uns zu einer Erkundung der Art und Weise, wie Zahlen, geometrische Formen und logische Operationen in der Kpelle-Sprache ausgedrückt werden. Wir untersuchten auch solche Situationen, in denen die Kpelle etwas messen, Probleme diskutieren und Lernsituationen für die Erziehung ihrer Kinder organisieren.

Unsere zweite, etwas unprofessionelle Annahme war die, daß Menschen ihre Fertigkeiten bei Aufgaben erwerben, die sie oft zu bewältigen haben. Man könnte meinen, diese Feststellung sei allzu selbstverständlich oder trivial, aber ihre Konsequenzen sind es nicht. Sie führte mich schließlich zu einer Neuformulierung des Problems der Beziehung zwischen Erfahrung und der Entwicklung der kognitiven Prozesse, die ich hier erläutern möchte. In den sechziger Jahren führte sie uns zu der Entdeckung, daß die Kpelle Meister sind im Abmessen von Reis. Für diesen Erfahrungsbereich haben sie ein höchst entwickeltes Vokabular und ein vollkommen konsistentes Meß-System. Wenn sie dagegen Entfernungen oder Längen abmessen, ist das Vokabular weniger detailliert, und wir entdeckten, daß sehr oft die Nichtübertragbarkeit von Längeneinheiten durch die Art des zu messenden Objektes oder der zu messenden Entfernung bedingt war.

Im Rückblick auf unsere frühere Arbeit sehe ich vieles, dem ich nicht mehr zustimmen kann. Unser Denken war zu sehr durchdrungen von der Vorstellung kultureller Deprivation und daraus folgenden kognitiven Defiziten. Dennoch kann ich jetzt feststellen, daß unsere Mischung aus »wissenschaftlichem« und »common-sense«-Zugang zum mathematischen Verhalten der Kpelle den Weg wies für unsere spätere Arbeit über Kultur und Kognition. Insbesondere brachte sie uns dazu, die Situationsabhängigkeit der kognitiven Prozesse zu betonen sowie die daraus folgende Notwendigkeit, ethnographische und experimentelle Techniken bei der Untersuchung von Kultur und Kognition zu verbinden.

2. Verständigung: Die Schwäche des Psychologen ist die Stärke des Ethnologen

Wenn ich jenseits psychologischer Standards die Beweiskraft ethnologischer Befunde prüfe, ergibt sich eine Art Paradox. Um das zu illustrieren, will ich einen Teil einer unveröffentlichten Untersuchung von Kpelle in Liberia vorstellen. Zwei Erwachsene sitzen an einem Tisch. Vor jedem liegt ein bunt zusammengewürfelter Haufen von zehn Stäben unterschiedlicher Form und Größe aus verschiedenen Holzarten. Zwischen den beiden Männern ist eine Sichtbarriere aufgestellt, und einer (den ich als den Sprecher bezeichnen werde) soll jetzt die Stäbe einen nach dem anderen seinem Partner (dem Zuhörer) beschreiben. So wird einer der Stäbe nach einer vorher festgelegten Liste ausgewählt und an die Barriere vor den Sprecher gelegt, der den Stab dann beschreibt. Der Zuhörer versucht, anhand dieser Beschreibung den passenden Stab aus seinem Haufen herauszufinden. Dieser Prozeß wird so lange fortgesetzt, bis alle zehn Stäbe von jedem Mann hingelegt worden sind. Ihnen wird dann die Zuordnung von zehn Paaren gezeigt, Fehler werden beschrieben und diskutiert, und der Prozeß wird wiederholt.

Eine Serie von Stäben, wie ich sie beschreiben würde und wie sie tatsächlich von einem Kpelle-Sprecher beschrieben wurden, ist in Tabelle 1 aufgeführt.

Tabelle 1: Bezeichnungen für Stäbe im Kommunikations-experiment

Englische Beschreibung	Kpelle Beschr. 1	Kpelle Beschr. 2[*]
Dickstes gerades Holz	einer von den Stäben	einer von den Stäben
mitteldickes gerades Holz	einer, ein großer	einer von den Stäben
Haken	einer von den Stäben	Stab mit einer Gabel
dünner gebogener Bambus	Stück Bambus	gebogener Bambus
dünnes gebogenes Holz	ein Stab	einer von den Stäben
dünner gerader Bambus	ein Stück Bambus	kleiner Bambus
langer dicker Bambus	einer von den Bambus	großer Bambus
kurz, dornig	einer von den dornigen	hat Dornen
lang, dornig	einer von den dornigen Stäben	hat Dornen

* Die Reihenfolge der Präsentation bei Versuch 2 war eine andere als bei Versuch 1.

Was bei der Performanz dieses Mannes überrascht (sie ist repräsentativ für die Mehrzahl der traditionalen Kpelle-Reisbauern, die an dieser Untersuchung teilnahmen), ist die Tatsache, daß er daran scheitert, Merkmale in seine Beschreibung einzubeziehen, die zu solchen Gegenständen mitgeteilt werden müssen, wenn die Botschaft unzweideutig empfangen werden soll.

Erzielt man solche Ergebnisse bei amerikanischen Kindern, so interpretiert man sie gewöhnlich als Beleg dafür, daß das Kind nicht die Fähigkeit entwickelt hat, den Standpunkt des Zuhörers einzunehmen. Einige Forscher würden das Versagen des Sprechers als Fehlen einer Entwicklung über die Stufe der egozentrischen Sprache hinaus deuten (Piaget 1926). Von Bernstein (1961) oder von Krauss und Rotter (1968) wird die Hypothese aufgestellt, daß sich die Schwierigkeit von Unterschichtkindern im Vergleich mit Mittelschichtkindern bei einer Kommunikationsaufgabe wie dieser aus der äußerst geringen Interaktion zwischen Kind und Erwachsenem ergibt und aus den Defiziten der Unterschichtsprache im Formulieren von Abstrakta. Beide theoretischen Ansätze lassen sich auf die Interpretation des Verhaltens unserer Kpelle-Testpersonen anwenden. Aber sind sie vernünftig? Wollen wir wirklich behaupten, daß ein Kpelle-Erwachsener kognitiv nicht weiter ist als ein sechsjähriges Kind aus Genf oder daß die Kpelle-Sprache Abstrakta nur unzulänglich ausdrücken kann? Diese Zweifel werden bei gelegentlichen Diskussionen mit Testpersonen außerhalb der experimentellen Situation rasch verstärkt. Sie scheinen fraglos sehr adäquat zu kommunizieren; so wissen wir, als sie uns dazu überredet haben, ihnen zwei Flaschen Bier zu kaufen, nichts darüber, was sich hinten in diesem Experimentierraum gerade abgespielt hat.

Der Rückgriff auf die ethnographische Literatur gibt uns sogar noch mehr Anlaß zu theoretischer Skepsis. Unter den vielen Aufsätzen von Evans-Pritchard über die Zande-Kultur trägt einer den Titel »Sanza, ein charakteristisches Merkmal der Sprache und des Denkens der Zande« (1963). In diesem Aufsatz beschreibt Evans-Pritchard, wie die Zande die Möglichkeiten mehrdeutigen Redens nutzen, um sich vor möglicherweise feindlichen Stammesgenossen zu schützen. Evans-Pritchard bringt viele Beispiele von Sanza; eines, das wir alle leicht einschätzen können, ist das folgende:

Ein Mann sagt in Gegenwart seiner Frau zu seinem Freund: »Freund, diese Schwalben, wie sie herumflattern.« Er spricht über die Flatterhaftigkeit seiner Frau, und falls sie die Anspielung verstehen sollte, schützt er sich selbst, indem er zu den Schwalben hinaufschaut, während er seine scheinbar unschuldige Bemerkung macht. Sein Freund versteht, was er meint, und antwortet: »Ja, Mann, sage mir nichts über diese Schwalben und wie sie hierherkommen, Mann!« (Was du sagst, ist nur zu wahr.) Seine Frau jedoch versteht auch, was er meint, und sagt in scharfem Ton: »Ja, Mann, du verläßt diese (Frau), um eine gute (Frau) zu nehmen, Mann, weil du eine Schwalbe geheiratet hast, Mann!« (Heirate jemand anderen, wenn du so darüber denkst.) Der Ehemann schaut überrascht und gequält darüber, daß seine Frau an einer harmlosen Bemerkung über Schwalben Anstoß nimmt. Er sagt zu ihr: »Ist man so empfindlich in bezug auf das da oben (Schwalben), Frau?« Sie antwortet: »Ja, Mann, daß ich hinters Licht geführt werden soll, paßt mir nicht. Du sprichst über mich. Du wirst von meinem Baum abfallen.« Der Sinn dieser Antwort ist: »Du bist ein Dummkopf, mich in meinem Dabeisein auf die Probe zu stellen und zu täuschen. Ich bin's, über die du sprichst, und immer greifst du mich an. Ich werde weglaufen, und es wird etwas passieren, wenn du mir zu folgen versuchst« (1963, S. 211).

Evans-Pritchard sagt über ein erfolgreiches Sanza (1963, S. 222): »Das Beste ... ist, sich bedeckt und einen Rückzugsweg offenzuhalten, sollte der, der von deiner Bosheit betroffen ist, sich beleidigt fühlen und Schwierigkeiten machen wollen.« Die Zande folgen dieser Praktik so erfolgreich, und so verbreitet ist das Sanza in der Alltagssprache der Zande, daß unser berühmter Kollege aus Oxford am Ende seines Aufsatzes klagen muß: »Es (Sanza) vergrößert die Schwierigkeiten der anthropologischen Forschung sehr. Schließlich ist dann auch das Sicherheitsgefühl des Anthropologen untergraben, sein Vertrauen gestört. Er lernt die Sprache, kann in ihr sagen, was er sagen will, und kann verstehen, was er hört. Aber dann beginnt er sich zu fragen, ob er wirklich verstanden hat ... er kann nicht sicher sein, und sogar sie (die Zande) können nicht wissen, ob die Worte eine Nebenbedeutung haben oder ob jemand denkt, daß sie sie hätten.« Er schließt mit dem Zitat des Zande-Sprichworts: »Kann man in einen Menschen hineinsehen, wie man in einen locker geflochtenen Korb hineinsieht?« Es ist wichtig, darauf hinzuweisen, daß die Form zweideutiger Rede, die Evans-Pritchard beschreibt, zwar typisch für die Zande sein mag, der Gebrauch von rhetorischen Fähigkeiten als Mittel zur Kontrolle der sozialen Umwelt jedoch allgemein verbreitet ist, in alphabetisierten wie in analphabetischen Gesellschaften (Albert 1964; Labov 1969).

Ich habe diese Beispiele ausgewählt, weil sie als Vehikel der Illustration des Unterschieds zwischen anthropologischer und psychologischer Methode in der Kultur- und Kognitionsforschung dienen können. Betrachten wir zunächst das Beispiel von Evans-Pritchard. Anhand der gegebenen Informationen sagt einem schon der gesunde Menschenverstand, daß die Zande scharfsinnige und komplizierte Denker sind, die eine Vielzahl an Möglichkeiten, den Standpunkt ihrer Zuhörer eingeschlossen, in Betracht ziehen müssen, wenn sie entscheiden, was sie wem und wie sagen werden. Nimmt man an, daß die Kpelle rhetorisch ebenso geschickt sind – nach Bellman (1969) ist das der Fall –, so ist offensichtlich irgend etwas mit dem Kommunikationsexperiment nicht in Ordnung. Vielleicht verstellen sich die Teilnehmer absichtlich, oder sie können nicht verstehen, was von ihnen erwartet wird. Wie könnte jemand, der ein vorzüglicher Diskussionsredner ist, Sprichwörter und subtile Beleidigungen verwendet, eine solch simple Aufgabe nicht bewältigen? Eine Interpretation dieser Art hat eine lange und rühmliche Geschichte in der Anthropologie. Von der *Annahme der psychischen Einheit* ausgehend, behauptet der Anthropologe, daß alle menschlichen Gruppen hinreichend imstande sind, die vielen komplizierten Funktionen auszuführen, die ihre Kultur und ihre natürliche Umwelt von ihnen verlangen (Kroeber 1948). Die Gesellschaften variieren natürlich in der Art der Aufgaben, die sie ihren Mitgliedern stellen, und die Umwelt variiert in ihren natürlichen Merkmalen. Die Erkenntnis des Alltagswissens, daß Menschen bei Problemen geschickt sind, die sie oft erfahren, führt zu der Schlußfolgerung, daß es kulturelle Unterschiede in den Tätigkeiten gibt, die Anlaß zur Demonstration besonderer Geschicklichkeit sind. Aber das sind nicht im psychologischen Sinn Unterschiede in »kognitiven Prozessen«. Es sind nur Unterschiede der Schwerpunktsetzung.

Man kann nun fragen, wer dem nicht zustimmen wollte. Es sind die Psychologen, die hier im allgemeinen nicht zustimmen können, und zwar weder der Interpretation unserer beiden Beispiele noch allgemein der Formulierung des Kultur- und Kognitionsproblems. Ich kann hier nicht ausführlich darstellen, wie diese Unterschiede entstanden sind (ausführlicher: Cole u. a. 1971, S. 3-24, 176-212). Die wichtigsten Punkte sind wohl folgende:

(1) Die Psychologen als Gruppe lehnen es ab, natürlich vorkommende Verhaltenssequenzen als Belege für Lern- und Denkprozesse zu nehmen. Der Haupteinwand läßt sich aus einem Beispiel von Cole u. a. (1971) ersehen: Ein Mann sieht schwarze Wolken am Horizont und sagt, daß es regnen wird. Hat er das erschlossen, oder hat er sich nur an die Assoziation »schwarze Wolken = Regen« erinnert? Machen wir das Beispiel komplizierter. Nehmen wir an, daß ein Mann Instrumente verwendet, um Windgeschwindigkeit und Luftdruck zu messen. Er beobachtet eine bestimmte Kombination von Windgeschwindigkeit und Luftdruck und sagt, daß es regnen wird. Hat er einen Schluß gezogen? Es wäre wahrscheinlicher als im ersten Fall, aber es wäre immer noch möglich, daß er sich nur aus einer früheren Erfahrung an diesen Fall erinnert. Es ist tatsächlich unmöglich zu bestimmen, ohne spezifische Vorkenntnis der Personen und Umstände, ob eine Folgerung auf Erinnerung an Vergangenes beruht oder logischer Schluß anhand gegenwärtiger Umstände ist. Deshalb ist der Beweis der »Logik eines Schlusses«, den man aus Anekdoten oder natürlicherweise vorkommenden Ereignissen gewinnt, immer offen für alternative Interpretation. Ebenso wie es Doppeldeutigkeiten gibt, wenn man entscheiden will, welche Prozesse bei der Vorhersage von Regen ablaufen, gibt es Probleme, wenn man genau entscheiden will, was die Menschen tun, wenn sie Sanza verwenden. Sanza ist seiner Natur nach mehrdeutig, aber die Mehrdeutigkeit der Interpretation ist für den Psychologen eine doppelte. Wir müssen nicht nur wissen, was die Person »wirklich« gemeint hat, sondern wir wollen auch wissen, ob das, was sie gesagt hat, »Denken« oder Erinnerung darstellt. Vielleicht lernen die Menschen einen festen Grundstock an Sanzas. Als Kinder beobachten sie die Anwendung von Sanzas durch die Erwachsenen und ahmen die Älteren dann in einer passenden Situation nach. So könnte man behaupten, daß Sanza wenig mehr verlangt als mehrdeutige Formeln im Gedächtnis zu haben.

(2) Um diesen Schwierigkeiten zu entgehen, haben die Psychologen Denken *definiert* als neue Kombination – vorzugsweise in Problemlösungssituationen – von vorher gelernten Elementen. Bruners (1957) Definition von Kognition als »Überschreiten der gegebenen Information« erfaßt den Kern dieses Ansatzes, der von Psychologen quer durch die theoretischen Richtungen geteilt wird. Eine solche Definition läßt wohl Aussagen zum Denken nur auf der Grundlage von Experimenten zu.

(3) Das vorherrschende Muster psychologischer Logik prüft psychologische Prozesse von Individuen und Gruppen anhand von Versuchsdaten und Statistiken. Diese Prozesse werden als Eigenschaften von Individuen behandelt, die durch die experimentellen Verfahren »angezapft« werden. Aus dem bisher Gesagten muß deutlich geworden sein, daß ich zwischen dem ethnographischen und dem psychologischen Ansatz zur Kognitionsforschung einen tiefen Graben sehe. Die beiden Disziplinen teilen nicht

dieselbe Datenbasis: Die Ethnologen verlassen sich zum größten Teil auf natürlich vorkommende, alltägliche Ereignisse, während sich die Psychologen auf Experimente verlassen. Ethnologen lehnen Experimente als artifiziell ab, während Psychologen natürliche Verhaltenssequenzen als mehrdeutig meiden.

3. Die Interpretation von Testversagen

Meiner Meinung nach ist die schwächste Seite heutiger kulturvergleichend-experimenteller Psychologie die Art und Weise, wie Schlüsse aus der »unzureichenden Performanz« gezogen werden, aus Fällen, in denen Testpersonen die falsche Antwort geben.

Ich beziehe mich auf Beispiele wie das Versagen unserer Kpelle-Testpersonen bei der Spezifikation der entscheidenden Attribute der Stäbe, über die sie sich verständigen sollen. Nach dem unter Entwicklungspsychologen üblichen logischen Muster werden wir unerbittlich zu der Folgerung geführt, daß die Kpelle-Erwachsenen egozentrisch sind oder Defizite anderer Art in den ihnen zur Verfügung stehenden kognitiven Prozessen aufweisen. Ich glaube, daß dieses Muster ebenso weit verbreitet wie logisch unhaltbar ist. So stellte ein Forscher kürzlich fest: »Experimente zur kindlichen Sprachentwicklung können uns zeigen, was Kinder in verschiedenen Altersstufen *können*, aber wir können daraus nicht schließen, was Kinder *nicht können*« (vgl. die Diskussion zu Mehler in Ingram 1971, S. 154). Ich kann nur hinzufügen, daß dieses Prinzip generell für vergleichende Forschung auf allen Ebenen wie Alter, Kultur oder Spezies zutrifft.

Aus fehlender Performanz (oder schlechtem Testergebnis) wird deswegen so oft auf mangelnde Fähigkeit geschlossen, weil diese Schlußfolgerung »vernünftig« zu sein scheint. Bei Kindern aus derselben Kultur ist die Tatsache, daß ein älteres Kind mehr Wörter im Gedächtnis hat, daß es präziser kommuniziert, daß es sich ganz allgemein kompetenter verhält, nur zu erwarten. Schließlich hat sich das Kind entwickelt! Es *muß* einen neuen kognitiven Apparat erworben haben. In derselben Manier werden Vergleiche über kulturelle Institutionen plausibel. Vergleichende Statements kommen im allgemeinen von Psychologen und von einigen Anthropologen, und zwar gewöhnlich im Rahmen einer Theorie des allgemeinen kulturellen Fortschritts, nach der Kulturen immer weiter modernisiert werden. Selten werden die verglichenen kulturellen Institutionen und Kulturen als »unterschiedlich, aber gleichwertig« angesehen. Schule (Greenfield/Bruner 1966), Alphabetisierung (Goody/Watt 1962) und Akkulturation (Doob 1960) werden alle so gesehen, als versorgten sie die Menschen mit neuen kognitiven Prozessen, neuen Fähigkeiten und neuen intellektuellen Werkzeugen. Es wird behauptet, daß ohne umfassendes Training der Verstand nur konkreten Denkens fähig sei; ohne Schreiben sei analytisches Denken nicht möglich; ohne neue technologische Herausforderungen stagnierten Kultur und Denken.

Die allgemeine Konsequenz dieser Sichtweise, die ich eben vorgestellt habe, ist, daß die »benachteiligten« Gruppen (die keine formale Schulbildung haben, die nicht schreiben gelernt haben und denen die westliche Technologie fehlt) so gesehen werden, als fehlten ihnen insgesamt bestimmte, »entwickelte« Fertigkeiten. Eine andere Konsequenz ist die, daß der kulturelle Übergang zur Welt der Schulbildung, schriftlichen Kommunikation und Technologie oft so aufgefaßt wird, als bewirke er eine *Transformation* kognitiver Prozesse. In diesem Rahmen werden Bernsteins Ideen brauchbare Werkzeuge zur Erklärung kultureller Unterschiede in der Kommunikation. Und dieser Theorierahmen ermöglicht einigen Leuten die Annahme, traditionelle Kpelle-Erwachsene seien so egozentrisch, daß sie nicht den Standpunkt ihrer Zuhörer einnehmen könnten.

Bei Schlußfolgerungen dieser Art trennen sich die Wege von Anthropologen und Psychologen. Mein Einwand gegen die anthropologische Behandlung von Experimenten besteht darin, daß die berechtigte Kritik an den Schlüssen, die aus einer unzulänglichen Performanz gezogen werden, verknüpft ist mit einer ungerechtfertigten Vernachlässigung kultureller Performanzunterschiede. Daten aus psychologischen Experimenten sind, wenn man sie richtig benutzt, wichtiges Material zur Prüfung von Möglichkeiten und Grenzen der Doktrin von der psychischen Einheit. Ich glaube auch, daß adäquate kulturvergleichende Experimente unser Verständnis der Entwicklung und der Struktur kognitiver Prozesse insgesamt beträchtlich erweitern können. Aber die meisten kulturvergleichenden Experimente, glaube ich, erfüllen unsere diesbezüglichen Hoffnungen nicht.

Ich will kurz ein Beispiel aus einem Forschungsprogramm wiedergeben, bei dem die Suche nach Ursachen für eine unzulängliche Performanz aufschlußreich war. Mein Beispiel handelt vom logischen Schließen (vgl. Cole u. a. 1971, S. 176-212). Die immer noch andauernde Kontroverse über Existenz oder Nichtexistenz »primitiven Denkens« enthielt neben anderen Dingen auch die Streitfrage, ob es die Prämissen oder die logischen Gesetze sind, die sich bei »primitiven« und »zivilisierten« Völkern unterscheiden. Mit einer mechanischen Vorrichtung zum Test von Inferenzprozessen bei amerikanischen Kindern begannen wir eine Untersuchung zur Entwicklung der logischen Prozesse bei den Kpelle in Liberia. Das Gerät ist in Abbildung 1 dargestellt.

Abb. 1: Mechanische Vorrichtung zum Test von Inferenz

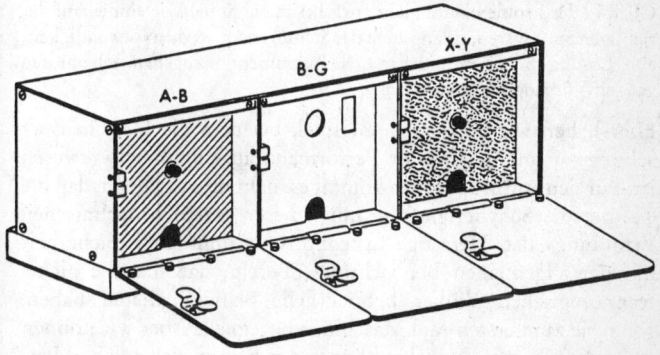

Das Problem wird folgendermaßen gestellt: Zunächst wird der Testperson beigebracht, daß sie nach Drücken des Knopfes im linken Fach eine Murmel erhält. Dann zeigt man ihr, daß sie, drückt sie den Knopf im rechten Fach, ein Kugellager erhält. Dann, wenn beide Seitenklappen geschlossen sind, zeigt man ihr, daß sie, wenn sie ein Kugellager in ein Loch des mittleren Fachs steckt, ein Bonbon erhält, das sie in einem kleinen Fenster sehen kann. Zum Schluß, alle drei Klappen sind geöffnet, erfährt die Testperson, daß sie das Bonbon nehmen, behalten und essen kann. Dieses Problem hat die angenehme Eigenschaft, die »Prämissen« zu spezialisieren (wie man eine Murmel und ein Kugellager erhält), aus denen eine Lösung (wie man das Bonbon bekommt) gefunden werden soll, und sicherzustellen, daß die Testpersonen diese Prämissen genau kennen, bevor sie darangehen, die verlangten Schlüsse zu ziehen. Als wir dieses Problem zuerst Gruppen von traditionalen Kpelle (Kindern und jungen Erwachsenen) stellten, war die Performanz sehr gering. Nur 15 Prozent der jungen Erwachsenen zum Beispiel lösten spontan das Problem, und ungefähr die Hälfte kam zu einer falschen Lösung.

Ein anderes Experiment identifizierte die Hauptursache der Schwierigkeit. Als ein analoges Problem mit Streichholzschachteln und einer kleinen verschlossenen Kiste konstruiert wurde, waren sogar kleine Kinder im allgemeinen erfolgreich. Das belegt eindeutig, daß Vertrautheit mit den Testmaterialien wichtig ist, wenn Menschen eine kognitive Fertigkeit, die sie haben, anwenden sollen (vgl. Wason/Johnson-Laird 1972).

Eine zusätzliche Untersuchung erlaubte, den Punkt in dem Problem, an dem Vertrautheit wichtig ist, näher zu bestimmen. Die Phasen der ersten beiden Untersuchungen wurden miteinander veknüpft. Zum Beispiel erhielt man jetzt Schlüssel aus unserem Phantasieapparat, und mit einem von diesen konnte man die verschlossene Kiste öffnen. Es zeigte sich, daß Testversager die Lösung deswegen nicht fanden, weil sie mit dem *ersten* Glied in der Problemkette nicht zurechtkamen. Sobald sie einmal auf der richtigen Spur waren, gelang auch der Schluß adäquat; die Notwendigkeit, eine Lösung mit einem unvertrauten Instrument anzugehen, scheint den ganzen Vorgang zu erschweren.

Hier haben wir wieder ein Beispiel, bei dem die Ursachenforschung zu unzureichender Performanz aufschlußreich gewesen ist. Für den Anthropologen kommt es nicht überraschend, daß die Testperson Schwierigkeiten mit »dieser fremden technischen Erfindung« hat. Derartige Erkenntnisse stimmen mit Sicherheit mit der allgemeinen Beobachtung überein, daß manche nichttechnologischen Völker beträchtliche Schwierigkeiten haben, wenn sie zum ersten Mal Maschinen begegnen. Aber wir können mehr dazu sagen. Zunächst können wir zeigen, daß solche Menschen unter vertrauteren Umständen derartige Probleme zu lösen vermögen; sie sind zum Beispiel imstande, Schlüsse zu ziehen. Zweitens haben wir den Punkt in den Problemlösungsprozessen isoliert, an dem Schwierigkeiten auftreten: Es ist nicht einfach die seltsame Vorrichtung; der Stein des Anstoßes ist ein spezifisches Stadium im Umgang mit ihr.

4. Probleme für die Zukunft

Im Rückblick auf nahezu ein Jahrzehnt unserer Kultur- und Kognitionsforschung sehe ich, daß sie von zwei Arten von Fragen geleitet wurde. Am Anfang hatten wir zwei Forschungsinteressen: Welche Erfahrungen fördern die Entwicklung welcher intellektueller Prozesse? Sind diese Erfahrungen an kulturelle Institutionen gebunden, die von besonderer Bedeutung sind? In Beantwortung dieser Fragen ging ich von der Annahme einer engen Beziehung zwischen experimenteller Technik und psychologischem Prozeß aus. Implizit benutzte ich die Experimente als eine Berechnungstechnik: Wieviel von Prozeß X kommt in Kultur Y vor?

In den letzten Jahren veränderte sich die Frage. Ich fing an zu fragen: Welche kulturellen Erfahrungen fördern die Manifestation intellektueller Prozesse in experimentellen Situationen? Diese Frage brachte uns auf eine nächste: Welche nicht-experimentellen Situationen geben uns Aufschluß über das Vorhandensein von abstraktem Denken, logischem Schließen, Erinnerung und anderer kognitiver Prozesse? Ich wurde wesentlich skeptischer hinsichtlich der Beziehung zwischen Experiment und Prozeß und meinte schließlich generell, daß »kulturelle Unterschiede in der Kognition eher auf den Situationen beruhen, auf die besondere kognitive Prozesse angewendet werden, als auf dem Vorhandensein oder Fehlen eines Prozesses in einer kulturellen Gruppe« (Cole u. a. 1971, S. 233).

Ich halte diese Feststellung für richtig, aber Zustimmung sollte nicht zwei ungelöste Fragen verdunkeln. *Erstens:* Gibt es identifizierbare Defizite in kognitiven Prozessen, die auf dem Fehlen von spezifischen Erfahrungen beruhen? Unsere methodologische Kritik an gegenwärtigen experimentellen und logischen Praktiken der Psychologie leugnet nicht die Möglichkeit, daß es kulturelle Unterschiede in dem Vorhandensein kognitiver Prozesse gibt. Eine derartige vollständige Leugnung wäre nicht nur verfrüht, sie wäre mit ziemlicher Sicherheit falsch. *Zweitens:* Der Nachweis, daß jemand imstande ist, Begriffe zu erinnern und zu bilden, bedeutet nicht, daß es keine wichtigen kulturellen Unterschiede in der Kognition gäbe. Kpelle-Kinder zeigen oft in der Schule kein gutes Gedächtnis; sie ziehen nicht »offensichtliche« Schlüsse auf die Ursache des Hakenwurmbefalls; sie verallgemeinern nicht von

2 + 2 = 4 und 4 + 4 = 8. Diese Schwierigkeiten können alle auf mangelnder Anwendung vorhandener Fähigkeiten auf das vorliegende Problem beruhen, aber sie sind deshalb nicht weniger reale Probleme in diesem Zusammenhang.

Ich werde diese beiden Fragen der Reihe nach behandeln, wobei ich fest davon überzeugt bin, daß ihre Lösung von einer Kombination aus ethnographischem und experimentellem Ansatz abhängig ist.

5. Über das Vorhandensein psychologischer Prozesse

Einer der wirklich aufregenden Aspekte kulturvergleichender Kognitionsforschung besteht darin, daß sie ein natürliches Laboratorium anzubieten scheint, in dem eine breite Vielfalt an Hypothesen über die Beziehung zwischen Erfahrung und Verhalten getestet werden kann. Da die meisten von uns die allgemeine Aussage akzeptieren, daß die Kognition des Erwachsenen aus einer Interaktion zwischen Organismus und Umwelt besteht, was könnte dann natürlicher sein als die Idee, gezielte Variationen auf der Umweltseite dieses Interaktionssystems einzuführen? Innerhalb dieses Rahmens untersuchten meine Kollegen und ich den Einfluß von Erziehung auf die kognitive Entwicklung. Und ebenfalls innerhalb dieses Rahmens wurden die meisten großen kulturvergleichenden Forschungsprogramme durchgeführt (zum Beispiel Segall/Campbell/Herskovits 1966; Berry 1971; Bruner/Olver/Greenfield 1966; Dasen 1972a, 1972b und viele andere). Ich würde sehr gerne sehen, daß solche Forschung fortgesetzt und ausgedehnt würde. Ich wurde angeregt von Erkenntnissen über den Einfluß von Bildung, Praktiken der Kindererziehung, natürlicher Umwelt und Sprache auf das kognitive Verhalten. Aber – wie oben schon angedeutet – ich begegne Schlußfolgerungen mit Unbehagen, die eine unzureichende Performanz mit Fehlen oder Unterentwicklung eines allgemeinen kognitiven Prozesses gleichsetzen. Ich will hier nur eine der vielen Forschungsrichtungen diskutieren, zu denen ich viele Fragen habe.

Ich will die Schlußfolgerungen untersuchen, die sich aus dem gewaltigen, immer weiter anwachsenden Corpus kulturvergleichender Arbeiten mit Piaget-Tests ergeben; das ist vermutlich relevant für die Frage, ob bestimmte Kulturen das kognitive Wachstum weiter und schneller vorantreiben als andere. Wenn ich die Frage einmal beiseite lasse, ob die Erfahrung formaler Bildung für die Entwicklung von konkret-operationalem Denken bei traditionalen, analphabetischen Völkern entscheidend ist (nach Greenfield/Bruner 1966 wäre sie es; nach Dasen 1972a, 1972b reicht sie nicht aus), so bleibt für mich die Frage nach dem kognitiven Stand solcher Menschen, die keinen Erhaltungsbegriff haben. Nehmen wir zum Beispiel die Forschungsarbeiten zu Menschen, die in semi-ariden Gegenden leben, in denen immer wieder ernste Wasserknappheit eintritt und die Fähigkeiten der einheimischen Bevölkerung zum Aufspüren des knappen Wassers legendär sind (zum Beispiel die Aborigines Australiens). Sollen wir etwa glauben, daß erwachsene Aborigines Wasser in hohen schmalen Kannen aufbewahren, um »mehr Wasser zu haben«? Glauben sie, daß sie Wasser verlieren, wenn sie es von einem Eimer in ein Faß gießen? Ich bin versucht zu glauben, daß sie schon lange verschwunden wären, wenn das der Fall wäre. Ich kann ebensowenig glauben, daß sie nicht imstande sind, eine Handlung und ihre Umkehrung durchzudenken. Wenn wir jedoch die Interpretationen von schlechter Performanz bei Genfer Kindern auf erwachsene Aborigines übertragen wollen (man beachte, daß ich nicht die *Tatsache* bestreite, daß viele erwachsene Aborigines keine Erhaltungsantworten in experimentellen Situationen geben können), zu welchem anderen Schluß können wir kommen?

Wie Heron (1971) beschäftigt mich das Fehlen einer Korrelation zwischen der Performanz bei einer Piagetschen Aufgabe (Erhaltungstest positiv oder negativ) und der Mathematikleistung (die operationales Denken voraussetzt). Wenn Schulen das kognitive Wachstum fördern, dann sollten die Tests, die dieses Wachstum widerspiegeln, zwischen der relevanten Performanz der weiter und geringer entwickelten Schüler unterscheiden (entsprechend den Testkriterien). Das war jedoch bei Herons Schülern aus Sambia nicht der Fall, und wir haben keinerlei Beweis dafür, daß es in den anderen Fällen so ist, bei denen die Erhaltungsperformanz als Indikator für die kognitive Entwicklung genommen wurde.

Das Scheitern vieler australischer (und afrikanischer) junger Erwachsener in Erhaltungstests ist eine Tatsache, aber deren Interpretation scheint mir recht problematisch zu sein. In Europa und in den Vereinigten Staaten, wo alle normalen Kinder früher oder später das gesamte Spektrum der Erhaltungsprobleme bewältigen, ist eine Feststellung wie die, daß »55 bis 60 Prozent der 5- bis 6jährigen erhalten«, relativ leicht zu interpretieren: 55 bis 60 Prozent der Kinder haben die konkret-operationale Stufe erreicht, die *alle* Kinder irgendwann erreichen. Die Kultur ist homogen hinsichtlich der Performanz der Erwachsenen, aber die verschiedenen traditionalen Gesellschaften, die wir untersucht haben, sind *nicht* homogen hinsichtlich ihrer Stufe der kognitiven Reife, wenn man sie anhand der Erhaltungsperformanz mißt: einige Erwachsene erhalten, andere nicht. Was heißt das, wenn man behauptet, daß »Stamm X in seiner Entwicklung nicht über die Stufe europäischer Elfjähriger hinausgelangt«, wenn 50 Prozent der Mitglieder des Stammes X erhalten und 50 Prozent nicht? Niemand im Stamm X operiert auf der »Elfjährigen-Stufe«, und von »Stehenbleiben in der kognitiven Entwicklung« zu sprechen, als ob die Aussage auf Individuen anwendbar wäre, ist ein schwerwiegender Fehler. Bis wir genauere Vorstellungen davon haben, was einige Mitglieder traditionaler Gesellschaften dazu veranlaßt, Erhaltungsprobleme zu lösen, während ihre Nachbarn es nicht tun, können wir über die Bedeutung der Erhaltungstests als Mittel zum Verständnis der Beziehung zwischen Kultur und kognitiver Entwicklung nichts Sicheres aussagen.

Ich glaube nicht, daß wir mit den heutigen Forschungspraktiken diese Schwierigkeiten lösen können. Man wird notwendigerweise eine wesentlich detailliertere Vorstellung davon gewinnen müssen, welche Erfahrungen genau mit bestimmten Erhaltungsbegriffen verknüpft sind. Einige wenige Forscher haben den Einfluß der Variation von Inhalt und Verfahren auf die Erhaltung untersucht (zum Beispiel Price-Williams 1961; Greenfield 1966; Price-Williams/Gordon/Ramirez 1969). Ich halte das für einen Schritt in die richtige Richtung, und die Ergebnisse zeigen bisher deutlich, daß sowohl Verfahrens- als auch Inhaltsveränderungen einen deutlichen Effekt auf die Erhaltungsperformanz haben (siehe auch Dasen 1972a, 1972b). Niemand hat jedoch die systematischen Variationen ausgearbeitet, die Price-Williams (1967) verlangt, und niemand hat eine Untersuchung der Ökologie und des Alltagslebens einer Gruppe vorgenommen, um nach erhaltungs-ähnlichen Prinzipien auf irgendeinem Gebiet zu suchen.

6. Über Situationsveränderungen bei der Manifestation kognitiver Prozesse

Obgleich ich bisher gerade die Probleme einer Forschung betont habe, die auf kulturelle Unterschiede im Vorhandensein und Umfang allgemeiner kognitiver Prozesse zielt, ist auch der situative Ansatz zur Kultur- und Kognitionsforschung befrachtet mit begrifflichen Problemen und empirischen Lücken; und das um so mehr, als man ihm bisher nur wenig Aufmerksamkeit geschenkt hat.

Zunächst einmal muß noch harte Denkarbeit darauf verwendet werden, die Begriffe *kognitiver Prozeß* und *Situation* zu klären. Solange wir einen kognitiven Prozeß im Kontext einer bestimmten Theorie und anerkannter experimenteller Diagnostik verstehen, stellen sich diese Fragen nur selten. Aber unsere jetzige Analyse zwingt sie uns auf. In der Literatur zur Kognition und speziell zu Kultur und Kognition ist die Vielfalt von Begriffen verwirrend, die unter den Bezeichnungen »Prozeß« und »Situation« gruppiert werden können. Es ist überhaupt nicht klar, ob oder welche Unterscheidungen mit verschiedenen Begriffen intendiert sind. Bisweilen werden Begriffe wie »Fertigkeit«, »Mechanismus«, »Fähigkeit«, »Potential« und »Prozeß« so verwendet, als ob sie austauschbar wären. Doch gab es Versuche, systematische Unterscheidungen zwischen diesen Begriffen einzuführen. Flavell und Wohlwill (1969) schlagen eine Unterscheidung zwischen »geistigen Operationen« und »Mechanismen zur Bearbeitung von Input und Output« vor. Donaldson (1963) spricht von »strukturellen« und »exekutiven« Fehlern. Unsere Unterscheidung zwischen dem Vorhandensein und der Anwendung von Fähigkeiten folgt dieser letzteren Tradition. Aber wie andere muß auch ich mich der Ungenauigkeit bezichtigen (zum Beispiel bei der Diskussion über die »Prozesse und Fertigkeiten«, die einer gut strukturierten Gedächtnisleistung zugrunde liegen), und ich werde so lange ungenau sein, bis wir Kriterien zur Differenzierung dieser Begriffe spezifizieren können.

Unsere Probleme mit dem Situationsbegriff sind genauso schwerwiegend. Manchmal wurde »Situation« einfach mit »experimenteller Manipulation« gleichgesetzt. Hierzu würde ich die Untersuchungen zählen, bei denen das experimentelle Material (Bilder/Gegenstände, Wasser/Selters), die Instruktionen, die Anreize und ähnliches variiert werden. Ein anderes Mal bezieht sich »Situation« auf den gesamten »Kontext« der Untersuchung, zum Beispiel, wenn wir ein Wortgefecht mit einem Kommunikationsspiel vergleichen. Gegenwärtig haben wir keine Situationstheorie zur Verfügung, die uns leiten könnte. Man könnte allenfalls einige Arbeiten aus dem Gebiet der Soziologie (McHugh 1968; Gumperz/Hymes 1972) und vielleicht einige Forschungsergebnisse der Sozialpsychologie (Orne 1970) als Ausgangspunkt verwenden.

Zusätzlich zu den Definitionsproblemen müssen wir auch bedenken, welche Form eine Kultur- und Kognitionstheorie annehmen würde, wenn Situationsfaktoren einen Teil der Theorie bilden. Auf der einen Seite können wir uns eine Situationstheorie in enger

Anlehnung an einen allgemeinen kognitiven Entwicklungs- oder
»Faktoren«-Ansatz vorstellen: Einige kulturelle Institutionen
fördern Verbreitung und Gebrauch eines bestimmten Prozesses
(zum Beispiel Abstraktion), während andere seine Anwendung
nur in wenigen, ausgewählten Situationen fördern. Ein Beispiel
dazu könnte Gladwins (1970) Beschreibung der Puluwat-Navigatoren
bilden, die mit Hilfe eines abstrakten Sternkompasses von
Insel zu Insel gelangen, aber nicht ausreichend abstrakt auf eine
Piagetsche Reihenbildungsaufgabe zu reagieren vermögen. Diese
Methode wird oft davon ausgehen, daß ein (abstrakter, generalisierter)
Prozeß entwicklungsmäßig »höher« steht als ein anderer
(konkreter, mechanischer).

Ein etwas anderer Zugang zu Situationsvariationen würde
Unterschiede in der Anwendung kognitiver Fähigkeiten auf verschiedene
Tätigkeitsfelder innerhalb einer Kultur herausarbeiten,
und zwar, indem man zu bestimmen versucht, welche Variablen
das Auftreten verschiedener Prozesse steuern. Ein konkretes Beispiel
für eine solche Forschungsrichtung kann anhand der Arbeit
von Greenfield und Childs (1974) demonstriert werden.

Es geht darum, ob das Erlernen eines der drei traditionellen Zinacanteco-Webmuster
eine allgemeine Fähigkeit zur Mustererkennung beeinflußt
hat. Die Untersuchung von Mädchen (die weben können) und Jungen (die
es nicht können) hat gezeigt, daß die Weberfahrung jede *allgemeine* Fähigkeit
zur Mustererkennung nur sehr wenig beeinflußt hat, obgleich die
Mädchen besser als die Jungen Details vorgelegter Muster kopieren konnten.
Greenfield und Childs gelang es auch nicht, irgendeinen deutlichen
Hinweis auf den Einfluß der Grundschulerziehung auf ihren Test zur
Generalisierung von Mustern zu erhalten. Warum hatte das Erlernen des
Webens keine verallgemeinernde Wirkung? Mehrere Möglichkeiten bestehen
hier. Unter Berufung auf Price-Williams, Gordon und Ramirez (1969)
erwähnen Greenfield und Childs die Möglichkeit, daß die Mädchen nicht
genug gewebt haben, um ihre Muster generalisieren zu können. Greenfield
und Childs (1974, S. 29) ziehen die Erklärung vor, daß »praktische
Erfahrung spezifische kognitive Teilfertigkeiten entwickelt, ... während
andere, allgemeinere kulturelle Einflüsse, ökonomische Aktivität zum
Beispiel, eine generalisierte kognitive Performanz entwickeln«. Ich bin
mit dieser Erklärung nicht glücklich, weil sie nicht spezifiziert, was an der
ökonomischen Aktivität Besonderes ist, außer daß sie einen »allgemeinen
kulturellen Einfluß« darstellt. Aber eine unserer Aufgaben besteht darin,
kulturelle Unterschiede nach ihrem Allgemeinheitsgrad zu bestimmen
und zu ordnen. Ist die ökonomische Aktivität aus sich heraus allgemein
wirksam, oder läßt sich das von jeder »allgemeinen« Aktivität sagen?

Ich möchte eine Behauptung aufstellen, die nicht in die Berufung auf allgemeine kulturelle Einflüsse flüchtet, sondern die eine gewisse Möglichkeit bietet, Situationsveränderung mit einem soliden Komplex an psychologischen Daten zu verknüpfen. Ich möchte behaupten, daß die Variationsbreite ebenso wie der Umfang an Praxis in einem Gebiet entscheidend ist für die breite Anwendung kognitiver Fähigkeiten. Wenn sich eine einzige, zentrale Lehre aus Jahren der Lernforschung ableiten läßt, so ist es die, daß Tiere (wie Menschen) generalisierte Problemlösungsfähigkeiten durch wiederholte Erfahrung mit verschiedenen Problemen desselben Typs erwerben. Zinacanteco-Weber lernen drei Muster. Das sind alle, die es dort gibt. Wie Bruner, Goodnow und Austin (1956) gezeigt haben, sind Begriffe wesentliche Mittel zum Umgang mit großen Informationsmengen. Aber was ist wesentlich, wenn das Informationsfeld klein und konstant ist? Um diese Ideen zu testen, schlage ich ein anderes Webexperiment vor; ich suche mir dafür ein Gebiet, in dem es einige Menschen gibt, die nur ein oder zwei Muster kennen, andere fünf oder sechs, oder wieder andere fünfzehn oder zwanzig. Ich kenne kein derartiges Gebiet, wenn wir vom Tuchweben sprechen, aber ich weiß, daß es in Yucatán (Mexiko), wo ich kürzlich gearbeitet habe, eine große Vielfalt an mehrfarbigen Mustern gibt, die in Hängematten eingewebt werden. Einige Menschen können nur wenige, andere viele Muster weben. Ich schlage also eine Untersuchung vor zum Einfluß des Webens auf Mustererkennung als Funktion der Zahl an Mustern, die eine Person weben kann. Ich wäre besonders an einem Ergebnis interessiert, nach dem sich die Allgemeinheit der Mustererkennung als direkte Funktion der Anzahl der Muster darstellte, die ein Mensch kennt. Als nächstes möchte ich diese Forschungsstrategie verallgemeinern auf die Beispiele zweideutiger Rede und Kommunikation, die ich zu Beginn dieses Aufsatzes darstellte. Man kann erkennen, daß ich von der Art und Weise sehr beeindruckt bin, wie traditionale Völker komplizierte kognitive Fähigkeiten in sozialen Situationen anzuwenden scheinen, während es ihnen nicht gelingt, diese Fähigkeiten in einer experimentellen Aufgabe anzuwenden. Im Zusammenhang mit unserem Web-Beispiel würde ich behaupten, daß soziale Interaktionen für wiederholte Erfahrung mit Problemen desselben Typs (jemanden dazu bringen, daß er einem einen Gefallen tut), aber unterschiedlichen Inhalts (verschiedene Menschen, Dinge usw.) sorgen. Ich würde diese Spekulation sehr gerne mit experimentell wiederholbaren Beobachtungen verbinden. Dazu würde es solcher Experimente bedürfen, die im Inhalt *sozial* sind. Ich habe zur Zeit noch keine Vorstellung, wie man in dieser Richtung vorgehen sollte.

Ich möchte auch gern andere Bereiche alltäglicher Aktivitäten erforschen, und zwar mit dem Blick auf die Vielfalt der darin enthaltenen Beispiele. Ethnographische Beschreibungen traditionaler Landwirtschaft und Volkskunst heben rudimentäre Technologie und Dürftigkeit der Werkzeuge hervor. Könnte es sich herausstellen, daß eine wichtige Dimension der kulturellen Unterschiede auf der Veränderlichkeit der Aufgaben und Werkzeuge beruht, mit denen die Menschen umgehen müssen?

Das sind in der Tat sehr umfangreiche theoretische Fragen. Ich habe sie mit einiger Ausführlichkeit diskutiert, weil sie den Hintergrund bilden für mein Insistieren auf eine Verknüpfung von Ethnologie und Psychologie im Dienst des Verstehens von Kultur und Kognition.

Sylvia Scribner
Denkweisen und Sprechweisen

Neue Überlegungen zu Kultur und Logik

»Was man hören möchte, richtet sich nach den Gewohnheiten. Denn wie wir es gewöhnt sind, so soll der Redner reden; was darüber hinausgeht, erscheint uns nicht mehr von gleicher Art und, weil wir es nicht gewöhnt sind, recht unverständlich und fremd. Denn das Gewohnte erkennen wir leichter... Daher gehören schon Bildung und Geschmack dazu, sich immer richtig einzustellen.«

(Aristoteles, *Metaphysik* I, 3, 995a, Übers. Paul Gohlke).

1. Kultur und Logik: Neue Wege der Forschung

Von den vielen Fragen zu Kultur und Denken, mit denen sich die Wissenschaft in den letzten hundert Jahren beschäftigt hat, hat die Frage, ob die industrialisierten und die traditionalen Völker dieselben logischen Prozesse teilen, zu den erbittertsten Kontroversen geführt. Ursprünglich in der Soziologie und der Anthropologie angesiedelt, hat sich die Debatte weitgehend auf das psychologische Gebiet verlagert. Hier hat sie ihren sichtbarsten Ausdruck im Streit über die richtige Interpretation der kulturvergleichenden Piagetschen Experimente zur logischen Kompetenz gefunden: Beweisen sie die Universalität der logischen Strukturen der Intelligenz oder nicht? (Zur Problemgeschichte: Cole/Scribner 1974). In den letzten Jahren wurde noch eine ganz andere psychologische Forschungsrichtung entwickelt. Einer altehrwürdigen Tradition in psychologischen Laboratorien folgend (Woodworth 1938), haben kulturvergleichende Forscher Syllogismen und andere formal-logische Probleme verwendet, um Prozesse verbal schlußfolgernden Denkens zu untersuchen. Obgleich diese Arbeit noch an ihren Anfängen steht, hat sie doch schon ein kohärentes Gebäude von Erkenntnissen geschaffen; damit erweist sich eine neue Strategie der Suche nach kulturellen Einflüssen auf logische Prozesse als fruchtbar, die die psychologische Untersuchung von Denkprozessen mit der ethnographischen Untersuchung von Sprechweisen vereinigt. Dieser Aufsatz betrachtet die Hauptergebnisse dieser Forschungsrichtung und bietet einen ersten spekulativen Interpretationsrahmen. Wir beginnen mit einer kurzen Beschreibung der Arbeiten, die Daten für die Diskussion liefern, während Aristoteles, der Erfinder des Syllogismus und Analytiker des Diskurses, in den Kulissen wartet.

2. Kulturvergleichende Untersuchungen zum verbal-logischen Denken

Verbal-logische Probleme wurden zur Untersuchung kultureller Einflüsse auf Denkprozesse zuerst von dem russischen Psychologen Luria (1971) und seinen Kollegen bei Untersuchungen verwendet, die sie in den Jahren 1931–1932 in entlegenen Gebieten von Usbekistan in Zentralasien durchführten. Angeregt von Wygotskis Theorie der geistigen Entwicklung, die behauptet, daß komplexe intellektuelle Prozesse durch Bedingungen des sozialen Lebens und der praktischen Tätigkeit spezifisch determiniert werden, versuchten diese Psychologen festzustellen, ob die sozialen und ökonomischen Reformen in Usbekistan nach der Revolution Veränderungen in den perzeptuellen und kognitiven Fähigkeiten der einheimischen Bevölkerung hervorgerufen hatten. Um das logische Denken zu untersuchen, verwendete Luria einfache Syllogismen, in einer Kombination von Experimenten und Interviews. Er untersuchte vier Populationen, die sich nach ihrer Teilhabe an modernen sozialen Einrichtungen deutlich unterschieden: Analphabetische Moslemfrauen in entlegenen Dörfern, die keine produktive Arbeit leisteten; analphabetische Männer aus denselben Dörfern, die traditionale Landwirtschaft betrieben; junge Aktivisten aus einem landwirtschaftlichen Kollektiv, von denen einige etwas Lesen und Schreiben gelernt hatten; schließlich weibliche Lehrerstudenten. Deutliche Unterschiede in der Performanz zwischen den traditionalen und den »modernen« Gruppen (die weiter unten beschrieben werden), wurden als eine Bestätigung der Theorie von Wygotski aufgefaßt.

Einige Jahrzehnte später verwendeten Cole, Gay, Glick und Sharp (1971) auch verbal-logische Probleme in ihren ausgedehnten Untersuchungsreihen zum Lernen und Denken bei den

Kpelle, einem Volk von Reisbauern im westafrikanischen Liberia. Um die spezifischen Merkmale der Situationen und Erfahrungen zu bestimmen, die die Performanz beeinflussen, benutzten sie verschiedenste Materialien (Satzprobleme und syllogistische Probleme), Aufgaben (Schlußfolgerungen oder Gültigkeitsurteile) und Arrangements (Einzelinterviews und Gruppendiskussionen). Verglichen wurden Populationen analphabetischer Männer und Frauen mit traditionalen Beschäftigungen und junger Leute mit unterschiedlicher Ausbildung in englischsprachigen Regierungs- und Missionsschulen. Die Ergebnisse, die »schwere« Denkfehler bei den traditionalen Gruppen zu belegen schienen, veranlaßten Scribner (1975) dazu, eine Reihe von Gedächtnis-Tests unter den Kpelle und den Vai (einem Nachbarvolk) vorzunehmen, um die Hypothese zu prüfen, daß die Unfähigkeit, die Probleminformation zu integrieren und zu behalten, die eigentliche Ursache des scheinbar »nicht-logischen« Verhaltens war.

Um die Auswirkungen der kulturellen Faktoren auf die Performanz zu spezifizieren, wiederholten Sharp und Cole (1975) die Kpelle-Untersuchungen unter maya- und spanischsprachigen Dorfbewohnern in Yucatán (Mexiko). Verglichen wurden Kinder und Erwachsene aus ländlichen und halb-städtischem Milieu, mit und ohne Schulbildung. Schließlich legten Cole und Scribner 750 ausgewählten Vai-Erwachsenen eine Reihe von Syllogismen vor, im Rahmen eines Projektes zur Untersuchung der kognitiven Folgen der Alphabetisierung.[1]

Beispiele aus dem bei diesen Untersuchungen verwendeten Material sind in Tabelle 1 wiedergegeben. Berücksichtigt man die Unterschiedlichkeit der Menschen, der Arrangements, der Aufgaben und des Materials zwischen diesen Untersuchungen sowie die

---

Tabelle 1: Typische Problemfragen bei den kulturvergleichenden Untersuchungen verbal-logischen Denkens

Zentralasien
Baumwolle wächst da, wo es heiß und feucht ist.
Im Dorf ist es heiß und feucht.
Wächst Baumwolle dort, oder wächst sie dort nicht?

Im hohen Norden sind alle Bären weiß.
Nowaja-Semlja liegt im hohen Norden.
Welche Farben haben die Bären dort?

Westafrika
Alle Menschen, die Häuser besitzen, bezahlen eine Haussteuer.
Boima bezahlt keine Haussteuer.
Besitzt er ein Haus?

Einige Leute, die wir kennen, sind nicht in der Schule.
Alle Leute, die wir kennen, sind in Liberia.
Sind alle Leute in Liberia in der Schule?

Mexiko
Ein Hund und ein Pferd sind immer zusammen.
Das Pferd ist jetzt hier.
Was glaubst du, wo der Hund jetzt sein wird?

Um Korn von seiner Farm in die Stadt zu fahren,
braucht José einen Wagen und ein Pferd.
Er hat ein Pferd, aber er hat den Wagen nicht.
Kann José sein Korn von seiner Farm wegbringen?

---

spezielen Probleme der »Nichtwiederholbarkeit« kulturvergleichender Forschung, dann ist die Konsistenz der wesentlichen Ergebnisse beeindruckend. Nicht nur sind die Ergebnisse quantitativ auffallend einheitlich, sondern auch gewisse qualitative Aspekte der Performanz sind einander so ähnlich, daß es oft schwierig ist, das übersetzte Interviewprotokoll eines Usbeken von dem eines Vai zu unterscheiden, trotz aller kulturellen und geographischen Entfernung.

Die Konsistenz in den Problemlösungen ist in Tabelle 2 dargestellt, die die Erkenntnisse in vereinfachter Form zusammenfaßt (Lurias Untersuchungen sind weggelassen, da seine Methode, die auf jeden einzelnen Befragten zugeschnitten ist, keine »Punktwertung« zuläßt.). Die meisten Vergleichszahlen berücksichtigen nur den Effekt von Schulbildung, dem einzigen Merkmal von Populationen, das systematisch in allen Untersuchungen kontrolliert worden war. Zwei Untersuchungen von US-Schulkindern sind einbezogen, um die Reichweite der Vergleiche zu vergrößern. Bei mehreren Untersuchungen ermöglichten es die äußeren Bedingungen, Alter und Schulbildung unabhängig voneinander zu variieren; diese Untersuchungen sind mit einem Sternchen gekennzeichnet.

Tabelle 2: Zusammenfassung der kulturvergleichenden Untersuchungen: Prozentsatz der richtigen Antworten auf verbal-logische Probleme

	ohne Schulbildung	mit Schulbildung
Cole/Gay/Glick/Sharp (Kpelle)		
Untersuchung 3	35	91 (Highschool)
Untersuchung 4	61	100 (Highschool)
Untersuchung 5	65	
	64* (10-14 Jahre)	82* (10-14 Jahre, 2.-3. Klasse)
		89* (10-14 Jahre, 4.-6. Klasse)
Scribner (Kpelle)		
Untersuchung 1	63	83 (Junior Highschool)
Untersuchung 2	62	
Scribner (Vai)	52	
Cole/Scribner (Vai)	69	87 (alle Jahrgangsstufen
Sharp/Cole (Yucatán)	45* (Maya, trad. Stadt)	73* (3. Klasse)
	62* (Maya, teil-mod. Stadt)	76* (4. Klasse)
		55 (1.-2. Klasse)
		78 (4.-6. Klasse)
		97 (Sekundarstufe)
Scribner/Orasanu/Lazarov/Woodring (Vereinigte Staaten)		
Untersuchung 1		74 (2. Klasse)
		77 (5. Klasse)
Untersuchung 2		72 (2. Klasse)
		74 (5. Klasse)

* Bedeutet Untersuchungen mit Alterskontrolle.

Als eine Gruppe genommen, scheinen diese Untersuchungen eine Reihe von Verallgemeinerungen zu gestatten:

1. *In allen Kulturen* weisen die als »traditional« oder »analphabetisch« bezeichneten Bevölkerungsteile eine Lösungsrate nur unwesentlich über dem Zufallswert auf, und zwar bei allen Arten von Material. (Bei

dem größten Teil der genannten Untersuchungen mußten sich die Testpersonen zwischen zwei Möglichkeiten entscheiden, so daß ein Schnitt von 50 Prozent grob als »Zufalls«-Wert verstanden werden kann.) Die absoluten Ergebnisse variieren mit den Aufgaben und dem Material.

2. *Innerhalb jeder Kultur* besteht eine große Diskrepanz in der Performanz zwischen Personen mit und Personen ohne Schulbildung. Der größte Sprung scheint schon im zweiten oder dritten Schuljahr zu geschehen (auch Luria berichtet von »Bildungseffekten« bei minimalem Lese- und Schreibtraining), und es findet eine fortgesetzte Verbesserung in der Sekundarstufe und auf dem College statt.

3. *Zwischen den Kulturen* gibt es bei ähnlicher Schulbildung nur geringe Abweichungen in der Performanz. Weniger die Gesellschaft als die Schulstufe ist für die Performanz entscheidend. Die beiden in der Tabelle mitaufgeführten Untersuchungen an amerikanischen Grundschulkindern zeigen die Konsistenz der Beziehung von Jahrgangsstufe und Performanz.

Ein signifikantes Ergebnis, das nicht in der summarischen Statistik von Tabelle 2 dargestellt ist, sind die beachtlichen Unterschiede in der Performanz unter analphabetischen Erwachsenen. Die Genauigkeit der Lösung wechselte von Problem zu Problem (siehe Cole u. a. 1971, Scribner 1975 und Sharp/Cole 1975 für detaillierte Problemanalysen) und von Population zu Population. Diese Unterschiede sind wichtige Belege für die in diesem Aufsatz entwickelte These. Nichtsdestoweniger läßt das allgemeine Performanzniveau traditionaler Analphabeten und lassen die innerkulturellen Performanzunterschiede zwischen den Gruppen mit und ohne Schulbildung vermuten, daß logische Probleme traditionalen Analphabeten besondere Schwierigkeiten bereiten. Die Übereinstimmung in Antwortmustern *zwischen* den Kulturen zeigt an, daß diese Schwierigkeiten ihren Ursprung wahrscheinlich nicht in kulturspezifischen Aspekten haben.

3. Logisches Denken – logischer Fehler

Kommt die Schwierigkeit mit diesen Problemen daher, daß traditionale Menschen nicht logisch denken? Selbst eine nur geringe Vertrautheit mit dem täglichen Leben in diesen Gemeinschaften macht einen solchen Schluß unhaltbar für das Alltagsdenken. Lévy-Bruhl (1910), der als erster den Begriff einer »anderen Logik« des primitiven Denkens formuliert hat, nahm den Bereich der praktischen Tätigkeit bezeichnenderweise von dieser Verallgemeinerung aus.

Ist es dann so, daß traditionale Menschen ihre logischen Fähigkeiten nicht auf *verbales* Material anwenden? Der Eindruck aus der experimentellen Situation spricht gegen eine derartige Vorstellung. Viele Analphabeten zeigten im Laufe der Interviews, daß sie zu korrekten Schlußfolgerungen anhand verbaler Informationen durchaus fähig waren. Das wird in dem folgenden Interviewprotokoll (mit einem Kpelle-Bauern) deutlich sichtbar:

Versuchsleiter: Wenn Sumo oder Saki Palmwein trinken, wird der Bürgermeister (Town Chief) böse. Sumo trinkt keinen Palmwein. Saki trinkt Palmwein. Wird der Bürgermeister böse?
Testperson: Die Menschen ärgern sich nicht über zwei Leute.
V: (wiederholt das Problem)
T: Der Bürgermeister ärgert sich an diesem Tage nicht.
V: Der Bürgermeister ärgert sich nicht? Aus welchem Grunde?
T: Weil er Sumo nicht mag.
V: Er mag Sumo nicht? Sag weiter, warum?
T: Der Grund ist, daß Sumos Trinken eine Belastung darstellt. Deshalb, wenn er Palmwein trinkt, wird der Bürgermeister böse. Aber manchmal, wenn Saki Palmwein trinkt, will er die Menschen nicht verärgern. Dann legt er sich schlafen. Auf diese Weise ärgern sich die Leute nicht über ihn. Aber Leute, die trinken und sich prügeln – der Bürgermeister kann sie in der Stadt nicht leiden.

Während die Antwort des Mannes »falsch« ist, am experimentellen Problem gemessen, so ist sie doch das Ergebnis eines eleganten Stücks logischen Denkens, ausgehend von neuer Beweisführung. Wir können das leicht erkennen, wenn wir seine Aussagen in eine traditionellere syllogistische Form umwandeln:

Sumos Trinken ist für die Leute eine Belastung (explizite Prämisse). Sakis Trinken ist für die Leute keine Belastung (explizite Prämisse).
Die Menschen werden nicht böse, wenn man sie nicht verärgert (explizite Prämisse).
Der Bürgermeister ist ein Mensch (implizite Prämisse).
Deshalb ist der Bürgermeister über Saki nicht verärgert (Schlußfolgerung).

Das ist kein isoliertes Beispiel. Scribner (unveröffentlichte Aufzeichnungen) analysierte Interviews mit acht Erwachsenen in den

Cole u. a.-Untersuchungen, von denen jeder mindestens drei Probleme zu lösen hatte. Wo immer genügend Information gegeben war, um die gesamte Denkkette zu verfolgen, konnte man sehen, daß die Antwort logisch aus der Beweisführung der Testperson hervorging. Der kritische Faktor ist der, daß die »von der Testperson verwendete Beweisführung« in vielen Fällen (wie in dem oben angegebenen Beispiel) wenig Ähnlichkeit mit der im experimentellen Problem angebotenen Beweisführung besaß. Cole u. a. (1971, S. 188) schlossen daraus:

»Die Testpersonen haben reagiert (oder scheinen reagiert zu haben) auf konventionelle Situationen, bei denen ihre Vorerfahrung ihnen die Antwort diktiert hat ... Kurzum, es scheint so zu sein, daß eher der besondere verbale Kontext und Inhalt die Reaktion diktiert als die im Test-Problem willkürlich geschaffenen Beziehungen zwischen den Elementen.«

Luria hatte schon früher von derselben Tendenz bei Usbeken berichtet, in Begriffen der direkten persönlichen Erfahrung zu reagieren. Durch Veränderung der Probleminhalte konnte er jedoch zeigen, daß da, wo der Gegenstand Bezug zum praktischen *Wissen*, aber nicht mit schon bekannten *Fakten* zu tun hatte, die Antworten nicht einfach Verbalisierungen konventioneller Antworten waren, sondern neue Schlußfolgerungen, die die Testpersonen mit Hilfe eines Schritt-für-Schritt-Denkens von den Problemprämissen her entwickelten. »Denken und Deduktion ... folgen wohlbekannten Regeln ... die Testpersonen urteilen ausgezeichnet über Fakten, ohne irgendeine Abweichung von den ›Regeln‹ zu zeigen, und sie offenbaren eine Menge weltlicher Intelligenz« (Luria 1977).

Diese Beobachtungen machen deutlich, wie ungesichert der Schluß auf eine generelle Unfähigkeit des traditionalen Menschen zum logischen Denken ist. Fernerhin legen sie nahe, daß man bei jedem Schluß auf Denkfähigkeiten von Mitgliedern einer traditionalen Kultur genauer spezifizieren muß, *über* was sie denken. Urteilen die Testpersonen auf der Grundlage von Behauptungen der Problemstellung, oder beziehen sie sich in ihren Schlußfolgerungen auf Wissen von der wirklichen Welt? Ist die *funktionale* Beweisführung (anhand der tatsächlich verwendeten Information) anders als oder genauso wie die *formale* Beweisführung (anhand der in den Prämissen gelieferten Information)? Glücklicherweise gibt es Daten, die uns helfen, die in den Problemlösungen verwendete funktionale Beweisführung zu identifizieren; ihre genauere Prüfung vertieft unser Verständnis der Faktoren, die die Performanz bei logischen Problemen beeinflussen.

4. »Empirische« und »theoretische« Erklärungen

Bei einigen Untersuchungen wurden die Testpersonen nicht nur um Schlußfolgerungen gebeten, sondern auch um die Begründung oder Erklärung ihrer Antworten. Scribner nahm diese Erklärungen als Indikatoren dafür, ob die Testperson auf die im Problem enthaltenen oder auf externe Informationen reagierte. Alle Äußerungen, die die Schlußfolgerung *explizit* auf die Problemprämissen bezogen, wurden als »theoretische« bezeichnet; alle Äußerungen, die die Schlußfolgerung auf der Grundlage dessen begründeten, was die Testperson wußte oder für wahr hielt, sowie Reaktionen ohne Antwort auf die Frage wurden als »empirische« klassifiziert. Beispiele für jeden Typ werden die Unterscheidung verdeutlichen.

Das Problem ist:
Alle Menschen, die Häuser besitzen, bezahlen eine Haussteuer.
Boima bezahlt keine Haussteuer.
Besitzt Boima ein Haus?
Eine theoretische Begründung: »Wenn du sagst, Boima bezahlt keine Haussteuer, so kann er kein Haus besitzen.«
Eine empirische Begründung: »Boima hat kein Geld, um eine Haussteuer zu bezahlen.«

Tabelle 3 zeigt den Anteil an theoretischen Erklärungen, die von den wichtigsten Vergleichsgruppen in vier Untersuchungen abgegeben wurden.

Die Unterschiede zwischen den Populationen sind hier noch deutlicher als bei den Lösungen (Tab. 2), und wiederum dient Schulbildung als signifikantes Unterscheidungsmerkmal. Dorfbewohner ohne Schulbildung begründen ihre Antworten fast durchweg, indem sie sich auf Fakten, Glauben oder Meinung berufen. Ähnlich konsistent gehen die Gruppen mit Schulbildung theoretisch an die Aufgabe heran; sogar 7jährige Zweitkläßler in Schulsystemen, die eher das rein mechanische Lernen als die Entwicklung kritischen Denkens betonen, beziehen sich tendenziell auf die *Aussage* der Probleme, wenn sie um eine Begründung ihrer Antworten gebeten werden. Diese Angaben erhärten anekdotische Berichte der verschiedenen Forscher und dokumentieren die grundsätzliche Tendenz der Dorfbewohner, auf das konkrete Beispiel oder auf den besonderen Umstand zurückzugreifen. Dieser Rückgriff auf Wissen und Erfahrung von der wirklichen Welt, den wir vorläufig als »empirischen Bias« bezeichnen wollen, ist das hervorstechendste Charakteristikum der Performanz der Dorfbewohner und verdient eine detaillierte Untersuchung.

Tabelle 3: Prozentsätze der theoretischen Gründe für Problemantworten

	ohne Schulbildung	mit Schulbildung
Scribner (Kpelle)	22.3	75.0 (College, Junior Highschool)
Scribner (Vai)	8.3	–
Cole/Scribner (Vai)	29.5*	72.2* (Erwachsene, alle Schulstufen)
Sharp/Cole (Yucatán) Maya, trad. Stadt	43.0	75.9 (erwachs. Mestizen, 1.-6. Klasse)
Maya, teil-mod. Stadt	58.5	46.5 (2. Klasse) 80.8 (4.-6. Klasse) 97.4 (Sekundarstufe)
Scribner/Orasanu/Lazarov/Woodring (Vereinigte Staaten) Untersuchung 1		77.6 (2. Klasse) 93.2 (5. Klasse)
Untersuchung 2		76.0 (2. Klasse) 95.1 (5. Klasse)

* Repräsentatives Sample.

5. Was ist empirischer Bias? Einige Beispiele

Bei Untersuchungen über logisches Denken bezieht sich »empirischer Bias« auf die unmerklichen Wirkungen des Probleminhalts, die den Denkenden von der formalen Aufgabe »weglocken«; er wirkt als »Ablenker«. In der kulturvergleichenden Forschung, über die hier berichtet wird, sind solche ablenkenden Wirkungen auch festzustellen; in einigen traditionalen Gruppen jedoch nimmt empirischer Bias eine neue Form an: Er wirkt als »Organisator« und kennzeichnet die gesamte Art und Weise des Umgangs mit dem Material.

Extrem zeigt sich ein solcher Bias in der Weigerung einiger Personen, sich überhaupt an der Denkaufgabe zu beteiligen, und das mit der Begründung, die vorgelegten Probleme seien *prinzipiell* unbeantwortbar. Das wird in dem folgenden Protokoll eines analphabetischen Kpelle-Bauern deutlich, dem man eine Beschreibung dieses Wortspiels vorgelegt und gezeigt hat, wie man ein praktisches Problem löst, indem man »auf die Worte hört und sich ihrer Wahrheit widmet« (ein geläufiger Ausdruck aus der Kpelle-Sprache).

Hier das Problem:
Alle Kpelle-Bauern sind Reisbauern.
Mr. Smith ist kein Reisbauer.
Ist er ein Kpelle-Mann?

Die *Testperson* antwortet: Ich kenne den Mann nicht persönlich.
    Ich habe den Mann noch nie gesehen.
Versuchsleiter: Denk einfach über die Aussage nach.
T: Wenn ich ihn persönlich kenne, kann ich diese Frage beantworten, aber da ich ihn nicht persönlich kenne, kann ich diese Frage nicht beantworten.
V: Versuche es und antworte aus deinem Gefühl eines Kpelle heraus.
T: Wenn du eine Person kennst und Fragen über sie gestellt werden, kannst du antworten. Aber wenn du die Person nicht kennst und Fragen über sie gestellt werden, ist es schwer für dich, sie zu beantworten.

Dieser Mann lehnt entschlossen die Möglichkeit ab, auf der Grundlage von Sätzen zu folgern, die Behauptungen aufstellen über Dinge, von denen er persönlich keine Information hat. Er unterscheidet nicht zwischen dem Prozeß einer Schlußfolgerung aus Aussagen, die Beziehungen feststellen, und dem Prozeß einer Beurteilung von Informationen. Gleichzeitig zeigt das Protokoll, daß seine Unfähigkeit, das Wesen dieser Denkaufgabe zu erfassen, nicht mit einer Unfähigkeit verwechselt werden darf, eine hypothetische Haltung anzunehmen. Faktisch dachte dieser Kpelle-Mann bei mehreren Gelegenheiten hypothetisch (das heißt, von einer bedingten Aussage her), als er erläuterte, warum er die Frage *nicht* beantworten *könne* (»Wenn du eine Person kennst, … kannst du antworten …«), aber sein hypothetisches Denken lag innerhalb der empirischen Form. Man könnte sagen, er dachte hypothetisch über das *Aktuelle* nach, während er die Möglichkeit leugnete, hypothetisch über *Postuliertes* nachzudenken.

Lurias (1977) Aufzeichnungen enthalten viele derartige Beispiele aus Interviews mit analphabetischen Usbeken-Frauen, die die isolierteste Gruppe gewesen zu sein scheinen, mit denen man bis jetzt gearbeitet hat. Zu dem Problem: »Im hohen Norden sind alle Bären weiß. Nowaja-Semlja liegt im hohen Norden. Welche Farbe haben die Bären dort?«, meinten die Frauen oft: »Ihr solltet die Leute fragen, die dort gewesen sind und sie gesehen haben«; »Wir sprechen immer nur über das, was wir sehen; wir sprechen nicht über das, was wir nicht gesehen haben«. Das sind die extremsten Beispiele, denen man nur gelegentlich in zeitgenössischen Untersuchungen begegnet; nach unserer Kenntnis ist außerhalb der kulturvergleichenden Literatur nicht von ähnlichen Fällen berichtet worden.

Für den größten Teil der traditionalen Erwachsenen trat der empirische Bias in den Problemlösungsprozeß vor allem als Selektor und als Spender von »Evidenz« ein. Persönliches Wissen und Erfahrung wurden verwendet *erstens* als Kriterium für die Annahme oder Ablehnung der in den Prämissen übermittelten Informationen; *zweitens* als Quelle neuer Information, von der man eine Folgerung ableiten kann; und *drittens* als »Beweis« oder Verifikation einer Folgerung, zu der man durch Verwendung der Probleminformation gelangt ist. Diese Funktionen werden in den folgenden Vai-Protokollen illustriert. Es sind alles erwachsene Männer und Frauen ohne Schulbildung.

Problem	*Antwort und Erklärung*
Verwerfen der Probleminformation	
(1) Alle Frauen, die in Monrovia leben, sind verheiratet. Kemu ist nicht verheiratet. Lebt sie in Monrovia?	Ja. Monrovia ist nicht für jeden; deshalb zog Kemu dorthin. (Verwerfen der ersten Prämisse)
(2) Einige Regierungsbeamte sind wohlhabend. Alle wohlhabenden Männer sind mächtig. Sind einige Regierungsbeamte mächtig?	Nein. Weil alle Regierungsbeamten wohlhabend sind, aber nicht alle wohlhabenden Leute haben Macht. (Verwerfen der zweiten Prämisse)
Das Einbringen einer neuen Beweisgrundlage	
(3) Alle Menschen, die Häuser besitzen, bezahlen eine Haussteuer. Boima zahlt keine Haussteuer? Besitzt er ein Haus?	Ja. Boima hat ein Haus, aber er ist von der Zahlung einer Haussteuer befreit. Die Regierung berief Boima dazu, die Haussteuer einzuziehen.

Deshalb befreiten sie ihn von der Zahlung der Haussteuer. (Die Diskussion zeigte, daß hier eine Ausnahme vorlag, die die Regel bestätigte, daß alle Menschen Haussteuer bezahlen.)

Verifikation einer Schlußfolgerung
Problem (3) wie oben

Nein. Wenn er ein Haus hat, würde er die Regierungssteuer bezahlen, *wie sie von der liberianischen Regierung verlangt wird.* (Beleg durch ein Faktum)

(4) Einige der Leute, die wir kennen, sind nicht in der Schule. Alle Leute, die wir kennen, sind in Liberia. Sind alle Leute in Liberia in der Schule?

Nein. Weil du gesagt hast, daß du einige Leute kennst, die nicht in die Schule gehen, und *ich selbst auch eine Menge solcher Leute kenne.* (Beleg der formalen Evidenz durch persönliche Erfahrung)

(5) Alle Schulen in Vai-Land sind in einer Stadt.
Ich kenne eine Schule in Vai-Land.
Ist sie in einer Stadt?

Ja. Alle Schulen sind in einer Stadt. Eine Schule *sollte* da sein, *weil Menschen sie besuchen, deshalb kann sie nicht im Busch gebaut werden.* (Beleg aus dem gesunden Menschenverstand)

Wie diese Beispiele zeigen, können bei allen Forschungsdesigns, die einen Denkprozeß unterstützen und auf einen logischen Schluß zielen, Beweisführungen aus dem Problem und aus persönlichem Wissen heraus miteinander verwoben sein. Für Populationen am oberen Ende der Skala formaler Bildung und/oder Modernität kann der theoretische Ansatz eine Sache des Alles oder Nichts sein; am anderen Extrem, in ländlicher Isolation (wie unter Lurias Moslem-Frauen), kann der empirische Ansatz Sache des Alles oder Nichts sein. In der vorliegenden Analyse steuert formale Beweisführung die Performanz der Gruppen mit Schulbildung. Die Gruppen ohne Schulbildung zeigen keine derartige Homogenität: Einige Testpersonen erscheinen an dem einen oder anderen Ende des Spektrums, indem sie alle Probleme empirisch oder, zu einem geringeren Teil, alle theoretisch behandeln. Die große Mehrheit hat eine gemischte Strategie und verläßt sich einmal auf die formale Information im Problem, ein anderes Mal auf äußere Evidenz. Die Übernahme einer besonderen Denkweise wird in unterschiedlichem Ausmaß von spezifischen Merkmalen des Materials beeinflußt, insbesondere von der Faktizität der in den Prämissen gegebenen Information. Mehrere Probleme in der Vai-Untersuchung riefen bei mehr als 75 Prozent der Testpersonen empirische Antworten hervor, während andere Aufgaben nur bei 30 Prozent des Samples zu solchen Antworten führten. Die Tatsache, daß die meisten analphabetischen Individuen zumindest auf eines der Probleme theoretisch antworteten, beweist, daß ihr Ansatz zwar von der empirischen Tendenz dominiert, aber nicht ganz und gar von ihr bestimmt wird.

6. Empirische versus theoretische Erklärungen und falsche Antworten

Die Variation von Antworten auf empirischer und theoretischer Grundlage bei einzelnen wie zwischen Gruppen führt zu einer interessanten Möglichkeit. Wenn wir die Probleme herauslösen, bei denen die Individuen die in den Prämissen enthaltene Evidenz verwendeten (wie ihre theoretischen Begründungen erkennen ließen), dann dürften wir einen großen Teil richtiger Antworten erwarten. Tatsächlich müßten theoretische Antworten *einheitlich* mit richtigen Antworten verknüpft sein, vorausgesetzt, die Testperson ist den logischen Ansprüchen des Problems gewachsen. Wenn Menschen jedoch Urteile aufgrund ihrer eigenen Erfahrung fällen (wie ihre empirischen Begründungen zeigen), können ihre Schlußfolgerungen entweder korrekt oder inkorrekt sein, was von der Faktizität der im Problem gegebenen Information abhängt.

Um diese Überlegung zu prüfen, erstellten wir für jedes Problem eine detaillierte Analyse der Beziehungen zwischen Erklärungen und Antworten bei den ersten 100 Befragten in einem Dorf, das wir aus der laufenden Vai-Untersuchung nach Zufallskriterien herausgegriffen hatten. Es war eine heterogene Gruppe, überwiegend Analphabeten, aber auch einige Männer, die die Vai-Schriftsprache beherrschten, und mehrere Personen, die die englische Schule besucht hatten. Unter den 600 Fällen (100 Testpersonen, sechs syllogistische Probleme) gab es 171 falsche Antworten, *aber nicht einen einzigen Fall, bei dem ein theoretischer Grund für eine falsche Antwort gegeben wurde* (siehe Tab. 4).

Tabelle 4: Arten von Begründungen und Fehlern bei der Problemlösung

	Anteil theoretischer Begründungen für falsche Antworten	Anteil der empirischen Begründungen für falsche Antworten
Sharp/Cole 1975 (Mexiko)		
Maya, traditional	0.02	0.21
Maya, teil-modernisiert	0.01	0.15
Erwachsene Mestizen (Grundschule)	(< 0.01)	0.08
Kinder (2. Klasse)	0.01	0.18
Kinder (4.-6. Klasse)	0.02	0.09
Schüler (Sekundarstufe)	(< 0.01)	0.00
Scribner/Cole 1975 (Afrika)		
Erwachsene Vai	0.01	0.42

Um die Verallgemeinerbarkeit dieser Beziehung auf logische Probleme eines anderen Typs und auf Mitglieder einer anderen Kultur zu bestimmen, wurde eine ähnliche Analyse für die Sharp/Cole-Untersuchungen erstellt. Obgleich sich, wie wir gesehen haben, die Verteilung der empirischen und der theoretischen Erklärungen von einer Gruppe zur anderen deutlich unterscheidet, ist die Beziehung zwischen theoretischen Begründungen und korrekten Antworten stabil. Wenn man Bevölkerungen und Probleme zusammennimmt, sind von 233 falschen Antworten auf Probleme nur 17 mit theoretischen Gründen verknüpft. Diese Beziehung ist nicht nur durch alle Gruppen hindurch konstant, sondern sie ist auch für *jedes beliebige Individuum* innerhalb jeder Bevölkerungsgruppe gültig: Männer und Frauen aus einer traditionalen Kultur, die zu einzelnen Problemen theoretische Begründungen geben, bilden die logisch korrekten Antworten zu diesen Problemen, wenn auch alle ihre anderen Antworten falsch sein mögen.

Während theoretische Begründungen beinahe immer Genauigkeit erwarten lassen, wurden empirisch, genau wie wir vermuteten, richtige wie falsche Antworten begründet. Bei einigen Problemen fallen die unbestreitbar richtigen Schlußfolgerungen mit Fakten zusammen, die aus direkter persönlicher Erfahrung bekannt sein mußten, zum Beispiel Schlußfolgerungen wie »Nicht jedermann in Liberia geht zur Schule«, die von den Prämissen abgeleitet sind: »Einige der Leute, die wir kennen, sind nicht in der Schule«, und: »Alle Leute, die wir kennen, sind in Liberia«. Richtige Antworten auf diese Probleme könnten Nachdenken über vertraute Situationen oder nur Zustimmung zu einem Faktum bedeuten. Wir können in Ermangelung einer ausgedehnten Diskussion mit der Testperson nicht sagen, welcher Prozeß ablief. Im Gegensatz dazu enthielten andere Probleme eine oder mehrere Prämissen, die eine allgemein akzeptierte Wahrheit leugneten, womit sie die unbestreitbar richtige Schlußfolgerung in Widerspruch zu erfahrener Realität setzten. Ein Problem in der Vai-Untersuchung stellte den »absurden« Satz auf, daß »alle Frauen, die in Monrovia leben (der Hauptstadt von Liberia), verheiratet sind«; der zweite Satz behauptete, daß »Kemu nicht verheiratet ist«, und die Frage lautete: »Lebt Kemu in Monrovia?« Diejenigen unter den Befragten, die sich vom Wissen über Realität leiten lassen, zum Beispiel der Bekanntschaft mit einer Kemu oder der Tatsache, daß es unverheiratete Frauen in Monrovia *gibt* – sie könnten durch logisches Denken zu einer falschen Antwort kommen.

Aus dem Vergleich ergibt sich eindeutig, daß dort, wo sie ein Problem formal-»theoretisch« angehen, analphabetische Männer und Frauen ohne Schulbildung genau dieselbe Logik zeigen wie Erwachsene und Kinder unter dem Einfluß von Schulen westlichen Typs. In unserem Sample gibt es bei »theoretischem« Vorgehen praktisch keine falsche Antwort. Das schließt natürlich nicht die Möglichkeit eines Irrtums aus, der Denkprozessen oder anderen Ursachen zuzuschreiben wäre. Es ist bekannt (Wason/Johnson-Laird 1972; Henle 1962), daß selbst test-erfahrene amerikanische und britische Universitätsstudenten bei logischen Problemen Fehler machen, je nach deren struktureller Komplexität, Inhalt und sprachlichen Merkmalen. Die hier vertretene These gilt nur für die Probleme der beiden analysierten Untersuchungen und nur für deren Komplexitätsgrad; es könnte sein, daß die Probleme aus dem strukturell einfachen, »leichten« Ende des Spektrums gewählt wurden.

Die Konstanz der Beziehung zwischen theoretischem Ansatz und richtigen Lösungen ist der bisher stärkste Beweis dafür, daß traditionale Menschen korrekt über verbal-logische Probleme deduktiv denken können und das auch tun, vorausgesetzt, sie klammern ihr eigenes Wissen ein und beschränken ihr Denken auf den Wortlaut der Problemstellungen. In der Mehrzahl der Fälle tun traditionale Dorfbewohner eben dieses nicht, während gebildete Testpersonen beinahe immer gerade dieses tun. Es scheint für Dorfbewohner charakteristisch zu sein, eine Aufgabe »selbstverständlich« *informell* anzugehen, die Schüler und Studenten »selbstverständlich« *formal* angehen. Diejenigen, die in den ländlichsten und isoliertesten Flecken leben, bringen an die willkürlichen Probleme des Experiments ein Denksystem heran, das im täglichen Leben seinen Platz hat, bei dem Inferenz in komplizierter Weise mit Wertung und Interpretation semantischer Information verwoben ist. Andere, die für einige Probleme eine formale Methode übernehmen, neigen dazu, bei anderen Problemen in die semantisch-evaluative Methode zu verfallen. Die Performanz bei der formalen Aufgabe ist selten frei von störendem Eindringen des Wissens von der wirklichen Welt.

Die Frage, die das ursprüngliche Forschungsmotiv war – nach der Beziehung zwischen kulturellen Einflüssen und verbalem Denken –, zieht uns in die Erkundung einer anderen hinein: Welcher Art ist die Beziehung zwischen kulturellen Erfahrungen und empirischem Bias? Wie können wir die spezifischen Tätigkeiten innerhalb eines gegebenen kulturellen Milieus zu fassen bekommen, die zu dem »Bruch« zwischen dem empirischen Zugang zu Alltagsproblemen und dem theoretischen Zugang zu Problemen beitragen, deren Inhalt nicht »zählt«?

7. Ist der empirische Bias aufgabenabhängig?

Bevor wir uns einigen Hypothesen aus der ethnographischen Literatur zuwenden, möchten wir noch einen Satz experimenteller Daten zu etwas anderen syllogistischen Operationen untersuchen. Scribner (1975) führte mehrere Untersuchungen unter den Kpelle und den Vai durch, bei denen sie die Testpersonen aufforderte, die Syllogismen zu *wiederholen*, nachdem sie ihnen vorgelesen worden waren, oder sie *aus dem Gedächtnis wiederzugeben*, nachdem sie gelöst waren. Ergebnisse aus diesen Untersuchungen helfen uns zu klären, ob das Phänomen des empirischen Bias bei den Denkexperimenten Funktion der spezifischen Aufgabenanforderungen war, wie sie bei solchen Experimenten gestellt werden. Wir wissen, daß, zumindest in einigen der untersuchten Kulturen, Rätsel und Disputationen gebräuchliche Formen verbalen Austauschs sind. Es mag sein, daß die experimentelle Situation den Testpersonen implizit die Erwartung vermittelte, daß Cleverness – »gutes Argumentieren« – verlangt sei und so die Produktion kulturell positiv gewerteter Beweisformen gefördert hat. Eine derartige Erwartung ist dagegen nicht impliziert in der Bitte, das eben Gehörte so genau wie möglich zu wiederholen. In Scribners ersten Kpelle-Untersuchungen wurden die Testpersonen gebeten, jeden Syllogismus zweimal zu wiederholen: einmal, nachdem sie ihn beantwortet und erklärt hatten, und ein zweites Mal, nachdem ihnen das Problem noch einmal vorgelesen wurde. In späteren Untersuchungen unter den Vai wurden weitere Gruppen hinzugenommen, bei denen nur die Aufgabe gestellt war, den Syllogismus insgesamt oder Satz für Satz zu wiederholen. Die Wiederholung einzelner Sätze gelang beinahe perfekt, was darauf hinweist, daß die Oberflächenstruktur der einzelnen Sätze keinerlei besondere Kode-Probleme stellte. Unter der anderen experimentellen Bedingung ähnelten die Erinnerungsfehler denjenigen bei den Kpelle (die Ergebnisse sind in Tab. 5 dargestellt); die Diskussion hier stützt sich auf die Kpelle-Daten.

Tabelle 5: Prozentsätze der Probleme mit präzise erinnerten Prämissen (Kpelle)[*]

	beide Prämissen	eine Prämisse	keine Prämisse
Kpelle-Dorfbewohner (N = 87)	24.1	39.1	36.8
Kpelle-Studenten (N = 93)	48.4	31.2	20.4
US-Studenten (N = 90)	69.5	26.3	4.2

[*] Die Daten beziehen sich auf die zweite Wiederholung der Probleme unmittelbar nach erneutem Vorlesen.

Es wurde mehr die Erhaltung der Bedeutung als die wörtliche Genauigkeit bewertet; Wort-Substitutionen, Auslassungen und Veränderungen in der Wortfolge, die die Bedeutung nicht veränderten, wurden als richtig bewertet. Selbst auf dieser Basis war die Wiederholung des Problems insgesamt äußerst fragmentarisch; nur bei einer kleinen Anzahl von Fällen gaben Dorfbewohner den Sinn des Problems als solchen wieder. Information wurde ausgelassen oder derartig verändert, daß implizite Beziehungen zerstört und Fragen gestellt wurden, die nicht aus dem folgten, was vorausgegangen war.

Ein Kpelle-Bauer versucht zu erinnern:
Problem:
    Alle Läden in Kpelle-Land sind in einer Stadt.
    Mr. Ukatus Laden ist in Kpelle-Land.
    Ist Mr. Ukatus Laden in einer Stadt?
Erste Wiederholung:
    Du sagtest mir, Mr. Ukatu kam von zu Hause und
    baute seinen Laden in Kpelle-Land. Dann fragtest
    du mich: ist er in einer Stadt?
Zweite Wiederholung (unmittelbar, nachdem das Problem noch einmal vorgelesen worden war):
    Alle Läden sind in dem Land.
    Mr. Ukatus Laden ist derjenige in Kpelle-Land.
    Ist er in der Stadt?

Bei der ersten Wiederholung hat er das Problem in eine narrative Form gebracht. Er führte neue Informationen ein, die einen persönlich bekannten Mr. Ukatu (»Er kam von zu Hause und baute seinen Laden«) betrafen, ließ jedoch die Hauptprämisse vollkommen weg. Bei der zweiten Wiederholung kommt die Oberflächenform dem Syllogismus näher, aber die wesentliche Behauptung – daß alle Läden in Kpelle-Land in Städten gebaut sind – ist immer noch weggelassen. In jedem Fall ergibt sich die Frage »Ist Mr. Ukatus Laden in einer Stadt?« nicht aus der reproduzierten Information und erscheint nur als eine Frage nach Fakten, ohne Bezug zum vorangehenden Material.

Die häufigsten Fehlerkategorien umfaßten Veränderungen oder Auslassungen bei Quantifikatoren, wodurch verallgemeinernde Aussagen in Feststellungen einzelner Tatsachen umgewandelt wurden, Auslassungen ganzer Prämissen und die Umstellung von Begriffen. Diese Veränderungen hatten in vielen Fällen die Wirkung, »den Syllogismus als ein einheitliches System zu zerstören« (Luria 1977) und ihn durch eine Reihe einzelner Feststellungen zu ersetzen, die dasselbe Thema hatten, aber nicht logisch aufeinander bezogen waren. In einer Reihe von Reproduktionen aus dem Gedächtnis wurde der hypothetische oder theoretische Status des Problems in einen faktischen umgewandelt. Eine Form dieses Umwandelns war »das Erinnern« neuer Information aus persönlicher Erfahrung; eine andere war die Umformulierung der Problemfrage, so daß sie sich nicht mehr auf die vorangegangene Information bezog, sondern auf Glauben oder Tatsachen: »*Denkst* du, er ist unverheiratet?« »Warum *kann* Mr. Zerby *keinen* Reis anbauen;« »Dann *weißt* du, daß Mr. Ukatus Laden in der Stadt ist?« »*Warum denkst du,* daß irgendeiner von ihnen unverheiratet ist?« »*Glaubst* du, daß alle Menschen in Liberia in Schulen sind?«

Die Wiederholungen aus dem Gedächtnis bei Kpelle- und US-Studenten zeigten (wie die Problemlösungen) sowohl Gemeinsamkeiten als auch Unterschiede gegenüber den Dorfbewohnern. Wieder war die Fehlermenge bei den Dorfbewohnern ohne Schulbildung beträchtlich größer als bei beiden Studentengruppen. Testpersonen mit formaler Bildung, Afrikaner wie Amerikaner, ähnelten den Dorfbewohnern darin, daß ihre häufigste Fehlerform die Verwechslung von Quantifikatoren war und daß sie manchmal ganze Prämissen wegließen und Wörter von einer Prämisse zu einer anderen versetzten. Eine Art von Fehlern, die die Studenten nicht machten, war die Umwandlung ins Faktische. Selbst wenn ihre Problemwiederholungen ungenau waren, bewahrten die Studenten beinahe in jedem Fall den hypothetischen Status der Originalformulierung.

Es scheint so zu sein, daß unter Bevölkerungsgruppen, bei denen nicht die logischen Beziehungen die Problemlösung in der experimentellen Situation steuern, derartige Beziehungen oftmals auch das Gedächtnis nicht steuern. Die Dominanz eines empirischen Ansatzes zur Problemlösung kommt also nicht notwendigerweise daher, daß Individuen Schlußfolgerungen ziehen oder begründen müssen. Die Wiederholungsdaten, nimmt man sie zusammen mit Ergebnissen aus früheren Untersuchungen, lassen vermuten, daß es allgemeinere Prozesse des Material-»Verstehens« sind, die dem Erinnern *und* der Lösung zugrunde liegen.

Im folgenden soll ein Zugang zu den besonderen Charakteristika und zu den Bedingungen des Verstehens formaler Probleme skizziert werden. Dieser Zugang ist in keiner Weise vom vorliegenden Material bestimmt, sondern bietet einen Rahmen für die Suche nach dem Zusammenhang zwischen Kultur und formalem Problemlösungsansatz.

8. Schemata und Gattungen

Die Theorie von Inhalts- und Satzgedächtnis, die Bransford, Barclay und Franks (1972) und Barclay (1973) formuliert haben, bietet einen Ausgangspunkt zur Integration der Ergebnisse von Gedächtnis- und Problemlösungsaufgaben. Die Autoren behaupten, daß anders als bei speziellen Aufgaben einer wörtlichen Wiedergabe von Sätzen das Gedächtnis für den zusammenhängenden Diskurs ein aktiver, konstruktiver Prozeß des Verstehens ist. Verstehen umfaßt die Relationierung oder Integration der in den einzelnen Sätzen gegebenen Information und ihre Assimilation an vorhandene lexikalische und nicht-lexikalische Wissensschemata. Sie haben experimentell bewiesen, daß das Gedächtnis für einen Text »reicher« sein kann als die in den Sätzen explizit enthaltene Information – daß es nämlich zusätzliche konzeptuelle Information aus den Schemata, denen das Material assimiliert worden war, einbringt.

Die Daten der Tests zur Syllogismen-Wiederholung illustrieren den umgekehrten Fall: Aus dem Gedächtnis wurden nicht nur nicht neue logische Inferenzen eingebracht, sondern es gelang oft nicht einmal, die logische und konzeptuelle Information des Originals miteinander verknüpfter Sätze zu bewahren. In Bransfords und Barclays Begriffen kann das als ein Anzeichen dafür interpretiert werden, daß das Material nicht in präexistente Schemata integriert und assimiliert worden ist.

Diese Interpretation wirft eine allgemeine Frage auf: *Welches sind die präexistenten Schemata, denen verbal-logische Probleme assimiliert werden können* (beziehungsweise: wie können wir sie begreifen)? Wenn die Informationen, die die Probleme enthalten, vollständig mit dem praktischen Wissen übereinstimmen, könnte ihre Assimilation dem Prozeß des Verstehens anderer Formen eines zusammenhängenden Diskurses folgen. (Dabei sei an Lurias großartige Ergebnisse anhand von Material erinnert, das praktisches Wissen einbezog, aber nicht direkt auf die jeweiligen persönlichen Erfahrungen bezogen war.) Wenn die in den Problemen formulierten Beziehungen willkürlich sind, nicht in Einklang mit oder im Widerspruch zu dem angesammelten Wissen, könnte ihre Assimilation an präexistente Schemata eher Verständnis, Erinnerung und Problemlösung *verhindern* als erleichtern. Eine derartige Assimilation würde sich als »empirischer Bias« manifestieren, da präexistente Schemata das Operationsfeld werden für die erinnernde und denkerische Aktivität. Wenn ein formaler oder theoretischer Ansatz aufrechterhalten werden soll, mit Operationen, die auf die willkürlichen Begriffe in den Problemen beschränkt sind, muß das Schema, dem das Material assimiliert wird, auf Beziehungen stärker als auf dem Inhalt basieren.

Zusätzlich zu dem Begriff der Schemata macht der allgemeine Interpretationsrahmen, der hier entwickelt werden soll, Gebrauch von einer anderen analytischen Kategorie, der der *Gattung*. Hymes (1974) hat vorgeschlagen, *Gattungen* und *Performanzen* als grundlegende Kategorien anzusehen für die Untersuchung von Sprechweisen in verschiedenen Sprachgemeinschaften. Bei ihm bezieht sich *Gattung* auf stilistische Strukturen oder organisierte Ausdrucksformen mit einem Anfang und einem Ende »und mit einem Muster für das, was dazwischen kommt« (1974, S. 442). Begrüßungen, Verabschiedungen, Rätsel, Sprichwörter, Gebete gehören zu den häufigsten elementaren Gattungen, Märchen und Mythen repräsentieren die komplexen Gattungen. *Performanzen* beziehen sich auf den Gebrauch von Gattungen in besonderen Kontexten. Gattungen und Performanzen und die Beziehungen zwischen ihnen können von einer Sprachgemeinschaft zur anderen variieren: Bestimmte Gattungen können in bestimmten Gemeinschaften kontextgebunden sein, während sie in anderen verschiedene Ereignisse und Situationen umfassen.

Wir wollen der These nachgehen, daß verbal-logische Probleme (zusammen mit anderen »formalen Problemen«, die wir an diesem Punkt nicht zu spezifizieren versuchen) eine spezialisierte Sprachgattung bilden, die sich von anderen Gattungen in einer Art und Weise unterscheidet, die schwierig zu definieren, aber leicht erkennbar ist (genau wie Dichtung und Prosa von Lesern unterschieden werden kann, die sich vielleicht niemals genau darüber einigen werden, was Dichtung »ist«). Es ist natürlich nicht so, daß die Menschen in jeder Gemeinschaft, die wir kennen, »in Syllogismen sprechen«, aber wir sind durchaus berechtigt, logische Probleme als eine besondere Form des Diskurses anzusehen. In einer seiner Definitionen bezeichnet Aristoteles den Syllogismus als einen »Diskurs, in dem bestimmte Dinge ausgesagt werden und aus ihrem So-sein notwendigerweise etwas anderes folgt als das Ausgesagte« (*Analytica priora*). Oder aber er definierte die Bestandteile des Syllogismus als Prämissen, von denen jede eine Aussage oder Verneinung enthält, und die ihrerseits aus Begriffen zusammengesetzt ist, die etwas von etwas anderem aussagen (Bochenski 1970, S. 45). Aristoteles entwickelt hier eine neue Terminologie (»Prämissen«, »Begriffe«), um sich über eine Funktion von Sprache zu verständigen, die bis dahin nicht von den anderen Funktionen isoliert worden war, in die sie gewöhnlich eingebettet ist. Wie Bochenski deutlich macht, war eine neue technische Terminologie nötig, um die Unterscheidung zwischen zwei gewöhnlich aufeinander bezogenen, aber begrifflich unabhängigen Aspekten von Sätzen auszudrücken – und zwar den Wahrheitsgehalt, den sie ausdrücken (abhängig vom Gegenstand), und die Beziehungen, welche die durch sie ausgedrückten notwendigen Inferenzen erlauben und die vom Gegenstand unabhängig sind. Im normalen Diskurs durchdringen diese Aspekte einander. Ein Diskurs, der die Sprache primär dazu benutzt, um notwendige Beziehungen zwischen Sätzen zu übermitteln, stellt das dar, was wir die »logische Gattung« genannt haben. Mit dem Fokus eher auf die thema-neutralen Beziehungen als den thema-gebundenen Inhalt befindet sich die logische Gattung im Gegen-

7/84		stw 365		DM 28,—
Soziale Struktur u. Vernunft				
Hg. Schöfthaler/Goldschmidt				
Autor · Titel				
3-518-27965-3	kt.	1.	365	
ISBN	Einb.	Aufl.	Bd.	
suhrkamp taschenbücher				
wissenschaft				
Reihe u.ä.				
Suhrkamp Verlag			**16 329**	
Verlag			Verkehrs-Nr.	

BUCHLAUFKARTE
Bitte nicht
mitnehmen!

0 2. JULI 1984

satz zu anderen, formalen wie informellen Gattungen (vgl. Bricker 1975 zu formalen und informellen Maya-Redegattungen).

Mit Hilfe dieser Konstrukte *Schema, Gattung, Performanz* können wir eine Interpretation der Ergebnisse aus den Gedächtnis- und Denktests vorschlagen. Durch Erfahrung mit der Gattung (einer sozial entwickelten Sprachstruktur) entwickeln Individuen ein kognitives Schema, an das sie zunehmend verschiedenartige und komplexe Beispiele der Gattung assimilieren. Sie erinnern die Form eines Problems (die allgemeine Beziehung zwischen Prä-missen), selbst wenn sie die darin enthaltenen Subjekte und Prä-dikate vergessen haben. Bei einer Denkaufgabe werden sie ein Beispiel begreifen (zum Beispiel »ein Problem formal angehen«), selbst wenn sie bei einer besonderen Gelegenheit vielleicht nicht imstande sind, mit seinem spezifischen Inhalt erfolgreich umzu-gehen.

Ein Beispiel aus der Gedächtnisforschung macht diesen Punkt konkreter. In Gesellschaften, bei denen das Erzählen als Gattung entwickelt ist, wird die Erinnerung an »Geschichten« durch deren Assimilation an die narrative Struktur erleichtert. Diese Struktur verleiht dem dargebotenen Material »Sinn« und dient als Leitfa-den zum Behalten und Wiederholen seines spezifischen Informa-tionsgehalts. Die Erzählung kann wie das formale Problem als eine sozial entwickelte Gattung betrachtet werden, die Individuen in verschiedenem Maße, je nach ihren persönlichen Lebenserfah-rungen, erwerben oder, mit Wygotskis Worten, internalisieren. Wie bei der Erzählung hilft die Struktur des formalen Problems, wenn sie internalisiert ist, dem dargebotenen Material eine Bedeu-tung zu geben, und dient als Plan, der Erinnerung und Denken leitet und begrenzt.

In den besprochenen Untersuchungen gab es einige Individuen, die offensichtlich nicht das erforderliche Schema entwickelt haben, um mit dem Diskurstyp des logischen Problems umzuge-hen. Sie verneinten den Sinn der Frage, oder es gelang ihnen nicht, das logische System in ihrem Gedächtnis festzuhalten. Die über-wältigende Menge der Befragten in allen kulturellen Gruppen zeigte jedoch einige Beherrschung der Gattung. Bei den meisten Erwachsenen ohne Schulbildung war das ein temporäres Phäno-men. Hier gibt es mehrere Erklärungsmöglichkeiten. So könnten sich Schemata nicht über alle Inhalte hinweg verallgemeinern las-sen und bei bestimmten Gegenständen verwundbarer sein als bei anderen. Alternativ oder zusätzlich könnte der experimentelle oder der Interviewkontext nicht ein angemessenes Reizklima geschaffen haben, um die gewünschte Performanz – den Gebrauch der logischen Gattung – herauszulocken (vgl. Hymes 1974). Wir wissen sehr wenig über die sozialen Bedingungen der logischen Gattung, wie Kulturen die Situationen für ihren Gebrauch definieren, durch welche Erfahrungen Individuen ihr Schema erwerben. Innerhalb der westlichen akademischen Institutionen sind Beispiele für diese Gattung nicht ungewöhnlich. Verbal-arithmetische Probleme zählen wohl zur Kategorie von Problemen, deren Inhalt willkürlich ist und deren Bedeutung in den ausgedrückten Beziehungen liegt. Wenn der Lehrer folgendes Problem bringt: *»John hat einen roten Apfel, und Mary hat einen roten Apfel; wieviele Äpfel haben John und Mary zusammen?«,* so wird es dem Kind nicht helfen, im Raum herumzuschauen, um zu sehen, wer einen Apfel hat, oder danach zu fragen, ob Äpfel wirklich rot sind. Ein empirischer Zugang zum Problem wird nicht zum Bestehen der Prüfung beitragen. Spezialfächer – Algebra, Geometrie, Chemie – und andere Gebiete, die technische Notationssysteme verwenden, stellen demnach »willkürliche Probleme« in dem Sinn dar, daß sich die Probleme aus einem System ableiten, das außerhalb der persönlichen Erfahrung des Lernenden liegt, und daß sie in ihren eigenen Begriffen verstanden werden müssen. Es wäre interessant, Schulcurricula daraufhin zu untersuchen, in welchem Ausmaß Schüler das Arbeiten mit weiteren verbalen Problemen lernen müssen, die zur Gattung des logischen Diskurses zählen.

Schwieriger ist die Frage, welche Aktivitäten außerhalb der Schule, und insbesondere, welche Aktivitäten in traditionalen Kulturen diese Form des Diskurses hervorrufen können. Ryle (1963) hat die provozierende Behauptung aufgestellt, daß das »logische Idiom« auftritt, wenn sich Gesellschaften gezwungen sehen, »besondere Sprechweisen« zu verwenden, besonders bei kommerziellen Transaktionen, Kontrakten und Vereinbarungen, in Gesetzgebung und Verwaltung. Unserer Kenntnis nach gibt es bis jetzt noch keine ethnographischen Forschungsarbeiten zur Sprache, die Beispiele für diese Gattung identifiziert und analysiert hätten, aber es scheint dies eine bedeutsame Richtung für die Untersuchung von spezialisierten Sprachfunktionen zu sein. Für den Psychologen wird die Spezifikation der Umstände und Vorerfahrungen, anhand derer Individuen diese Gattung als kognitives Schema internalisieren, zur entwicklungstheoretischen Leitfrage. Die Spezifikation der experimentellen Bedingungen und Alltagssituationen, in denen Diskurse dieses Typs dem logischen Schema assimiliert werden, wird zur funktionalen Leitfrage.[2]

Editorische Anmerkungen

1 In Scribner/Cole (1981) findet sich eine zusammenfassende Darstellung des »Vai Literacy Project«. Den Autoren gelang es, die Äquivalenz von Bildung in einer traditionalen Schriftkultur und moderner Schulbildung für verschiedene Kommunikationsprobleme zu dokumentieren. Damit haben sie ein Gegenbeispiel zur gängigen Parallelisierung von Modernisierung und kognitiver Entwicklung vorgestellt (S. 16-22, S. 130 und S. 219).

2 Entwicklungspsychologische und funktionale Konsequenzen werden ausführlich in den Kapiteln III und IV von Scribner/Cole (1981) diskutiert (S. 113 ff. und S. 163 ff.).

Probleme der Vernunftentwicklung in gesellschaftlichen Modernisierungsprozessen

Rudolf W. Müller
Unterentwicklung der Rationalität bei
›Eingeborenen‹: Die rassistische und die liberale
Variante der Erklärung

Eine mögliche und sehr *verbreitete Reaktionsweise des ›westlichen‹ Wissenschaftlers und Arztes bei der Konfrontation mit Angehörigen vorbürgerlicher Gemeinwesen* zeigt sich in der folgenden Feststellung eines französischen Professors für Psychiatrie an der Universität von Algier, die dieser auf dem psychiatrisch-neurologischen Kongreß in Brüssel 1935 vortrug. Danach ist »der nordafrikanische Eingeborene, dessen höhere Aktivitäten (Hirnrinde) wenig entwickelt sind, ein primitives Wesen …, dessen vorwiegend vegetatives und instinktives Leben vor allem vom Zwischenhirn reguliert wird«. (A. Porot, zit. n. Fanon 1966, S. 231) Fünf Jahre später präzisiert der Wissenschaftler: »Dieser Primitivismus« der Eingeborenen »ist nicht nur eine Lebensweise, die aus einer speziellen Erziehung resultiert, er hat viel tiefere Wurzeln, und wir nehmen sogar an, daß er sein Substrat in einer besonderen Anlage der Architektonik, zumindest der dynamischen Hierarchie der Nervenzentren haben muß. Man sieht also, daß die Triebhaftigkeit des Algeriers, die Häufigkeit und die Merkmale seiner Morde, seine ständige Neigung zur Straffälligkeit, sein Primitivismus kein Zufall sind. Wir haben es mit einem kohärenten Verhalten zu tun, mit einem wissenschaftlich erklärbaren kohärenten Leben. Der Algerier hat keine Hirnrinde, oder, um genauer zu sein, das beherrschende Element ist, wie bei den niederen Wirbeltieren, das Zwischenhirn. Die kortikalen Funktionen sind, wenn sie überhaupt existieren, sehr brüchig, praktisch nicht in die Dynamik der Existenz integriert. Wir stehen also weder vor einem Geheimnis noch vor einem Paradox. Das Zögern des Kolonisators, dem Eingeborenen eine Verantwortung zu übertragen, ist kein Rassismus oder Paternalismus, sondern beruht ganz einfach auf wissenschaftlicher Einschätzung der biologisch begrenzten Möglichkeiten des Kolonisierten« (S. 232).

Die ›biologisch begrenzten Möglichkeiten‹ des ›Eingeborenen‹ sind z. B. auch westdeutschen Ärzten an der Universität von Hué in Südvietnam aufgefallen, und in ihren Feststellungen nähern wir uns deutlich der Frage nach der gesellschaftlich-geschichtlichen Bedingtheit der Form der Identität und der Kategorien der rationalen Weltauffassung. Georg W. Alsheimer berichtet über die Beobachtungen bzw. Interpretationen eines Professors für Kinderheilkunde und seiner Kollegen (die er als Feststellungen im ganzen bestätigt, jedoch gänzlich anders interpretiert): Die vietnamesischen Studenten »klebten am Konkreten, könnten keine Allgemeinbegriffe bilden, zählten wiederholend auf statt zu begründen, unterschieden nicht zwischen Hypothesen und Tatsachenbehauptungen, verwechselten Ursache und Wirkung, *könnten überhaupt nicht folgerichtig denken.* Beispiele gab es genug: Ein Student meinte, epileptische Anfälle erzeugten Hirntumore (das Umgekehrte war in der Vorlesung vorgetragen worden); ein anderer behauptete, nachdem er einen Kranken gesehen hatte, der im Typhusdelir gestürzt war und sich eine Ellenbogenfraktur zugezogen hatte, Typhus werde durch Knochenbrüche hervorgerufen. Andere machten aus Einzelfällen gültige Regeln oder gaben Vermutungen als Wirklichkeit aus, ohne sich über die Notwendigkeit einer Nachprüfung die leisesten Gedanken zu machen. Solche logischen Schwächen konnte man bei vielen Vietnamesen feststellen, nicht nur bei Studenten; bei diesen fiel es uns nur besonders auf. Professor Krainick meinte, ihr Gehirn müsse eben anders gebaut sein als das der Europäer. Es handele sich um ein Problem der vergleichenden Histologie.« (Alsheimer 1968, S. 253; keine Hervorhebung im Original)

Auf die Interpretation dieser Beobachtungen werden wir noch ausführlicher zurückkommen; hier kam es zunächst darauf an, eine der möglichen Reaktionsweisen auf die Konfrontation mit Angehörigen vorbürgerlicher, je nach Einstellung ›primitiver‹ bzw. führungsbedürftiger oder ›unterentwickelter‹ bzw. der Entwicklungshilfe bedürftiger Gesellschaften darzustellen. *Eingeborene können weder logisch denken noch sind sie zu verantwortungsbewußtem und planendem Handeln fähig,* und die Gründe dafür liegen in einem *andersartigen Bau des Gehirns,* in dem die Grundlagen für diese höheren, erst eigentlich menschlichen Funktionen fehlen: in diesem Satz können wir die eben belegte Reaktionsweise zusammenfassen.

Eine wesentlich andere Auffassung trägt Georg W. Alsheimer selbst vor. Seine Argumentation hat zwei Schritte: Er sucht zuerst die Grundlage der von ihm ebenfalls konstatierten Defizienz der Fähigkeit zum logischen Denken in der Sprache der Vietnamesen auf, und er versucht sodann die Besonderheit der Sprache statt aus der Erbanlage der Spezies ›homo nondum sapiens, vulgo Eingeborener‹ als »Ausdruck von Beziehungen …, die in einer Gesellschaft tatsächlich möglich und denkbar waren«, zu begreifen (S. 254). Bei der Untersuchung der vietnamesischen Sprache (die er während seines Aufenthalts erlernte, bemerkenswert für einen Deutschen im unterentwickelten Ausland) fiel Alsheimer die in unserem Zusammenhang besonders interessante Tatsache auf, daß die sprachliche Basis für die Möglichkeit, das Bewußtsein der Selbstidentität eindeutig auszudrücken, daß *das Wort ›Ich‹ in dieser Sprache nicht vorhanden ist.* »Es gibt im Vietnamesischen nicht einen bestimmten, sondern mehrere Ausdrücke für jedes einzelne persönliche Fürwort, für ›Ich‹, ›Du‹, ›Er‹, ›Wir‹; umgekehrt wird manchmal dasselbe Wort für ›Ich‹, ›Du‹ und ›Er‹ gebraucht. Das hatte nicht nur häufige Verwechslungen dieser persönlichen Fürwörter, von Ich und Du z. B. bei schlecht französisch sprechenden vietnamesischen Studenten, zur Folge, sondern auch eine Unsicherheit, *eine Instabilität im Denken des Subjekts von Gedanken und Handlungen.*« (S. 253; keine Hervorhebung im Original)

Weiter bemerkte Alsheimer, daß gewisse für uns *selbstverständliche Kategorien in der vietnamesischen Sprache fehlen.* »Auch Vergangenheit, Gegenwart und Zukunft werden sprachlich nur sehr unscharf unterschieden, ebenso wie Wirklichkeits- und Möglichkeitsformen, aktivische und passivische Formen des Verbs. Substantive, Adjektive und Verben sind nur durch ihre Stellung im Satz als solche erkennbar. Die grammatikalischen Vorformen des logisch ›folgerichtigen‹ Denkens sind also im Vietnamesischen nur sehr unvollkommen ausgebildet; nicht schon mit der Erlernung der *eigenen* Sprache, im Alter von ein bis zwei Jahren, können sie eingeübt, praktiziert und mehr oder minder automatisiert werden, sondern erst durch die Kenntnis einer *fremden,* okzidentalen Sprache, die gemeinhin sehr viel später erworben wird« (S. 254). Wichtig wäre es zu untersuchen, welche ›Vorformen des logischen Denkens‹ von Alsheimer *nicht* vermißt werden, bzw. auch eine striktere Erfassung der fehlenden Formen (was natür-

lich nicht in der Absicht eines biographisch gehaltenen Berichts
wie der ›Vietnamesischen Lehrjahre‹ liegen kann – auf eine
genauere Einschätzung durch Alsheimer selbst werden wir noch
zurückkommen). In durchaus instrumenteller Auffassung der den
Vietnamesen fehlenden Kategorien des logischen Denkens
schließt Alsheimer dann den ersten Teil seiner Argumentation ab.
»Unsere Studenten fanden ihre elementaren Werkzeuge zur
Erlernung der Naturwissenschaften also nicht zum Gebrauch fertig vor, sondern mußten sie sich gleichzeitig mit der Aneignung
des Lehrstoffes bewußt dazu ›erdenken‹. Sie hatten also am Start
schon schlechtere Chancen. Die doppelte Anstrengung erklärte
auch ihre abnorm große Ermüdbarkeit und die erstaunliche
Ungleichmäßigkeit ihrer Leistungen« (S. 254).

Die Erklärung der logischen Schwächen aus der Sprachstruktur
kann nun freilich in recht verschiedener Weise weiterverfolgt werden; sie läßt ohne weiteres die Ableitung aus mangelhafter Erbanlage, rassischer Minderwertigkeit usw. offen. Mit seinem eigenen Erklärungsversuch *bezieht Alsheimer demgegenüber funktio-
nalistisch ›die Gesellschaft‹ ein.* »Der Lösung des Problems kam
man erst näher, wenn man in Rechnung stellte, daß die sprachliche Form ja immer nur dem Ausdruck von Beziehungen diente,
die in einer Gesellschaft tatsächlich möglich und denkbar waren,
die innerhalb ihres Rahmens eine Funktion hatten und einen
Zweck erfüllten. Weshalb sollten Begriffe wie Folgerichtigkeit,
wie Widerspruchsfreiheit, wie die Dialektik von Möglichkeit und
Wirklichkeit in der Sprache und im Denken der Vietnamesen so
großes Gewicht zugemessen bekommen, wenn sie in ihrem Alltagsleben keine lohnenden Verwirklichungschancen fanden?«
(S. 254) Diese lohnenden Chancen für die logischen Grundformen beziehen sich zunächst einmal auf die Erfahrungen des
›Arbeitslebens‹. »Nicht einmal Sättigung und Obdach,
geschweige denn Wohlstand und Glück ergaben sich ›folgerichtig‹
und mit annehmbarer Sicherheit aus der eigenen Arbeitsleistung.
Sie waren fast ausschließlich von der Gunst oder Ungunst der
Verhältnisse abhängig, die dem durchschnittlichen Vietnamesen
völlig unzugänglich bleiben, zumindest dem einfachen Mann.
Schon morgen konnte ihn sein Chef hinauswerfen, der Krieg ver-
nichtete die Ernte, oder die Reispreise sanken« (S. 254 f.). Ob
diese Erfahrungen des ›Arbeitslebens‹ dem ›einfachen Mann‹ im
Kapitalismus ganz unbekannt sind, lassen wir vorerst offen. Als-

heimer konstatiert die gleichen Erfahrungen auch für das übrige Leben: »Außerhalb seines Arbeitslebens sah es nicht anders aus. Weder die Verwaltung noch die Rechtsprechung, weder der Handel noch die Medizin ergaben eine Vorstellung von Folgerichtigkeit. Sie zeigten vielmehr die allenthalben herrschende Willkür an. Den widerstrebenden Interessen der Mächtigen waren die meisten Menschen hilflos ausgeliefert als Objekte widersprüchlicher Forderungen. Die einen schrien hüh und die anderen schrien hott; um zu überleben, müßte man so tun, als ob man es allen recht machte« (S. 255). So kann Alsheimer zusammenfassen: »In dieser Lage Widerspruchsfreiheit zur selbstverständlichen Grundlage des Verhaltens zu machen, war wirklich etwas zu viel verlangt. Das Leben erforderte das genaue Gegenteil: es belohnte die Hinnahme der Widersprüchlichkeit und bestrafte allzu rigoros durchgehaltene Konsequenz. *Im vietnamesischen Alltagsleben mußte ›a‹ viel zu oft gleichzeitig ›non-a‹ sein*« (S. 255, keine Hervorhebung im Original).

Dieser an sich im ganzen beachtliche Erklärungsversuch zeichnet sich nun allerdings dadurch aus (und das beeinträchtigt seinen Erklärungswert), daß der *Maßstab für die Beurteilung* der Besonderheit der vietnamesischen Gesellschaft *die kapitalistische Gesellschaft* ist, und zwar die kapitalistische Gesellschaft, wie sie sich an ihrer Oberfläche und im bürgerlichen Alltagsverständnis darstellt. Da die Unterscheidung der in der Zirkulation erscheinenden Vorstellungen von Freiheit, Gleichheit, Gerechtigkeit, Rationalität, Folgerichtigkeit usw. und dem darunter liegenden, wesentlichen Verhältnis von Kapital und Lohnarbeit ein entscheidender Punkt unserer gesamten Argumentation ist, den wir auch schon gegen Piaget, Adorno u. a. geltend gemacht haben[1], wollen wir diesen Punkt hier noch einmal exemplarisch an dem zitierten Text Alsheimers herausarbeiten (den wir auch deshalb so ausführlich wiedergegeben haben). Dieser Text gilt uns dabei als ein Beispiel für die Anschauungen von liberal und nicht selten auch antifaschistisch orientierten bürgerlichen Intellektuellen in der Bundesrepublik der 50er und 60er Jahre; deren Anschauungen wiederum als eine historisch-spezifische Ausprägung des bürgerlichen Gesellschafts- bzw. Selbstverständnisses, das grundsätzlich von den Erscheinungen der Zirkulationssphäre gebannt bleibt. Zugleich bleiben wir aber im Gang unserer Argumentation; denn diese Beschränkung wird ja als eine der verschiedenen Reaktionsweisen auf die unmittelbare Erfahrung einer vorkapitalistischen und noch weitgehend von direkter Vergesellschaftung bestimmten Gesellschaftsform dargestellt.

Es ist eine für das bürgerliche Selbstverständnis durchaus typische Illusion, daß sich »Sättigung und Obdach« oder gar »Wohlstand und Glück« »›folgerichtig‹ und mit annehmbarer Sicherheit aus der eigenen Arbeitsleistung« (S. 254) ergeben. Hinter dem Ausdruck ›eigene Arbeitsleistung‹ steht die aus der Zirkulation erwachsene Vorstellung, der Produktionsfaktor Arbeit erhalte für seine Leistung, die Arbeit, ein durchschnittlich etwa *angemessenes Entgelt*, den Lohn oder das Gehalt (und ebenso der Produktionsfaktor Kapital für seine Leistung); der Lohn erscheint als abhängig von der Arbeitsleistung. Es ist also gerade die *Form des Lohns verkannt*, durch die die Arbeitsleistung, die ganze wirklich geleistete Arbeit, und nicht nur die für die Reproduktion der Arbeitskraft notwendige Arbeit, als bezahlt erscheint. Dagegen beruht das Kapitalverhältnis darauf, daß nicht die Arbeitsleistung selbst, sondern die Arbeitsfähigkeit dem Arbeiter vom Kapital abgekauft wird; diese Arbeitsfähigkeit des Arbeiters wird wie jede andere Ware in letzter Instanz zu ihrem Wert, zu ihren (gesellschaftlich-historisch durchaus veränderlichen) Produktionskosten bezahlt, hat aber den Gebrauchswert, mehr Wert neu hervorbringen zu können, als in sie selbst als Wert eingegangen ist. Allein diese Differenz zwischen dem Wert der Arbeitskraft und ihrer wirklichen Arbeitsleistung macht den Mehrwert und damit das industrielle Kapital möglich (wir sehen hier die folgenschwerste Konsequenz, die sich aus der Unterscheidung von Wert und Gebrauchswert ergibt und die bei ihrer Einführung im I. Abschnitt unserer Untersuchung[2] noch kaum etwas von diesem entscheidenden, das kapitalistische Klassenverhältnis begründenden Knotenpunkt erkennen ließ). Wenn freilich die Arbeitsfähigkeit des Arbeiters in letzter Instanz zu ihrem Wert bezahlt wird, so schließt das keineswegs aus, daß der tatsächliche ›Preis der Arbeit‹, der Lohn, unter oder über diesem Wert schwankt, ja es ist wesentlich für den Preis, daß er nur ausnahmsweise mit dem Wert zusammenfällt. Wie andere Preise, so sind auch die Preise für die Ware Arbeitskraft jeweils vom Maß des Angebots und der Nachfrage abhängig; in der Hochkonjunktur etwa durchschnittlich höher und für wenig gefragte Sorten von Arbeitsvermögen generell niedriger als der Wert. Infolge dieser Preisschwankungen (die im negativen Einzelfall ja gänzliche Unverkäuflichkeit einer bestimmten Ware, Arbeitslosigkeit bedeuten können) gehört es daher zum normalen Zusand des Kapitalismus, daß mehr oder weniger große Schichten der Klasse der Arbeiter kürzer oder länger *unter* dem jeweiligen historischen Lebensniveau leben müssen, kurz: daß *diese Schichten oft »nicht einmal Sättigung und Obdach« finden, »geschweige denn Wohlstand und Glück«*. Und zwar ist dies auf der Basis des Kapitals, wo ja die Arbeitskraft eine Ware ist, durchaus ›folgerichtig‹; d. h. es ist für die Besitzer der Ware Arbeitsfähigkeit gerade nicht folgerichtig, aufgrund »der eigenen Arbeitsleistung« »mit annehmbarer Sicherheit« auf regelmäßige und durchschnittliche Befriedigung ihrer Lebensnotwendigkeiten zu ›rechnen‹, ja auch nur zu hoffen. Gerade die fehlende Sicherheit in diesen elementaren Lebensbedürfnissen ist auch heute noch ein wesentliches Moment des Klassenschicksals der Lohnarbeiter.

Die ›Wohlstandsgesellschaft‹ in der ›modernen westlichen Gesellschaft‹ ist eines der an sich ohne große Mühe widerlegbaren Versatzstücke des bürgerlichen Selbstverständnisses der 50er und 60er Jahre, das aber nichtsdestoweniger gerade auch die linksorientierten Intellektuellen in der Bundesrepublik lange in seinem Bann gehalten hat. Wenn ein Viertel (USA) oder ein Siebentel (BRD) der Bevölkerung dieser sogenannten Wohlstandsgesellschaften unter dem amtlich festgelegten Existenzminimum leben, d. h. häufig genug ohne Sättigung und teilweise sogar als Obdachlose leben müssen, so wäre zu erwarten, daß in Denken und Sprache dieser Bevölkerungsteile (meist sind es Randbereiche der Arbeiterklasse) »Begriffe wie Folgerichtigkeit, wie Widerspruchsfreiheit, wie die Dialektik von Möglichkeit und Wirklichkeit« (Alsheimer 1968, S. 254) wenig entwickelt sind. Und eben dies kann man allerdings Untersuchungen über die ›untere Unterschicht‹ entnehmen. So heißt es in einem Bericht über westdeutsche Obdachlose: »Die bisherigen Erfahrungen lassen sich wie folgt zusammenfassen: Mit den notwendigen Verbesserungen der Wohnverhältnisse zugleich müssen Hilfen gegeben werden, die der Erstarkung des Selbstvertrauens dienen, *den Glauben an die eigene Leistungsfähigkeit* wecken… Die Einübung *von Fähigkeiten, die uns normalerweise so wohlvertraut sind,* daß wir sie auch bei jedem anderen voraussetzen möchten – Wirtschaftlichkeit, die Einhaltung von Terminen, Plänen, Zusagen, das Fertigwerden mit

Mißerfolgen usw. –, muß »bei der ›Eingliederung sozial nicht angepaßter Bevölkerungskreise in die übrige Gesellschaft‹ nachgeholt werden.« (Frenkel 1967, S. 492; von mir hervorgehoben). Und in einer anderen Untersuchung lesen wir: »*Die Fähigkeit, abstrakt zu denken*, ist unter den Bewohnern der untersuchten Obdachlosensiedlung sehr gering ausgeprägt, weil sie nie geübt worden ist.« »... *die Fähigkeit, mit Geld planvoll und vorausschauend umzugehen*« fehle weitgehend; die Lagerinsassen, vielfach Familien mit mehreren Kindern, seien nicht imstande, wöchentlich z. B. 80 Mark für die Miete auf die Seite zu legen, denn Geld habe für sie nur »den Wert des augenblicklichen Bedarfs« (Adams 1966, S. 22, S. 110). Heben wir hier die sich offenbar empirisch und an Teilen der Bevölkerung einer ›hochentwickelten Industriegesellschaft‹ aufdrängende Feststellung hervor, wonach die *Fähigkeit zum abstrakten Denken eng mit der Fähigkeit zum Umgang mit Geld zusammenhängt* und daß beides mit der Entwicklung der *Fähigkeit zur Abstraktion* von der unmittelbaren, konkreten Nützlichkeit der Dinge, von ihrem Gebrauchswertcharakter verbunden ist. Diese Beobachtungen ließen sich vielfach und systematisch, freilich aber weniger ausgeprägt für die gesamte Arbeiterklasse belegen, was über die Absicht unserer Untersuchung hinausgreifen würde. Entscheidend war in unserem Zusammenhang zunächst, *die Existenz der von Alsheimer in Vietnam beobachteten Auffassungs- und Existenzweisen auch für beträchtliche Teile unserer Gesellschaft anzudeuten –* Alsheimer mußte dies entgehen, weil er diese Gesellschaft gemäß ihrem bürgerlichen Selbstverständnis begriff –; sodann kam es auch darauf an, einen deutlichen Fingerzeig zu den Voraussetzungen für die Grundformen ›der‹ Rationalität in der Klassenlage und -orientierung innerhalb der von Warenzirkulation und Warenproduktion geprägten Gesellschaft zu geben.

Wie sehr Alsheimers Vorstellungen die der ›Mittelschicht‹ sind (letzteres der soziologische Ausdruck für das – z. T. deklassierte – Bürgertum), wird an den folgenden Sätzen besonders deutlich. »... die Beziehung von Möglichkeit und Wirklichkeit, Phantasma und tatsächlichem Ereignis, Hypothese und überprüftem Sachverhalt, Vorstellung und Wahrnehmung – setzte sie, um über bloßes Gedankenspiel hinaus Gewicht und Verbindlichkeit zu gewinnen, nicht voraus, daß Möglichkeiten in Wirklichkeit überführt werden konnten durch vernünftige Planung und schrittweise Realisierung, wobei sich ständig weitere Möglichkeiten eröffneten?« (Alsheimer 1968, S. 255) Denn Möglichkeit, Planung und Wirklichkeit sind hier stets die des vereinzelten Subjekts, das ohne Interesse für den Gesamtzusammenhang oder gar einen gesellschaftlichen Gesamtplan seine ›Pläne‹ durch individuelles Sparen, Kaufen usw., also durch Akkumulation in der Zirkulation zu verwirklichen versucht: »Ein eigenes Haus zum Beispiel«, fährt Alsheimer fort, »das man entwerfen, für das man sparen und Materialien kaufen konnte, um sich schließlich an die Bauarbeit zu machen? Für viele, besonders die Armen, war die Verwirklichung von Möglichkeiten seit Jahrhunderten so unsicher gewesen, daß sie selber zu einem Glücksfall geworden war und die in der Sache gelegene Dialektik verbarg« (S. 255). Die Möglichkeit wird hier schon beinahe zur ›opportunity‹, zur Chance, die jeden den Marschallstab im Tornister tragen läßt und die Einsicht verschüttet, daß die *kollektive* ›Chance‹ letztlich die einzige Möglichkeit für jeden einzelnen ist – was doch gerade auch der revolutionäre Krieg der vietnamesischen Bauern sichtbar gemacht hat! Im übrigen dürfte der zuletzt zitierte Satz ohne wesentliche Modifikationen für einen großen Teil der Arbeiterklasse und auch weiterer großer Schichten in den kapitalistischen Gesellschaften zutreffen (die Hoffnung auf das Aufstiegssymbol Eigenheim dürfte nur in der Bundesrepublik der fünfziger und sechziger Jahre eine erhebliche ideologische Rolle bei der nichtbürgerlichen Mehrheit der Bevölkerung gespielt haben).

Es gibt allerdings einen gewichtigen Unterschied zwischen den vietnamesischen und ›unseren‹ Verhältnissen (und auf diesen Unterschied bezieht sich auch die ohnehin nur nebenbei vorgetragene Auffassung Alsheimers): *unsere Verhältnisse stellen sich als folgerichtig dar.* ›Verwaltung‹, ›Rechtsprechung‹, ›Handel‹ und ›Medizin‹ ergeben ›eine Vorstellung von Folgerichtigkeit‹ (S. 255) und erscheinen durchaus als das Gegenteil von Willkür; und auch im ›Arbeitsleben‹ scheint unbestreitbar Rationalität zu herrschen, wie sie eine korrekte, ohne Übervorteilung funktionierende Lohnbuchhaltung, wie z. B. die wissenschaftliche Arbeitsbewertung dem Arbeiter klarzumachen versucht (der die Versuche von Refa-Fachleuten usw. nur als eine der Methoden auffaßt, bei gleicher Entlohnung mehr wirkliche Arbeitsleistung aus ihm herauszuholen). Anhand der Begriffe Alsheimers wäre ohne Schwierigkeit einerseits der Funktionsmechanismus der ›rationalen Staatsanstalt‹ als Überbau, als Form prekärer Vereinheitlichung auf Basis der Widersprüchlichkeit der kapitalistischen Warenproduktion herauszuarbeiten; andererseits wäre auch zu zeigen, wie die Kalkulation des ›Handels‹, des ›business‹, tatsächlich von der ›Rationalität der Kapitalrechnung‹ geprägt ist; und schließlich gehört es in den Zusammenhang unserer gesamten Untersuchung, die Rationalität der Wissenschaft, auch der Naturwissenschaften und der Medizin, nicht etwa zu bestreiten, sondern ihre Blindheit für die spezifische Form der Vergesellschaftung aufzuzeigen, in der sie selbst und vor allem ihre elementaren Formen erst möglich wurden und für deren Funktionstüchtigkeit sie, jedenfalls in ihrer strukturellen Blindheit für den Gesamtzusammenhang, ein unentbehrliches Moment sind.

Wir müssen dies hier auf sich beruhen lassen, wie wir auch nicht der Frage nachgehen können, inwieweit die rationale Organisation des ›Arbeitslebens‹ im doppelten Sinn rational ist (nämlich als systematische Einsparung von lebendiger Arbeit *und* als systematisch organisierte Ausnutzung dieser lebendigen Arbeit). Die wesentliche Frage wäre hier, inwieweit gerade diese verschiedenen Institutionalisierungen der Rationalität und deren Formalität in ›unserer‹ Gesellschaft einen Eindruck aufdrängen, der in der vietnamesischen Gesellschaft und allgemein in direkt und klassenmäßig vergesellschafteten Gemeinwesen nicht aufkommen kann: den von *menschlichen Verhältnissen* (Alsheimer verwendet zur Kennzeichnung der vietnamesischen Gesellschaft in den letzten Jahrhunderten den Ausdruck »diese unmenschlichen Verhältnisse«). Wir haben die aus der Oberfläche der Zirkulation erwachsenden Vorstellungen und Versprechungen von Freiheit und Rationalität wiederholt als auf der Basis der entwickelten Warenproduktion notwendige Produkte dargestellt; das heißt aber auch, daß sich die Unmenschlichkeit unserer Verhältnisse nur wirklich enthüllt, wo sie von ihrem Kern her untersucht und angegriffen wird: an der unentgeltlichen und ungleichen Aneignung von Arbeit durch eine Klasse in der Produktion, wie sie durch die Lohnform verhüllt ist und in der Wirklichkeit von Arbeitshetze, Auspowerung, Unsicherheit usw. einerseits und zunehmender Polarisierung von Reichtum und Macht andrerseits den Produzenten doch bewußt werden kann. In den älteren Gemeinwesen liegt hingegen die Unmenschlichkeit der Klassenherrschaft offen und direkt zutage, jedenfalls und gerade dem bürgerlichen Beobachter. Dieser bürgerliche Standpunkt wird erst dann überschritten, wenn ›unterentwickelte‹ Gesellschaften wie z. B. die vietnamesische nicht mehr einfach am Maßstab der angeblich vollendeten Entwicklung, der scheinbar einfach menschlichen, prinzipiell rationalen Verhältnisse der ›modernen Industriegesellschaft‹ gemessen werden, sondern mit der Anerkennung des Fortschritts, wie er ganz zweifellos von dieser Entwicklung zur kapitalistischen Industriegesellschaft eingeleitet worden ist, auch die klassenmäßigen Bedingungen, die furchtbaren Opfer und Verkrüppelungen eingestanden werden, die notwendig mit dieser an ihrer Oberfläche sich als frei und vernünftig darstellenden Klassengesellschaft verbunden waren und sind. Und zwar muß sich diese Differenzierung auch auf die elementarsten Formen des Überbaus beziehen, durch die sich scheinbar so einleuchtend ›entwickelt‹ und ›menschlich‹ von ›unterentwickelt‹ und ›unmenschlich‹ unterscheidet. Die *Form der Identität* als der Kern ›unserer‹ Rationalität ist eine Form, die sich prinzipiell *auf das einzelne Individuum* als Subjekt der Zirkulation bezieht und keinen Rekurs auf die Basis der Produktion des Lebens zuläßt. Die Identität der Mitglieder kommunistischer Gemeinwesen wird hingegen von vornherein auf diese Basis bezogen sein müssen; sie wird in diesem Sinne *kollektive Identität* sein müssen und als solche schon in den frühen Sozialisationsprozessen vorbereitet werden müssen. Die von Alsheimer bei den Vietnamesen beobachtete kollektive Identität[3] ist daher mehr als bloß ein Ausdruck von Unterentwicklung und Rückständigkeit; sie verweist *auch auf die Notwendigkeit eines veränderten Bewußtseins in der direkt assoziierten Gesellschaft der Zukunft.*

Die anhand der Äußerungen Alsheimers ausführlich belegte und kritisierte Stellungnahme zu der in vorkapitalistischen Gesellschaften beobachtbaren Defizienz der Ichidentität bzw. der Elementarformen des abstrakten Denkens bleibt also insgesamt auf jenem üblichen Bewußtseinsstand der bürgerlichen Sozialwissenschaften, der zwar ›die Gesellschaft‹ in die Erklärung ›einbeziehen‹ möchte, dabei aber sogleich die Grundkategorien der eigenen Gesellschaft voraussetzt, damit blind für deren besondere Form bleibt. Es ist dies grundsätzlich der gleiche Bewußtseinsstand, den wir auch in der Unterscheidung von unterentwickelten und entwickelten Gesellschaften antreffen und dem die typisch bürgerliche Geschichtsinterpretation entspricht, wonach es zwar

Geschichte gegeben hat, mit der Etablierung der bürgerlichen Gesellschaft aber nur noch Verlängerung des Gegenwärtigen gibt.

Editorische Anmerkungen

1 Piaget-Kritik: Müller 1977, S. 173-190; Adorno-Kritik: S. 190-202.
2 »Die Genesis des bürgerlichen Subjekts aus der Zersetzung der naturwüchsigen Vergesellschaftung durch den zum Subjekt sich erhebenden Tauschwert«: Müller 1977, S. 25-137.
3 Mit Georg W. Alsheimers (= Erich Wulffs) Aussagen zur Identität setzt sich Müller (1977) auf S. 242-257 auseinander.

Alex Inkeles
Was heißt »individuelle Modernität«?

Man kann sich recht leicht auf eine Liste der bedeutenden Veränderungen der menschlichen Existenz während der letzten Jahrhunderte einigen: Nahezu alle werden die Entstehung und Blüte des Nationalstaates, die gewaltige Expansion der Industrie, die Mechanisierung der Landwirtschaft, den Aufstieg der Wissenschaft, die Ausweitung der Bürokratie, die Ausbreitung formaler Bildung und das Wachstum der Städte in die Liste aufnehmen. Aber selbst wenn wir uns über die einzelnen Posten dieser Liste einigen können, wird doch jeder Versuch, alle diese Veränderungen in einer *allgemeinen* Aussage zusammenzufassen, auf starken Widerstand stoßen. Noch größere Meinungsverschiedenheiten ruft jedweder Versuch einer *Erklärung* dieser Erscheinungen hervor. Marx teilte uns sicherlich etwas besonders Wichtiges mit, als er unsere Aufmerksamkeit auf die Produktionsweise und die daraus entstehenden Klassenbeziehungen lenkte. Trotzdem hat Weber viele davon überzeugt, daß die in religiöse und andere transzendente Weltanschauungen eingebettete Berufsethik eine bedeutende Wirkung auf ökonomisches Verhalten ausübt. Und auch die Behauptung Sorokins, daß wir Zeugen des Übergangs von einem ideationellen zu einem sensuellen kulturellen Grundsystem sind, läßt sich nicht so einfach von der Hand weisen. Während die Debatte über diese Auffassungen andauert, sind die von diesen großen Theorien anvisierten Phänomene geblieben, und viele der aufgezeigten Entwicklungsrichtungen haben sich vertieft und beschleunigt.

Zur Erfassung dieses Prozesses globalen Wandels verfügten die Soziologen meiner Generation über eine Reihe plausibler Vorgehensweisen. Eine Möglichkeit bestand darin, einen der großen wissenschaftlichen Entwürfe aufzugreifen und ihn auf neu auftretende Phänomene anzuwenden. Eine andere Möglichkeit war es, seinen Vorgängern mit der Ausarbeitung und Verbreitung neuer übergreifender Systeme nachzueifern, wie Talcott Parsons mit seinen »pattern variables«. Uns schien keine von diesen Vorgehensweisen angemessen. Die großen Entwürfe der Vergangenheit erwiesen sich zu sehr als tatsächliche oder mögliche Orthodoxien, und in einem Zeitalter, das sich die Abschaffung aller Ideologien zum Ziel gesetzt hatte, mied man Orthodoxien. Auch führten uns eine kritische Analyse und systematischere Forschung vor Augen, wie beschränkt die expliziten und impliziten Perspektiven der klassischen Modelle und der neueren allgemeinen Systeme waren.

In den fünfziger Jahren verbreitete sich ein neuer, eher eklektischer, weniger ideologischer und mehr interdisziplinärer Geist. Die Führung übernahmen Wirtschaftswissenschaftler durch die Untersuchung dessen, was sie als Entwicklung oder Wachstum bezeichneten. Gestützt auf Faktorenanalysen suchten sie die gemeinsamen sozioökonomischen Merkmale der »fortgeschrittenen« Länder zu identifizieren und die gemeinsamen, wenn überhaupt vorhandenen Wege zum wirtschaftlichen Wachstum zu entdecken. Politologen konzentrierten sich auf die Entwicklungen des Nationalstaats. Anthropologen betrachteten den Prozeß als Akkulturation und Entwicklung sozialer Gemeinschaften, Bevölkerungswissenschaftler untersuchten demographische Übergangsstadien. Psychologen umrissen Persönlichkeitsmerkmale unternehmerischen Verhaltens, oder sie maßen die psychische Anpassung des raschen Veränderungen ausgesetzten Individuums.[1]

Jede Disziplin untersuchte natürlich nur einen Teilaspekt eines umfassenderen sozialen Wandels. In den fünfziger Jahren spielten die Wirtschaftswissenschaftler die führende Rolle bei der Forschung auf diesem Gebiet, und ihr Konzept der »wirtschaftlichen Entwicklung« diente als übergreifendes Etikett. Aber als andere Wissenschaften diese Themen aufgriffen und andere Dimensionen des sozialen Lebens unter die Lupe nahmen, entstand ein Bedürfnis nach einem allgemeineren Begriff, der den breiten Umfang der untersuchten Institutionen und die unterschiedlichen disziplinären Perspektiven besser widerspiegelte. Im Laufe der sechziger Jahre wurde der Begriff »Modernisierung« immer geläufiger und von zahlreichen Sozialwissenschaftlern als die allgemeine Bezeichnung für den gemeinsam interessierenden Prozeß akzeptiert (Weiner 1966; Black 1966; Bibliographien: Geiger 1969; Brode 1969). Gesellschaft und Institutionen wurden dann ständig als mehr oder weniger modern bezeichnet; »moderne« und »traditionale« Systeme mit ihren Komponenten wurden polarisiert (Lerner 1958; zur Kritik Gusfield 1967).

Die gesamte Forschungsarbeit über Modernisierung ist um eine Reihe einzelner Schwerpunkte der Analyse organisiert. Die meisten Arbeiten befassen sich mit der institutionellen Ebene. Die Untersucher fragen nach den Charakteristika der Institutionen in den entwickelteren Staaten, oder sie bringen das Ausmaß der Veränderung auf dem einen Gebiet, zum Beispiel der Industrie, mit der Veränderung in einem anderen, zum Beispiel der Bildung, in Zusammenhang.

Die klassische These, Bildung sei ein Stimulus für Wachstum, findet sich bei Harbison und Myers (1964). Einige wenige beschäftigen sich mit der Rolle des *Individuums* im Modernisierungsprozeß. Sie untersuchen die Eigenschaften des Individuums in Beziehung zu denen von Institutionen und Gesellschaften. Eine Gruppe solcher Studien befaßt sich mit dem Prozeß der psychosozialen Veränderung und Anpassung von Individuen, die zunehmend mit modernen Institutionen in Kontakt kommen und an den für modernere Gesellschaften typischen sozioökonomischen und politischen Rollen partizipieren. Meine Ausführungen in diesem Beitrag beschränken sich weitgehend auf solche Untersuchungen. Eine Reihe von Soziologen und Sozialpsychologen haben sich mit diesem Prozeß befaßt und beträchtliches empirisches Material erarbeitet (Brislin/Lonner/Thorndike 1973; Suzman 1977; Berry 1981). Auch wenn einige Arbeiten reichliche Informationen liefern, bleiben viele grundsätzliche Fragen ungeklärt. Die Untersuchung der individuellen Modernität in ihrer Beziehung zu sozialem Wandel hat hinsichtlich der Absichten der Forscher und der Ergebnisse und deren Auswertung mehr als genug Mißverständnisse hervorgerufen. In der Hoffnung auf eine Verringerung solcher Mißverständnisse habe ich – in Ergänzung des Schlußkapitels von Inkeles/Smith (1974) – in diesem Beitrag meine Antworten auf zehn Fragen dargelegt, die häufig zur Forschung über individuelle Modernität gestellt werden.

1. Warum das Individuum untersuchen? Determiniert nicht das soziale System die Eigenschaften der in ihm lebenden Individuen?

Ob man Individuen oder Institutionen und soziale Systeme untersucht, ist zum Teil reine Geschmackssache. Für die einen bedeutet soziale Veränderung mehr oder weniger ausschließlich institutionelle oder systematische Veränderung. Entweder interessieren sie sich nicht für das Individuum, oder sie sind der Meinung, eine andere Disziplin solle sich mit dem personalen Aspekt des Veränderungsprozesses beschäftigen. Dieser Standpunkt bedeutet die Übernahme einer engen Definition von Soziologie, die mit einigen Hauptströmungen der soziologischen Tradition in Konflikt gerät. Aber als Geschmackssache kann man über diese Position nicht streiten. Man kann nur feststellen, daß es andere gibt, die Untersuchung von Individuen im allgemeinen und soziologische Beiträge dazu im besonderen für wichtig halten. Die These jedoch, daß die Natur des Individuums letztlich vom sozialen System bestimmt wird, ist jenseits von Geschmacksfragen eine überprüfbare Behauptung. Wir könnten dieser allgemeinen Behauptung, die offensichtlich zu einem bestimmten Grad wahr sein muß, zustimmen, ohne die Diskussion dadurch zu beenden. Sehr viel interessanter als diese allgemeine Aussage ist ihre Spezifikation. Wir wollen wissen, welche Aspekte des sozialen Systems welche Individuen in welcher Hinsicht, mit welcher Geschwindigkeit und unter welchen Bedingungen verändern.

Wenn das soziale System tatsächlich allein und vollständig die Eigenschaften der in ihm lebenden Individuen bestimmt, sollten wir diese Eigenschaften schon aufgrund der Kenntnis der Natur des sozialen Systems und der Stellung der Person in ihm präzise angeben können. Wie aber manch ein Sozialwissenschaftler zu seinem Verdruß erkannte, läßt sich dieses Kunststück, wenn überhaupt, nur sehr unbefriedigend bewerkstelligen. Die Forschung über individuelle Modernität geht grundsätzlich davon aus, daß das Verhältnis zwischen der Sozialstruktur und den individuellen Eigenschaften *problematisch* ist. Ungeachtet unterschiedlicher Schwerpunktsetzung hatten die Forscher, die sich mit individueller Modernität befaßt haben, das gemeinsame Anliegen einer empirischen Prüfung der weitverbreiteten Annahmen über die Beziehungen sozialer Systeme zu den von ihnen angeblich determinierten individuellen Merkmalen. Dabei beschäftigten sich die Forscher eingehend mit der Festlegung sowohl der konkreten Indikatoren der Sozialstruktur als auch der genauen Persönlichkeitsmerkmale, die gemessen werden sollten; mit der Messung jener Aspekte von Forschungsdesigns, die für bestimmte theoretische Anliegen relevant sind; und auch mit der Interpretation der Ergebnisse zur Bestätigung, Widerlegung, Revision oder Erweiterung der ursprünglichen Theorien.

Weder das Bedürfnis nach einer Prüfung der theoretischen Annahme einer Determination der Persönlichkeit durch die Sozialstruktur noch der Wunsch, ihre Anwendungsmöglichkeiten genauer zu bestimmen, sollten als Herausforderung oder gar als Ablehnung solcher Theorien aufgefaßt werden. Im Gegenteil – nach meiner Erfahrung glauben so gut wie alle im oben umrissenen Rahmen arbeitenden Forscher, daß das, was sich in den Individuen findet, größtenteils die Natur des Gesellschaftssystems, in dem sie leben, und ihren besonderen Status in diesem System reflektiert (Inkeles/Smith 1974, S. 139-143, 154-165, 302-308).

Auch impliziert die Festlegung auf die Erforschung des Individuums im Modernisierungsprozeß keineswegs automatisch ein Urteil über den Vorrang oder die relative Bedeutung des Individuums gegenüber dem System. In der Tat sieht die Mehrheit der Forscher die individuelle Veränderung eigentlich eher von der institutionellen Modernität verursacht als diese verursachend, und bei der Erklärung unterschiedlicher Grade gesellschaftlicher Modernität legen sie auf historische, ökonomische oder politische Faktoren weitaus größeres Gewicht als auf den Einfluß der modernen Persönlichkeiten. Bemerkenswerte Ausnahmen sind allerdings die Arbeiten McClellands (1961) und Hagens (1962, 1975).

2. Sollte man Veränderungen »objektiver« Statusmerkmale oder »subjektiver« Persönlichkeitsattribute in den Mittelpunkt des Interesses stellen?

Wenn »modern« jemand ist, der eine bestimmte Kombination sozioökonomischer Merkmale aufweist, zum Beispiel »Beschäftigung in Industriebetrieben und nicht in der Landwirtschaft« oder »städtischer und nicht ländlicher Wohnsitz«, dann folgt daraus, daß man zur Einschätzung des Grades, zu dem individuelle Modernität durch Veränderungen des sozioökonomischen Systems bestimmt wird, Veränderungen in der Verteilung solcher Statusmerkmale *bei Individuen* mit vorangegangenen Veränderungen *im sozialen System* verknüpfen sollte. In manchen Fällen könnte eine solche Methode wichtige Probleme sichtbar machen, zum Beispiel, wenn sich die Zahl der Schulabgänger sehr viel schneller erhöht als die Zahl der vorhandenen Arbeitsplätze. In den meisten Fällen allerdings drücken objektive Statusmerkmale nur in anderer Form aus, was wir bereits aus den aggregierten Daten wissen.

Eine attraktive Alternative ist deshalb die Bestimmung von individueller Modernität ausschließlich im Rahmen psychosozialer Eigenschaften wie Wertvorstellungen, Orientierungen, Meinungen und Verhaltenstendenzen. Ihr offensichtlicher Vorteil besteht in der Ausschaltung von Redundanz und Zirkularität, wie sie in viele Maßzahlen für Individuen eingebaut sind. So ist definitionsgemäß wahr, daß sich im Falle der »überwiegenden Urbanisierung« eines Landes zumindest 50 Prozent der Bürger als »Stadtbewohner« herausstellen werden. Keineswegs definitionsgemäß wahr aber ist, daß die meisten Bürger eines überwiegend urbanisierten Landes ein stärkeres Wirksamkeits- oder Entfremdungsgefühl haben müssen.

Die Aufnahme solcher Ergebnisse des Modernisierungsprozesses in die Definition der individuellen Modernität schließt die Überprüfung der wichtigsten Behauptung aus. So in der im übrigen erhellenden Arbeit Daniel Lerners: Die Definition und Klassifikation von Individuen als »modern«, »transitional« oder »traditional« berücksichtigt gleichzeitig die sozialen Merkmale der Individuen *und* ihre Werte in einem Empathietest. Damit war jegliche präzise Aussage darüber unmöglich, ob und wieweit Empathie als eine subjektive Folge von veränderten objektiven Bedingungen betrachtet werden konnte, wie Bildung, städtischem Wohnsitz und Erfahrung mit Massenmedien, da diese anderen Variablen ebenfalls in den allgemeinen Index individueller Modernität aufgenommen waren (Lerner 1958, S. 69-71). Um eine Prüfung der Beziehungen zwischen der tatsächlichen Gesellschaftsstruktur und den Eigenschaften der Individuen zu ermöglichen, haben eine Reihe von Forschern das moderne Individuum ausschließlich in einem psychosozialen Rahmen definiert. Diesem Ansatz folgen die Arbeiten von Armer und Youtz (1971), Doob (1960), Dawson (1967), Galtung (1971), Guthrie (1970), Inkeles und Smith (1974) und die meisten Benutzer der OM-Skala[2], sowie auch Kahl (1968) und Klineberg (1973) und Stephenson (1968), die Kahls Modernisierungsskala benutzen.

An dieser Stelle muß wieder betont werden, daß wir mit der Konzentration auf Einstellungen, Werte, Bedürfnisse und Handlungsweisen die Frage nicht vorentscheiden, ob diese Qualitäten den sozioökonomischen Status erzeugen oder nur von ihm bestimmt werden. In der Tat geht die Forschung auf diesem Gebiet meistens von der Annahme aus, daß Status die Persönlichkeit determiniert und nicht umgekehrt.

3. Welche psychosozialen Merkmale sollten ein Individuum als modern definieren?

Solange wir noch auf der Definitionsebene arbeiten, geht es natürlich nur um Präferenzen. Bei der Entscheidung, welche psychosozialen Merkmale des Individuums im Mittelpunkt des Interesses stehen sollten, kann man sich von einer Theorie, vom speziellen Forschungsinteresse, von der Durchsicht empirischer Erhebungen oder von zufälligen und systematischen Feldbeobachtungen leiten lassen. Eine Analyse nach Durkheim könnte Anomie erwarten lassen; marxistisches Denken könnte auf Entfremdung deuten; in Freudscher Perspektive könnte man hohe Grade von Angst annehmen, und im Sinne von Parsons würde man sich auf Merkmale wie affektive Neutralität konzentrieren. Da sich Lerner (1958) für die Rolle der Massenkommunikation beim Modernisierungsprozeß interessierte, wählte er als Schlüsselmerkmal die Ausprägung von Meinungen, während Rogers und Svenning (1969), die sich mit der Produktivität der Bauern beschäftigten, die Bedeutung von Innovationsneigung und Anwendung neuer Technologie in der Landwirtschaft betonten.

In unserem Sechs-Länder-Vergleich[3] ließen wir uns von einer bestimmten theoretischen Perspektive leiten. Ganz allgemein gesprochen bestand das Forschungsinteresse in einer Prüfung der Frage, ob, wo und bis zu welchem Grad sich Individuen Persönlichkeitsmerkmale ancignen, die als Attribute analog zu oder abgeleitet von Organisationsmerkmalen der Institutionen und Rollen sind, mit denen es diese Individuen regelmäßig und intensiv zu tun haben. Zur weiteren Spezifizierung dieses Modells wählten wir die Fabrik als Verkörperung eines wesentlichen Typus einer modernen Institution, so daß unsere allgemeine Fragestellung konkreter formuliert werden konnte: »Welche Persönlichkeitsmerkmale werden nach längerer Fabrikarbeit den dort beschäftigten Individuen eingeprägt, die in ländlichen Regionen eines weniger entwickelten Landes aufgewachsen sind?«

Aus einer Analyse der Merkmale einer Fabrik, unter anderem des Gebrauchs künstlicher Kraftquellen, extensiver Arbeitsteilung, systematischer Einteilung von Arbeitszeit, technischer Hierarchie und so weiter, leiteten wir eine Gruppe von Eigenschaften ab, von denen wir annahmen, daß Fabrikarbeiter sie wahrscheinlich als Persönlichkeitsmerkmale »erlernen« und sich aneignen würden. Unter diesen erwarteten Eigenschaften waren ein Bewußtsein persönlicher Wirksamkeit, Offenheit für neue Erfahrungen, positive Einstellung zu Wissenschaft und Technologie, Akzeptieren der Notwendigkeit genauer Zeiteinteilung und eine positive Einstellung zu Planung. Wir legten dann jede dieser Eigenschaften als Komponente unserer psychosozialen Definition des modernen Menschen fest.

Dieser ersten Gruppe fügten wir eine zweite hinzu, die von anderen Grundlagen ausgeht und einem Modell des »sozialen

Anspruchs« folgt. Vermutlicherweise erfordern, oder zumindest begünstigen die Rollen, die der Bürger eines modernen großen industrialisierten und urbanisierten Gesellschaftssystems zu spielen hat, das Vorkommen bestimmter Persönlichkeitsmerkmale. Im Bereich der Politik zum Beispiel erwartet die moderne Staatsform einer kapitalistischen Demokratie wie einer sozialistischen Diktatur des Proletariats, daß sich Individuen als aktive Staatsbürger betätigen, das heißt sich für Nachrichten interessieren, sich mit dem nationalen System mehr als mit lokalen, regionalen oder Gruppenbindungen identifizieren sowie an Wahlen, Wahlkämpfen und Kundgebungen teilnehmen. Bei der Analyse anderer Institutionen und der damit verbundenen Rollen gingen wir ähnlich vor. Als moderner definierten wir im Familienbereich zum Beispiel die nachdrückliche Forderung nach der eigenen Wahl der Ehefrau anstelle akzeptierter Praktiken des Verheiratetwerdens; die Bevorzugung kleiner anstatt großer Familien; und die Bereitschaft zur Schwangerschaftsverhütung und zur Beschränkung der Familiengröße anstatt der passiven Hinnahme »so vieler Kinder, wie Gott sie uns schenkt«.

Aus dieser Reihe von Analysen ergab sich eine Liste von 24 Hauptthemen, von denen jedes eine Dimension individueller Modernität nach unserer Definition bestimmte. Diese Liste war trotz ihrer Länge sicherlich nicht erschöpfend. Sie spiegelte einen bestimmten theoretischen Standpunkt, was unseres Erachtens sein mußte, weil man dann prüfen konnte, ob gewisse explizite, der Definition zugrundeliegende Erwartungen begründet waren. Gegen eine solche Definition wird oft eingewendet, sie schlösse die Möglichkeit der Überprüfung von anderen Annahmen aus, deren Bestätigung den Gegenstand der Untersuchung in einem anderen Licht erscheinen ließe. Man könnte zum Beispiel argumentieren, unsere Definition hebe die »positiven« Eigenschaften des modernen Menschen hervor, berücksichtige aber nicht, inwieweit er auch entfremdet sei, unter psychischem Streß stehe und seine verwandtschaftlichen Verpflichtungen vernachlässige. Auf diesen Einwand sind zwei Erwiderungen möglich. Man kann mit Fug und Recht sagen, es sei nicht Aufgabe eines Forschers, die Theorie eines anderen zu überprüfen. Wenn andere glauben, daß moderne Menschen auch entfremdet, gestreßt und unzuverlässig sind, liegt die Überprüfung dieser Annahme bei ihnen. Es gibt jedoch eine Alternative, der wir im Harvard-Projekt folgten: Man

kann sich auf den Einwand einlassen und die von außen herange-
tragenen Annahmen selber prüfen. Diesem Prinzip entsprechend
führten wir in unsere Interviews Maße für Anomie, Entfremdung,
psychische Anpassung und die Bereitschaft zur Erfüllung konventioneller verwandtschaftlicher Verpflichtungen ein. Wir nahmen jedoch diese Merkmale nicht in unsere Definition des modernen Menschen auf. So lieferte unsere Feldforschung nicht nur die
Grundlage für eine Überprüfung unserer eigenen, sondern auch
anderer Hypothesen.

Die in vielen verschiedenen Forschungsarbeiten als modern definierten Persönlichkeitsmerkmale überlappen sich beträchtlich. Es
gibt unzählige Varianten von Fatalismus, Empathie, Wirksamkeitsgefühl, Innovationsneigung, Flexibilität, Leistungsorientie-
rung, Informiertheit und politischem Bewußtsein. Fast ebenso
häufig hielten Untersucher der individuellen Modernität die Messung von Streß, Entfremdung und Anomie für angebracht. Dieses
wiederholte Auftreten bestimmter Forschungsthemen könnte aus
ihrer Verbreitung und Nachahmung resultieren, was auf eine
gewisse Phantasielosigkeit bei den Nachzüglern schließen ließe.
Das Phänomen könnte ebenso das Ergebnis spezieller Rekrutie-
rung sein, also der Tatsache, daß nur Anhänger einer bestimmten
theoretischen Richtung dieses Gebiet bearbeiten. Ich meinerseits
interpretiere die Übereinstimmung über gewisse Hauptthemen als
ein Zeichen dafür, daß theoretisch zwingende Gründe für die
Relevanz der in die meisten psychosozialen Definitionen individueller Modernität aufgenommenen Kernelemente sprechen.

4. Ist die »individuelle Modernität« nicht ein sehr westliches Konzept? Und ist sein Export in die weniger entwickelten Länder dann nicht einfach eine weitere Form des Kulturimperialismus?

Zur Klärung dieser Frage müssen wir uns zunächst darauf einigen, was wir
als »westlich« bezeichnen wollen. Die von uns definierten Merkmale der
individuellen Modernität (wie Wirksamkeitsgefühl und Offenheit für
neue Erfahrungen) sind ziemlich allgemeine menschliche Eigenschaften,
die offensichtlich bis zu einem gewissen Grad an vielen Orten und zu
vielen Zeiten auftreten können und sicherlich auch aufgetreten sind. Folglich kann das Syndrom bestimmt nicht in demselben Sinne als westlich

angesehen werden wie das Christentum oder die germanischen Sprachen. Trotzdem könnte man behaupten, daß im allgemeinen die kulturellen Traditionen des Westens den als modern identifizierten Merkmalen eher entsprechen oder deren Entstehung begünstigen. Dazu könnte man sagen, daß das Mittelalter in Europa wohl kaum eine Zeit der Begünstigung oder weiten Verbreitung der Merkmale individueller Modernität war. Zwischen dem neunten und zwölften Jahrhundert fand man diese Merkmale sehr viel häufiger in den vom Islam beherrschten Teilen der Welt. Dennoch waren die von uns identifizierten Merkmale im zwanzigsten Jahrhundert bei den Völkern Europas oder europäischen Ursprungs am meisten begünstigt und am weitesten verbreitet. Und während der letzten 50 oder 75 Jahre sind viele Individuen in anderen Teilen der Welt dem von uns als psychologisch modern bezeichneten Menschen immer ähnlicher geworden. Manche können daher darauf insistieren, daß solche Individuen »verwestlicht« oder mindestens den westlichen Menschen *ähnlicher* geworden sind. Ich ziehe es vor, sie als moderner geworden zu betrachten, weil mir persönlich die Merkmale des Modernitätssyndroms nicht Charakteristika nur einer einzelnen kulturellen Tradition zu sein scheinen. Vielmehr scheinen mir solche Eigenschaften ein allgemeines Modell darzustellen, das eine Form des menschlichen Potentials ausdrückt, eine Form, die zu bestimmten historischen Zeiten und unter bestimmten gesellschaftlichen Bedingungen in den Vordergrund tritt. Trotzdem sehe ich, wenn manche unser Modell als westlich bezeichnen wollen, wenig Sinn darin, viele Worte über dieses Thema zu verlieren. Mir scheint die Beilegung der Streitfrage, ob individuelle Modernität westlich ist oder nicht, bei weitem nicht so wichtig wie die Feststellung, welche Folgen sich aus ihrer Verbreitung ergeben.

Wenn man die neuen Institutionen, die überall von Entwicklungsländern übernommen werden, wie Fabriken, Schulen, moderne Krankenhäuser und Massenmedien, als westlich betrachtet und wenn man die Gewohnheiten, Einstellungen, Werte und Verhaltensweisen, die die mit diesen Institutionen verbundenen Rollen mit sich bringen, ebenfalls westlich nennt, dann könnte eine gewisse psychologische Verwestlichung für jedes Land, das seine Institutionen modernisieren will, praktisch notwendig sein. Neue Institutionen bleiben bestenfalls leere Hüllen und werden schlimmstenfalls zu Friedhöfen nationaler Ressourcen, wenn sie nicht mit Menschen besetzt werden können, die die den Rollen in diesen Institutionen entsprechenden Persönlichkeitseigenschaften haben. Jedes Land und jedes Volk sollte frei entscheiden dürfen, ob die ganze Reihe moderner Institutionen importiert werden soll, ob sie so leben wollen, wie sie immer gelebt haben, ob sie ein anderes Schema übernehmen oder ob sie völlig neue, eigene Institutionen entwickeln wollen. Jeder Weg wird seine eigenen besonderen Anforderungen an die Psychologie der Bevölkerung stellen. Aber wenn sich ein Volk für moderne Schulen, Massenproduktion, wissenschaftlich begründete Technologie und wissenschaftliches Management entscheidet, dann sind die von uns als modern bezeichneten Persönlichkeitseigenschaften bitter nötig, ganz gleich, ob man sie nun als westlichen Import betrachtet oder nicht. Und sie werden weiterhin benötigt, ganz gleich, ob die neue Gesellschaft sozialistisch oder kapitalistisch ist und, falls kommunistisch, ob sich das System an ein stalinistisches oder maoistisches Modell hält. Der Imperialismus kann Coca-Cola, Blue Jeans, Hollywoodfilme und kapitalintensive Produktionsweisen, aber nicht individuelle Modernität exportieren. Individuelle Modernität kann sich als Reaktion auf vorhergehende Kolonisierung entwickeln, muß aber, da sie als Bestandteil der Psyche der Menschen existiert, notwendigerweise ein hausgemachtes Produkt sein, ganz gleich, wie fremd der Ursprung des Samens auch sein mag.

5. Welchen empirischen Status hat der Begriff der individuellen Modernität?

In der Soziologie und der Sozialpsychologie gibt es eine lange Tradition der Erfindung von Menschentypen – das berühmteste der neueren Modelle ist David Riesmans Typologie des innen-, außen- und traditionsgeleiteten Menschen. Auch wenn solche Menschentypen nur theoretische Konstrukte waren, akzeptierte sie die Soziologie wenigstens in der Vergangenheit gewöhnlich als real. Wenige oder gar keine systematischen Anstrengungen wurden zur Prüfung der Frage unternommen, ob diese Typen tatsächlich auftreten oder ob, wenn sie existieren, sich ihre Verteilung in verschiedenen Gesellschaften und sozialen Schichten bestimmen ließe. Im Gegensatz dazu ist das hypothetische Konstrukt des modernen Menschen umfangreich empirisch überprüft worden. Wahrscheinlich ist es in Feldstudien ebenso systematisch überprüft worden wie vergleichbare Begriffe eines »Menschen*typus*«, etwa die »autoritäre Persönlichkeit« (Kirscht/Dillehay 1967; Suzman 1977).

Es gibt zwei Hauptmethoden zur Überprüfung der Realität eines Konzepts von Menschentypen. Die beiden Ansätze werden mit jeweils einer Tradition der Skalenkonstruktion identifiziert, wobei die eine als Methode des Außenkriteriums, die andere als die Kohärenzmethode bekannt ist.

Die Kohärenzmethode befaßt sich direkt mit der Frage, ob die im gedanklichen Modell eines Forschers umrissenen Merkmale tatsächlich einen »Typus« darstellen oder eine bloße Ansammlung unterschiedlicher, unzusammenhängender Eigenschaften sind. Bei der Messung der Kohärenz muß man sich weder auf die Häufigkeit festlegen, mit der dieser Typus in Erscheinung tritt, noch darauf, wo er in der sozialen Struktur auftaucht. Anfänglich beschränkt sich daher die Gültigkeit eines mit Hilfe der Kohärenzmethode abgegrenzten Typs notwendigerweise zuerst auf theoretische oder augenscheinliche Validität. Der Kohärenztest läßt sich auf ein einzelnes Merkmal anwenden wie das Wirksamkeitsgefühl oder aber auf einen Merkmalskomplex wie das multidimensionale Modell des »modernen Menschen«.

Die Kriteriumsmethode zur Prüfung der Stichhaltigkeit eines Konzepts beruht, wie der Name andeutet, auf einem oder mehreren Außenkriterien. Bei der individuellen Modernität bieten sich als relevante Kriterien die objektiven Merkmale des sozialen Status an, die mit modernen Institutionen und modernen Gesellschaften verbunden sind. Daher sollte man zum Beweis der Stichhaltigkeit einer Definition von individueller Modernität hinsichtlich eines größeren Wirksamkeitsgefühls oder größerer Offenheit für neue Erfahrungen zeigen können, daß diese Eigenschaften bei Menschen mit besserer formaler Bildung häufiger als bei weniger gebildeten, bei Industrie- mehr als bei Landarbeitern, oder bei Stadt- mehr als bei Landbewohnern vorkommen, wobei die einzelnen Kriterien entweder theoretisch oder nach allgemeiner Erwartung ausgewählt werden. Offensichtlich zeigt die Kriteriumsmethode ihren Wert bei der Bestimmung der Gültigkeit von Elementen einer Definition. Aber sie teilt nichts Direktes über die Existenz eines »Menschentyps« mit, das heißt über eine *Gruppe* zusammenhängender, ein Syndrom bildender Eigenschaften.

Der Kriteriums- und der Kohärenzansatz sind zwar ganz unterschiedliche, aber keineswegs einander ausschließende Methoden. Nachdem das Vorhandensein eines Syndroms festgestellt worden ist, kann man immer noch versuchen, es an bekannten Kriterien zu validieren. Und nach der Identifizierung einer Gruppe von Eigenschaften durch die Kriteriumsmethode läßt sich immer noch die Kohärenz der Eigenschaften prüfen und ein bestimmter »Typus« umreißen ... Es gibt massive Beweise für die Existenz eines Syndroms individueller Modernität, die sowohl mit der

Kohärenz- als auch mit der Kriteriumsmethode überprüft wurden.[4] In *Becoming Modern* beschrieben wir dieses Syndrom wie folgt:

»Der Charakter des modernen Menschen[5], der aus unserer Untersuchung hervorgeht, kann in vier wesentliche Punkte zusammengefaßt werden: Er ist ein informierter Bürger, der am politischen Leben teilnimmt; er weist ein ausgeprägtes Wirksamkeitsgefühl auf; er ist höchst unabhängig und autonom in seinem Verhältnis zur Tradition, insbesondere wenn er grundlegende Entscheidungen über persönliche Angelegenheiten trifft; und er ist offen für neue Erfahrungen und Ideen, das heißt, er ist relativ aufgeschlossen und kognitiv flexibel. Obwohl das die Hauptkomponenten sind, erschöpfen sie keineswegs die Liste der Eigenschaften, die im Modernisierungssyndrom zusammenhängen. Der moderne Mensch hat außerdem spezifische Auffassungen von Zeit, persönlicher und sozialer Planung, den Rechten abhängiger oder untergebener Personen und vom Gebrauch formaler Regeln als Grundlage für die Organisation seiner Tätigkeiten. Mit anderen Worten, psychologische Modernität erweist sich als ein sehr komplexes, mannigfaltiges und multidimensionales Syndrom« (Inkeles/Smith 1974, S. 290-291).

Rogers und Svenning (1969), die unabhängig mit einer ähnlichen Perspektive arbeiteten, faßten für die »Subkultur der Bauern« den entgegengesetzten Pol der Modernitätsdimension zusammen: (1) wechselseitiges persönliches Mißtrauen; (2) Wissen um materielle Knappheit; (3) Feindseligkeit gegenüber der Staatsautorität; (4) Familismus; (5) fehlende Innovationsneigung; (6) Fatalismus; (7) geringer Ehrgeiz; (8) Fehlen von Bedürfnisaufschub; (9) beschränkte Weltsicht; (10) geringe Empathie.

Was die auf Kohärenz und Außenkriterien geprüften Merkmale individueller Modernität so heraushebt, sind die vielen Bestätigungen dafür, daß die Definitionen tatsächlich dem entsprechen, was bei wirklichen Menschen beobachtet werden kann. Drittkläßler in Brasilien, High-School-Schüler in Puerto Rico, Bauern in Nigeria, Straßenverkäufer in Bangladesh und Fabrikarbeiter in Chile zeigen alle das Syndrom (siehe Holsinger 1973; Cunningham 1972; Inkeles/Smith 1974). Individuelle Modernität unterscheidet zwischen den mehr oder weniger gebildeten Mexikanern und zwischen Kolumbianern, die Nachrichten im Radio hören oder nicht (Kahl 1968; Rogers/Svenning 1969). Sie unterscheidet Individuen aus Gruppen von jungen und alten Menschen, aus weißen und schwarzen Gemeinden in den Vereinigten Staaten, bei Männern und Frauen und bei allen Religionen und ethnischen

Gruppen in Chile, Argentinien, Indien, Bangladesh, Nigeria und Israel (Klineberg 1973; Suzman 1973; Inkeles 1976b).

Während das Konzept der individuellen Modernität eindeutig allgemein brauchbar ist, können wir jedoch nicht behaupten, es sei universell anwendbar. Möglicherweise sind in China oder Kuba dieselben Eigenschaften weder so miteinander verknüpft noch auf dieselbe Art mit denselben Kriterien verbunden. Es scheint immerhin möglich, daß in diesen Ländern Merkmale, die anderswo nicht als Teil des Syndroms beobachtet wurden, wie Selbsterniedrigung, Kollektivismus oder Unterordnung individueller Wünsche unter das Gruppenziel, im Mittelpunkt des Syndroms stehen. Bisher gibt es dafür jedoch keine Belege. Aber es scheint höchst wahrscheinlich, daß auch in China und Kuba Eigenschaften wie das Wirksamkeitsgefühl, Offenheit für neue Erfahrungen und Bindung an Planung zusammengehören und genauso mit bestimmten Außenkriterien verbunden sind wie in den anderen bisher untersuchten Populationen (Inkeles 1976a).

6. Was macht den Menschen modern?

Diese Frage wird normalerweise aus wenigstens fünf verschiedenen wichtigen theoretischen Perspektiven beantwortet. Einige dieser Standpunkte sind in erheblichem Ausmaß empirisch belegt; andere sind noch kaum systematisch geprüft worden. Die vorliegenden empirischen Belege sind von sehr unterschiedlicher Art, von systematischer Feldforschung über historische Veranschaulichungen bis zu reinen Anekdoten.

6.1 Modernität als angeborene Tendenz

Niemand scheint mit Nachdruck diesen Standpunkt ausdrücklich zu vertreten, aber er taucht immer wieder auf, wenn es um die Erklärung des unterschiedlichen Modernisierungsgrades von Menschen mit dem gleichen Hintergrund und sogar den gleichen späteren Erfahrungen mit modernen Institutionen geht.

Da der Inhalt individueller Modernität ein spezifisch sozialer ist, liegt es auf der Hand, daß strenggenommen niemand als modern geboren wird. Der Mensch kann nur nach einem Prozeß des Modern*werdens* modern sein, entweder durch Reifung oder Sozialisation oder beides. Dennoch, wenn Merkmale wie Intelligenz, Dominanz und Selbstbehauptung, Aktivität, Neugier oder Flexibilität zum Teil auf angeborenen Dispositionen beruhen, dann könnten sie die vorhandenen Maße individueller Modernität beeinflussen. Ein Teil dieses Einflusses könnte ein direkter sein, da einige Modernitätstests zum Teil eben die oben erwähnten Merkmale messen. Aber die Hauptwirkungen wären vermutlich indirekte, indem die neugieriger oder dominanter Veranlagten entweder modernisierende Erfahrungen eher suchen würden oder in Lernsituationen für Modernität die besseren »Schüler« wären.

Ich kenne keine Forschungsarbeit, die von systematischen Messungen der frühen Persönlichkeit auf spätere Werte »individueller Modernität« geschlossen hätte, obgleich vorliegende Panelstudien individueller Entwicklung dazu ausgewertet werden könnten. Der Schluß von der derzeitigen Modernität eines Individuums auf frühe Merkmale bildet eine attraktive Möglichkeit, auch wenn ein solches Vorgehen beträchtlichen methodischen Schwierigkeiten unterliegt (vgl. Inkeles 1975 gegen Hagen 1975). Jedenfalls liegen, wenn überhaupt, nur sehr wenige für diese Fragestellung relevante Daten vor.

6.2 Modernität als Produkt des frühkindlichen Milieus

Vertreter dieser Erklärung sehen Lernen als Ursache der Modernität, nehmen aber an, daß dieses Lernen hauptsächlich in den ersten Lebensjahren als Ergebnis bestimmter Familienkonstellationen stattfindet und daß die daraus sich ergebenden Eigenschaften während des gesamten Lebens des Menschen mehr oder weniger unveränderlich bleiben.

Diese Annahme ist letztlich ein Spezialfall eines viel allgemeineren Modells. Es gibt keinen Grund, bei der Vorhersage der Modernität anhand des Familienmilieus mehr Erfolg zu erwarten als bei anderen Bereichen der Persönlichkeitsentwicklung. Nach Sichtung der Daten vermute ich, daß die Einprägung sozioökonomischer Statusmerkmale den Familien besser gelingt als die Übermittlung einer bestimmten Gruppe von Persönlichkeitsmerkmalen. Doch gibt es einige, methodisch abgesicherte, Belege für die Weitergabe von Persönlichkeitsstrukturen zwischen Generationen. Und wir müssen die bedeutenden Studien berücksichtigen, die von der Annahme ausgehen, daß für die Modernität von erwachsenen Individuen die besondere Art der frühen, durch Eltern und Familie vermittelten Erfahrungen der entscheidende Faktor ist. Everett Hagen (1962) behauptet, es gebe einen großen Einfluß des Familienmilieus auf die Formung der innovativen Persönlichkeit; doch sind seine Daten im wesentlichen anekdotischer Natur, und seine Schlußfolgerungen beruhen nicht auf einer direkten Untersuchung lebender Menschen. Die Arbeit McClellands (1961) und seiner Mitarbeiter liefert systematischere Belege für die familialen Voraussetzungen einer hohen Leistungsmotivation. Signifikante Korrelationen zwischen den Modernitätswerten von Eltern und Kindern fanden Cunningham (1972) in Puerto Rico, Holsinger (1973) in Brasilien, Klineberg (1973) in Tunesien und Pandey (1971) in Indien. Pandey konnte darüber hinaus zeigen, daß die Ergebnisse auf die verschiedenen Einstellungen der Eltern zur Sozialisation hinsichtlich Leistung, Autorität und Relevanz zurückzuführen sind.

All dies weist auf eine bedeutsame direkte Übermittlung der Modernität vom häuslichen Milieu auf das Kind hin. Leider aber sind die Daten nicht konsistent; so konnten Cunningham (1972) und Klineberg (1973) ihre These nur für einen Teil der Samples belegen. Darüber hinaus stellte sich in der Harvard-Sechsländerstudie ein Maß des häuslichen und schulischen Milieus, das auf der Wahrnehmung des Verhaltens von Eltern und Lehrern in solchen Sachen wie dem Halten von Versprechungen und der Achtung vor Gefühlen beruhte, nur als schwacher und inkonsistenter Prädikator der individuellen Modernität heraus, besonders dann, wenn andere Faktoren kontrolliert wurden (vgl. Inkeles/Smith 1974, Kap. 17). Insgesamt scheint das Familienmilieu ein zwar signifikanter, aber dennoch nicht so wichtiger Faktor zu sein, wie viele es angenommen hatten.

6.3 Modernität als Ausdruck einer Gruppenkultur

Wir alle sind Träger wenigstens einer Kultur, und Menschen aus komplexen Gesellschaften können Elemente aus einer oder mehreren kulturellen Traditionen verkörpern. Kulturen unterscheiden sich durch die Wertvorstellungen, die sie einprägen, durch die Verhaltensweisen, die sie fördern, und durch die Fertigkeiten, die sie vermitteln. Folglich könnten einige Kulturen die Merkmale der Modernität viel stärker gewichten. Wenn Individuen aus solchen Kulturen erfolgreich in ihre Kultur sozialisiert worden sind, dann wären sie moderner.

Webers Analyse der protestantischen Berufsethik bildet den Prototyp dieser Art Analyse, dem Hagens (1962) Schilderung der kolumbianischen Antioqueños und anderer Gruppen folgt. McClellands Forschung lieferte systematischere Daten über eine große Anzahl von Gesellschaften, wobei seine Kulturbeschreibungen auf Kinderlesebüchern basieren. Aber McClellands (1961) Untersuchung fehlte ein Test der Unterschiede von Individuen aus den Kulturen, deren Leser er beurteilt hatte. LeVines (1966) Vergleich von Yoruba und Ibo überwand diese Schwierigkeit, wenn auch ohne zwingende Ergebnisse. In der Harvard-Sechsländerstudie fanden wir die Männer aus einigen Ländern, vor allem aus Argentinien und Israel, viel moderner als Männer aus anderen Ländern, insbesondere Ostpakistan (jetzt Bangladesh). Da die Stichproben sich hinsichtlich Bildung und Einkommen beträchtlich unterschieden, hätten sich die Unterschiede eher dem Lebensstandard als der Kultur zuschreiben lassen können. Aber die Unterschiede blieben, wenn auch weniger deutlich, bestehen, als wir Gruppen aus verschiedenen Ländern verglichen, die hinsichtlich Bildung und Beruf ähnlich waren. In einem solchen Vergleich ließen sich zum Beispiel nur 8 Prozent der Ostpakistanis als modern einstufen, dagegen 30 Prozent der argentinischen Untergruppe (Inkeles 1976b).

Da wir jetzt über streng komparative Modernitätsmaße verfügen, kann diese Art Analyse auf andere Länder erweitert werden. Bis zu einer systematischeren Übersicht dürfen wir vorläufig schließen, daß einige nationale Populationen moderner sind als andere. Darüber hinaus müssen wir, da solche Unterschiede auch bei Kontrolle von Bildung und Beruf bestehen bleiben, die Annahme gelten lassen, daß diese Unterschiede vermutlich aus unterschiedlichen kulturellen Systemen stammen, die bestimmten Populationen gemeinsam sind.

6.4 Diffusions-, Imitations- und Dependenztheorien

Wenn man den Komplex der modernen Institutionen und die damit verbundenen Empfindungs- und Verhaltensweisen als ein charakteristisches kulturelles Produkt des »Westens« betrachtet, dann kann Modernisierung ohne weiteres als bloßer Sonderfall eines allgemeinen Prozesses kultureller Diffusion betrachtet werden. Das System der industriellen Produktion, des wissenschaftlichen Managements und der Massenkommunikation hatte sicherlich seinen Ursprung im Westen und verbreitete sich von hier aus, und man kann überzeugende Argumente dafür finden, daß viele andere Institutionen, die den sogenannten modernen Komplex ausmachen, einen ähnlichen Ursprung hatten.

Man kann sich relativ leicht die Umsetzung einer ganzen Fabrik oder sogar einer Universität vorstellen. Aber wie steht es mit Einstellungen, Werten, Fertigkeiten und Mustern von interpersonalen Beziehungen, die typischerweise mit den Institutionen an ihrem westlichen Ursprungsort verbunden sind? Verhaltensweisen können selbstverständlich imitiert, Einstellungen nachgeahmt werden. Aber die meisten Fertigkeiten müssen einigermaßen authentisch sein, sonst ergeben sich recht schmerzhafte Folgen. Und die tieferliegenden Persönlichkeitsdispositionen und psychischen Neigungen, zum Beispiel kognitive Flexibilität oder Feldunabhängigkeit, scheinen sich aufgrund ihrer Natur nicht nachahmen zu lassen, sondern kommen nur durch langsame Entwicklung und langes Lernen zustande.

Es ist von der Sache selbst her schwierig, mit hinreichender Genauigkeit zu prüfen, inwieweit die außerhalb des Westens vorkommenden modernen Einstellungen, Wertvorstellungen und Verhaltensweisen durch Kulturdiffusion dorthin gelangten. Wo bestimmte gesellschaftliche Klassen in Entwicklungsländern nicht direkt mit den internationalen Trägern dieser neuen Kultur in Berührung kommen, finden sich leicht Argumente für die Imitationsthese. Bei anderen Klassen ohne diesen direkten Kontakt läßt sich anführen, daß die Massenmedien, besonders Film und Fernsehen, durch die Verbreitung oberflächlicher Formen eines Lebens nach westlichem Vorbild wahrscheinlich einen erheblichen Einfluß ausgeübt haben. Die Dependenztheorie folgt im wesentlichen dieser Argumentation und betont, wie sehr die Macht des fortgeschrittenen (kolonialen) Systems die einheimischen Kulturmuster vertreibt und sie in großem Maßstab durch fremde Modelle ersetzt. Aber zur Erklärung der tieferen Veränderungen der Persönlichkeitsdispositionen, die wir bei Fabrikarbeitern beobachten, die in der Provinz arbeiten und keine Ausländer als Vorbilder um sich haben, scheint die Annahme einer ganz anderen theoretischen Perspektive nötig zu sein, die auf dem Konzept des sozialen Lernens beruht.

6.5 Theorie des sozialen Lernens

Indem wir Marx' These folgen, daß die Beziehung zur Produktionsweise das Bewußtsein formt, dürfen wir unterstellen, daß Individuen Modernität lernen durch die Verinnerlichung von

Prinzipien, die in den organisatorischen Ablauf der Institutionen, in denen sie leben und arbeiten, eingebettet sind.

Dieser allgemeine Standpunkt, den ich erstmals in dem Aufsatz *Industrial Man* ausführte (Inkeles 1960), beeinflußte das Design Joseph Kahls (1968) für *The Measurement of Modernism* und wurde in der Harvard-Sechsländerstudie expliziter überprüft (Inkeles/Smith 1974). Wie theoretisch vorhergesagt, bewirkte die Beschäftigung in Fabriken, in modernen bürokratischen Organisationen und in landwirtschaftlichen Kooperativen jeweils signifikante Steigerungen des Wirksamkeitsgefühls, der Offenheit für neue Erfahrungen und der positiven Einstellung zu Wissenschaft und Technik. Ähnliche Veränderungen, die mit jedem weiteren Jahr an Erfahrung ausgeprägter wurden, wurden durch Schulbesuch erreicht. Aber weder Schulen noch Bürokratien verwenden in nennenswertem Umfang die Art von Maschinen, die man typischerweise in Fabriken findet. Wir kamen daher zu dem Schluß, daß Schulen und Fabriken zu demselben Ergebnis führen, weil beide die Individuen mit gewissen gemeinsamen Organisationsprinzipien, Verfahren der Zuschreibung von Macht und Prestige, Formen der Zuteilung von Belohnung und Strafe und Methoden der Zeitplanung konfrontieren. Individuelle Modernität wird dann zu einer Eigenschaft, die durch Verinnerlichung von bestimmten, für bestimmte institutionelle Umgebungen charakteristischen Merkmalen gelernt wird.

Ich glaube, daß diese fünf Ansätze gemeinsam die meiste Varianz der individuellen Modernität erklären könnten, wenn sich ein Weg finden ließe, alle zusammen in eine einzige Untersuchung zu integrieren. Weiterhin bin ich davon überzeugt, daß von allen fünf die Theorie des sozialen Lernens den bei weitem größten Beitrag zur Varianzaufklärung leisten würde. Dies ist meines Erachtens bereits in *Becoming Modern* nachgewiesen worden. Dennoch gilt weiter, daß eine endgültige Prüfung dieser Annahme noch nicht stattgefunden hat. Und ebenso gilt, daß wir noch einen weiten Weg zurückzulegen haben, bis wir genau verstehen, welche Merkmale von Schulen und Fabriken diese zu wirkungsvollen Lehrern der Modernität machen und wie solche Merkmale das bewirken.

7. Welche Folgen hat die Modernisierung für die psychische Anpassung des Individuums? Kann Modernisierung nur auf Kosten von psychischem Streß erzielt werden?

Zur Beantwortung dieser Frage müssen wir uns zunächst darüber einigen, was wir mit Anpassung meinen und wie wir sie messen sollen. Weiterhin sollte die Interpretation der Ergebnisse nicht nur das derzeitige Befinden der untersuchten Individuen, sondern auch ihre Anpassung vor ihrer Erfahrung mit modernen Institutionen berücksichtigen.

Eine erhebliche Anzahl anthropologischer Untersuchungen lieferte ebenso wie Beobachtungen anderer Art zahlreiche Belege für die äußerst schädlichen persönlichen Folgen, die die Eingriffe mächtiger europäischer Länder ins Leben relativ kleiner insulärer Kulturen ohne fortgeschrittene Technologien regelmäßig begleiten. Auch wenn es wichtige Ausnahmen gibt, wie die von Margaret Mead beschriebenen Manu, scheint diese Art des Kontakts sehr oft Dekulturation, persönliche Desorganisation, Alkoholismus oder andere Suchtarten, Trägheit, Depression, Angstzustände, Hyperaggressivität und Streß herbeizuführen.

Individuen aus nicht-modernen Gesellschaften mit einer eigenen Hochkultur, vor allem wenn sie Teil eines mehr oder weniger autonomen Nationalstaates sind, scheint es dagegen ganz anders zu gehen, wenn sie mit den durch den Modernisierungsprozeß eingeführten Institutionen in Berührung kommen. In unserer Sechsländerstudie stellten wir fest, daß es im allgemeinen keine konsistenten Besonderheiten in der psychischen Anpassung derjenigen gab, die mit Fabrikarbeit, städtischem Leben oder Massenmedien stärker in Berührung kamen (Inkeles/Smith 1970). Wir interpretierten diese Ergebnisse nicht in dem Sinne, daß Berührung mit solchen Institutionen schon an sich wirkt. Wir unterstellten vielmehr, daß das Leben eines Bauern in einem typischen traditionalen Dorf weitaus weniger befriedigt, als viele westliche Intellektuelle sich träumen lassen. Folglich geht es dem industriell beschäftigten urbanisierten ehemaligen Wanderarbeiter tendenziell psychisch nicht schlechter als seinem Vetter, der im Dorf geblieben ist.

Wir meinen, daß unsere Feststellungen gut mit den Ergebnissen anderer systematischer Untersuchungen über den Einfluß von Modernisierung auf die individuelle Anpassung übereinstimmen, aber das Bild ist komplex, und keine abschließende These kann sich derzeit Hoffnung auf allgemeine Anerkennung machen.

8. Wie wirkt das Modernwerden auf die politische Einstellung des Individuums?

Man spürt, daß die neue Linke den Begriff der Modernisierung als eine gegen die marxistischen Gesetze kapitalistischer Entwicklung gerichtete Doktrin auffaßt oder als neues Opium des Volkes, das vom Kampf für den Aufbau des Sozialismus ablenken soll (Wallerstein 1976). In einer derartigen Atmosphäre fällt es äußerst schwer, eine leidenschaftslose Diskussion über die Implikationen des Modernwerdens für die politische Rolle des Individuums zu führen. Dennoch muß man zu diesem grundsätzlichen Thema zunächst versuchsweise einmal Stellung beziehen.

Eine Tatsache scheint unverkennbar, ja sogar einem Gesetz näher zu kommen als jede andere Erscheinung in den Sozialwissenschaften. Wenn Individuen auf der Skala der individuellen Modernität – entweder auf der Grundlage objektiver Statusmerkmale oder auch psychologischer Attribute – höhere Werte erzielen, werden sie durchweg informiertere und im politischen Leben aktivere Staatsbürger. Mit außerordentlicher Regelmäßigkeit ist eine Erhöhung der individuellen Modernität mit dem Beitritt zu Organisationen des öffentlichen Lebens, der Teilnahme an Wahlen und öffentlichen Aktionen, der Interaktion mit Politikern und Personen des öffentlichen Lebens, einem Interesse an politischen Nachrichten und dem Verfolgen von politischen Ereignissen verbunden (Almond/Verba 1963; Inkeles 1969). Innerhalb des politischen Spektrums dürften sich die Bewohner der meisten Entwicklungsländer zugleich mit individueller Modernisierung nach links bewegen. Wie viele Studien gezeigt haben, folgt dies anscheinend aus der Tatsache, daß moderne Individuen Veränderung stärker wünschen, offener für neue Erfahrungen und weniger fatalistisch sind sowie weniger Ehrfurcht vor Autorität und überlieferten Traditionen haben. Bei der Harvard-Sechsländerstudie ließen uns unsere jeweiligen Berater vor Ort nur in Argentinien und Chile Fragen zu Radikalismus und Konservatismus stellen. In beiden Ländern waren die modernen Menschen »radikaler«, insofern sie stärker eine sofortige und gründliche Umwandlung der fundamentalen Institutionen ihrer jeweiligen Gesellschaften befürworteten (Inkeles 1969). Dieser Sachverhalt ist insgesamt nicht besonders gut belegt, aber ich sehe die vorliegenden Daten in Übereinstimmung mit unseren Ergebnissen (Nelson 1969; Cornelius 1975).

Da politische und wirtschaftliche Veränderungen im allgemeinen langsam vor sich gehen und politische Systeme oft träge sind, scheint zu folgen, daß veränderungsorientierte moderne Individuen eher entfremdet sind. Aber die Festigkeit dieser Verknüpfung sollte vermutlich vom weiteren politischen und sozialen Kontext abhängen. Daher könnten in Gesellschaften, in denen die Regierung besonders aufgeschlossen ist oder rasche soziale Veränderungen einleitet, moderne Menschen wohl *weniger* entfremdet sein. Es liegen zu dieser Frage weit weniger Daten als wünschenswert vor. Zwei Studien in den Vereinigten Staaten – eine in der Innenstadt von Chicago (Armer/Schnaiberg 1972), die andere in den Vororten Bostons (Suzman 1973) – stellten fest, daß Modernität mit Entfremdungs- und Anomiegefühlen stark negativ korreliert. In unserer Sechsländerstudie stellten wir dies nur für Ost-Pakistan und Chile, doch weniger ausgeprägt fest. In Nigeria dagegen hatten die modernen Untersuchungspersonen stärkere Gefühle von Anomie und Entfremdung. In den anderen Ländern zeigten sich noch andere Regelmäßigkeiten, und daher mußten wir schließen:

»Der am politischen Leben teilnehmende Bürger ist nicht durchweg frei von anomischen und feindseligen Gefühlen oder zufrieden mit seiner Regierung. Vielmehr ›hängt das ab‹ vom jeweiligen Land – und zweifellos vom Segment der untersuchten Population« (Inkeles 1969).

Offensichtlich bedarf es weiterer Untersuchungen, bevor handfeste Schlüsse gezogen werden können. Aber es ist zu erwarten, daß Teilnahme am politischen Leben fast überall mit individueller Modernität stark verknüpft sein wird, während Entfremdung und Anomie manchmal mit Modernität zusammen auftreten und dann wieder nicht, je nach dem nationalen oder lokalen Kontext.

9. Welche Auswirkungen hat individuelle Modernisierung auf traditionale verwandtschaftliche Verpflichtungen?

Es besteht weithin der Eindruck, daß Modernität, gleich welche Vorteile sie dem Individuum bringen mag, stets nur mit hohen Kosten für die lokalen einheimischen Gemeinschaften erworben wird, weil sie zur Vernachlässigung traditionaler Verpflichtungen führt, vor allem in Verwandtschaftsbeziehungen. Diese Annahme wird durch die Tendenz der theoretischen Diskussion wie der empirischen Forschung zur Polarisierung von modern und traditional (Ausnahme: Dawson 1967) befestigt, was die Vermutung fördert, daß die Übernahme der meisten modernen Lebensformen notwendigerweise eine Ablehnung sämtlicher traditionaler Lebensformen mit sich bringt.

Ein derartiger Konflikt ist in einigen Bereichen sicherlich unausweichlich. Zum Beispiel kann man nicht widerspruchsfrei eine lockere und informelle Zeitplanung befürworten und zugleich auf Pünktlichkeit beim Schulbesuch oder der Fabrikarbeit bestehen. Und wenn in einer Kultur »Respekt vor den Älteren« vorbehaltloses Akzeptieren fremder Entscheidungen über den eigenen Beruf oder die eigene Braut bedeutet, dann wird man durchweg feststellen, daß es den modernen Individuen an dieser Tugend mangelt. Solche Prinzipien- und Handlungskonflikte kommen allerdings weitaus seltener vor als man allgemein annimmt. Während der effektive Kontakt mit modernen Institutionen einige psychische Dispositionen begünstigt, bestimmt er keineswegs das Handeln bis in *alle* Einzelheiten *aller* Lebensbereiche hinein, noch hat er immer auch nur eine Auswirkung darauf. Solange die Minimalforderungen des industriell-bürokratischen Produktions- und Verwaltungssystems erfüllt werden, kann sich das Individuum in anderen Lebensbereichen ohne schweren Konflikt mit unseren Modernitätsnormen ganz verschieden verhalten. Individuelle Modernität tritt ja sogar gleichzeitig mit vielen Orientierungen und Verhaltensweisen auf, die einige Forscher für einen Teil des Traditionalismus halten, und sie können anscheinend problemlos nebeneinander existieren.

Dies läßt sich bei dem Bekenntnis zu und der Ausübung von Religionen veranschaulichen. Zahlreiche Auffassungen der Modernisierung unterstellen *per definitionem*, daß die moderne Geisteshaltung der Religion feindlich gegenübersteht und daß Modernwerden das Aufgeben der religiösen Tradition mit sich bringt. Aber nach nur einem Augenblick des Nachdenkens über diese Behauptung fallen einem Tatsachen ein, die so offensichtlich im Widerspruch zur Erwartung stehen, daß man sofort die Stichhaltigkeit der zugrundeliegenden Theorie in Frage stellen muß. Man bedenke zum Beispiel die Vereinigten Staaten, die nach fast jedem Maßstab eines der modernsten Länder der Welt sind, die aber auch eine der höchsten Kirchenmitgliedschafts- und Kirchgängerquoten aufweisen.

Bei den verwandtschaftlichen Verpflichtungen stellten wir in unserer Sechsländerstudie fest, daß Modernwerden überhaupt nicht durchweg mit einer Ablehnung oder Vernachlässigung traditionaler Verpflichtungen verknüpft ist. Sehr oft waren diejenigen, die zur Aufnahme einer Industriearbeit in der Stadt ihr Dorf verlassen hatten, viel eher als ihre Vettern vom Lande bereit, in Not geratene Verwandte finanziell zu unterstützen. Sie waren ebenfalls bereit, den Älteren Respekt zu zollen, einfach weil Alter Respekt verdient. Und sie waren im allgemeinen nicht weniger genau bei der Ausübung fundamentaler religiöser Praktiken (Inkeles/Smith 1974, S. 99-108, präsentieren nur einen Teil der hier relevanten Daten; zu Einstellungen gegenüber alten Menschen vgl. Bengtson u. a. 1975).

Es bedarf weiterer Forschung um festzustellen, ob diese anscheinend friedliche Koexistenz des Modernen und Traditionalen nur für die früheren Stadien der Modernisierung charakteristisch ist. Meiner Meinung nach kommt sie auch in späteren Stadien vor. Aber eine Spezifizierung der möglichen Formen der Koexistenz und ihrer Kontexte benötigt zusätzliche Forschung über vielfältigere Situationen und Milieus.

10. Welche Folgen hat individuelle Modernität für sozialen Wandel?

Wir sind auf unser erstes Thema zurückgekommen, betrachten es aber aus einem anderen Blickwinkel. Da wir untersuchen, wie sich Individuen in modernisierenden Gesellschaften und im Kontakt mit modernen Institutionen verändern, wird uns oft vorgeworfen, wir behaupteten, daß individuelle Veränderung gesellschaftlicher Veränderung vorangehen müsse oder daß die persönliche Veränderung wichtiger als die des Systems sei. Keine Fehldeutung der Forschung zu individueller Modernität ist verbreiteter, und keine ist besser geeignet, unseren Standpunkt falsch darzustellen... Die wesentlichen Positionen (der Forschung zur individuellen Modernität, T. S.) dazu kann man folgendermaßen beschreiben:

A. Grundlegende strukturelle radikale oder revolutionäre Transformationen, die das System als Ganzes betreffen, werden als nicht oder nur wenig von psychologischen Eigenschaften eines Nationalcharakters oder der Modalpersönlichkeit unterer Schichten bestimmt betrachtet. In den politischen Revolutionen Rußlands, Chinas oder Kubas beruhte die Transformation der Gesellschaft offensichtlich nicht auf der Verbreitung neuer Persönlichkeitsmuster, sondern auf einem plötzlichen Zusammenbruch der bestehenden Machtverhältnisse. Aber selbst bei den allmählicheren Transformationen, wie in der Industrialisierung Englands, Frankreichs und Deutschlands, liegt auf der Hand, daß institutionelle Veränderungen nicht auf Transformationen der Persönlichkeitsstruktur zu warten brauchten.

B. Dennoch können wir nicht abstreiten, daß Völker mit einem deutlich eigenen »Nationalcharakter« unter chancengleichen Bedingungen unterschiedliche Neigungen zur Übernahme moderner Institutionen zeigen und dabei unterschiedlich erfolgreich sind. Die Japaner sind das Paradebeispiel. Stalins Bemühungen zur Schaffung des »neuen Sowjetmenschen« mögen als Beispiel für das Frustrationserlebnis von Staatsführern dienen, die bei einer monumentalen Anstrengung zu sozialem Wandel zu ihrem Verdruß feststellen müssen, daß das vorhandene Menschenmaterial nicht für ihre Zwecke geeignet ist. Erst nachdem uns heute die technischen Mittel zur Messung der durchschnittlichen individuellen Modernität in nationalen Populationen zur Verfügung stehen, sind wir in der Lage, den Beitrag der psychologischen Eigenschaften der Menschen zur allgemeinen Modernisierung ihrer Gesellschaft objektiver einzuschätzen. Solche Daten könnten zusammen mit anderen Faktoren in einer Matrix gewichtet werden, um vorauszusagen, wie die Merkmale von Nationen aus einem früheren Zeitraum ihren Stand zu späteren Zeitpunkten bestimmen. Im Grunde genommen versuchte McClelland eben dies in seinem Buch *The Achieving Society,* aber seine Methode der Messung von Persönlichkeitsmerkmalen war so indirekt, daß grundlegende Zweifel an der Zuverlässigkeit und Gültigkeit seiner Thesen nicht auszuräumen sind (Inkeles 1971).

C. Bestimmte religiöse, ethnische oder andere kulturelle Untergruppen scheinen eine besondere Rolle im Modernisierungsprozeß zu spielen, indem sie Persönlichkeitsmerkmale erzeugen, die eine Affinität zu bestimmten Rollen haben, etwa der des Unternehmers. Webers überzeugende Analyse der protestantischen Berufsethik, McClellands Untersuchung der familialen Voraussetzungen hoher Leistungsmotivation und Hagens Fallstudien von innovativen Persönlichkeiten gehen von dieser Annahme aus. Diese Autoren legen auch umfangreiches Material vor, das nach ihrer Ansicht diese Thesen belegt. Genauer betrachtet sind ihre Untersuchungen jedoch Fallstudien, die die These nur *veranschaulichen,* ohne ihre allgemeine Gültigkeit nachzuweisen. Spätere und umfassendere Untersuchungen mit großen Stichproben von Unternehmern schienen nicht belegen zu können, daß die Träger dieser Rolle aus besonderen Familienverhältnissen stammen.

D. Die sozialen Folgen individueller Modernität werden im wesentlichen durch den Sachverhalt belegt, daß moderner gewordene Individuen innerhalb ihrer Gesellschaften und ihrer engeren sozialen Umwelt neue transformative soziale Rollen übernehmen. Psychologisch moderne Individuen übernehmen besonders in weniger entwickelten Gesellschaften, wo dieser Charakter noch nicht zur vorherrschenden Norm geworden ist, andere soziale Rollen als ihre weniger modernen Landsleute. Sie sind aktiver in Freiwilligenorganisationen und nehmen stärker am politischen Leben teil; sie verwenden häufiger Verhütungsmittel und haben folglich weniger Kinder; sie übernehmen neue Praktiken in der Landwirtschaft schneller und sind als Fabrikarbeiter produktiver; sie lassen ihre Kinder länger zur Schule gehen und ermutigen sie eher, technische Berufe zu ergreifen; und im allgemeinen drängen sie aktiver auf soziale Veränderungen. Dieser Katalog der Verhaltensunterschiede ließe sich noch beträchtlich erweitern. Und auch wenn man das Auftreten solcher Unterschiede nicht für alle Gruppen und für alle Milieus garantieren kann, werden sie doch für eine überraschend große Anzahl von Gruppen und Orten belegt (Inkeles/Smith 1974, S. 251-264; Rogers/Svenning 1969). Man kann ein derartiges Verhalten als lediglich wirksameren Weg zur Lebensbewältigung betrachten, der für das einzelne Individuum und seine Familie zwar vorteilhaft ist, seiner Gesellschaft insgesamt aber keinen Nutzen bringt. Modernes Verhalten von vielen Individuen kann jedoch kumulativ zu einem wesentlichen

Input für den Gesamterfolg jedes nationalen Entwicklungsprogramms werden. Und dies wird selbst dort gelten, wo eine revolutionäre Transformation des Eigentums an Produktionsmitteln bereits vollzogen worden ist. Im kommunistischen China ermahnen die nationalen Führer ständig die lokalen Gemeinschaften, weder von grandiosen nationalen Plänen abhängig zu werden noch ständig Hilfe bei den Zentralbehörden zu suchen, sondern statt dessen Selbständigkeit in allen Angelegenheiten zu praktizieren. Wie gut dieser Ratschlag ist, wird offensichtlich in zahlreichen anderen Ländern auch von Menschen begriffen, die Maos Lehren nicht genossen haben, die aber im Laufe ihres Modernisierungsprozesses zu denselben Schlußfolgerungen gelangten. In unserer Sechsländerstudie stellten wir die Frage »Was ist für die Zukunft Ihres Landes am wichtigsten?« Es folgten vier Antwortmöglichkeiten: *Harte Arbeit des Volkes / Gute Planung der Regierung / Gottes Hilfe / Viel Glück.* Es wird nicht überraschen, daß die eher traditionalen Befragten die beiden letzten Alternativen wählten, die moderneren die ersten beiden. Aber bei den beiden ersten wählten die moderneren Menschen am häufigsten nicht Regierungsplanung, sondern »harte Arbeit des Volkes«. Ist diese Entscheidung bloß Zeichen individualistischen Selbstinteresses, oder ist sie Ausdruck einer fundamentalen kollektiven Weisheit?

Editorische Anmerkungen

1 Die Anmerkungen im Originaltext wurden nur so weit in die Übersetzung aufgenommen, als es für das Verständnis der Argumentation und das Auffinden der wichtigsten Literatur erforderlich schien.

2 Die Overall Modernity-(OM-)Scale wurde von Smith und Inkeles (1966) entwickelt. Sie basiert auf 180 Einstellungs-, Wert- und Verhaltensfragen; aus den Antworten wird ein Punktwert individueller Modernität zwischen 1 und 100 errechnet. In der Praxis werden meist sehr viel kleinere und speziellere Item-Sets verwendet, die an der Ausgangsskala standardisiert sind.

3 Im »Harvard Project on the Social and Cultural Aspects of Development« wurden je 300 Bauern, Landflüchtige und Arbeiter aus Kleinbetrieben und je 6-700 Industriearbeiter aus sechs Ländern ausführlich befragt. Die einzelnen Subsamples sollten repräsentativ für den jeweili-

gen Sektor der Bevölkerung in sechs Ländern sein: Argentinien, Chile, Ost-Pakistan, Indien, Nigeria, Israel. Die Ergebnisse wurden in Inkeles/Smith (1974) veröffentlicht.

4 In längeren Anmerkungen verweist Inkeles auf Reliabilitäts- und Validitätstests der OM-Skala. Nach Inkeles/Smith (1974) hat OM eine Reliabilität zwischen 0.73 und 0.82 und liegt damit in der Spitzengruppe von Modernitätsskalen. Inkeles erwähnt besonders, daß die OM-Skala, obwohl ganz verschiedene Themen ansprechend, ähnlich zuverlässig ist wie Skalen zu Detailbereichen. Nach Außenkriterien wie höhere Schulbildung oder Kontakt mit modernen Institutionen erwies sich die OM-Skala jeweils als in hohem Maße valide. Vgl. die Anmerkungen 24 bis 28 des Originaltexts; Inkeles/Smith 1974, S. 121-124; Smith/Inkeles 1975.

5 Inkeles merkt hier an, daß »modern man« für die Harvard-Sechsländerstudie wörtlich als »Mann« verstanden werden müsse, da ausschließlich Männer im Alter von 18 bis 32 Jahren befragt wurden. Doch sei das (Anm. 25 im Originaltext) kein Unglück, da geschlechtsspezifische Unterschiede meist durch äußere Faktoren wie Bildung und Berufserfahrung zu erklären seien. Bei gleichen Voraussetzungen habe Cunningham (1972) keine signifikanten Abweichungen gefunden.

Hans Bosse
Zur Ethno-Hermeneutik von Modernisierungskrisen und selbstbestimmten Bildungsprozessen

1. Problemstellungen

1.1 »Alle Wege führen nach Rom«

Die heute einflußreichsten Theorien der Entwicklung von Persönlichkeitsstrukturen gehen davon aus, daß sich weltweit trotz unterschiedlicher politischer Entwicklungspfade tendenziell ein Subjekt durchsetzt, das die Merkmale »individueller Modernität« nach dem Muster der Industriegesellschaften aufweist. Die Harvard-Soziologen Inkeles und Smith (1974) resümieren ein für sie überraschendes Ergebnis: Individuelle Modernität resultiert nicht allein aus dem Kontakt mit den Modernisierungsagenturen Schule und Industriebetrieb, sondern läßt sich auch bei den ostpakistanischen Farmern beobachten, die unter den Einfluß der Comilla-Kooperativen-Bewegung gerieten. Das für Inkeles und Smith Überraschende an diesem Befund ist, daß die Comilla-Kooperative nicht die nach den Annahmen von Inkeles und Smith notwendigen Modernisierungsimpulse entwickelter Technologie und entsprechender Produktionszuwachschancen enthielt und der außergewöhnliche Einfluß dieser Kooperative auf die Lebens- und Arbeitseinstellungen der Bauern daher anders erklärt werden mußte. Die Autoren greifen hier zum Verständnis auf Faktoren selbstbestimmter Entwicklung von Sozialbeziehungen zurück, die völlig außerhalb des Gesichtskreises ihrer Modernisierungsthese liegen:

»Wir nehmen an, der Erfolg der Comilla-Kooperative kam teils von der Betonung der Selbsthilfe, teils vom Angebot alternativer Handlungsmöglichkeiten durch die Instruktoren der Kooperative, *teils von neuen Prinzipien sozialer Organisation und zwischenmenschlicher Beziehungen, die von der Kooperative eingeführt wurden«* (Inkeles/Smith 1974, S. 306).[1]

Im Rahmen dieser Argumentation laufen Arbeitserfahrungen von Lohnarbeitern mit hochtechnisierten Industriebetrieben und von Bauern mit kooperativer Produktion und solidarischer Interaktion auf die gleichen Lebenserwartungen, Lebenseinstellungen und Fähigkeiten hinaus, auf das »Syndrom individueller Modernität«: Sie zielen gleichermaßen auf Bildungs- und Aufstiegsaspirationen, auf Bedürfnisse nach neuen Erfahrungen, mehr Informationen; auf Tolerierung sozialen Wandels; auf kalkulierenden, planenden, effektivitäts- und zeitbewußten Lebensrhythmus; auf technisches Verständnis und Verständnis von Produktionszusammenhängen; auf eine optimistische, an universalistischen Maßstäben orientierte und andere Subjekte respektierende Lebenseinstellung (Inkeles/Smith 1974, S. 34).

Wenn Inkeles und Smith recht hätten, erübrigte sich die Suche nach Spuren möglicher selbstbestimmter Entwicklung von Soziokulturen und Subjekten. Anpassung der Subjekte an die politische Ökonomie der Metropolen und ihrer Sozialisationsagenturen hätte für die Identität der Subjekte eine ähnliche Funktion wie die Durchsetzung eigener Produktionsformen und sozialer Beziehungen, die nicht durch besitz-individualistische Maximen und konkurrenzkapitalistische Imperative gekennzeichnet sind. Ich halte diese Deutung von Inkeles und Smith für falsch, zumindest für unscharf. Ihre Modernitätskriterien sind nicht in der Lage, die Pluralität von Entwicklungspfaden zu erfassen, denen Subjekte mit ihren Lebensentwürfen folgen, auch wenn sie ähnlichen, uniformen Einflüssen »moderner« Institutionen ausgesetzt sind. Mit anderen Worten, Konzepte wie das der »Bildungs- und Mobilitätsaspiration« beispielsweise unterscheiden nicht mehr zwischen individuellen Karrierevorstellungen und solidarisch-kooperativen Mobilitätsaspirationen, die auf eine Verbesserung kollektiver Lebenspraxis zielen. Das Konzept der »Tolerierung sozialen Wandels«, um einen anderen Indikator zu wählen, verhält sich gleichgültig gegenüber radikalen politischen Alternativen und sozialen Veränderungen: Es kann sich ausnahmslos auf sozialistische und kapitalistische, populistische oder faschistische Politikansätze beziehen. Diese Gleichgültigkeit des Konzepts individueller Modernität gegenüber Lebensentwürfen und Orientierungsmaßstäben von Subjekten hängt mit dem äußerlichen Verständnis von sozialstrukturellen Bedingungen individueller Modernität zusammen. Industriebetrieb, Schule, bäuerliche Kooperative usw.

werden als modernisierende Kausalfaktoren gesehen, nicht aber analysiert. Sie erscheinen als Rahmenbedingungen von individueller Modernisierung, nicht jedoch als Ort, als Institution, in der sich über die individuelle Modernität der von ihr erfaßten Subjekte eine bestimmte Sozialstruktur, ein politisch-ökonomisches Grundverhältnis reproduziert.

Gegenüber dieser verengten Perspektive hätte eine *Ethno-Hermeneutik* selbstbestimmter Entwicklung die Aufgabe,

»die Formen der Subjektivität ... zunächst als Funktion der Sozialstruktur zu begreifen. Erst auf dieser Basis kann es sinnvoll werden, die relative Eigengesetzlichkeit der subjektiven Struktur und Dynamik und deren Rückbezug auf gesellschaftliche Phänomene – und letzten Endes auch Praxis – ins Auge zu fassen ... Das Ziel wäre, die Anpassungsprozesse nicht allein auf seiten der Subjektivität, sondern in der Sozialstruktur überhaupt wieder als Möglichkeiten sehen zu lernen« (Horn 1976, S. 2 und S. 4).

Dieser Ansatz richtet sich gegen die Zwangsläufigkeit, mit der Inkeles »individuelle Modernität« als Resultat von ernsthaften und andauernden Kontakten mit sogenannten modernen Institutionen unterstellt. Da die Inkeles-Gruppe das Alltagsleben der Comilla-Farmer nicht untersucht hat, läßt sich die Auseinandersetzung nur anhand von Materialien zu anderen Bauerngemeinschaften führen, die ökonomisch ebenfalls in die kapitalistische agrarische Produktionsweise integriert sind. Ich möchte am Beispiel der Agni (Elfenbeinküste) zeigen, daß die ökonomische und partiell auch soziale Integration in den kapitalistischen Produktionsprozeß durchaus von Bauerngesellschaften für die Errichtung einer Gegenkultur und eines fundamental antikapitalistischen Sozialsystems instrumentalisiert werden kann, die zusammen nicht individuelle Modernität, sondern eine neue kollektive Identität schaffen (vgl. unten, Abschnitt 4).

1.2 *»Partizipation von oben oder Selbsthilfe?«*

Noch auf einer zweiten Ebene muß sich das Konzept selbstbestimmter Entwicklung gegen das Modell individueller Modernisierung abgrenzen. Ich gehe dabei vom empirischen Befund der Inkeles-Studie zur Comilla-Kooperative aus, der Zuwachs an individuellen modernen Fähigkeiten und Einstellungen bei den

Farmern sei wesentlich Resultat der Einführung neuer Prinzipien – der Selbsthilfe und der Partizipation in lokalen Angelegenheiten (Inkeles/Smith 1974, S. 196). Selbsthilfe und Partizipation in lokalen Angelegenheiten gehören zu wichtigen Prinzipien des Modells »selbstbestimmter Entwicklung« (vgl. unten, Abschnitt 2).

Bei genauem Hinsehen entpuppt sich die Selbsthilfe- und Partizipationspraxis der Kooperative als das genaue Gegenteil eines selbstbestimmten Prozesses. Unter Partizipation verstehen die Autoren, daß die tüchtigen Bauern Leitungsfunktionen in der Organisation und Verwaltung übernehmen dürfen, daß sie das Privileg eines Modellbauern erhalten und daß Komitees über die Verteilung des an die Kooperative gegebenen Kredits wachen. Unter Selbsthilfe verstehen sie, daß die Bauern, um individuell an den Krediten teilhaben zu können, regelmäßig individuelle Spareinlagen zu tätigen haben. Doch diese Prinzipien entstehen nicht aus Traditionen oder inneren Reformen der lokalen Bauernschaft, sondern »mußten den Bauern durch das Entwicklungsprogramm *gebracht* werden« (Inkeles/Smith 1974, S. 197).

Die Bauern eignen sich die von oben und von außen eingeführten Verhaltensweisen an, weil sie dadurch ökonomisch und sozial aufsteigen. Individuelle Produktion und individueller Aufstieg, verbunden mit zunehmender Disparität von Ertrag, Einkommen und Lebenslage, sind die herrschenden Prinzipien, für die »Partizipation« und »Selbsthilfe« instrumentalisiert werden. De facto fällt »Partizipation« hier mit dem konformistischen Typ von Beteiligung an öffentlichen Angelegenheiten zusammen, wie er in der Technokratiediskussion beschrieben worden ist (Habermas u. a. 1961). Mit selbstbestimmter Partizipation an öffentlichen Angelegenheiten hat die Comilla-Kooperative nichts zu tun. Dazu bedürfte es auf der Verhaltensebene einer lokalen, von »innen« kommenden und mit Anstößen von außen verknüpften Initiative und einer Ausdehnung des kooperativen Prinzips von der Organisation der Kreditvergabe auf die Produktions-, Verteilungs- und Konsumtionsebene. Zum anderen wäre auf der psychologischen Ebene von Lebensentwurf und Weltdeutung eine politische Orientierung notwendig, die politische Beteiligung nicht für den eigenen sozialen Aufstieg instrumentalisiert, sondern als Mittel zur Reduktion ökonomischer Chancenungleichheit und politischer Abhängigkeit unterprivilegierter Klassen versteht.

Inkeles' Konzept der individuellen Modernisierung ist pseudo-universalistisch. Es deckt nur einen bestimmten, defizitären Typ von entwicklungsrelevanten Fähigkeiten und Handlungsnormen ab.

Im Gegensatz zu Bedürfnissen materieller Lebenssicherung, von denen eine politisch-ökonomische Theorie autozentrierter Entwicklung auszugehen hätte, lassen sich Bedürfnisse lebensgeschichtlicher Identität nur schwer formulieren. Subjektive Bewußtseinsfiguren und Ideologien als ihre objektivierten Äquivalente verselbständigen sich von den Bedürfnisstrukturen der Individuen. Identitätsbezogene Bedürfnisstrukturen bleiben weitgehend vorsprachlich oder werden durch die »Privatsprache von Individuen für den Außenstehenden verschlüsselt. In der Entwicklungssoziologie bleiben vorsprachliche Bedürfnisstrukturen und Identitätskonflikte weitgehend ausgeklammert. Als Prüfstein individueller Modernität gelten vielmehr bewußte, sprachlich fixierte Anpassungsprozesse:

»Insoweit Menschen sich unter dem Einfluß modernisierender Institutionen ändern, tun sie das, indem sie die Normen, die in diesen Institutionen implizit wirksam sind, in ihre eigene Person inkorporieren und indem sie jene Normen durch ihre eigenen Einstellungen, Werthaltungen und ihr Verhalten ausdrücken. In der großen Mehrzahl der Fälle reagieren sie nicht in der Weise, daß sie sich von diesen Normen distanzieren oder sich ihnen entgegensetzen. Das Modell eines defensiven Widerstandes gegenüber vorgegebenen Normen hat, wenigstens in unseren Untersuchungen, keinen empirischen Gehalt« (Inkeles/Smith 1974, S. 307 f.).

Die analytische Ich-Psychologie hat diesen kompletten Anpassungsvorgang, der keine sprachlichen Formen der Resistenz gegenüber vorgegebenen Normen erkennen läßt, als »Identifikation mit dem Aggressor« erkannt. Ihr theoretischer Ansatz und ihr Forschungsinstrumentarium erlauben, hinter dem keineswegs nur äußerlichen, sondern auch »innerlichen« Anpassungsvorgang einen massiven Konflikt zwischen Lebensbedürfnissen des Subjekts und externen Bedürfnisrepressionen zu sehen, für den es unter den gegebenen Umständen nur die Lösung einer Introjektion der repressiven Dispositionen (als vorbildlich und erwünscht) und einer Desymbolisierung der destruktiv-aggressiven Momente der repressiven Interaktion gibt (Lorenzer 1973). Eine Theorie selbstbestimmter Entwicklung des Subjekts muß deshalb von dem Auftreten und den Lösungsformen lebensgeschichtlicher Krisen von Subjekten und Populationen ausgehen, die »erfolgreich« in metropolitanbestimmte Produktions- und

Lernsituationen eingegliedert werden. Das »Material« für die Strategien der Emanzipation von den Folgen nahtloser Anpassung an normative Erwartungen und affektive Erpressungen liegt dabei in den lebensgeschichtlich erworbenen Mustern, nach denen das Subjekt »gelernt« hat, Erfordernisse im Umgang mit seiner äußeren und seiner inneren Natur auf einen Nenner zu bringen.

Als zentrale Dimension von Subjektivität wähle ich dabei die individuelle und kollektive *Abwehrformation*, weil diese am ehesten das psychische Konfliktpotential zu verstehen erlaubt, das in den Kompromißbildungen aufgefangen, kanalisiert und latent auf Dauer bereitgehalten wird. Die Logik dieses Ansatzes ist darin zu sehen, daß in den gegenwärtigen Gesellschaften die Ontogenese psychischer Formationen und ihr Zusammenhang zur Soziokultur erhoben und als eigenständiger Entwicklungspfad in die Geschichte dieser Gesellschaften zurückverfolgt wird, so weit die Quellen das erlauben; daß gleichzeitig untersucht wird, welchem Druck und welchem Grad von Zerstörung diese Strukturen ausgesetzt werden, wenn Individuen in modernen Institutionen wie der Schule zu neuartigen Lebensentwürfen und Verhaltensweisen gelenkt oder gepreßt werden. Die *Ethno-Hermeneutik* (Bosse 1979) untersucht die subjektive Seite dieser »inneren Kolonialisierung«, nachdem sie dessen objektive Seite, die Transnationalisierung der kapitalistischen Kultur soziologisch erfaßt hat (Bosse 1978, Teil III). Die Ethno-Hermeneutik kann zeigen, daß zwar kulturelle Institutionen der vorindustriellen Gesellschaften vernichtet werden, die Subjekte aber ihren lebensgeschichtlichen Entwurf auch in die sogenannten modernen Institutionen einbringen und durchsetzen. Das kulturelle Überleben der vorindustriellen Gesellschaften als kreativer, aktiver Prozeß erschließt sich der Ethno-Hermeneutik, weil sie das Subjekt in einer Dimension zu verstehen vermag, die der herrschenden interkulturellen Psychologie und Sozialisationsforschung weitgehend verschlossen bleibt. Sie erfaßt das intraindividuelle Zusammenspiel von Angstabwehr und Bedürfnisbefriedigung, dessen Flexibilität erlaubt, den Sinn des dem modernen Institutionen adäquaten Handelns an den Kopf zu stellen. Sie erfaßt außerdem die dem Genozid nahekommenden Zerstörungen wie die Internierung, ökonomische und soziale Verelendung in den urbanen Slums, absolute Marginalisierung der ländlichen Bevölkerung in bestimmten Regionen, die die durch Sozialisation erfolgte lebensgeschichtliche Verankerung dieses Zusammenspiels zerreißen. Die Ethno-Hermeneutik entdeckt schließlich den latenten Sinn von Gegenkultur, das heißt, eines unterhalb der Oberfläche von Bewußtsein ablaufenden Vorgangs, die herrschende Besatzerkultur zu überwinden. Sie erschließt einen Prozeß, bei dem unter dem herrschenden Selbstverständnis von Inferiorität, von Dummheit und Faulheit sich in verfremdeter Symbolik ein gegen die herrschende Gewalt gerichtetes Selbst-»Bewußtsein« offenbart.

Ethno-Hermeneutik erlaubt Einsichten in zwei Richtungen: über den Grad und die Art der sozialen Gewalt industriegesellschaftlichen Transfers in die Peripherien und über die Chancen einer selbstbestimmten Entwicklung von Subjekten unter den Bedingungen dieser Abhängigkeitsstrukturen (vgl. unten, Abschnitt 3).

2. »Individuelle Modernisierung« versus »selbstbestimmte Bildungsprozesse«

Im Strom der herrschenden weltpolitischen und weltwirtschaftlichen Ideologie schwimmend, geht das Konzept »individueller Modernisierung« von einem universalen Entwicklungstrend in Richtung industrieller Gesellschaftsformationen mit privat- oder planwirtschaftlicher Produktionsweise aus. Entwicklung scheint nur als abhängige Integration in das System dieser Produktionsweisen denkbar. Subnationale Bewegungen oder nationale Strategien wie etwa in China, die auf partielle Dissoziation vom Weltmarkt zielen und die Entwicklung »aus eigener Kraft« der Gesamtbevölkerung zum Ziele haben, werden ignoriert oder umgedeutet (vgl. Inkeles im vorliegenden Band, S. 359 ff., 364).

Selbstbestimmte Entwicklung (vgl. Patel 1976; Senghaas 1977; Amin 1973, 1974) ist ökonomisch durch Kohärenz des Wirtschaftskreislaufs auf nationaler Ebene gekennzeichnet. Sie beruht auf der wechselseitigen Verschränkung der binnenmarktorientierten Aktivitäten von Landwirtschaft, Produktionsgüter- und Massenkonsumgüterindustrie und steht im Gegensatz zu der Integration von ökonomischen Teilstrukturen in den Weltmarkt in Gesellschaften mit privatwirtschaftlichen Produktionsformen (vgl. Senghaas 1977, S. 261 ff.). Der politische Rahmen ist durch die Verbindung zentraler staatlicher Planung mit lokaler Selbständigkeit und Initiative charakterisiert. Soziokulturell basiert selbstbestimmte Entwicklung auf einer Reduktion der drastischen Vermögens- und Einkommensungleichheiten, auf Massenmobilisierung und auf dem Aufbau solidarischer Organisationen im örtlichen, regionalen und nationalen Umkreis sowie auf einer Investitionspolitik, die sich an mittel- und langfristigen Zielsetzungen orientiert (Buro 1980).
  Selbstbestimmte Entwicklung läßt sich als eine Kombination von Bemühungen zur Verbesserung der objektiven Lebenslage der Bevölkerungen (wie Investitionen zur Schaffung einer Massenkonsumgüterindustrie) und politischen Strategien wie der Massenmobilisierung oder der Verschrän-

kung zentraler und lokaler Initiativen fassen. Außenpolitisch und außenwirtschaftlich setzt dieses Modell eine begrenzte Dissoziierung vom Weltmarkt voraus, die erst die Rekonstruktion der nationalen Politik erlaubt.

Selbstbestimmte Bildungsprozesse[2] sind zugleich Instrument und Ziel selbstbestimmter nationaler Entwicklung. Im Erziehungssektor treten sie etwa als Gesundheits- oder Alphabetisierungskampagnen auf, die der Aneignung von Basis-Kulturtechniken wie der Ernährungsplanung, der Hygiene oder der Lese- und Schreibfähigkeit dienen und dabei politische Selbstorganisation und Kooperation auf lokaler Ebene, verknüpft mit zentralen Aktivitäten bewirken. Zur Voraussetzung haben sie eine gewisse Dissoziierung vom soziokulturellen »Weltmarkt«, in den auch die nationalen Institutionen der meisten Gesellschaften in der Dritten Welt (wie Schulen und Universitäten, Massenmedien und Publikationswesen) abhängig integriert sind. Selbstbestimmte Bildungsprozesse als Sozialisationsprozesse betreffen zum einen die für gesellschaftlichen Wandel relevanten sozialen Fähigkeiten, die sich sozialpsychologisch als politische Motivation, soziale Aspiration oder Arbeitseinstellung fassen lassen. Zum anderen betreffen sie die intrapsychische Dimension von Handeln, das heißt die Psychodynamik von Bildungsprozessen, der ich mich in Abschnitt 4 zuwende.

Ich möchte hier den umgekehrten Weg wie im Schlußabschnitt gehen und Ansätze eines Konzepts selbstbestimmter Bildungsprozesse aus der Kritik an der Modernisierungsthese entwickeln. Was die Ausbildung relevanter Fähigkeiten für autozentrierte Entwicklung betrifft, so zeigt sich, daß das Konzept der individuellen Modernität mit seiner Favorisierung *individueller* Aufstiegs- und Bildungswünsche nur für Lernprozesse in sozialen Gruppen anwendbar ist, die in den industriellen Arbeitsprozeß eingegliedert sind. Anders formuliert: Die Harvard-These ist zwar auf *white-collar*- und *blue-collar*-Schichten anwendbar, nicht jedoch auf die Masse der Bevölkerung in Entwicklungsländern, die ich als *no-collar*-Schichten bezeichnet habe.[3] Die vom Harvard-Konzept angebotenen Modernitätskriterien erweisen sich dort als unbrauchbar zur Verbesserung ökonomischer Lebensbedingungen. Die individuellen Mobilitätsaspirationen sind illusionär, da sie sich auf Verbesserungen von Lebenschancen städtischer Lohn- und Gehaltsempfänger, nicht auf die Lebensmöglichkeiten im ländlichen Sektor beziehen, in dem diese an den individuellen Zugang zu Bodenbesitz geknüpft waren, der durch den Kapitalisierungsprozeß auf dem Lande politisch versperrt ist; oder an

Produktivitätssteigerungen, die sich unter den Bedingungen von Kleinbesitz und einfacher Warenproduktion nicht erzielen lassen (Shivji 1975; Freyhold 1977; Meyns 1977). Für eine den Massenkonsumbedarf deckende Nahrungsmittelproduktion erweisen sich zum Beispiel in Tansania individuelle Aufstiegsaspirationen der Landbevölkerung als eher hinderlich: Sie führen zur Bevorzugung des profitgünstigeren Anbaus von Exportkulturen auf Kosten der Nahrungsmittelproduktion für den eigenen Bedarf der Bevölkerung – eine in Tansania auch von der Regierungsbürokratie geförderte Politik, die zu ernsthaften Ernährungskrisen führte und die Klassendifferenzierung auf dem Lande noch verschärfte (Meyns 1977).

Die soziologische Entwicklungskonzeption der Inkeles-Gruppe teilt den schichtenspezifischen »bias« der vergleichenden Sozialisationsforschung. Die Modernisierten in den Entwicklungsländern werden den Mittelschichten in Industriegesellschaften gleichgesetzt, die vorindustrielle oder marginalisierte Bevölkerungsmehrheit der Entwicklungsländer wird nach dem Bild der industriellen Unterschichten gesehen. Das ließe sich auch an den von Inkeles anvisierten Kompetenzen nachweisen, die die Verwertung und Reproduktion der eigenen Arbeitskraft betreffen sollen: Ein innerliches Verhältnis zur Arbeit gilt als modern, ein äußerliches als traditional (Suzman 1974, S. 130).

Die Wahrnehmung formaler Chancengleichheitsrechte – ein weiteres zentrales Element individueller Modernisierung – nützt einer expropriierten Landbevölkerung wenig[4], wenn sie nicht mit Strategien verbunden ist, die auf Veränderung ungleicher objektiver Lebenschancen zielen. Die Forderungskataloge verschiedener Bauernbewegungen enthalten daher primär die Forderung nach Zugang zu Produktionsmitteln, wie Boden, Wasser, Düngemitteln, modernen Technologien.[5] Die Entstehung langfristig wirksamen Veränderungspotentials knüpft sich hier an ein explizites Gesellschaftsbewußtsein, das über die Sicht politischer Beteiligung als Wert an sich weit hinausgehen muß, um politisch wirksam zu werden.

Die Inkeles-Gruppe mißt individuelle Modernisierung auch daran, inwieweit Individuen ihre Loyalitätsbindungen an lokale politische oder religiöse Führer zugunsten von Regierungsloyalitäten diskreditieren. Als modern gilt, wer in öffentlichen Angelegenheiten mehr der Regierung als lokalen Autoritäten, mehr der

Partei als dem Stammesrat oder Chef, mehr der Gewerkschaft als dem Familienrat traut (vgl. oben, S. 358, 363). Diese Modernität steht im Gegensatz zum Konzept selbstbestimmter Entwicklung, das gerade die Bildung lokaler politischer Massenorganisationen und die Beauftragung lokaler Führungsgremien als Akt der Selbstmobilisierung der dörflichen Bevölkerung voraussetzt (vgl. Hinton 1972). Selbstbestimmte Entwicklung ist nur als Verbund zentraler und lokaler Willensbildungs- und Entscheidungsprozesse und ihrer Institutionen realisierbar. Das setzt eine entsprechende Mehrdimensionalität politischer Loyalität voraus, die das Modernisierungskonzept vermissen läßt.

3. Soziokulturelle Krisen als Folge »modernisierenden« Bildungstransfers. Zur Kritik der transkulturellen Bildungsforschung

Auf der Ebene der Psycho-Dynamik sich modernisierender Individuen gibt es eine ausgearbeitete Ich-Psychologie, die an Loevinger, Witkin, Kohlberg u. a. orientiert und einem universalen Evolutionismus der Menschheitsgeschichte verpflichtet ist (Suzman 1974). Wie zu Zeiten von Kolonialismus und Mission steht Modernisierung hier im Dienste einer Höherentwicklung von unterentwickelten Individuen, denen vernünftigerweise nur der Anschluß an die bereits entwickelten Persönlichkeitsstrukturen in den Industriegesellschaften bleibt. Daß die Aneignung neuer sozialer Fähigkeiten ohne Konflikte und Schädigungen der Betroffenen erfolgen soll (siehe oben, 1.3), gilt auch für die intrapsychischen Umstellungen. Die am Inkeles-Konzept orientierte psychiatrische Forschung kann keine zwingenden Zusammenhänge zwischen individueller Modernisierung und psychischer Störung sehen (vgl. Murphy 1973 über die Yoruba in Nigeria). Das gilt im ganzen auch von der vergleichenden Bildungsforschung, der ich mich im folgenden zuwende.

Schöfthaler (1978) hat die offenen und heimlichen evolutionstheoretischen Annahmen der vergleichenden Sozialisationsforschung untersucht. Ich nehme an, daß die mangelnde Berücksichtigung der krisenhaften Folgen des Bildungstransfers aus den Industriegesellschaften in die Peripherien eng mit der evolutionären Perspektive zusammenhängt. Das aus der Evolutionsperspektive hervorgehende Modernisierungsklischee entbindet davon zu analysieren, zu welchen Konflikten der Übergang von vorbürgerlichen zu bürgerlich-metropolitanen Sozialisationsprozessen führt – ein Konflikt, der nicht nur in der Bildungsplanung und -organisation (Brown/Hiskett 1975), sondern auch in den Subjekten selber institutionalisiert ist. Die um das Konzept der individuellen Modernität zentrierte Forschung »beachtet zumeist die negativen Aspekte von Modernität nicht ..., weil angenommen wird, daß Modernität so wünschenswert ist, daß ihre negativen Effekte dadurch ausgestochen werden« (Cunningham 1974, S. 48). Ich behaupte, daß das Modernisierungskonzept an dieser Stelle selbst einseitig ist, weil es negative Folgen »individueller Modernisierung« weitgehend ausblendet beziehungsweise entsprechende Daten systematisch unterschätzt. Ausgehend von Forschungsergebnissen der Ethnopsychiatrie und der transkulturellen analytischen Ich-Psychologie (Staewen/Schönberg 1970; Parin u. a. 1963, 1971), erscheint es mir vorrangig, zu untersuchen, inwieweit metropolitane Sozialisation in Peripherien im Gegensatz zur Intention auch rückläufige Entwicklungen erzwingt, so, wenn kulturelle Traditionen deformiert werden, ohne daß neue wirklich begründet würden.

Diese Dialektik von Progression und Retrogression ist zum Beispiel für die allgemeine Versorgung der Bevölkerung mit Ausbildungsangeboten untersucht worden. Progression bezeichnet dabei die mit der Einführung kolonialer Verwaltungsschulen verbundenen neuen Bildungsangebote. Retrogression bezeichnet den absoluten, quantitativen und qualitativen Rückgang von Ausbildung, der durch die systematische Aushöhlung des traditionellen Bildungswesens in Peripherien bedingt war (Johnson 1975).[6]

Für die Entwicklung intrapsychischer Strukturen des Subjekts unter Einfluß metropolitaner Erziehungssysteme läßt sich eine entsprechende Dialektik behaupten. Nach der Theorie analytischer Ich-Psychologie sind unter bestimmten inneren und äußeren Bedingungen Rückschritte des Subjekts auf bereits überholte »infantile« Stadien in seiner Entwicklung möglich. Diese Rückschritte werden als Regression bezeichnet.[7] Regression steht in einer Reihe mit anderen standardisierten Verhaltensweisen (Verdrängung, Verleugnung, Projektion usw.), mit deren Hilfe das Subjekt Unlustsituationen beziehungsweise die eigenen, der Realität zuwiderlaufenden Triebbedürfnisse »abwehrt«. Regression ist dabei, im Gegensatz etwa zu verdrängenden Abwehrmechanismen, durch den Abbau von Ich-Kontrollen über motivationale Antriebspotentiale gekennzeichnet. Für die transkulturelle Verwendung dieses Ansatzes ist insbesondere wichtig, welche Bedingungen für das Auftreten von Regression von der Psychologie definiert werden. Auf der ontogenetischen Ebene der Subjektentwicklung wird Regression auf zwei Bedingungen zurückgeführt – auf die Präsenz infantiler Persönlichkeitsanteile im Subjekt (Fixierung) und auf zusätzliche situationale Faktoren. Als soziokulturelle Bedingungen werden soziale Sanktionen (zum Beispiel Sexualeinschränkungen beziehungsweise ihre Aufhebung) angeführt. Dabei wird angenommen, daß Veränderungen im soziokulturellen Gesamtsystem psychodynamisch von Subjekten derart angeeignet werden, daß sich daraus kollektive Veränderungen der Abwehrformen heranbilden (Calogeras/Schupper 1972), wodurch sich gesellschaftliche Entwicklungstrends verstärken können. Das hat man nachzuweisen versucht für Interaktionsformen, welche die zentrale gesellschaftliche Perspektive der Metropolen in bezug auf äußere (dingliche) und menschliche Natur reproduzieren und damit Formen von Herrschaft verfestigen (Horn 1972; Horn/Schülein 1976).

Ansatzpunkte zu einer transkulturellen Analyse von Regressionsbedingungen finden sich vor allem in der ethnopsychiatrischen und ethnopsychoanalytischen Forschung. Geht man mit ihr davon aus, daß die Ich-Organisation des Subjekts in bestimmten vorindustriellen Gesellschaften durch Abhängigkeit von der Bezugsgruppe, das heißt durch eine kollektive Über-Ich-Formation und ein entsprechendes Ich-Ideal geprägt ist (Parin/Parin-Matthey 1967; Wulff 1972), und berücksichtigt man die Beobachtung, daß das westlich geprägte Erziehungssystem (neben anderen Institutionen wie Arbeitsverhältnissen) in Peripherien oft einen physischen und psychischen Entzug von kollektiven Bindungen des Subjekts impliziert, so läßt sich annehmen, daß dem objektiven Entzug von Ich-Kontrollen eine strukturell ähnliche psychische Abwehrform entsprechen muß. Voraussetzung dafür ist freilich, daß es dem Individuum in der Regression auf frühkindliche Objektbeziehungen und bloß rezeptive Beziehungsformen gelingt, ein emotionales Äquivalent für die zerstörte Identität jedenfalls anzustreben. Man könnte diese pathologischen Formen von Regressionen (Calogeras/Schupper 1972; Mitscherlich 1963) auch als »Identifikation mit dem Aggressor«, das heißt, mit den neuen soziostrukturellen Imperativen begreifen. Der Abbau vorbürgerlicher Subjektstrukturen durch metropolitan orientierte Ausbildungssysteme richtet sich gegen das Subjekt, sofern nicht zugleich funktionale Äquivalente zur traditionalen Ich-Organisation aufgebaut werden. Ich möchte das anhand einer Sekundärauswertung des von den Ethno-Psychoanalytikern Parin u. a. (1963) erhobenen Materials zur psychischen Funktion der ländlichen Primarschule in Mali erläutern.

In der Situation der Grundschulen in Mali (Westafrika), deren Abhängigkeit sich in der Kopie industrieller Lerninstitutionen zeigt – der Organisation des Lernens nach Altersklassen, Schultypen, Formen der Disziplinierung, Leistungs- und Erfolgskriterien –, führt die reale Repression zu psychischen Abwehrmechanismen, die für die vorindustrielle Gesellschaft neuartig sind. Leistungstraining, das auf Konkurrenz mit den Altersgenossen aufbaut und durch Strafen erzwungen wird, zerstört in der Schule traditionales Sozialverhalten. Anstatt daß Leistungen, Pflichten und Verantwortlichkeiten in einer hierarchischen Väter-Brüder-Reihe so verteilt werden, daß derjenige, der als »Älterer« Verantwortung trägt, zugleich in der schützenden Abhängigkeit noch Älterer steht, führt die neuartige Identifikation mit dem Lehrer zu einer Vereinzelung. Die Umwelt wird zum Feld der Rivalen, die durch Leistung auszustechen sind. Das Leistungstraining der Gleichaltrigen in der Schulklasse aktiviert die *peergroup* (*tumo*), weil diese als ganze der Schule ausgesetzt ist. Die Schule unterstützt einerseits die lebenslängliche Bindung zwischen Gleichaltrigen. Gleichzeitig zerstört sie aber deren Sinn, weil von der traditionellen kollektiven Unterwerfung der *tumo* unter die überkommenen Autoritäten, verbunden mit kollektiven Leistungen wie dem gemeinsamen Beweis männlicher Tapferkeit, nur die Identifikation mit der Autorität übrig bleibt, während sich die Leistungen der Schüler mit Schulbeginn notwendig *gegeneinander* richten und damit solidarisierende Effekte der *tumo* verlorengehen. Schließlich wird die lebenswichtige Identifikation mit dem »guten« Vater bedroht durch das neue Introjekt des »bösen«, strafenden »Vater-Lehrers«.

Die Schule nimmt die Integration der Abhängigen in eine Gesellschaft mit Leistungskriterien industrieller Arbeit vorweg – wenn auch nur teilweise. Die Beschränkungen ergeben sich einmal daraus, daß die Schule in unterschiedlichem Maße für soziale Positionen im »modernen Sektor« traditionaler Gesellschaften vorbereitet. Sie ergeben sich zum zweiten daraus, daß die Schule als eine Einrichtung sekundärer Sozialisation anders als in Industriegesellschaften nicht bereits an Ergebnisse des vorschulischen Erziehungsprozesses anknüpfen kann, sondern soziales Lernen weitgehend *gegen* Ergebnisse frühkindlicher Erziehung organisieren muß, um ihre integrative Funktion zu erfüllen. Schule in der Industriegesellschaft kann bereits weitgehend die Dispositionen der Reinlichkeit, Ordentlichkeit, Pünktlichkeit, Fähigkeit zur Organisation und zur Konkurrenz mit dem anderen, die für die spätere Übernahme von Arbeitsrollen notwendig sind, voraussetzen. Diese Charakterdispositionen bauen unter anderem auf einer frühkindlichen Reinlichkeitserziehung auf, sie sind die sozialen

Ausformungen der Aggressivität, die aus Entbehrungssituationen resultiert. Die Schule in abhängigen Gesellschaften kann nicht auf diesen Dispositionen aufbauen. Frühkindliche Erziehung ist in der Regel nicht von Reinlichkeitsdressur und den entsprechenden psychosozialen Korrelaten bestimmt. Schule in der Industriegesellschaft kann bereits weitgehend auf eine Selbstkontrolle des Schülers zurückgreifen, die die Unterordnung unter das Geforderte gewährleistet und aus der kindlichen Verinnerlichung von Aggressionen folgt. Schule in weitgehend vorindustriellen Gesellschaften kann eine »Ich-Autonomie« aus verinnerlichter Aggression nicht voraussetzen. Sie muß statt dessen vorherrschende Identifikationsformen zerstören oder weitgehend außer Kraft setzen und neue Identifikationsmechanismen – sichtbar und wirksam zum Beispiel in der von Parin berichteten Phantasie vom bösen, strafenden »Vater-Lehrer« – an ihre Stelle rücken. Die neue Form der Interaktion tritt neben früher erlernte Interaktionsweisen, ohne jedoch das für vorindustrielle Gesellschaften typische Grundmuster psychischer Integrationsleistungen – das *Gruppen-Ich* – zu ersetzen, das die Ausbildung und Bewahrung von Ich-Identität sicherstellen soll.

Die Primarschule übernimmt zwar die Funktion, leistungsstarke Schüler für den schulischen und sozialen Aufstieg auszusortieren, aber die Masse der Schüler geht wieder in den traditionalen Sektor zurück. Die von Parin u. a. (1963) analysierten Dogon aus Mali, die die Primarschule besucht haben, aber im traditionalen Sektor verbleiben, verwerten dort ihr Wissen wie Schreiben, Rechnen, Lesen und den Erwerb einer Fremdsprache nicht und könnten es auch kaum.

Die soziale und psychische Funktion dieser Form von Ausbildung sind nicht aufeinander abgestimmt. Was die *soziostrukturelle* Seite betrifft, so müssen wir davon ausgehen, daß Produktionsweise und Produktionsverhältnisse sich für die abhängigen Klassen durch Schulbesuch nicht ändern. Allerdings erhöht Schulbildung das persönliche Prestige im Stammesverband. Der begrenzte soziale Aufstieg innerhalb des abhängigen Sektors verhindert damit zugleich politische und soziale Aktivitäten, die sich gegen Abhängigkeit im Rahmen der überkommenen Sozialstruktur richten könnten. Die Primarschule verstärkt also die Abhängigkeit der Abhängigen auf diese Weise nur noch, weil sie mit dieser Art Integrationsleistung im Bewußtsein der Abhängigen als sozial gerechtfertigt gilt.

Der *psychische* Ertrag der Schule ist anders zu werten. Wo Rivalitätsaggression, in der Schule trainiert und belohnt, vom Schüler innerlich angeeignet wird, bewirkt sie bei der Rückkehr in den traditionalen Sektor soziale und psychische Konflikte. Denn im Rahmen der traditionalen Sozialbeziehungen kann sie nur als eine Untergrabung von Autorität und als eine Vernachlässigung von Fürsorgepflichten für Abhängige verstanden werden, als Angriff auf das Herrschaftssystem des Stammesverbandes. Darum muß die Gesellschaft mit isolierendem Mißtrauen antworten. Psychische Konflikte werden aber vermutlich für die Handlungsfähigkeit des einzelnen erst dann gefährlich, wenn der Schüler, vermittelt über höhere Ausbildungsgänge und entsprechende spätere soziale Positionen, auf Dauer gezwungen wird, seine frühkindlich erworbenen Orientierungsmuster aufzugeben. Die Zerstörung seiner Identität, die oft als kulturelle Entfremdung beschrieben worden ist, wird zwar entschädigt durch die soziale Integration, durch seine Teilhabe an den Privilegien einer mit den Industriegesellschaften direkt zusammenarbeitenden »modernen« Elite. Damit wird aber die lebensgeschichtliche Kontinuität gebrochen, und die für psychische Gesundheit wie für Kreativität gleichermaßen wichtigen Prozesse der »Regression im Dienste des Ich« (das heißt, der zeitweilige Rückgriff auf frühkindliche Formen von Erfahrung, Befriedigung usw.) werden strukturell verhindert. Nur wenigen gelingt der Übergang von der einen in die andere Kultur wirklich.

4. Selbstbestimmte Bildungsprozesse unter Bedingungen ökonomischer Abhängigkeit vom Weltmarkt

In der transkulturellen Psychiatrie und in der Ethno-Psychoanalyse befassen sich einige Forschungen mit pathologischen Ausdrucksformen von »sozialem Wandel« in der Folge kapitalistischer Durchdringung der soziokulturellen Lebenswelt (Münsterberger/Kishner 1967; Savage/Prince 1967; Boyer/Boyer 1976). Die Grenzen solcher Untersuchungen liegen darin, daß hier die Betroffenen nur als Opfer und nicht als Akteure gesehen werden. Den Opfern werden entweder in universalistischer Perspektive dieselben psychischen Strukturen unterstellt wie in Industriegesellschaften aufgewachsenen Individuen; das führt dazu, daß auch das Verständnis der ausgelösten Krisen und der psychischen Reaktionen noch in das Schema der eindringenden Kultur gepreßt wird. Oder die durch die Krise ausgelösten psychischen Anpassungsprozesse werden als bloße Reaktionen auf soziale Veränderungen betrachtet und nicht als sinnhafte, kreative Aneignung der störenden Wirklichkeit. Ausnahmen bilden hier die Analysen von Parin, Morgenthaler und Parin-Matthey (1963, 1971) und Devereux (1974), die den »Kulturkonflikt« als Kampf des Subjekts verstehen, das mit Hilfe seiner ausgebildeten Abwehrformation die angstauslösenden Situationen moralischen Drucks, emotionaler Verunsicherung und suggestiver Identifikationsgebote zu bewältigen sucht. Hier wird das Zusammenspiel der Abwehrmechanismen und das Zusammenspiel unbewußter und bewußter Ich-Funktionen als ein kultureller Prozeß gesehen, in dem die bedrohliche Realität interpretiert und dadurch umgeformt wird. Die Frage nach dem pathologischen oder gesunden Gehalt muß dabei sowohl psychologisch (Gesundheit des Individuums) wie soziologisch (Sicherung einer kulturellen Identität) gestellt werden.

In einer Sekundärauswertung der Agni-Studie von Parin u. a. (1971) will ich ein Beispiel erfolgreicher Sicherung der kulturellen Identität untersuchen, die auch die Basis für die Resistenz gegen weitere Klassendifferenzierung und ökonomische und soziale Marginalisierung einer ländlichen Gesellschaft ist.

Ich mache Aussagen zu den sozialen Funktionen eines Teilkomplexes der Funktionen des Ich – den *Abwehrmechanismen*. Ihre soziale und psychodynamische Genese in der kindlichen Sozialisation, sowie den psychodynamischen »Sinn« dieser Mechanismen für den Aufbau des erwachsenen Ich habe ich an anderer Stelle ausführlich dargestellt (Bosse 1979). Hier versuche ich, ihren Sinn für die soziale Anpassung des Individuums und für den gesellschaftlichen Gewinn dieser Anpassung – für den Fortgang der Produktionsverhältnisse in den ländlichen Regionen der Elfenbeinküste zu rekonstruieren. Der von mir eingeführte Begriff der *Abwehrformation* soll mehr leisten als der des Abwehrmechanismus. Er bezieht sich *nicht* auf die einmalige komplexe Persönlichkeitsstruktur einer individuellen Biographie, sondern vielmehr auf die Abwehrstruktur einer »modalen« Persönlichkeit, auf eine für die Agni insgesamt typische Struktur, die (neben den individuellen) einige geschlechts-, alters-, schicht- und klassenspezifische Differenzierungen aufweist, die ich nur zum Teil berücksichtige.

Der Begriff der Abwehrformation bezieht sich auf verallgemeinerungsfähige Strukturen in drei Dimensionen. Zum einen umfaßt er die ontogenetisch wichtigsten Abwehrformen, das heißt die Ich-Funktionen, die sich in den Entwicklungskrisen der frühen Kindheit bilden; diese werden auf dem Hintergrund der kulturspezifischen Sozialisationspraxis der Agni in ihrer Wirksamkeit untersucht. Ihre Genese in der Mutter-Kind-Dyade und ihre Verankerung in der (matrilinearen) Gesellschaftsverfassung setze ich hier voraus. Zum zweiten umfaßt der Begriff der Abwehrformation Prozeß, Inhalt und personale Aneignung der »gesellschaftlichen Produktion von Unbewußtheit« (Erdheim 1981). Er bezeichnet, welche Körperbedürfnisse (und welche sich aus ihnen entwickelnden emotionalen Bedürfnisse) die Gesellschaft »zuläßt« und welche sie abweist – hier stellt sich etwa die Frage nach dem aus der Mutter-Kind-Dyade resultierenden kindlichen Bedürfnissen und ihrem Schicksal, wenn dem heranwachsenden Säugling die Altersrolle des Kleinkindes zugemutet wird. Unter dem vorläufigen Begriff der personalen Aneignung verstehe ich dabei die Vorgänge, die die Beziehung zwischen bewußten und unbewußten Prozessen im Ich-Apparat bestimmen. Dahinter steht die Frage nach der Rigidität und Stabilität von Desymbolisierungen (Lorenzer 1973) und nach ihrer Genese – und damit auch die Frage nach den psychodynamischen Prozessen der Resymbolisierung. Schließlich möchte ich mit dem Begriff der Abwehrformation ansatzweise auch das Verhältnis zwischen dem Auftreten von Abwehr und den Entwicklungsniveaus kognitiver Ich-Funktionen bestimmen.

Ökonomisch hat sich in der Elfenbeinküste eine ehemals mit physischem Zwang aufgepfropfte kapitalistische Produktionsweise etabliert. Unter diesem Zwang hat sich die ehemalige Kriegergesellschaft der Agni in eine für den Export (Kaffee, Kakao) produzierende Gesellschaft verwandelt (Bosse 1979). Dennoch – Amins 1967, 1973, 1975) Analysen der Durchsetzung des »peripheren Kapitalismus« in der Elfenbeinküste und Stavenhagens (1975) entsprechende Untersuchung für die ländliche Stammesgesellschaft der Agni zeigen übereinstimmend, daß die sich etablierende Produktionsweise »strukturell heterogen« bleibt. Zwar bilden sich Ansätze einer schwarzen Agrarbourgeoisie aus, doch bleiben diese (natürlich dominiert von einem transnationalen politisch-ökonomischen System) Zügen einer vorindustriellen Produktionsweise verhaftet. Trotz zunehmender individueller Produktion bleibt der Boden weitgehend kollektiver Besitz, der vom Chef der matrilinearen Linie des Dorfes, des Stammes verwaltet wird, so daß die Bildung von Privatkapital verhindert oder zumindest verlangsamt wird. Lohnarbeiter werden beschäftigt, jedoch schließlich an den Produktionsmitteln (in Form von Boden) beteiligt, so daß keine durchgängige Proletarisierung entstehen kann, außerdem bleiben vorindustrielle Verkehrsformen bestehen. Erwirtschaftetes Kapital der »Jungen«, das aus individueller Produktion stammt, wird im Rahmen der Institution des Tausches von Prestigegütern – über die soziale Institution der Begräbnisfeiern – weitgehend der privaten Verfügung, zum Beispiel als Investition, wieder entzogen; hier handelt es sich um eine institutionalisierte Kapitalvernichtung, um Vermeidung von

Kapitalakkumulation. Umgekehrt haben die Chefs, ihrer traditionellen Ausbeutungsmöglichkeiten ebenso wie ihrer während der Kolonialherrschaft abgeleiteten Rechte verlustig gegangen, nach wie vor traditionelle soziale und ökonomische Pflichten wie Landzuteilung, Versorgung mit Saatgut usw. im Rahmen der überkommenen Kultur des Prestige.

Meine These ist, daß die in das sozio-kulturelle System einer matrilinearen (das heißt einem mütterlichen Erbrecht usw. folgenden) Gesellschaft eingebettete kollektive Abwehrformation der Agni-Gesellschaft eine Basis gibt, um gegen weitere Klassendifferenzierung und ökonomische Marginalisierung der Schwachen resistent zu bleiben.

4.1 Zur Abwehrformation der Agni-Gesellschaft

Vergleicht man die Abwehrformation der Agni-Gesellschaft mit der bürgerlichen (Calogeras/Schupper 1972), zeigen sich weitreichende Unterschiede. Die Agni haben die Fähigkeit, statt Verdrängungen von Triebwünschen Umbesetzungen vorzunehmen.

Die Umwelt erlaubt dem Agni-Individuum eine Form der Triebabwehr, in der im Gegensatz zur Verdrängung beim klassisch bürgerlichen Individuum ein bestimmtes Maß von Triebbefriedigung noch möglich ist. So kann etwa die klassische ödipale Rivalitätsaggression in der bürgerlichen Familie nicht geäußert werden. Sie wird verdrängt; das Kind identifiziert sich mit dem Angreifer (Vater oder Mutter).

Bei den Agni muß Rivalitätsaggression nicht verdrängt werden. Sie kann auf verschiedene Weise abgewehrt werden. Die Identifikation mit dem starken Vater kann ein Stück weit aufrechterhalten werden. Nimmt die Angst vor Konflikten (erlebt als Kastrationsangst) überhand, kann diese Identifikation fallengelassen und durch eine passive Identifikation mit dem mächtigen Vater ersetzt werden. Diese entspricht dem negativen Ausgang des ödipalen Konflikts in der bürgerlichen Gesellschaft. Diese Identifikation hat bei europäischen Patienten homosexuelle Züge. Sie wird als anale Vergewaltigung durch den Vater erlebt. Der Sohn bietet sich dem Vater als (weibliches) Liebesobjekt dar. Diese Identifikation hat in der Agni-Gesellschaft eine doppelte psychische Bedeutung. Einmal bedeutet sie die Unterwerfung unter einen mächtigen Mann mit Prestige, dessen Potenz man introjizieren kann nach dem Modell der analen Einverleibung, aufbauend auf den mit Angstlust besetzten kindlichen Erfahrungen des täglichen Einlaufs mit der Klistierspritze. Zum anderen taucht in den ödipalen Phantasien in der Analyse regelmäßig anschließend die sehr viel mehr Angst erregende Phantasie der anal vergewaltigenden Mutter auf; die passive Identifikation formiert sich dann zur Identifikation mit der vergewaltigenden Mutter, deren mütterliche Qualität in der Macht besteht, fortgesetzt die männliche Potenz anal zu geben.

Diese beiden passiven Ausgänge, die uns unter dem Gesichtspunkt ihrer sozialen Bedeutung noch beschäftigen werden, sind hier unter dem Gesichtspunkt der Triebbefriedigung interessant. Wenn schon Rivalitäts-aggression nicht dauerhaft durch Identifikation mit aktiven Haltungen befriedigt werden kann, so kann sie doch durch ihre Umwandlung in passive Teilhabe an Macht und Prestige des Vaters befriedigt werden, die über die Beimischung der anal vergewaltigenden Aspekte gleichzeitig das Moment der mütterlichen Fürsorge erhält. (Die uns befremdlich erscheinende Einlaufpraxis stellt – als »körperhygienische Maßnahme« – eine der wenigen Formen dar, in denen eine Agni-Mutter sich dem abgestillten Kind noch zuwendet.)

Bei dieser Abwehr ohne Verdrängung müssen anstößige Triebregungen nicht vom Bewußtsein ferngehalten werden. Das Ich geht nicht Gegenbesetzungen ein oder bildet dauerhafte Reaktionen aus, um die verpönte Regung fernzuhalten (eigentlich deren Repräsentanz), sondern es regrediert und besetzt einen entwicklungsmäßig früheren Wunsch (aus der oralen oder analen Phase). Dabei wird der ödipale Wunsch nicht verdrängt, sondern fallengelassen und ersetzt durch einen anderen fundamentalen Wunsch. Ob die Fähigkeit des Subjekts, auf Verdrängung von Wünschen verzichten zu können und sie durch befriedbare Wünsche zu ersetzen, eine psychologisch reifere Leistung darstellt, kann ich nicht beurteilen. Immerhin läge es nahe zu sagen, daß das Ich weniger gezwungen ist, elementare Bedürfnisse abzuweisen und auf Dauer zu desymbolisieren. Zwar kann das Individuum in einer Situation, in der ein Wunsch unerträglich ist und transformiert werden muß, diese Handlung, die dabei gemachte Erfahrung einschließlich der auftretenden Affekte nicht symbolisch festhalten (insofern erfolgt diese Transformation auch nach einem Reiz-Reaktions-Muster). Jedoch bedeutet dieser Vorgang nicht wie bei der Verdrängung eine Festschreibung dieses Handlungsablaufs in allen künftigen ähnlichen Situationen. Vielmehr tritt der einmal transformierte Wunsch bei der nächsten Gelegenheit wieder auf und wird im Bewußtsein zugelassen. Außerdem ist die Art seiner Transformation nicht ein für allemal wie bei Abwehrhandlungen mit Verdrängungen festgelegt. Er kann oral oder anal umbesetzt werden, je nach objektiver oder subjektiver Situation.

Klinisch-psychologisch bedeutet diese Fähigkeit des Ichs, Umbesetzungen vorzunehmen statt zu verdrängen, daß das Individuum mit den Widersprüchen seiner Umwelt sehr befriedigend, das heißt ohne gravierende Neurosen, auskommen kann.

Ein zweiter wichtiger Aspekt der Abwehrformation ist hiermit schon berührt. Das Agni-Individuum bildet keine dauerhaften Identifikationen aus. Das Ich ist flexibel, aber extrem feldabhängig. Das Ich benötigt eine Umwelt, die sich für Identifikationen eignet, in der das Individuum immer durch Teilhabe an der Macht des anderen (Prestige, Versorgung usw.) sich stabilisieren kann. In einer Gesellschaft oder in gesellschaftlichen Subsystemen wie etwa Schule, Militär, Industriebetrieben, die diese Identifikationsmöglichkeit nicht bereitstellen, reagiert das Individuum desorientiert. Mit der Fähigkeit zur Flexibilität hat das Ich Zugang zu seinen verschiedenen früheren Entwicklungsstufen und kann jederzeit die dort auftretende Form von Wünschen und die Form ihrer Befriedigung wiederbeleben. Das ist in der klassisch-bürgerlichen Variante nur als Regression im Dienste des Ich etwa beim Künstler möglich oder aber im Zusammenhang einer schweren Beeinträchtigung aller Ich-Funktionen in pathologischer Regression.

Ein dritter wichtiger und theoretisch noch nicht ausgeloteter Aspekt der Abwehrformation der Agni scheint die von Parin u. a. (1971) erhobene Eigenart zu sein, daß die kognitiven Ich-Funktionen auf einer anderen Entwicklungsstufe der Ich-Organisation besser funktionieren als in der klassisch-bürgerlichen Variante. Ist deren optimale Entwicklung und Funktion gebunden an dauerhafte Identifikationen im Anschluß an den Untergang des Ödipuskomplexes, so funktioniert bei den Agni die kognitive Ich-Tätigkeit dann optimal, wenn das Ich sich mit Personen seiner Umwelt auf oral-analen Stufen identifizieren kann: Wenn es sich mächtigen und versorgenden Personen unterwirft, steigt sein Aktionsradius merklich an.

Schließlich bedeuten die Identifikationen und ihre Vorstufen insgesamt ein sehr viel höheres Ausmaß projektiver Bearbeitung innerer Konflikte als in der klassisch-bürgerlichen Variante. Anstatt zu verdrängen, erledigen die Agni viele Konflikte durch phantasierte Lösungen. Die Sprache ist ihr eigentliches Metier, die Kunst ihre stärkste kulturelle Leistung.

Unter den sozialen Funktionen dieser spezifischen Abwehrformation möchte ich eine besonders hervorheben. Wenn Chief Ahoussi »feststellt, daß der Mensch am besten unter Zwang funktioniert, zielt er auf ein Bedürfnis der Agni: einen Chef oder Herrn zu finden, der Prestige und große Macht hat, so daß man sich ihm unterwerfen und seine Potenz introjizieren kann, und genügend mütterliche Qualitäten, so daß man seiner Konstanz zutraut, den Zwang auch fortzusetzen, den Phallus nicht wieder zu entziehen« (Parin u. a. 1971, S. 525). Ahoussis Einstellung wird von den anderen Männern der Agni-Gesellschaft durchaus bestätigt. Die Identifikation mit dem Chef der mütterlichen Linie des Dorfes oder der Stammesgesellschaft, die ein System sozialer Ungleichheit aufrechterhält, kann psychologisch deshalb funktionieren, weil sie zwanglos eine Reihe elementarer Identifikationen der Agni mit Personen des Familiendramas aus den verschiedenen Entwicklungsstufen des Kindes vereinigt. Sie läßt einem Stück der Rivalitätsaggression mit einem starken Vater Raum, befriedigt Wünsche nach einer Teilnahme ohne rivalisierende Leistung, erfüllt Wünsche nach Versorgung und Verwöhnung. In der Phantasie der Agni ist der Chef nicht dauerhaft geschlechtlich differenziert, er vereinigt mütterliche und väterliche Züge. Erfahrungen von Überwältigung und Versorgung gehen besonders durch die Erfahrungen der mütterlichen Sozialisationspraxis des täglichen Einlaufs eine psychodynamische Verbindung ein.

Die besondere Struktur der Umwelt ist für die Entstehung dieser Abwehrformation verantwortlich. Umgekehrt nehme ich an, daß die kollektive Abwehrformation auch das Weiterbestehen der Agni-Gesellschaft im Widerstand gegen ihre Transformation durch die Produktionsweise des peripheren Kapitalismus ermöglicht. Das soll im folgenden gezeigt werden.

4.2 Kollektive Abwehrstrukturen als Elemente der Resistenz gegen Klassendifferenzierung und Marginalisierung auf dem Lande

Osterloh (1972, S. 347) hat die aus der, wie er sagt, oralen Fixierung vorindustrieller Gesellschaften resultierende affektive Beziehung zu gegenständlichen Objekten dafür verantwortlich gemacht, daß historisch-dynamische Prozesse nicht wahrgenommen würden. Es fehle ebenso eine überzeitliche wie eine überräumliche Perspektive, wie sie für den instrumentellen, planenden Umgang mit Objekten erforderlich ist. Solche Defizitannahmen greifen zu kurz. Es scheint notwendig, die Einsichten Parins, Morgenthalers und Parin-Mattheys zu der These weiterzuentwickeln, daß das optimale Funktionieren der kognitiven Ich-Funktionen mit einer anderen Stufe der Ich-Organisation verknüpft ist als in den Industriegesellschaften und damit an die Spezifität der

Abwehrformation gebunden ist. Daraus läßt sich der Schluß ziehen, daß etwa Planungsvermögen im Sinne der Sicherstellung von Nahrungsmitteln unter Berücksichtigung von Zeit, Raum und Mengen bei den Agni funktioniert, wenn es im Schutz einer Gruppe in Anspruch genommen wird, die dem Individuum emotionale Unterstützung und Versorgung sichert, wie es bei den Beute- und Sammlertätigkeiten der männlichen Agni der Fall war, nach deren Muster auch die heutige Plantagenwirtschaft organisiert ist (kurzer aggressiver Einsatz einer Gruppe mit geringer langfristiger Planung). Kapitalistische Plantagenwirtschaft würde emotionale Belastungen für den Agni implizieren: Verlassenheit, Schutzlosigkeit, Verlust von Prestige, wenn die anderen Konkurrenten sind statt »Geber« von Prestige. Konsequente kapitalistische Planungstätigkeit wie etwa systematische Kapitalakkumulation, die unter den ökonomischen Bedingungen der Agrarstruktur der Elfenbeinküste durchaus möglich wäre, wird daher ebenso vermieden wie die systematische Kapitalinvestition (zur intensiven Bodenbebauung) und systematische Proletarisierung, da beschäftigte Lohnarbeiter langfristig durch Überlassung von Boden zu Produktionsmitteleigentümern gemacht werden.

Parin und Morgenthaler (1971) sehen im Fehlen der anal-sadistischen Reaktionsbildung (eines vorherrschenden Abwehrmechanismus der Individuen in der bürgerlichen Gesellschaft mit seinen Tendenzen zur Sparsamkeit, zum Geiz, zu Ordnung und Pünktlichkeit und aggressiv getönten Bedürfnissen, die sich durch Expropriation und Kapitalbildung befriedigen lassen) einen nicht- oder antikapitalistischen Zug der Agni-Gesellschaft.

Bei einer Würdigung der gesamten Abwehrformation hieße das, daß wir nicht vom Fehlen analer, sondern vom *Fehlen von Reaktionsbildungen im Ich überhaupt* auszugehen haben. Die Reaktionsbildung im Ich ist wie die Symptombildung dauerhaftes Resultat einer Gegenbesetzung verdrängter Triebregungen. Sie ist, ebenso wie der gänzliche Rückzug des Ich aus einer anstößigen Triebregung, ein Vorgang am Ich, der an die Abwehr durch Verdrängung gekoppelt ist (Freud XV, 1952, S. 98). Die Abwehrformation der Agni ist im Gegensatz dazu durch die Fähigkeit des Ich gekennzeichnet, gefährliche Triebregungen fallenzulassen und neue Objekte zu besetzen.

Für das Schicksal der heute in der ländlichen Gesellschaft der Elfenbeinküste herrschenden Produktionsweise könnte diese

Fähigkeit bedeuten, daß sich die Agni-Gesellschaft der privat-wirtschaftlich organisierten cash-crop-Produktion bedient, ohne von den Gesetzen der neuen Produktionsweise sozial und kulturell zerrieben zu werden. Die cash-crop-Produktion führt die Unabhängigkeitswünsche junger, unverheirateter Männer oder vom Clan abhängiger Familien zum Ziel. Wie der Dorfchef bei Parin u. a. (1971) klagt, wollen die jungen Männer eigenes Land vom Chef zur Verfügung gestellt bekommen. Dieser Bruch mit der Tradition führt zu individuellem Einkommen der »Jungen« und zum Verlust ökonomischer Macht des Chefs, dem damit frühere Einkommensquellen entzogen werden. Obwohl potentiell mit ökonomischer Macht ausgestattet, revoltieren die »Jungen« nicht gegen die »Alten«. Konflikte mit den Chefs werden durch eine neue kulturelle Erfindung der Agni vermieden: Die Jungen lassen sich auf den finanziell ruinösen Begräbnisfeierlichkeiten von Mitgliedern der Sippe in ihrer ökonomischen Potenz einschätzen, entsprechend der sie akkumuliertes Kapital zu kollektivem Konsum beisteuern. Psychologisch läßt sich diese Gleichzeitigkeit von ökonomischer Unabhängigkeit und Abhängigkeit, von kapitalistischer Produktion und antikapitalistischer Zirkulation und Konsumtion mit der kollektiven Abwehrformation der Agni gut in Zusammenhang bringen. Unabhängigkeitsbedürfnisse werden befriedigt.

Die sie ermöglichenden Ich-Haltungen sind jedoch wenig dauerhaft. Im Konfliktfalle werden die ihnen zugrundeliegenden affektiven Bedürfnisse als gefährlich fallengelassen und durch Besetzung gegenteiliger Objektrepräsentanzen wie Schutz und Versorgung durch mächtige, väterlich-mütterliche Chefs ersetzt. Diese Balancefähigkeit in der psychischen Struktur der Agni kommt der Heterogenität der Produktionsweise entgegen und trägt gleichzeitig dazu bei, die soziale und kulturelle Desorganisation der Agni-Gesellschaft zu verhindern.

Von der weitgehend unbewußten Dynamik, mit der sich eine Gegenkultur gegen die des »peripheren Kapitalismus« herausbildet – in diesem Sinne spreche ich hier von selbstbestimmten Bildungsprozessen – bis zu einem politisch gerichteten, bewußten Bildungsprozeß der Auseinandersetzung ist allerdings noch ein weiter Weg.

Anmerkungen

1 Die fremdsprachigen Zitate in diesem Beitrag wurden vom Autor übersetzt.

2 Buro (1980) hat den Begriff autozentrierter Entwicklung weiterentwickelt. Er spricht von selbstbestimmter Entwicklung, um sich gegen Konzepte beziehungsweise reale Prozesse einer Massenmobilisierung »von oben« abzugrenzen. Mit ähnlichem Akzent spreche ich auf der Sozialisationsebene von »selbstbestimmten Bildungsprozessen«, um summarisch Vorgänge anzusprechen, durch die sich Subjekte gegen die Verinnerlichung einer fremden, herrschenden Kultur oder gegen die innere Zerstörung durch sie zur Wehr setzen.

3 Vgl. Bosse und Rudersdorf 1976. Abgesehen von ungelernten und angelernten industriellen Lohnarbeitern sind das vor allem untere Unterschichten, die nicht zur Lohnarbeit in der industriellen Produktion zugelassen werden, also Subsistenzbauern, ländliche Wander- und Gelegenheitsarbeiter, städtische Arbeitslose usw. Ich verwende den Begriff *no-collar*-Schicht polemisch, um den Ethnozentrismus der Qualifikations- und Mobilitätsforschung zu charakterisieren.

4 Anders in Fällen, in denen bestimmten, zum Beispiel analphabetischen *no-collar*-Schichten das Wahlrecht vorenthalten wird. Das war der Anknüpfungspunkt etwa für Freires Alphabetisierungskampagne in Brasilien.

5 Vgl. Stavenhagen 1975; Huizer 1976; Nash u. a. 1976; Feder 1973; Hinton 1972; Meyns 1977; Freyhold 1977.

6 Neelsen (1978) verwendet den Begriff der Retrogression in Verbindung mit Erziehungspolitik zur Bezeichnung politisch-ökonomischer Fehlentwicklungen.

7 Dabei gilt als Regression nicht der flexible alltägliche Rückgriff des Ich auf infantile Muster von affektiven Beziehungen, denen sich das Gruppen-Ich anpaßt, ohne Funktionsverluste hinzunehmen (Parin u. a. 1963, S. 125). Daß das metropolitan bestimmte Erziehungssystem in Peripherien auch andere Abwehrformen begünstigt, läßt sich aus der Zunahme spezifischer Lernstörungen bei Schülern und Studenten entnehmen. (Vgl. dazu Prince 1960, über das sogenannte *brain-fag-syndrome*; Parin u. a. 1971, S. 341 ff.).

Wolfgang Edelstein
Entwicklung, kulturelle Zwänge und die Problematik des Fortschritts

1. Die relativistische Herausforderung

Der Gedanke der sozialen, epistemologischen und perspektivischen Relativität kann, wie Donald T. Campbell 1977 in seinen William-James-Lectures über deskriptive Epistemologie ausgeführt hat, in der Wissenschaft zwei einander völlig entgegengesetzte Rollen spielen: »Einerseits kann (der Relativismus) eine wichtige kritische Funktion erfüllen und unsere Erkenntnismöglichkeiten verbessern, indem er falsche Verdinglichungen und ähnliches beseitigt. Andererseits kann (er) aber auch zu einem Grund werden, aus dem heraus das Ziel Erkenntnis aufgegeben wird zugunsten der Auffassung, daß jedes Individuum, jeder Volksstamm oder jede Zeit seine bzw. ihre eigene ›Wirklichkeit‹, die genauso gültig ist wie jede andere, entwickelt und nirgends eine wirkliche Wirklichkeit existiert, an der man jene messen könnte« (S. 21).

In den Sozialwissenschaften sind, wie Campbell vermerkt, relativistische Standpunkte verschiedentlich und metatheoretisch wohlbegründet vertreten worden. So sind die umfassenden biologischen, historischen oder philosophischen Universalismen des 19. Jahrhunderts und ihre Nachfolger im 20. Jahrhundert auf methodologisch begründeten Widerstand gestoßen, der hinsichtlich der Geltungsansprüche großangelegter Theorien zu einer relativistischen Bescheidenheit geführt hat. Der Ruf nach Theorien mittlerer Reichweite, etwa bei Merton (1968), ist für diese Selbstbeschränkung beispielhaft. Der Erkenntnisschock des Historismus und Kulturalismus, der dem naiven Überlegenheitsglauben des Weißen ein Ende setzt, ist Leitmotiv für ein gut Teil der analytischen Sozialwissenschaft in unserem Jahrhundert. In diesem Sinne hat der Relativismus für die moderne Sozialwissenschaft Pate gestanden – als eine Säkularisierung, sei es in der Art der »fröhlichen Wissenschaft« Nietzsches, sei es in der Art von Valérys Trauer ob der Erkenntnis, daß auch Kulturen sterblich sind. Die grundlegende relativistische Erkenntnis ist die, daß normative Ordnungen, die für unverrückbar gehalten wurden, zutiefst der Perspektive einer bestimmten Kultur verhaftet sind.

Die Einsicht in die Relativität normativer Ordnungen hat für unser wissenschaftliches Denken inzwischen nahezu regulative Funktion gewonnen. Vielleicht wehren sich Sozialwissenschaftler deshalb so vehement gegen alles, was nach universalistischer Theorie aussieht. Hierarchisch geordnete Stufenmodelle der Entwicklung stoßen auf ein Mißtrauen, wie es eigenschaftspsychologischen Maßen oder probabilistischen Verteilungen nie entgegenschlägt. Während an den wohlbekannten Korrelationen zwischen Sozialschicht und Intelligenz kaum jemand Anstoß nimmt, sind Theorien wie die von Piaget erbittert als elitär, ethnozentrisch, ideologisch oder einseitig mittelschichtorientiert bekämpft worden – anscheinend nur, weil sie Fähigkeiten wie die zu formaloperationalem oder post-konventionellem Denken als universelle Strukturen betrachten. (Vgl. etwa die Kritiken, die Donaldson [1978] jüngst gegen Piaget oder Simpson [1974] gegen Kohlberg formuliert haben. Ähnlich verrät sich in der Kritik Labovs [1968] an Bernsteins Code-Theorie und in dem erbitterten Streit darum, ob die Befunde der Forschung über die Benachteiligung von Unterschichtangehörigen im Sinne einer Defizit- oder einer Differenzhypothese aufzufassen sind, eine relativistische Wertorientierung, die jeder normativen Position ablehnend gegenübersteht.)

Von dem zunehmenden Skeptizismus in der Sozialwissenschaft sind die normativen Ordnungen der Wissenschaft selbst und insbesondere ihrer Methoden allerdings bisher wenig berührt worden. Obgleich Kuhn (1962/1967) die sozialen und historischen Kontingenzen im Aufstieg und Niedergang wissenschaftlicher Paradigmen dargetan und damit erheblichen Anklang gefunden hat, erwies sich die sozialwissenschaftliche Öffentlichkeit im wesentlichen als immun gegen die bei Kuhn angelegte relativistische Infragestellung des sozialwissenschaftlichen Betriebs selbst und insbesondere seiner gänzlich unrelativistischen Praxis sozialtechnologischer Anwendung. Und während zum Beispiel Andreskis (1974) Verunglimpfung der Sozialwissenschaften als Hexerei mehr oder weniger als ernstzunehmende Wissenschaftssoziologie durchgehen konnte, hinterließ der viel ernster zu nehmende Angriff Feyerabends (1975/1976) gegen die vergebliche Willkür sozialwissenschaftlicher Methoden kaum eine Spur im epistemologischen Bewußtsein der Wissenschaftler, die eben diese Methoden praktizierten.

Vielleicht ist die Soziologie gerade deshalb, weil sie von Anfang an eine relativistische Funktion hatte, von ihrer eigenen Relativierung nicht weiter überrascht worden. Die Psychologie dagegen scheint aus verschiedenen Gründen weniger immun gegen Angriffe auf ihre Methodengewißheit und den selbstverständlichen Glauben an ihre Anwendbarkeit. Erst seit relativ kurzer Zeit wird das Verhältnis von sozialwissenschaftlichem Vorgehen und praktischer Anwendung seiner Ergebnisse grundsätzlicher analysiert, unter Einbeziehung auch der Geltungsansprüche, auf denen die Anwendung von Forschungsergebnissen auf bestimmte Wirklichkeitsbereiche beruht.

Wahrscheinlich ist die Psychologie als Wissenschaft dem eigenen Tun des Psychologen näher als die Soziologie dem Handeln des Soziologen, und vielleicht taucht für den Psychologen deshalb schneller die Gefahr auf, daß der normative Schutz seines Berufswissens versagen und seine Methodengewißheit sich als illusorisch herausstellen könnte, wenn er erst einmal kritisch das eigene Tun unter die Lupe nimmt. Im kulturell und historisch selbstkritischen Blick relativieren sich für den Psychologen sein eigenes Verhalten als Wissenschaftler, seine Hypothesen und Verfahrensnormen im gleichen Zuge wie sein Untersuchungsgegenstand. Das Bewußtsein von der kulturellen und geschichtlichen Relativität von Befunden und Methoden, Wahrheitskriterien und Geltungsansprüchen wissenschaftlicher Aussagen muß die Verknüpfung von wissenschaftlicher Deskription und daraus abgeleiteten präskriptiven Sätzen für die Anwendung zwangsläufig auflösen.

Die Rechtfertigung sozialwissenschaftlicher Forschung aber beruht, zumindest im Falle der Psychologie, in erheblichem Umfang gerade auf einer selbstverständlichen Nützlichkeitsunterstellung: auf der Überzeugung, daß die analytische Beschreibung tatsächlich die Grundlage für normative Vorschriften abgeben kann. Forschungsergebnisse rechtfertigen nach dieser Auffassung Eingriffe in die »soziale Natur«, und zwar mehr oder weniger nach dem Muster technischer Anwendung. Wenn nun im Falle der Psychologie diese Natur sich als etwas herausstellt, das aus historisch und kulturell variablen Verhältnissen besteht, dann geraten unversehens die wissenschaftlichen Begriffe selbst ebenso wie die auf ihnen beruhenden Befunde in eine direkte oder indirekte Abhängigkeit von diesen zeitgebundenen Verhältnissen. Wird vollends ihre Anwendung auf normenhaltige Realitätsbereiche wie Elternschaft, Sozialisation und Erziehung gleichbedeutend mit nur zeitbedingt, ja vielleicht überhaupt nicht zu rechtfertigenden Verknüpfungen in dieser Vielfalt kontingenter Verhältnisse, ohne Rücksicht auf die Wandelbarkeit sozialer Realitäten und, um einen neueren Einwand zu zitieren, unter Mißachtung der Würde, die jene Verhältnisse jeweils beanspruchen können, dann erscheint der Relativismus ethisch ebensowohl begründet wie epistemologisch.

Wenn dem aber so ist, dann läßt sich epistemologischer Relativismus nicht mehr vom »ontologischen Nihilismus« unterscheiden, um nochmals Campbell (1977) zu zitieren: die beiden möglichen Funktionen des Relativitätsdenkens erweisen sich bloß als zwei Seiten derselben Wirklichkeit. Die Frage stellt sich, ob sie überhaupt noch auseinanderzuhalten sind, ob nicht relativistisches Denken notwendig zum »Verzicht auf das Ziel beständiger und kontextunabhängiger Erkenntnis« führen muß. Zu diesem Schluß führt Kessen (1979) in der Tat seine unerbittliche Analyse der Relativität sowohl der Kindheit als auch der Kinderpsychologie. Kessen ficht den relativistischen Standpunkt erbarmungslos durch, enthüllt Geltungsansprüche als Illusionen und nötigt den Leser, sich mit der totalen Relativität dessen auseinanderzusetzen, was Kindheit angesichts ihrer unterschiedlichen Erscheinungsformen in Zeit und Raum, in verschiedenen Kulturen und sozialen Verhältnissen überhaupt sein kann. Und zugleich erzwingt er das Eingeständnis, daß auch die Wissenschaft eine Funktion der beschriebenen Kulturen und Verhältnisse ist. So erweist sich die wissenschaftliche Erkenntnis der Entwicklungspsychologen als bloßes Produkt jener sozialstrukturellen Kräfte, die nicht nur jeweils den Untersuchungsgegenstand in seinen spezifischen Konfigurationen und Verhältnissen bestimmen, sondern auch das System, das ihn erforscht, von den Gehirnen über die wissenschaftliche Öffentlichkeit bis zum fachlichen Rüstzeug. Kessen enthüllt damit, wie ideologisch zeitgebunden die Konstrukte der früheren – und implizit: unserer eigenen – Entwicklungspsychologie sind. Er prangert die Leichtfertigkeit der Wissenschaftler an, die auf der Grundlage solcher Konstrukte Anleitung, Intervention und Beratung anbieten. Mit anderen Worten: er enthüllt die Illegitimität eines auf notwendig ideologischen Einsichten beruhenden Handelns. Der Versuch wissenschaftlicher Erkenntnis rechtfertigte sich großenteils aus dem Bezug auf ein Handeln im wohlverstandenen Interesse der Schüler, Eltern und Lehrer. Nun droht der Begriff vom »wohlverstandenen Interesse« des Kindes unter der Analyse zusammenzubrechen, so daß diese an einem toten Punkt angelangt scheint: Erkenntnis wird ebenso unmöglich wie erkenntnisgeleitetes Handeln. Ein konsequenter und aufgeklärter Relativismus führt in die epistemologische Sackgasse: Wissenschaft läßt sich von ihrem Versagen nicht mehr unterscheiden. Sie demonstriert selbst die Unerfüllbarkeit ihrer Funktion, wahre Erkenntnis hervorzubringen. Damit erhebt sich freilich auch die Frage, ob Kessens eigener Relativismus denn unbedingt wahr ist, ob »der positivistische Alptraum« wirklich das letzte Wort ist, wonach »das Kind wesentlich und für alle Zeit eine kulturelle Erfindung bleibt« (Kessen 1979, S. 815) und folglich nicht etwas sein kann, was in einem über den Augenblick hinaus gültigen, nicht-ephemeren Sinne erforschbar wäre. Die Entwicklungspsychologie könnte sich ja auch fragen, ob es nicht noch andere Wege zur Erforschung der Entwicklung gibt als die bloße Beschreibung kontingenter und stets im Wandel befindlicher Phänomene. Da das Kind und seine Entwicklungsregelmäßigkeiten sich je nach den historischen und kulturellen Verhältnissen ändern, wie das der Relativismus über jeden vernünftigen Zweifel hinaus belegt hat (vgl. Ariès 1975; deMause 1974/1977; Bakan 1971; Demos/Demos 1969), ist vielleicht vor allem eine neue Sicht eben dieser Veränderungen und Regelhaftigkeiten fällig. Am Ende ist es gerade nach der gründlichen Entmystifizierung universalistischer Täuschungen an der Zeit, sich an eine Neubestimmung der kontextübergreifenden Geltung von Regelmäßigkeiten der Entwicklung zu wagen, bei der zugleich auch den zeit-, raum- und kontextbedingten Performanzbedingungen Rechnung getragen wird.

Neo-universalistische Ansätze stoßen ganz offensichtlich auf Schwierigkeiten. Ihre Beweisverfahren müssen sich auf Plausibilitäten stützen, die von den Validierungskonventionen der anerkannten probabilistischen Methodologien verschieden sind. Sie müssen über eine relativistische und partikularistische Erkenntnis hinausreichen und von der synchronischen ebenso wie von der diachronischen Dimension der Kindheitsentwicklung her eine übergreifende Gesamtstruktur konstruieren, die sowohl die Kontexte einbezieht, in denen sich Kinder entwickeln, als auch die Dynamik des Wandels dessen, was Kindheit ausmacht und strukturiert. Ein solches Programm mag allzu anspruchsvoll erscheinen, bedeutet es doch nicht weniger als den Versuch, die Mechanismen gesellschaftlicher Entwicklung zumindest teilweise freizulegen. Erforderlich ist eine Theorie der Entwicklung als eines kumulativen und fortschreitenden Prozesses, in dem der einzelne Erfahrung konstruktiv in Sinn verwandelt. Da nun aber die tiefreichenden Auswirkungen der Kontextverwobenheit und des gesellschaftlichen Wandels auf die kindliche Entwicklung das sind, was an den Forschungen über Kinder am unmittelbarsten ins Auge fällt, ergeben sich zwei Konsequenzen: Erstens bedeutet die Erforschung der Entwicklung des Kindes zugleich die Erforschung entwicklungsrelevanter Strukturen und Parameter der Gesellschaft, ja setzt sie in gewissem Umfang voraus. Zweitens muß das an eine spezifische Kultur gebundene Material, das solche Untersuchungen erbringen, nach Maßgabe eines kulturübergreifenden theoretischen Rahmens geordnet werden. Für eine erst zu erarbeitende Theorie der Gesellschaftsentwicklung können historische und kulturspezifische Befunde zur Entwicklung im Kindesalter wichtiges Material beisteuern. Umgekehrt könnten im Rahmen einer übergreifenden Theorie der kindlichen Entwicklung im Kontext der Gesellschaftsentwicklung bestimmte Phänomene, die bisher als partikulare Besonderheiten erscheinen, plötzlich Stellenwert und Bedeutung in einem umfassenderen, über den Entstehungskontext hinausgehenden Muster erlangen. Vielleicht sind manche Züge des zumindest in den westlichen Industriestaaten heute gestörten Verhältnisses von Kindern bzw. Jugendlichen und Gesellschaft als Ergebnisse evolutionärer Veränderungen im Gleichgewicht zwischen normativen Universalien der Entwicklung im Kindesalter und Quasi-Universalien der Gesellschaftsentwicklung zu verstehen.

2. Eine Hypothese zum Verhältnis von Kind und Gesellschaft

Zum Wesen dieses Ungleichgewichts ließe sich folgende Hypothese aufstellen: Der Übergang zum bürokratischen Konsumkapitalismus und den ihm entsprechenden Institutionen beeinträchtigt durch seine weitreichenden mikrosozialen und psychischen Effekte die Funktion normativer Universalien der Entwicklung. In grober Vereinfachung eines komplexen Systems ineinanderwirkender Prozesse ließe sich die Behauptung aufstellen, daß ein historisch zuvor erreichtes Gleichgewicht von Assimilation und Akkommodation sowie ein klassisch gewordenes Muster der Identitätsbildung von jenem Übergang in ihren Grundfesten erschüttert werden. Diese Prozesse haben aufs engste mit der Entwicklungsaufgabe zu tun, der sozialen Wirklichkeit Sinn abzugewinnen. Die neue Gesellschaftsformation des bürokratischen Verbraucherkapitalismus erzeugt Veränderungen in der kognitiven und affektiven Organisation von Erfahrung und sozialer Interaktion, die den Entwicklungsverlauf und die Bedeutung des Kindesalters berühren. Im Hinblick auf Sozialisation sowie Kindheits- und Jugendentwicklung lassen sich zentrale Aspekte dieses Prozesses in einer Theorie der sozial-kognitiven und moralischen Entwicklung darstellen: Entfremdung und Anomie sind in kognitiv-entwicklungspsychologischer oder strukturgenetischer Sicht dann als Fragen der Performanzbedingungen beziehungsweise der sozio-kulturellen Zwänge zu untersuchen, unter denen Entwicklung stattfindet. Es wird ferner angenommen, daß die Institution Schule und ihre bürokratische Art, mit Sinn umzugehen, eine wichtige Rolle in diesem Prozeß spielen.

In dieser Sicht scheint der Entwicklungsprozeß durch die Widersprüche in seiner Interaktion mit den sozialen Strukturen, die ihn zugleich hervorbringen und einschränken, von seiner Richtung auf kognitive und moralische Autonomie sowie funktional angemessene Selbst-Identität abgelenkt zu werden, indem sozialisatorische Einflüsse eine Entwicklung zu dem oral abhängigen, entfremdeten, zornigen oder depressiven Typus fördern, den Lasch (1980) beschrieben hat. In gleicher Weise geraten Entwicklungsbedürfnisse in einen Widerspruch zu den organisatorischen Anforderungen der institutionalisierten Bildung. Während der Sinn des institutionalisierten Bildungswesens darin besteht,

unter den Bedingungen intensiver gesellschaftlicher Differenzierung in einer Stellvertreterrolle Entwicklung zu ermöglichen,
wird in der Literatur übereinstimmend gerade ein zunehmendes
Versagen der institutionalisierten Bildung in dieser Funktion festgestellt. Dieses Urteil hat auch Nigel Williams vor kurzem in
seinem Stück »Klassenfeind« eindrucksvoll literarisch gestaltet.
Unterstellen wir einmal, die dargestellte Hypothese treffe zu. Als
erstes würde sich dann die Folgerung ergeben, daß es für Inter-
ventionsversuche etwa in den Bildungs- und Erziehungsprozeß
eines grundlegend anderen Funktionsmodells bedürfte. Als Voraussetzung dafür müßten wir erstens verstehen, wie soziale Strukturen durch den Bildungs- und Erziehungsprozeß hindurch wirken, und zweitens, welche Anforderungen und Vorbedingungen
für bestimmte Entwicklungsprozesse zu erfüllen wären, die durch
Bildung und Erziehung gefördert werden könnten und sollten.
Interventionen in Bildung und Erziehung hätten sich an einer
kritischen Theorie der Gesellschaft sowie der entwicklungsein-
schränkenden bzw. -fehlleitenden Lebenszusammenhänge zu
orientieren.

Handlungsanleitend wären Entwicklungsdiagnosen und die
Antizipation von Entwicklungsergebnissen. Die Konsequenzen
für unsere Beurteilung der Organisation von Schule, Curricula,
Unterricht und Leistungskontrolle wären zwangsläufig sehr weitgehend. Es bedürfte systematischer Bemühungen um eine Trennung der als Oberflächenaspekte zu bewertenden Störungen auf
der Unterrichtsebene von den tiefenstrukturellen Aspekten der
Unangemessenheit der Schule als Institution. Darüber hinaus ließen sich in einer nicht-relativistischen Epistemologie Fakten und
Normen, Deskription und Präskription einander rational zuord-
nen, da die Bildung in der Entwicklung ein klares Ziel hätte
(Kohlberg/Mayer 1972). Bescheidener formuliert, würde die erzieherische Intervention das Ziel verfolgen, entwicklungshin-
dernde Faktoren in ihrer Wirkung einzudämmen.

Der erste Schritt zur praktischen Verwirklichung eines solchen
Programms wäre, wie gesagt, die Analyse sowohl der Lebenszusammenhänge, in denen Kindheit jeweils stattfindet, als auch der
historischen Dynamik des Wandels dieser Lebenszusammenhänge unter dem Gesichtspunkt einer universellen Entwicklungs-
geschichte der sozio-kognitiven Strukturen. Die dazu erforderliche Perspektive müßte die Marxschen Analysen von Tauschwert,

Entfremdung und Verdinglichung sowie Webers Analyse der bürokratischen Rationalität mit der von Piaget entwickelten Konzeption des kognitiven Handelns und der Adaption verbinden.[1] Eine solche Analyse müßte freilich weiter reichen als bis zu marxistischen Analogien zwischen Produktionsverhältnissen und Klassenbeziehungen einerseits und bestimmten Bewußtseinsformen oder Arten des abstrakten Denkens andererseits (vgl. etwa Riegel 1972; Buck-Morss 1975), die in der Nachfolge Lukács' (1923/1970) stehen. Wenn derartige Parallelisierungen mehr sein sollen als Analogien, dann müssen sie als operationale Formen kognitiven Handelns auf der Prozeßebene nachgewiesen werden. Wir können diesen Anspruch zwar noch nicht einlösen, unternehmen aber im folgenden einen ersten Versuch in dieser Richtung. Wir beschreiben dazu zunächst eine traditionale Gesellschaft unter dem Gesichtspunkt ihrer kognitiven Ökonomie, ihrer sozial-kognitiven Strukturierung, und anschließend unter demselben Gesichtspunkt den Übergang zur modernen Gesellschaftsorganisation. Als drittes wird die Rolle der Schule, einschließlich ihres Versagens, bei diesem Übergang behandelt und versuchsweise eine Reformstrategie skizziert, die den zuvor erarbeiteten Grundsätzen entspricht. Während die beiden ersten Abschnitte so den Versuch einer Rekonstruktion der Geschichte der Kindheit aus kognitivistisch-entwicklungspsychologischer Sicht enthalten, werden im dritten Abschnitt aus den deskriptiven Befunden normative Konsequenzen gezogen: Konsequenzen in bezug auf die aus kognitivistisch-sozialisationstheoretischer Sicht als Entwicklungsbeschränkungen zu beurteilenden institutionellen Bedingungen, unter denen sich Kinder und Jugendliche in der modernen Gesellschaft geistig entwickeln sollen.

3. Zwei Welten des Kindes

Im folgenden werden in einer idealtypisierenden Strukturskizze zwei Lebenswelten einander gegenübergestellt, wie sie im einen Fall für das vormoderne Leben auf dem Lande und im anderen für das Leben in der modernen Stadt- und Industriegesellschaft charakteristisch sind. Diese Gegenüberstellung beruht auf empirischen Befunden aus einer ganz bestimmten Gesellschaft (Island), die hinsichtlich der natürlichen Umwelt, der Kultur, Sprache, des

spezifischen Ethos einer bäuerlichen Gemeinschaft spezifische
Bedingungen aufweist. Überdies reicht hier eine traditionale
Lebensform noch so nahe an die Gegenwart heran, daß der Autor
selbst noch einen Teil seines Lebens darin zugebracht hat. Zu den
Besonderheiten dieses Lebenszusammenhangs gehört, daß noch
weit bis in dieses Jahrhundert hinein die *Kultur* und auch die
Gesellschaft von der traditionellen ländlichen Lebensweise
beherrscht waren. Ein weiteres Kennzeichen der untersuchten
Lebenswelt ist das beispiellose Tempo, in dem sich die Gesell-
schaftsstruktur dieses Landes modernisiert hat (vgl. Björnsson/
Edelstein/Kreppner 1977). Allerdings wird die Beschreibung
systematisch, wenn auch implizit, nicht auf diese ganz gewiß
wichtigen Besonderheiten abheben, sondern auf den universellen
Prozeß, der alle natürlichen und kulturellen Besonderheiten tendenziell zu nahezu bedeutungslosen Begleiterscheinungen des
Warenaustauschs und der rationalen Organisation werden läßt.
Implizit hervorgehoben werden gerade die Effekte des Modernisierungsprozesses in Gestalt von Urbanisierung, Industrialisierung, Arbeitsteilung und funktionaler Differenzierung des Sozialsystems: die Herausbildung der modernen Familie, der Gleichaltrigengruppe, der institutionalisierten Bildung. Hervorgehoben
wird der Übergang von konkreten zu abstrakten Beziehungen,
von einem Leben im Zeichen von Erfahrungen, die je für sich
Bedeutung haben, zu einem Leben, das von abstrakten und universellen Regeln und Kalkülen oder mit Weber (1922) von bürokratischer Rationalität bestimmt wird.

Die erste dieser beiden Welten ist die der weltweit für die vorindustriellen
Kulturen typischen Subsistenzwirtschaft. Dabei handelte es sich stets um
besondere Kulturen, da die Anpassung an jeweils besondere ökologische
Verhältnisse und die Stabilität über die Zeit hinweg zur Herausbildung
lokaler Kodes und kultureller Spezifität geführt hatten. All diese besonderen Kulturen aber sind, wo immer sie auf dem Planeten angesiedelt
waren, inzwischen ausgelöscht oder im Begriff, ausgelöscht zu werden
(Lerner 1958).

Sucht man zu verstehen, wie Gesellschaften dieses Typus kulturell funktionieren, wie sich Menschen in ihnen verhalten und wie Kinder sich darin
entwickeln, so muß man die jeweils *besonderen* Kodes und Regelsysteme
kennen (daher die Existenz einer Ethnographie und Kulturanthropologie). Demgegenüber ist das System von Regeln und Beziehungen, dem der
andere Gesellschaftstyp unterliegt, im Prinzip *universell* (und Gegenstand
der Soziologie). In der Tat wundern wir uns noch nicht einmal, wie sehr

makrosoziologische Erkenntnisse über die Strukturmerkmale bestimmter Industriestaaten im Prinzip für jede Industriegesellschaft gelten können: Beschreibungskategorien und Strukturbeschreibungen sind hier grundsätzlich universell verwendbar. In entsprechender Weise sind auch die Kindheit und der Entwicklungsprozeß in Kindheit und Jugend im Zuge dieses historischen Wandels vereinheitlicht worden. Der qualitative Wandel dessen, was Kindheit ist, hat viel mit der Einführung der allgemeinen Schulpflicht zu tun (vgl. Olson 1977), mit der an die Stelle einer Anpassung durch Erfahrung und kulturspezifisches Lernen der institutionalisierte Unterricht als das Kindheit und Jugend bestimmende kognitive Erlebnis tritt – ein Wandel, der tiefgehend genug ist, um als Übergang auf eine neue Stufe der Gesellschaftsentwicklung gelten zu können.

Da die sogenannten westlichen Industriestaaten die Vorreiter im weltweiten Modernisierungsprozeß waren, mag die hier nacherzählte Geschichte auf den ersten Blick altbekannt scheinen. Wie weitreichend und tiefgehend der Entwicklungsschub ist, zeigt sich erst, wenn wir in systematischer Dezentrierung aus der Pseudo-Natürlichkeit unserer eigenen Geschichte heraustreten und Distanz zu der Struktur unserer materiellen und geistigen Umwelt gewinnen.

Mit seinen *Traurigen Tropen* (1955/1978) schrieb Lévi-Strauss einen Abgesang auf die vom Fortschritt zum Tode verurteilten sogenannten primitiven Gesellschaften. Für uns wäre es wohl angemessen, über den Untergang der traditionalen Gesellschaft zu trauern (Lerner 1958). Der allgegenwärtige Modernisierungsprozeß besiegelt das Schicksal jeglicher Sozialordnung außer der Industriegesellschaft. Ob man nun mit Marx (*Das Kapital* I, 1867/1972, S. 528) die Heraufkunft der Maschinerie und großen Industrie wegen der Auflösung traditionaler Bindungen in gewissem Sinne begrüßt oder mit Weber (1922) die universelle Ausbreitung bürokratischer Rationalität und Herrschaft feststellt, in jedem Falle sind die sozialen Auswirkungen auf die strukturelle und funktionelle Dynamik der Kindheits- und Jugendentwicklung fundamental, universell und noch weitgehend undurchschaut. Und dasselbe gilt für die Konsequenzen, die eine post-traditionale Kindheitserfahrung in neuen Formen des Erwachsenseins zeitigt.

Deshalb strukturiert der Gegensatz zwischen traditionaler und moderner Welt des Kindes systematisch die folgende Darstellung. Der Übergang von der einen zur anderen findet überall statt; was hier berichtet wird, beruht aber auf Befunden aus der traditionalen Lebenswelt von Familien, die im subarktischen Weideland Islands in Streusiedlung unter den Bedingungen einer Subsistenzwirtschaft von der Schafzucht lebten, einer Lebenswelt, die bis zur Mitte unseres Jahrhunderts noch bestand. Und das Gegenbild gibt die noch junge, aber bereits allumfassende städtisch-industrielle Zivilisation ab, die sich in diesem Land in weniger als zwei Generationen, insbesondere seit dem Ende des Zweiten Weltkriegs durchgesetzt hat. Der Übergang bedeutete in diesem Falle nicht die allmähliche Modernisierung traditionell-ländlicher sozio-kultureller Muster in Reaktion auf die Anfänge einer Industriewirtschaft und mechanisierten Produktion. Vielmehr hat die Modernisierung hier in einem beispiellosen Entwicklungssprung in weniger als zwanzig Jahren zur Hochblüte eines dynamischen Kapitalismus geführt (Björnsson/Edelstein/Kreppner 1977; Tomasson 1980). In wenigen Jahrzehnten hat sich in einer Gesellschaft, die noch vor einigen Generationen zu den Armenhäusern Europas zählte, der Konsumkapitalismus entfaltet. Die Modernisierung Islands stellt sozusagen ein Experiment dar, in dem sich der Übergang von vorindustriellen, d. h. traditionalen, zu »postindustriellen« Lebensmustern in natura beobachten läßt. Das gilt nicht nur insofern, als das rasende Tempo der sozialen Entwicklung dafür sorgt, daß hier historisch asynchrone Generationen nebeneinander leben, sondern auch deshalb, weil es eine Konzentration auf das Übergangsparadigma selbst gestattet. Wir können das Aufkommen sozialer Ungleichheit mit seinen sozialpsychologischen Begleiterscheinungen beobachten und dabei noch in der Erinnerung der heute Lebenden auf die allmählich verblassenden Lebensmuster der Zeit vor dem Wandel zurückgreifen. Wir können verfolgen, wie sich vor unseren Augen entfaltet, was eben erst im Keim angelegt war; die Befreiung ebenso wie die Zwänge, denen der soziale Wandel das Leben der Menschen und die Entwicklung der Kinder unterwirft.

3.1 Das traditionale System

Wenden wir uns also den gegensätzlichen Lebensmustern zu, die die traditionale Existenz schafzüchtender Bauern[2] einerseits und das Leben in einer neokapitalistischen Konsumgesellschaft andererseits bestimmen. Die bäuerliche Gesellschaft ist stabil, familiengebunden und traditionsgeleitet. *Stabilität* herrscht über die Generationen hinweg, Wandel findet äußerst langsam statt, Techniken und Arbeitsgewohnheiten, Interaktionsmuster und Regeln der Wirklichkeitsdeutung bleiben sich von Generation zu Generation weitgehend gleich. Die Diskursgemeinschaft, die kognitiven Vorstellungen von Ordnung und Bedeutung in der Natur, in Verhalten und gesellschaftlichem Umgang sind eng mit einer in die Ordnung von Naturereignissen eingebetteten Arbeitswelt verbunden. Die traditionale Ordnung hat zyklischen Charakter, und für das Verständnis traditionaler Gesellschaft ist die Metapher der Kreisbewegung wichtig: die Wiederkehr der Jahreszeiten, der Zyklus der von ihnen bestimmten Arbeiten, der Generationen, von Leben und Tod, Wachstum und Verfall, der Jahreskreislauf, der religiösen Symbolik – Bilder eines geschlossenen Systems. Was wir verstehend als Metapher entschlüsseln, ist für die im System Lebenden Wirklichkeit, die zyklische Ordnung der Realität. *Familiensinn* ist in der Welt der Subsistenzlandwirtschaft keine Einstellung, sondern eine organisationsstrukturelle Notwendigkeit: Der meilenweit vom nächsten Gehöft entfernte Hof in der Einsamkeit der nördlichen Tundren ist nicht nur die auf sich allein gestellte Arbeitseinheit, sondern ebenso autark als Verbrauchergemeinschaft, Erziehungssystem und kulturelle Reproduktionseinheit. Wenige oder gar keine bezahlten Arbeitskräfte sind die Regel; und nur das Allernotwendigste wird auf einem fremdbestimmten Markt für jene Güter gekauft, welche die karge arktische Umwelt nicht liefern kann: hauptsächlich Getreide, Holz und Eisen für Werkzeuge sowie Schnur für den Fischfang. Und selbst noch auf dem Markt ist der Tausch ein konkreter Gütertausch, nicht ein abstrakter Austausch symbolischer Äquivalente für die Muskelkraft. Den Einödhof betreibt eine einzige Familie. Arbeitsteilung bedeutet spezifische Aufgaben für die beiden Geschlechter, aber keine spezifischen Arbeits- oder Klassenrollen. Die Arbeitsteilung ist also kooperativ, ist eine funktionale Verteilung der zu einer abgegrenzten und voll überschaubaren Totalität gehörenden Aufgaben. Im Prinzip ist die gesamte Handlungswelt jedem frei zugänglich. Auf dem Hof ist jedes Kind und jeder Erwachsene, jeder Mann und jede Frau, sind Alt und Jung wohlvertraut mit jeder möglichen Handlung, jeder möglichen Zielsetzung und Absicht, jeder Fertigkeit und jeder Reaktion. Das Alter ist insofern bevorrechtigt, als die größere Lebenserfahrung anerkannt wird – als eine Weisheit, der besonders viele Ereignisse und zugleich alle Möglichkeiten der Reaktion auf diese Ereignisse bekannt sind.

Man muß sich klarmachen, was es bedeutet, daß bei der bäuerlichen Subsistenzwirtschaft die Gesamtheit aller bedeutsamen Ereignisse und Handlungen für jeden bereitliegt, daß alle Intentionen allen geläufig und alle Bedeutungen Gemeingut sind. Zwar herrscht vielleicht eine gewisse Arbeitsteilung, weil bestimmte Aufgaben besonders viel Körperkraft, Ausdauer oder Geschicklichkeit erfordern, sie hat aber weder ausschließenden noch kognitiven Charakter. Notfalls kann jeder, was man als Bauer, Handwerker, Baumeister, Lehrer, Pfarrer, Arzt oder Hebamme können muß. So speziell diese Fertigkeiten auch sein mögen, so stellen sie doch die *praktisch* kognitiven Entsprechungen einer einzigen Welt des Handelns und Redens dar und werden deshalb in *teilnehmender Erfahrung* gelernt.

Die drei Generationen umfassende Familienorganisation der Produktion und des Verbrauchs auf dem Einödhof macht die Familie zur *Einheit der Produktionsarbeit* in der Gesellschaft. Kinder werden auf dem Hof mittels der sichtbaren Entsprechung von Arbeit und Wort erzogen. Beim Mähen sieht das Kind dem Vater zu, es hilft und beteiligt sich dabei von klein auf. Es weiß, warum der Mann sich müht, und kennt die Auswirkungen. Wenn die Sonne nicht scheint, wächst das Gras schlecht und verhungern im Winter die Schafe. Fällt die Ernte schlecht aus, müssen auch die Menschen auf dem Hof Not leiden und, was noch schlimmer ist, gerät die Existenzgrundlage in Gefahr. Das Kind entwickelt seine Kausalitätsbegriffe, indem es einfach in der Familie und in ihrer Handlungswelt, die aus dem Arbeitsleben besteht, mitlebt. Der bäuerliche Aufgabenkreis ist für das Kind überschaubar, und die Symbolwelt des Kindes entspricht der Arbeitswelt der anderen. Das Verhältnis von Wort und Arbeit ist sozusagen transparent. Was die Eltern oder Mitarbeitenden sagen, beruht stets auf einleuchtenden Tatsachen. Pferde im Sturm suchen zu müssen, ist nicht nur eine unbegreifliche Schinderei, da die mit Erfolg oder Fehlschlag verbundenen Kausalitätsbeziehungen transparent sind. Deshalb trifft weder die romantische Vorstellung vom glücklichen Landleben noch das Zeugnis der Psychohistorie vom Weinen der Kinder, das durch die Geschichte hallt, die volle Wirklichkeit. Das letztere Bild mag den Tatsachen näherkommen, unberücksichtigt bleibt darin aber das Band der Sinnhaftigkeit und gegenseitigen Verpflichtung in einer von Arbeit bestimmten Welt, für die Kindheit nicht das Spielalter ist, sondern das Alter der noch nicht voll entwickelten Tüchtigkeit. Gewiß war die traditionale Welt alles andere als romantisch, sondern eine Welt des körperlichen Leidens, des frühen Sterbens und endloser Mühen für alle. Um die Kühe muß man sich kümmern, den Stall muß man ausmisten, das Gras mähen, das Heu wenden, Fische fangen, trocknen und zu Stockfisch verarbeiten, das Boot durch jedes Wetter rudern, den schweren Torf stechen, schleppen und trocknen, um ihn als Brenn- oder Baustoff zu verwenden; und zu all dem werden die Kinder ebenso erbarmungslos herangezogen wie die Erwachsenen. Doch obgleich dies ohne Schonung geschieht, gibt es kein Anzeichen dafür, daß Kinder systematisch ausgebeutet und proletarisiert würden, wie das in den frühen Stadien der Industrialisierung ja nur allzu üblich war.

Daß gearbeitet werden muß, steht außer Frage. Trotzdem ist die Welt geordnet und transparent.[3] Sie ist in jedem ihrer Aspekte in der Tradition begründet, einem vernünftigen und verständlichen Satz unzweifelhafter Regeln und Deutungen. Entgegen der späteren Beurteilung enthält diese Welt sehr wenig Irrationalität, sondern ist durch und durch rational und realistisch. Was wirklich irrational ist, was der Verstand nicht begreifen kann, ist für alle gleich unbegreiflich, die in derselben Diskursgemeinschaft leben. Denn es ist eine gemeinschaftliche Welt, in der alle Bedeutungen Gemeingut sind. Man kann sie sich in ihrer Ganzheit, unfragmentiert, kognitiv aneignen, kann alles lernen, und alles Lernen ist mit subjektiv sinnhafter, das heißt gedeuteter Erfahrung verbunden. Die kognitive Aneignung der Wirklichkeit ist ein selbstverständliches, funktionales Gebot: Man muß schließlich verstehen, was man zu tun hat, muß sein Handeln in den Griff bekommen. In einer Subsistenzwirtschaft kann sich die Frage der kognitiven oder der Lernmotivation kaum stellen. Die *Relevanz* liegt allzu unmittelbar auf der Hand, so daß für Motivation nicht erst eigens gesorgt werden muß.

Der Arbeitsplatz, um den es geht, ist der Bauernhof mit drei Generationen, Großeltern, Eltern und Enkelkinder leben zusammen. Kinder sind zugleich Enkel, »Eltern« sind je nachdem Kinder, Eltern oder Großeltern. Das Verhaltensgeflecht eines Drei-Generationen-Systems gestattet nur sehr langsame Veränderungen. Die Macht der Tradition scheint an die Tatsache gebunden, daß Wissen fast generationsunabhängig vorhanden ist, da Wissenszuwächse vom Familiensystem als Ganzes aufgenommen und verarbeitet werden. Als Interpretationsapparatur ist die Drei-Generationen-Familie äußerst konservativ, sie funktioniert als ein Mittel der Assimilation von Wissen an eine vorhandene Sozialstruktur. Die kulturelle Reproduktion zielt auf Identitätswahrung, Wiederholung und Zitat sind bezeichnend für die geheiligte Autorität der stets allgegenwärtigen Vergangenheit. Für Innovation bietet ein solches System wenig Raum. Als Erziehungssystem hat es keine Pädagogik nötig, da jegliche Erziehung und direkte oder indirekte Belehrung praktisch, d. h. auf soziale Praxis und gemeinsame Erfahrung ausgerichtet ist.

Wissen entsteht aus Beteiligung, aus der Teilnahme an dem, was die Älteren tun. Interaktion mit Eltern, Geschwistern und Großeltern in Arbeit und Muße bestimmen die Erziehungspraxis. Wo Kinder von den zwei nächstälteren Generationen zusammen in einer nicht-arbeitsteiligen Familienumwelt aufgezogen werden, scheinen jene Bedingungen gegeben, die der Gesellschaft ein Minimum von Wandel und ein Maximum an Stabilität garantieren. Die Arbeitsteilung und die mit ihr verbundene *Trennung der Generationen* sind letztlich das, was das ganze geschlossene System aus dem Gleichgewicht bringen wird.

3.2 Das moderne System

Das moderne Gegenbild zu der obigen Beschreibung zu zeichnen, ist nicht schwer. Wenn erst die beginnende Arbeitsteilung und die Trennung der Generationen die »zyklische« Geschlossenheit und Stabilität des traditionellen Kodes aufbricht und statt dessen die »lineare« Metapher von Zuwachs, Wandel und Fortschritt bestimmend wird, entsteht das bekannte Bild, dessen Gegenteil eben beschrieben wurde. Die Modernisierung ist in Island noch nicht lange in Gang, wie anderweitig dargestellt (Björnsson/ Edelstein/Kreppner 1977). Von der »unsichtbaren Hand« geführt oder dem ehernen Gesetz des Bevölkerungs- und Wirtschaftswachstums folgend, wanderten die Menschen allmählich von den Höfen ab und versuchten sich mit der »modernen« Technik: Väter fanden Arbeit in Betrieben außerhalb des Familienlebens und Familienbesitzes. Mütter blieben als spezialisierte Arbeitskräfte für Haushalt und Kinderaufzucht zu Hause – analog dem Prozeß, den Kessen (1979) für die USA schildert. Später verlassen auch die Frauen das Haus, um einer anderen Arbeit nachzugehen. Das Kind bleibt allein übrig, zuerst in der Nähe seines Zuhauses, auf dem Spielplatz, auf der Straße, dann an einer besonderen Arbeitsstätte für Kinder, in der Schule. Es sieht nicht viel von dem, geschweige denn, daß es begreift, was der Vater tut. Arbeit wird abstrakt; die Transparenz von Wort und Arbeit geht unter in Begriffen, die keiner sinnlichen Erfahrung entsprechen. Der Herr des Hauses verschwindet allmorgendlich und kommt abends müde zurück. Am Monatsende kommt Geld auf ein Bankkonto, als geisterhaftes Gegenstück zu den im Herbst geschlachteten Lämmern, die einst das Weiterleben sicherten. Die Produktion ist ebenso abstrakt wie die Arbeit, der die Menschen nachgehen, so abstrakt wie das Produkt, das sie als Gegenwert abgeleisteter Arbeitsstunden, das heißt für Unbestimmtes aufgewandter Zeit und Mühe, in Geld erhalten (Furth 1980). Die Mutter sorgt für eine aus verstreuten mobilen Individuen bestehende Familie. Was hat es mit dem Handeln des Vaters zu tun, wenn sie einkaufen geht? Kennzeichen der alten bäuerlichen Familienwirtschaft waren Selbstgenügsamkeit und Transparenz des Handlungssystems, das alle Familienmitglieder aneinander und an einen gemeinsamen Zweck band. Die Arbeitsteilung läßt Absichten und Handlungen für das Kind undurchschaubar, für sein Denken unerreichbar werden, da das Handlungszentrum der Arbeit und die Vorgänge, in denen sie Sinn erhält, aus der Familie hinausgewandert sind in Interaktionen, die irgendwo zwischen Fremden stattfinden. Jegliche Produktion beruht nun auf der Interaktion zwischen abstrakten Elementen irgendwelcher Märkte. Die Arbeitskollegen des Vaters existieren jenseits des kindlichen Erfahrungsbereichs. Die Freundinnen der Mutter sind Wesen ohne Rollen. Kaum etwas von dem, was diese Leute sagen, hat einen klaren Sinn oder unmittelbaren Bezug zu einem greifbaren Handlungszusammenhang. Das Kind muß die verstreuten Elemente selbst zusammenfügen, um überhaupt zu einer sinnvollen Vorstellung von der sozialen Welt zu kommen. Grundlage für die kognitive Aneignung der sozialen Welt, ihrer Regeln und Bedeutungen ist nicht mehr die teilnehmende, sondern die *stellvertretende Erfahrung*, die sprachlich vermittelte Berührung mit den Handlungen und Erfahrungen anderer.

Erst zu diesem Zeitpunkt, in einer erst kurz zurückliegenden Phase der Sozialgeschichte, hat die als Adoleszenz bezeichnete Lebensform ihre bekannten Merkmale entwickelt. Als Leser von Sammelwerken über die Entwicklung von Kindern und das Verhalten Jugendlicher mag uns das befremden. Aber die Bauernkinder bildeten keine Peergruppen. Sie hatten ja besondere Beziehungen zu den Eltern und miteinander. Sie waren Geschwister oder Vettern und Basen. Erst nachdem die Familie in die Stadt gezogen war und abstrakte Beziehungen zu Kindern und Erwachsenen an die Stelle der früher allgegenwärtigen Familienbeziehungen getreten sind, erscheint die Jugend plötzlich als Masse, als Gleichaltrigengruppe (Bakan 1971). Eine neue Erziehungsmacht ist entstanden, die vielleicht stärker ist als jede andere gleichzeitig wirkende Kraft. Neuartige Regeln, die dem Handeln und den Absichten der Erwachsenen sowie ihren Vorstellungen von Sinn und Ordnung nicht entsprechen, bestimmen nun das Verhalten von Kindern in Gruppen in neuer Weise (Piaget 1932; Youniss 1980). Erwachsene und Jugendliche leben in getrennten Welten. Verhaltensregeln, die nur für Gleichaltrige gelten, werden geschaffen (Elkind 1970). Sie mögen den Regeln widersprechen, die Eltern für ihre Kinder entwickelt haben, aber die beiden Wirklichkeiten streifen sich nur, da die Art der Erwachsenen, mit der Welt umzugehen, so fern und abstrakt ist wie ihre Geschäfte.

Entgegen Piagets Auffassung (1932; s. a. Youniss 1980) wird in der Peergruppe die *Erfahrung der Ungleichheit* gemacht, Widersprüche werden hier gewaltsam und recht rücksichtslos ausgetragen. Einen nachdrücklichen ersten Eindruck vermittelt die Bekanntschaft mit dem durchschlagendsten und folgenreichsten Element der sich herausbildenden Sozialstruktur und wird sich an alle nachfolgenden Erfahrungen knüpfen: mit der *Tatsache sozialer Ungleichheit*, der Vereinnahmung der Person durch ein Schichtensystem, das sie sozial und zunehmend auch kognitiv (de)klassiert. Im traditionalen System war Ungleichheit an Funktionsrollen gebunden gewesen: ungleich war man als Mann oder Frau, Kind oder Erwachsener, stark oder schwach, als mehr oder weniger guter Reiter oder gewitzter Schafhirt. Nun aber entsteht allgegenwärtig und unerbittlich das System sozialer Schichtung als universelles Merkmal und Wahrzeichen aller modernen Gesellschaften (Luckmann/Berger 1964).

Die Arbeitsteilung in dichtbesiedelten Wohngebieten städtischen Charakters erfordert gliedernde Institutionen, ein rationales System zur Ordnung des Chaos, eine bürokratische Organisation, die ein geordnetes Vorrücken von einer Station zur nächsten gestattet. Für die Kinder stellen sich Ordnung und Ungleichheit in der *Schule* dar, die entsprechend dem Bedürfnis der Erwachsenen nach Berechenbarkeit institutionell nach Altersklassen eingeteilt ist. Ob die Schule eine legitime Funktion erfüllt (was sicher der Fall ist), läßt sich vom Erfahrungsbereich des Kindes aus nicht beurteilen, ganz im Gegensatz zu der Transparenz der Funktionen, die einst in der ländlichen Subsistenzwirtschaft die Aufgaben der Kinder bestimmten. In jenem System waren die Funktionen so gewesen, daß sie sich kindlicher Beurteilung schon sehr früh erschlossen. Die Schule nun ist zwar anscheinend zum Erwachsenwerden nötig, die Gründe dafür sind freilich schwer einzusehen. Die sich einst aus dem funktionalen Curriculum situationsabhängiger Arbeitsaufgaben ergebende Notwendigkeit, daß das Kind lernt und der Erwachsene lehrt, wird durch die Institutionalisierung des Unterrichts ersetzt: ohne Rücksicht auf Bedürfnisse werden alle zusammen in einem vorgegebenen, formalen Curriculum unterrichtet. Fremde Intentionen und Handlungen anderer geben einen zunehmend unbestimmten Hintergrund für die Regeln ab, denen das Kind gehorchen soll. Abstrakte Zeichen, die etwas zuvor Unbekanntes bedeuten, sollen in irgendeiner Ordnung kognitiver Anforderungen, von der Erfolg und Anerkennung abhängen, in unpersönlicher Weise gelernt werden. Gelernt wird folglich nicht mehr aus einem Bedürfnis nach Wissen heraus, das in den Interaktionserfahrungen des Kindes mit Natur und sozialer Umwelt begründet ist.

Und daraus ergibt sich wiederum Entfremdung zwischen Eltern und Kindern. Denn das Schulleben des Kindes gewinnt eine eigene Wirklichkeit, die dem Erwachsenenleben fernliegt und für die Eltern undurchschaubar, ja ob der gänzlichen Abgehobenheit von ihrem eigenen alltäglichen Tun oft ganz unverständlich ist. Die spezifisch schulbedingten Formen der Bildung von Gleichaltrigengruppen schaffen neue Bedürfnisse, die Jugend und Erwachsenenleben noch mehr voneinander trennen. Kurz, Arbeitsteilung, Generationentrennung und das Auseinandertreten verselbständigter Funktionen führen zu einer grundlegenden Umgestaltung des ganzen Lebens und des gesamten Bestandes kognitiver Regeln, die die Interaktionen unter den Jugendlichen und zwischen Eltern und Kindern leiten.

Zwischenbemerkung über den Sinn idealtypischer Darstellung
An dieser Stelle scheint eine Bemerkung über den Sinn idealtypischer Beschreibung am Platze: sie verfolgt den heuristischen Zweck einer Rekonstruktion der in bestimmten Sozialordnungen herrschenden Funktionsbeziehungen. Idealtypen haben nach Weber (1968) einen methodologischen Sinn, sie enthalten keine Bewertung. Es gibt viele böse Aspekte traditionaler Lebenswelten, die hier samt ihren wohlbekannten kognitiven Folgen unberücksichtigt geblieben sind: Armut und Leiden, Arbeitsfron und grassierender Hunger, Krankheit und Tod. Sie zu übergehen, ist nur deshalb gerechtfertigt, weil die Armut und ihre Folgen für Leben und

Mentalität der Betroffenen in der historischen, ethnographischen und soziologischen Literatur ausgiebig behandelt worden sind. Ebenso unberücksichtigt bleiben die wirklichen Segnungen des Fortschritts, die grundlegenden Änderungen in der Struktur der Lebenschancen und die Befreiung, die all jene erlebten, für die schließlich individueller Erfolg an die Stelle des Schicksals trat. Die obige Darstellung soll weder die Schattenseiten der traditionalen Gesellschaft beschönigen, noch die Emanzipationsleistung der Moderne herabsetzen. Vielmehr soll sie es uns gestatten, hervorstechende kognitive Funktionsmerkmale von Gesellschaften und ihre Veränderung in plausibler Form zu rekonstruieren. Die Beziehungen zwischen Charakter und Sozialstruktur aufzuklären, ist seit Durkheim eines der Hauptanliegen der Soziologie (vgl. z. B. Gerth/Mills 1953; Parsons 1964; die Frankfurter Schule der kritischen Soziologie mit Horkheimer 1936; Fromm 1936, 1941; Marcuse 1955/1965, 1964/1970). Insbesondere die Frankfurter Schule, aber auch Parsons und die ältere Sozialisationsforschung (z. B. Miller/Swanson 1958), gingen bei diesem Versuch von der Freudschen Triebtheorie und den Triebschicksalen im Zusammenhang von Identifizierungs- und Identitätsbildungsprozessen aus. Ohne diese Tradition verleugnen zu wollen, konzentriert sich der vorliegende Versuch auf *Kognition* und Sozialstruktur als einen anderen und bisher zu wenig beachteten Aspekt des Verhältnisses von Sozialstruktur und Persönlichkeit. Forschungen zur kognitiven Performanz in unterschiedlichen Kulturen, ökologischen Umwelten und Sozialschichten haben einen heftigen Streit um die Berechtigung des kognitiven Universalismus in der Nachfolge Piagets ausgelöst (vgl. z. B. Berry/Dasen 1974; Cole u. a. 1971; Cole/Scribner 1974; Price-Williams 1969; Hollos 1974; Hollos/Cowan 1973; Thorlindsson 1978; Almy u. a. 1966; Golden/Birns 1968; Edelstein/Keller/Wahlen 1981). Die meisten Autoren interpretieren die Performanzunterschiede eher im Sinne einer Kritik der Universalismushypothese und ordnen Performanzdifferenziale in eine Konzeption individuell (oder kulturell) bedingter Intelligenzunterschiede ein. In anderen Beiträgen werden die Unterschiede dagegen im Rahmen einer universalistischen Kompetenztheorie als Folge unterschiedlicher Performanzbedingungen verstanden (Cole u. a. 1971; Edelstein 1975; Edelstein u. a. 1981; Goodnow 1962, 1969; Greenfield 1966; Hollos 1974). Nur sehr wenige Autoren betrachten Unterschiede der kognitiven Performanz unter dem Gesichtspunkt der gesellschaftlichen Entwicklung (vgl. Buck-Morss 1975; kritisch Buss 1977, aus marxistischer Sicht).

In der letztgenannten Sicht scheint uns die kognitive Struktur der traditionalen Gesellschaft die konkreten Operationen funktionaler Beziehungen und jene symbolische Semantik darzustellen, aus der wir noch immer in alltäglichen Interaktionen Sinn gewinnen. In entwicklungsgeschichtlicher Sicht treten mit der modernen Gesellschaft aber auch Wandel, Konkurrenz und Abstraktion auf den Plan und destabilisieren zwangsläufig die funktionalen, motivationalen und kognitiven Grundlagen.

Gegenüber dieser Destabilisierung zeichnen die in früheren Phasen der historischen Entwicklung entstandenen und stabil gewordenen Grundkompetenzen immer weniger aus. Das Auseinandertreten der zuvor prozessual miteinander verwobenen Praxisbereiche *Produktion, Erziehung und kulturelle Reproduktion* setzt starke und widersprüchliche Kräfte frei, die das Verhältnis von Psychologie und Gesellschaft grundlegend verändern und tatsächlich eine neuartige Kultur mit einer neuartigen Kindheit entstehen lassen. Zwei Faktoren des Wandels sind von entscheidender Bedeutung: Die Universalisierung sozialer Schichtungsprozesse und die Institutionalisierung des schulischen Lernens für alle.

3.3 Ungleichheit und Schule

Obgleich es auch unter den Bauern der Subsistenzwirtschaft Unterschiede in Besitz, Ansehen und Talent gab, war ihre Kultur grundlegend egalitär, wie an anderer Stelle dargelegt (Björnsson/Edelstein/Kreppner 1977). Mit dem Einsetzen der Industrialisierung läßt sich in Island wie auch sonst überall, aber doch vielleicht mit besonderer Deutlichkeit beobachten, wie das moderne System sozialer Ungleichheit seine Klassendynamik bis in die persönlichsten Bereiche des Denkens und Handelns hinein zur Geltung bringt (Luckmann/Berger 1964). Unbeeinträchtigt durch ältere Kasten- oder Standestraditionen und auch ohne irgendeinen durch Rassen-, Glaubens- oder Sprachunterschiede vorbereiteten Boden zu finden, trotz tief verwurzelter egalitärer Einstellungen, vorhandener demokratischer Institutionen und eines offenen und weitgehend nicht-selektiv angelegten Schulsystems bildete sich in weniger als zwei Generationen ein System ausgeprägter sozialer Schichtung heraus. Die soziale Schicht liefert den stärksten Beitrag zur Aufklärung von Intelligenzunterschieden bei Schülern; sie hat den größten prognostischen Wert und klärt am meisten Varianz auf. Sie erklärt auch die systematischen und signifikanten Mittelwert-Unterschiede auf fast allen Dimensionen gemessener Kompetenz bei Stadtkindern. Dabei sind die Großeltern dieser Kinder meist noch unter traditionellen Bedingungen auf dem Bauernhof geboren, und ihre Eltern bestreiten heute noch, daß es überhaupt Klassen- oder Schichtunterschiede gibt (Broddason/Webb 1975; Bjarnason 1974). Es ist verblüffend, wie sich soziale Struktur und individuelle Merkmale entsprechen: Ob man

Indikatoren für Intelligenz, Operationalität, sozial-kognitive Kompetenz, Schulleistung oder psychische Gesundheit heranzieht – stets tritt in deprimierender Gleichmäßigkeit die Korrelation mit der sozialen Schicht zutage. Zwischen Schichtzugehörigkeit, Intelligenz und Schulleistung dürften sich nirgends höhere Korrelationen finden, und dies, obgleich es erst seit kurzem überhaupt Schichten gibt, obgleich man sich ihrer noch nicht bewußt ist, obgleich das Schulsystem (wie auch viele Lehrer) ausgesprochen selektionsfeindlich eingestellt ist. Wie in klinischen Intensivinterviews ermittelt, sind die mütterlichen Erziehungsstile je nach Schicht grundlegend und in herzzerreißender Art verschieden, obgleich die Mütter die Existenz eines Systems sozialer Schichtung anscheinend nicht einmal wahrnehmen (Björnsson/Edelstein/Kreppner 1977). Durchgehend zeigen die psychologischen Befunde ein konsistentes Muster, das nichts anderes ist als das Spiegelbild des entstehenden Klassensystems. In der Auswirkung auf die Intergenerationenmobilität konvergieren die beiden Faktoren des Wandels, nämlich die Dynamik sozialer Ungleichheit und das Schulsystem, und der Zeitpunkt dieser Konvergenz läßt sich geradezu am Datenmaterial ablesen. Bis in die sechziger Jahre scheint die schulische Differenzierung kognitiver Kompetenzen eher die Effekte der sozialen Schichtung als das Selektionsverhalten der Schule zu spiegeln. Im folgenden Jahrzehnt aber wird auch ein Beitrag der Schule zum Schichtungsprozeß nachweisbar (Thorlindsson/Björnsson 1979). Die isländische Gesellschaft hat nunmehr ihre eigene Version des universell verbreiteten Systems der Chancenzuteilung über die kognitiven Leistungsanforderungen der Schule ausgebildet.

Da das Datenmaterial an anderer Stelle ausführlich dargestellt wurde (Björnsson/Edelstein/Kreppner 1977), gehen wir hier nicht näher darauf ein, obgleich es zu weiteren Spekulationen über den evolutionären Wandel in der soziokognitiven Entwicklung des Menschen geradezu einlädt. Wiederum sind nicht die Befunde selbst, die im wesentlichen analogen Befunden aus anderen Gesellschaften entsprechen, das eigentlich Interessante. Interessant ist vielmehr die Tatsache, daß sich eine solche Parallelität trotz der historischen Besonderheit dieses Gesellschaftssystems durchsetzt. Gewiß verlockt den Sozialwissenschaftler gerade die Besonderheit dieses Systems wegen der Aussicht, über sie Zugang zu gewissen grundlegenden Mechanismen der Differenzierung zu finden; aber die wichtigste Erkenntnis bleibt doch die *Universalität* dieser Befunde und betrifft die aus allen stratifizierten Gesellschaften wohlbekannten Prozesse sozialer Schichtung und ihrer Auswirkungen auf die institutionalisierten Bildungsprozesse.

Der Kreis hat sich fast geschlossen. Ausgangspunkt waren die Rolle der Psychologie und der problematische Geltungsanspruch, den sie für eine Anwendung ihrer Befunde nach dem Muster der Technik erhebt. Insbesondere ging es dabei um die Behauptung, die Psychologie sei dazu in der Lage, gruppenspezifische schulische Begabungsdifferentiale oder -defizite zu beheben, abzumildern oder zu kompensieren. Daß sie in dieser Hinsicht gescheitert ist, hat die Psychologie im abgelaufenen Jahrzehnt eingestehen müssen. Gerade dieser Fehlschlag hat viele Psychologen und insbesondere Erziehungspsychologen veranlaßt, der Theorie Piagets erhöhte Aufmerksamkeit zu schenken (vgl. Bruner 1960). Dieses wenn auch nur zeitweilige Interesse zeigt beispielhaft, wie soziale Prozesse das Verhältnis der Psychologie zur Gesellschaft beeinflussen. Es stellt die Reaktion auf ein universell mit der industriegesellschaftlichen Entwicklung verbundenes Problem dar, das sich unabhängig von spezifischen Umweltbedingungen und lokalen Besonderheiten einzelner Bildungssysteme erhebt, weil es nichts anderes ist als ein Teil des Unterschieds zwischen den beiden beschriebenen Welten des Kindes. Da das Verhältnis des Kindes zur traditionalen Sozialordnung nicht durch den individuellen kognitiven Erfolg bestimmt wurde, stellte sich auch das Problem des affektiven Motivationsverlustes nicht. Da das kognitive Curriculum in all seinen Ziel- und Zwecksetzungen funktional war und sich fast vollständig aus der Lebenswelt des lernenden Individuums ergab, hieß lernen kaum etwas anderes als leben. In bezeichnendem Gegensatz dazu ist das kognitive Curriculum, mit dem die modernen Gesellschaften das Kind konfrontieren, abstrakt und von seiner Lebenswelt fast gänzlich abgelöst. Lernen heißt damit etwas grundlegend anderes als leben. Oder, wenn man die überragende Bedeutung kognitiver Schulleistung bedenkt: das Leben wird zunehmend vom Lernen bestimmt. Einige Kostproben von dem, was die kognitive Organisation der verschulten Kindheit substantiell bedeutet, werden das verdeutlichen.

4. Explizit statt implizit lernen

Das oben konstruierte Modell der traditionalen Welt zeigt, wie die Gesellschaft das Lernen und die kognitive Anpassung organisiert, gemeinsames Wissen speichert und abruft und dafür sorgt, daß Bedeutungen, Regeln und Interpretationen Gemeingut werden. In dieser Hinsicht funktionierte die traditionale Gesellschaft offenbar vorzüglich. Der Schlüssel dafür liegt in der funktionalen Stabilität des Verhältnisses von Arbeiten und Reden, von Handlung und Interpretation, in der Transparenz oder Selbst-Verständlichkeit der in sich geschlossenen Welt.

Die Selbstverständlichkeit beruht auf der unzweifelhaften Gültigkeit der unmittelbaren Lebenserfahrung; und im motivationalen Bereich bedeutet das, daß es keinen Zweifel daran geben kann, wie wichtig es ist zu verstehen, was man selber – und genauso jeder andere – tut und warum.

Der Gegensatz zur kognitiven Struktur der nach-traditionalen Gesellschaft ist in der Tat denkbar krass. Wandel, Fortschritt, Wachstum und Innovation, die Leitmotive der Industriegesellschaft, haben die soziale Struktur des Wissens verändert. Das Wissen wächst, ändert und erneuert sich ständig. Seiner Struktur nach ist es formal, relational und generativ. Die Rolle der unzweifelhaften Relevanz und generationenumspannenden Gewißheit der Bedeutungen bei der Festigung des Wissens übernehmen nun Zweifel und Kritik. Während die frühere kognitive Organisation die konkreten Operationen funktionaler Beziehungen widerspiegelte, scheinen für die sich neu herausbildende Organisationsform eher hypothetische, potentielle und abstrakte Beziehungen höherer Ordnung kennzeichnend.

Man könnte einwenden, diese kognitiven Strukturmerkmale seien durchaus nicht neu, Erkenntnis sei schon immer etwas gewesen, das auf Wachstum, Wandel und die Erzeugung weiterer Wissens angelegt ist. Das trifft zu, doch hatte ein solches »formal-operational« strukturiertes Denken seine soziale Basis nur in einer geistigen Elite, bei einzelnen Denkern und Spezialisten der Problemlösung, die ihre Denkkünste in Abgeschiedenheit von den gemeinschaftlichen, durch die funktionale Stabilität traditionaler Lebenswelten bestimmten Strukturen praktizierten.

Demgegenüber sind in der nach-traditionalen Gesellschaft Abstraktion und Formalisierung, Anwendung von Transformationsregeln und hypothetisches Denken auch für die kollektiv-gesellschaftlichen Strukturen der Kognition kennzeichnend. So sind aus marxistischer Sicht die grundlegenden Beziehungen in kapitalistischen Industriestaaten formal und abstrakt aufgrund ihrer Bedingtheit durch die Abstraktion des Warenaustauschs, die alle Beziehungen zwischen Menschen ebenso wie die Beziehungen zwischen den Menschen und den Gegenständen der Natur wie der Kultur durchdringt (Marx 1867/1972; Marcuse 1964). In der Sicht Webers (1922) fallen alle Beziehungen der Menschen untereinander und zur Natur der bürokratischen Rationalisierung zum Opfer, der entzaubernden Macht der gesellschaftlichen Organisation zweckrationaler Herrschaft über alle naturwüchsigen Ordnungen.

In der nach-traditionalen Gesellschaft hat das Wachstums-, Wandlungs- und Erneuerungsprinzip der kognitiven Behandlung der Welt tatsächlich auch in einer eigenen Lerneinrichtung für alle Gestalt gewonnen, nämlich in der *kulturellen Erfindung des modernen Schulwesens* zum Zwecke der Universalisierung formaler Bildung. Die Institution Schule ist als Reaktion auf das Auseinanderfallen zuvor integrierter Funktionen und auf das Schwinden der dazugehörigen Transparenz zu verstehen. Als spezialisierte Lerneinrichtung für die nach-traditionale Gesellschaft dient sie nicht der Vermittlung unmittelbarer, sondern *stellvertretender* Erfahrung. Zur stellvertretenden Erfahrung, deren Gültigkeit grundsätzlich durch formale Verfahren gesichert wird, gehört das Universalitätsprinzip. Im wesentlichen tritt dieses nun an die Stelle partikularer, auf unmittelbarer Erfahrung beruhender Anpassungen an eine partikulare Kultur.

Es sei nochmals an den methodologischen Sinn des Idealtypus erinnert. Das Prinzip universeller Erziehung und allgemeiner Schulbildung ist nicht mit dem empirischen Bestehen von Schulen zu verwechseln, wie es sie auch in früheren Jahrhunderten gab. Diese Schulen haben lediglich das semantische Etikett mit dem abstrakten Prinzip gemein, das sich in der heutigen Schule verkörpert. Sinn unseres Idealtyps ist es, den Unterschied zwischen dem implizit durch Teilnahme erfolgenden und dem explizit in einer eigens dafür geschaffenen Einrichtung veranstalteten Wissenserwerb herauszuarbeiten. Das moderne Schulwesen ist der funktionsspezifische Apparat, in dem das Wissen *explizit* erworben werden soll. Dabei ist Wissen nicht mehr die abgerundete kognitive Repräsentation der in sich geschlossenen sinnhaften Welt, sondern seinem Wesen nach eine Auswahl stellvertretend vorab geordneter Bedeutungsmengen – eine Auswahl, die im Hinblick auf ihre Funktionalität für das Erlernen von Systemen höherer Ordnung getroffen ist. So wird Zahlenrechnen im Hinblick auf die höhere Mathematik gelernt, werden Texte gelesen, um die Fähigkeit zum Umgang mit Literatur zu entwickeln. Die unmittelbare Erfahrung wird in ihrer Grundfunktion für das Lernen ersetzt durch eine stellvertretende Erfahrung, die zu einem Weiterlernen auf höheren Stufen der stellvertretenden Erfahrung befähigen soll: das Operieren im Konkreten durch das Operieren mit Operationen. Die zu erlernenden Regeln sollen neue Bedeutungen gedanklicher Art erst hervorbringen. An die Stelle der kognitiven Ordnung konkreter Erfahrung tritt eine Ordnung rekursiver kognitiver Programme: gelernt wird das Lernen, Strukturen und Paradigmen, Regeln und Muster, Problemlösungsstrategien usw. – all das im Dienste in der Zukunft liegender, abstrakter und noch unbestimmter Funktionen.

Gewiß ist diese Beschreibung grob und unzulänglich. Sie stimmt auf der einen Seite deshalb nicht ganz, weil sich empirisch in der Schulpraxis ältere mit neuen Lernformen mischen. Die idealtypische Trennung zwischen den verschiedenen Formen des Wissenserwerbs fällt in der Praxis nicht so sauber aus. Auf der anderen Seite stimmt die Darstellung insofern nicht, als das institutionalisierte System abstrakten Wissenserwerbs nicht so recht funktioniert. In dem für die Schulerfahrung so bezeichnenden Ausmaß von Motivationsverlust, Langeweile und Entfremdung wird sein Versagen deutlich.

5. Die Widersprüche der Schule und das Motivationsproblem

Im vorigen Abschnitt wurde im Anschluß an Weber (1922) der Übergang zur modernen Gesellschaft als Traditionsverlust und zunehmende bürokratische Rationalisierung der Lebensführung gekennzeichnet. In den drei wichtigen Praxisbereichen Arbeit, Sozialisation und kulturelle Reproduktion bedeutet die Rationalisierung des Lebens Auseinanderfallen von Handlung und Sinn und das Verschwinden jener Transparenz, die Erfahrung einst kennzeichnete. Während die traditionale Ordnung der Arbeit, Lebensführung und Autoritätsausübung nach Weber durch die Selbstverständlichkeit außer Frage stehender Ziele gekennzeichnet ist, erzwingt die moderne Ordnung eine rationale Wahl der Ziele ebenso wie der zweckerreichenden Mittel. An die Stelle naturgegebener Selbstverständlichkeit subjektiv sinnvollen Handelns tritt die Notwendigkeit rationaler Verknüpfung von Zielen und Mitteln, rationaler Planausführung und einer Verhaltensregulierung nach Maßgabe des Verhältnisses von Ziel und Mittel. Die berechnende Rationalität dieses Verhältnisses beherrscht in Form abstrakter Operationen, Planungen, formaler Entscheidungen und ihrer ständigen Überprüfung zunehmend die Lebensführung. Erschien die Motivation in traditionalen Gesellschaften an ein Handeln in einem natürlich-selbstverständlichen Ordnungszusammenhang gebunden, der für die Erfahrung und ihre Interpretation zugleich sorgte, so muß in der nach-traditionalen Gesellschaft Motivation antizipatorisch aus der Aussicht auf planmäßig herbeigeführten Handlungserfolg bezogen werden. Die rationale Orientierung selbst, der erfolgreich zielstrebige Einsatz von Mitteln, nährt also die Motivation. Mit anderen Worten: Da Motivation an die Fähigkeit zur subjektiven Sinngebung für das Handeln gebunden ist, hängt sie unter den Bedingungen bürokratischer Verhaltensrationalität von der Erfolgsbewertung ab, da der Erfolg entscheidet, ob die Mittel rational auf die Ziele bezogen waren. Deshalb bestimmt sich auf der subjektiven Ebene Kompetenz als die Fähigkeit, Zielen die geeigneten Mittel zuzuordnen. Und Kompetenz gewinnt folglich zentrale Bedeutung für den Motivationshaushalt, da sie internal ebenso für das Gelingen der eigenen Ziel-Mittel-Konstruktionen steht wie für die externale Erfolgsbestätigung, die sich daran knüpft.

Die Dialektik der Rationalität erzeugt einen verwirrenden Widerspruch: Indem die Rationalität die objektiven Strukturen der Sozialbeziehungen – wie Weber zeigt, von Mensch und Arbeit wie von Mensch zu Mensch – zunehmend verändert, unterwirft sie sich zugleich immer mehr die ganze Person. Die rationale Planung der Lebensführung, die den einzelnen von der Last undurchschaubarer Traditionen befreite, determiniert schließlich total und unwiderruflich seinen gesamten Lebensraum und nimmt ihm damit genau die Freiheit wieder, die ihm die Rationalität zunächst verschafft hat. Die auf Kompetenz beruhende

Selbstbestimmung verschwindet in der Selbsteinschätzung nach Maßgabe rationaler Erfolgskriterien, wobei diese Einschätzung zunehmend durch Vergleich und Konkurrenz bestimmt wird, da zur Rationalisierung die Selektion nach rationalen Standards gehört. So schafft die Abstraktheit der Beziehungen zusammen mit der formalen Gleichheit aller vor dem Gesetz, am Markt und in der Schule notwendigerweise ein System materialer Ungleichheit, und ihm dient der soziale Bewertungsapparat, dem die einzelnen mit ihren ungleichen Fähigkeiten zur Bewältigung der an sie gestellten Anforderungen unterliegen.

Angesichts dieser Entwicklungsdynamik ist der Schule eine unlösbare Aufgabe gestellt: Sie soll das Lernen organisieren – also ihren Schülern das erforderliche Maß an Wissen und Rationalität vermitteln – und zugleich die Leistungsbewertung im Dienste der sozialen Ungleichheit. Und beides soll sie leisten, obgleich die einstigen Motivationsgrundlagen der Teilnahme, unmittelbaren Erfahrung und Selbstverständlichkeit entfallen sind.

Auf die bürokratische Organisation des Lernens in der Schule kann hier nicht näher eingegangen werden. Sarason (1971) zeigt in seiner Analyse der Absichten und Verhaltensweisen, die in der schulischen Routine und institutionellen Organisation vorherrschen, wie Zeitstruktur, Lern- und Unterrichtsinhalte, Rollen, Leben und Interaktionen der Beteiligten letztlich nur nach den Normen bürokratischer Rationalität administrativ zurechtgehauen werden. Taylorisierte Stundenpläne, fragmentierte Curricula, schematisierte Interaktionen, Jahrgangsklassen, Leistungsbewertung nach Konkurrenzgesichtspunkten und abstrakte, in die Ferne gerückte Zielsetzungen bestimmen das Funktionieren eines Systems, das dennoch, wenn es überhaupt funktionieren soll, auf eine Reihe ganz vergessener Faktoren angewiesen bleibt; auf das Streben nach Kompetenz, auf Identifizierung mit der Zielstruktur und auf Wißbegier – kurz: darauf, daß den Lerngegenständen und -prozessen ein subjektiver Sinn zugemessen wird.

In den letzten Jahrzehnten ist in einer Bibliotheken füllenden Literatur mehr oder weniger plausibel beschrieben worden, wie die Schule Entfremdung bewirkt. Zugleich wurde versucht, mit Schulreformen den Widerspruch im Schulsystem zu bekämpfen. Organisatorische Reformen sollten Strukturen und Funktionen der Schule mehr oder weniger grundlegend verändern und neue Prozesse und Verfahrensweisen in Gang bringen. Aber aufgrund ihrer Selektionsfunktion verteilen die Schulen weiterhin Lebens-chancen nach Maßgabe des Schulerfolgs, d. h. gemäß den je unter-schiedlichen kognitiven Fähigkeiten und Leistungen. Die weitver-breitete Schulverdrossenheit ist nicht auf das Grundproblem zurückgeführt worden, nämlich auf die Art von Erfahrung, die sich mit dem schulischen Wissenserwerb verbindet – auf die Hin-terlassenschaft des Übergangsprozesses, der Thema des vorliegen-den Beitrags ist.

6. Kognitivistische Entwicklungstheorie, stellvertretende Erfahrung und die Frage der Motivation

Die Schulverdrossenheit beruht auf dem Motivationsverlust, die Motivation aber beruhte darauf, daß die kognitiven Interpretatio-nen der Welt als selbstverständlich oder sinnvoll erlebt wurden, da sie sich aus der Teilnahme an Handeln und Interaktion erga-ben. Der Motivationsmangel tritt unter vielerlei Namen auf, bald subjektivistisch, bald objektivistisch gefärbt: als Langeweile, Des-interesse, Rückzug, Entfremdung, Anomie, »Spielball« – statt »Spieler«-Verhalten, Mangel an Engagement, Passivität, Apathie, Ohnmacht. Als strukturell einheitlich erschließt sich all das vom Sinnbegriff her, von der Fähigkeit, der Erfahrung Sinn abzuge-winnen. Der Begriff »Sinnlosigkeit« bezieht sich so auf das Aus-einanderfallen von Sinn und erlebter Erfahrung. Der Motivations-verlust spiegelt die Erfahrung der Sinnlosigkeit des Lernens unter den Bedingungen und in den Institutionen, die eine bürokratisch-rationale Gesellschaft für Kinder und Jugendliche einrichtet. Ein Lernen, mit dem sich keine wahrnehmbaren Erlebnismöglichkei-ten verbinden, wird als sinnlos erlebt (Brophy 1970). Dem Lern-prozeß scheinen nur solche Lerner Sinn abgewinnen zu können, die im wesentlichen kein unmittelbares Erleben brauchen und imstande sind, die abstrakten Zweck-Mittel-Bezüge im Lernen unter Konkurrenzbedingungen für spätere Ziele zu erfassen. Die soziokognitive Ökonomie der abstrakten Beziehungen verlangt im Gegensatz zu den konkreten Operationen unmittelbarer funk-tionaler Realitätserfahrung, daß der Lernende sich instrumentell von unmittelbar erlebtem Sinn distanziert im Interesse rational definierter Zwecke, denen das jeweilige Lernen dient: einer späteren Fachkompetenz, späterer Konkurrenzvorteile am Arbeitsmarkt, späterer beruflicher Vorteile usw.

Mit diesen Überlegungen sind wir schon mitten in der Theorie der kognitiven Entwicklung und ihrer motivationalen Korrelate. Als kognitivistisch-entwicklungspsychologischen Konstrukt hat Motivation mit dem Entdeckungs- und Konstruktionsbedürfnis zu tun, mit dem Bedürfnis, Dingen und Ereignissen einen Sinn abzugewinnen. Dieses Bedürfnis kann, wie gezeigt, nicht mehr durch unmittelbares Erleben erfüllt werden. Dennoch hängt die Entwicklung von der Erfüllung dieses Bedürfnisses ab. Da die Schule zunehmend das Mittel zur Organisation und Förderung der kognitiven Entwicklung darstellt, muß sie Wege finden, das Bedürfnis zu befriedigen. Die moderne Schule ist, anders als die auf dem Erleben beruhenden kognitiven Sozialisationsprozesse traditionaler Gesellschaften, auf stellvertretende Erfahrung als Grundlage kognitiver Aktivität angewiesen. Zwar könnte eine entwicklungspsychologisch aufgeklärte Unterrichtstheorie in der Lage sein, Anreize und Prozesse zu entwerfen, die als Entwicklungsbedingungen die Rolle der unmittelbaren Erfahrung übernehmen könnten, doch stehen bürokratische Organisation und Leistungskonkurrenz einer Umsetzung in die Praxis im Wege. Unter der Last dieses Widerspruchs droht die Erfahrung der Schule – für die Schulversager ohnehin, aber sogar auch für die erfolgreichen Schüler – zum Entwicklungshindernis zu werden. Da sich indessen in der modernen Gesellschaft die Familie als unzureichende Agentur für die kognitive Sozialisation erwiesen hat, ist keine Alternative zur Schule in Sicht, um dem einzelnen zur ständigen Rekonstruktion seines Denkens zu verhelfen. Die Fähigkeit zur Verarbeitung abstrakten und relationalen Wissens ist in der rationalen Welt, in der das Erfassen abstrakter Beziehungen als Steuerungsmittel für das individuelle Handeln an die Stelle der unmittelbaren Umwelterfahrung getreten ist, überlebensnotwendig geworden als Voraussetzung für die Regulierung des Handelns und die Bewältigung von Widersprüchen und Konflikten. Die Fähigkeit zur bewußten Ordnung abstrakter und relationaler Information wird in einer Welt abstrakter Beziehungen zum funktionalen Äquivalent des für die traditionalen Gesellschaften kennzeichnenden kognitiven Operierens mit konkreter Erfahrung. Entschulung ist nur ein romantischer Traum. Da wir aber zu begreifen beginnen, daß Sinnentleerung entweder zu Apathie oder zum Aufstand führt, wird die Wiedergewinnung von Sinn und Motivation zum Kernproblem für den Versuch, neue Sozialisations- und Lernprozesse zu entwerfen. Sinn und Motivation sind an Handeln gebunden, und wenn die Lernenden sich die Lernprozesse nicht als subjektiv sinnvolles (kognitives) Handeln zu eigen machen können, wird die Schul-, Lern- und Erziehungsverdrossenheit weiterhin nicht nur der zunehmend *kognitiv* akzentuierten Sozialisation, sondern auch der Integration der Generationen in der Gesellschaft im Wege stehen. Das bezeugen die Jugendunruhen und die beobachtbaren Verweigerungstendenzen ebenso wie eine breite soziologische Literatur.

Wie kann organisiertes und schulisch institutionalisiertes Lernen zur subjektiv sinnvollen Erfahrung werden? Um eine mögliche Antwort anzudeuten, nehmen wir auf Piagets Definition des Lernens Bezug. Nach Piaget ist Lernen die intentionale Konstruktion von Erkenntnis durch Handeln in der Welt. Dieses Handeln steht im Zusammenhang einer motivationserzeugenden Äquilibrationsdynamik, die kognitive Problemlösungen in Assimilations- und Akkommodationsprozessen reguliert. Kompetenz bedeutet für Piaget, imstande zu sein, aus dem Einwirken auf die Welt Sinn zu erzeugen, mit Dingen und Ereignissen in konsistenter und konstruktiver Weise umzugehen. Die Disposition oder der Wunsch zur Anwendung dieses Vermögens ist als Kompetenzmotivation bezeichnet worden (White 1959). Palmer (1970) fügt diesem kognitivistisch-entwicklungspsychologischen Entwicklungsbegriff einen interessanten Aspekt hinzu. Er hält die für solche Äquilibrationsprozesse erforderliche Ausdauer in Problemlösungssituationen für abhängig davon, inwieweit *Vertrauen* vorhanden ist. Zuviel Vertrauen führt zum vorzeitigen Abbruch der Bemühungen, zu wenig Vertrauen zu redundanten Suchstrategien. Dieses Vertrauen könnte sich als funktionales Äquivalent für jene Selbstverständlichkeit eignen, die in der vormodernen kognitiven Organisation die Motivation lieferte. Es setzt an die Stelle der Gewißheiten, die die Teilnahme an der traditionalen Ordnung bot, die subjektive Erfolgsgewißheit bei der Bearbeitung von Aufgaben in der Art lösbarer Probleme.

Mehrere Gesichtspunkte sind hier zu beachten. Der kognitive Konstruktionsprozeß hängt, idealisiert dargestellt, von autonomem, selbstgesteuertem Handeln ab, einem Suchverhalten, das Assimilation an die Struktur der früheren Erfahrung ebenso wie

Akkommodation dieser Struktur an die Wirklichkeit in einem ständigen Äquilibrationsprozeß umfaßt.

Die Qualität des kognitiven Handelns in diesem Äquilibrationsprozeß hängt vom Selbstvertrauen des einzelnen ab. Dieses wiederum ergibt sich aus der Äquilibrationsgeschichte des Lernenden und aus seiner Konfliktlösungserfahrung. So hängt das Selbstvertrauen seinerseits von der subjektiven Sinnhaftigkeit früheren kognitiven Handelns ab, während der subjektive Sinn – zumindest teilweise – davon abhängt, inwieweit dem Lernenden in seinem Konstruktionsprozeß Autonomie gewährt wird, welchen Spielraum er bei der Behandlung von Konflikten und beim Ausprobieren von Lösungsalternativen hat. Mit anderen Worten: Die Motiviertheit des Lernprozesses spiegelt eine aktive Re-Konstruktion von Erfahrung wider.

Eine Analyse des kognitiven Konstruktionsprozesses und der Äquilibration kognitiver Strukturen im Sinne Piagets scheint zunächst weitab von den Strukturen schulischen Lernens zu liegen. Wenn indessen wirklich das Auseinanderfallen von Erkenntnis und Erfahrung, von Wissenserwerb und subjektiv sinnvollem Handeln einen Einfluß auf die Motivationsgrundlagen für das Lernen und Wissenwollen hat, dann dürfte unter solchen Bedingungen die Kompetenzmotivation einer Leistungsmotivation weichen, die von der Angst zu versagen und von äußeren Erfolgsbeurteilungen genährt wird. Wissen verwandelt sich in einen abstrakten Tauschwert als Ware für einen Markt, auf dem Zukunftsaussichten und Lebenschancen gegen Zeugnisnoten gehandelt werden. Je weniger das Lernen auf gültigem Wissen beruhen kann und auf der Macht der Tradition, Deutungsregeln für Erfahrungsdaten zu liefern, desto mehr Exploration wird zur Reduktion von Komplexität und zur Umwandlung von Erfahrung in Sinn erforderlich. Je weniger diese Bedürfnisse befriedigt werden, desto entfremdender wird die Schulerfahrung. Organisatorische Rationalität, Verhaltens- und Lehrplangesetzlichkeiten der Schule verhindern ein quasi-natürliches Explorieren und eine quasi-autonome Sinnfindung und damit eine stellvertretende Erfahrung, welche die dem Kind der Moderne strukturell verschlossene konkrete Teilhabe ersetzen könnte. Diesem Trend wäre durch einen entwicklungspsychologisch angeleiteten Unterricht entgegenzuwirken, durch Unterrichtsprozesse, die auf das Konstruktionsvermögen des Lernenden abstellen: entdeckendes

Lernen, Fragetraining, Problemlösungsansätze – »Distanzierungsstrategien« (Sigel 1970), die die Selbstregulierungsaktivität des Lernenden dadurch herausfordern, daß sie ihn mit desäquilibrierenden Bedingungen konfrontieren. Solche Strategien sind spezifisch auf das bezogen, was wir als stellvertretende Erfahrung bezeichnet haben, eine Erfahrung, die innerhalb des Systems zu einem über dieses hinausweisenden Zweck erzeugt wird.

Stellvertretende Erfahrung in diesem Sinne hat mit der autonomen Erkundung didaktischer Repräsentationen oder »offenen Rekonstruktionen« der physischen und sozialen Welt (das Selbst eingeschlossen) zu tun, mit der Gelegenheit, durch Unterricht und Interpretation erzeugte Erfahrung zu überprüfen, d. h. aus der Unterrichtserfahrung Sinn zu gewinnen. Einschränkungen der Exploration laufen der Assimilationsdynamik der Entwicklung zuwider. Motivation und Selbstvertrauen, Exploration und Erfahrung sind Aspekte einer offenen Organismus-Umwelt-Interaktion, während Geschlossenheit Angst und Apathie erzeugt. Soweit die organisatorischen Bedingungen der Schule der allgemeinen Verwirklichung entwicklungsfördernder Strategien zuwiderlaufen, wirken sie entwicklungsstörend. Subjektiv biographisch wird schulisches Lernen als sinnlos erfahren, die Schule züchtet Entfremdung.

Selbstverständlich würde der Versuch, »entwicklungsfreundliche« Schulen zu schaffen, um den Kräften der Entfremdung wieder die zur Förderung der kognitiven Sozialisation in einer posttraditionalen Welt nötige Motivation abzutrotzen, auf große Schwierigkeiten stoßen. Wir haben eine prozessuale Strategie auf der Grundlage der Theorie Piagets nur in den gröbsten Umrissen skizziert, doch ist der Widerspruch zwischen der bürokratischen Realität der Schulorganisation und dem, was eine entwicklungsorientierte Schulbildung organisatorisch bedeuten würde, bereits offenkundig geworden. Vieles von dem, was auszuführen wäre, muß hier offenbleiben: zum Thema Inhalte und Curricula, Information und Werte als nicht bloß prozessualen Faktoren zur Konstruktion kognitiver Traditionen, die gelebt und weitergegeben werden können (Edelstein 1973; Calliess u. a. 1974; Edelstein/ Helgadóttir 1981). Auch über die Unzulänglichkeit und Lückenhaftigkeit der kognitivistischen Entwicklungstheorie wäre zu reden, ihre Schwächen etwa, wo es um die Anleitung einer Rekonstruktion des Bildungswesens geht, oder ihre ungenügende

Berücksichtigung von Inhalten und Performanzbedingungen, sowie ihre zu starke Fixierung auf die frühere Kindheit, auf Naturwissenschaft und auf Methodologisches usw. (Edelstein 1977, 1979).

Die Unvereinbarkeit der Schulorganisation mit den funktionalen Imperativen einer entwicklungsorientierten Erziehung ist nur implizit behandelt worden. Es gibt aber Ansätze in dieser Richtung: im Rückgriff auf John Dewey und Piaget hat Kohlberg (Kohlberg/Mayer 1972) einen prozessualen Ansatz entwicklungsorientierter Erziehung geliefert. Bruner (1960, 1966) hat schon früher einige Elemente einer entsprechenden konstruktivistischen Unterrichtstheorie entwickelt. Es gibt vereinzelte Beispiele von Curriculumentwicklungen, die auf solchen Voraussetzungen beruhen (z. B. Bruner u. a. 1970; Taba u. a. 1971). Die inhaltsbezogenen Entscheidungen erscheinen dabei bisher meist willkürlich und soziologisch naiv. Entscheidungen über Inhalte bedürfen nicht weniger einer theoretischen Begründung als Prozeßentscheidungen, denn sie sollen die Grundlagen für die bewußte Konstruktion sinnvoller kognitiver Traditionen abgeben. Was jedoch den Prozeßaspekt betrifft, so liegt das psychologische Wissen für eine entschiedene Entwicklungsdidaktik bereits vor oder kann zumindest aufgrund konstruktivistischer Theorien der kognitiven Entwicklung bereitgestellt werden. Allerdings würde die Verwirklichung einer entwicklungspsychologischen Didaktik eine Revolution im Klassenzimmer bedeuten, und die derzeitigen Strukturen der Schulorganisation sind nicht gerade auf Revolutionen eingerichtet. Darunter jedoch dürfte es wohl nicht abgehen, wenn die Schule nicht Agentur der Entfremdung bleiben soll. Die anomie- und verweigerungserzeugenden Widersprüche der Modernisierung haben heute schon weitreichende Folgen für die Stabilität der in Legitimationskrisen geratenen Gesellschaften (Habermas 1973; Offe 1972; Döbert/Nunner-Winkler 1973). Die vorhergesagte Krise ist in den letzten Jahren mit unerwarteter Deutlichkeit im Rückzug beträchtlicher Teile zumindest der westlichen Jugend aus der politisch legitimen Sozialordnung zum Ausdruck gekommen.

Sicher wissen wir heute nicht, wie mit der Revolte fertigzuwerden ist. Die Methoden, mit denen das versucht wird, scheinen, gelinde gesagt, nicht sehr erleuchtet. Die in der Öffentlichkeit gehandelten kultur- und kontextrelativistischen Erklärungen zeigen die Tendenz, die Oberflächenphänomene von ihren sozial-strukturellen Gründen, von denen wir einige benannt haben, abzulösen. Unser Wissen reicht noch nicht aus, um die den gesell-schaftlich-evolutionären Aufgaben des kollektiven Lernapparats Schule angemessene Ausstattung zu beschreiben. Die Entwick-lungspsychologie hat einiges von diesem Wissen bereitgestellt und liefert darüber hinaus die Mittel, die Erkenntnis auszuweiten. Und schließlich könnte die Psychologie imstande sein, durch Reflexion gerade der von der Entwicklungspsychologie entdeck-ten Entwicklungsprinzipien zu lernen, wie diese Prinzipien auf ihre eigene Anwendung anzuwenden wären.

7. Relativismus und Universalismus

Kehren wir abschließend zu dem inhalts- und gedankenreichen Beitrag von Kessen (1979) und dem eingangs diskutierten relati-vistischen Standpunkt zurück. Zumindest an der Oberfläche scheinen die Unterschiede zwischen einem relativistischen und einem nicht-relativistischen Verständnis von Kindheit in histori-scher Perspektive nicht mehr so groß. Die nicht-relativistische Sicht steht nicht mehr in platonischer Manier jenseits der Geschichte, und die relativistische scheint nicht mehr zu bedeu-ten, daß jede potentiell verstehbare Art von kontextübergreifen-der Ordnung auszuschließen ist. Beide Standpunkte stimmen insoweit überein, als sie die Lebenswelten ebenso wie den kogni-tiven und affektiven Charakter des Kindes als wesentlich histo-risch bestimmt ansehen. Beide unterstellen eine erhebliche und das gesamte Dasein des Kindes betreffende Abhängigkeit vom Lebenszusammenhang. So bleibt selbst aus nicht-relativistischer Sicht das Kind »wesentlich und stets eine kulturelle Schöpfung« (Kessen 1979, S. 815). Die Standpunkte trennen sich, wo es um die Tiefenstrukturen geht. Aus universalistischer Sicht können die Oberflächenphänomene wenigstens teilweise in Abhängigkeit von durchgängigen, universellen Strukturen des Denkens und der sozialhistorischen Entwicklung rekonstruiert und geordnet wer-den. Der Universalist wird indessen zugeben, daß seine Rekon-struktion nirgends die Totalität der Erscheinungen in den Griff bekommt und daß die Phänomene sich nie auf die Strukturen reduzieren lassen. Doch interessiert er sich gleichermaßen für

Individuen wie für Idealtypen, da die Beziehungen zwischen Tiefenstrukturen und individueller Erscheinung zwar unvorhersagbar, aber nie beliebig sind. Er wird oft eine besondere Art von wissenschaftlicher Überlegung anstellen: eine Übersetzung der Struktur ins Individuelle oder den Typus oder, umgekehrt, das Rekonstruktionsverfahren, das in beiden Richtungen erkenntnisfördernd wirkt.

Obgleich beide Standpunkte in der Beschreibung und selbst in der Annahme von Plausibilitäten übereinstimmen können, werden sie in der Wahl der Untersuchungsgegenstände, in Relevanzurteilen und schließlich in der Interpretation der Daten divergieren. Da sie natürlich unterschiedliche Geltungsansprüche erheben, dürften sie schließlich auch die Bedeutung ihrer Ergebnisse für die Praxis unterschiedlich beurteilen. Den sozialtechnologischen Anwendungsanspruch werden beide in Zweifel ziehen. Wer Geschichte und Umwelt für so mächtig hält, daß sie alle Beziehungen und alle Voraussagen verändern können, neigt nicht zu vorschnellen Hoffnungen auf Intervention. Wenn indessen der Tiefenstruktur Realität zugemessen wird, scheint Handeln im Einklang mit gewonnener Erkenntnis nicht unter allen Umständen unangemessen oder unmöglich. Ein solches Handeln kann nicht technischer Art sein, nicht Anwendung von Forschungsergebnissen durch technische Generalisierung. Vielleicht läßt sich das Verfahren in Analogie zur Psychoanalyse fassen. Die Strukturdiagnose leitet die Prognose und eine individuelle, nicht-präskriptive Intervention an. Das Handeln bezieht seine Legitimation aus der rationalen und normativen Struktur der Kommunikation. Zwar sind Aussagen nach Wahrheitskriterien zu beurteilen, ihr Wahrheitswert aber kann sich nur erweisen, wenn diejenigen, die Mitteilungen austauschen, sich dabei selbst sowohl von Logik als auch von empathischem Verstehen leiten lassen.

Anmerkungen

1 Diese Perspektive stellt ein kognitivistisch-entwicklungspsychologisches Gegenstück zu den sozial-psychoanalytischen Studien über das Verhältnis von Charakter- und Sozialstruktur dar, die aus dem Frankfurter *Institut für Sozialforschung* hervorgegangen sind (Horkheimer 1936; Fromm 1936, 1941).

2 Die beschriebene kognitive Ökologie ist nicht allein die isländischer Schafzüchter. Boesch (1981) beschreibt Kindheit und Wissenserwerb in einem thailändischen Dorf in weitgehend ähnlichen Begriffen. Hollos (1974) stieß in norwegischen Landregionen auf ähnliche Verhältnisse.
3 In der Beschreibung des thailändischen Dorflebens bei Boesch (1981) wird dafür der Begriff »Konsistenz« gebraucht.

Karl-Heinz Osterloh
Traditionelle Lernweisen und europäischer Bildungstransfer

Zur Begründung einer adaptierten Pädagogik in den Entwicklungsländern

»Educated for frustration« lautet das Resümee so mancher Bestandsaufnahme zur gegenwärtigen Bildungssituation in den Entwicklungsländern (vgl. Bude 1974). Nach Jahrzehnten der Bildungseuphorie ist – mit Ausnahme einiger sozialistischer Entwicklungsländer – starke Ernüchterung eingetreten, vor allem, was die Wirksamkeit der westlichen Bildungshilfe anbelangt. Heerscharen von Bildungsexperten, eine Flut von Unterrichtsmaterialien und nationalen Erziehungsplänen und ein Boom institutionell-bürokratischer Erneuerungen haben keinen grundlegenden soziokulturellen Wandel zu schaffen vermocht, sondern im Gegenteil vielerorts sogar eine Situation der Kulturanomie nach sich gezogen (Mies 1972), ganz zu schweigen von den Massen Fehlausgebildeter auf den nationalen Arbeitsmärkten als gravierendster Folge bildungsökonomischer Fehlplanungen (Myrdal 1972; Najman 1976). Selbst in der kemalistischen Türkei, wo die Modernisierung des Erziehungswesens schon vergleichsweise früh, auf breiter Basis und mit großer Stringenz in Angriff genommen wurde, werden die Ergebnisse heute eher zurückhaltend beurteilt (Kazamias 1966).

Diese Skepsis hängt nicht nur mit den nachweisbaren Mißerfolgen europäisch ausgerichteter Bildungsinnovationen in der Dritten Welt zusammen. Sie liegt auch in unserer eigenen historischen Situation begründet. Denn nicht erst seit dem Bericht von Meadows u. a. (1972) an den Club of Rome ist es fraglich geworden, ob die westliche Industriegesellschaft mit ihren auf permanente Expansion ausgerichteten Institutionen und Kulturidealen noch länger Vorbild und Entwicklungsziel für die Dritte Welt sein kann. Eine Angleichung aller nichtindustrialisierten Länder an den ökonomischen und technologischen Standard der »entwickelten« Staaten – das wird heute nur noch von Leuten mit ausgeprägter Verdrängungsneigung bestritten – würde für unseren Planeten mit Sicherheit eine ökologische Katastrophe bedeuten.

Aber auch innerhalb der Industriegesellschaft selbst werden die seit der Aufklärung gültigen Modernitätsideale immer häufiger in Frage gestellt. Denn technologische Rationalität – ursprünglich ein Mittel zur Befreiung des Menschen – wird als Legitimationsgrundlage für gesellschaftliche Entwicklungsprozesse in dem Augenblick hinfällig, wo sie in gewisse unabdingbare Freiheitsräume eindringt und das Individuum totalitär zu beherrschen beginnt (Marcuse 1964; Illich 1975).

Die Frage nach dem »Bankrott der Modernisierungstheorien« (Nuscheler 1974) stellt sich vor allem dann besonders eindringlich, wenn sich die kritiklose Übertragung europäischer Modernisierungskategorien auf nichtindustrialisierte Gesellschaften als eigentliche Ursache von Chaos und Elend erweist. »Die außerordentlich schwere Krise, in der sich die meisten dieser Länder zur Zeit befinden, ist weitgehend auf das Verlassen ihres eigenen und die Übernahme des westlichen Konsumstils zurückzuführen.« Diese Bemerkung Schumachers (1974, S. 67) läßt sich heute schwerlich bestreiten. Eine moderne Seifenfabrik produziert zwar massenhaft und weitgehend automatisch billige Seife, ruiniert aber gleichzeitig die lokalen und mit traditioneller Technologie arbeitenden Seifensieder im Land. Ivan Illich (1972, S. 19 f.) hat an einer Fülle von Beispielen nachgewiesen, daß unreflektierte Modernisierung zur vorschnellen Aufgabe der traditionellen Techniken der Lebensbewältigung führt, ohne sie hinreichend durch neue zu ersetzen. Europäer stehen diesem Phänomen oft fassungslos gegenüber. Das liegt vor allem daran, daß ihre Modernitätsvorstellungen zumeist nur die quantitative Seite ergreifen. So scheint es schwer vorstellbar, daß man in einem traditionellen Lehmhaus mit gefülltem Brunnen, bescheidenem Herdfeuer besser lebt als in einem modernen Hochhaus, in dem das Wasser nur wenige Stunden in der Woche fließt, die Heizung jeden zweiten Tag ausfällt und in dem Lampen und Geräte nicht funktionieren, weil die Stromversorgung mehrfach am Tage zusammenbricht. So können Modernisierungen auf europäischer Grundlage Rückschritte in vorsteinzeitliche Verhältnisse bedeuten.

Der Sozialhistoriker Otto Brunner hat in seinem epochemachenden Buch *Land und Herrschaft* (1965) demonstriert, daß unsere an der modernen Industriegesellschaft entwickelten Begriffe nicht auf die Wirklichkeit vorindustrieller Kulturen passen. Von Entwicklungsländerforschern ist diese Erkenntnis bestätigt worden. Nach Gunnar Myrdal war es einer der großen Fehler der »Nachkriegsmethode«, das »für das Studium der entwickelten Länder geformte theoretische Handwerkszeug zu verwenden, ohne es auf seine Adäquatheit hinsichtlich der tatsächlichen Verhältnisse in den unterentwickelten Ländern zu überprüfen« (1972, S. 7). Myrdal verbindet damit die Forderung nach Angleichung unserer Begriffe und Vorstellungen an die tatsächlichen Verhältnisse in den Entwicklungsländern. Das aber ist ohne Studium der inneren Struktur nichtindustrieller Gesellschaften schwerlich möglich. Die Analyse dieser Verhältnisse muß der Ausgangspunkt zur Entwicklung neuer Begriffe und Vorstellungen sein.

Praktische Konsequenzen aus diesen Forderungen wurden bisher vor allem auf dem Gebiet der Technik durch die Entwicklung einer *appropriate technology* gezogen. Diese speziell von den Bedürfnissen der Entwicklungsländer ausgehende »mittlere Technologie« will die Menschen in die Lage versetzen, »mit wenig Kapital vorwiegend aus lokal verfügbaren Materialien für vorwiegend lokale Bedürfnisse zu produzieren« (Schumacher 1974, S. 127). Die strukturelle Einfachheit und Durchschaubarkeit dieser Technologie garantiert eine schnelle Integration in das vor Ort bestehende soziokulturelle Milieu und führt zu weitgehender Importunabhängigkeit. Ihre geringe Bedeutung in der bisherigen Entwicklungshilfepraxis ist teils auf die herrschenden Profitinteressen, teils aber auch auf Widerstände der Nehmerländer selbst zurückzuführen, die den emanzipatorischen Charakter der angepaßten Technologie verkennen und befürchten, mit einer Technologie minderen Rangs abgespeist zu werden.

Auf dem Bildungssektor finden sich ähnliche Ansätze bisher in der *functional literacy* (DSE 1973) und in der *work-oriented education* (DSE 1972; Coombs/Ahmed 1974). Die wissenschaftliche Beschäftigung mit dem Erziehungswesen muß vor allem davon ausgehen, daß ein emanzipatorischer Kulturwandel niemals auf der Basis europäischer Begriffe und Modernitätsideale erfolgen kann, sondern an vorhandene Traditionen anknüpfen muß. Eine wichtige Aufgabe wird dabei die Erforschung traditioneller Lehr-

und Lernweisen sein, und zwar nicht zum Zwecke einleitender Darstellungen zu den »eigentlichen«, westlich orientierten Bildungsformen, wie vielfach üblich, sondern als Basis zur Entwicklung adaptierter pädagogischer Modelle.

I

Über Inhalte und Ziele der Erziehung bei afrikanischen Naturvölkern schreibt E. B. Castle (1966, S. 39):

»Its aim was to conserve the cultural heritage of family, clan and tribe, to adapt children to their physical environment and teach them how to use it, to explain to them that their own future and that of their community depended on the perpetuation and understanding of their tribal institutions, on the laws, language and values they had inherited from the past.«

Ähnliches dürfte für alle Kulturen zutreffen, deren Weltbild – und das gilt auch für die abendländische Gesellschaft bis ins späte Mittelalter hinein – magisch-mythischer Natur ist.[1] Die Erziehung zielt auf den Erwerb von Praktiken zur Lebensbewältigung in der Subsistenzwirtschaft und im Sippenverband. Von der Industriegesellschaft europäischer Konvenienz unterscheiden sich diese Kulturen dadurch, daß diese Praktiken nicht »rationaler« Art sind, also nicht auf mathematisch-naturwissenschaftliche Theorien zur Deutung und Prognose natürlich oder technisch bewirkter Vorgänge zurückgehen. Sie sind vielmehr eng verknüpft mit einem von den Vorfahren ererbten magisch-religiösen Wissen. Dies gründet in der Vorstellung, daß die Natur von geheimnisvollen Kräften beherrscht wird und menschliche Handlungen nur über die Beeinflussung dieser Kräfte gelingen können. Die südamerikanischen Baruya sind also nicht Spezialisten für die Salzgewinnung, weil sie über Salzlager und Abbautechniken verfügen, sondern weil nur sie die bei der Produktion unerläßlichen Rituale beherrschen (Godelier 1973, S. 232). Lernen heißt in vorindustriellen Kulturen vor allem Erwerb dieser magischen Praktiken, nicht bloß einer technischen Verfahrensweise.

Wissen ist hier primär Geheimwissen, das von bestimmten sozialen Gruppen weitergegeben wird und dessen Kenntnis umgekehrt die Voraussetzung der Zugehörigkeit zu einer bestimmten sozialen Gruppe ist. Lehren hat den Charakter des

Einweihens (Röhrs 1971, S. 48 ff.; Parin u. a. 1963/1972, S. 61 f.). So wird etwa der Heranwachsende in das Totemgeheimnis seines Clans eingeweiht: er lernt nicht nur die Fertigkeiten, die sich die Gemeinschaft der Totemgenossen zuschreibt, z. B. Schnelligkeit und Klugheit, sondern er wird auch in die magische Verbindung zum Totem und den dazugehörigen rituellen Handlungsapparat eingeweiht.

Dasselbe gilt für die Ausbildung des antik-mittelalterlichen Handwerkers: Sie ist vor allem Einweihung des Lehrlings in die Zunftgeheimnisse, die sowohl die Kenntnis von Produktionstechniken als auch der dazugehörenden Rituale umfassen. Selbst an den mittelalterlichen Universitäten ist – ähnlich wie an den antiken Gymnasien – der Lehrstoff eingebettet in seine magischen Bezüge. Der Arithmetikunterricht bezieht neben dem Rechenverfahren auch die antik-christliche Zahlenmagie mit ein, Geometrie bedeutet sowohl Kenntnis der Figuren als auch ihrer symbolischen Bedeutung, Astronomie umfaßt den Unterricht über Himmelskörper und Himmelsmechanik sowie die dahinterliegenden magischen Verbindungen (Ballauff 1969, I, S. 374 f.).

Wissen dieser Art wird mit dem Ziel der Aufnahme in bestimmte soziale Gruppen erworben, die zumeist die innere Struktur des Geheimbundes besitzen und deren Mitglieder zur Arkandisziplin verpflichtet sind. Lernprozesse sind daher in vorindustriellen Gesellschaften primär Identifikationsprozesse, sie binden das Individuum an die Gruppe, von der das Wissen ausgeht. Eine große Rolle spielen dabei die vielfältig ausgeprägten Initiationsriten. Ihre Funktion ist nicht nur die zeremonielle Aufnahme eines neuen Mitglieds – etwa des Heranwachsenden in die Männergemeinschaft eines Clans, des Lehrlings in die Zunft der Handwerker oder des Studenten in die Universitas, die Gemeinschaft der Lehrenden und Lernenden –, sondern auch die Verleihung der äußeren Gruppensymbole wie Kleidertrachten, Waffen, Embleme oder Tätowierungen. Gegenstände dieser Art haben eine Aura, sie verleihen ihrem Besitzer die magischen Kräfte, die er zur Lebensbewältigung braucht (Röhrs 1971, S. 53; Ariès 1975, S. 349 ff.).

Im Rahmen der Vorbereitung auf die Initiationsriten haben sich auch die ersten Formen eines geplanten Unterrichts entwickelt. Seinem Charakter des Einweihens gemäß findet er zumeist an einem abgeschiedenen Ort statt. Das wird noch an den afrikanischen Buschschulen deutlich, die in einem abgeschiedenen Waldstück liegen, dem sich niemand nähern und das auch zu keinem anderen Zweck benutzt werden darf (Röhrs 1971, S. 51). Aber auch andere vorindustrielle Unterrichtsstätten, wie Tempelschulen, Gymnasien, Klosterschulen und die mittelalterlichen Fakultäten, sind von dieser Aura umgeben.

II

Wissen und Fertigkeiten, die hier vermittelt werden, sind grundsätzlich traditioneller Natur; Unterricht hat den Charakter der Weitergabe des von den Vorfahren überlieferten Lehrstoffs. »Lehrer« kann daher nur jemand sein, der für die unverfälschte Weitergabe bürgt – etwa ein besonders angesehener Repräsentant der Gemeinschaft, die den entsprechenden Lehrstoff tradiert – und dessen Existenz selbst von der Aura des Geheimwissens geprägt ist. Lehrfunktion und Magier- oder Priesterfunktion sind so aufs engste miteinander verknüpft: im Unterschied zum professionellen Pädagogen der Moderne, der fähig sein muß, den Lehrstoff zu didaktisieren, hat der vorindustrielle Lehrer vor allem für die richtige und unverfälschte Präsentation der überlieferten Lehrstoffe zu sorgen. In schriftlosen Kulturen schöpft er dabei aus der mündlichen Überlieferung, in den Hochkulturen bilden die Bücher der *auctores* die Grundlage des Unterrichts. An der mittelalterlichen Artistenfakultät sind es allein im Fach Grammatik – einer damals umfassenden Wissenschaft – an die dreißig *auctores*, deren Werke vorgetragen werden. Die Werke der *auctores* gelten als mustergültige Aufzeichnungen eines Wissensgebiets und haben einen höheren Wahrheitsgehalt als etwa neuere Werke. Diese werden ohnehin nur als Kommentare älterer Werke zugelassen, und jeder neue Autor, der etwas auf sich hält, bezieht sich auf die älteren Grundlagen, um nicht als »künder niuwer maere« in Verruf zu kommen. Nur so ist es möglich, daß etwa die Grammatik des Donat ein Jahrtausend und länger die Grundlage des Lateinunterrichts bilden kann.

Den Schriften der *auctores*, den Lehrbüchern vorindustrieller Kulturen, kommt somit dieselbe Aura zu wie dem Unterricht selbst. Prunkhandschriften mit kostbarer bibliophiler Ausstattung sind nicht selten. In den Hochkulturen steht das Diktieren dieser überlieferten Schriften im Mittelpunkt des Unterrichts. Bei den Arabern gilt es sogar als höchste Stufe des Lehrens. So soll ein berühmter Gelehrter 150 000 Blätter diktiert haben. In den Medressen und Moscheen saßen die Schüler nachschreibend um den Hodscha im Kreis herum, und »an jeden Nachschreibenden hefteten sich sechs andere, von denen jeder dem anderen das Diktierte weitergab« (Mez 1968, S. 173). In der Hauptmoschee von Kairo wurden 120 solcher Kreise gezählt.

Neben dem Diktieren nimmt das Auswendiglernen der traditionellen Lehrstoffe einen breiten Platz ein – in den schriftlosen Kulturen ohnehin die einzige Möglichkeit, Wissen zu speichern und weiterzureichen. Aber auch in den Hochkulturen, wo handschriftliche Überlieferungen nicht jederzeit zugänglich sind, bildet das Memorieren die Grundlage des Unterrichts. Wo Ansätze zur didaktisch-methodischen Aufbereitung des Lehrstoffs vorhanden sind, geschieht dies zum Zwecke des besseren und leichteren Behaltens. Werke in Merkversen sind daher in großer Zahl überliefert (Dolch 1971, S. 192). Auch die Aufgliederung des Stoffes in Frage und Antwort, wie etwa in der lateinischen Grammatik des Donat, ist ein verbreitetes methodisches Prinzip. Noch Luthers Katechismus ist ein später Beleg dafür.

III

Ziel des Memorierens ist der Erwerb der Fähigkeit zum unverfälschten Vortrag des traditionellen Lehrstoffs. Dabei ist davon auszugehen, daß die Urform dieses Lehrstoffs der Zauberspruch ist. Der rituellen Richtigkeit der Darbietung kommt daher eine vorrangige Bedeutung zu. Das betrifft zunächst die rein sprachliche Seite, nämlich die für den magischen Effekt unerläßliche Präsentation der richtigen Sprachformel. Noch die antik-mittelalterliche Rhetorik, eines der Pflichtfächer der Artistenfakultät, hat deutliche Bezüge zu dieser magischen Sprachpraxis. Die rituelle Richtigkeit der Darbietung bezieht sich aber auch auf die Reihenfolge des Lehrstoffes – eine Frage, der eine große Bedeutung beigemessen wurde und die man seit der Antike immer wieder neu diskutiert hat. Schon für Plato ist die Anordnung der einzelnen Lehrfächer eine Angelegenheit göttlicher Notwendigkeit. Das Mittelalter hat dann Reihenfolge und Anzahl der Fächer aus der antiken Mythologie bzw. aus der Bibel herzuleiten versucht und den Fächerkanon zur Grundlage von Allegorien und bildlichen Darstellungen gemacht.

Lehrpläne dieser Art werden nicht durch methodisch-didaktische Gesichtspunkte im modernen Sinne bestimmt, sondern eher durch ein szenisches Arrangement magisch-religiöser Natur. Dabei durchläuft der Lernende eine Progression zunehmender sakraler Weihe, wie sie etwa aus bildlichen Darstellungen des Mittelalters ersichtlich ist (Dolch 1971, S. 185). Anstelle eines funktional bedingten Fortschritts vom Leichten zum Schweren ist hier der Fächerkanon organisiert nach dem Prinzip der mittelalterlichen Ständegesellschaft: der Lernprozeß endet mit dem Fach höchster Weihe.

Strukturprinzip bei der Lehrstofforganisation ist die Addition. Der Lernende durchläuft die einzelnen Fächer in einem strengen zeitlichen Nacheinander (Dolch 1971, S. 101). Ein paralleles Studium mehrerer Fächer ist in vorindustriellen Kulturen weitgehend unbekannt. Dies würde ein rational gestaltetes Curriculum im modernen Sinne voraussetzen. Die Gruppe der Lernenden zerfällt denn auch nicht in verschiedene Klassen, sondern wird von den *auctores* her, die gerade gelesen werden, in einzelne, noch nicht nach Altersgruppen getrennte Zirkel aufgeteilt. So kann das Studium der artes etwa mit den Grammatikern Donat und Priskian beginnen und auf der höchsten Stufe mit Ptolemäus (Astronomie) enden.

Diese antik-mittelalterlichen Lehrbücher sind keineswegs nach einem übergeordneten Schul- oder Klassensystem gegliedert, sondern eher enzyklopädisch gearbeitete Kompendien der entsprechenden Wissensgebiete. D. h. nicht das Curriculum bestimmt das Buch, sondern das Buch bestimmt umgekehrt das Curriculum (Dolch 1971, S. 202). Darin offenbart sich wiederum die vorindustrielle Lehr- und Lernweise: der Stoff wird in additiver Folge in Szene gesetzt. Das Werk des auctors bildet eine feste Einheit, die wie ein Theaterstück abläuft und im Prinzip keine Unterbrechung duldet. Denn grundsätzlich sind hier die Inhalte – und darin offenbart sich wiederum ihre Beziehung zum Zauberspruch – unlösbar mit ihren sprachlichen Formulierungen verbunden. Das Lernen umfaßt also nicht nur die Seite des Wissenserwerbs, sondern vor allem die praktische Seite der richtigen Darbietungsform dieses Wissens. Es genügt also nicht, sich etwa in der Grammatik allein das Wissen über das Nomen oder das Verb anzueignen –

eine Lernweise, die erst in der Moderne ausgebildet wird –, sondern ganz entscheidend ist die *wörtliche* Beherrschung der von den auctores gegebenen Definition dieser Gegenstände. Wissenserwerb ist damit immer zugleich eine Frage des Könnens. Schülerfragen an den Lehrer, die ja auf andersartige Verbalisierung des dargebotenen Lernstoffs zielen, sind daher überflüssig und stoßen noch heute in der Unterrichtspraxis der Entwicklungsländer auf starken psychischen Widerstand (Röhrs 1971, S. 61).

Die wichtige Rolle, die die wörtliche Beherrschung der Formulierungen der *auctores* beim Lernen spielt, weist auf ein von der Moderne fundamental unterschiedenes Verhältnis von Sprache und Welt hin. Die Sprache besitzt hier nämlich noch ihre alte magische Funktion: sie ist Vehikel zur Beschwörung der Gegenstandswelt. Ein Wort aussprechen heißt auch, das bezeichnete Objekt herbeischaffen, d. h., wer das richtige Wort weiß, verfügt auch über den Gegenstand.

Die Sprache der *auctores*, wie überhaupt alle mündlich oder schriftlich weitergereichte sprachliche Überlieferung, trägt somit eine besondere Aura: in ihr werden die Gegenstände richtig und mustergültig benannt. Sie hat einen höheren Wahrheitsgehalt als die empirisch erfahrbare Wirklichkeit. Die Realien »kleben« hier gewissermaßen an der sprachlichen Gestalt, in der sie überliefert sind. Dies erklärt auch die Tendenz zur Geheimhaltung sprachlicher Überlieferungen: Lehren ist zugleich auch Einweihen in Geheimsprachen. Das gilt nicht nur für die magischen Zauberformeln der Naturvölker, sondern auch für das Erlernen der Sprachen, in denen die Werke der *auctores* geschrieben sind, wie Griechisch, Latein, Arabisch oder Sanskrit, und die vom gemeinen Volk nicht beherrscht werden. Der Unterricht in Grammatik, was gleichbedeutend mit Sprachunterricht ist, hat daher in den Hochkulturen eine zentrale Position inne, und der Schüler muß sich zunächst einmal der Erlernung der Sprache der Gelehrten widmen, bevor er zur Lektüre der *auctores* zugelassen wird.

IV

Erst der im spätmittelalterlichen Europa einsetzende zivilisatorische Umbruch bringt hier einen grundsätzlichen Wandel. Die Grundvoraussetzung für das Entstehen neuer Produktionsformen, die Trennung von Kopf- und Handarbeit, führt zur Aufgabe der alten ganzheitlichen Struktur des Unterrichts und zur Eliminierung praktischer Elemente. An Schulen und Universitäten wird das Lernen zunehmend unabhängiger von den Büchern der auctores, die allmählich durch die Aufnahme von Realien in die Lehrpläne zurückgedrängt werden. An die Stelle der von Plinius und Aristoteles regierten artes reales (Dolch 1971, S. 214 f.) treten die modernen Naturwissenschaften, deren innere Struktur durch mathematisch-exakte Naturanalyse bestimmt ist. Zugleich gewinnt die Muttersprache im Unterricht an Boden: das Wissen wird abgelöst von seiner sprachlichen Fixierung durch die auctores. Lehrer und Schüler können den Stoff sprachlich nunmehr individuell formulieren: an die Stelle des alten Memorierens tritt das persönliche Verbalisieren als neuartige sprachliche Interaktionsweise.

Diese Trennung von Inhalt und sprachlicher Formulierung – Grundvoraussetzung für die Entstehung moderner Unterrichtsformen – ist selbst das Ergebnis eines tiefgreifenden Sprachwandels, ohne den die moderne Industriegesellschaft nicht denkbar ist. Die Sprache verliert ihre alte magische Funktion der Objektbeschwörung: Das Wort wandelt sich semantisch von der Darstellung der konkret-bildlichen Eigenschaften des Objekts zum Träger von abstrakten Funktions- und Strukturbezeichnungen. Es kommt zu einer »medialen Entmischung« von Begriff und Gegenstandswelt. Die Sprache ist nicht mehr mit der Außenwelt verschachtelt, nicht mehr primär Vehikel zur Beschwörung der Wirklichkeit, sondern wird als »nichtwirkliches«, psychisch der Innenwelt zugehöriges Medium begriffen (Osterloh 1974, S. 350). Die Welt der Realien verliert damit ihren magischen Bezug und wird frei für die mathematisch-empirische Betrachtungsweise und die Theoriebildung im neuzeitlichen Sinne. Zugleich erhält das Wissen einen neuen sozialen Bezugspunkt: es wird unabhängig von gesellschaftlichen Gruppen, ist nicht mehr geheim, sondern öffentlich und für jedermann zugänglich.

Damit ändert sich auch die Organisation des Unterrichts grundlegend. Der Lernprozeß wird nicht mehr von der Reihenfolge der Bücher der auctores, sondern vom übergeordneten Begriff des Faches und dessen theoretischen Grundlagen her bestimmt. Im 16. Jahrhundert wandeln sich die artes zu den neuzeitlichen lectiones. Dieses Studium nach lectiones orientiert sich an zweckrationalen Gesichtspunkten, d. h., Lernprozesse werden nunmehr bewußt geplant und methodisch-didaktischen Fragestellungen unterworfen. Man studiert nicht mehr in additiver, sondern in konzentrischer Fächerverbindung (Dolch 1971, S. 218, S. 298 f.). Die Schüler werden nunmehr zu Klassen zusammengefaßt, in denen mehrere Fächer zugleich unterrichtet werden.

Der neuartige Begriff des Faches bringt vor allem einen andersartigen Lehrbuchtyp hervor. Das moderne Schulbuch ist eigens für die Klasse gemacht, nicht umgekehrt. Seine Organisation orientiert sich an den Grundsätzen der neuen technologischen Rationalität: die Anordnung des Lehrstoffes folgt im Prinzip der funktionalen Über- und Unterordnung. Beim Lernen unterscheidet man jetzt zwischen theoretischem Wissen und praktischen Fertigkeiten, für deren Training die neuen Unterrichtsformen der Übungen (*exercitia*) entstehen (Dolch 1971, S. 259). Während es im vorindustriellen Unterricht um praktische Dinge geht, Wissen und Anwendung eng miteinander verbunden sind, Lernen vor allem auf Imitation beruht, so steht nunmehr die kognitive Einsicht in die funktionalen Zusammenhänge des Lernstoffes im Vordergrund. Der Lernprozeß ist bestimmt durch eine Progression vom Konkreten zum Abstrakten; sein Ziel ist die Ausbildung eines Systems wissenschaftlicher Begriffe beim Schüler. Das moderne Schulbuch ist methodisch-didaktisch aufbereitet: es zerlegt den Lernstoff in kleine Einheiten, um den Schüler möglichst optimal zur Bildung abstrakter Oberbegriffe zu führen.

Damit wird ein anderer wichtiger Unterschied zur vorindustriellen Erziehung deutlich: Lernen wird nunmehr in engster Verbindung mit der Entwicklung der Person gesehen. Während früher ältere und jüngere Schüler in einem Zirkel beieinandersaßen und lediglich rituelle, nicht jedoch entwicklungspsychologische Gründe für die Stoffprogression bestimmend waren, werden sie nunmehr nach Jahrgängen zusammengefaßt, denen man jeweils bestimmte Lernstoffe zuordnet (Ariès 1975, S. 270 ff.). Eine solche Differenzierung nach Altersgruppen ist in vorindustriellen Gesellschaften nicht erforderlich, da psychisch ein wesentlich geringerer Strukturunterschied zwischen Erwachsenen und Kindern besteht. Das Kind wird nach der Ablösung von der Mutter relativ schnell in die Gesellschaft der Erwachsenen aufgenommen, ohne eine komplizierte psychische Veränderung durchmachen zu müssen, und verfügt schon früh über das zur Umweltbewältigung nötige kognitive Instrumentarium (Ariès 1975, S. 86). Denn Lernprozesse vollziehen sich in vorindustriellen Gesellschaften auf der Basis der Logik der Anschauung, d. h. einer Art der kognitiven Welterfassung, die sich – wie Lévi-Strauss gezeigt hat – aus einer logischen Verknüpfung der Welt der Objekte nach äußeren Ähnlichkeitsmerkmalen herleitet (Lévi-Strauss 1962/1968). Erst mit der Entstehung der modernen Industriegesellschaft ist das Lernen – zumindest für das Kind aus der neuen Mittelschicht – mit einer langjährigen psychischen Strukturveränderung der Person verbunden, für die schon in der Primärsozialisation die Grundlagen gelegt werden. Die das moderne Schulwesen bestimmenden neuartigen Interaktionsweisen des Geistesarbeiters implizieren einen kognitiven Stil, der sich nicht mehr primär am Umgang mit den Gegenständen der Außenwelt, sondern an Operationen mit Symbolen orientiert und andersartige Objektbeziehungen voraussetzt. Der Schüler der Moderne wächst – sofern er der Mittelschicht angehört – in die Gesellschaft der Erwachsenen hinein durch den Aufbau eines nicht mehr in der unmittelbaren Erfahrung gründenden »inneren« Systems der wissenschaftlichen Begriffe, was psychisch mit einem Ablösungsprozeß von der Welt der Objekte verbunden ist (Osterloh 1976).

V

Der Umbruch des europäischen Unterrichtswesens ist aufs engste mit der Entstehung der neuen bürgerlichen Mittelschicht (der Geschäftsleute und Akademiker, später auch der Angestellten) verbunden, d. h. jener Gesellschaftsschicht, die im arbeitsteilig gewordenen Produktionsprozeß nicht mit Gegenständen, sondern mit Symbolen umzugehen hat und zuerst neuartige Interaktionsweisen entwickelt. Zwar beziehen die Bildungsreformen – spätestens seit Einführung der allgemeinen Schulpflicht – auch die breite Masse der Handarbeiter mit ein, doch orientieren sich Curricula und Lernverfahren ausschließlich am kognitiven Stil der Kopfarbeiter und den auf Trennung von Theorie und Praxis, Wissen und Erfahrung zielenden Bildungsvorstellungen des Bürgertums. Die mehr in der vorindustriellen Tradition stehende Kultur der Unterschicht mit ihren weiterhin an der Gruppe und der unmittelbaren Lebenspraxis orientierten Lern- und Interaktionsweisen wird weitgehend ausgeklammert. Bildung ist nur als bürgerliche Bildung denkbar, und diese gilt bis ins 20. Jahrhundert hinein als Bildung schlechthin.

Für die Entwicklungsländerpädagogik ist diese Tatsache von fundamentaler Bedeutung. Denn die bürgerliche Bildungsidee bestimmte nicht nur lange das Begriffsinstrumentarium der Entwicklungsländerpädagogen, sondern auch die Modernisierungsvorstellungen der Bildungsplaner in den Ministerien der Dritten Welt. Das Lernverhalten der europäischen Mittelschicht und die daran entwickelten Didaktiken und Methoden wurden zum weltweiten Mittel für Unterrichtsreformen. Nicht nur in den Eliteschulen der Kolonialära, sondern auch dort, wo Erziehungssysteme für die breite Masse entwickelt wurden, haben die Lehrpläne weitgehend einen lebensfernen humanistisch-akademischen Charakter und sind oft reine Kopien der Lehrpläne europäischer Länder (Rothe 1972, S. 59; Myrdal 1972, S. 103 ff.). So kennt ein Afrikaner oder Inder die Geschichte, Geographie, Literatur, Fauna oder Flora Englands oder Frankreichs oft besser als die seines eigenen Landes. Damit kommen wir auf die eingangs erwähnte Problematik zurück. Diese komplette Übernahme des europäischen Bildungs- und Wissenschaftssystems hat zur Folge, daß die Absolventen der neuen Bildungsanstalten mit Begriffen, Denkweisen und Techniken für Problemlösungen ausgestattet werden, die an den Bedingungen der europäischen Industriegesellschaft entwickelt wurden, den tatsächlichen Verhältnissen in den Entwicklungsländern aber nicht adäquat sind.

Das wird schon am Beispiel der kolonialen Eliteschulen deutlich. Die hier vermittelte akademisch-humanistische Bildung soll nicht etwa dazu dienen, die Probleme des Landes zu lösen, sondern gelehrt wird mit dem Ziel, eine europäisch akkulturierte einheimische Verwaltungselite bzw. eine mit den Monopolmächten kooperierende Besitz- und Machtoligarchie (Kodjo 1973, S. 105, S. 173 ff.) auszubilden. Für den Eleven steht damit europäisches Wissen im engsten Bezug zu einer bestimmten sozialen Gruppe, es erhält für ihn – der vertrauten Lerntradition gemäß – den Charakter des Geheimwissens. Europäische Sprachen, Molière, Shakespeare und Kenntnisse in europäischer Geschichte werden zu vorzeigbaren Gruppenattributen und machen den einheimischen Absolventen zum Eingeweihten. Andererseits stellt dieses neue Wissen im Rahmen seiner eigenen »primitiven« Kultur einen nichtintegrierbaren Fremdkörper dar (Najman 1976, S. 26, S. 60). Denn dies bleibt weiterhin den ökonomischen Bedingungen der häuslichen Subsistenzwirtschaft und den besonderen psychosozialen Beziehungen innerhalb der Großfamilie und des Sippenverbandes verhaftet und wurzelt in einer Welt magischer Objektbeziehungen.

Auch die nationalen Erziehungsprogramme der nachkolonialen Ära vermochten diese kulturelle Dichotomie nicht zu überwinden: der Erwerb westlicher Bildung bedeutet an den neuen Schulen und Hochschulen vor allem Aufnahme in eine besondere soziale Gruppe und Zugang zu einem der begehrten white-collarjobs. Lernen heißt nicht Änderung der Lernweise, sondern äußere Nachahmung fremder Handlungsweisen im Rahmen des traditionellen kognitiven Systems.[2] Selbst in der bei der Übernahme westlicher Vorbilder besonders konsequenten kemalistischen Türkei, wo etwa das Auswendiglernen im Schulunterricht schon in den zwanziger Jahren per Erlaß verboten wurde, läßt sich heute »a highly formal and rigid classroom atmosphere« konstatieren, »where no free discussion takes place, where teachers control and direct most classroom activities, and where pupils memorize and merely recite what they have learned from their textbooks« (Kazamias 1966, S. 154 f.).

Besonders bezeichnend ist, daß so gerade moderne, nach europäischen Vorbildern konzipierte Lehrwerke[3] schnell in das Bezugssystem traditioneller Lern- und Interaktionsweisen geraten. Sie werden geradezu »re-sakralisiert« und in der Unterrichtspraxis nicht selten wie Geheimschriften behandelt. Ähnlich wie die Schriften der auctores gelten sie als mustergültige und unantastbare Darstellungen eines Faches, denen ein höherer Wahrheitsgehalt zugestanden wird als etwa Informationen aus anderen Quellen.

Lehrwerke, die einmal an den Schulen eingeführt sind, dürfen z. B. in der Türkei nicht verändert werden – auch nicht durch Zusätze oder Auslassungen des Lehrers. Notwendige Revisionen gelten als Zeichen der minderen Qualität eines Buches. Da die Inhalte geweiht sind, ist grundsätzlich alles gleich wichtig. Lehren und Lernen ist – der Logik der Anschauung gemäß – auf die totale Erfassung der Lehrbuchinhalte ausgerichtet: die Fußnote ist genauso wichtig wie der Haupttext; konkrete Details können dieselbe Aufmerksamkeit beanspruchen wie allgemeine Formulierungen und übergeordnete Zusammenhänge. Die auf Über- und Unterordnung angelegte moderne didaktische Aufbereitung wird so durch die traditionelle additive Rezeptionsweise wieder aufgehoben.

Dem Lehrer fällt bei dieser »Re-sakralisierung« moderner Lehrstoffe und -methoden eine wichtige Rolle zu. Er genießt weiterhin ungebrochene Autorität – nunmehr als Verwalter westlichen Heilswissens. Seine Hauptaufgabe ist auch heute noch die unverfälschte Weitergabe des Stoffes, wobei an die Stelle des alten Diktierens offenbar das Vorlesen getreten ist: »Dies kann so weit gehen, daß der Schüler sogar Texte des Lehrbuchs erst dann als Lehrstoff anerkennt, wenn sie vom Lehrer auch mündlich vorgetragen werden.« (Simson 1972, S. 4) Das gilt auch weitgehend für die Universitäten: das Wissen des Studenten rekrutiert sich aus den Vorlesungen des Professors, der nicht selten das weiterreicht, was er selbst als Student mitgeschrieben hat. Ein Studium nach der Fachliteratur ist unüblich. Vom Schüler wird vor allem die wortgetreue Wiedergabe verlangt: »Nicht verstehen und verarbeiten, sondern im Gedächtnis aufbewahren soll der Schüler; jede eigene Leistung wird daher in der Prüfung negativ bewertet.« (Simson 1972, S. 43) Geprüft wird nach »Buchstellen«, wobei zu den offiziellen Lehrbüchern auf dem grauen Markt sehr bald alle möglichen Arten von Hilfsbüchern erhältlich sind, die deutlich in der Tradition der alten Merkverse stehen.

Ziel des Lernprozesses ist also weiterhin die wortgetreue Beherrschung des Stoffes, nicht die Fähigkeit zur praktischen Anwendung des Gelernten im neuzeitlichen Sinne. In den Prüfungen genügt es zumeist, wenn der Kandidat Regeln und Gesetze auswendig hersagen kann: die Anwendungspraxis wird weitgehend ausgeklammert, sie ist als gesondert zu didaktisierender Bereich pädagogisch nicht existent. Das entspricht durchaus der alten magischen Weltsicht: wer die richtigen Beschwörungsformeln weiß, kann seine Umwelt beherrschen und verändern. Im Weiterbestehen dieser magischen Umweltbeziehungen liegt aber auch das Scheitern aller Bildungsprogramme begründet, die allein auf technisch-naturwissenschaftliche Umweltbeherrschung im europäischen Sinne zielen. Wissen dieser Art wird zwar äußerlich-formal rezipiert, jedoch überhaupt nicht oder nur unzureichend zur Bewältigung der eigenen Lebensprobleme herangezogen: es ist »dysfunctional for modernization« (Szyliowicz 1973, S. 448).

Die archaische Verbindung von Ding und Wort, von Lehrstoff und seiner sprachlichen Formulierung, verhindert vor allem, daß das Lernen in eine engere Beziehung zur Entwicklung der Person tritt. Die Unterrichtspraxis ist auf wortgetreue Beherrschung des Stoffes ausgerichtet und daher dialogfeindlich; sprachliche Interaktionsweisen wie Fragen, Diskutieren oder das Formulieren eigener Standpunkte werden ausgeklammert; sie würden die Aura des Lehrstoffs zerstören (Simson 1972, S. 42; Kazamias 1966, S. 154). Gerade das Problematisieren und persönliche Verbalisieren sind jedoch sprachliche Interaktionsweisen, die zum Aufbau einer Innenwelt der Ideen und Meinungen führen und die psychische und geistige Entwicklung des bürgerlichen Individuums ausmachen (Osterloh 1974, S. 351 f.). Wo das Weiterbestehen traditioneller Lernweisen die Ausbildung derartiger Kommunikationsstrukturen verhindert, bleibt das Individuum gegenüber den neuen Bildungsinhalten sprachlos: es imitiert lediglich fremde Sprachspiele, ohne seine eigene Identität fortzuentwickeln. Erziehungssysteme, die dieser Tatsache nicht Rechnung tragen, besetzen allenfalls die freigewordenen Positionen mit neuen Inhalten. Sie schaffen die Voraussetzung dazu, den westlichen Vorstellungen von Zivilisation jene »besondere Aura von Legitimität« (Galtung 1972, S. 57) zu verleihen, die erst ihre weltweite Verbreitung ermöglicht. Die Industriemetropolen erhalten so eine globale Monopolstellung: aufgrund ihrer andersartigen Kommunikationsstruktur produzieren sie Begriffe, Gedanken und Modelle, die die Peripherienationen auf das bloße Imitieren beschränken und sie strukturell abhängig machen.

VI

Es gehört somit zu den wichtigsten Aufgaben einer adaptierten Pädagogik, den Menschen in der Dritten Welt zur eigenen sprachlichen Bewältigung ihrer Umwelt zu verhelfen. Dies kann nur gelingen, wenn das Individuum an seine vorhandene Kultur anknüpft: es muß lernen, das Unbegriffene mit Hilfe der ihm vertrauten kommunikativen Mittel zu begreifen.[4] Paulo Freire hat Lernprozesse dieser Art als »Begegnung zwischen Menschen zur ›Benennung‹ der Welt« (Freire 1971, S. 159) beschrieben. In seinen Alphabetisierungszirkeln sollen die Bauern lernen, existentielle Situationen aus der ihnen vertrauten Umwelt zu benennen und damit zu begreifen. Diese Praxis der Verbalisierung kann unmittelbar an die traditionellen Kommunikationsstrukturen anknüpfen: ihr Ziel ist es, Handlungen und Situationen Bedeutung zu verleihen. Dies entspricht dem archaischen Verhältnis von Sprache und Welt. Nicht die isolierte naturwissenschaftlich-technische Operation, sondern das Aufsuchen und Formulieren der magischen Bedeutung steht am Anfang jedes Versuchs, mit der Umwelt fertig zu werden. So kann die Herstellung eines Gefäßes oder das Fällen eines Baumes nur gelingen, wenn die magischen Zusammenhänge feststehen, in die diese Operationen eingebettet sind.

Weniger in diesen magischen Inhalten als vielmehr in seiner Struktur, nämlich in der engen Verknüpfung von Handlungen mit ihrer Bedeutung, liegt der für unseren Zusammenhang entscheidende Unterschied dieses Denkens gegenüber europäischen Denkgewohnheiten begründet, die eher dazu neigen, »Dinge und ihre Funktion gleichzusetzen« (Marcuse 1964/1970, S. 106). Denn mit der Entstehung eines auf Abstraktion angelegten und auf soziale Distanz ausgerichteten kognitiven Stils in der europäischen Mittelschicht ging auch eine ganze Dimension des Denkens verloren. Der westliche Geistesarbeiter versteht unter einem »Begriff nichts als eine Reihe von Operationen; der Begriff ist gleichbedeutend mit der entsprechenden Reihe von Operationen« (Marcuse 1964/1970, S. 32). Ein solches Denken tendiert dazu, die alte Sinnfrage zu exkommunizieren: an ihre Stelle ist das »zweckrationale Handeln« als alleinige Legitimationsgrundlage getreten. Es führt zu einer »Gesellschaft unter Modernisierungszwang«, in der ständiges Wachstum auf dem Gebiet der Technik, Wissenschaft und Wirtschaft zur »Ideologie« geworden ist (Habermas 1968, S. 88).

Demgegenüber zielt das vorindustrielle Denken auf die Errichtung geschlossener Systeme von Sinnbezügen, die zweckrationales Handeln a priori an feste, von der Gruppe geschaffene Normen und Wertvorstellungen binden. Das Wissen und Erkennen dieser Sinnbezüge, die die Aura einer höheren Wirklichkeitsqualität besitzen, verleiht dem Individuum seine Gruppenzugehörigkeit und damit seine soziale Identität. »Versinnlichung« als Grunddynamik vorindustriellen Denkens und Handelns bindet das Individuum an die Gruppe, »Entsinnlichung« und Funktionalisierung der Welt führt weg von ihr zu zweckrational bestimmtem Denken und Handeln.[5]

VII

Der Transfer von Bildungssystemen, die auf totalitäre Funktionalisierung der Welt angelegt sind, hat diese traditionellen Sinnbezüge in den Entwicklungsländern zu zerstören begonnen. Eine adaptierte Pädagogik dagegen muß dem Individuum dazu verhelfen, neue Sinnbezüge zu schaffen. Freire hat hierzu ein inzwischen schon klassisch gewordenes Konzept entwickelt (1971/ 1974). Entscheidend und richtungweisend ist dabei der lokale Ansatz bei der Entwicklung von Bildungsprogrammen. An die Stelle »abstrakter« Zielgruppen – wie etwa den verschiedenen Altersgruppen oder Berufsgruppen eines Landes – treten bei Freire lokal definierte Gruppen wie die Bewohner eines bestimmten Dorfes oder Stadtteils. Hinzu kommt ein inhaltlicher Neuansatz: die pädagogische Arbeit erschöpft sich nicht in der Vermittlung genormten Wissens, sondern sie bezieht sich primär auf die Aufdeckung und Lösung der unmittelbaren Lebensprobleme der Zielgruppe.

Am Anfang dieser lokal bezogenen Curriculumentwicklung steht bei Freire die »Entzifferung« der näheren Umwelt der Zielgruppe: Beobachtung und Registrierung von Sprache, sozialem Verhalten, Arbeit, Konflikten und Widersprüchen. Auf der Grundlage der Ergebnisse dieser Feldforschung werden dann die Lehrmaterialien entwickelt: sie haben den Charakter von »Kodierungen« und stellen existentielle Situationen aus dem Leben der Adressaten dar. In den abschließenden »Dekodierungskreisen« findet dann das statt, was Freire als »Begegnung der Menschen zur Benennung der Welt« bezeichnet hat: die Gruppe deutet mit Hilfe eines Koordinators die vorgeführten »Kodierungen« und lernt so, die Problemsituationen auf sich selbst zu beziehen. Entscheidend ist dabei, daß diese »Dekodierung« von der Gruppe geleistet wird: die Gruppe versucht ihre eigene Situation zu begreifen, indem die Teilnehmer »eine Reihe von Gefühlen und Meinungen über sich selbst, die Welt und andere« herausstellen (Freire 1971, S. 133).

Dies entspricht dem traditionellen Sprachgebrauch der »unendlichen« Dialoge, wie wir sie aus dem afrikanischen Dorfpalaver oder anderen Versammlungen, aber auch aus Debatten in den Parlamenten der Dritten Welt kennen.[6] Sie ähneln dem freien Assoziieren in der Psychoanalyse: Es ist ein gemeinsames Bemühen, Gegenstände und Handlungen sprachlich richtig zu benennen, den wahren »Namen« der Dinge zu finden. Der Gruppendialog verläuft daher begrifflich eher addierend als über- und unterordnend: Die Teilnehmer improvisieren und probieren so lange, bis Sprache und Wirklichkeit übereinstimmen, die wahre Formel gefunden wurde.[7] Derartige Sprachformeln spielen in der Dritten Welt eine ungeheure Rolle; davon zeugen nicht nur die Worte großer Politiker wie Mao oder Atatürk. Sie haben die innere Struktur des vorindustriellen Wissens und gleichen den alten Zauberformeln oder den Formulierungen der auctores, die man auswendig lernt und hersagt, weil sie die Welt wahr und richtig benennen. Wer sie beherrscht, kann auch die Wirklichkeit bewältigen. Und insofern gibt es, um mit Freire zu sprechen, in der Tat kein »wirkliches Wort, das nicht gleichzeitig Praxis wäre. Ein wirkliches Wort sagen heißt daher, die Welt verändern« (Freire 1971, S. 93).

Verbalisierungsprozesse dieser Art enthalten ein ausgeprägtes szenisches Element. Dabei müssen wir davon ausgehen, daß Sprache und empirische Wirklichkeit in vorindustriellen Kulturen ineinander verschachtelt sind. Nicht Abstrahierungsprozesse, sondern konkret-anschauliche Kriterien führen zum Begriff, den Wygotski hier zu Recht mit einem Gemälde verglichen hat (Wygotski 1971, S. 148). Pädagogischen Formen, die auf Problemlösungen ex praxi, nämlich durch konkretes Operieren mit den Objekten angelegt sind, wie etwa das Rollenspiel, kommt daher in der Entwicklungspädagogik eine große Bedeutung zu. Das Rollenspiel erlaubt es, Dialoge mit praktischem Handeln zu verbinden, Emotionen auszudrücken und Problemlösungen durch praktisches Probieren in der Gruppe zu erarbeiten (Kochan 1974; Fanon 1969, S. 42 ff.).

Von der gängigen Bildungshilfe unterscheiden sich pädagogische Modelle dieser Art dadurch, daß hier nicht der Transfer theoretischen Wissens, wie es die bürgerlichen Fächer liefern, im Zentrum steht, sondern die reale und konkrete Lebenssituation der Gruppe vor Ort. Der Lernprozeß organisiert sich entsprechend nicht im Rahmen eines »formellen« Schulsystems, sondern eher in interdisziplinären, die Gemeinschaft als Ganzes umfassenden Projekten, in denen auch die neuzeitliche Trennung zwischen Jugendlichen und Erwachsenen aufgehoben ist (Najman 1976, S. 61 ff.). Die Entwicklungsländerpädagogik hat hier eine Reihe gemeinsamer Ziele mit dem projektorientierten Unterricht, wie er für die Industrieländer entwickelt wurde. Beiden ist gemein, daß Lernprozesse unter den »Bedingungen der Realität« stattfinden:

»Gegenüber einem Lernen in abstrakten, Realität nur simulierenden Lernsituationen vollzieht sich Lernen im Projekt an Themen aus dem sozialen Umfeld der Schüler und an realen und planvollen Handlungen, die eine intensivere Erfahrung ermöglichen.« (Projektorientierter Unterricht 1976, S. 67)

Eine solche Lernweise, für die etwa die work-oriented education in vielen afrikanischen Staaten eine Reihe konkreter Beispiele liefert, folgt dem Prinzip des »learning by doing«, sie umfaßt Kopf- und Handarbeit (Najman 1976, S. 129 ff.). Sie zerstört nicht, wie alle bürgerlichen Bildungsprogramme, die alte Einheit von Theorie und Praxis, sondern führt zu Erkenntnissen, die – wie im traditionellen Lernen – aus der unmittelbaren Erfahrung gewonnen wurden und ohne Bruch in praktisches Handeln umsetzbar sind. Die neuzeitliche Trennung von Schule und Leben wird damit wieder rückgängig gemacht, das Wissen wieder an die lokale Gemeinschaft gebunden. Für die Curriculumentwicklung hat das weitreichende Folgen: Nicht mehr der ferne ministerielle Planer, sondern der »Maßschneider« vor Ort wird unter Einbeziehung der Adressaten die wichtigste Instanz sein.[8]

Darin liegt zweifelsohne auch das Handikap adaptierter pädagogischer Modelle: Sie stoßen vor allem dort auf Widerstand, wo sich bereits eine nach europäischem Vorbild auf zentrale Planung und curriculare Normierung angelegte Schulbürokratie etabliert hat. Es nimmt daher nicht wunder, daß gerade die ärmsten Entwicklungsländer bei der Verwirklichung nachmoderner Unterrichtskonzeptionen am weitesten fortgeschritten sind.

Anmerkungen

1 Erst neuerdings hat man festgestellt, daß in psychosozialer Sicht eine enge Verwandtschaft zwischen den sogenannten »primitiven« Kulturen und den Hochkulturen besteht, und in diesem Zusammenhang von vor-

industriellen Universalien gesprochen. Ähnliches dürfte auch für das Lehr- und Lernverhalten in nichtindustrialisierten Gesellschaften zutreffen. Vgl. K.-H. Osterloh (1976).

2 So stellt Szyliowicz (1973, S. 447) etwa für den Mittleren Osten fest: »Though the processes of integration, differentiation, diversification, expansion, and centralization have taken place … the functional aspects of modern schools exhibit a remarkable continuity with traditional orientations. Whether one looks at the role of the teacher or the behavior of the student or the values and attitudes of students, teachers, and administrators, one is struck by the remarkable degree of continuity with traditional practices. Islamic customs have everywhere proven able to resist innovation, and antiquated approaches have been grafted so successfully onto new institutions that many provide a modern equivalent of a madrasa education«.

3 Der Verfasser bezieht sich im folgenden auf Beobachtungen während seines mehrjährigen Aufenthalts als pädagogischer Berater und Lehrbuchautor in der Türkei.

4 Die Pädagogik kann sich hier auf eine Reihe von Prinzipien der angepaßten Technologie stützen, wie sie etwa Schumacher entwickelt hat (1974, S. 125 ff.).

5 Das Wort »Sinn« leitet sich her vom mittelhochdeutschen »sinnen«, nämlich »mit den Sinnen wahrnehmen«, und »Bedeutung« geht etymologisch zurück auf »deuten, deutlich machen« (F. Kluge, *Etymologisches Wörterbuch*, 1953). Die Herstellung von Sinn und Bedeutung hängt also mit der Fähigkeit zusammen, die Welt anschaulich und konkret zu erfassen. Mit dem Verlust dieser Fähigkeit des konkreten Denkens und der Entwicklung eines kognitiven Stils, der psychisch auf Objektdistanz beruht, ging dem Europäer offenbar auch die alte Dimension der Bedeutung verloren.

6 Neuere Gruppeninitiativen in den Industrieländern greifen vielfach wieder auf diese vorindustriellen Techniken der Konfliktbewältigung zurück. Vgl. H. E. Richter, *Die Gruppe*, 1972.

7 Denn in archaischen Kulturen drückt sich im Akt der Namengebung aus, »daß, wer den Namen gab, Herr war über das Benannte, andererseits, daß der Name das Wesen des Benannten bezeichnete bzw. zu bestimmen vermochte« (H. Arens, *Sprachwissenschaft*, 1969, Bd. 1, S. 4). Über den Zusammenhang der Benennung mit dem komplexen Denken archaischer Völker vgl. L. S. Wygotski (1971, S. 142 ff.).

8 Auch die Entwicklung von Rahmenprojekten, die vor Ort näher modifiziert werden können, wäre denkbar. Vgl. U. Bude, Arbeits- und umweltbezogene Curricula im Rahmen afrikanischer Primarschulreform (Papier der *Deutschen Stiftung für internationale Entwicklung*) 1974, S. 7, sowie K.-H. Osterloh 1973, S. 17 ff.

Dietrich Goldschmidt / Traugott Schöfthaler
Bildung als gleichzeitige Entwicklung von Vernunft und kultureller Identität

1. Bildung im Nord-Süd-Konflikt

Der Begriff ›kulturelle Identität‹ ist in den letzten Jahren zum Schlagwort geworden. Er benennt ein Problem, das sich um so deutlicher zeigt, je mehr sich internationale Verflechtungen zu Strukturen einer ›Weltgesellschaft‹ zu verdichten scheinen. Leider unterbleibt meist eine Klärung des Spannungsverhältnisses zwischen kultureller Vielfalt und politisch-ökonomischer Vereinheitlichung (Goldschmidt 1982). Der Vorsitzende der Nord-Süd-Kommission, Willy Brandt, formuliert es so:

»Je mehr der Prozeß der Modernisierung als eine im wesentlichen technische Angelegenheit verstanden wird, desto wichtiger wird der Erhalt kultureller Identität ... Die Gefahren eines ›kulturellen Imperialismus‹ sollte man nicht übersehen. Solidarität zwischen Nationen muß sich gründen auf gegenseitige Anerkennung von Werten. Dennoch mag eine technologisch begründete Weltzivilisation eine Art von gemeinsamem Sozial- und Arbeitsethos erfordern.« (Nord-Süd-Kommission 1980, S. 34 f.)

Dabei wird die besondere Aufgabe von Bildung betont:

»Bildung – die mehr ist als die bloße Fähigkeit zu lesen und zu schreiben – weckt das Bewußtsein der Menschen und macht es ihnen möglich, wirksamer am Gemeinschaftsleben teilzunehmen.« (S. 23)

Ähnlich sieht es die Weltbank in ihrem letzten »Education Sector Policy Paper« von 1980:

»Schnelles wirtschaftliches Wachstum, technologischer Fortschritt und sozialer Wandel verändern die Beziehungen zwischen Individuum und Gesellschaft. Sie werden die traditionalen Stützen niederreißen, die für das Individuum ein soziales Netz gebildet haben. So ist die Fähigkeit von Individuen zur Identifikation mit ihrer sich wandelnden Kultur und mit konstruktiven Rollen in der Gesellschaft zu einem großen Teil davon abhängig, was Bildung beitragen kann zu einem besseren Selbstverständnis, einem größeren Wissen über die gesellschaftlich verfügbaren Ressourcen und einer kritischen Sicht der eigenen Kultur.« (World Bank 1980, S. 14; Übers. T. S.)

Der Einsicht, daß die Entwicklungsproblematik nicht nur eine technologisch-wissenschaftliche Seite hat, sondern auch »politisch und kulturell sensibel« ist (World Bank 1980, S. 89), mußten erst zwei Entwicklungsdekaden vorausgehen. Die gegenwärtigen Formen der Bejahung kultureller Vielfalt unterscheiden sich deutlich von früheren Versuchen (im Fall der Weltbank noch 1974), Kataloge von ›needs of developing countries‹ aufzustellen, die zu globalen Modernisierungsstrategien passen (Schöfthaler 1983a). Aus dem Vergleich der nur wenige Jahre auseinanderliegenden Konzeptionen drängt sich der Gedanke auf, als würde die Sorge um den Erhalt des kulturellen Spektrums um so nachdrücklicher formuliert, je weniger lösbar die Probleme weltwirtschaftlicher Verflechtung erscheinen. Nach dem Abschied von hochfliegenden Erwartungen an die Rationalität zentraler Planung (Naumann 1981, S. 287) erhält Bildung nunmehr die schwere Aufgabe zugewiesen, situationsbezogen die für den umfassenden gesellschaftlichen Wandel benötigten Kenntnisse, Fähigkeiten und Fertigkeiten zu vermitteln und den Brückenschlag zwischen ›traditionaler‹ und ›moderner‹ Welt im Prozeß des Übergangs durch gezielte Bewußtseinsformung zu versuchen.

  Schnittpunkte zwischen der Bewältigung sozialen und technologischen Wandels und der Tradierung des kulturellen Erbes waren Bildungsprozesse schon häufig in der Geschichte der Neuzeit. So hat nach Max Weber die Durchsetzung des Weltbilds der ›rationalen Weltbeherrschung‹ in den Industriestaaten dazu geführt, daß formales, abstraktes und universelles Denken als Bildungsprodukt jenen Wandel stützen und jene Tradierung von Kultur steuern konnte. Selbst Teil des kulturellen Erbes, enthielt das Weltbild rationaler Weltbeherrschung jedoch immer auch Deutungsmuster der Kritik an Herrschaft und an formaler Rationalität; es entwickelte bestehende Muster der Vernunftkritik fort. Habermas hat diesen Prozeß jüngst mit der These zu erfassen versucht, soziale Evolution sei als fortschreitende »Entkoppelung von System und Lebenswelt« zu verstehen, und dies im doppelten Sinne: Einerseits seien die wachsende Komplexität und Steuerungskapazität sozialer Systeme zunehmend unabhängig von der Entwicklung der Verständigungsformen in Lebenswelten; andererseits sei die Steigerung der »instrumentellen Rationalität« des Systems Voraussetzung für die Steigerung »kommunikativer Rationalität« der Lebenswelt. Habermas' dialektischer Versuch kulminiert in der These, die universalistische, auf Verständigung zielende Moral der Lebenswelt sei von Übergriffen (von einer ›Kolonialisierung‹) durch die ebenfalls universalistische, auf Effektivität zielende Rationalität des Systems bedroht (Habermas 1981/2, S. 275-293, 539). Eine Lösung sieht Habermas in jenen Traditionen europäischer Vernunftkritik, die es erlauben, mit einer »Theorie der Moderne« gleichzeitig am erreichten Stand instrumenteller *und* kommunikativer Rationalität festzuhalten, das heißt: die »Abstraktions- und Neutralisierungsleistungen« des modernen Systems als »Kontingenzspielräume« zur Durchsetzung des »Eigensinns kommunikativen Handelns« zu nutzen (Habermas 1981/2, S. 582, 593). Damit zeigt Habermas für die westlichen Industriegesellschaften eine – vor dem Hintergrund neuerer ökologischer Protestbewegungen allerdings nicht zureichend geklärte – Perspektive der gleichzeitigen Entwicklung von Vernunft (als des Zusammenspiels von instrumenteller *und* kommunikativer Rationalität) und kultureller Identität (als der Tradierung von Vernunft *und* Vernunftkritik). Er folgt dabei mehrfach der Logik von Piagets Theorie des Wechsels von Assimilation und Akkommodation im Prozeß der kognitiven Entwicklung.

Wie aber ist solch eine Verbindung herzustellen in Gesellschaften, die eine innere *und* äußere Kolonisierung erfahren haben? Besteht dort nicht die Gefahr, daß die ganz anders begründeten kulturellen Traditionen von der universellen Ausbreitung westlicher Rationalisierung überrannt und zerstört werden? Kann die von Habermas benannte Dialektik von System- und Lebensweltentwicklung überhaupt funktionieren, wenn der Wandel fremdkulturellen Ursprungs ist? Habermas und den meisten westlichen Theoretikern scheint dieses Problem nicht besonders drängend zu sein. Es stellt sich aber dort unausweichlich, wo es (wie bei den Beiträgen des vorliegenden Bandes) um das Erkennen der Grenzen einer Übertragbarkeit westlich-universalistischer Wissenschaft auf fremde Kulturen geht. Dabei sollte man sich nicht vom begrifflichen Gegensatz traditional/modern dazu verleiten lassen, fremde Kulturen durchweg als ›vormodern‹, ›rückständig‹ oder ›primitiv‹ zu sehen. Wenn von nicht-westlichen Kulturen die Rede ist, geht es immerhin um die Lebensbedingungen von drei

Vierteln der Weltbevölkerung, einschließlich solcher Hochkulturen wie Indien oder China.

Die These dieses Schlußwortes, das nach praktischen Konsequenzen fragt, ist: Wenn Vernunftentwicklung und Wandel kultureller Identität gleichermaßen Ziele von Bildung in nicht-westlichen Kulturen sein sollen, setzt dies ein sorgsames Aufspüren von kulturspezifischen Formen von Vernunft voraus, von instrumenteller wie kommunikativer Rationalität. Dabei sollten nicht ›gute‹ und ›schlechte‹ Traditionen mit dem westlichen Seziermesser der Scheidung von ›universellen‹ und ›partikularen‹ Denkformen getrennt werden. Denn universelles Denken, aus den Metropolen in die Bildungsprozesse kleiner Eliten in den Peripherien eingepflanzt, trägt dort zur Absonderung der Denk- und Lebensformen einer partikularen, ›verwestlichten‹ Gruppe bei; es ist nicht aus einem langsamen Prozeß des Kulturwandels hervorgegangen. Ein solcher könnte auf westlicher Seite durch das Wachsen der noch unentwickelten Bereitschaft gefördert werden, von fremden Kulturen zu lernen. Dies dürfte um so notwendiger sein, als die ›innere Kolonisierung‹ und ›kognitive Vereinseitigung‹ der westlichen Gesellschaften doch weiter fortgeschritten zu sein scheint, als Habermas meint. Möglicherweise sind Traditionen europäischer Vernunftkritik nicht stark genug, um der Dominanz instrumentellen Systemdenkens Einhalt zu bieten. Dagegen könnten sich Formen des Widerstands gegen den ›Rationalismus der Weltbeherrschung‹, wie sie sich überall in der Welt zeigen, zu Keimzellen für die Wiederherstellung des auch im Westen gestörten Gleichgewichts von Systemrationalität und kommunikativer Verständigung entwickeln. Eine ausschließliche Orientierung an Standards moderner Wissenschaft greift zu kurz. Wenn Bildung und Wissenschaft der aufklärerischen Idee einer Universalisierung der Vernunft (s. o. Kap. 1) verpflichtet bleiben wollen, sind sie auf die Suche nach Widerstandspotentialen gegen ihre ›kognitive Vereinseitigung‹ in kulturell höchst verschiedenen Lebenswelten angewiesen.

2. Lösungsvorschläge

Bevor wir versuchen, diese Problemstellung zu präzisieren, möchten wir einige der Beiträge des vorliegenden Bandes auf

Lösungsvorschläge für die Konflikte zwischen Bildungsprozessen in nichtwestlichen Kulturen und universalistischer Vernunft westlicher Prägung befragen.

Piaget hatte mit seiner Theorie intellektueller Entwicklung ein Schema formuliert, dessen Realisierung er selbst als umweltgebunden beschreibt. So bezieht er sich auf Durkheim,

»für den sich Logik, Moral und Recht aus der Gesamtstruktur der Gesellschaft herleiten und sich dem Individuum dank gesellschaftlicher und erzieherischer Zwänge aufdrängen ... So scheinen ... Befunde ... darauf hinzuweisen, daß ein normaler Schulbesuch nach französischem Lehrplan ... nicht ausreicht, um eine normale Entwicklung der operativen Strukturen zu gewährleisten« (in diesem Band, S. 71).

Da Piaget nicht nach der kulturspezifischen Form und Bedeutung und dem lebensweltlichen Umfeld aussagenlogischer Operationen fragt, bleibt seine These der Umweltbindung des Denkens – wie oben einleitend gezeigt – noch außerhalb des von Durkheim umrissenen Weges einer Analyse der Beziehungen zwischen sozialer Struktur und Vernunft. Piagets Umweltthese läßt zu viele Zusammenhänge unerwähnt, um Hinweise für die Bewältigung der Konflikte zwischen universalistischen Denkoperationen und nichtwestlichen Kulturen geben zu können.

Der Soziologe Inkeles versucht – wenn auch ohne direkte Anleihen bei Piaget – dies nachzuholen. Einige Charakteristika des ›Modernitätssyndroms‹ wie kognitive Flexibilität oder die individuelle Autonomie im Verhältnis zur Tradition (Feldunabhängigkeit) lassen sich als lebensweltliche Erweiterungen der Prinzipien voller Reversibilität operativen Denkens und seiner Lösung von Bindungen an Handeln und Anschauung verstehen (in diesem Band, S. 40, 363). Für das Modernitätssyndrom ist formal-operationales Denken notwendiger Bestandteil, für das traditionale Denken scheint dies nicht unbedingt zu gelten. Inkeles bestimmt den sozialen Ort, an dem ›modernes Denken‹ erworben wird: Es sind »moderne Institutionen«, außer Schulen noch Fabriken, bürokratische Organisationen und landwirtschaftliche Kooperativen (in diesem Band, S. 369). So stellt sich die Lösung des Kulturkonflikts für Inkeles geschichtslos dar: Wenn ein Land moderne Bildung, wissenschaftlich begründete Technologie und Massenproduktion haben wolle, brauche es auch »moderne« Individuen. Deren Weltbild und Denkstruktur, die »individuelle

Modernität«, sei – wenn sie vor Ort in modernen Institutionen gelernt werde – »ein hausgemachtes Produkt ..., ganz gleich, wie fremd der Ursprung des Samens auch sein mag« (in diesem Band, S. 360 f.).

Lösungsvorschläge dieser Art sind in den letzten zehn Jahren seltener geworden. Die Verdrängung ›traditionalen‹ durch ›modernes Denken‹ wird immer weniger als Fortschritt, sondern kritisch gesehen, entsprechend den Analysen ›mentaler Kolonisierung‹ (Fanon 1966; 1980), psychiatrischer Untersuchungen zur Zerstörung personaler Identitäten (Staewen/Schönberg 1970) und psychoanalytischer wie sozialpsychologischer Studien zu Akkulturations- und Widerstandsprozessen (Parin/Morgenthaler 1963, 1971; Bosse 1979, 1980). Leider kommen auch Analysen dieser Art nur selten bis zur Formulierung von konkreten Vorschlägen zur Abhilfe. So fand noch 1970 eine Gutachtergruppe zur Errichtung einer Ingenieurfakultät an der Universität Dar-es-Salaam lediglich Optionen für oder gegen Spezialisierung vor, mit denen sie sich auseinanderzusetzen hatte (Bieger/Goldschmidt/Kreuser 1970). Aus einigen neueren Diskussionsbeiträgen lassen sich aber zumindest Ansatzpunkte dafür gewinnen. So untersuchen Müller und Bosse (s. o. Kap. 4.1 und 4.3) kulturelle Differenzen zwischen Identitätsmustern. Das westliche ›autonome‹ Subjekt, das sich aus frühkindlichen Prozessen der Verinnerlichung von Aggressionen aufbaut, bringt danach ganz andere Dispositionen in den Prozeß der formalen Bildung mit als die ›traditionalen‹ Subjekte mit ihrer Bindung an Gruppenidentitäten beziehungsweise an ein ›Gruppen-Ich‹. Solche Generalisierungen lösen offensichtlich nicht die Schwierigkeiten der globalen Unterscheidung von ›traditional‹ und ›modern‹. Doch erfüllen sie auf der Ebene von Modernisierungstheorien Funktionen als Korrektive. Folgt man Müller und Bosse, gilt es, Schulen in den Übergangsgesellschaften der Dritten Welt zu entwickeln, die gerade nicht den von Inkeles geforderten Typus der modernen Institution verkörpern, sondern weit mehr als bisher in die Sozialbeziehungen der sie umgebenden Gemeinschaften eingebunden sind.

Osterloh (s. o. Kap. 4.5) fordert konsequent einen Abbau der Vorherrschaft formaler Wissensvermittlung in den Bildungssystemen von Entwicklungsländern. Er bricht mit der klassischen Vorstellung, Magie und Rationalität seien die gegensätzlichen Gehalte traditionalen und modernen Denkens. Er sieht den Gegensatz eher in den unterschiedlichen Gewohnheiten, Handlungen *traditional* mit ihrer Bedeutung eng zu verknüpfen oder *modern* »Dinge und ihre Funktion gleichzusetzen« und so zweckrational »die alte Sinnfrage zu exkommunizieren« (s. o., S. 456). Er schlägt die Etablierung non-formaler Bildungsmodelle vor, die

– eher an lokale Gruppen als an Altersgruppen adressiert sind;
– Kopf- und Handarbeit in Form eines ›learning by doing‹ verbinden;
– auf ›konkretes Operieren mit Objekten‹, nicht auf Abstrahierungsprozesse angelegt sind (s. o., S. 458 f.).

Mit einer Realisierung solcher Vorschläge wäre die praktische Seite der ›relativistischen Herausforderung‹ benannt, von der Edelstein (s. o., Kap. 4.4) zunächst im Sinn der theoretischen Auseinandersetzung zwischen universalistischen und kulturrelativistischen sozialwissenschaftlichen Theorien spricht. Er vertritt, anders als Osterloh, einen klar universalistischen Standpunkt, kommt aber zu überraschend ähnlichen praktischen Folgerungen. So sei Lernen in der traditionalen Gesellschaft durch unmittelbare Erfahrung, in der modernen durch stellvertretende Erfahrung gesteuert, wobei Handlung und Sinn auseinanderfielen (s. o., S. 416 ff.). Anders als Inkeles (s. o., S. 371 f.) stellt sich Edelstein der These, daß »die Schule Entfremdung bewirkt« (s. o., S. 430). Zwar sei die »moderne Schule … auf stellvertretende Erfahrung als Grundlage kognitiver Aktivität angewiesen«; sie müsse dennoch einen Weg finden, dem Bedürfnis gerecht zu werden, »Dingen und Ereignissen einen Sinn abzugewinnen« (s. o., S. 432). So fordert Edelstein Anstrengungen mit dem Ziel, »entwicklungsfreundliche Schulen zu schaffen«, »die die Selbstregulierungsaktivität des Lernenden … herausfordern« – eine Forderung, die nicht weniger bedeuten würde als eine »Revolution im Klassenzimmer« (s. o., S. 435 f.).

Edelsteins Vorschläge zielen auf Veränderungen im Bildungswesen entwickelter Industriestaaten und scheinen deshalb weniger weitreichend zu sein als Osterlohs Konzept einer ›adaptierten Pädagogik‹. Doch sind sie Indizien für eine neue Richtung in der westlichen Bildungsforschung, die bereit ist, Erfahrungen aus fremden kulturellen Kontexten auch als Anstoß für Veränderungen hier aufzunehmen und damit deutlich anders als einlinige Fortschritts- und Modernisierungstheorien zu verfahren. In der Sensibilität für soziale und kulturelle Besonderheiten von Bildungsprozessen scheinen sich gegenwärtig relativistische und universalistische Sozialwissenschaftler erst einander zu nähern (s. o., Kap. 1, S. 32 ff.); in ihren praktischen Vorschlägen scheint die theoretische Differenz schon weitgehend überwunden. So stehen die Ideen der eher ›relativistischen‹ Psychologen Wober und Cole zu den Konzepten Osterlohs und Edelsteins kaum in Widerspruch: Wober fordert die gleichzeitige Vermittlung einheimischer und westlicher Intelligenzkonzepte in Bildungseinrichtungen afrikanischer Länder (Kap. 3.6, S. 243) und folgt damit Edelsteins Devise, man solle den Schüler »mit desäquilibrierenden Bedingungen konfrontieren« (Kap. 4.4, S. 435). Ähnlich ließen sich aus Coles Analysen der unterschiedlichen kognitiven Wirkungen einzelner kulturspezifischer Tätigkeits- und Erfahrungsfelder (s. o., Kap. 3.9) Strategien der nicht-entfremdenden Förderung kognitiver Prozesse entwickeln: Coles Prinzip, man solle erst nach genauer Analyse der umweltfunktionalen Denkstrukturen darüber entscheiden, wie jeweils kognitive Leistungen »hervorgelockt« werden können, gehört heute zur Grundüberzeugung kulturvergleichender Bildungsforscher jenseits theoretischer Kontroversen. So hat die ›kulturrelativistische Herausforderung‹ für die Bildungsforschung zumindest zwei praktische Ergebnisse gebracht:

– Wachsende Einsichten in die Situationsabhängigkeit spontaner Lernprozesse fördern die Überzeugung, daß inszenierte Bildungsprozesse zumindest kulturspezifisch organisiert werden sollten.
– Erkenntnisse über die geringe Effektivität oder gar identitätszerstörende Wirkung formaler Bildung in nichtwestlichen Gesellschaften müssen nicht weiter resignierend als Indizien evolutionärer Rückständigkeit traditionaler Gesellschaften zur Kenntnis genommen werden, sondern können zur Neuorientierung in den industriell fortgeschrittenen Kulturen beitragen.

3. Chancen für Nord-Süd-Kooperation

Die Einsichten kulturvergleichender Bildungsforschung in den Zusammenhang von sozialen Strukturen und verschiedenen Formen des Vernunftgebrauchs haben dazu beigetragen, der idealtypischen Gegenüberstellung von traditionaler und moderner Gesellschaft ihre moralisch und wissenschaftlich vertretbare, nämlich heuristische Bedeutung zurückzugeben. Shweder formuliert dies besonders klar:

»Trotz unserer wissenschaftlichen Ideale sind wir in der alltäglichen Praxis so magisch wie jeder andere.« Und: »Alle Menschen betreiben angewandte Wissenschaft. Nur wenige sind Wissenschaftstheoretiker oder -ideologen.« (in diesem Band, S. 223)

Das heißt: Ähnliche Argumente, wie sie für die Universalität rationaler Welterkenntnis vorgebracht wurden, lassen sich auch für die Universalität magischen Denkens formulieren. Es gilt deshalb, die unterschiedlichen gesellschaftlichen Organisationsformen und Relevanzstrukturen von intuitivem und formal-operatorischem Denken aufzuspüren. Vernunft – darauf hat Habermas zu Beginn seiner recht summarischen, die Gegensätze überzeichnenden Studie über »einige Merkmale des mythischen und des modernen Weltverständnisses« hingewiesen – hat neben der kognitiven auch moralisch-praktische, evaluative, expressive und hermeneutische Dimensionen (Habermas 1981/1, S. 72). Shweder verwendet dieses Argument kritischer als Habermas: es sei ethnozentrisch, »kognitive Tätigkeiten« an einer einzigen Elle zu messen, etwa der des Selbstverständnisses westlicher Wissenschaft (s. o. S. 222). Damit ist die besonders seit Frazer und Lévy-Bruhl in die anthropologische Forschung eingebrachte, mit einigen Modifikationen auch von Piaget vertretene und von Habermas nur wenig entschärfte Analogie von Kind und Primitivem ihrer Stützen beraubt (Müller-Schwefe 1978, S. 151-164; s. o. Kap. 1, S. 23 ff.). Der indische Schriftsteller V. S. Naipaul formuliert dies so:

»Der einzelne ist niemals allein; er ist stets und fundamental ein Mitglied seiner Gruppe mit deren komplexem System von Regeln, Ritualen und Tabus ... Persönliche Beziehungen unterstehen einem Kode. Religion und religiöse Praktiken – ›magische und animistische Denkweisen‹ – stellen alles auf seinen Platz. Damit ist die Notwendigkeit für individuelles Beobachten und Urteilen reduziert; etwas Ähnliches wie rein instinktives Leben wird möglich. Doch impliziert die daraus resultierende kindliche Realitätswahrnehmung keineswegs Kindlichkeit – Gandhi beweist das Gegenteil. Aber sie läßt den Schluß zu, daß Inder in einer Weise aus ihren Erfahrungen leben, wie dies nur wenigen Menschen im Westen möglich ist.« (Naipaul 1979, S. 102 f., Übers. T. S.)

Es ist eine – mit Habermas oder C. F. von Weizsäcker zu sprechen – »kognitiv vereinseitigte Vernunft« oder »ein seiner Vernunft beraubter Verstand«, die als Produkt formaler Bildung in Gesellschaften der Dritten Welt in Konflikt mit kulturellen Identitäten geraten sind. Habermas kommt das Verdienst zu, deutlicher als die meisten anderen Verteidiger der Moderne eben dies auch als Ergebnis ›innerer Kolonisierung‹ in fortgeschrittenen Industriegesellschaften aufgespürt zu haben. Von dieser Erkenntnis bis zu ernsthafter Prüfung der Frage, welche alternativen *Wege in der Gefahr* (v. Weizsäcker 1976) sich ausmachen ließen, wenn Chancen des ›Lernens von der Dritten Welt‹ genutzt werden, ist es prinzipiell nur ein kleiner Schritt (vgl. Goldschmidt 1982; Schöfthaler 1982). Wenn es in Übergangsgesellschaften der Dritten Welt gelingen könnte, die kognitive Vereinseitigung von Vernunft zugunsten einer kulturellen Aufwertung ihrer anderen Dimensionen abzubauen, wäre dies ein Ereignis von universaler Bedeutung. Um es nicht bei theoretischen Überlegungen zu belassen, sei im folgenden wenigstens die Richtung praktischer Konsequenzen angedeutet.

Die westlichen Industriestaaten sollten sich gerade in einer Zeit der entwicklungspolitischen Ernüchterung und Resignation nicht der Aufgabe entziehen, an der Korrektur von Mißständen in der Dritten Welt mitzuwirken, die sie selbst mitverursacht haben. Die Korrektur der gegenwärtigen Struktur des formalen Bildungswesens gehört dazu. In Fortschreibung früherer Überlegungen zu Möglichkeiten sogenannter ›Bildungshilfe‹ durch die Bundesrepublik Deutschland (Goldschmidt 1977, S. 159-162) seien dazu sechs Thesen formuliert:

(1) Individuelle Entfaltung der kognitiven Fähigkeiten und Ausbau kultureller Identitäten sind zwei universale Bildungsziele. Sie sind so ineinander verwoben, daß sie nur zusammen oder gar nicht erreichbar scheinen.

Nach Inkeles sind gravierende Lockerungen kultureller Bindungen unausweichlicher Preis für die Entwicklung instrumenteller Rationalität in gesellschaftlichen Modernisierungsprozessen. Folgt man dagegen den Plädoyers gegen kognitive Vereinseitigungen, wie sie Edelstein, Habermas und von Weizsäcker formuliert haben und wie sie die in diesem Band gesammelten sozialanthropologischen Studien anschaulich machen, gewinnt die Forderung nach einer Zusammenführung von Vernunft (instrumenteller und kommunikativer Rationalität) mit kultureller Identität das Gewicht einer Alternative.

(2) Die Entscheidung vieler Hilfsorganisationen, darunter auch derjenigen der Bundesrepublik, das Gewicht ihrer Bildungshilfe zukünftig stärker auf die Grunderziehung zu legen, sei grundsätzlich nicht angefochten. Doch darf dies nicht geschehen, ohne daß auch die Verbindung zu einer adäquaten Sekundar- und Tertiärbildung gesucht wird; für sie bestehen kaum Reformkonzepte, und es ist zu befürchten, daß sie vollends zum Privileg einer kleinen Eliteschicht wird. Bildung insgesamt muß stärker ›landzugewandt‹ werden; der Konflikt zwischen traditionalem und modernem Sektor von Übergangsgesellschaften könnte sonst leicht durch eine verstärkte Ruralisierung der Grundbildung bei weiterer Formalisierung höherer Bildungsgänge verschärft werden.

(3) In den meisten Ländern der Dritten Welt wird kaum oder nur wenig landeskundliches Wissen (von Geographie und Geschichte bis zu Landwirtschaft und Rohstoffen) im Bildungssystem vermittelt. Um den Graben zwischen international ausgerichteter formaler Bildung und allenfalls lokal vorhandenen Kenntnissen über die Umwelt von Schule zuzuschütten, gilt es, ›landzugewandte‹ Ziele in Lehre und Forschung besonders zu fördern. Als aussichtsreiche Beispiele können gelten: das UNESCO-Projekt zur Erstellung einer Enzyklopädie afrikanischer Geschichte; die Förderung von sozialkundlichen Länderreports durch das United Nations Environment Programme; die Kooperation zwischen der Universität Bremen und dem UNO-Institut für Namibia zur Herstellung landeskundlichen Materials für den Gebrauch an deutschen und namibischen Schulen (vgl. Hinz 1982).

(4) Angesichts der schier ausweglosen Finanzmisere vieler Drittweltländer ist weiterhin die externe Förderung von Sekundar- und Tertiärbildungseinrichtungen erforderlich. Es ist inzwischen weithin weniger das Fehlen von Lehrpersonal als das zu geringe Budget, das den Flaschenhals zwischen Primarbildung und höheren Bildungsgängen immer weiter verengt. Angesichts rapide steigender Schülerzahlen in der Grundschule sehen sich beispielsweise zahlreiche schwarzafrikanische Staaten der Dritten Welt gezwungen, die ohnehin äußerst geringen Übergangsquoten weiter zu senken. An diesen Problemen darf Bildungshilfe, betreffe sie Personal oder Sachmittel, nicht vorbeigehen.

(5) Wissenschaftliche Zusammenarbeit zwischen Forschern von

Universitäten der Dritten Welt und der Industriestaaten ist durch vielfältige Hemmnisse erschwert. In der bundesdeutschen Praxis werden oft Wissenschaftler aus der Dritten Welt in deutsche Projekte inkorporiert, die ohne sie kaum anders geplant und durchgeführt würden als mit ihnen. Die Förderung ist so zu gestalten, daß Wissenschaftler aus der Dritten Welt die Möglichkeit erhalten, sich an Kooperationsprojekten zu beteiligen, die für ihr eigenes Land von Nutzen sind, und sie entsprechend umzugestalten. Leider hat sich diese Einsicht bei potenten deutschen Förderungseinrichtungen noch nicht durchgesetzt.

(6) Zur Belebung des Interesses an einer solchen Kooperation bedarf es noch weitergehender Verbesserung der internen Voraussetzungen in den Industrieländern. Gleichberechtigte Kooperation erfordert verändertes Problembewußtsein westlicher Wissenschaftler. In der Erforschung von Problemen der Industriestaaten und solchen der sogenannten Entwicklungsländer muß der Analyse von Verflechtungen und Gemeinsamkeiten ausreichend Raum gegeben werden. So wären im Bereich der Bildungsforschung die Sozial- und Bildungsgeschichte der Industrieländer aus der Perspektive heutiger Entwicklungsländer zu untersuchen, vor allem aber wären übergreifende und kulturvergleichende Untersuchungen von weltweiten Problemen wie Marginalisierung, Benachteiligung von Frauen oder Stadt/Land-Differenzen für Industrie- und Entwicklungsländer von Nutzen. Westliche Wissenschaftler wie auch solche aus der Dritten Welt müßten sich dabei von ideologischen Elementen ihrer Fortschrittshoffnungen trennen, die bisher oft die wissenschaftliche Kooperation ganz an den Maßstäben westlicher instrumenteller Vernunft orientierten.

Insgesamt gilt es, die verbreitete Vorstellung zu revidieren, die den Erfordernissen der sogenannten Entwicklungsländer Rechnung tragende, sogenannte angepaßte Bildung und Technologie seien unangemessen und minderwertig. V. S. Naipauls Worte haben über die Grenzen Indiens hinaus Gültigkeit:

»Indische Akademiker behaupten häufig, sie hätten für indische Verhältnisse eine zu hohe Ausbildung bekommen. Das Gegenteil ist gewöhnlich richtig: Sie sind zu schlecht ausgebildet; sie wollen ihr Buchwissen einfach anwenden. Die importierten Qualifikationen haben keine Wurzeln; sie sind Fertigkeiten, die von kulturellen Prinzipien getrennt sind ... Technologie an die Erfordernisse eines armen Landes anzupassen, erfordert höchste Qualifikationen und volle Übersicht.« (Naipaul 1979, S. 127-129).

Bibliographie

zusammengestellt von Lucie Mai und Jutta Reinke

Die in Klammern den bibliographischen Angaben nachgestellten Ziffern (z. B. 2.3) sind Zitationshinweise auf den Beitrag des vorliegenden Bandes (z. B. Ashton), in dem der jeweilige Titel verhandelt wird. Sind mehrere Titel eines Autors aus demselben Erscheinungsjahr aufgeführt, werden sie nur dort mit a, b, c usw. unterschieden, wo eine Identifikation nicht schon anhand der Zitationshinweise möglich ist. Von einigen Titeln sind verschiedene Ausgaben oder Übersetzungen genannt, wenn dies zur Auffindung der Zitate in den Kapiteln dieses Bandes erforderlich ist oder wenn es vom Text her zweckmäßig erscheint (z. B. Boas ^{1}1911; ^{2}1938). Literaturhinweise im Text mit Autorennamen und zwei Jahreszahlen (z. B. Piaget 1965/1974) beziehen sich auf das Erscheinungsjahr der Originalausgabe und auf das der Übersetzung, aus der die Zitate entnommen sind. Mehrere Publikationen eines Autors sind im Literaturverzeichnis nach dem Jahr ihrer Erstveröffentlichung oder der ersten zitierten Ausgabe geordnet. Die Literaturliste enthält nur die ca. 800 in diesem Band zitierten Titel.

Adams, U., Nachhut der Gesellschaft? Untersuchung einer Obdachlosensiedlung in einer westdeutschen Großstadt, Römlinghoven/Oberkassel: Fördergemeinschaft »Kinder in Not« e. V. 1966.   (4.1)

Albert, E., »›Rhetoric‹, logic and poetics in Burundi. Culture pattern of speech behavior«, in: J. Gumperz/D. Hymes (Hrsg.), The Ethnography of Communication, Washington 1964.   (3.9)

Allport, G. W., Personality. A psychological interpretation, New York 1937.   (3.5)

Almond, G. A./Verba, S., The Civic Culture: Political Attitudes and Democracy in Five Nations, Princeton 1963.   (4.2)

Almy, M./Chittenden, E./Miller, P., Young Children's Thinking, New York 1966.   (2.3; 4.4)

Alsheimer, G. W., Vietnamesische Lehrjahre. Sechs Jahre als deutscher Arzt in Vietnam, Frankfurt 1968.   (4.1)

Amin, S., Le développement du capitalisme en Côte d'Ivoire, Paris 1967. (4.3)

–, Neocolonialism in Westafrica, Harmondsworth 1973. (4.3)

–, »Zur Theorie von Akkumulation und Entwicklung in der gegenwärtigen Weltgesellschaft«, in: D. Senghaas (Hrsg.), Peripherer Kapitalismus, Frankfurt 1974, S. 71-97. (4.3)

–, Die ungleiche Entwicklung, Hamburg 1975. (4.3)

Andreski, S., Social Science as Sorcery, Harmondsworth 1974. (1; 4.4)

Anonymous, »The effects of marihuana on consciousness«, in: Ch. Tart (Hrsg.), Altered States of Consciousness, New York 1969. (3.7)

Ariès, P., Geschichte der Kindheit, München 1975. (4.4; 4.5)

Aristoteles, Analytica priora. (3.10)

Armer, M./Schnaiberg, A., »Measuring individual modernity: A near myth«, in: American Sociological Review 37, 1972, S. 301-316. (4.2)

Armer, M./Youtz, R., »Formal education and individual modernity in an African society«, in: American Journal of Sociology 76, 1971, S. 604-626. (4.2)

Ashton, P. T., »Cross-cultural Piagetian research. An experimental perspective«, in: Harvard Educational Review 45, 1975, S. 475-506 (= Kap. 2.3 im vorliegenden Band). (1; 2.5)

Bakan, D., »Adolescence in America. From idea to social fact«, in: Daedalus 100, 1971, S. 979-996. (4.4)

Baken, P., »The eyes have it«, in: Psychology Today 4 (11), 1971, S. 64-67. (3.8)

Ballauff, Th., Pädagogik. Eine Geschichte der Bildung und Erziehung, Bd. 1, Freiburg 1969. (4.5)

Barclay, J. R., »The role of comprehension in remembering sentences«, in: Cognitive Psychology 4, 1973, S. 229-254. (3.10)

Barnes, B., »The comparison of belief-systems. Anomaly versus falsehood«, in: R. Horton/R. Finnegan 1973, S. 182-198. (3.5)

Barnouw, V., Culture and Personality, Homewood, Ill. ²1973. (1.)

Barry, H./Child, I./Bacon, M., »Relation of childtraining to subsistence economy«, in: American Anthropologist 61, 1959, S. 51-63. (2.5)

Barthes, R., »Éléments de sémiologie«, in: Communications 4, 1965; dt.: Elemente der Semiologie, Frankfurt 1976. (3.8)

Bartlett, F., Thinking. An experimental and social study, New York 1958. (3.4)

Beals, R. L./Hoijer, H., An Introduction to Anthropology, New York ⁴1971. (3.8)

Beattie, J. H. M., »On understanding ritual«, in: B. R. Wilson (Hrsg.), Rationality, Oxford 1970, S. 240-268. (3.5)

Becker, S., The Economic Approach to Human Behavior, Chicago 1976. (3.5)

Beckner, M., The Biological Way of Thought, New York 1959. (3.5)

Bellman, B., »Some constitutive factors of secrecy among the Fala Kpelle of Sucrumu, Liberia«. Paper delivered at the meeting of the Liberian Research Association, Stanford 1969. (3.9)

Bengtson, V. L./Doud, J./Smith, D. H./Inkeles, A., »Modernization, modernity, and perceptions of aging: A cross-cultural study«, in: Journal of Gerontology 30 (6), 1975, S. 688-695. (4.2)

Berkeley, G., The Theory of Vision, or visual language showing the immediate presence and providence of a Deity vindicated and explained, London 1733. (3.1)

Berlin, B., »Speculations on the growth of ethnobotanical nomenclature«, in: Lang. Soc. 1, 1972, S. 51-86. (2.5)

Berlin, B./Kay, P., Basic Color Terms. Their universality and evolution, Berkeley 1969. (2.5; 3.5)

Bernstein, B., »Social class and linguistic development. A theory of social learning«, in: A. Halsey/J. Floyd/C. Anderson (Hrsg.), Education, Economy and Society, Glencoe, Ill. 1961. (3.9)

–, Class, Codes and Control. Vol. 2 und Vol. 3, London 1971 und 1975. (3.5; 4.4)

Berry, J. W., »Temne and Eskimo perceptual skills«, in: Int. J. Psychol. 1, 1966, S. 207-229. (2.4; 2.5; 3.6)

–, »On cross-cultural comparability«, in: Int. J. Psychol. 4, 1969, S. 119-128. (2.5)

–, »Ecological and cultural factors in spatial perceptual development«, in: Can. J. Behav. Sci. 3, 1971 (a), S. 324-336. (2.5; 3.9)

–, »Müller-Lyer susceptibility. Culture, ecology, or race?«, in: Int. J. Psychol. 6, 1971 (b), S. 193-197. (2.5)

–, Human Ecology and Cognitive Style, New York 1976. (2.5)

–, »Social and cultural change«, in: Handbook of Cross-Cultural Psychology, Vol. 5: Social Psychology, Hrsg. H. C. Triandis, Boston 1981, S. 211-279.   (2.5)

Berry, J. W./Dasen, P. R. (Hrsg.), Culture and Cognition. Readings in cross-cultural psychology, London 1974.   (2.3; 2.4; 2.5; 4.4)

Berthoud, G., »L'identité et l'alterité. Pour une confrontation de l'épistémologie génétique et de l'anthropologie critique«, in: Revue européenne des sciences sociales XIV, 1976, S. 471-494.   (1.)

Bieger, K. W./Goldschmidt, D./Kreuser, W., Die Errichtung einer Ingenieurfakultät an der Universität Dar-es-Salaam, Berlin/Köln 1970.
(Vorwort; 4.6)

Biesheuvel, S., African Intelligence, Johannesburg 1943.   (3.6)

Bisilliat, J./Laya, D./Pierre, E./Pidoux, C., »La notion de lakkal dans la culture Djerma-Songhai«, in: Psychologie Africaine 3, 1967, S. 207-264.   (3.6)

Bjarnason, D. S., A Study of Intergenerational Differences in the Perception of Stratification in Urban Iceland. M. A. thesis, University of Keele 1974.   (4.4)

Björnsson, S./Edelstein, W./Kreppner, K., Explorations in Social Inequality. Stratification dynamics in social and individual development in Iceland. Max-Planck-Institut für Bildungsforschung, Studien und Berichte 38, Berlin 1977.   (4.4)

Black, C. E., The Dynamics of Modernization: A study in comparative history, New York 1966.   (4.2)

Black, M., »Reasoning with loose concepts«, in: Dialogue 2, 1963, S. 1-12.   (3.5)

–, »The ›raison d'être‹ of inductive argument«, in: M. Black (Hrsg.), Margins of Precision, Ithaca 1970, S. 145-178.   (3.5)

Bloor, D., Knowledge and Social Imagery, London 1976 (daraus S. 123-130 = Kap. 3.2 im vorliegenden Band).   (1.)

Boas, F., The Mind of Primitive Man, New York ¹1911; ²1938.   (1.)

Bochenski, L. M., A History of Formal Logic, Notre Dame, Indiana 1970.   (3.10)

Boesch, E. E., »Can modern education make use of traditional values?«, in: R. E. Vente u. a. (Hrsg.), Cultural Heritage Versus Technical Development, Singapore 1981, S. 103-136.   (4.4)

Bogen, J. E., »The other side of the brain«, in: Bulletin of the Los Angeles Neurological Societies 34 (3), 1969. (3.8)

Bogen, J. E./Gazzaniga, M. S., »Cerebral commissurotomy in man. Minor hemisphere dominance for certain visuospatial functions«, in: Journal of Neurosurgery 23, 1965, S. 349-399. (3.8)

Bogen, J. E./Marsh, J. F./Ten Houten, D., »A theory of cognitive functioning and social stratification. What the brain does, who makes it do it, and why?«, in: J. Marsh (Hrsg.), Are There Two Kinds of Thinking?, University of California, Riverside 1971. (3.8)

Bohannon, P., »Concepts of time among the Tiv of Nigeria«, in: J. Middleton (Hrsg.), Myth and Cosmos. Readings in mythology and symbolism, Garden City, N. Y. 1967, S. 315-329. (3.7)

Bolton, R./Michelson, C./Wilde, J./Bolton, C., »The Heights of Illusion. On the relationship between altitude and perception«, in: Ethos 3, 1975, S. 403-424. (2.5)

Boonsong, S., The Development of Conservation of Mass, Weight, and Volume in Thai Children. M. A. thesis, College of Education, Bangkok 1968. (2.3)

Bornstein, M. H., »The psychophysiological component of cultural differences in color naming and illusion susceptibility«, in: Behav. Sci. Notes 8, 1973, S. 41-101. (2.5; 2.6)

Bosse, H., Verwaltete Unterentwicklung. Funktionen und Verwertung der Bildungsforschung in der staatlichen Entwicklungspolitik, Frankfurt 1978. (4.3)

–, Diebe, Lügner, Faulenzer. Zur Ethno-Hermeneutik von Abhängigkeit und Verweigerung in der Dritten Welt, Frankfurt 1979. (4.3; 4.6)

–, »Zur Kolonisierung der inneren Natur«, in: H. Bosse u. a., Politische Psychologie, Frankfurt 1980, S. 151-189. (4.3; 4.6)

Bosse, H./Rudersdorf, K.-H., »Erziehung und Abhängigkeit. Der Bildungstransfer aus der Bundesrepublik Deutschland in Gesellschaften der Dritten Welt und die Bildungsforschung«, in: Leviathan 4 (1), 1976, S. 14-52. (4.3)

Bourne, E., Agreement in the Perception of Personality, Ph. D. thesis, University of Chicago 1976. (3.5)

Bovet, M., »Etudes interculturelles du développement intellectuel et processus d'apprentissage«, in: Schweizerische Zeitschrift für Psychologie und ihre Anwendung 27, 1968, S. 189-199. (2.4)

477

–, »Cognitive processes among illiterate children and adults«, in: Berry/Dasen 1974, S. 311-334. (2.4; 2.5)

Bower, G. H., »Analysis of a mnemonic device«, in: American Scientist 58, 1970, S. 496-510. (3.8)

Boyer, L. B./Boyer, R. M., »Some influences of acculturation on the personality traits of the old people of the Mescalero and Chiricahua Apaches«, in: The Psychoanalytic Study of Society 4, 1976, S. 170-182. (4.3)

Brainerd, C. J., »Order of acquisition of transitivity, conservation and class inclusion of length and weight«, in: Developmental Psychology 8, 1973, S. 105-116. (2.3)

Bransford, J. D./Barclay, J. R./Franks, J. J., »Sentence memory. A constructive versus interpretive approach«, in: Cognitive Psychology 3, 1972, S. 193-209. (3.10)

Bransford, J. D./McCarrell, N. S., »A sketch of a cognitive approach to comprehension. Some thoughts about what it means to comprehend«, in: W. B. Weiner/D. S. Palermo (Hrsg.), Cognition and the Symbolic Processes, New York 1974, S. 189-229. (3.5)

Bricker, V. R., »The ethnographic context of some traditional Mayan speech genres«, in: R. Bauman/J. Sherzer (Hrsg.), Explorations in the Ethnography of Speaking, London 1975. (3.10)

Brislin, R. W./Lonner, W./Thorndike, R. M., Cross-Cultural Research Methods, New York 1973. (4.2)

Broddason, Th./Webb, K., »On the myth of social equality in Iceland«, in: Acta Sociologica 18 (1), 1975. (4.4)

Brode, J., The Process of Modernization: An annotated bibliography of the sociocultural aspects of development, Cambridge 1969. (4.2)

Brophy, J., »Mothers as teachers of their own preschool children. The influence of socio-economic status and task structure in teaching specificity«, in: Child Development 41, 1970, S. 79-94. (4.4)

Brown, C. H., »General principles of human anatomical partonomy and speculations on the growth of partonomic nomenclature«, in: Am. Ethnol. 3, 1976, S. 400-424. (2.5)

Brown, C. H./Kolar, J./Torrey, B. J./Truong Truong-Quang, T./Volkman, P., »Some general principles of biological and non-biological folk classification«, in: Am. Ethnol. 3, 1976, S. 73-85. (2.5)

Brown, G. N./Hiskett, M. (Hrsg.), Conflict and Harmony in Education in Tropical Africa, London 1975. (4.3)

Bruner, J. S., »Going beyond information given«, in: Contemporary Approaches to Cognition. A symposium held at the University of Colorado, Cambridge, Mass. 1957. (3.9)

–, The Process of Education, Cambridge, Mass. 1960; dt.: Der Prozeß der Erziehung, Berlin 1970. (4.4)

–, »The course of cognitive growth«, in: American Psychologist 19, 1964, S. 1-15. (2.2)

–, Towards a Theory of Instruction, Cambridge, Mass. 1966; dt.: Entwurf einer Unterrichtstheorie, Düsseldorf 1974. (4.4)

Bruner, J. S. u. a., Man: A Course of Study, Cambridge, Mass. 1970. (4.4)

Bruner, J. S./Goodnow, J. J./Austin, G. A., A Study of Thinking, New York 1956. (3.9)

Bruner, J. S./Olver, R. R./Greenfield, P. M. u. a., Studies in Cognitive Growth, New York 1966; dt.: Studien zur kognitiven Entwicklung, Stuttgart 1971. (1.; 2.4; 3.9)

Bruner, J. S./Shapiro, D./Tagiuri, R., »The meaning of traits in isolation and in combination«, in: R. Tagiuri/L. Petrullo (Hrsg.), Person Perception and Interpersonal Behaviour, Stanford 1958. (3.6)

Brunner, O., Land und Herrschaft, Wien ⁵1965. (4.5)

Buck-Morss, S., »Sozio-ökonomische Verzerrungen in Piagets Theorie und ihre Implikationen für interkulturell vergleichende Untersuchungen«, in: K. F. Riegel (Hrsg.), Zur Ontogenese dialektischer Operationen, Frankfurt 1978, S. 53-74 (urspr. 1975). (1.; 4.4)

Bude, U., »›Stop education for frustration now‹. Die Empfehlungen des Dzobo-Committee zur Reform der Primar- und Sekundarschulen in Ghana«, in: Die Dritte Welt 3, 1974, S. 375-389. (4.5)

Burke, K., A Grammar of Motives, Berkeley 1969. (3.5)

Buro, A., Entwicklung und Demokratisierung. Eine Studie über die Bedingungen von Entwicklung und die Rolle von Demokratisierungsprozessen bei der Überwindung von Unterentwicklung (Manuskript), Frankfurt 1980. (4.3)

Burton, R., »Validity of retrospective reports assessed by the multitrait-multimethod analysis«, in: Developmental Psychology 3, 1970, S. 1-15. (3.5)

Busino, G., »Jean Piaget – ein Soziologe, den Soziologen zum Trotz?«, in: ders. (Hrsg.), Jean Piaget – Werk und Wirkung, München 1976 (urspr. 1966), S. 10-14. (1.)

Buss, A. R., »Piaget, Marx and Buck-Morss on cognitive development«, in: Human Development 20, 1977, S. 118-128.   (1.; 4.4)

Buss, A./Royce, J., »Ontogenetic changes in cognitive structure from a multivariate perspective«, in: Developmental Psychology 11, 1975, S. 87-101.   (2.3)

Butler, J., »Of the nature of virtue«, Anhang zu ders., The Analogy of Religion, Natural and Revealed, to the Constitution and Course of Nature, London 1739   (3.1)

Cain, A. J., »Logic and memory in Linnaeus' system of taxonomy«, in: Proceedings of the Linnaean Society of London 169, 1958, S. 144-163.   (3.5)

Calliess, E./Edelstein, W./Hopf, D./Keller, M./Krappmann, L./Petry, C./Raschert, J./Reindel, H., Sozialwissenschaft für die Schule. Umrisse eines Struktur- und Prozeßcurriculums, Stuttgart 1974.   (4.4)

Calogeras, R. C./Schupper, F. X., »›Verschiebung‹ der Abwehrformen und einige ihrer Konsequenzen für die analytische Arbeit«, in: K. Horn (Hrsg.), Gruppendynamik und der ›subjektive Faktor‹, Frankfurt 1972, S. 312-348.   (4.3)

Campbell, D. T., »Distinguishing differences of perception from failures of communication in cross-cultural studies«, in: F. S. C. Northrop/H. H. Livingston (Hrsg.), Cross-Cultural Understanding. Epistemology in Anthropology, New York 1964.   (2.5)

–, »Prospective, artifact and control«, in: R. Rosenthal/R. L. Rosnow (Hrsg.), Artifact in Behavioral Research, New York 1969, S. 351-382.   (3.5)

–, »Descriptive epistomology: Psychological, sociological and evolutionary.« William James Lectures (preliminary draft), Harvard University 1977.   (4.4)

Campbell, D./Fiske, D., »Convergent and discriminant validation by the multitrait-multimethod matrix«, in: Psychological Bulletin 56, 1959, S. 81-105.   (2.3; 3.5)

Campbell, D./Stanley, J., »Experimental and quasi-experimental designs for research on teaching«, in: N. L. Gage (Hrsg.), Handbook on Research on Teaching, Chicago 1963.   (2.3)

Campbell, J., »Primitive man as a metaphysician«, in: S. Diamond (Hrsg.), Culture in History, New York 1960, S. 380-392.   (1.)

Casagrande, J. B./Hale, K. L., »Semantic relationships in Papago folk-

definitions«, in: D. Hymes (Hrsg.), Studies in Southwestern Ethnolin-
guistics, The Hague 1967, S. 165-193.   (3.5)

Castaneda, C., Die Lehren des Don Juan. Ein Yaqui-Weg des Wissens,
Frankfurt 1973.   (3.7)

–, Eine andere Wirklichkeit. Neue Gespräche mit Don Juan, Frankfurt
1975.   (3.7)

–, Reise nach Ixtlan. Die Lehre des Don Juan, Frankfurt 1976.   (3.7)

Castle, E. B., Growing Up in East Africa, London 1966.   (4.5)

Cattell, R. B., Personality and Motivation Structure and Measurement,
Yonkers-on-Hudson 1957.   (3.5)

Cavell, S., Must We Mean What We Say?, New York 1969.   (3.5)

Chapman, L. J., »Illusory correlation in observational report«, in: Journal
of Verbal Learning and Verbal Behavior 6, 1967, S. 151-155.   (3.5)

Chapman, L. J./Chapman, J. P., »Genesis of popular but erroneous psy-
chodiagnostic observations«, in: Journal of Abnormal Psychology 72,
1967, S. 193-204.   (3.5)

–/–, »Illusory correlation as an obstacle to the use of valid psychodiagno-
stic signs«, in: Journal of Abnormal Psychology 74, 1969, S. 271-280.
                                                                             (3.5)

Chomsky, N., Language and Mind, New York 1968, dt.: Sprache und
Geist, Frankfurt 1973.   (1.; 3.5)

Cohen, R., »Conceptual style, culture conflict and non-verbal tests of
intelligence«, in: American Anthropologist 71, 1969, S. 828-856.
                                                                        (2.5; 3.8)

Cole, M., »An ethnographic psychology of cognition«. Paper presented at
the Conference on the Interface Between Culture and Learning, Hono-
lulu 1973 (in Neufassung = Kap. 3.9 im vorliegenden Band).   (1.; 2.4)

Cole, M./Bruner, J., »Cultural differences and inferences about psychological processes«, in: American Psychologist 26, 1971, S. 867-876.
                                                                   (2.3; 2.4; 3.7)

Cole, M./Gay, J., »Culture and memory«, in: American Anthropologist
74, 1972, S. 1066-1084.   (3.8)

Cole, M./Gay, J./Glick, J., »A cross-cultural investigation of information
processing«, in: Int. J. Psychol. 3, 1968, S. 93-102.   (2.5)

–, »Communication skills among the Kpelle of Liberia«. Paper presented
at the Society for Research in Child Development Meeting, Santa
Monica, Calif. 1969.   (2.4)

Cole, M./Gay, J./Glick, J. A./Sharp, D. W., The Cultural Context of Learning and Thinking. An exploration in experimental anthropology, New York 1971. (1.; 2.3; 2.4; 2.5; 3.8; 3.9; 3.10; 4.4)

Cole, M./Scribner, S., Culture and Thought. A psychological introduction, New York 1974. (1.; 2.3; 2.5; 3.5; 3.7; 3.10; 4.4)

–/–, »Theorizing about socialization of cognition«, in: Th. Schwartz (Hrsg.), Socialization as Cultural Communication, Berkeley 1976, S. 157-176. (3.7)

Coleman, J. S., u. a., Equality of Educational Opportunity, Washington 1966. (3.4)

Colson, E., The Plateau Tonga, Manchester 1962. (3.6)

Conant, J. B., »The overthrow of phlogiston theory«, in: Conant/Nash (Hrsg.), Harvard Case Histories in Experimental Science, Cambridge/Mass. 1966. (3.2)

Coombs, P. H./Ahmed, M. (Hrsg.), Attacking Rural Poverty. How nonformal education can help, Baltimore 1974. (4.5)

Cornelius, W. A., Politics and the Migrant Poor in Mexico City, Stanford 1975. (4.2)

Cunningham, I., Modernity and Academic Performance: A Study of Students in a Puerto Rican High School, Rio Piedras, P. R. 1972. (4.2)

–, »The relationship between modernity of students in a Puerto Rican High School and their academic performance, peers and parents«, in: Inkeles/Holsinger 1974, S. 47-64. (4.2; 4.3)

D'Andrade, R. G., »Trait psychology and componential analysis«, American Anthropologist 67, 1965, S. 215-228. (3.5)

–, »Cultural constructions of reality«, in: L. Nader/T. W. Maretzki (Hrsg.), Cultural Illness and Health, Washington 1973, S. 115-127. (3.5)

–, »Memory and the assessment of behavior«, in: T. Blalock (Hrsg.), Measurement in the Social Sciences, Chicago 1974. (3.5)

Dasen, P. R., »Cross-cultural Piagetian research. A summary«, in: J. Cross-Cult. Psych. 3, 1972 (a), S. 23-39. (1.; 2.3; 2.4; 2.5; 3.5; 3.9)

–, »The development of conservation in Aboriginal children. A replication study«, in: Int. J. Psychol. 7, 1972 (b), S. 75-86. (2.3; 2.4; 2.5.; 3.9; 3.10)

–, »The influence of ecology, culture and European contact on cognitive development in Australian Aborigines«, in: Berry/Dasen 1974, S. 381-408. (2.3)

–,(Hrsg.), Piagetian Psychology. Cross-cultural contributions, New York 1977. (1.)

Dasen, P. R./Heron, A., »Cross-cultural tests of Piaget's theory«, in: H. C. Triandis (Hrsg.), Handbook of Cross-Cultural Psychology, Vol. 4: Developmental Psychology, Boston 1981, S. 295-341. (1.; 2.5)

Davidoff, J.,»The effect of colour distraction on a matching task in Ghanaian children«, Int. J. Psychol. 7, 1972, S. 141-144. (2.5)

Dawes, R. M., »Shallow psychology«, in: J. S. Carroll/J. W. Payne (Hrsg.), Cognition and Social Behavior, New York 1976, S. 3-12. (3.5)

Dawson, J. L. M., »Cultural and physiological influences upon spatial perceptual processes in West Africa«, in: Int. J. Psychol. 2, 1967, S. 115-128; S. 171-185. (2.5)

–, »Traditional versus Western attitudes in West Africa: The construction, validation and application of a measuring device«, in: Brit. J. Soc. Clin. Psych. 6, 1967, S. 81-96. (4.2)

–, »Temne-Arunta hand-eye dominance and cognitive style«, in: Int. J. Psychol. 7, 1972, S. 219-233. (2.5)

–, »Temne-Arunta hand-eye dominance and susceptibility to geometric illusions«, in: Percept. Mot. Skills 37, 1973, S. 659-667. (2.5)

deLacey, P. R., »A cross-cultural study of classificatory ability in Australia«, in: J. Cross-Cult. Psych. 1, 1970, S. 293-304. (2.3; 2.5)

–, »Classificatory ability and verbal intelligence among high-contact Aboriginal and low-socioeconomic white Australian children«, in: J. Cross-Cult. Psych. 2, 1971, S. 393-396 (a). (2.3; 2.5)

–, »Verbal intelligence, operational thinking and environment in part-Aboriginal children«, in: Aust. J. Psychol. 23, 1971, S. 145-159 (b). (2.5)

deLemos, M. M., »The development of conservation in Aboriginal children«, in: Int. J. Psychol. 4, 1969, S. 255-269. (2.3; 2.5)

–, »The development of spatial concepts in Zulu children«, in: Berry/Dasen 1974, S. 367-380. (2.5)

deMause, L. (Hrsg.), The History of Childhood, New York 1974; dt.: Hört ihr die Kinder weinen. Eine psychogenetische Geschichte der Kindheit, Frankfurt 1977. (4.4)

Demos, J. /Demos, V., »Adolescence in historical perspective«, in: Journal of Marriage and the Family 31, 1969, S. 632-638.   (4.4)

Dempsey, A. D., »Time conservation across cultures«, in: Int. J. Psychol. 6, 1971, S. 115-120.   (3.7)

Deregowski, J. B., »Difficulties in pictorial depth perception in Africa«, in: Br. J. Psychol. 59, 1968, S. 195-204.   (2.5)

–, »Pictorial perception and culture«, in: Scientific American 227, 1972, S. 82-88.   (2.5)

Deregowski, J. B./Serpell, R., »Performance on a sorting task. A cross-cultural experiment«, in: Int. J. Psychol. 6, 1971, S. 273-281.   (2.5)

de Saussure, F., Cours de linguistique générale, 1916; dt.: Grundfragen der allgemeinen Sprachwissenschaft, Berlin ²1967.   (3.8)

Deutsch, M., u. a., The Disadvantaged Child, New York 1967.   (3.9)

Deutsche Stiftung für internationale Entwicklung, Functional Literacy in the Context of Adult Education. Conference Report, Bonn 1973.   (4.5)

–, Work-oriented Education for Africa. Conference Report, Bonn 1972.   (4.5)

Devereux, G., »Die Psychoanalyse als Instrument der ethnologischen Forschung. Bestandsaufnahmen und theoretische Implikationen«, in: ders., Normal und Anormal. Aufsätze zur allgemeinen Ethnopsychiatrie, Frankfurt 1974, S. 335-361.   (4.3)

Diamond, St., Kritik der Zivilisation, Frankfurt 1976.   (1.; 3.7)

Döbert, R./Nunner-Winkler, G., »Konflikt- und Rückzugspotentiale in spätkapitalistischen Gesellschaften«, in: Zeitschrift für Soziologie 2, 1973, S. 301-325.   (4.4)

Dolch, A., Lehrplan des Abendlandes, Ratingen ³1971, Darmstadt 1982.   (4.5)

Donaldson, M., A Study of Children's Thinking, London 1963.   (3.9)

–, Children's Minds, Glasgow 1978.   (4.4)

Doob, L., Becoming More Civilized, New Haven 1960.   (3.9; 4.2)

–, »Eidetic images among the Ibo«, in: Ethnology 3, 1964, S. 357-363.   (3.8)

DSE, siehe Deutsche Stiftung für internationale Entwicklung

Durkheim, E., Les formes élémentaires de la vie réligieuse, Paris 1915; dt.: Die elementaren Formen des religiösen Lebens, Frankfurt 1981.
            (1.; 3.5)

Durojaye, H., »Conservation in six cultures«. Paper presented at the Twentieth International Congress of Psychology, Tokyo 1972.   (2.4)

Eckensberger, L. H., Methodenprobleme der kulturvergleichenden Psychologie, Saarbrücken 1970.   (2.5)

–, »Methodological issues of cross-cultural research in developmental psychology«, in: J. R. Nesselroade/H. W. Reese (Hrsg.), Life-Span Developmental Psychology. Methodological issues, New York 1973, S. 43-64.   (2.5)

Edelstein, W., »The social context of educational planning in Iceland«, in: Scandinavian Journal of Educational Research 25, 1971, S. 169-191.
   (4.4)

–, »Struktur, Prozeß, Diskurs. Vorüberlegungen zu einer strukturellen Curriculumtheorie« (unveröffentlichtes Manuskript), Max-Planck-Institut für Bildungsforschung, Berlin 1973.   (4.4)

–, »Zum Problem sozio-struktureller Determinanten der Ontogenese« (unveröffentlichtes Manuskript), Max-Planck-Institut für Bildungsforschung, Berlin 1973.   (4.4)

–, »Educational application of theories of social cognitive development. Problems and prerequisites«, in: Lieshout, C. F. M./Ingram, D. J. (Hrsg.), Stimulation of Social Development in School, Amsterdam 1977.   (4.4)

–, »Universalistic Theories of Development, Particularistic Conditions of Performance. Metatheoretical Considerations and Practical Issues« (unveröffentlichtes Manuskript), Max-Planck-Institut für Bildungsforschung, Berlin 1979.   (4.4)

Edelstein, W./Helgadóttir, G., Social Studies Curriculum Project in Iceland, Reykjavik: Ministry of Education and Culture 1981.   (4.4)

Edelstein, W./Keller, M./Wahlen, K., »Social Class in social cognition«. Paper presented to the SRCD Convention, Boston 1981   (4.4)

Edelstein, W./Noam, G., »Regulatory structures of the Self and ›postformal‹ stages in adulthood«, in: Human Development 25, 1982, S. 407-422.   (1.)

Elkind, D., »Children's discovery of the conservation of mass, weight, and volume: Piaget reception study II«, in: Journ. Gen. Psychol. 98, 1961 (a), S. 219-227.   (2.3)

–, »Quantity conceptions in junior and senior high school students«, in: Child Development 32, 1961 (b), S. 551-560.   (2.3)

–, Children and Adolescents, New York 1970. (4.4)

Ember, C. R., »Cross-cultural cognitive studies«, in: Annual Review of Anthropology 6, 1977, S. 33-56 (= Kap. 2.5 im vorliegenden Band). (1.)

Ember, C. R./Ember, M., Cultural Anthropology, Englewood Cliffs, N. J. ²1977. (1.)

Ember, M., »Taxonomy in comparative studies«, in: R. Naroll/R. Cohen (Hrsg.), A Handbook of Method in Cultural Anthropology, Garden City, N. Y. 1970, S. 697-706. (2.5)

–, »Size of color lexicon: Interaction of cultural and biological factors«, in: American Anthropologist 80, 1978, S. 364-367. (2.5)

Endler, N. S./Hunt, J. M., »S-R inventories of hostility and anxiousness«, in: J. Pers. Soc. Psychol. 9, 1968, S. 309-315. (3.5)

Erdheim, M., Die gesellschaftliche Produktion von Unbewußtheit, Frankfurt 1981. (4.3)

Estes, W. K., »The cognitive side of probability learning«, in: Psychological Review 83, 1976, S. 37-64. (3.5)

Evans, J. L., »Learning to classify by color and by class. A study of concept discovery within Colombia, S. America«, in: J. Soc. Psychol. 97, 1975, S. 3-14. (2.5)

Evans-Pritchard, E. E., Witchcraft, Oracles and Magic Among the Azande, Oxford 1937; dt. (gekürzt): Hexerei, Orakel und Magie bei den Zande, Frankfurt 1978. (1.; 3.2; 3.5)

–, »Nuer time-reckoning«, in: Africa 12, 1939, S. 189 ff. (3.7)

–, The Nuer. A description of the modes of livelihood and political institutions of a Nilotic people, London 1940. (3.7)

–, »Sanza, a characteristic feature of zande language and thought«, in: ders., Essays in Social Anthropology, New York 1963. (3.9)

–, »A problem of Nuer religious thought«, in: J. Middleton (Hrsg.), Myth and Cosmos, Garden City, N. Y. 1967, S. 127-148. (1.; 3.7)

–, A History of Anthropological Thought, New York 1981. (1.)

Fanon, F., Die Verdammten dieser Erde, Frankfurt 1966. (4.1; 4.5; 4.6)

–, Schwarze Haut, weiße Masken, Frankfurt 1980. (4.6)

Feder, E., Agrarstruktur und Unterentwicklung in Lateinamerika, Frankfurt 1973. (4.3)

Feldman, C./Lee, B./McLean, J./Pillemer, D./Murray, J., The Development of Adaptive Intelligence, San Francisco 1974.   (1.; 2.3; 2.5)

Feldman, C./Toulmin, S., »Logic and the theory of mind«. Proceedings of the Nebraska Symposium on Motivation (Manuskript), 1975.   (3.5)

Feyerabend, P., Against Method. Outline of an Anarchistic Theory of Knowledge, London 1975; dt.: Wider den Methodenzwang, Frankfurt 1976.   (1.; 4.4)

Firth, R., Social Change in Tikopia, New York 1959.   (3.3)

Fisk, M. L., The Educability of the South African Native, Pretoria 1939.   (3.6)

Fiske, D. W., »The limits for the conventional science of personality«, in: Journal of Personality 42, 1974, S. 1-11.   (3.5)

Fitzgerald, L. K., Cognitive Development Among Ga Children. Environmental correlates of cognitive growth within the Ga tribe. Ph. D. thesis, University of California, Berkeley 1970.   (2.4)

Flavell, J. H., The Developmental Psychology of Jean Piaget, Princeton, N. J. 1963.   (2.4; 2.5)

–, »Stage-related properties of cognitive development«, in: Cognitive Psychology 2, 1971, S. 421-453.   (2.3)

Flavell, J. H./Wohlwill, J., »Formal and functional aspects of cognitive development«, in: D. Elkind/J. H. Flavell (Hrsg.), Studies in Cognitive Development. Essays in honor of Jean Piaget, New York 1969.   (3.9)

Fortes, M., Time and Social Structure, London 1970.   (3.7)

Frake, C. O., »The ethnographic study of cognitive systems«, in: T. Gladwin/W. C. Sturtevant (Hrsg.), Anthropology and Human Behavior, Washington 1962, S. 72-85.   (3.5)

Fraser, J. T., Of Time, Passion and Knowledge. Reflections of the strategy of existence, New York 1975.   (3.7)

Fraser, J. T./Haber, F. C./Müller, G. H. (Hrsg.), The Study of Time. Proceedings of the First Conference of the International Society for the Study of Time, New York/Berlin/Heidelberg 1972.   (3.7)

Freire, P., Pädagogik der Unterdrückten, Stuttgart 1971.   (4.5)

–, Erziehung als Praxis der Freiheit, Stuttgart 1974.   (4.5)

Frenkel, G., »Soziale Aktivierung. Ansätze zur Eingliederung sozial unangepaßter Familien«, in: neue sammlung 7, 1967, S. 489-502. (4.1)

Freud, S., Gesammelte Werke, Bd. XV, Hrsg. A. Freud u. a., London
1952.   (4.3)

Freudenthal, G., Atom und Individuum im Zeitalter Newtons. Zur
Genese der mechanistischen Natur- und Sozialphilosophie, Frankfurt
1982.   (1.)

von Freyhold, M., The Communalization of Peasant Agriculture in Tanzania. Analysis of an Experiment (Manuskript), London 1977.   (4.3)

Fromm, E., »Studien über Autorität und Familie«, in: M. Horkheimer
(Hrsg.), Studien über Autorität und Familie. Schriften des Instituts für
Sozialforschung 5, Paris 1936.   (4.4)

–, Escape from Freedom, New York 1941; dt.: Die Furcht vor der Freiheit, Frankfurt ¹⁰1978.   (4.4)

Furby, L., »A theoretical analysis of cross-cultural research in cognitive
development. Piaget's conservation task«, in: J. Cross-Cult. Psych. 2,
1971, S. 241-255.   (2.3; 2.5)

Furth, H., Piaget and Knowledge: Theoretical Foundations, Englewood
Cliffs, N. J. 1969.   (2.3)

–, »The operative and figurative aspect of knowledge in Piaget's theory«,
in: B. A. Geber (Hrsg.), Piaget and Knowing, London 1977, S. 65-
81.   (3.7)

–, The World of Grown-Ups. Children's Conceptions of Society, New
York 1980.   (4.4)

Galtung, J., Members of Two Worlds, New York 1971.   (4.2)

–, »Eine strukturelle Theorie des Imperialismus«, in: D. Senghaas (Hrsg.),
Imperialismus und strukturelle Gewalt. Analysen über abhängige Produktion, Frankfurt 1972.   (4.5)

Garcia, J./Koelling, R., »Relation of cue to consequence in avoidance
learning«, in: Psychonomic Science 4, 1966, S. 123-124.   (3.5)

Gardner, H., The Quest for Mind, New York 1973.   (2.4)

Garfinkel, H., Studies in Ethnomethodology, New York 1967.   (3.5)

Gay, J./Cole, M., The New Mathematics and an Old Culture, New York
1967.   (2.4; 3.7; 3.9)

Gazzaniga, M. S., »The split brain in man«, Scientific American 217 (2),
1967, S. 24-29.   (3.8)

–, The Bisected Brain, New York 1970.   (3.8)

–, »One brain – two minds?«, in: American Scientist 60, 1972, S. 311-317. (3.8)

Gazzaniga, M. A./Sperry, R. W., »Language after section of the cerebral commissures«, in: Brain 90, 1967, S. 131-148. (3.8)

Geertz, C., »Person, Time and Conduct in Bali«, in: ders. 1973, S. 360-411; dt. in: ders. 1983, S. 133-201. (3.7)

–, The Interpretation of Cultures, New York 1973; dt.: Dichte Beschreibung, Frankfurt 1983. (3.5)

Geiger, H. K., National Development 1776-1966: A selective and annotated guide to the most important articles in English, Metuchen, N. J. 1969. (4.2)

Gellner, E., »The savage and the modern mind«, in: Horton/Finnegan 1973, S. 162-181. (3.5)

Gerth, H./Mills, C. W., Character and Social Structure, New York 1953. (4.4)

Ghuman, P., »An evaluation of Piaget's theory from a cross-cultural perspective«, in: Modgil/Modgil 1982, S. 273-284. (1.)

Ginsburg, H./Opper, S., Piaget's Theory of Intellectual Development: An Introduction, Englewood Cliffs, N. J. 1969; dt.: Piagets Theorie der geistigen Entwicklung, Stuttgart 1975. (1.; 2.1; 2.3)

Gladwin, Th., »Culture and logical process«, in: W. H. Goodenough (Hrsg.), Explorations in Cultural Anthropology, New York 1964, S. 167-177. (3.4; 3.5; 3.8)

–, East Is a Big Bird. Navigation and Logic on Puluwat Atoll, Cambridge 1970; (S. 214-232 = Kap. 3.4 im vorliegenden Band) (1.; 3.4; 3.8; 3.9)

Goffman, E., Frame Analysis. An essay on the organization of experience, New York 1974; dt.: Rahmen-Analysen. Ein Versuch über die Organisation von Alltagserfahrung, Frankfurt 1977. (3.5)

Godelier, M., Ökonomische Anthropologie. Untersuchungen zum Begriff der sozialen Struktur primitiver Gesellschaften, Reinbek 1973. (4.5)

Golden, M./Birns, B., »Social class and cognitive development«, in: Merrill Palmer Quarterly 14, 1968, S. 139-149. (4.4)

Goldschmidt, D., »Schwarzafrika auf dem Weg zur eigenen Identität? Eine Didaktik der kulturellen Transformation«, in: Notwendige Bücher. Heinrich Wild zum 65. Geburtstag, München 1974, S. 107-110. (Vorwort)
–, »Förderung der Universitäten in der Dritten Welt: Entwicklungshilfe

oder Irreleitung?«, in: Flitner, A./Herrmann, U. (Hrsg.), Universität heute, München/Zürich 1977, S. 139-170. (4.6)

–, »Raumschiff Erde. Nachdenken über ›Wege in der Gefahr‹«, in: Meyer-Abich, K. M. (Hrsg.), Physik, Philosophie und Politik, München 1982, S. 119-133. (4.6)

Goldschmidt, D./Melber, H. (Hrsg.), Die Dritte Welt als Gegenstand erziehungswissenschaftlicher Forschung, Weinheim/Basel 1981.
(Vorwort)

Goldstein, K./Scheerer, M., »Abstract and concrete behavior. An experimental study with special tests«, in: Psychol. Monogr. 55, 1941, S. 1-150. (3.4)

Goodnow, J. J., »A test of milieu effects with some of Piaget's tasks«, in: Psychol. Monogr. 76 (36), 1962, S. 1-22. (2.2; 2.3; 3.4; 4.4)

–, »Problems in research on culture and thought«, in: D. Elkind/J. Flavell (Hrsg.), Studies in Cognitive Development, New York 1969, S. 439-488. (2.3; 2.4; 2.5; 4.4)

Goodnow, J./Bethon, G., »Piaget's tasks: The effects of schooling and intelligence«, in: Child Development 37, 1966, S. 573-582. (2.3)

Goody, J./Watt, I., »The consequences of literacy«, in: Comp. Soc. Hist. 5, 1962, S. 304-345. (3.9)

Gordon, E. W./Wilkerson, D. A., Compensatory Education for the Disadvantaged. Programs and practices, preschool through college, New York 1966. (3.4)

Greenfield, P. M., »On culture and conservation«, in: Bruner/Olver/Greenfield 1966, S. 225-256; dt. »Über Kultur und Invarianz«, in: Bruner u. a., 1971, S. 271-306. (1.; 2.3; 2.4; 2.5; 3.9; 4.4)

–, »Representing mathematical concepts to two- and three-year-olds through action, image, and word. An experimental comparison of teaching methods«. Unpublished paper, University of California, Los Angeles 1971. (2.4)

–, »Oral or written language. The consequences for cognitive development in Africa, the United States and England«, in: Language and Speech 15, 1972, S. 169-178. (2.4)

–, »Cross-cultural research and Piagetian theory: Paradox and progress«, in: K. F. Riegel/J. Meacham (Hrsg.), The Developing Individual in a Changing World, Vol. 1, The Hague 1976, S. 322-333 (=Kap. 2.4 im vorliegenden Band). (1.)

Greenfield, P. M./Bruner, J. S., »Culture and cognitive growth«, in: Int. J.

Psychol. 1, 1966, S. 89-107. (Nachdruck in: E. A. Goslin, Handbook of Socialization, 1969). (2.3; 3.9; 4.5)

Greenfield, P. M./Childs, C., »Weaving, color terms, and pattern representation. Cultural influences and cognitive development among the Zinacantecos of Southern Mexico«, in: J. Dawson/W. Lonner (Hrsg.), Readings in Cross-Cultural Psychology. Proceedings of the First International Conference of the International Association for Cross-Cultural Psychology, Hong Kong 1974. (2.4; 3.9)

Greenfield, P./Reich, L./Olver, R. R., »On culture and equivalence II«, in: Bruner/Olver/Greenfield 1966, S. 270-318. (2.3; 2.5)

Gruenfeld, L. W./MacEachron, A. E., »A cross-national study of cognitive style among managers and technicians«, in: Int. J. Psychol. 10, 1975, S. 27-55. (2.5)

Gumperz, J./Hymes, D., Directions in Sociolinguistics. The Ethnography of Communication, New York 1972. (3.9)

Gusfield, J., »Tradition and modernity: Misplaced polarities in the study of social change«, in: Am. J. Soc. 72, 1967, S. 351-362. (4.2)

Guthrie, G. M., The Psychology of Modernization in the Rural Philippines, Quezon City 1970. (4.2)

Habermas, J., Technik und Wissenschaft als ›Ideologie‹, Frankfurt 1968. (4.5)

–, Legitimationsprobleme im Spätkapitalismus, Frankfurt 1973. (4.4)

–, Theorie des kommunikativen Handelns, Bd. 1 und 2, Frankfurt 1981. (1.; 4.6)

–, (mit L. v. Friedeburg, Ch. Oehler, F. Weltz), Student und Politik, Frankfurt 1961. (4.3)

Hagen, E. E., On the Theory of Social Change, Homewood, Ill. 1962. (4.2)

–, »Becoming modern: The dangers of research governed by preceptions«, in: History of Childhood Quarterly, 1975. (4.2)

Hallpike, C. R., The Foundations of Primitive Thought, Oxford 1979. (1.)

Harbison, F./Myers, C. A., Education, Manpower and Economic Growth: Strategies of Human Resource Development, New York 1964. (4.2)

Harkness, S., »Universal aspects of learning color codes. A study in two cultures«, in: Ethos 1, 1973, S. 175–200. (2.5)

Harten, H.-C., Kognitive Sozialisation und politische Erkenntnis, Weinheim/Basel 1977 (a). (1.; 3.7)

–, Vernünftiger Organismus – oder gesellschaftliche Evolution der Vernunft. Zur Gesellschaftstheorie des genetischen Strukturalismus von Piaget, Frankfurt 1977 (b). (1.; 3.7)

Harvard Educational Review. Equal Educational Opportunity, Cambridge, Mass. 1969. (3.4)

Havighurst, R./Neugarten, B., American Indian and White Children, Chicago 1955. (2.3)

Hayden, T./Mischel, W., »Maintaining trait consistency in the resolution of behavioral inconsistency. The wolf in sheep's clothing?«, in: Journal of Personality 44, 1976, S. 109-131. (3.5)

Hays, D. G./Margolis, E./Naroll, R./Perkins, D. R., »Color term salience«, in: American Anthropologist 74, 1972, S. 1107-1121. (2.5)

Heider, E. R., »Universals in color naming and memory«, in: J. Exp. Psychol. 93, 1972, S. 10-20. (2.5)

Henle, M., »On the relation between logic and thinking«, in: Psychological Review 69, 1962, S. 366-378. (3.10)

Heron, A., »Concrete operations, ›g‹ and achievement in Zambian children«, in: J. Cross-Cult. Psych. 2, 1971, S. 325-336. (2.3; 3.9)

Heron A./Dowel, W., »Weight conservation and matrix-solving ability in Papuan children«, in: J. Cross-Cult. Psych. 4, 1973, S. 207-219.
(2.3; 2.4)

Heron, A./Simonsson, M., »Weight conservation in Zambian children. A non-verbal approach«, in: Int. J. Psychol. 4, 1969, S. 281-292.
(2.3; 2.4)

Hildebrandt, H.-J., »Kritische Bemerkungen zum Kulturrelativismus und seiner Rezeption in der deutschen Ethnologie«, in: Kölner Zeitschrift für Soziologie und Sozialpsychologie 30, 1978, S. 136-157. (1.)

Hinton, W., Fanshen. Dokumentation über die Revolution in einem chinesischen Dorf, 2 Bde., Frankfurt 1972. (4.3)

Hinz, M. O., »»Politische Landeskunde Namibias‹. Ein Gemeinschaftsprojekt des Namibia-Instituts der Vereinten Nationen in Lusaka mit der Universität Bremen«, in: Vereinte Nationen 30, 1982, S. 18-24.
(4.6)

Hollos, M., Growing Up in Flathill. Social Environment and Cognitive Development, Oslo 1974. (4.4)

Hollos, M./Cowan, P., »Social isolation and cognitive development:

Logical operations and role-taking abilities in three Norwegian social settings«, in: Child Development 44, 1973, S. 630-641.   (2.3; 4.4)

Holsinger, D. B., »The elementary school as a modernizer: A Brazilian study«, in: Int. J. Comp. Soc. 14, 1973, S. 180-202.   (4.2)

Holtzman, W. H., »Cross-cultural studies in psychology«, in: Int. J. Psychol. 3, 1968, S. 83-91   (2.3)

Horkheimer, M. (Hrsg.), Studien über Autorität und Familie. Schriften des Instituts für Sozialforschung 5, Paris 1936.   (4.4)

Horn, K. (Hrsg.), Gruppendynamik und der ›subjektive Faktor‹, Frankfurt 1972.   (4.3)

–, »Schwerpunkt: Politische Psychologie«, in: Leviathan 4 (1), 1976, S. 1-13.   (4.3)

Horn, K./Schülein, J., »Politpsychologische Bemerkungen zur Legitimationskrise«, in: P. Graf Kielmannsegg (Hrsg.), Legitimationsprobleme politischer Systeme. Politische Vierteljahreszeitschrift 17, Sonderheft 7, 1976, S. 123-178.   (4.3)

Horton, J., »Time and cool people«, in: L. A. Samovar/R. E. Porter (Hrsg.), Intercultural Communication, Belmont 1972, S. 84-94.   (3.7)

Horton, R., »African traditional thought and western science«, Africa 37, 1967, S. 50-71, 155-187.   (3.5; 3.7)

–, »Neo-Tylorianism? Sound sense or sinister prejudice?«, in: Man 3, 1968, S. 625-634.   (3.5)

Horton, R./Finnegan, R. (Hrsg.), Modes of Thought, London 1973.(1.)

Hotopf, W. H. N., »An examination of Piaget's theory of perception«, in: B. Geber (Hrsg.), Piaget and Knowing, London 1977, S. 136-174.
     (3.7)

Huizer, G., »The strategy of peasant mobilization: Some cases from Latin America and South East Asia«, in: J. Nash u. a. (Hrsg.), Popular Participation and Social Change, The Hague 1976, S. 307-340.   (4.3)

Hyde, D. M., An Investigation of Piaget's Theories of the Development of the Concept of Number, University of London, Ph. D. thesis 1959.
     (1.; 2.2; 2.3)

Hymes, D. (Hrsg.), Reinventing Anthropology, New York 1974.   (3.7)

–, »Ways of speaking«, in: R. Bauman/J. Sherzer (Hrsg.), Explorations in the Ethnography of Speaking, London 1974.   (3.10)

Illich, I., Entschulung der Gesellschaft, München 1972.   (4.5)

–, Selbstbegrenzung. Eine politische Kritik der Technik, Hamburg 1975. (4.5)

Ingram, E.,»The requirements of model users«, in: R. Huxley/E. Ingram (Hrsg.), Language Acquisition. Models and Methods, New York 1971. (3.9)

Inhelder, B./Piaget, J., The Growth of Logical Thinking from Childhood to Adolescence, New York 1958 (= Piaget/Inhelder 1955/1977). (2.3; 3.5)

Inkeles, A., »Industrial man: The relation of status to experience, perception, and value«, in: Am. J. Soc. 66, 1960, S. 1-31. (4.2)

–, »Participant citizenship in six developing countries«, in: Am. Pol. Sci. Rev. 58, 1969, S. 1120-1141. (4.2)

–, »Continuity and change in the interaction of the personal and the sociocultural system«, in: B. Barber/A. Inkeles (Hrsg.), Stability and Social Change, Boston 1971. (4.2)

–, »Remaining orthodox: A rejoinder to Everett Hagen's review-essay of ›Becoming Modern‹«, in: History of Childhood Quarterly, 1975. (4.2)

–, »The modernization of man in socialist and non-socialist countries«, in: M. G. Field (Hrsg.), Social Consequences of Modernization in Communist Societies, Baltimore 1976 (a). (4.2)

–, »Individual modernity in different ethnic and religious groups: Data from a six-nation study.« Annals of the New York State Academy of Science, 1976 (b). (4.2)

–, »Understanding and misunderstanding individual modernity«, in: L. A. Coser/O. N. Larsen (Hrsg.), The Uses of Controversy in Sociology, London 1976, S. 103-130 (= Kap. 4.2 im vorliegenden Band). (1.; 4.3; 4.6)

Inkeles, A./Holsinger, D. B. (Hrsg.), Education and Individual Change in Developing Countries, Leiden 1974. (4.3)

Inkeles, A./Smith, D. H., »The fate of personal adjustment in the process of modernization«, in: Int. J. Comp. Soc. 11 (2), 1970, S. 81-114. (4.2)

Inkeles, A./Smith, D. H., Becoming Modern. Individual change in six developing countries, Cambridge, Mass. 1974. (1.; 4.2; 4.3)

Irvine, S. H., »Contributions of ability and attainment testing in Africa to a general theory of intellect«, 1969 (a), zitiert nach Abdruck in: Berry/Dasen 1974, S. 247-260. (3.6)

–, »Culture and mental ability«, in: New Scientist 42, 1969 (b), S. 230-231. (3.6)

–, »The factor analysis of African abilities and attainments. Constructs across cultures«, in: Psychol. Bull. 71, 1969 (c), S. 20-32. (3.6)

Irwin, H. M./McLaughlin, D. H., »Ability and preference in category sorting by Mano schoolchildren and adults«, in: J. Soc. Psychol. 82, 1970, S. 15-24. (2.5)

Irwin, H. M./Schafer, G. N./Feiden, C. P., »Emic and unfamiliar category sorting of Mano farmers and U.S. undergraduates«, in: J. Cross-Cult. Psychol. 5, 1974, S. 407-423. (2.5)

Jahoda, G., »Understanding the mechanism of bicycles: A cross-cultural study of developmental change after thirteen years«, in: Int. J. Psychol. 4, 1969, S. 103-108. (2.3)

–, »Supernatural beliefs and changing cognitive structures among Ghanaian university students« (1970); zitiert nach Berry/Dasen 1974, S. 141-158. (3.6)

–, »Retinal pigmentation, illusion susceptibility and space perception«, in: Int. J. Psychol. 6, 1971, S. 199-208. (2.5)

–, »Culture conflict and education«, in: Africa Spectrum 11, 1976, S. 173-185. (1.)

Jahoda, G./Deregowski, J. B./Sinha, D., »Topological and Euclidean spatial features noted by children«, in: Int. J. Psychol. 9, 1974, S. 159-172. (2.5)

Jahoda, G./Stacey, B., »Susceptibility to geometrical illusions according to culture and professional training«, in: Percept. Psychophys. 7, 1970, S. 179-184. (2.4; 2.5)

Jakobson, R./Halle, M., Fundamentals of Language, The Hague 1956; dt. Grundlagen der Sprache, Berlin 1960. (3.8)

Jensen, A. R., »How much can we boost IQ and scholastic achievement?«, in: Harvard Educational Review 39, 1969, S. 1-123. (3.6)

Jenkins, H. M./Ward, W. C., »Judgment of contingency between responses and outcomes«, in: Psychol. Monogr. 79, 1965, S. 1-17. (3.5)

Johnson, R. W., »Educational progress and retrogression in Guinea (1900-43)«, in: Brown/Hiskett, 1975, S. 212-228. (4.3)

Johnson-Laird, P. N./Wason, P. C. (Hrsg.), Thinking. Readings in cognitive science, Cambridge 1977. (3.5.)

Jones, E. E./Nisbett, R. E., »The actor and the observer. Divergent perceptions of the causes of behavior«, in: E. E. Jones u. a. (Hrsg.), Attribution. Perceiving the Causes of Behavior, Morristown, N. J. 1972, S. 79-94.							(3.5)

Kagan, J./Klein, R. E./Haith, M. M./Morrison, F. J., »Memory and meaning in two cultures«, in: Child Development 44, 1973, S. 221-223.							(2.5)

Kagu, N., The Development of Time Concepts in African Children of Primary School Age, Ibadan 1962.							(3.7)

Kahl, J. A., The Measurement of Modernism: A Study of Values in Brazil and Mexico, Austin 1968.							(4.2)

Kamara, A. I./Easley, J. A., »Is the rate of cognitive development uniform across cultures? – A methodological critique with new evidence from Themne children«, in: P. R. Dasen (Hrsg.), 1977, S. 26-63.							(1.)

Kant, I., Kritik der reinen Vernunft (urspr. 1781), in: Kant's gesammelte Schriften, Hrsg. Königlich Preußische Akademie der Wissenschaften, I. Abt., Bd. 3, Berlin 1904 (Reprint Berlin 1968).							(1.; 4.1)

Kasakos, G., Zeitperspektive, Planungsverhalten und Sozialisation. Überblick über internationale Forschungsergebnisse, München 1971.							(3.7)

Kazamias, A. M., Education and the Quest of Modernity in Turkey, London 1966.							(4.5)

Keddie, N., »Education as a social construct«, in: Ch. Jenks (Hrsg.), Rationality, Education and the Social Organization of Knowledge, London 1977, S. 9-22.							(1.)

Kelley, H. H., »Attribution theory in social psychology«, in: D. Levine (Hrsg.), Nebraska Symposium on Motivation, Lincoln 1967, S. 192-239.							(3.5)

–, »Attribution in social interaction«, in: E. E. Jones u. a. (Hrsg.), Attribution. Perceiving the Causes of Behavior, Morristown, N. J. 1972, S. 1-26.							(3.5)

Kelley, H. H./Stahelski, A. J., »The social interaction basis of cooperators' and competitors' beliefs about others«, in: J. Pers. Soc. Psychol. 16, 1970, S. 66-91.							(3.5)

Kelly, M./Tenezakis, M./Huntsman, R., »Some unusual conservation behavior in children exposed to two cultures«, in: Br. J. Ed. Psychol. 43, 1973, S. 181-182.							(2.3)

Kemeny, J. G./Snell, J. L./Thompson, G. L., Introduction to Finite Mathematics, Englewood Cliffs 1966.							(3.5)

Kessen, W., »The American child and other cultural inventions«, in: American Psychologist 34, 1979, S. 815-820. (4.4)

Kibuuka, P. M. T., »Traditional education of the Baganda tribe« (Manuskript), Makerere University of Kampala 1966. (3.6)

Kirk, L./Burton, M., Meaning and Context. A study of contextual shifts in meaning of Maasai personality descriptors, Manuskript o. O., o. J. (3.5)

Kirscht, J. P./Dillehay, R. C., Dimensions of Authoritarianism. A review of research and theory, Lexington 1967. (4.2)

Klineberg, S. L., »Parents, schools, and modernity: An exploratory investigation of sex differences in the attitudinal development of Tunisian adolescents«, in: Int. J. Comp. Soc. 14, 1973, S. 221-244. (4.2)

Klingelhofer, E. L., »What Tanzanian secondary school students plan to teach their children«, in: J. Cross-Cult. Psychol. 2, 1971, S. 189-196. (3.6)

Kluckhohn, C., »Universal categories of culture«, in: S. Tax (Hrsg.), Anthropology Today, Chicago/London 1962, S. 304-320. (1.)

Kochan, B., Rollenspiel als Methode sprachlichen und sozialen Lernens, Kronberg, Ts. 1974. (4.5)

Kodjo, S., Probleme der Akkulturation in Afrika. Die entwicklungspolitischen Auswirkungen moderner Schulausbildung und Kommunikationsmedien, Meisenheim am Glan 1973. (4.5)

Kohlberg, L., »Early education: A cognitive-developmental view«, in: Child Development 39, 1968, S. 1013-1062. (2.3)

–, »The child as a moral philosopher«, in: Psychology Today 2, 1968, S. 25-30. (2.5)

–, »From Is to Ought. How to commit the naturalistic fallacy and get away with it in the study of moral development«, in: T. Mischel (Hrsg.), Cognitive Development and Epistemology, New York 1971. (2.3; 4.4)

Kohlberg, L./Gilligan, C., »The adolescent as a philosopher: The discovery of the self in a postconventional world«, in: Daedalus 100, 1971, S. 1051-1086. (2.3)

Kohlberg, L./Mayer, R., »Development as the aim of education«, in: Harvard Educational Review 42, 1972, S. 449-496. (4.4)

Kramer, D. A., »Post-formal operations? A need for further conceptualization«, in: Human Development 26, 1983, S. 91-105. (1.)

Kramer, F., Verkehrte Welten. Zur imaginären Ethnographie des 19. Jahrhunderts, Frankfurt 1977 (a). (3.7)

–, Zeit und Sozialstruktur in segmentären Gesellschaften (unveröffentlichtes Manuskript), FU Berlin, Institut für Ethnologie 1977 (b). (3.7)

Kramer, R., Moral Development in Young Adulthood. Doctoral dissertation, University of Chicago 1968. (2.3)

Krauss, R./Rotter, G., »Communication abilities of children as a function of age«, in: Merrill-Palmer Quarterly 14, 1968, S. 161-173. (3.9)

Krippner, St.,»The psychodelic state, the hypnotic trance and the creative act«, in: Ch. Tart (Hrsg.), Altered States of Consciousness, New York 1969, S. 271-290. (3.7)

Kroeber, A., Anthropology, New York 1948. (3.9)

Kuhn, T. S., The Structure of Scientific Revolutions, Chicago ¹1962, ²1970; dt.: Die Struktur wissenschaftlicher Revolutionen, Frankfurt 1973. (1.; 3.5; 4.4)

Labov, W., A Study of the Nonstandard English of Negro and Puerto Rican Speakers in New York City. Columbia University, New York 1968. (4.4)

–, »The logic of nonstandard English«, (urspr. in: Georgetown Monographs on Language and Linguistics 22, 1969, S. 1-31), in: R. Williams (Hrsg.), Language and Poverty, Chicago 1970, S. 153-187.
(1.; 2.3.; 3.9)

Langgulung, H./Torrence, E. P., »The development of causal thinking of children in Mexico and the United States«, in: J. Cross-Cult. Psychol. 3, 1972, S. 315-320. (2.5)

Lasch, Ch., Das Zeitalter des Narzißmus, München 1980. (4.4)

Leach, E., »Zwei Aufsätze über die symbolische Darstellung der Zeit«, in: W. E. Mühlmann/E. W. Müller, Kulturanthropologie, Köln/Berlin 1966, S. 392-408. (3.7)

–, »Some anthropological observations on number, time and common sense«, in: A. G. Howson (Hrsg.), Development in Mathematical Education, Cambridge 1973, S. 136-153. (3.7)

Lee, D., »A primitive system of value«, in: Philosophy of Science 7, 1940, S. 355-378. (1.; 3.3)

–, »Being and value in a primitive culture«, in: Journal of Philosophy 46, 1949, S. 401-415. (3.3)

–, »Codifications of reality: Lineal and nonlineal« (urspr. 1950), in: A.

Dundes (Hrsg.), Every Man His Way, Englewood Cliffs 1968, S. 329-343 (= Kap. 3.3 im vorliegenden Band). (1.; 3.8)

Leibowitz, H./Pick, H., »Cross-cultural and educational aspects of the Ponzo illusion«, in: Percept. Psychophys. 12, 1972, S. 430-432. (2.5)

Lerner, D., The Passing of Traditional Society: Modernizing the Middle East, Glencoe, Ill. 1958. (4.2; 4.4)

Lévi-Strauss, C., Les structures élémentaires de la parenté, Paris 1949; engl.: The Elementary Structures of Kinship, Boston 1969; dt.: Die elementaren Strukturen der Verwandtschaft, Frankfurt 1981. (1.)

–, Tristes Tropiques, Paris 1955; dt.: Traurige Tropen, Frankfurt 1978. (4.4)

–, »La structure des mythes«, in: Anthropologie structurale, Paris 1958; engl.: Structural Anthropology, 1963 (a); dt.: Strukturale Anthropologie, Frankfurt 1967. (1.; 3.5)

–, La pensée sauvage, Paris 1962; engl.: The Savage Mind, London 1966; dt.: Das wilde Denken, Frankfurt 1968. (1.; 3.1; 3.5; 3.8; 4.5)

–, Le totemisme aujourd'hui, Paris 1962; engl.: Totemism, 1963 (b); dt.: Das Ende des Totemismus, Frankfurt 1965. (3.5)

Levine, B. B., »Nyansongo«, in: B. B. Whiting (Hrsg.), Six Cultures. Studies of child rearing, New York 1963. (3.6)

LeVine, R. A., Dreams and Deeds: Achievement Motivation in Nigeria, Chicago 1966. (4.2)

–, »Cross-cultural study in child psychology«, in: P. Mussen (Hrsg.), Carmichael's Manual of Child Psychology, 2. Bd., New York 1970, S. 559-612. (2.5)

LeVine, R. A./Price-Williams, D. R., »Children's kinship concepts. Cognitive development and early development among the Hausa«, in: Ethnology 13, 1974, S. 25-44. (2.5)

Levy, R. I., Tahitians. Minds and experience in the Society Islands, Chicago 1973. (3.5)

Lévy-Bruhl, L., Les fonctions mentales dans les sociétés inférieures, Paris 1910; dt.: Das Denken der Naturvölker, Wien/Leipzig 1921. (1.; 3.10)

Lidz, C. W./Lidz, V. M., »Piagets Psychologie der Intelligenz und die Handlungstheorie«, in: J. J. Loubser u. a. (Hrsg.), Allgemeine Handlungstheorie, Frankfurt 1981, S. 202-327 (urspr. 1976). (1.)

Lloyd, B. B., »The intellectual development of Yoruba children: A reexamination«, in: J. Cross-Cult. Psychol. 2, 1971, S. 29-38. (2.3)

-, Perception and Cognition. A cross-cultural perspective, Harmondsworth 1972.   (2.5)

Loram, C. T., The Education of the South African Native, London
1917.   (3.6)

Lorenzer, A., Über den Gegenstand der Psychoanalyse oder: Sprache und
Interaktion, Frankfurt 1973.   (4.3)

Lounsbury, F., »The structural analysis of kinship semantics«, in:
H. Lunt (Hrsg.), Proceedings of the Ninth International Congress of
Linguists, The Hague 1964.   (3.5)

Lovell, K., The Growth of Basic Mathematical and Scientific Concepts in
Children, London 1961.   (2.3)

Luckmann, T./Berger, P. L., »Social mobility and personal identity«, in:
Archives Européennes de Sociologie 5, 1964, S. 331-344.   (4.4)

Lukács, G., Geschichte und Klassenbewußtsein (urspr. 1923), Neuwied
1970.   (1.; 4.4)

Luria, A. R., »Towards the problem of the historical nature of psychological processes«, in: Int. J. Psychol. 1971, S. 259-272.   (3.10)

-, The Social History of Cognition, Cambridge, Mass. 1977.   (3.10)

Maccoby, M./Modiano, N., »On culture and equivalence I«, in: Bru-
ner/Olver/Greenfield 1966, S. 257-269.   (2.3)

Maistriaux, R., »La sous-évolution des noirs d'Afrique: Sa nature, ses
causes, ses remèdes«, in: Revue de la Psychologie des Peuples 10, 1955,
S. 397-456.   (2.3)

Malinowski, B., »Kula: The circulating exchange of valuables in the
Archipelagoes of Eastern New Guinea«, in: Man 51, 1920, S. 97-105.
                                                                (3.3)

-, Argonauts of the Western Pacific, London 1922; dt.: Argonauten des
westlichen Pazifik, Frankfurt 1979.   (1.; 3.3)

-, The Sexual Life of the Savages, New York 1929; dt.: Das Geschlechts-
leben der Wilden in Nordwest-Melanesien, Frankfurt 1979.   (1.; 3.3)

-, Coral Gardens and Their Magic, New York 1935; dt.: Korallengärten
und ihre Magie, Frankfurt 1981.   (1.; 3.3)

-, Eine wissenschaftliche Theorie der Kultur. Und andere Aufsätze,
Frankfurt 1975.   (1.)

-, Magic, Science, and Religion, Garden City 1954.   (3.5)

Marcuse, H., Eros and Civilization, Boston 1955; dt.: Triebstruktur und Gesellschaft, Frankfurt 1965.   (4.4)

–, The One-Dimensional Man, Boston 1964; dt.: Der eindimensionale Mensch, Neuwied 1970.   (4.4; 4.5)

Marsh, J., Are There Two Kinds of Thinking?, University of California, Riverside 1971.   (3.8)

Marx, K., Das Kapital, Bd. 1 und Bd. 3, MEW 23 und 25, Berlin 1969 (urspr. 1867/1894).   (1.; 4.4)

Mbiti, J., »Afrikanische Begriffe der Zeit, Geschichte und des Todes«, in: Afrika heute, 1967, S. 38-42.   (3.7)

–, Afrikanische Religion und Weltanschauung, Berlin/New York 1974.
                                                        (3.7)

McClelland, D., The Achieving Society, Princeton 1961; dt.: Die Leistungsgesellschaft, Stuttgart 1966.   (4.2)

McGurk, H./Jahoda, G., »Pictorial depth perception by children in Scotland and Ghana«, in: J. Cross-Cult.Psychol. 6, 1975, S. 279-296. (2.5)

McHugh, P., Defining the Situation. The organization of meaning in social interaction, Indianapolis 1968.   (3.9)

Meacham, J. A., »Patterns of memory abilities in two cultures«, in: Developmental Psychology 11, 1975, S. 50-53.   (2.5)

Mead, M., Jugend und Sexualität in primitiven Gesellschaften. Bd. 1: Kindheit und Jugend in Samoa; Bd. 2: Kindheit und Jugend in Neuguinea; Bd. 3: Geschlecht und Temperament in drei primitiven Gesellschaften, München 1970 (engl. 1928-1933).   (1.)

Meadows, D. L. u. a., Die Grenzen des Wachstums. Bericht des Club of Rome zur Lage der Menschheit, Stuttgart 1972.

Meerloo, J. A. M., Along the Fourth Dimension, New York 1970. (3.7)

Mehan, H./Wood, H., The Reality of Ethnomethodology, New York 1975.   (3.5)

Mehler, J./Bever, T. G., »Cognitive capacity of very young children«, in: Science 158, 1967, S. 141-142.   (3.5)

Mermelstein, E./Shulman, L. S., »Lack of formal schooling and the acquisition of conservation«, in: Child Development 38, 1967, S. 39-52.
                                                        (2.3)

Merton, R. K., Social Theory and Social Structure, New York 1968.
                                                        (4.4)

Meyns, P., Nationale Unabhängigkeit und ländliche Entwicklung in der Dritten Welt. Das Beispiel Tansania, Berlin 1977. (4.3)

Mez, A., Die Renaissance des Islam, Heidelberg 1968. (4.5)

Michaelis, J. U., Social Studies for Children in a Democracy, N. Jersey 1956. (3.7)

Michon, J. H., »Processing of temporal information and the cognitive theory of time experience«, in: Fraser/Haber/Müller 1972, S. 242-258. (3.7)

Middleton, J. (Hrsg.), Myth and Cosmos. Readings in Mythology and Symbolism, Garden City, N. Y. 1967. (3.7)

Mies, M., »Kulturanomie als Folge der westlichen Bildung«, in: Die Dritte Welt 1, 1972. (4.5)

Miller, R. J., »Cross-cultural research in the perception of pictorial materials«, in: Psychological Bulletin 80, 1973, S. 135-150. (2.5)

Miller, D. R./Swanson, G. E., The Changing American Parent. A study in the Detroit area, New York 1958. (4.4)

Mischel, W., Personality and Assessment, New York 1968. (3.5)

–, »Towards a cognitive social learning reconceptualization of personality«, in: Psychological Reviews 80, 1973, S. 252-283. (3.5)

Mitscherlich, A., Auf dem Wege zur vaterlosen Gesellschaft, München 1963. (4.3)

Modgil, S., Piagetian Research. A Handbook of Recent Studies, Windsor, Berks. 1974. (1.; 3.7)

Modgil, S./Modgil, C. (Hrsg.), Piagetian Research: Compilation and Commentary. Vol. 8: Cross-Cultural Studies, Windsor, Berks. 1976. (1.)

–/– (Hrsg.), Jean Piaget: Consensus and Controversy, London 1982. (1.)

Mohseni, N., La comparaison des réactions aux épreuves d'intelligence en Iran et en Europe. Unpublished thesis, University of Paris 1966. (2.2; 2.3)

Moos, R. H., »Sources of variance in responses to questionnaires and in behavior«, in: J. Abn. Psychol. 74, 1969, S. 405-412. (3.5)

Mottram, S./Faulds, B. D., »An adaption of a Piagetian spatial perception study applied cross-culturally«, in: Percept. Mot. Skills 37, 1973, S. 348-350. (2.5)

Müller, R. W., Geld und Geist. Zur Entstehungsgeschichte von Identitätsbewußtsein und Rationalität seit der Antike, Frankfurt/New York 1977
(S. 225-234 = Kap. 4.1 im vorliegenden Band).   (1.; 4.1; 4.6)

Müller W., »Armut in der Wohlstandsgesellschaft«, in: Blätter für deutsche und internationale Politik 14, 1969, S. 164-175.   (4.1)

Müller-Schwefe, R., Zur erziehungswissenschaftlichen Problematik von
Universalien in Piagets Theorie der Intelligenzentwicklung, Berlin 1978
(erziehungswissenschaftliche Diplomarbeit an der FU Berlin).

                                                              (1.; 4.6)

Münsterberger, W./Kishner, I. A., »Hazards of culture clash. A report on
the history and dynamics of a psychiatric episode in a West African
student«, in: The Psychoanalytical Study of Society 4, 1967, S. 99-
123.   (4.3)

Munroe, R. L./Munroe, R. H., Cross-Cultural Human Development,
Monterey 1975.   (1.; 2,5)

Murdock, G. P., »The common denominator of cultures«, in: R. Linton
(Hrsg.), The Science of Man in the World Crisis, New York 1945,
S. 123-142.   (1.)

Murphy, J. M., »Sociocultural change and psychiatric disorder among the
Yorubas in Nigeria«, in: Ethos 1, 1973, S. 99-123.   (4.3)

Muuss, R. E., »Jean Piagets Theorie der kognitiven Entwicklung in der
Adoleszenz«, in: R. Döbert u. a. (Hrsg.), Entwicklung des Ichs, König-
stein ²1980, S. 90-108.   (1.)

Myrdal, G., Politisches Manifest über die Armut in der Welt, Frankfurt
1972.   (4.5)

Naipaul, V. S., India – A Wounded Civilization, Harmondsworth 1979.
                                                              (4.6)

Najman, D., Bildung in Afrika. Vorschläge zur Überwindung der Krise,
Wuppertal 1976.   (4.5)

Naroll, R., »What have we learned from cross-cultural surveys?«, in:
American Anthropologist 72, 1970, S. 1227-1288.   (2.5)

Nash, J./Dandler, J./Hopkins, N. S., Popular Participation in Social
Change, The Hague 1976.   (4.3)

Nash, L. K., »The atomic-molecular theory«, in: Conant/Nash (Hrsg.),
Harvard Case Histories in Experimental Science, Cambridge/Mass.
1966.   (3.2)

Nash, M., Machine Age Maya: The Industrialization of a Guatemalan
Community, Chicago 1967.   (3.8)

Nasr, S. H., Ideals and Realities of Islam, London 1966.   (3.6)

Naumann, J., »Die Bildungspolitik der Weltbankgruppe. Von technokratischen Wachstumsprioritäten zur landbezogenen Volksbildung«, in: Zeitschrift für Pädagogik, Beiheft 16, 1981, S. 283-291.   (4.6)

Needham, R., »Polythetic classification. Convergence and consequences«, in: Man 10, 1975, S. 349-369.   (3.5)

Neelsen, J. P., »Erziehung und retrogressive Entwicklung«, in: Materialien aus der soziologischen Forschung. Verhandlungen des 18. Deutschen Soziologentages Bielefeld 1976, Darmstadt 1978, S. 445-527.
                (4.3)

Nelson, J. M., Migrants, Urban Poverty, and Instability in Developing Nations. Occasional Papers in International Affairs, no. 22 (September), Harvard University Center for International Affairs, 1969. (4.2)

Nerlove, S. B./Roberts, J. M./Klein, R. E./Yarbrough, C./Habicht, J., »Natural indicators of cognitive development. An observational study of rural Guatemalan children«, in: Ethos 2, 1974, S. 265-295.   (2.5)

Nerlove, S./Romney, A. K., »Sibling terminology and cross-sex behavior«, in: American Anthropologist 69, 1967, S. 179-187.   (3.5)

Newcomb, T. M., »The consistency of certain extravert-introvert behavior patterns in 51 problem boys«, Contributions to Education 382, 1929.   (3.5)

Newell, A./Shaw, J. C./Simon, H. A., »Report on a general problemsolving program«, in: Unesco (Hrsg.), Proceedings of the International Conference on Information Processing, Paris 1960.   (3.4)

Newell, A./Simon, H. A., Human Problem Solving, Englewood Cliffs 1972.   (3.5)

Nisbett, R. E./Borgida, E., »Attribution and the psychology of prediction«, in: J. Pers. Soc. Psychol. 32, 1975, S. 932-943.   (3.5)

Nisbett, R. E./Borgida, E./Crandell, R./Reed, H., »Popular induction. Information is not necessarily informative«, in: J. S. Carroll/ J. W. Payne (Hrsg.), Cognition and Social Behavior, New York 1976, S. 113-134.   (3.5)

Nisbett, R. E./Wilson, T. D., »Telling more than we can know. Verbal reports on mental processes«, in: Psychological Reviews 84, 1977, S. 231-259.   (3.5)

Nissen, H. W./Machover, S./Kinder, E. F., »A study of performance tests given to a group of native African Negro children«, in: Brit. J. Psychol. 25, 1935, S. 308-355.   (3.6)

Nord-Süd-Kommission, Das Überleben sichern. Gemeinsame Interessen der Industrie- und Entwicklungsländer, Köln 1980. (4.6)

Norman, W. T., »Toward an adequate taxonomy of personality attributes. Replicated factor structure in peer nomination personality ratings«, in: J. Abnorm. Soc. Psychol. 66, 1963, S. 574-583. (3.5)

Nuscheler, F., »Bankrott der Modernisierungstheorien?«, in: D. Nohlen/F. Nuscheler (Hrsg.), Handbuch der Dritten Welt, 1. Bd., Hamburg 1974, S. 195-207. (4.5)

Oevermann, U., »Die falsche Kritik an der kompensatorischen Erziehung«, in: neue sammlung 14, 1974, S. 537-568. (3.7)

Offe, C., Strukturprobleme des kapitalistischen Staates, Frankfurt 1972. (4.4)

Okonji, O. M., »The effects of familiarity on classification«, in: J. Cross-Cult. Psychol. 2, 1971, S. 39-49. (2.5)

Olson, D. R., »From utterance to text. The bias of language in speech and writing«, in: Harvard Educational Review 47, 1977, S. 257-281. (4.4)

Orne, M., »Hypnosis, motivation, and the ecological validity of the psychological experiment«, in: W. Arnold/M. Page (Hrsg.), Nebraska Symposium on Motivation, Lincoln 1970. (3.9)

Ornstein, R. E., The Psychology of Consciousness, San Francisco 1972. Second edition: New York 1977. (1.; 3.8)

Osgood, C. E., »The nature and measurement of meaning«, in: Psychological Bulletin 49, 1952, S. 192-237. (3.6)

Osterloh, K. H., »Vorindustrielle Verhaltensweisen aus historisch psychoanalytischer Sicht«, in: Die Dritte Welt 1, 1972, S. 335-356. (4.3)

–, »Überlegungen zu einer entwicklungsbezogenen Didaktik des Deutschunterrichts«, in: Entwicklung und Zusammenarbeit 5, 1973. (4.5)

–, »Sprachverhalten und Sozialisation in vorindustriellen Kulturen. Zur Diskussion der sprachlichen Unterentwicklung«, in: Die Dritte Welt 3, 1974, S. 332-355. (4.5)

–, »Die Entstehung der westlichen Industriegesellschaft und die Revolution der Interaktionsweisen. Europäischer Kulturwandel als psychosoziales Problem«, in: Archiv für Kulturgeschichte 58, 1976. (4.5)

–, »Traditionelle Lernweisen und europäischer Bildungstransfer. Zur Begründung einer adaptierten Pädagogik in den Entwicklungsländern«, neue sammlung 17, 1977, S. 219-236 (= Kap. 4.5 im vorliegenden Band). (1.; 4.6)

Ottomeyer, K., Ökonomische Zwänge und menschliche Beziehungen, Reinbek 1977. (3.7)

Palmer, E. L., »The equilibration process. Some implications for instructional research and practice«, in: I. J. Athey/D. O. Rubadeau (Hrsg.), Educational Implications of Piaget's Theory, Waltham, Mass. 1970. (4.4)

Pandey, R. S., »Socialization and social policy in modernizing society«, Unpublished Ph. D. Thesis, Brandeis University 1971. (4.2)

Paredes, J. A./Hepburn, M. J. »The split brain and the culture-and-cognition paradox«, in: Current Anthropology 17, 1976, S. 121-127 (= Kap. 3.8 im vorliegenden Band). (1.; 2.5)

Parin, P./Morgenthaler, F./Parin-Matthey, G., Die Weißen denken zuviel. Psychoanalytische Untersuchungen bei den Dogon in Westafrika, Zürich 1963 (leicht gekürzte Ausgabe: München o. J. [1972]). (4.3; 4.5; 4.6)

Parin, P./Parin-Matthey, G., »Considérations psychoanalytiques sur le Moi de Groupe«, in: Psychopathologie Africaine 3, 1967. (4.3)

Parin, P./Morgenthaler, F./Parin-Matthey, G., Fürchte Deinen Nächsten wie Dich selbst. Psychoanalyse und Gesellschaft am Modell der Agni in Westafrika, Frankfurt 1971, ²1978. (4.3; 4.6)

Parsons, T., Social Structure and Personality, Glencoe 1964; dt.: Sozialstruktur und Persönlichkeit, Frankfurt 1968. (4.4)

–, The Structure of Social Action, Bd. 1, New York 1968. (3.5)

–, Action Theory and the Human Condition, New York/London 1978. (1.)

Passini, F. T./Norman, W. T., »A universal conception of personality structure?«, in: J. Pers. Soc. Psychol. 4, 1966, S. 44-49. (3.5)

Patel, S. J., »L'autonomie collective des pays en voie de développement«, in: Revue Tiers Monde 17 (65), 1976, S. 199-214. (4.3)

Peluffo, N., »Les notions de conservation et de causalité chez les enfants provenant de différents milieux physiques et socioculturels«, in: Archives de Psychologie 38, 1962, S. 275-291. (2.3)

–, »Culture and cognitive problems«, in: Int. J. Psychol. 2, 1967, S. 187-198. (2.3)

Pepper, S. C., World Hypotheses. A study in evidence, Berkeley 1972. (3.5)

Philp, H./Kelly, M., »Product and process in cognitive development: Some comparative data on the performance of school age children in different cultures«, in: Br. J. Educ. Psych. 44, 1974, S. 248-265. (2.3)

Piaget, J., Le langage et la pensée chez l'enfant, Neuchâtel/Paris 1923; engl.: The Language and Thought of the Child, London *1926*; dt.: Sprechen und Denken des Kindes, Düsseldorf 1972. (3.9)

–, La représentation du monde chez l'enfant, Paris 1926; engl.: The Child's Conception of the World, New York *1929*; dt.: Das Weltbild des Kindes, Stuttgart 1978. (2.4)

–, Le jugement moral chez l'enfant, Paris 1932; engl.: The Moral Judgement of the Child, New York *1932* (a); dt.: Das moralische Urteil beim Kinde, Zürich 1954. (2.3; 3.7; 4.4)

–, »Social Evolution and the New Education«, New Educational Fellowship, London *1932* (b). (1.)

–, »L'individualité en histoire. L'individu et la formation de la raison« (*1933*), in: Revue européenne des sciences sociales XIV, 1976, S. 81-123. (1.)

–, La psychologie de l'intelligence, Paris *1947*; engl.: The Psychology of Intelligence, London 1950; dt.: Psychologie der Intelligenz, Zürich 1948, Olten/Freiburg 1971. (1.; 2.3; 3.7)

–, »The moral development of the adolescent in two types of society: primitive and ›modern‹«, Unesco occasional paper, Paris *1947*. (1.; 3.7)

–, La naissance de l'intelligence chez l'enfant, Neuchâtel 1936; engl.: The Origins of Intelligence in the Child, London *1953*; dt.: Das Erwachen der Intelligenz beim Kinde, Stuttgart 1969 (auch = GW 1). (3.5)

–, Sagesse et illusions de la philosophie, Paris *1965*; dt.: Weisheit und Illusionen der Philosophie, Frankfurt 1974. (1.)

–, »Nécessité et signification des recherches comparatives en psychologie génétique«, in: Int. J. Psychol. 1, *1966*, S. 3-13; dt.: Probleme der Entwicklungspsychologie, Frankfurt 1976, S. 120-134 (im vorliegenden Band Kap. 2.2). (1.; 2.4; 3.7)

–, Six études de psychologie, Genf 1964; engl.: Six Psychological Studies, New York *1967*; dt. in: Theorien und Methoden der modernen Erziehung, Wien usw. 1972. (3.5)

–, »Review of studies in cognitive growth«, in: Contemporary Psychology 12, *1967*, S. 532-535. (2.4)

–, Le jugement et le raisonnement chez l'enfant, Neuchâtel 1924, Paris

[6]*1967*; dt.:Urteil und Denkprozeß des Kindes, Düsseldorf 1972.   (1.)

–, Le structuralisme, Paris 1968; engl.: Structuralism, New York *1970*; dt.: Der Strukturalismus, Olten/Freiburg 1973.   (1.; 3.5; 3.7)

–, »Piaget's Theory«, in: P. H. Mussen (Hrsg.), Carmichael's Manual of Child Psychology, vol. 1, New York *1970*, S. 703-732; dt.: Jean Piaget über Jean Piaget. Sein Werk aus seiner Sicht, München 1981.   (2.4)

–, »L'évolution intellectuelle entre l'adolescence et l'âge adulte« (1970); engl.: »Intellectual evolution from adolescence to adulthood«, in: Human Development 15, *1972*, S. 1-15 (im vorliegenden Band Kap. 2.1).   (1.; 2.4)

–, L'épistémologie génétique, Paris 1970; dt.: Einführung in die genetische Erkenntnistheorie, Frankfurt *1973*.   (3.7)

–, Biologie et connaissance, Paris 1967; dt. Biologie und Erkenntnis, Frankfurt *1974* (a).   (3.7)

–, Le dévellopement de la notion du temps chez l'enfant, Paris 1946; dt.: Die Bildung des Zeitbegriffs beim Kinde, Frankfurt *1974* (b).

–, »Preface«, in: P. R. Dasen (Hrsg.) 1977, S. V-VII.   (1.)

–, *Gesammelte Werke*. Studienausgabe, Stuttgart 1969-1975.
- Bd. 1 Das Erwachen der Intelligenz beim Kinde (1936)
- Bd. 2 Der Aufbau der Wirklichkeit beim Kinde (1937)
- Bd. 3 Die Entwicklung des Zahlbegriffes (1941)
- Bd. 4 Die Entwicklung der physikalischen Mengenbegriffe beim Kinde (1941)
- Bd. 5 Nachahmung, Spiel und Traum (1945)
- Bd. 6 Die Entwicklung des räumlichen Denkens (1948)
- Bd. 7 Die natürliche Geometrie des Kindes (1948)
- Bd. 8 Die Entwicklung des Erkennens I: Das mathematische Denken (1950)
- Bd. 9 Die Entwicklung des Erkennens II: Das physikalische Denken (1950)
- Bd. 10 Die Entwicklung des Erkennens III: Das biologische Denken. Das psychologische Denken. Das soziologische Denken (1950)

   (1.; 3.7)

Piaget, J./Inhelder, B., Le développement des quantités physiques chez l'enfant, Neuchâtel *1941*; dt.: Die Entwicklung der physikalischen Mengenbegriffe, Stuttgart 1969 (auch = GW 4).   (2.4)

–/–, »Diagnosis of mental operations and theory of intelligence«, in: Am. J. Ment. Def. 51, *1947*, S. 401-406.   (1.)

–/–, De la logique de l'enfant à la logique de l'adolescent, Paris *1955*; engl.:

Inhelder, B./J. Piaget, The Growth of Logical Thinking from Child-hood to Adolescence, New York 1958; dt.: Piaget, J./B. Inhelder,Von der Logik des Kindes zur Logik des Heranwachsenden, Olten/Freiburg 1977. (1.; 2.1; 2.3; 3.5)

Pinxten, R., »Epistemic universals. A contribution to cognitive anthropo-logy« in: ders. (Hrsg.), Universalism Versus Relativism in Language and Thought, The Hague/Paris 1976, S. 117-175. (1.)

Pocock, D. F., »The anthropology of time-reckoning« in: J. Middleton (Hrsg.), Myth and Cosmos. Readings in Mythology and Symbolism, Garden City, N. Y. 1967, S. 303-314. (3.7)

Polanyi, M., Personal Knowledge, Chicago 1958. (1.)

Pollack, R., »Müller-Lyer illusion. Effect of age, lightness, contrast, and hue«, in: Science 170, 1970, S. 93-94. (2.5)

Ponzo, E., »Acculturazione e detribalizzazione«, in: Rivista de Psicologìa Sociale 13, 1966, S. 41-107. (2.3)

Poole, H. E., »The effect of urbanization upon scientific concept attain-ment among Hausa children of northern Nigeria«, in: Br. J. Educ. Psy-chol. 38, 1968, S. 57-63. (2.3)

Popper, K. R./J. C. Eccles, The Self and Its Brain, New York 1977; dt.: Das Ich und sein Gehirn, München/Zürich 1982. (1.)

Preiswerk, R., »Jean Piaget et l'étude des relations internationales«, in: Revue européenne des sciences sociales XIV, 1976, S. 495-511. (1.)

Price-Williams, D. R., »A study concerning concepts of conservation of quantities among primitive children«, in: Acta Psychologica 18, 1961, S. 297-305 (= Price-Williams 1969, S. 201-210). (2.2; 2.5; 3.5; 3.9)

–, »Abstract and concrete modes of classification in a primitive society«, in: Br. J. Educ. Psychol. 32, 1962, S. 50-61. (2.3; 2.5)

–, »Towards a systematics of cross-cultural psychology« (1967), in: 11th Inter-American Congress of Psychology Proceedings, Mexico-City 1968. (3.9)

–, Explorations in Cross-Cultural Psychology, San Francisco 1975. (2.5)

–, (Hrsg.), Cross-Cultural Studies, New York 1969. (4.4)

Price-Williams, D. R./Gordon, W./Ramirez, M., »Skill and conservation. A study of pottery-making children«, in: Berry/Dasen 1974, S. 351 f. (urspr. 1967 u. 1969). (2.3; 2.4; 2.5; 3.9)

Prince, J. R., »The effect of Western education on science conceptualization in New Guinea«, in: Br. J. Educ. Psychol. 38, 1968, S. 64-74. (2.3)

Prince, R., »The ›brain-fag‹ syndrome in Nigerian students«, in: Mental Science 3, 1960, S. 106 ff. (4.3)

Projektorientierter Unterricht. Lernen gegen die Schule? Hrsg. Redaktion betrifft: erziehung, Weinheim 1976. (4.5)

Putnam, H., »Is semantics possible?«, in: H. Putnam (Hrsg.), Mind, Language, and Reality, Cambridge 1975 (a), S. 139-152. (3.5)

—, »The innateness hypothesis and explanatory models in linguistics«, in: H. Putnam (Hrsg.), Mind, Language, and Reality, Cambridge 1975 (b). (3.5)

Radcliffe-Brown, A. R., Structure and Function in Primitive Society, London 1952. (1.)

Raush, H. L., »Interaction sequences«, in: J. Pers. Soc. Psychol. 2, 1965, S. 487-499. (3.5)

Raush, H. L./Dittmann, A. T./Taylor, T. J., »Person, setting, and change in social interaction«, in: Human Relations 12, 1959, S. 361-377. (3.5)

Ray, B., African Religions, London 1976. (3.7)

Read, M., Children of Their Fathers, London 1959. (3.6)

Rescorla, R. A., »Probability of shock in the presence of CS in fear conditioning«, in: Journal of Comparative and Physiological Psychology 66, 1968, S. 1-5. (3.5)

Rezsöházy, R., »The methodological aspects of a study about the social notion of time in relation to economic development«, in: A. Szalai (Hrsg.), The Use of Time, The Hague 1973, S. 449-460. (3.7)

Richards, A. I., Chisungu. A girl's ceremony among the Bemba of Northern Rhodesia, New York 1956. (3.6)

Riegel, K. F., »Influence of economic and political ideologies on the development of developmental psychology«, in: Psychological Bulletin 78, 1972, S. 129-141. (4.4)

—, »Ansätze zu einer dialektischen Theorie der Entwicklung«, in: ders. (Hrsg.), Zur Ontogenese dialektischer Operationen, Frankfurt 1978, S. 75-96 (urspr. 1975). (1.)

—, »The dialectics of time«, in: N. Datan/H. W. Reese (Hrsg.), Life-Span Developmental Psychology, New York 1977. (3.7)

Riesman, D., The Culturally Deprived Child, New York 1962. (3.9)

Rogers, E./Svenning, L., Modernization Among Peasants, New York 1969. (4.2)

Röhrs, H., Afrika. Bildungsprobleme eines Kontinents, Stuttgart 1971. (4.5)

Rosch, E., »Universals and cultural specifics in human categorization«, in: R. W. Brislin/S. Bochner/W. J. Lonner (Hrsg.), Cross-Cultural Perspectives on Learning, New York 1975, S. 177-206. (3.5)

Rosen, A. N., »The brain and thought«, in: Am. Sci. 60, 1972, S. 684-685. (3.8)

Ross, L., »The intuitive psychologist and his shortcomings. Distortions in the attribution process«, in: L. Berkowitz (Hrsg.), Advances in experimental social psychology, Bd. 10, New York 1977. (3.5)

Ross, B. M./Millsom, C., »Repeated memory of oral prose in Ghana and New York«, in: Int. J. Psychol. 5, 1970, S. 173-181. (2.5)

Rothe, F. K., Erziehung und Ausbildung in den Entwicklungsländern, Essen 1972. (4.5)

Rudolph, W., Der Kulturelle Relativismus. Kritische Analyse einer Grundsatzfragen-Diskussion in der amerikanischen Ethnologie, Berlin 1968. (1.)

Ryle, G., »Formal and informal logic«, in: R. Jager (Hrsg.), Essays in Logic, Englewood Cliffs, N. J. 1963. (3.10)

Sahlins, M., Culture and Practical Reason, Chicago 1976 (a). (3.5)

–, The Uses and Abuses of Biology, Ann Arbor 1976 (b). (3.5)

Sarason, S. B., The Culture of the School and the Problem of Change, Boston 1971. (4.4)

Savage, Ch./Prince, R., »Depression among the Yoruba«, in: The Psychoanalytical Study 4, 1967. (4.3)

Schachter, S./Singer, J. E., »Cognitive, social, and physiological determinants of emotional state«, in: Psychological Reviews 69, 1962, S. 379-399. (3.5)

Schnelle, T./Baldamus, W., »Mystic modern science? Sociological reflections on the strange survival of the occult within the rational mechanistic world view«, in: Zeitschrift für Soziologie 7, 1978, S. 251-266. (1.)

Schöfthaler, T., »Vergleichende Sozialisationsforschung als Herausforderung und als Chance für die Soziologie«, in: Materialien aus der sozio-

logischen Forschung. Verhandlungen des 18. Deutschen Soziologentages Bielefeld 1976, Darmstadt 1978, S. 400-444.   (1.; 4.3)

–, »Traditionelle Sozialisation und Erziehung«, in: Zeitschrift für Pädago-
gie, 16. Beiheft 1981, S. 316-320.   (1.)

–, »Lernen von der Dritten Welt. Zur Kritik des universalistischen Fort-
schrittsbegriffs«, in: Zeitschrift für Entwicklungspädagogik 5, 1982,
S. 27-33.   (4.6)

–, »Kultur in der Zwickmühle. Zur Aktualität des Streits zwischen kultur-
relativistischer und universalistischer Sozialwissenschaft.«, in: Das
Argument 25, 1983 (a), S. 333-347.   (1.; 4.6)

–, Kultur und Logik. Ansätze zu einem Konzept bi-kognitiven Denkens
und bi-kultureller Erziehung, in: J. Gerighausen/P. C. Seel (Hrsg.),
Interkulturelle Kommunikation und Fremdverstehen, Goethe-Institut
München 1983 (b), S. 186-247.   (1.)

–, »Kolonialisierung der Lebenswelt und des Weltverständnisses«, in:
J. Gerwin/G. Mergner/J. Koetsier (Hrsg.), Alltäglichkeit und Kolonia-
lisierung. Zur Geschichte der Ausbreitung Europas auf die übrige Welt
(II), Oldenburg 1983 (c), S. 171-182.   (1.)

Schumacher, E. F., Es geht auch anders. Jenseits des Wachstums, München 1974.   (4.5)

Scribner, S., »Recall of classical syllogisms. A cross-cultural investigation
of error on logical problems«, in: R. J. Falmagne (Hrsg.), Reasoning:
Representation and Process, Hillsdale, N. J. 1975.   (3.10)

–, »Modes of thinking and ways of speaking: Culture and logic reconsidered«, in: P. N. Johnson-Laird/P. C. Wason (Hrsg.), Thinking, Cambridge 1977, S. 483-500 (= Kap. 3.10 im vorliegenden Band).   (1.)

Scribner, S./Cole, M., »The cognitive consequences of formal and informal education«, in: Science 182, 1973, S. 553-559.   (1.; 2.3; 2.4)

–/–, The Psychology of Literacy, Cambridge, Mass./London 1981.
                                                                   (1.; 3.10)

Sears, R. R., »Dependency motivation«, in: M. R. Jones (Hrsg.), Nebraska Symposium on Motivation, Lincoln 1963.   (3.5)

Sébag, L., Marxismus und Strukturalismus, Frankfurt 1967.   (1.; 3.7)

Sebba, G., »Time and the modern self. Descartes, Rousseau, Beckett«, in:
Fraser/Haber/Müller 1972, S. 452-469.   (3.7)

Segall, M. H./Campbell, D. T./Herskovits, M. J., The Influence of Culture on Visual Perception, Indianapolis 1966.   (2.5; 3.9)

Seligman, M. E. P./Hager, J. L., The Biological Boundaries of Learning, New York 1972. (3.5)

Selman, R., »The relation of role-taking to the development of moral judgment in children«, in: Child Development 42, 1971, S. 79-81. (2.3)

Senghaas, D., Weltwirtschaftsordnung und Entwicklungspolitik. Plädoyer für Dissoziation, Frankfurt 1977. (4.3)

Serpell, R., »Cultural differences in attentional preference for colour over form«, in: Int. J. Psychol. 4, 1969, S. 1-8. (2.5)

Sharp, D. W./Cole, M., »The influence of educational experience on the development of cognitive skills as measured in formal tests and experiments«. Final report to Office of Education, Rockefeller University, New York 1975. (3.10)

Shepherd, J. W./Deregowski, J. B./Ellis, H. D., »A cross-cultural study of recognition memory for faces«, in: Int. J. Psychol. 9, 1974, S. 205-212. (2.5)

Shivji, I. G., Class Struggles in Tanzania, Dar-es-Salaam 1975. (4.3)

Shweder, R. A., »Aspects of cognition in Zinacanteco shamans. Experimental results«, in: W. Lessa/E. Z. Vogt (Hrsg.), Reader in Comparative Religion, New York 1972 (a), S. 407-412. (3.5)

–, Semantic Structures and Personality Assessment, Ph. D. thesis, Harvard University, Cambridge, Mass. 1972 (b). (3.5)

–, »The between and within of cross-cultural research«, in: Ethos 1, 1973, S. 531-543. (3.5)

–, »How relevant is an individual difference theory of personality?«, in: Journal of Personality 43, 1975 (a), S. 455-484. (3.5)

–, »Interpretation of intellectual diversity«, in: Science 188, 1975 (b), S. 855-858. (3.5)

–, »Are everyday personality theories correlational?« (Manuskript), 1976 (a). (3.5)

–, »Comment on Malinowski's magic. The riddle of the empty cell«, in: Current Anthropology 17, 1976 (b), S. 681-682. (3.5)

–, »Likeness and likelihood in everyday thought: magical thinking in judgements about personality«, in: Current Anthropology 18, 1977, S. 637-648 (= Kap. 3.5 im vorliegenden Band). (1.)

–, »Culture and thought«, in: B. Wolman (Hrsg.), International Encyclopedia of Psychology, Psychiatry, Psychoanalysis, and Neurology, New

York 1977 (a). (3.5)

–, »Illusory correlation and the M. M. P. I. controversy«, in: J. Consult. Clin. Psychol. 5, 1977 (b), S. 917-924. (3.5)

Shweder, R. A./LeVine, R. A., »Dream concepts of Hausa children. A critique of the ›doctrine of invariant sequence‹ in cognitive development«, in: Ethos 3, 1975, S. 209-230. (3.5)

Siann, G., »Measuring field dependence in Zambia. A cross-cultural study«, in: Int. J. Psychol. 7, 1972, S. 87-96. (2.5)

Sigel, I. E., »The distancing hypothesis: A causal hypothesis for the acquisition of representational thought«, in: M. R. Jones (Hrsg.), The Effects of Early Experience, Miami 1970. (4.4)

Sigel, I. E./Mermelstein, E., »Effects of nonschooling on Piagetian tasks of conservation«. Paper presented at the meeting of the American Psychological Association, Chicago 1965. (2.3)

Sigrist, Ch., Regulierte Anarchie, Olten 1967. (3.7)

Simon, H. A., Models of Man, Social and Rational, New York 1957.
(3.5)

–, Sciences of the Artificial, Cambridge 1969. (3.5)

Simpson, E. L., »Moral development research. A case study of scientific cultural bias«, in: Human Development 17, 1974, S. 81-106.
(2.3; 2.5; 4.4)

Simson, U., »Kulturelle Determination und Modernisierung des Lehrstils«, in: Die Dritte Welt 1, 1972. (4.5)

Smedslund, J., »The acquisition of conservation of substance and weight in children: II. External reinforcement of conservation of weight and of the operations of additions and subtractions«, in: Scand. J. Psychol. 2, 1961, S. 71-84. (2.4)

–, »The concept of correlation in adults«, in: Scand. J. Psychol. 4, 1963, S. 165-173. (3.5)

Smith, G. M., »Usefulness of peer ratings of personality in educational research«, in: Educ. Psychol. Measurement 27, 1967, S. 967-984. (3.5)

Smith, M. W., »Alfred Binet's remarkable questions. A cross-national and cross-temporal analysis of the cultural biases built into the Stanford-Binet intelligence scale and other Binet tests«, in: Genet. Psychol. Monogr. 89, 1974, S. 307-334. (2.5)

Smith, D./Inkeles, A., »The OM scale: A comparative socio-psychological measure of individual modernity«, in: Sociometry 29, 1966, S. 353-377. (4.2)

–/–, »Individual modernizing experience and psycho-social modernity: Validation of the OM scales in six developing countries«, in: J. Comp. Soc. 16 (3-4), 1975, S. 157-173. (4.2)

Sokal, R. R., »Classification: Purposes, principles, progress, prospects«, in: Science 185, 1974, S. 1115-1123. (3.5)

Sokal, R. R./Sneath, P. H. A., Principles of Numerical Taxonomy, San Francisco 1963. (3.5)

Sonstroem, A. M., »On the conservation of solids«, in: Bruner/Olver/Greenfield 1966, S. 208-224. (2.3)

Sperber, D., Rethinking Symbolism, Cambridge 1974. (3.5)

Sperry, R. W., »Hemispheric deconnection and unity in conscious experience«, in: American Psychologist 23, 1968, S. 723-733. (3.8)

Staewen, C./Schönberg, F., Kulturwandel und Angstentwicklung bei den Yoruba Westafrikas, München 1970. (4.3; 4.6)

Stavenhagen, R., »The Agni of the Ivory Coast«, in: Social Classes in Agrarian Societies, New York 1975. (4.3)

Steiner, F., »Notes on comparative economics«, in: Br. J. Soc. 5, 1954, S. 119-129. (3.7)

Stephenson, J. B., »Is everyone going modern? A critique and a suggestion for measuring modernism«, in: Am. J. Soc. 74, 1968, S. 265-275. (4.2)

Stewart, K., Pygmies and Dream Giants, New York 1975. (3.7)

Stewart, V. M., »Test of the ›carpentered‹ world hypothesis by race and environment in America and Zambia«, in: Int. J. Psychol. 8, 1973, S. 83-94. (2.5)

Stodolsky, S. S./Lesser, G. S., »Learning patterns in the disadvantaged«, in: Harvard Educational Review 37, 1967, S. 546-593. (3.4)

Sturtevant, W. C., »Studies in ethnoscience«, in: A. K. Romney/R. D'Andrade (Hrsg.), Transcultural Studies in Cognition, 1964, S. 99-131. (2.5; 3.5)

Super, C. M., »Cognitive changes in Zambian children during the late preschool years«, H. D. R. U. Rep. No. 22, Univ. Zambia, Lusaka 1972. (2.5)

Suzman, R., The Modernization of Personality. Unpublished Ph. D. Thesis, Harvard University 1973. (4.2)

–, »Psychological modernity«, in: A. Inkeles/D. B. Holsinger (Hrsg.), Education and Individual Modernity in Developing Countries, Leiden 1974, S. 117-131. (4.3)

–, »The modernization of personality«, in: G. J. DiRenzo (Hrsg.), We, The People: American Character and Social Change. Westport, Conn. 1977, S. 40-77. (4.2)

Szyliowicz, J. S., Education and Modernization in the Middle East, Cornell University Princetown 1973. (4.5)

Taba, H./Durkin, M. C./Fraenkel, J. R./McNaughton, A. H., Elementary Social Studies, an Inductive Approach, Reading, Mass. 1971. (4.4)

Tambiah, S. J., »Form und Bedeutung magischer Akte. Ein Standpunkt«, in: H. G. Kippenberg/B. Luchesi (Hrsg.), Magie, Frankfurt 1978, S. 259-296 (zuerst 1973). (3.5)

Tanner, J. M./Inhelder B. (Hrsg.), Discussions on Child Development. Vol. 4, London 1963. (1.)

TenHouten, W. D., Cognitive Styles and the Social Order, Los Angeles 1971. (3.8)

TenHouten, W. D./Kaplan, Ch. D., Science and its Mirror Image. A Theory of Inquiry, New York 1973. (3.8)

Thorlindsson, Th., Social Organization, Role-Taking, Elaborated Language and Moral Judgment in an Icelandic Setting, unpubl. Diss., University of Iowa 1978. (4.4)

Thorlindsson, Th./Björnsson, S., »Some determinants of scholastic performance in urban Iceland«, in: Scand. J. Educ. Res. 23, 1979, S. 155-167. (4.4)

Tomasson, R. F., Iceland. The First New Society, Reykjavik 1980. (4.4)

Toulmin, St., Kritik der kollektiven Vernunft, Frankfurt 1978. (1.)

Triandis, H. C., The Analysis of Subjective Culture, New York 1972. (2.5)

–, »Psychologists on culture and thought«, in: Rev. Anthropol. 1, 1974, S. 484-492. (2.3)

Triandis, H. C./Malpass, R. S./Davidson, A. R., »Cross-cultural psychology«, in: Bien. Rev. Anthropol. 1971/1972, S. 1-84. (2.5)

Tunnell, G. G., Culture and Biology: Becoming Human, Minneapolis 1973. (3.8)

Turnbull, C., The Forest People, London 1962. (3.7)

Turner, T., »Piaget's structuralism«, in: American Anthropologist 75, 1973, S. 351-373. (1.)

Tversky, A./Kahneman, D., »Belief in the law of small numbers«, in: Psychological Bulletin 76, 1971, S. 105-110. (3.5)

–/–, »Availability. A heuristic for judging frequency and probability«, in: Cogn. Psychol. 5, 1973, S. 207-232. (3.5)

–/–, »Judgment under uncertainty. Heuristics and biases«, in: Science 185, 1974, S. 1124-1131. (3.5)

Tyler, S. A. (Hrsg.), Cognitive Anthropology, New York 1969.
(2.5; 3.4; 3.5)

Uzgiris, I. C., »Situational generality of conservation«, in: Child Development 35, 1964, S. 831-841. (2.3)

Vernon, P. E., Intelligence and Cultural Environment, London 1969.
(3.6)

Von Bonin, G., »Anatomical asymmetries of the cerebral hemispheres«, in: V. B. Mountcastle (Hrsg.), Interhemispheric Relations and Cerebral Dominance, Baltimore 1962. (3.8)

Wagner, F., »Universalgeschichte und Gesamtgeschichte«, in: H.-G. Gadamer/P. Vogler (Hrsg.), Neue Anthropologie Bd. 4: Kulturanthropologie, Stuttgart/München 1973, S. 195-224. (1.)

Waldron, L. A./Gallimore, A. J., »Pictorial depth perception in Papua New Guinea, Torres Strait, and Australia«, in: Aust. J. Psychol. 25, 1973, S. 89-92. (2.5)

Walker, C./Torrence, E. P./Walker, T. S., »A cross-cultural study of the perception of situational causality«, in: J. Cross-Cult. Psychol. 2, 1971, S. 401-404. (2.5)

Wallerstein, I., »Modernization: Requiescat in pace«, in: L. A. Coser/O. N. Larsen (Hrsg.), The Uses of Controversy in Sociology. New York-London 1976, S. 131-135. (4.2)

Ward, W. C./Jenkins, H. M., »The display of information and the judgment of contingency«, in: Can. J. Psychol. 19, 1965, S. 231-241. (3.5)

Washburn, S. L., »The promise of primatology«, in: Am. J. Phys. Anthr. 38, 1973, S. 177-182. (3.8)

Wason, P. C./Johnson-Laird, P. N., Psychology of Reasoning: Structure and Content, London 1972.   (3.5; 3.9; 3.10)

Weaver, W., Lady Luck. The theory of probability. Harmondsworth
1977.   (3.5)

Webb, R., »Concrete and formal operations in very bright 6- to 11-year-
olds«, in: Human Development 17, 1974, S. 292-300.   (2.3)

Weber, M., Wirtschaft und Gesellschaft, Tübingen 1922, ⁵1972.   (4.4)

–, Gesammelte Aufsätze zur Wissenschaftslehre, Hrsg. J. Winckelmann,
Tübingen ³1968.   (4.4)

Weiner, M. (Hrsg.), Modernization, New York 1966.   (4.2)

Weizsäcker, C. F. von, Wege in der Gefahr. Ein Studie über Wirtschaft,
Gesellschaft und Kriegsverhütung, München 1976.   (4.6)

Werner, H., Comparative Psychology of Mental Development, New
York 1948.   (2.3)

West, H., »Early peer-group interaction and role-taking skills: An investigation of Israeli children«, in: Child Development 45, 1974, S. 1118-
1121.   (2.3)

White, C. B., »Moral development in Bahamian school children. A cross-
cultural examination of Kohlberg's stages of moral reasoning«, in:
Developmental Psychology 11, 1975, S. 535-536.   (2.5)

White, R. W., »Motivation reconsidered: the concept of competence«, in:
Psychological Reviews 66, 1959, S. 297-333.   (4.4)

Whiting, J. W. M./Child, I., Child Training and Personality, New Haven,
Yale University 1953.   (2.5)

Whiting, B. B./Whiting, J. W. M., Children of Six Cultures, Cambridge
1975.   (3.5)

Wilden, A., »The structure as law and order: Piaget's genetic structuralism«, in: ders., System and Structure, London 1972, S. 302-350. (1.)

Williams, R. R., Toward the Conquest of Beriberi, Cambridge, Mass.
1961.   (3.4)

Winch, P., »Was heißt ›eine primitive Gesellschaft verstehen‹?«, in:
H. G. Kippenberg/B. Luchesi (Hrsg.), Magie, Frankfurt 1978, S. 73-
119 (urspr. 1964).   (1.; 3.2)

Witkin, H. A., »Cognitive styles across cultures« (urspr. 1967), in: Berry/
Dasen 1974, S. 99-118.   (3.6)

Witkin, H. A./Berry, J. W., »Psychological differentiation in cross-cultural perspective«, in: J. Cross-Cult. Psychol. 6, 1975, S. 4-87.   (2.5)

Witkowski, S. R., »Semantic complexity and societal complexity«, in: Behav. Sci. Res. 1977. (2.5)

Witkowski, S. R./Brown, C. H., »An explanation of color nomenclature universals«, in: American Anthropologist 79, 1977, S. 50-57. (2.5)

Wittgenstein, L., Philosophical investigations, New York 1968; dt.: Philosophische Untersuchungen, Frankfurt 1977. (3.5)

–, Bemerkungen über die Grundlagen der Mathematik, Frankfurt 1974. (3.2)

Wober, M., »Distinguishing centri-cultural from cross-cultural tests and research«, in: Percept. Mot. Skills 28, 1969, S. 488. (1.; 3.6)

–, »Towards an understanding of the Kiganda concept of intelligence«, in: Berry/Dasen 1974, S. 261-280 (=Kap. 3.6 im vorliegenden Band). (1.; 2.4)

Wohlwill, J. F., »Piaget's system as a resource of empirical research«, in: I. E. Sigel/F. E. Hooper (Hrsg.), Logical Thinking in Children, New York 1968. (2.3)

–, »The place of structured experience in early cognitive development«, in: Interchange 1, 1970, S. 13-27. (2.3)

Wolfram, S., The Explanation of Prohibitions and Preferences of Marriage Between Kin, Ph. D. thesis, University of Oxford 1956. (3.1)

–, »Le mariage entre alliés dans l'Angleterre contemporaine«, in: L'Homme 1, 1961. (3.1)

–, »Basic differences of thought«, in: Horton/Finnegan 1973, S. 357-374 (= Kap. 3.1 im vorliegenden Band). (1.)

World Bank, Education Sector Policy Paper, Washington ³1980. (4.6)

Woodworth, R. S., Experimental Psychology, New York 1938. (3.10)

Wulff, E., Psychiatrie und Klassengesellschaft, Frankfurt 1972. (4.1; 4.3)

Wygotski, L. S., Denken und Sprechen, Stuttgart 1971 (urspr. 1934); meist zitiert nach der englischen Ausgabe: Thought and Language, Cambridge, Mass. 1962. (2.3; 3.5; 4.5)

Youniss, J., Parents and Peers in Social Development. A Sullivan-Piaget Perspective, Chicago 1980. (4.4)

Youniss, J./Dean, A., »Judgement and imaging aspects of operations: A Piagetian study with Korean and Costa Rican children«, in: Child Development 45, 1974, S. 1020-1034. (2.3)

Za'rour, G., »The conservation of number and liquid by Lebanese school children in Beirut«, in: J. Cross-Cult. Psychol. 2, 1971, S. 165-172. (a)   (2.3)

–, »Conservation of weight across different materials by Lebanese school children in Beirut«, in: Science Education 55, 1971, S. 387-394. (b)
                                                                        (2.3)

Ziff, P., Understanding Understanding, Ithaca 1972.   (3.5)

Zwart, P. J., About Time. A philosophical inquiry into the origin and nature of time, Amsterdam/Oxford/North-Holland 1976.   (3.7)

Quellen- und Übersetzernachweis

1.   Traugott Schöfthaler: »Wissen oder Weisheit? Die kulturelle Relativierung von Piagets Modell formaler Denkoperationen als Problem der Bildungsforschung«. Originalbeitrag.

2.1   Jean Piaget: »L'évolution intellectuelle entre l'adolescence et l'âge adulte«, in: 3rd International Convention and Awarding of Foneme Prizes 1970, Milano 1970, S. 149-156. Übersetzung: C. Goldstein nach einer Vorlage von A. Roellenbleck.

2.2   Jean Piaget: »Nécessité et signification des recherches comparatives en psychologie génétique«. In: Journal international de psychologie 1, 1966, S. 3-13. Nachdruck der Übersetzung von Georgia d'Inlau-Merkens aus: Jean Piaget: Probleme der Entwicklungspsychologie. Frankfurt: Syndikat 1976, S. 120-134.

2.3   Patricia Teague Ashton: »Cross-cultural Piagetian research. An experimental perspective«. In: Harvard Educational Review 45 (1975), S. 475-506. Übersetzung: A. Roellenbleck.

2.4   Patricia M. Greenfield: »Cross-cultural research and Piagetian theory: paradox and progress«. In: K. F. Riegel/J. Meacham (Hrsg.): The Developing Individual in a Changing World. Vol. I. The Hague/Paris: Mouton 1976, S. 322-333. Übersetzung: A. Roellenbleck.

2.5   Carol R. Ember: »Cross-cultural cognitive studies«. In: Annual Review of Anthropology 6 (1977), S. 33-56. Übersetzung: K. Staudt.

3.1   Sybil Wolfram: »Basic differences of thought«. In: R. Horton/R. Finnegan (Hrsg.): Modes of Thought. London: Faber & Faber 1973, S. 357-374. Übersetzung: A. Roellenbleck.

3.2   David Bloor: »Azande logic and western science«. In: ders.: Knowledge and Social Imagery. London: Routledge & Kegan Paul 1976, S. 123-130. Übersetzung: A. Roellenbleck.

3.3   Dorothy Lee: »Codifications of reality: Lineal and non-lineal«. In: A. Dundes (Hrsg.): Every Man His Way. Englewood Cliffs: Prentice-Hall 1968, S. 329-343. Übersetzung: A. Roellenbleck.

3.4   Thomas Gladwin: »Perspectives on thinking«. In: ders.: East Is a Big Bird. Navigation and Logic on Puluwat Atoll. Cambridge, Mass.: Harvard University Press 1970, S. 214-232. Übersetzung: A. Roellenbleck.

3.5   Richard A. Shweder: »Likeness and likelihood in everyday thought: magical thinking in judgements about personality«. In: Current Anthropology 18 (1977), S. 637-648. Übersetzung: A. Roellenbleck.

3.6 Mallory Wober: »Towards an understanding of the Kiganda concept of intelligence«. In: J. W. Berry/P. R. Dasen (Hrsg.): Culture and Cognition. London: Methuen 1974, S. 261-280. Übersetzung: A. Roellenbleck.

3.7 Rudolf Müller-Schwefe: »Versuch einer anthropologischen Relativierung von Piagets Zeitbegriff«. Originalbeitrag.

3.8 J. Anthony Paredes/Marcus J. Hepburn: »The split brain and the culture-and-cognition paradox«. In: Current Anthropology 17 (1976), S. 121-127. Übersetzung: A. Roellenbleck.

3.9 Michael Cole: »An ethnographic psychology of cognition«. In: P. N. Johnson-Laird/P. C. Wason (Hrsg.): Thinking. Cambridge usw.: Cambridge University Press 1977, S. 468-482. Übersetzung: A. Roellenbleck.

3.10 Sylvia Scribner: »Modes of thinking and ways of speaking: Culture and logic reconsidered«. In: P. N. Johnson-Laird/P. C. Wason (Hrsg.): Thinking. Cambridge usw.: Cambridge University Press 1977, S. 483-500. Übersetzung: A. Roellenbleck.

4.1 Rudolf W. Müller: »Unterentwicklung der Rationalität bei ›Eingeborenen‹: Die rassistische und die liberale Variante der Erklärung«. In: ders.: Geld und Geist. Frankfurt a. M.: Campus 1977, S. 225-234.

4.2 Alex Inkeles: »Understanding and misunderstanding individual modernity«. In: L. A. Coser/O. N. Larsen (Hrsg.): The Uses of Controversy in Sociology. London: The Free Press 1976, S. 103-130. Übersetzung: K. Staudt, M. Livingston, J. Ernst.

4.3 Hans Bosse: »Zur Ethnohermeneutik von Modernisierungskrisen und selbstbestimmten Bildungsprozessen«. Originalbeitrag.

4.4 Wolfgang Edelstein: »Cultural constraints on development and the vicissitudes of progress«. In: F. S. Kessel/A. W. Siegel (Hrsg.): The Child and Other Cultural Inventions. New York: Praeger 1983, S. 48-81. Übersetzung: G. Pfeffer.

4.5 Karl-Heinz Osterloh: »Traditionelle Lernweisen und europäischer Bildungstransfer. Zur Begründung einer adaptierten Pädagogik in den Entwicklungsländern«. In: neue sammlung 17 (1977), S. 219-236.

4.6 Dietrich Goldschmidt/Traugott Schöfthaler: »Bildung als gleichzeitige Entwicklung von Vernunft und kultureller Identität. Neue Perspektiven der Bildungsplanung und Bildungsforschung in Zusammenarbeit mit der Dritten Welt«. Originalbeitrag.

Für alle Übersetzungen mit Ausnahme von 4.4 ist Traugott Schöfthaler mitverantwortlich.

Hinweise zu den Autoren

Patricia Teague Ashton ist Psychologin. Sie lehrt seit 1974 Erziehungspsychologie am Department for Educational Foundations der University of Florida, Gainesville. Sie hat in ihrem Forschungsschwerpunkt Entwicklungspsychologie in den letzten Jahren eine Reihe von Aufsätzen veröffentlicht, zuletzt mit W. G. Huitt »Parents' perception of infant temperament: A psychometric study«, in: *Merrill Palmer Quarterly* 28, 1982, S. 95-109.

David Charles Bloor ist Philosoph und Mathematiker. Er lehrt seit 1967 Wissenschaftstheorie und Philosophie an der University of Edinburgh, Science Studies Unit. Neben mehreren wissenschaftstheoretischen und -historischen Aufsätzen hat er 1983 veröffentlicht: *Wittgenstein and Social Science*, New York: Columbia University Press.

Hans Bosse ist Soziologe und Theologe und lehrt Sozialisationstheorie an der Universität Frankfurt. Sein Arbeitsschwerpunkt liegt auf dem Gebiet der Sozialisationsforschung in Übergangsgesellschaften. Hans Bosse arbeitet (wie die Ethnopsychoanalyse) auch mit dem unbewußten Material beim Verstehen von kulturellen Institutionen und Personen in Übergangsgesellschaften. Derzeitiger Forschungsschwerpunkt: Adoleszente in Westafrika. Veröffentlichungen dazu: *Diebe, Lügner, Faulenzer*, Frankfurt: Syndikat 1979; »Zur Kolonisierung der inneren Natur« in: J. Schülein u. a., Politische Psychologie, Frankfurt: Syndikat 1981; »Wheat and Yams. Psychic dimensions of the professionalization of adolescents in Cameroon (West Africa)«, in *Politische Vierteljahresschrift*, Sonderheft 12/1981 »Politische Psychologie«; »Jugend und Schule. Schritte zu einer Institutionsanalyse anhand einer Interpretation einer Schulfeier in Westafrika«, in: Ch. Wulf/T. Schöfthaler (Hg.), *Im Schatten des Fortschritts*, Saarbrücken: Breitenbach (in Vorbereitung).

Michael Cole ist Psychologe. Er lehrte von 1963 bis 1978 an den Universitäten von Stanford und Yale und an der Rockefeller University, New York und ist seither Direktor des Laboratory of Comparative Human Cognition im Center for Human Information Processing der University of California, San Diego/La Jolla. Seit seinem Studienaufenthalt in Moskau 1962-1963 bemüht er sich (u. a. als Herausgeber von *Soviet Psychology*) um die Verbreitung der »sozialhistorisch-psychologischen« Schriften S. L. Wygotskis und A. R. Lurias, deren englische Versionen er zusammen mit anderen besorgt und herausgegeben hat (zuletzt: S. L. Vygotsky, *Mind in Society: The Development of Higher Psychologi-*

cal Processes, Cambridge, Mass.: Harvard University Press 1978; *The Selected Writings of A. R. Luria*, White Plains, N. Y.: M. E. Sharpe 1979). Ergebnisse mehrerer Forschungsaufenthalte in Westafrika verarbeitete Michael Cole in zahlreichen Aufsatz- und mehreren Buchpublikationen. Zu den »Klassikern« im Feld kulturvergleichender Psychologie gehören mittlerweile: (mit John Gay) *The New Mathematics and an Old Culture* (1967); (mit John Gay, Joseph A. Glick, Donald W. Sharp) *The Cultural Context of Learning and Thinking* (1971); (mit Sylvia Scribner) *Culture and Thought* (1974). Als neuestes Ergebnis der Zusammenarbeit mit Sylvia Scribner wurde *The Psychology of Literacy* 1981 vorgelegt; im selben Jahr erschien (zusammen mit Barbara Means) *Comparative Studies of How People Think*, Cambridge, Mass.: Harvard University Press.

Wolfgang Edelstein ist Direktor am Max-Planck-Institut für Bildungsforschung in Berlin. Sein Forschungsgebiet ist soziale Entwicklung und Sozialisation in Elternhaus und Schule. Seine Veröffentlichungen liegen im Schnittpunkt von Soziologie, Entwicklungspsychologie und Erziehungswissenschaft. Einige Veröffentlichungen: mit Björnsson, S., in Zusammenarbeit mit Kreppner, K., *Explorations in Social Inequality. Stratification Dynamics in Social and Individual Development in Iceland*, Berlin: Max-Planck-Institut für Bildungsforschung, 1977 (Studien und Berichte, No. 38); »Theorie der Entwicklung und Praxis des Untrrichts. Überlegungen zum Verhältnis von Wissenschaft und Praxis am Beispiel der Theorie der sozial-kognitiven Entwicklung und ihrer Bedeutung für Erziehung und Unterricht«, in: *Neue Sammlung*, 18, 1978, 3, S. 221-240; »Zur Rezeption Piagets in der Pädagogik«. Einleitung zum Themenheft »Piaget und die Pädagogik«, in: *neue sammlung* 23, 1983, 2; Hg. (mit Jürgen Habermas): *Soziale Interaktion und soziales Verstehen. Beiträge zur Entwicklung der Interaktionskompetenz*, Frankfurt: Suhrkamp 1984.

Carol R. Ember ist Ethnologin. Sie lehrt seit 1970 am Hunter College der City University of New York. Zusammen mit Melvin Ember hat sie Lehrbücher über *Anthropology* und *Cultural Anthropology* veröffentlicht, die 1981 jeweils ihre dritte Auflage erlebten. Zuletzt hat sie, ebenfalls mit ihrem Mann, *Marriage, Family and Kinship: Comparative Studies of Social Organization*, New Haven, Ct.: HRAF Press 1983, vorgelegt. In alleiniger Autorschaft hat sie sich in den letzten Jahren besonders Problemen der Frauenbenachteiligung in Prozessen sozialen Wandels zugewandt; zuletzt: »The relative decline in women's contribution to agriculture with intensification«, in: *American Anthropologist* 85, 1983, S. 285-304.

Thomas Gladwin ist Ingenieur und Ethnologe. Seit er von 1948-1951 von der US Navy als »international affairs and economic officer« in der amerikanischen Verwaltung der südpazifischen Truk-Inseln eingesetzt wurde, hat er ethnologische Studien in dieser Region betrieben; dabei hat er sich vor allem bemüht, im Kulturvergleich die »Selbstverständlichkeiten« psychologischer Theorien einer Kritik zugänglich zu machen. Erstes Ergebnis war das zusammen mit dem Psychologen Seymour B. Sarason vorgelegte Buch *Truk: Man in Paradise* (1953). In den folgenden Jahren bis 1967 war er für das National Institute of Mental Health tätig, das ihm dann auch den Forschungsauftrag für die Puluwat-Studie gab, deren Schlußkapitel im vorliegenden Band abgedruckt ist. Ein Resümee seiner Studien zur »Kultur der Armut« in den Vereinigten Staaten zog Gladwin in *Poverty, U.S.A.*, Boston/Toronto: Little Brown 1967. Nach einigen Jahren Lehrtätigkeit an der University of Hawaii wurde Gladwin 1972 zum »Consultant of National Development« berufen. Zusammen mit Ahmad Saidin veröffentlichte er eine bittere Abrechnung mit westlicher Entwicklungshilfe unter dem Titel *Slaves of the White Myth: The Psychology of Neocolonialism*, Atlantic Highlands: Humanities Press 1981.

Dietrich Goldschmidt ist Soziologe und Ingenieur; er lehrt Soziologie an der Freien Universität Berlin und an der Kirchlichen Hochschule Berlin. 1963 bis 1982 war er Direktor am Max-Planck-Institut für Bildungsforschung, Berlin. Aus seinen neueren Veröffentlichungen zur Soziologie der Bildung und Erziehung im Blick auf die Dritte Welt sind hier zu nennen: »Förderung der Universitäten in der Dritten Welt – Entwicklungshilfe oder Irreleitung?«, in: Flitner, A. und Herrmann, U. (Hg.), *Universität heute. Wem dient sie? Wer steuert sie?*, München und Zürich 1977, S. 139-170; (Hg.) *Technologie in Entwicklungsländern. Möglichkeiten eigenständiger Entwicklung, Probleme des Transfers, neue Wege der Ausbildung, Chancen wirtschaftlicher Zusammenarbeit*, München 1978; (mit S. Gradmann u. a.) »Symposium ›Destruktivkraft Wissenschaft‹«, in: *neue sammlung*, 21, 1981,5, S. 386-404; »Raumschiff Erde. Nachdenken über ›Wege in der Gefahr‹«, in: Meyer-Abich, K. M. (Hg.), *Physik, Philosophie und Politik. Festschrift für Carl-Friedrich von Weizsäcker zum 70. Geburtstag*, München 1982, S. 119-133.

Patricia Marks Greenfield lehrt seit 1974 Psychologie an der University of California, Los Angeles. Als Mitarbeiterin in Jerome Bruners Center for Cognitive Studies hatte sie in den sechziger Jahren in mehreren Feldaufenthalten im Senegal Studien zur kulturvergleichenden Prüfung von Piagets kognitiver Entwicklungstheorie unternommen; einige von ihnen wurden in der klassischen Sammlung von Forschungsarbeiten zu Piagets Theorie von J. S. Bruner, R. R. Olver u. a. (Hg.), *Studies in Cognitive Growth* (1966), veröffentlicht; andere in mehreren Zeitschriftenaufsätzen. In den letzten Jahren hat Patricia Greenfield sich allgemeineren Problemen der Entwicklungspsychologie und speziell der Sprachentwicklung zugewandt. Dabei ordnet sie kulturvergleichende Forschung als wesentliches Mittel zur Prüfung »westlicher« Theorien ein, so in »Child care in cross-cultural perspective: Implications for the future organization of child care in the United States«, in: *Psychology of Women Quarterly* 6(1), Herbst 1981, S. 41-54. An neueren Buchveröffentlichungen sind zu nennen: (mit E. Tronick) *Infant Curriculum*, Glenview, Ill.: Scott Foresman 1980; (mit J. Smith) *The Structure of Communication in Early Language Development*, New York: Academic Press 1976.

Marcus J. Hepburn lehrt Ethnologie am Department of Anthropology der University of Florida, Gainesville, Fla., U.S.A.

Alex Inkeles lehrt Soziologie seit 1948. Von 1950 bis 1971 leitete er die sozialwissenschaftliche Abteilung im Russian Research Center der Harvard University, Cambridge, Mass.; von 1971 bis 1978 hatte er die Margaret Jacks-Professur für Soziologie und Erziehungswissenschaft an der Stanford University in Stanford, Cal., inne. Seit 1978 ist er Professor für Soziologie und Senior Fellow an der Hoover Institution on War, Revolution and Peace der Stanford University. Neben einer Einführung in die Soziologie hat er in den fünfziger und sechziger Jahren zahlreiche Studien zum sozialen und politischen System der Sowjetunion und zu internationalen Beziehungen veröffentlicht. Seit Anfang der siebziger Jahre hat er sich allgemeineren makrosoziologischen Fragen der Entwicklung und Modernisierung zugewandt, meist in vergleichender Perspektive. Sein meistdiskutiertes Werk aus den letzten Jahren ist der gemeinsam mit David H. Smith 1974 veröffentlichte Abschlußbericht *Becoming Modern* über eine mehrjährige Sechsländerstudie zu den Zusammenhängen zwischen sozialer Modernisierung und Veränderungen der Persönlichkeitsstruktur. Zu diesem Thema hat Inkeles (mit mehreren Koautoren) zuletzt vorgelegt: *Exploring Individual Modernity*, New York: Columbia University Press 1983. Vor zahlreichen anderen sind die Tätigkeiten als Herausgeber von *Soviet Sociology* (seit 1962) und des *Annual Review of Sociology* (seit 1975) zu nennen.

Dorothy Eleanor Lee lehrt seit 1962 Soziologie an der Illinois State University, Normal, Ill., seit 1975 als Head des Departments Sociology, Anthropology, and Social Work. Nach Forschungen zur sozialen Formung kognitiver Strukturen hat sie sich in den letzten Jahren schwerpunktmäßig Problemen der Ich-Präsentation und der Situation rassischer und ethnischer Minoritäten zugewandt. Eine Sammlung von Essays erschien unter dem Titel *Valuing the Self. What we can learn from other cultures* bei Prentice-Hall, Englewood Cliffs. N. J. 1976. Zusammen mit A. Kay Clifton erschien *Minority Status: The Position of Women*, R&E Research Associates: Saratogao, Cal. 1981.

Rudolf Wolfgang Müller lehrt Politische Wissenschaften an der Technischen Universität Hannover. Seine Forschungsinteressen liegen in der historischen Analyse und Kritik der Entwicklung moderner »kultureller Selbstverständlichkeiten« und Wahrnehmungskategorien. Der 1977 veröffentlichten und 1981 bei Campus in Frankfurt neu aufgelegten Habilitationsschrift *Geld und Geist. Zur Entstehungsgeschichte von Identitätsbewußtsein und Rationalität seit der Antike,* aus der das im vorliegenden Band abgedruckte Kapitel entnommen ist, folgten (gemeisam mit Lutz Hieber) Studien über die *Gegenwart der Antike. Zur Kritik bürgerlicher Auffassungen von Natur und Gesellschaft,* Frankfurt: Campus 1982.

Rudolf Müller-Schwefe arbeitet als Diplompädagoge im Drogentherapiezentrum Schloß Pichl bei Augsburg. Seine Interessen- und Arbeitsgebiete sind neben der Drogen- und Jugendproblematik kulturvergleichende Sozialisationsforschung (insbesondere im Bereich der Ethnologie). Er veröffentlichte zusammen mit Eva Schott »Verständigungstexte über Drogen und Abhängigkeit« unter dem Titel *Komm schwarzer Panther, lach noch mal,* Frankfurt: Suhrkamp 1981.

Karl-Heinz Osterloh ist Germanist und Historiker. Er ist seit Anfang 1984 Leiter der Abteilung Spracharbeit im Goethe-Institut von Barcelona, nachdem er seit 1971 am Goethe-Institut in Ankara gearbeitet und an der Universität Ankara gelehrt hatte. Im Rahmen des Lehrbuchprojekts des Europarats hat er mehrere Lehrbücher für den Deutschunterricht an türkischen Gymnasien verfaßt; zur Zeit ist er Ko-Autor der Sprachführer-Reihe »Zimmer frei«, die bei Langenscheidt in München erscheint. In den siebziger Jahren hat er in mehreren Aufsätzen Analysen und Konzepte zur kulturellen Anpassung westlich-formaler Bildung an die Situation von Übergangsgesellschaften vorgelegt (siehe Literaturverzeichnis).

James Anthony Paredes lehrt Ethnologie am Department of Anthropology der Florida State University, Tallahassee, Fla. Schwerpunkt seiner Forschungsinteressen und Veröffentlichungen sind Probleme des Identitätskonflikts heutiger amerikanischer Indianervölker. In seinen Feldstudien untersucht Paredes vor allem die Integration dieser Völker in die »Kultur der Armut« der urbanisierten Regionen der Vereinigten Staaten und Kanadas. In Buchform liegen vor: *Anishinabe: Six Studies of Modern Chippewa,* Tallahassee: University Presses of Florida 1980.

Jean Piaget (1896-1980) wandte sich nach einem Studium der Biologie und philosophischen Erkenntnistheorie psychologischen Fragen zu. 1920 wurde er von Binets Laboratorium in Paris dazu engagiert, französische Versionen standardisierter englischer Intelligenztestfragen zu entwickeln. Seither verknüpfte Piaget philosophische Epistemologie mit den Fragen, wie die Erkenntnisfähigkeit im Menschen wächst und wie sich dabei der Organismus mit der natürlichen, sozialen und kulturellen Umwelt auseinandersetzt. Diese Multidisziplinarität zeigt sich in Piagets Karriere ebenso wie in der Spannweite der Themen seiner Veröffentlichungen. Nach einigen Jahren Tätigkeit als Forschungsleiter am J. J. Rousseau-Institut in Genf übernahm Piaget, oft parallel, Professuren für Psychologie, Soziologie, Philosophie, für Geschichte des naturwissenschaftlichen Denkens, für Experimentalpsychologie und für genetische Psychologie an den Universitäten von Neuchâtel, Genf, Lausanne und Paris (Sorbonne). Daneben leitete er mehrere Jahrzehnte das zuletzt in die Unesco eingegliederte Bureau International d'Education, das Institut universitaire des sciences de l'Education und das Centre international d'épistémologie génétique in Genf. Literatur zu Leben und Werk Jean Piagets: »Autobiographie« (bis 1966), in: *Jean Piaget – Werk und Wirkung*, München: Kindler 1976, S. 15-59 (dort findet sich auch eine chronologische Bibliographie von Piagets Schriften mit Hinweisen auf Übersetzungen in andere Sprachen, die Bärbel Inhelder zusammengestellt hat). »Autobiographie« (bis 1976), in: *Revue européenne des sciences sociales* XIV, 1976, 38-39, S. 1-43. *Hommage à Jean Piaget zum achtzigsten Geburtstag*, Stuttgart: Klett 1976 (mit ausführlicher Bibliographie); Herbert Ginsburg/Sylvia Opper, *Piagets Theorie der geistigen Entwicklung*, Stuttgart: Klett 1975 (bes. S. 13-41); Marie-Paule Michiels/Anne-Sylvie Vauclair-Visseur, »Piaget und seine Zeit. Daten zu Leben, Werk und Wirkung«, in: G. Steiner (Hg.), *Die Psychologie des 20. Jahrhunderts*, Bd. 7: *Piaget und die Folgen*, Zürich: Kindler 1978, S. 8-26.

Sylvia Scribner ist Psychologin. Nach mehreren Jahren gemeinsamer Lehr- und Forschungstätigkeit mit Michael Cole an der Rockefeller University in New York (1970-1978) und einjähriger Mitarbeit in der Leitung des National Institute of Education arbeitet sie seit 1979 im Center for Applied Linguistics, Washington, D. C. Aus den psychologischen Forschungsinteressen an kognitiver Entwicklung und ihrer Beeinflussung durch kulturelle und soziale Variablen bildete sich der Schwerpunkt »Denken und Schriftkultur« heraus. Das 1974 gemeinsam mit Michael Cole vorgelegte Buch *Culture and Thought* resultiert ebenso wie die 1981 erschienene *Psychology of Literacy* aus Feldforschungen in Liberia, Westafrika. Während das erstere noch insgesamt die kulturelle Formung kognitiver Entwicklungen diskutiert, beschäftigt sich das letztere allgemein mit der Frage nach den kognitiven Folgen von Alphabetisierung und speziell mit der Untersuchung einer nicht-westlichen Schriftkultur (der der Vai in Liberia).

Traugott Schöfthaler ist Soziologe und Theologe. Seit 1975 arbeitet er als freier wissenschaftlicher Mitarbeiter an Themen kulturvergleichender Bildungsforschung im Max-Planck-Institut für Bildungsforschung, Berlin; daneben Lehrtätigkeit in Religions-, Bildungs- und Medizinsoziologie an der Freien Universität und an der Kirchlichen Hochschule sowie beim Senator für Gesundheit in Berlin. 1980 bis 1982 Mitarbeit als Feldforscher beim Kooperationsprojekt des United Nations Institute for Namibia (Lusaka, Sambia) und der Universität Bremen »Political Geography of Namibia«. Einige Veröffentlichungen zu vergleichender Bildungsforschung: »Umwelterziehung in Afrika – ein Weg zu mehr Eigenständigkeit im Bildungswesen?«, in *Peripherie* 2 (4), 1981, S. 41-54; »Die neue Universalismusdebatte. Zur Begründung interkultureller Erziehung aus dem Streit um verbindliche Maßstäbe intellektueller Entwicklung«, in: *neue sammlung* 24, 1984, H. 2, S. 149-165; »Multikulturelle und transkulturelle Erziehung: Zwei Wege zu kosmopolitischen kulturellen Identitäten«, in: *International Review of Education* 30, 1984, 2/3.

Richard A. Shweder ist Ethnologe und Soziologe. Nach mehreren Forschungspositionen am Department of Anthropology der Utkal University in Bhubaneswar, Orissa, Indien, am Department of Psychology and Social Relations der Harvard University und an der Child Development Research Unit der University of Nairobi, Kenia lehrt Shweder heute Entwicklungspsychologie und -soziologie am Department of Behavioral Sciences (Committee on Human Development) der University of Chicago. Neben allgemeineren Fragen kulturvergleichender Sozialisation liegen seine Forschungsinteressen in der Erfassung kultureller und situationeller Faktoren von Denkprozessen, Denkmustern, Lernformen und evaluativen Schemata. Neben den im Literaturverzeichnis dieses Bandes genannten Veröffentlichungen sind zu nennen: (mit J. A. Lucy) »Whorf and his critics: Linguistic and nonlinguistic influences on color memory«, in: *American Anthropologist* 81, 1979, S. 581-615; »Beyond self-constructed knowledge: The study of culture and morality«, in: *Merrill-Palmer-Quarterly* 28 (1), 1982, S. 41-69.

Mallory Wober arbeitet als Psychologe in der Forschungsabteilung der Independent Broadcasting Authority, London. Sein Arbeitsgebiet ist das Verhältnis zwischen neuen Medien und alten Leuten; vgl. M. Wober/G. Barrie, »Impressions of the old people on TV and in real life«, in: *Brit. J. Soc. Psych.* 21, 1982, S. 335-339. Er lehrte mehrere Jahre an der Makarere-Universität in Kampala, Uganda, und erforschte Prozesse psychischer Anpassung an Modernisierung und Urbanisierung in Nigeria. Er hat in einer Reihe von Veröffentlichungen Probleme einer Anwendung psychologischer Theorien und Testverfahren auf nicht-westliche Kulturen diskutiert und Möglichkeiten einer angemessenen Adaptation vorgeschlagen, so z. B. von Witkins Theorie der »Feldunabhängigkeit« oder Dawsons Verfahren der Messung »traditionaler« Einstellungen.

Als Summe zehnjähriger Arbeit in Afrika erschien *Psychology in Africa* im International African Institute, London 1975.

Sybil Wolfram lehrt seit 1964 Philosophie an der University of Oxford, England, Lady Margaret Hall. Ihr Arbeitsschwerpunkt liegt auf Problemen historisch-ethnologischer Forschung. In mehreren Essays, erschienen in *L'Homme, Analysis, Mind und Philosophical Quarterly,* hat sie die Verschränkung zwischen sozialen Normen, Wahrnehmungskategorien und gesellschaftlicher Entwicklung diskutiert.